백운 심대윤의
백운집

지은이 백운(白雲) 심대윤(沈大允)

1806(순조 2)년~1872(고종 9)년. 정약용에 이어 19세기를 대변하는 실학 사상가이다. 자(字)는 진경(晉卿), 백운(白雲)은 그의 호이다. 영의정 심수현(沈壽賢), 부제학 심악(沈鏵)을 배출한 그의 가계는 소론의 명문에 속했으나, 심악이 당화로 억울하게 처형을 당한 이후 폐족 상태에 놓였다. 심악의 증손자로 태어난 그는 평생 경기도 안성에서 살았다. 안성은 당시 상공업의 중심지였던바 이곳에서 생존을 위해 직접 공방도 운영하고 약국도 경영하면서, 학문 연구에 주력해 독특한 사상을 수립하였다. 인간의 욕망과 이익의 추구를 옹호한 점이 특이한데, 공공성을 아울러 사고했다. 그의 학문은 경학에 중심을 두었고, 사상의 이론적 전개는 주로 산문에서 실현되었다. 그의 사상은 다가오는 시대에 대응하는 논리로서 높이 평가할 수 있겠다. 하지만 당대에는 수구적·폐쇄적 정신 풍토에서 제빛을 보지 못해 사장되어야만 했고, 비교적 최근에 와서야 비로소 『심대윤 전집』이 발간되기에 이르렀다. 『심대윤 전집』은 영인본으로 한문 원전 그대로인데, 지금 이 『백운집』은 그의 삶이 고뇌와 함께 사상의 정수가 담긴 내용으로 현대 독자들이 읽기 쉽게 번역하고 주석을 붙인 것이다.

옮긴이

익선재 백운집 강독회

임형택 · 성균관대 명예교수
김광년 · 한국과학기술원 인문사회과학과 대우교수
김동준 · 이화여자대학교 국어국문학과 교수
김용태 · 성균관대학교 한문학과 교수
김지영 · 한국학중앙연구원 한국학대학원
　　　　　박사과정 수료
김하라 · 서울대학교 규장각한국학연구원 선임연구원
남재철 · 명지대학교 국어국문학과 교수
백민정 · 가톨릭대학교 인문학부 교수
서한석 · 한국고전번역원 전문위원
손혜리 · 성균관대 동아시아학술원 연구교수
송혁기 · 고려대학교 한문학과 교수
안나미 · 성균관대학교 한문학과 강사
안세현 · 강원대학교 한문교육과 교수

양승목 · 동국대 국어국문학과 박사과정
엄기영 · 대구대학교 국어국문학과 교수
윤세순 · 한국학중앙연구원 전통한국학연구센터
　　　　　전임연구원
윤재환 · 단국대학교 국어국문학과 교수
이국진 · 고려대학교 한문학과 강사
이현일 · 성균관대학교 한문교육과 교수
임영길 · 성균관대학교 동아시아학과 박사과정 수료
장유승 · 단국대학교 동양학연구원 선임연구원
정난영 · 동국대 국어국문학과 박사과정
정은진 · 영남대학교 한문교육과 교수
하정원 · 사단법인 전통문화연구회 연구원
함영대 · 성균관대 대동문화연구원 책임연구원

실시학사
실학번역총서
07

백운
심대윤의
백운집

심대윤 지음
익선재 백운집 강독회 옮김
재단법인 실시학사 편

사람의무늬

實學飜譯叢書를 펴내며

　실시학사(實是學舍)에서 실학연구총서(實學研究叢書)를 발간하여 학계에 공헌하면서 뒤이어 실학번역총서(實學飜譯叢書)를 내기로 방침을 세운 것은 벌써 2년 전의 일이다. 실시학사가 재단법인으로 발전하면서 그 재정적 바탕 위에 여러 가지 사업을 수행하는 가운데 실학(實學)에 관한 우리나라 고전들을 골라, 한문으로 된 것을 우리글로 옮겨서 대중화 작업을 시도하기로 한 것이다.

　여기, 이 기회에 나는 다시 몇 마디 말씀을 추가할 것이 있다. 이 실학번역총서를 낸다는 말을 전해 듣고 모하 이헌조(慕何 李憲祖) 형이 앞서 거액을 낸 것 외에 다시 적지 않은 돈을 재단에 출연해 주었다. 나는 그의 학문에 대한 열정에 오직 감동을 느꼈을 뿐, 할 말을 잊었다. 오늘날 우리나라에서 사회문화에 대한 허심탄회(虛心坦懷)로 아낌없이 투자해 줄 인사가 계속해서 나와 준다면 우리 학계가 얼마나 다행할까 하는 생각을 금(禁)할 수 없었다.

실(實)은 실시학사가 법인으로 되기 전부터, 나는 성균관대학교에서 정년퇴임한 뒤에 진작 서울 강남에서 학사(學舍)의 문을 열고 젊은 제자들과 함께 고전을 강독하면서 동시에 번역에 착수하였고, 그 뒤 근교 고양(高陽)으로 옮겨 온 뒤에도 그대로 계속하여 적지 않은 책들을 간행하였다. 예를 들면 경학연구회(經學研究會)가 다산 정약용(茶山 丁若鏞)의 『정체전중변(正體傳重辯)』, 『다산과 문산(文山)의 인성논쟁』, 『다산과 석천(石泉)의 경학논쟁』, 『다산과 대산(臺山)ㆍ연천(淵泉)의 경학논쟁』, 『다산의 경학세계(經學世界)』, 『시경강의(詩經講義)』5책 등을 번역 출판하였고, 고전문학연구회(古典文學研究會)가 영재 유득공(泠齋 柳得恭)의 『이십일도회고시(二十一都懷古詩)』와 『열하기행시주(熱河紀行詩註)』각 1책, 낙하생 이학규(洛下生 李學逵)의 『영남악부(嶺南樂府)』1책, 그리고 『조희룡전집(趙熙龍全集)』5책, 『이옥전집(李鈺全集)』5책, 『산강 변영만(山康 卞榮晚)전집』3책, 유재건(劉在建)의 『이향견문록(里鄕見聞錄)』1책 등을 모두 번역 출판하였다. 이 열거한 전집들 중에는 종래 산실(散失) 분장(分藏)된 것이 적지 않아서 그것을 수집하고 재편집하는 데 많은 노력을 기울였다. 이 과정에서 제자들은 어려운 생활 속에서도 세월 따라 능력이 성장해 왔고 나는 그것을 보면서 유열(愉悅)을 느껴, 스스로 연로신쇠

(年老身衰)해 가는 것도 잊고 있었다.

　그런데 이제 번역 사업이 본격화되면서 많은 역자(譯者)가 한꺼번에 나오게 되고 나는 직접 일일이 참여할 수 없게 되고 보니 한편 불안한 점이 없지도 않다. 나는 지난날 한때 민족문화추진회(民族文化推進會, 韓國古典飜譯院의 前身)의 회장직을 맡아, 많은 직원들, 즉 전문으로 번역을 담당한 분들이 내놓은 원고들을 하나하나 점검할 수도 없어 그대로 출판에 부쳐 방대한 책자를 내게 되었다. 물론 역자들은 모두 한문 소양이 상당하고 또 성실하게 우리글로 옮겨 온 분들이지만 당시 책임자였던 나로서는 그 자리에서 물러난 지 오래된 지금에 와서도 마음 한구석에 빚이 되어 있는 것이 사실이다. 그런데 지금 또 실시학사에서 전건(前愆)을 되풀이하게 되는 것이 아닐까 걱정이 앞서기 때문이다.

　그러나 이미 화살은 날았다. 이제 오직 정확하게 표적(標的)에 맞아주기를 바랄 뿐이다.

2013년 초하(初夏)

李 佑 成

서언 (緖言)

　　한반도를 포함한 동아시아의 19세기는 역사의 대전환이 눈앞에 닥친 위기의 시공간이었다. 이 지점에서 백운(白雲) 심대윤(沈大允, 1806~1872)이란 학자는 자기 시대가 요구하는 방향을 심각하게 고민한 사상가였다. 하지만 그는 생존 당시에도 세상에 매몰된 상태였으며, 사후로 최근에 이르기까지도 그 존재가 거의 알려지지 못했다. 이렇게 된 요인은 다른 어디가 아닌 그 자신의 사상에 있었다 하겠다.

　　그의 사상체계는 한마디로 이(利)에 핵심이 있었다. 도의 근본은 '이'에 있다고 보았으니 '이'를 욕구하는 태도가 인간의 본성임을 간파하고 긍정한 것이다. 주지하다시피 동양의 전통적인 사상은 인욕을 타기하고 '이'를 부정했는데, 그는 인간으로서 욕망이 없으면 목석이 아니냐고 공박하면서 "인민이 재부를 욕구하는 것은 천성이다. 사람이 하늘을 이기지 못하는 것은 오래전부터다."고 부르짖었다. 물론 인간이 사리와 탐욕을 마구 부리도록 방임해 두자는 의도가 아니었다. 그래서 도입한 것이 공(公) 개념이다. 어디까지나 사람들과 더불어 이익을 누리는 여인동리(與人同利)의 방법을 강구하여 이를 지공지도(至公之道)라고 주장한 것이다. 공리주의이다. 심대윤 사상의 실천적 목적지는 바로 '복리'에 있었다. 그가 말년에 쓴 주저가 다름 아닌 『복리전서(福利全書)』였다.

이렇듯 심대윤 사상은 인간해방적인 의미와 함께 자본주의적 사유의 인자를 내포한 것으로 해석할 수 있다. 그의 생존시에는 불온사상으로 여겨진 터여서 공개될 수 없었다. 시대의 검열을 통과하지 못했던 셈이다. 그의 사후에 도래한 세상에서는 그의 사상이 조명을 받을 소지가 충분했다고 말할 수 있겠으나 실제 현실은 전혀 그렇지 못했다. 왜일까? 요컨대 우리가 경험했던 근대 상황에 문제점이 있었다고 보아야 할 것이다.

한 사상가로서 심대윤이 발견된 것은 지난 세기의 끝자락에 이루어진 『한국경학자료집성』을 편찬하는 과정에서였다. 나는 이 작업에 참여하여 다산경학과 아울러 백운경학에 각별한 관심을 갖게 되었다. 한국 역사는 근대로 진입하면서 문화적 지각 변동이 발생하였다. 그 직전까지 대성황을 이루었던 경학의 축적들이 일거에 파묻히고 말았던 것이다. 나는 18세기를 거쳐 19세기에 정점에 도달했던 한국 경학은 '위기의 소산'으로, 곧 "시대 현실에 대한 근본적 반성, 전면적 개혁의 의지를 대변한 것"(「한국경학의 역사적 의미와 그 정리사업」)이라고 평가했다. 이런 성격의 경학이 옥석의 구분 없이 매몰되었던 사실은 역사의 아이러니인가도 싶다.

심대윤의 학적 중심이자 주력 분야는 경학이다. 한편으로 당시 문인 학자들 일반이 그렇듯 그 또한 문학적 글쓰기에 결코 소홀하지 않았다. 전체적으로 산문의 비중이 압도적인 반면에 시편은 남긴 작품이 많지 않았다. 시 짓기는 즐기지 않고 산문에 깊이 유의했으며, 자부하기도 했다. 자기 문장의 기세를 비유적으로 표현하여 맨손으로 호랑이를 때려 잡고도 숨을 헐떡이지 않으며, 장강의 물이 삼협(三峽)의 협곡을 통과하고도 겉으로 파랑이 일지 않는 듯한 역량이 있다고 한 것이다(「對問」). 『백운집』이 그 결과물임은 물론이다. 『백운집』에서 세 가지 특징적인 면을 들어 본다.

첫째, 소외된 삶의 기록으로서의 의미이다. 혹독한 당화를 입어 처형을 당하고 변방에 버려진 폐족의 후예로 그는 태어났다. 이런 처지에서 고난과 역경에 좌절하지 않고 살아남아 인간의 자존을 견결히 지키면서 학문에 정진한 자의 독백으로 읽혀지는 것이다. 가족사의 처절한 비극이 담긴 「남정록(南征錄)」, 생계를 위해 공방을 운영했던 체험기에 해당하는 「치목반기(治木槃記)」는 특히 감명 깊은 작품이다.

둘째, 사상을 논리적으로 개진한 측면이다. 그에 있어서 경학 연구가 비판 사상의 이론적 근거를 마련하기 위한 작업이라면, 산문 짓기는 자신의 주의 주장을 설명하고 선전하기 위한 작업이었다고 말할 수 있다. 심대윤 사상의 체계적인 진술, 이론의 정수는 경학 저술보다 산문 작품에서 만나게 된다.

셋째, 고문사(古文辭)에 힘을 쓴 측면이다. 그의 작품 목차를 살펴보면 의작(擬作)·개작(改作) 및 제후(題後)라고 붙여진 제목이 허다히 눈에 띈다. 당송대의 명편들도 포함되어 있긴 하지만 『전국책(戰國策)』, 『사기(史記)』, 『한서(漢書)』 등 고문사가 주 대상으로 잡혀 있다. 흉내내기와는 전혀 다른 차원에서 비판적인 접근을 시도한 것이다. 고문사를 기본으로 학습하면서 묵수하지 않고 자신의 안목과 기량으로 바꾸고 고치고 주제를 수정하기도 하였다. "그의 문장은 양한(兩漢)으로 곧장 달려서 당송 이하로는 오직 한유(韓愈) 이외에는 귀의할 곳이 없다고 여겼다."(鄭萬朝, 「近代文章家略敍」)는 지적을 받은 바도 있었다. 그의 경학 담론이 정주(程朱)의 정통적인 해석을 넘어서 경전의 원문으로 돌아가 독자적으로 해석해 냈던 자세와 무관하지 않다. 백운 산문은 개성적으로 독이(獨

異)한 경지를 추구했다고 보겠다.

그의 저술 목록에 '유집 약간 권'이 명시된 점을 보면 문집으로 편찬된 책이 있었던 듯하다. 그의 시문을 전하는 문건으로 현재 5종이 파악되었는데 문집으로 체제를 갖춘 것은 없고 다 초록이며 1종은 초고 상태이다. 이번에 역주 작업을 하여 발간하면서 자료들을 수합, 일괄 정리하여 문집 체제로 개편하였다. 이 『백운집』은 문집 형태로 복원한 것이다.

나는 『한국경학자료집성』의 편찬 과정에서 심대윤이란 존재를 발견한 이래 그에 대해 관심의 끈을 놓지 않고 그가 남긴 방대한 저작들을 두루 수집하였다. 그리하여 2005년에 대동문화연구원에서 『심대윤전집』을 공간하게 되었다. 나는 성균관대학교에서 정년을 맞은 이후 한문학을 공부하는 후배들과 독회 방식으로 『백운집』의 번역 작업을 진행해 왔다. 『심대윤전집』 가운데 특히 이 『백운집』은 소수자로서의 고뇌의 독백이자 선구자적 사상의 정수가 담긴 내용이어서 이 땅의 독서 대중에게 정신적 각성제로서 매우 유용한 것이라는 판단이 들어서다.

이 책의 간행을 맡아 주신 재단법인 실시학사, 그리고 우리의 독회에 따로 경제적 도움을 주신 모하 이헌조(慕何 李憲祖) 회장께 사의를 표해 마지않는다.

2015년 1월 중순
익선재(益善齋)에서 임형택 삼가 쓰다

차 례

사부(辭賦)

시(詩)

서(書)

白雲 설(說)

白雲 제발(題跋)

白雲 남정록(南征錄)

부록 1

부록 2

해 제(解題)

장유승 | 단국대학교 동양학연구원 선임연구원

1. 머리말

이 책은 심대윤(沈大允, 1806~1872)의 문집류에 속하는 시문을 번역한 것이다. 현전하는 심대윤의 저술 가운데 경학 관련 저술은 1989년부터 1998년까지 성균관대학교 대동문화연구원에서 수집, 영인한『한국경학자료집성(韓國經學資料集成)』에 경서별로 수록되어 있다. 이후 2005년 같은 기관에서『한국경학자료집성』의 곳곳에 분산된 심대윤의 저술을 종합하고, 추가로 발굴된 그의 저술을 한데 모아『심대윤전집(沈大允全集)』 3책으로 출간하였다.『심대윤전집』수록 저술은 다음과 같다.

> **1책**:『백운문초(白雲文抄)』,『남정록(南征錄)』,『복리전서(福利全書)』,
> 『정법수록(政法隨錄)』,『흠서박론(欽書駁論)』,『동사(東史)』,『좌국정론
> (左國定論)』,『의례정론(儀禮正論)』,『주례산정(周禮刪正)』,『효경산정
> (孝經刪正)』,『공자가어산정(孔子家語刪正)』
> **2책**:『대학고정(大學考正)』,『중용훈의(中庸訓義)』,『논어(論語)』,『시

경집전변정(詩經集傳辨正)』, 『서경채전변정(書經蔡傳辨正)』, 『주역상의
점법(周易象義占法)』

3책 : 『예기정해(禮記正解)』, 『춘추사전주소초선(春秋四傳註疏抄選)』, 『춘
추사전속전(春秋四傳續傳)』

※ **부록** : 「동구선생서술(東邱先生敍述)」, 「송오선생사략(松塢先生事略)」,
「송오선생문여록(松塢先生聞餘錄)」

이 가운데 시문을 엮은 『백운문초』와 『남정록』, 그리고 경세서에 속
하는 『정법수록』과 『흠서박론』, 역사서에 속하는 『동사』를 제외하면,
심대윤의 저술은 대부분 경학 관련 저술이다. 그간 경학 관련 저술에
대한 개별적인 소개와 연구는 꾸준히 진행되었으며,[1] 심대윤의 생애와
저술에 대한 종합적인 검토를 통해 사상적 전모를 규명하려는 시도도
이루어졌다.[2] 특히 『심대윤전집』에 수록된 해제와 연보는 심대윤에 대

---

1 『한국경학자료집성』에서 제1차로 『중용』과 『대학』에 관한 저술이 발간되던바, 여기에
  심대윤의 『대학고정(大學考正)』과 『중용훈의(中庸訓義)』가 포함되었으나 그의 인적사항
  이 파악되지 않아서 연대 미상 부분에 들어 있었다. 제2차로 『논어』에 관한 저술이 편찬되
  면서 심대윤의 『논어』 주석서에 대한 해제를 임형택이 담당했는데, 이때 그의 가계 및
  생몰년대를 인지하게 되었다(『韓國經學資料集成』 論語部 제15책, 1990). 그 후로 장병한
  은 「沈大允 經學에 대한 硏究 : 19世紀 現實指向의 經學觀의 一斷面」(성균관대학교 대학
  원 박사학위논문, 1995)에서 『대학고정』, 『중용훈의』, 『논어』를 중심으로 심대윤 경학의
  전반적 특징을 탐색하였으며, 이후 『서경채전변정』, 『춘추사전속전』, 『좌국정론』, 『복리
  전서』, 『예기정해』, 『주역상의점법』, 『의례정론』 등으로 논의를 확장하였다. 이 밖에 심대
  윤의 경학 관련 저술에 대한 연구는 다음과 같다. 진재교, 「沈大允의 國風論 : 『詩經集傳辨
  正』을 중심으로」, 『한문학보』 1집, 우리한문학회, 1999; 김정은, 「白雲 沈大允 詩經學
  硏究」, 고려대학교 대학원 석사학위논문, 2006; 진재교, 「沈大允의 '二南'과 '關雎'의 說詩
  에 대한 고찰」, 『한문학보』 19집, 우리한문학회, 2008; 이천승, 「沈大允의 「月令」 주석과
  중농의식」, 『한국사상사학』 34집, 한국사상사학회, 2010.
2 임형택, 「19세기 西學에 대한 경학의 대응 : 丁若鏞과 沈大允의 경우」, 『창작과비평』 91호,

한 종합적 연구의 본격적인 기점이 되었다고 하겠다. 『복리전서』의 번역 또한 심대윤 사상의 현실적·공리적 측면에 대한 한층 깊이 있는 연구가 가능해지는 계기가 되었다.[3] 이상의 연구성과에 힘입어 심대윤은 19세기 조선사상사를 서술하는 데 있어서 불가결한 존재로 자리매김하였다.

그러나 심대윤의 독특한 사상이 어떠한 경위를 거쳐 형성되었으며, 그것이 구체적인 현실에서 어떻게 작용하였는가 하는 점을 심층적으로 규명하기 위해서는 생애의 다양한 국면을 반영하고 있는 그의 시문을 주목할 필요가 있다. 『백운집』은 심대윤이 30대 시절부터 지은 시문을 엮은 것으로, 이 시기는 그의 경학 관련 저술 중 상당수가 편찬된 시기이기도 하다. 그간 일부 연구자를 중심으로 강독을 진행하는 과정에서 『백운집』 수록작을 대상 또는 논거로 삼은 연구가 제출되었는데,[4] 이러한 연구는 경학 관련 저술에 바탕한 기존의 연구와는 각도를 달리해서

창작과비평사, 1996; 진재교, 「沈大允의 社會的 處地와 學問 姿勢」, 『한문교육연구』 16호, 한국한문교육학회, 2001.

3 김성애, 「沈大允의『福利全書』校註 飜譯」, 고려대학교 고전번역협동과정 석사학위논문, 2009; 김문용, 「심대윤의 복리사상과 유학의 세속화」, 『시대와 철학』 21호, 한국철학사상연구회, 2010; 김재화, 「沈大允 철학 연구 : 『복리전서』를 중심으로」, 서울대학교 대학원 석사학위논문, 2011.

4 김하라, 「고부갈등에 대한 착잡한 시선 : 심대윤의 '祭姪女文' 분석」, 『한국고전여성문학연구』 15집, 한국고전여성문학회, 2007; 송혁기, 「沈大允의「孔阿賭傳」에 對하여」, 한국어문학 국제학술포럼 제3차 국제학술대회, 한국어문학국제학술포럼, 2007; 백민정, 「유교 지식인의 公 관념과 公共 의식 : 이익, 정약용, 심대윤의 경우를 중심으로」, 『동방학지』 160집, 연세대학교 국학연구원, 2012; 백민정, 「심대윤 公利論의 특징과 시대적 의미」, 『퇴계학보』 133집, 퇴계학연구원, 2013; 손혜리, 「조선후기 지식인의 생업에 대한 인식과 현실적 대응 : 19세기 白雲 沈大允의 경우를 중심으로」, 『한국고전연구』 30집, 한국고전연구학회, 2014; 이한영, 「沈大允의『白雲文抄』研究」, 성균관대학교 대학원 석사학위논문, 2014.

심대윤의 진면목에 접근하여 일정한 성과를 거두었다. 『백운집』의 완역은 더 많은 연구자들이 새로운 관점에서 심대윤의 사상과 문학을 바라보는 계기가 될 것으로 기대된다.

심대윤의 생애와 저술에 대해서는 이미 상당한 연구가 이루어졌다. 이 글에서는 『백운집』에 대한 이해를 돕고자 선행연구를 참조하여 심대윤의 생애와 저술, 그리고 『백운집』의 구성과 내용을 간략히 설명하고자 한다.

2. 심대윤의 생애와 저술

심대윤의 생애는 『심대윤전집』에 수록된 해제 및 연보에 자세하다. 심대윤은 본관이 청송(靑松), 자가 진경(晉卿), 호가 백운(白雲)·석교(石橋)·동구자(東邱子)이다. 심대윤의 집안은 소론의 명문으로서 그의 고조 심수현(1663~1736)은 영의정을 역임하였다. 그러나 증조 심악(沈鐸, 1702~1755)이 을해옥사(乙亥獄事)에 연루되어 처형당하고, 일족은 유배되어 뿔뿔이 흩어졌다. 심악의 아내 영일정씨(迎日鄭氏, 每蓮)와 당시 5세에 불과했던 아들 신지(新之, 松哥)는 남해(南海), 딸 미완(美完)은 사천(四川), 아우 필(鉍)은 부령(富寧), 아우 약(鑰)은 갑산(甲山), 조카 열지(說之)는 기장(機張)으로 유배되었다. 이들은 모두 해당 유배지에서 노비 신세가 되었다.[5]

심악의 아내는 유배지에 도착한 뒤 오래지 않아 자결하고 아들 신지

---

5 『承政院日記』, 英祖 31年 6月 4日.

만 살아남았는데, 신지의 차남 완륜(完倫)이 심악의 막내 아우 발(鈸)의
아들 무지(戊之)에게 출계하여 선영이 있는 안성(安城) 가곡(佳谷)으로
돌아오게 되었다. 심발은 1752년에 이미 세상을 떠났으므로 이 계열은
화를 면하였던 것으로 보인다.

<표> 심대윤의 가계

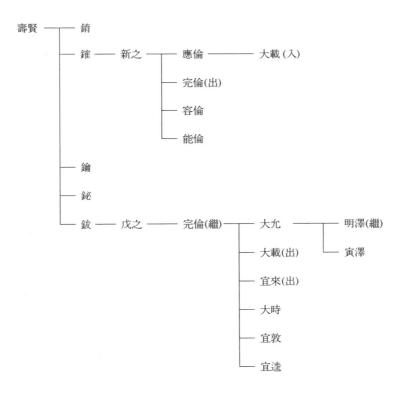

심대윤은 1806년 완륜과 의령남씨의 장남으로 태어났다. 심대윤의
회고에 따르면 그는 15, 16세부터 경서를 읽었으며, 정해진 스승은 없었

다고 한다. 그러나 그가 장성하면서 집안 형편이 갈수록 어려워지자, 그는 생계를 꾸릴 방도를 모색해야만 했다. 심대윤은 부친이 세상을 떠나기 전인 20대 후반, 한때 상업에 종사하기도 하였다.

경전에서 역사와 제자백가로 독서 범위를 넓혀 가던 심대윤은 34, 35세 무렵부터 경전으로 회귀하였다. 특히 37세 무렵 병으로 죽을 고비를 넘긴 경험은 그가 불후(不朽)의 사업에 더욱 힘을 쏟는 계기가 되었다. 아울러 이 무렵 서학(西學)의 점염이 가속화하면서, 그는 기존의 성리학과는 차별되는 새로운 학문적 체계를 구축하여 서학에 대응하고자 하였다. 이 와중에도 생계는 갈수록 어려워져 40세 무렵에는 모친의 봉양을 위해 아우들과 함께 목반(木盤)을 제조해 판매하였으며, 47세에는 안성에 약방을 열기도 하였다.

그러나 이러한 생계 활동이 사(士)로서의 그의 정체성을 흔들지는 못하였다. 심대윤은 『논어』의 주석 작업을 시작으로 『주역상의점법(周易象義占法)』(1842), 『대학고정(大學考正)』(1843), 『중용훈의(中庸訓義)』(1843), 『논어(論語)』(1851), 『시경집전변정(詩經集傳辨正)』(1859), 『서경채전변정(書經蔡傳辨正)』(1859), 『복리전서(福利全書)』(1862), 『예기정해(禮記正解)』(1872), 『의례정론(儀禮正論)』(1872), 『주례산정(周禮刪正)』(1872), 『효경산정(孝經刪正)』(1872) 등을 차례로 완성하였다.

젊은 시절 심대윤의 최대 숙원은 유배지에 묻힌 본생친(本生親)의 유해를 선영으로 옮기는 일이었다. 그는 36세 되던 1841년 광양으로 내려가 이듬해 증조모·조부·대고모의 유해를 모셔와 선영에 안장하였다. 아울러 후사 없이 세상을 떠난 팔촌 형 대관(大觀)[6]을 위해 남해에 거주

---

6 대관(大觀) : 심육(沈鋪)의 차남 열지(說之)의 손자로 자는 맹빈(孟賓)이다.

하는 친족 중에 물색하여 양자로 정해 데려오기도 하였다.

완륜의 장남으로 태어난 심대윤으로서는 당화(黨禍)에 연루되어 불행한 최후를 맞이한 증조의 신원(伸寃)이 무엇보다 절실하였을 것이다. 그런데 천장(遷葬)을 마친 심대윤은 증조의 신원을 위해 적극적으로 나서지 않았다. 그 이유는 본서의 '서(書)' 부분에 수록된 「친구에게 답한 편지〔答友人書〕」를 통해 알 수 있다. 이 글은 고종 즉위 직후인 1864년에 지은 것인데, 심대윤은 이 글에서 당시 고종의 즉위를 맞이하여 많은 죄인의 후손들이 신원을 청하여 허락을 받았으나, 이는 즉위 초의 민심 수습을 위한 조치에 불과할 뿐, 신원 대상자에 대한 공정한 평가에 따른 결과가 아니므로, 이러한 때에 부화뇌동하여 신원을 청할 수 없다는 뜻을 밝혔다. 결국 그는 생전에 증조의 신원을 이루지 못한 채 눈을 감았다. 족보에 따르면 심대윤은 1872년 7월 25일에 졸하였으며, 묘소는 양성(陽城) 구만리(九萬里)에 있다.

정인표(鄭寅杓)의 「동구선생서술」에 따르면 1927년 심대윤의 족손 심명섭(沈明燮)이 남은 저술을 간행할 계획을 세우고, 정인표가 교감 작업을 맡았다고 한다. 정인표 역시 '심대윤 학파의 유일한 고제'[7]로 일컬어졌다는 점을 고려하면, 심대윤의 학맥은 그의 사후로도 면면이 이어졌던 것으로 보인다. 심대윤의 시문을 모은 『한중수필』의 첫 면에 정인보(鄭寅普)는 '삼한경학(三韓經學)의 빛'이라는 찬사를 남겼으며, 1955년 다카하시 도오루(高橋亨)는 심대윤을 조선 양명학파의 중요 인물로 언급한 바 있다.[8] 그러나 이후 심대윤의 존재는 한동안 잊혀져 있다가 『한

---

7 「苦節窮山의 半生 學山 鄭寅杓氏 長逝」, 『동아일보』 1935년 12월 27일 기사.
8 다카하시 도오루, 이형석 역, 『조선유학사』, 예문서원, 2001.

국경학자료집성』과 『심대윤전집』의 간행으로 다시 세상에 알려지게 된 것이다.

3. 『백운집』에 수합된 원자료의 개관

『백운집』은 정리된 형태로 전해 온 책이 아니며, 그의 시문이 수록된 자료들을 수집해서 재편집한 것이다. 파악이 된 원자료를 개관하면서 이 책이 엮어진 경위를 밝혀 둔다.

(1) 『백운문초(白雲文抄)』: 서울대 규장각 소장

3권 3책의 필사본으로 판심과 계선은 없으며, 반곽 10행 21자로 필사 상태가 비교적 좋은 편이다. 각 권의 권두에 목차가 있고, 이어서 권1에 40편, 권2에 33편, 권3에 33편으로 총 106편의 글이 실려 있다. 수록된 글은 1843년부터 1868년 사이에 지은 것인데, 대체로 연도순으로 편차되어 있으나 일부 순서에 맞지 않는 글이 보이며, 전사(轉寫) 과정의 착오 때문인지 여타 이본에 비해 오자가 많은 편이다. 이로 미루어 비교적 후대에 만들어진 필사본으로 추정된다. 현전하는 이본 가운데 체재가 가장 완정하며 가장 많은 글이 수록되어 있다. 간행을 준비하는 과정에서 나온 정사본(淨寫本)으로 추정된다. 규장각본 『백운문초』의 목차는 『심대윤전집』 수록 『백운문초』 권1~3의 목차와 동일하다.

(2) 『한중수필(閒中隨筆)』: 연세대 도서관 소장

불분권 2책의 필사본으로 역시 판심과 계선은 없으며, 반곽은 11행 24자이다. 1책에 40편, 2책에 59편의 글이 수록되어 있는데, 「이충무공전

(李忠武公傳)」과 「제물론편론(齊物論篇論)」을 제외한 나머지는 모두 규장각본에 실려 있다. 다만 규장각본에 실려 있는 2-1 · 2 · 8 · 10 · 11 · 12 · 17 · 18의 8편은 이 책에 보이지 않는다.

수록 작품의 순서는 규장각본과 상당한 차이가 있다. 1책에 수록된 「이충무공전」 제하주에 "이하는 2권의 아래에 있어야 하는데, 여기에 남은 장이 있으므로 우선 베껴 보도록 한다〔以下當在二卷之下, 而此有餘張, 故姑爲謄覽〕."라는 내용이 보인다. 이것은 규장각본에는 없는 내용으로, 필사자가 남긴 것으로 보인다. 연세대본 1책의 「이충무공전」 이하에 수록된 글이 규장각본의 편차와 큰 차이를 보이는 것은 이 때문으로 추정된다. 또 2책에 수록된 「변학(辨學)」의 제하주에 "이 글은 「제유군문」 아래에 있어야 한다〔此當在祭柳君文下〕." 하였고, 또 「제유군하원문(祭柳君夏元文)」의 제하주에는 "이 글은 「변학」 위에 있어야 한다〔此當在辨學上〕." 라고 하였으니, 필사자가 편차 조정의 필요를 느꼈던 것으로 보인다. 이 밖에도 글자의 첨입 · 삭제를 표시한 내용이 더러 보인다.

〈표〉『한중수필』 목차

책	연번	편명	책	연번	편명
1	1	封建論	2	1	與元暉論文書
	2	諫昌陵書		2	一間亭記
	3	晉文公問守原論		3	一間又一首
	4	進建文平燕策		4	擬國語
	5	讀明史論人才不係時運		5	易蘇老泉辨奸論
	6	始終難易論		6	四尙堂文集序
	7	與李生論交道書		7	詛瘧文
	8	答李生論道書		8	蒼蠅賦

책	연번	편명	책	연번	편명
	9	柳君名字說		9	伍子胥傳後題
	10	答仲弟問祭書		10	漢列侯世家後題
	11	答仲弟問容貌書		11	題貨殖傳後
	12	與朴文蒸書		12	鼂錯傳後題
	13	論范雎遠交近攻之非		13	反招隱
	14	南鄰媼		14	潤色元暉病喩
	15	看羊錄後序		15	擬長門賦
	16	諸公會飲詩序		16	擬王介甫推命對
	17	祭鄭順安文		17	病中無聊戱改蘇老泉……
	18	與柳君華元書		18	對問
	19	爲商鞅上秦惠王自明書		19	余愛王半山讀孟嘗君……
	20	爲寒泉子論說趙破從……		20	前篇頗長故復作一首
	21	爲陳軫說楚王勿信張……		21	余讀錢謙益文集懼其……
	22	請秦王勿聽陳軫兩虎之說		22	辨東征二士論
	23	爲齊王畫致鼎之計		23	自警文
	24	縶隱書		24	駁許魯齋論士之進退行藏
	25	鷹峰序		25	擬曾南豊宜黃縣學記
	26	又		26	擬王半山原過
	27	醒醉翁說		27	孔阿賭傳
	28	安貧論		28	祭侄女文
	29	擬宋岳飛請寢和議表		29	八子百選批評往鄭君……
	30	送西神文		30	辨學
	31	東邱子自解		31	客抵大德相公書
	32	責雨師文		32	祭柳君夏元文
	33	季子廟記		33	象祠記
	34	李忠武公傳		34	辨柳宗元斬曲几文

책	연번	편명	책	연번	편명
	35	泛湖亭記		35	顔子不貳過論
	36	占夢		36	改黃州竹樓記
	37	又一首爲周世出		37	懶菊齋序
	38	釋筮		38	水小蟲
	39	霜蟬賦		39	治木盤記
	40	齊物論篇論		40	紋菊
				41	擬戰國策
				42	秋蟲賦
				43	伯夷傳
				44	秋日有懷偶成轉韻三……
				45	南谷鄭丈人六十一壽並序
				46	延安黃堂重修記
				47	問禮對
				48	東方對
				49	先己後人對
				50	問學對
				51	朋黨論
				52	驗實篇
				53	善惡一本論
				54	食戒
				55	權說
				56	風俗論
				57	本過
				58	人道
				59	飛鳳書院重修記

(3) 『백운집(白雲集)』: 한국학중앙연구원 장서각 소장

불분권 1책의 필사본으로, 판심과 계선이 있으며 반곽은 10행 20자, 권수제는 백운집이다. 유려한 필체로 필사되어 있으며, 역시 수정한 흔적이 더러 보인다. 총 26편의 글이 수록되어 있는데 대부분 『백운문초』와 『한중수필』에 실린 것이며, 이 책에만 실린 것은 「혹문(或問)」과 「동구자해(東邱自解)」 2편이다. 다만 자구의 차이는 더러 나타나는데, 일례로 「객저대덕상공서(客抵大德相公書)」 제하의 "간언하는 글 중에서는 천 년의 절조이다〔諫書中千年絶調〕.", 「연안비봉서원중수기(延安飛鳳書院重修記)」 말미의 "입론이 높고 결구가 치밀하다〔立論高而結構密〕." 등의 평어는 여타 이본에는 보이지 않는 평어이다. 이 밖에도 평어의 출입이 더러 보인다.

〈표〉 장서각 소장 『백운집』 목차

연번	편명	연번	편명
1	或問	14	延安黃堂重修記
2	東方對	15	送鄭稗亨序
3	先己後人對	16	南谷壽詩並序
4	問學對	17	秋日有懷偶成轉韻三十二……
5	明黨論	18	霜蟬賦
6	驗實篇	19	答東介子辨斬曲几文
7	善惡一本論	20	東邱自解
8	食戒	21	占夢
9	權說	22	又一首爲周世出
10	風俗論	23	釋筮
11	本過	24	擬諫楚獄書
12	人道	25	延安飛鳳書院重修記
13	客抵大德相公書	26	五無軒序

(4) 『백운집』: 영남대 동빈문고 소장

원래 동빈(東濱) 김상기(金庠基) 선생이 소장했던 문헌이다. 『남정록(南征錄)』이 앞쪽에 나와서 관심을 끌며, 그 아래로 48편의 산문이 수록되어 있다. 산문 작품들은 「양한문비평후제(兩漢文批評後題)」를 빼놓고는 대부분 위의 자료에 보이는 것이다.

　『남정록』은 심대윤이 유배지에서 죽어 돌아오지 못했던 증조모와 조부, 대고모의 유해를 모시고 와서 고향에 반장했던 사실을 기록한 내용으로, 제문·기행시·기행문 등의 형식을 취하고 있다. 심대윤의 가문과 자신에 있어서 가장 절실한 내용을 담고 있는 내용이다.

(5) 『백운유초(白雲遺草)』: 개인 소장

심대윤의 제자 중 한 분인 학산(學山) 정인표(鄭寅杓, 1855~1935)의 증손자인 정문영(鄭文泳) 옹의 장서에 들어 있는 문건이다. 전체 10장의 소책자로 앞쪽의 4장은 독서기와 일록이 잡기된 것으로 미정리 상태이다. 뒤로 6장에 시편이 연대순으로 적혀 있다.

　1838년에서 1845년 사이에 지은 것으로 모두 48제 53수이다. 앞부분의 잡기는 취하지 않고 뒷부분만 시부에 수록했다.

4. 『백운집』의 특징적인 성격

『백운집』의 내용을 살펴보면, 의작(擬作)과 개작(改作)이 상당한 비중을 차지하고 있다는 사실을 확인할 수 있다.

〈표〉『백운문초』 수록 의작 및 개작

작품명	원작	형태
象祠記	王守仁,「象祠記」	개작
擬戰國策	『戰國策』	의작
改黃州竹樓記	王禹偁,「黃州竹樓記」	개작
擬國語	『國語』	의작
易蘇老泉辨奸論	蘇洵,「辨奸論」	개작
擬長門賦	司馬相如,「長門賦」	의작
擬王介甫推命對	王安石,「推命對」	의작
病中無聊戲改蘇老泉上田樞密書	蘇洵,「上田樞密書」	개작
余愛王半山讀孟嘗君傳文簡而折緊戲擬之而效	王安石,「讀孟嘗君傳」	의작
前篇頗長故復作一首	王安石,「讀孟嘗君傳」	의작
擬曾南豊宜黃縣學記	曾鞏,「宜黃縣學記」	의작
擬王半山原過	王安石,「原過」	의작
擬諫楚獄書	『後漢書』	의작
封建論擬柳州	柳宗元,「封建論」	의작
諫昌陵書	劉向,「諫起昌陵書」	의작
晉文公問守原論	柳宗元,「晉文公問守原議」	의작
進建文平燕策	『明史』	의작
爲商鞅上秦惠王自明書	『戰國策』	의작
爲寒泉子論說趙破從, 武安君不如張儀	『戰國策』	의작
爲陳軫說楚王勿信張儀之言	『戰國策』	의작
請秦王勿聽陳軫兩虎之說	『戰國策』	의작
爲齊王畫致鼎之計	『戰國策』	의작
擬宋岳飛請寢和議表	岳飛	의작
季子廟記	茅坤,「季子廟記」	의작

이상과 같이 『백운집』에 수록된 작품 가운데 의작 및 개작은 24편에 달한다. 심대윤의 이러한 글쓰기 방식은 비단 원작을 모의하여 재현하는 수준에 그치지 않고, 원작의 주제를 완전히 새롭게 구현하거나 비판하는 데까지 나아갔다. 재래의 논의에 대한 비판적 성향은 독후감 성격의 글에서 더욱 뚜렷이 나타난다. 유종원의 「참곡궤문(斬曲几文)」을 비판한 「변유종원참곡궤문(辨柳宗元斬曲几文)」, 『사기』를 읽고 쓴 사평(史評) 형식의 「오자서전후제(伍子胥傳後題)」, 「한열후세가후제(漢列侯世家後題)」, 「제화식전후(題貨殖傳後)」, 「조조전후제(鼂錯傳後題)」, 전겸익(錢謙益)에 대한 비판이라 할 수 있는 「여독전겸익문집(余讀錢謙益文集……)」과 「변동정이사록(辨東征二士錄)」, 허형(許衡)의 「여두선생(與竇先生)」을 논박한 「박허노재논사지진퇴행장(駁許魯齋論士之進退行藏)」 등이 그것이다. 이 밖에 김종직의 『점필재집』을 읽고 쓴 「독점필재집유감이작(讀佔畢齋集有感而作)」, 『명사』를 읽고 쓴 「독명사론인재불계시운(讀明史論人才不係時運)」 등도 기존의 문헌을 바탕으로 논의를 전개한 글이다.

운문(韻文)은 부(賦) 5편과 오언고시(五言古詩) 1편에 불과하며, 대개의 문집에서 다수를 차지하는 응수문자(應酬文字) 역시 드문 편이다. 서문으로는 척숙을 위해 지은 「나국재서(懶菊齋序)」, 제자 정기하(鄭基夏)를 위해 지은 「송정치형서(送鄭穉亨序)」, 수서(壽序)에 해당하는 「남곡정장인육십일수병서(南谷鄭丈人六十一壽並序)」, 강계행(姜季行)의 당호(堂號)를 풀이한 「오무헌서(五無軒序)」, 벗 유하원(柳夏元)의 서재에 부친 「오은서(鰲隱序)」, 벗 강혜백(姜惠伯)의 호를 풀이한 「응봉서(鷹峰序)」 등이 있다. 기문으로는 「일간정기(一間亭記)」, 「연안황당중수기(延安黃堂重修記)」, 「연안비봉서원중수기(延安飛鳳書院重修記)」, 「범호정기(泛湖亭記)」 등이 있다. 제문은 「제유군하원문(祭柳君夏元文)」, 「제질녀문(祭姪

女文)」, 「제이원휘문(祭李元暉文)」, 「제정순안문(祭鄭順安文)」 등 4편에
불과하다. 편지가 11편 실려 있지만 모두 편지의 형식을 빌어 자신의
논의를 개진한 글로서 논변(論辨)의 성격이 짙다. 이 밖의 대부분의 글
역시 논변에 해당한다.

5. 맺음말

『심대윤전집』 수록 『백운문초』는 규장각본 『백운문초』를 저본으로 삼
고, 연세대본 『한중수필』, 장서각본 『백운집』, 영남대본 『남정록』에서
규장각본에 실려 있지 않은 시문을 추가한 것이다. 규장각본에 수록된
글은 연세대본과의 교감을 거쳤으며, 해당 행의 두주(頭註)에 글자의 출
입을 표시하였다. 본서는 교감을 거친 『심대윤전집』 수록 『백운문초』를
저본으로 삼고, 여기에 『백운유초』를 추가하여 번역하였다. 번역 과정
에서 교감을 거듭하면서 『심대윤전집』 수록 『백운문초』의 오류를 바로
잡아, 번역본이면서 동시에 정본(定本)으로서의 위상을 부여하고자 하
였다.
　　본서는 익선재(益善齋)에서 강독작업으로 이루어졌다. 『병세재언록
(幷世才彦錄)』(1997), 『매천야록(梅泉野錄)』(2005), 『삼명시화(三溟詩話)』
(2006), 『정헌쇄록(貞軒瑣錄)』에 이은 다섯 번째 성과이다. 이 『백운집』
강독은 임형택 교수의 지도하에 2004년부터 2010년까지 6년에 걸쳐 이
루어졌으며, 이후 2년에 걸쳐 강독 결과물을 전면 검토하였다. 강독 및
검토 과정에 참여한 총 인원은 25명이다. 강독을 마치고 검토를 거듭하
는 더딘 작업의 와중에 재단법인 실시학사의 지원을 받아 실학번역총서
로 출간하는 기회를 얻게 되었다. 본서의 출간이 심대윤이라는 인간과

그 사상의 전모를 한층 깊이 있게 이해하고, 나아가 19세기 조선사회의
사상적 동향을 조망하는 계기가 되기를 기대한다.

일러두기

1. 이 책은 백운 심대윤이 남긴 시와 산문들을 수집하여 문집으로 신편한 것이다. 그의 시문을 전하는 책자로 현재 파악된 것이 5종이다. 모두 필사본으로 체제를 갖춘 상태가 아니기에, 전체를 통괄하여 전통적인 문집체제로 편성하였다.

2. 성균관대학교 대동문화연구원에서 『심대윤전집』(전 3책, 2000년)을 영인으로 발간했던 바 그 1책에 수록된 『백운문초』를 기본 텍스트로 하고 여러 이본들을 참조했다.

3. 번역문을 앞에 싣고 원문을 뒤에 붙였다. 번역문에는 독자의 이해를 돕기 위해 비교적 자상한 주석을 달았으며, 원문에는 이본대조와 교감한 결과를 제시했다.

4. 부록으로 백운의 제자인 정인표(鄭寅杓)가 찬한 「동구선생서술(東邱先生敍述)」과 「송오선생사략(松塢先生事略)」(백운의 수제자로 인정을 받았던 鄭基夏에 대한 기록)을 수록했다. 아울러 「백운 심대윤 선생 연보」를 수록했다. 연보는 임형택이 작성하여 『심대윤전집』에 실었던 것을 수정한 것이다.

5. 이 책은 여러 연구자들과 공동작업으로 이루어졌다. 각자 분담해서 역주해 온 초고를 여럿이 함께 토의, 조사하는 방식으로 진행하였다. 다시 전부를 재독하였다. 1차 독회에 4년여, 2차 독회에 3년여의 시일이 걸렸다. 그리고 번역문을 다듬고 문집체제로 바꾸고 교정을 보는 데 또 1년이 추가되었다.

6. 본 독회는 2004년부터 대동문화연구원의 원장실에서 하다가 2009년 2월 이후로는 임형택의 연구실인 익선재(益善齋)에서 하였다.

사부(辭賦)

1   추충부

秋蟲賦

계묘(1843년, 헌종 9)의 해

팔월의 저녁

지루한 장마 막 그치고

하늘도 맑게 개었는데,

밝은 달은 동쪽 산마루에서 떠오르고

서늘한 바람은 서쪽 들판에서 일어나도다.

이내는 흩어지고 이슬도 하얗고

구름이 걷혀 하늘은 파란데,

그윽하고 고요한 풍경을 감상하며

천기가 바뀌어 감을 느끼노라.

술잔 들고 금(琴)을 가져다

선보(宣父)¹의 곡조를 연주하며

석인(碩人)의 노래²를 읊으니,

도도한 즐거움에

후휴하며 탄성을 발하노라.

---

1 선보(宣父) : 공자(孔子)를 가리킨다. 공자가 문선왕(文宣王)의 시호를 받았기 때문에 붙여진
   말이다. 공자는 평소에 현악기를 좋아하여 특별한 이유가 없으면 즐겨 연주했다고 한다.
2 석인(碩人)의 노래 : 『시경』, 「위풍(衛風)」의 편명이다. 석인은 원래 위나라의 왕비인 장강
   (莊姜)을 가리킨다. 모서(毛序)에 이르기를, "「석인」은 장강을 민망히 여긴 시이다. 장공
   (莊公)이 사랑하는 첩에게 미혹되어 첩으로 하여금 교만하여 윗사람에게 참람하게 하니,
   장강은 어질어도 보답을 받지 못해 끝내 자식이 없었다. 그러므로 나라 사람들이 딱하게
   여기고 걱정한 것이다."라고 하였다.

이때 벌레 소리 일제히 일어나
그 소리 가을 풀에 울리도다.
처음엔 숲을 감돌며 길게 들리더니
이내 방으로 들어와 슬피 호소하네.
절절하여 원망하는 듯
즐즐하여 고민하는 듯.
머리를 조아리고 날개를 부비며
오르락내리락 새벽까지 그치질 않네.
맑은 하늘 어여쁜 달 아래
은사(隱士)의 즐거움과 같지 않나니
차가운 이슬 쓸쓸한 바람에
단지 자신의 괴로움만 애절하여라.
너 오직 무지한 미물로서
날벌레의 형체로 태어났음에도
뜻을 얻으면 조용히 있다가
불평이 있으면 울어대는가?
마음을 편히 갖는 데엔 어둡고
한낱 비탄의 정회를 품는단 말인가?
가을 매미의 소리를 이어받아
봄 새의 화평한 소리는 모르는가?
홀로 자는 한 많은 여인을 울리고
고독히 읊조리는 고결한 선비를 눈물짓게 하는가?
처절하여 사람을 감동시키기에 알맞고
악기로 연주하는 애달픈 소리와 방불하여라.
너의 한이란 어디서 나오는가

짐짓 무슨 중요한 임무에 마음을 쓰는 것이 아니요,
홀로 추위를 막을 날개와 털도 없어
가을 기운이 먼저 침노함을 견디지 못해서지.
음양이 차례로 움직이고
추위와 더위는 번갈아 바뀌니
대개 매서운 기후가 오는 것은 때가 있거늘
어찌 길게 무더운 여름이 계속되랴?
입을 옷도 거처할 집도 마련하지 못했으니
밤중에 추위로 부르짖을 밖에.
스스로 대책을 세우는 데 슬기롭지 못했으니
시름하여 우는 것은 당연한 일이로다.
이에 이르러 서글피 즐겁지 않은 마음으로
술잔을 멈추고 멀리 둘러보다가
멀찍이 서서 방황하며
물러나 앉아 한숨을 쉬노라.
나는 다행히도 집에서 거처하고 따뜻한 밥 먹으며
춥고 배고픔이 몸을 괴롭힘이 없도다.
사생(死生)을 한가지로 보아 순리대로 가니
세월이 흘러감을 애석해하지 않는도다.
천명을 즐겨 하여 자기 위치에 편안하니
빈천에 따른 근심이 사라지도다.
아아, 스스로 독립하여 즐기니
'왕천하(王天下)'하는 것과도 바꾸지 않는다.
인도를 구하여 도를 얻었으니
또다시 어찌 긴 생각을 품으리오?

인간은 만물 가운데 영장이라

하늘과 땅과 함께 삼재(三才)를 이루도다.

하늘로부터 품부받은 바 직분이 있으매

분수를 따라서 자기 임무를 이룸이 귀하도다.

떳떳치 못하게 자리만 차지하고 녹을 축낸다면

이 곧 상서롭지 못하여 재앙이 될 것이로다.

선비는 맡은 책임이 특히 무거우니

세상을 바로하여 도를 밝힘에 있도다.

하늘이 나에게 내려주심이 유독 많은지라

연성(連城)의 기보(奇寶)³를 품고 있도다.

세상 풍속이 혼미함을 애달파하노니

가을 귀뚜라미 밤에 우는 것 같도다.

이해(利害)의 실사(實事)에는 어둡고

과시하고 아첨하며 허명을 좇아

앞다투어 함정을 향해 덤벼들다가

끝내 깨닫지 못한 채 자기 몸을 마치도다.

어찌하여 험한 길에서 어렵게 가다가

마냥 안타까워하며 남들을 원망만 하는가?

어디에 선각자 있어 우리 백성들을 깨우쳐

이 세상을 요순(堯舜) 시대로 만들어 놓을까?

품은 뜻을 펴지 못해 답답한 심사에

---

3 연성(連城)의 기보(奇寶) : 매우 진귀한 보배를 일컫는 말이다. 전국 시대 화씨벽(和氏璧)
은 천하의 귀중한 보배로서 조(趙)나라에 있었는데, 진(秦)나라 왕이 자기 나라의 15개
성(城)과 교환하자고 제의를 했다. 여기서 연성벽(連城璧)이란 문자가 나오게 되었다.

서릿발 어린 칼을 어루만지며 서성이는도다.
공자야말로 바른길을 걸었다고 생각하여
또한 폐백을 싣고서 서둘러 보노라.⁴
아침부터 밤늦게까지 잠 못 이루고 근심하고 조심하며
나의 직분에 잘못이 있을까 걱정하는도다.
세상의 성쇠에 운이 있음을 모르지 않건만
그래도 비분강개하여 마음이 격렬해지도다.
가을 벌레 소리를 듣고 감회가 더해 가서
뜨락을 걸으며 한숨을 쉬노라.
아! 저 꿈틀대는 조그만 벌레들
사람과 더불어 근심을 함께하지 못하누나!
너희들, 너희 자신의 불행에 스스로 울 뿐이요
나는 세상을 근심하여 슬퍼한단다.
슬퍼하는 가락은 같지만 내용은 다르거늘
어찌하여 나의 거실에 들어와서 나의 한숨을 보태 주는고?

평어 일만 개의 구슬이 굴러 금쟁반이 매끄러운 듯하고, 누에고치에서 실이 뽑혀져 물레에 가볍게 감기는 듯하다.

평어 식견이 높고 문장의 힘이 굳세다.

---

4 폐백을 …… 보노라 : 공자는 자기의 도를 실현하는 것을 중시했는데, 도를 실현하자면 자신이 지위가 있어야 했다. 그래서 자기를 써 줄 임금을 만나기 위해서 선물을 가지고 천하를 돌아다녔다고 한다. 『맹자』, 「등문공 하(滕文公下)」에 "전(傳)에 이르기를, '공자께서는 3개월 동안 섬길 군주가 없으면 서둘러 국경을 나감에 반드시 폐백을 싣고 갔다.'라고 하였다〔傳曰, 孔子三月無君, 則皇皇如也, 出疆, 必載質〕."라는 말이 있다.

2 창승부

蒼蠅賦

원주 구양공(歐陽公)의 「증창승부(憎蒼蠅賦)」는 속된 취향이 많은데다, 고사를 사용하고 구절을 다듬음에 있어 소인(騷人: 문인)의 풍골(風骨)이 부족해 다소 좋지 못하다고 느꼈다. 그래서 병중에 재미 삼아 바꾸어 보았다.

안타깝다! 하늘이 우리 민생(民生)을 위해 두터이 보살피셨거늘
어찌하여 괴롭히고 해치는 것이 이다지 많단 말인가?
사람을 물어뜯는 승냥이며 호랑이는
다행히도 그 자취, 깊은 산 속에 머물러 있고
독을 뿜는 독사며 전갈 따위는
숲과 늪에 가야 만나거늘
우리 몸을 가렵게 하는 이며 벼룩
피부를 물어뜯는 모기며 등에
아무리 피부에 침노하는 우환이라도
쫓아버릴 수 있으니 심히 걱정하리오?
오직 이 파리의 괴로움이야
성인의 지혜로도 어찌할 수 없었더라.
그 형체는 아주 조그맣지만
해를 끼침은 매우 크고
그 무리 번성하여
죽여도 죽여도 끝이 없어라.
똥구덩이에서 생겨나
날개가 돋혀 날아오르니

구역질나도록 더러운데다가

생긴 모양 가증스러워라.

대가리를 흔들고 눈알을 굴리며

앞다리를 비비고 뒷다리를 꼬고

백벽(白璧)을 더럽혀서 원한을 사고[5]

황계(黃鷄)를 혼란시켜 때도 없이 울게 하네.[6]

흑백을 어지럽게 만들어

시비를 뒤집어 놓고,

쌓인 파리똥을 헤아려 징조를 밝혀내고[7]

파리가 코에 몰려든 것을 점쳐 은미한 일을 알았으니,[8]

참소하는 자들이 번갈아 어지럽히는 데 비유되며

---

5 백벽(白璧)을 …… 사고 : 백벽은 하얗고 깨끗한 옥기(玉器)의 일종인데, 이런 것도 파리에 의해서 더럽혀질 수 있다는 뜻이다. 당나라 진자앙(陳子昂)의 시에 "파리가 한 번 내려앉아 점을 찍음에 백벽에게 원한을 사게 되었네[靑蠅一相點, 白璧遂成寃]."라는 구절이 있다.

6 황계(黃鷄)를 …… 하네 : 세월이 빠름을 비유한 말로, 당나라 백거이(白居易)의 「취가(醉歌)」에 "황계는 새벽을 재촉하여 축시에 울고, 백일은 해를 재촉하여 유시에 넘어가누나[黃鷄催曉丑時鳴, 白日催年酉時沒]." 하였다.

7 쌓인 …… 밝혀내고 : 한(漢)나라 창읍왕(昌邑王)이 파리똥이 쌓인 꿈을 꾼 고사를 말한다. 창읍왕은 파리의 똥이 서쪽 계단의 동쪽에 오륙 석이나 쌓인 꿈을 꾸고서 낭중령으로 있던 공소(龔遂)에게 물었다. 공소는 『시경』, 「청승(靑蠅)」을 외우며, 파리의 똥은 더럽고 불길한 것이니 임금님의 측근에 참소하는 무리들이 많다는 뜻이라고 풀이하였다 한다(『한서(漢書)』, 「창읍왕전(昌邑王傳)」).

8 파리가 …… 알았으니 : 삼국 시대 위(魏)나라의 관로(管輅)가 하안(何晏)을 위해 해몽해 준 고사를 말한다. 『삼국지(三國志)』, 「위서(魏書)」, '관로전(管輅傳)'에 따르면, 하안이 콧등에 파리가 달라붙은 꿈을 꾸고 관로에게 풀이해 달라고 하자, 관로는 "코는 천중(天中)의 산이라 높지만 위험하지 않기 때문에 오랫동안 고귀한 지위를 지킬 수 있는 것입니다. 그런데 그곳에 더러운 파리가 모여들었으니, 높은 지위에서 타락할 징조입니다." 하였다. 하안은 이 꿈풀이를 믿지 않았으나 십여 일 후 정변이 일어나 죽임을 당했다.

『모시(毛詩, 시경)』에서도 지번(止藩)[9]을 읊었더라네.

너희들 자리를 지저분하게 만들고

의관을 더럽히며

술이며 국에 빠져들어

음식상에 들끓으니,

비단옷은 다시 입을 수 없고

진수성찬은 다시 먹을 수 없구나.

더구나 구더기들이 무한히 생겨나서

썩고 문드러진 데 득시글거리고,

쫓으면 잠깐 날아갔다 금방 몰려드니

아무리 때려잡아도 가엾을 것이 없어라.

이미 두려움도 없는데다 거리낌도 없으니

왱왱거리고 덤벼들어 탐을 부려서

막아 놓은 종이를 뚫기도 하고 발 사이로 침투하며,

사람의 콧구멍을 파고들어

살점을 핥고 콧물을 빨며,

치마 속이나 옷소매로 기어들어

옥주(玉麈)[10]를 계속 흔들어대야 하니

이소인(泥塑人)[11]의 자태를 잃게 만드누나.

---

9 지번(止藩) : 파리가 울타리에 내려앉는다는 뜻이다. 『시경』, 「소아(小雅)」, '청승(靑蠅)'에 "앵앵거리는 파리가 울타리에 앉았도다. 온화한 군자여, 참소하는 말을 믿지 말지어다〔營營靑蠅, 止于樊. 豈弟君子, 無信讒言〕." 하였다.

10 옥주(玉麈) : 옥으로 자루를 만든 먼지떨이인데, 고승(高僧)이나 문인 사대부들이 담화를 할 때 손에 들곤 하였다.

11 이소인(泥塑人) : 진흙으로 만든 사람의 형상이다. 송(宋)나라 정호(程顥)는 평소에는 이

벼루에서 먹물을 빨아다가

이 책 저 책에 옮겨 놓고,

이리저리 왔다갔다 앉았다 날았다

종횡으로 베를 짜듯 하니,

군자는 예의를 차릴 도리가 없고

공부하는 이들 책을 펴 놓을 수 없네.

그놈의 소행을 낱낱이 헤아려 보매

실로 백 가지에 하나도 칭찬할 일은 없구나.

천리마에 붙어 먼 길을 간다지만[12]

남의 덕만 보는 것이지 제 공이 아니로다.

재여(宰予)는 낮잠을 자다가

공자님께 엄한 꾸지람을 들었으며,[13]

변생(邊生)은 낮잠을 자다가

제자들에게 조롱을 받았더라네.[14]

소인처럼 앉아 있었는데, 사람을 대하면 곧 온화한 기색이 일어났다고 한다(『근사록(近思錄)』, 「관성현(觀聖賢)」).

12 천리마에 …… 간다지만 : 파리가 천리마의 꼬리에 붙어 있으면 저절로 먼 길을 갈 수 있다는 뜻으로, 남의 도움으로 무엇이 이루어지는 것을 비유한 말이다. "파리는 몇 걸음 이상을 날지 못하나, 곧 준마의 꼬리에 붙으면 무리에서 뛰어날 수 있다." 하였다(『후한서(後漢書)』, 「외효전(隗囂傳)」). 우리 속담에도 '천리마 꼬리에 파리 붙어 가듯.'이라는 말이 있다.

13 재여(宰予)는 …… 들었으며 : 재여는 공자의 제자이다. 『논어』, 「공야장(公冶長)」에 재여가 낮잠 자는 것을 보고, 공자는 "썩은 나무는 새길 수 없고, 더러운 흙은 흙손질을 할 수 없다[朽木不可雕也, 糞土之牆不可杇也]."라고 깨우친 바 있다.

14 변생(邊生)은 …… 받았더라네 : 변생은 동한(東漢) 때 학자인 변소(邊韶)이다. 그는 공자가 재여를 경계한 고사를 인용하여 낮잠 자는 제자들을 엄히 훈계하였다. 그런데 자기가 낮잠을 자며 게으른 태도를 보인 일이 있어 제자들이 "변효선의 배는 뚱뚱한데, 독서를 게을리하고 낮잠만 잔다네."라는 노래를 지어 그를 조롱하였다. 그는 이 노래를 듣고서

너희가 사람을 성가시게 굴어
저들의 게으름을 깨우치게 할 수 있으니,
용서 못할 행위로 용서를 구할 수 있겠으나
만 번 죽일 때 한 번 너그럽게 봐주리라.
오호라! 대자연[15]이 만물을 펼침에
이치가 한쪽으로 치우치지 않나니
양(陽)이 있으면 반드시 음(陰)이 있고
현자가 있으면 반드시 간악한 자도 있다네.
천하에 어진 짐승 상서로운 새만 있고
요사스럽고 나쁜 것은 없도록 할 수 있을까 보냐?
어찌 저들을 심하게 미워할 것인가?
오직 나에게는 다스리는 방도가 있나니
나는 짐짓 참고 너희들에 대해
가까이 하지도 않고 때려잡지도 않으면
크게 잘못될 일은 없으리라.
나의 바라는 바대로 나아가
천지가 쌀쌀해져서 저절로 없어지길 기다리리라.

원주 만약 옛날부터 소인이 없었다면 군자에게 시련이 없었을 터이요, 군
자에게 시련이 없었다면 또한 게을러지고 해이해져서 성취가 없을 것이다.

"배가 뚱뚱한 것은 오경(五經)이 가득 찼기 때문이고, 잠을 자면서도 경전의 일만 생각하
여, 잠들면 주공(周公)과 꿈에서 만나고, 고요히 있을 땐 공자와 뜻을 같이하네."라고
응수했다 한다.
15 대자연〔大鈞〕: 대자연 혹은 조물주를 이르는 말이다. 균(鈞)은 도기를 만드는 데 쓰이는
물레를 가리키는데, 그것으로 갖가지 그릇을 만들 수 있기 때문에 전용(轉用)된 것이다.

그런 까닭에 "너희가 사람을 성가시게 굴어, 저들의 게으름을 깨우치게 할 수 있으니"라고 한 것이다. 인간 중에 소인이 있는 것은 하늘에 음(陰)이 있는 것과 같은 격이니, 힘을 써서 단절시킬 수 없다. 다만 양이 성해지면 음이 저절로 물러갈 것이라, 군자의 소인에 대한 것도 이와 같다. 그런 까닭으로 이 글의 끝에 뜻을 붙인다.

3   상선부

霜蟬賦

너 매미는 허물을 벗고 날개가 돋아
바람을 마시고 이슬을 머금으며
석양의 물가에서 노래하고,
그늘 짙게 드리운 나무 사이로 날아간다.
소리는 맑고 시원하여 공중에 가득차고
모양은 화려하고도 아로새긴 듯하여라.
일세에 선망하는 바 되어
시인이며 소객들이
다투어 예찬하여 입에 오르내리네
이제는 모두 지난 일이 되었으니
더 말할 것도 없이 되었구나
때마침 구월 초가 되니
하늘에서 비가 오늘도 내리고 내일도 내려
비가 그치면 서리가 곧 내릴지니
서리가 내리면 너는 사라지겠지.
아침나절에 동구자 지팡이 짚고
뜰의 한 구석을 거닐다가
세운 뜻이 멀고 아득함을 생각하고
가을 기운 몸에 깊이 스미는 것을 느끼는데
마침 매미 한 마리가
굽은 나무 가지에 붙어 있더라.
그 형체 초췌하고

날개조차 부서진 채로
금상(金商)¹⁶의 여운을 울리니
그 음조 더욱 처절하더라
그 소리에 놀라는 자 전날보다 애달프다 하고
그 모양 본 자 시간이 가면 사라질 걸 슬퍼하네
아아 안타깝도다!
계절은 흐르고 바뀌매
만물 또한 차고 기우는데
하물며 너 매미 우뚝 서는 데 어두워
높은 데 올라 앉아 헛소리만 질렀으니
다시 무엇을 믿고 오래 살아남기를 기대하리오?
끝내는 파리의 탐욕, 모기의 독성, 쓰르라미의 울음과 함께
자취도 없이 사라질 운명에 처했구나
본디 천지의 가득찬 기운으로 화순(化醇)¹⁷하매
음양을 머금어 교합이 이루어지거늘
너 매미는 만물 중에서 미세한 것이고
사람은 만물의 영장이라.
금석처럼 견고한 바탕은 없지만
수화(水火)의 신명을 부여받았으니
의당 형(形)이 없이 서고, 동(動)하지 않고 행하는도다.

---

16 금상(金商) : 금은 오행(五行)의 하나로 가을에 해당하고, 상은 오음(五音)의 하나로 슬픈 소리이므로 이 역시 가을에 해당한다.
17 화순(化醇) : 기화(氣化)에 의한 변화 및 생성을 가리키는 말이다. 『주역』, 「계사 하(繫辭 下)」에 "天地絪縕, 萬物化醇, 男女構精, 萬物化生."이라고 하였다.

소리를 높이 울리고 빛남을 드리우니, 음양을 아울러 조화를 이루네
어찌 너와 같이 고결하고 맑은 소리로
한철의 명성을 이루는 데 그치랴!
저 파리, 모기의 탐욕, 독성, 쓰르라미의 울음과는
차이가 매우 크도다
그럼에도 마지막에 이르러서는
똑같은 운명에 처한단 말인가
나는 정기를 비축하기를 그치지 않거늘
너는 있는 대로 소모하여 화를 입는구나
어찌 길이 다른데 함께 의논할 수 있으리오만
충고를 하면 얼굴을 붉힐까 두렵구나
일러 주어도 제가 듣지 않음이요
내 어진 마음이 인색해서가 아니로다.
국화꽃을 보며 서리를 이기고
상배(桑盃)¹⁸를 들어 추위를 떨쳐내며
시절에 따라 즐기고
처지에 순응하여 편안한데
만 년 세월이 재로 바뀐 것을 보며 우뚝이 섰으니,
이야말로 태산의 일관봉(日觀峰)¹⁹이라 하리라.
흉년은 도주공(陶朱公)²⁰의 집에 오지 않고

---

18 상배(桑盃) : 뽕나무로 만든 그릇이라는 뜻으로 검소한 생활을 의미한다.
19 일관봉(日觀峰) : 태산의 봉우리의 하나이다. 이곳에서 일출을 보기에 좋다 하여 붙여진
   이름이다.
20 도주공(陶朱公) : 월왕(越王) 구천(句踐)을 도와 큰 공을 세운 범려(范蠡)의 별칭이다.
   그는 공을 세운 다음 물러나 종적을 감추고 재산을 모아 큰 부자가 되었다고 한다.

질병은 화완(和緩)[21]의 난간에 붙지 못하는구나.

애닯다!

홀로 너를 위해 길이 탄식하노라.

---

21 화완(和緩) : 춘추 시대 진(秦)나라의 유명한 의사인 화(和)와 완(緩) 두 사람을 말한다.

4   반초은

反招隱

어떤 인물이 산속 깊이 은거하고 있는데,

예로부터 오늘에 이르도록 비교할 자 없도다.

비단결 같은 마음에 옥 같은 자질이요,

두 눈동자 형형하여 빛이 흐르는 듯,

귓바퀴는 눈으로 빚은 듯 하얗고

코는 호병(壺瓶)을 매달아 놓은 듯.

이빨은 자개를 나란히 박아 놓은 듯,

입술은 구슬을 머금은 듯.

가을 서리처럼 빼어난 기상에

깨끗한 피부에 난초 향기 스민 듯.

하늘이 나에게 맑은 바탕을 내려 주심에,

식음도 잊고 오로지 수도(修道)를 하노라.

오색 구름 수놓은 비단옷을 입고,

하늘의 노을로 짠 깁을 걸쳤도다.

명월의 현주(玄珠)²²를 허리에 차고

요대(瑤臺)²³의 경화(瓊華)를 따서 손에 들고,

진귀한 해계서(駭鷄犀)²⁴를 두르고,

가을 연꽃의 청초한 감빛으로 옷을 해 입었노라.

---

22 현주(玄珠) : 도교의 용어로 도(道)의 본체를 가리키는 비유적 표현이다.

23 요대(瑤臺) : 옥과 같은 누대란 말로 선계(仙界)나 천상의 세계를 가리킨다.

24 해계서(駭鷄犀) : 무소 뿔의 일종으로 진귀한 보물이다.

송화의 가루로 죽을 만들어 먹고,
솟아나는 샘물을 움켜쥐어 마시며,
산골에 기둥 몇 개 세워 집을 삼고,
바위 빗장 열어 물가에 다다르노라.
아침에 나가 노닒에 노송이 우뚝 솟았고,
저물어 돌아옴에 계수나무 어울려 있네.
구름은 뭉게뭉게 일어나 변화 기이하고,
학의 울음소리 맑게 울리네.
난초 지초 빼어나고 풀과 나무 꽃답거늘,
매서운 날씨 한 해가 다 저무는구나.
산바람이 일어나 혜초 휘장이 흔들거리고,
하얀 달빛 처음 일렁거릴 때,
홍애(洪涯)를 초대하고 부구(浮丘)를 맞이하여,[25]
맑은 이슬[26] 마시며 아침 노을을 먹노라.
귀신이 가호해 주고 야차는 관문을 지키니,
고요한 곳에 처하여 '사무사(思無邪)'로다.
천지의 가운데에 우뚝이 서 있고,
구주(九州)을 주유하며 정기(精氣)를 응집하노라.
삼재(三才)를 혼합하여 하나로 만드니,
화성(化城)[27]에는 만품을 구비했도다.

---

25 홍애(洪涯)를 …… 맞이하여 : 홍애와 부구는 모두 중국 고대 전설 속의 신선이다. 홍애는
　장형(張衡)의 「서경부(西京賦)」에, 부구는 『열선전(列仙傳)』에 나온다.
26 맑은 이슬[沆瀣] : 신선이 마시는 음료이다(『초사(楚辭)』, 「원유(遠遊)」).
27 화성(化城) : 환화(幻化)의 성곽이라는 말로, 온갖 아름답고 진귀한 것으로 꾸며진 환상의
　경지를 비유한다. 원래 불교 용어로서 중생들을 대승(大乘)의 경지에 끌어들이기 위한

세월이 빨리 흐름을 탄식하며,

미인이 무정함을 걱정하노라.

가을 구름 해가 저물어,

마음이 침울하고 서글픈데 우두커니 기다리노라.

때는 어둑어둑 분간할 수 없고,

온갖 사물 뒤바뀜에 한숨짓노라.

추위에 얼음을 마시고 더위에 불을 쬐도다.

용을 가리켜 뱀이라 하고 호랑이를 쥐라 하는구나.

구멍을 잘 살펴 자루를 꽂고[28]

위봉(威鳳)[29]이 높이 날아오름을 훌륭히 여기노라.

나를 알아주지 못하거늘 어찌하리오?

장차 물러나 다시 나 전에 입던 옷을 닦으리라.[30]

흰 구름 바라보며 마음이 편안하고

맑은 물에 발을 씻고 바위에 누웠노라.

마음 편히 지내며 서성거리니

산중의 즐거움, 아무 재앙이 없어라.

햇빛처럼 빛나는 광채를 숨겨 두고

푸른 노을의 기이한 문채를 가리노라.

방편으로 설정한 것이다(『법화경(法華經)』).

28 구멍을 …… 꽂고 : 구멍의 형태에 따라 거기에 맞는 자루를 꽂아야 한다는 의미이다. 『회남자(淮南子)』, 「인간훈(人間訓)」에 "事有所至, 而巧不若拙, 故聖人量鑿而正枘."라고 하였다.

29 위봉(威鳳) : 봉황을 말한다. 봉황은 상상의 새인데, 오동나무에 깃들고 죽실(竹實)을 먹는 고결한 새라고 한다.

30 장차 …… 닦으리라 : 원문의 '초복(初服)'은 벼슬하기 전에 입던 옷으로, 초의(初衣)라고도 한다. 벼슬에서 물러나 은자로 돌아오는 것을 가리킨다(『초사(楚辭)』, 「이소(離騷)」).

선비는 때에 따라 맑고 흐림에 맞추나니
어찌 꼭 옛 성왕[31]만 생각하리오.
지금 이 시대 화합하기 어려움에
애오라지 소요하며 스스로 즐기노라.
무릇 의롭지 못하면서 한갓 부귀를 탐냄은
비유컨대 도둑질로 탐욕을 채우는 것이라서
썩은 쥐를 원추(鵷雛)에게 먹이려는 것이랴[32]
어찌 낭간(琅玕)[33]과 예천(醴泉)[34]을 버리리오?
용문검은 갑 속에 들어 있고 수화(隨和)의 보물[35]은 궤 속에 숨겨 있거늘
그대에게 바치려 해도 냇물로 가로막혀 있네.
산마루에 올라가 사방을 둘러보니
저녁 안개 자욱하여 하늘이 희미하구나.
마음이 울적하여 풀리지 않아,
눈물을 떨어뜨리며 홀로 돌아오노라.
조용히 몸을 가다듬고 올곧게 지키며,

---

31 옛 성왕[黃唐] : 황제(黃帝)와 요(堯)임금을 병칭한 것이다. '당'은 요임금의 별칭이다.
32 썩은 …… 것이라 : 『장자』, 「추수(秋水)」에, 남방의 원추(鵷雛, 봉황의 일종)라는 새가 북해로 날아가는데 이 새는 오동나무가 아니면 앉지 않고 죽실이 아니면 먹지 않으며 아주 좋은 샘물이 아니면 마시지 않는다고 한다. 그때 소리개 한 마리가 썩은 쥐를 물고 있다가 원추가 옆으로 날아가는 것을 보고 제가 가지고 있는 쥐를 빼앗길까 봐 경계를 했다는 이야기가 나온다.
33 낭간(琅玕) : 신선 세계에 있다는 나무로, 구슬이 열린다고 한다.
34 예천(醴泉) : 물맛이 아주 좋은 샘물로 감천(甘泉)이라고도 한다. 상서로운 일이 생겨날 조짐을 뜻한다.
35 수화(隨和)의 보물 : 수(隨)는 수후(隨侯)가 뱀을 살려 준 보답으로 뱀에게서 얻었다는 명월주(明月珠)이며, 화(和)는 변화(卞和)가 형산(荊山)에서 얻었다는 화씨벽(和氏璧)으로, 모두 천하의 진귀한 보배이다. 여기서는 뛰어난 재주나 능력을 뜻한다.

원하건대, 전초(荃蕘)³⁶의 뉘우침을 기다리노라.
천년의 향화(香火), 만년의 세월
하늘의 밝은 해 비춰 주소서.

---

36 전초(荃蕘) : 향초의 일종인데, 『초사』, 「이소」에서 임금을 비유하였다.

시(詩)

● 새재에서 묵다
  宿鳥嶺

추운 날 동쪽 산마루 밝아와서
새벽 꿈이 이어지기 어려워라
시골 마을 닭이 연이어 우는데
산창에는 달빛이 반쯤 걸렸구나
화로에 재를 덮어 불씨를 보존하고
베갯머리에서 샘물소리 듣노라
어디서 한 동이 술을 얻어
따라 마시며 나그네 시름 달랠까.

● 무주음
  無酒吟

예로부터 현인들 얼마나 많이 사라졌던고?[1]
저 평천장에 성주석(醒酒石)을 비웃노라[2]
본래 진일주[3]는 천연 그대로라

---

1 예로부터 …… 사라졌던고 : 이백의 「장진주(將進酒)」에 나오는 "예로부터 현달한 이들 모두 적막하였으니, 오직 술 마시는 자만 이름을 남겼도다〔古來賢達皆寂寞, 惟有飲者留其名〕."라는 구절을 인용한 것이다.
2 저 …… 비웃노라 : 평천장(平泉莊)은 당나라 이덕유(李德裕)의 장원이며, 성주석(醒酒石)은 술에 취했을 때 앉아서 술을 깼다는 돌이다. 원래 도연명(陶淵明)에게서 유래한 것인데 이덕유가 자신의 평천장에 성주석을 놓아 두었다고 한다.
3 진일주(眞一酒) : 소식(蘇軾)이 영남(嶺南)으로 귀양 가 있을 때에 만들었다는 술 이름이다.

봄바람 맑은 달빛 아래 길이 취해 보리.

● 성옹의 「매화」시에 차운하여
　次惺翁梅花韻

추위와 눈보라를 이기고 가지에 피어난 꽃
서리 내린 가을의 국화와 견줄 수 있으랴
달빛 아래 은은한 자태 적현(赤縣)⁴을 기울게 하고
술동이 앞에 성근 그림자 청주(靑州)⁵로 들어가네
어여쁜 혼은 가인의 정수요
맑은 지조는 처사의 짝이로다
안타까워라, 봄기운 따라 나가서
처마에 핀 매화와 웃으며 함께 놀지 못하다니.⁶

● 성옹의 「납평」⁷ 시에 차운하다
　次惺翁臘平韻

책을 보느라 계절을 잊었더니

---

4 적현(赤縣) : 적현신주(赤縣神州)의 약칭으로 중국을 가리킨다. 전국 시대 제(齊)나라 사
　람 추연(騶衍)이 구주설(九州說)을 제창하며 중국을 적현신주라고 표현하였다.
5 청주(靑州) : 맑은 술을 말한다. 진(晉)나라 환온(桓溫) 휘하에 주부(主簿)로 있는 사람이
　술맛을 잘 감정하였는데, 맛 좋은 술은 '청주 종사(靑州從事)'라고 부르고 나쁜 술은 '평원
　독우(平原督郵)'라고 불렀던 고사에서 유래한다.
6 처마에 …… 못하다니 : 원문의 '순첨색소(巡簷索笑)'는 두보(杜甫)의 「사제관부남전취처자
　도강릉희기(舍弟觀赴藍田取妻子到江陵喜寄)」에 나오는 "처마를 따라 매화 찾아서 함께
　웃으려 했더니, 찬 꽃부리 성긴 가지 절반만 웃음을 금치 못했네〔巡簷索共梅花笑, 冷蘂疎
　枝半不禁〕."라는 구절을 인용한 것이다.
7 납평(臘平) : 동지 뒤 셋째 미일(未日)로, 한 해의 농사를 마무리하는 때이다.

맑은 시로 납평을 알려왔네
해가 다 가니 봄 소식이 전해 오고
그믐이 지나가자 달이 밝아 오네
바람은 매화의 기운을 띠었고
눈 속에 원추리 싹이 돋는구나
한가로이 섬돌 위의 눈을 가져다
불을 피워 찻물을 데우노라.

● **성옹의 「입춘」 시에 차운하다**
　次悎翁立春韻

바람이 따뜻해져 북두성 자루 인방(寅方)을 가리키니[8]
쌓인 눈 다 녹아 봄이 온 줄 알겠네
동산을 둘러보니 온통 전과 달라
만물은 사람의 뜻을 따라 완연히 새로워졌구나
봄 나물 캐 먹으니 입맛에 썩 달고
죽엽주 갓 익어 입술에 적셔 보네
날씨가 풀리면 추위는 절로 물러갈지니
굳이 시 지어 가난을 물리치려 할 것 있겠나.

　원주 이성옹의 시에 '시를 지어 가난을 송별함〔作詩送貧〕'이란 말이 있기 때문에 이른 것이다.

---

8 북두성 …… 가리키니 : 인방은 동방이다. 북두성 자루가 인방을 가리킨다는 것은 봄이 온다는 뜻이다.

● 「제석」 시에 차운하여
次除夕韻

장부의 우뚝한 뜻 일월이 재촉하여
서른네 해를 새로 맞는구나
음기를 제거해 악귀를 쫓아내고
양기를 맞아들여 군자를 모셔 오리
와구(瓦甌)에 찻물을 끓이되 문무[9]로 하니
동이 속에 술이 익어 떠서 거르네
해가 다 가면 저절로 그믐인 걸 지킬 것 무엇 있나
새봄이 들어온다 동쪽 문을 활짝 열자.

  ● 태경(泰卿)이 「제석」 시에 차운하다[10]
  泰卿次除夕韻

  어찌하여 세월이 화살처럼 빠를까
  북두성 자루 동쪽으로 돌아감을 보겠네
  등불은 해가 다 가는 걸 잇지 못하는데
  봄기운은 새벽 하늘 따라 슬그머니 들어오네
  소반에 푸른 나물 참신한 맛이 들고
  동이 속에 고인 술 예전에 빚은 것이라
  북당이 화락하여 어머님 건강하시니
  겨울 눈이 녹으면서 원추리 싹이 나네.

---

9 문무(文武) : 여기서 문무는 찻물을 끓이는 데 적합한 불의 상태를 이르는 말이다. '문'은
   불이 약한 것을, '무'는 강한 것을 표현한다. 陶穀, 『청이록(淸異錄)』, 「약(藥)」 : "光須文武,
   緊慢得中."
10 태경(泰卿)의 차운 : 이 시는 심대윤의 아우 대재(大載, 태경은 그의 자)가 지은 것으로
   본디 「성옹의 '원일' 시에 차운하다〔次惺翁元日韻〕」 뒤에 편차되어 있었으나, 앞 시에
   차운한 것이므로 여기로 옮겼다.

- 화원(和元)과 술을 마시다
  與和元同飮

  주머니를 털어 술을 권하는 마음
  장부의 심사는 밝기도 해라
  가난이란 말 입에 올릴 게 있나
  호쾌한 뜻 앞에 어찌 명리(名利)를 돌보리오.

2　기해년(1839)

- 성옹의 「원일」 시에 차운하다
  次惺翁元日韻

  오늘 밤 자시로 해가 바뀌니
  천지의 운행 쉼이 없어 정월 초하루
  동쪽 머리에서 해를 맞으니 봄기운 느끼겠고
  남두성[11]이 자리에 와서 축수의 잔을 올리네
  괘상이 삼양(三陽)을 만나 건도(乾道)가 펼쳐지고[12]
  봄은 사계절의 으뜸이라 비가 풍족히 내리리라[13]

---

11 남두성(南斗星) : 장수를 관장하는 별이다. 남극성 역시 남극노인성이라 하여 장수를 관장하는 별이므로, 흔히 함께 쓴다.

12 괘상이 …… 펼쳐지고 : 삼양(三陽)은 양효 세 개가 모인 형상으로 건괘(乾卦)를 가리킨다. 즉 새해가 시작되었음을 뜻한다.

13 봄은 …… 내리리라 : 『주역』, 「건괘(乾卦)」의 단사(彖辭)에 "구름이 운행하고 비가 내리자 만물이 각각 자기 모습을 찾아 살아가기 시작한다〔雲行雨施, 品物流形〕."라는 구절이 있는데 이를 인용한 표현이다.

한 해 다가도록 즐거움이 이러할지니
샘을 하자면 오늘이 그 첫 번째라.

● 세아[14]
　洗兒

조상님이 끼친 음덕 백년토록 길이 미쳐
손에 든 진주처럼 만금에 값하리라
우로공경(愚魯公卿)[15]도 바라는 바 아니요
오직 근심과 기쁨을 이 아비와 같이 하기를.

　● 익경의 차운
　　益卿次

　농장(弄璋)의 경사[16] 늦어 소망도 깊어
　기쁨과 사랑 어찌 만금에 그치랴
　적선지가에 행운이 따르리니
　일양[17]이 처음 돌아오니 하늘의 뜻 알리라.

---

14 세아(洗兒) : 아기가 태어나면 사흘이 지난 뒤에 아기를 씻기고 잔치를 열어, 아이의 앞날
　을 축원해 주는 풍속이다.
15 우로공경(愚魯公卿) : 소식(蘇軾)의 시에 "자식 키우는 사람마다 총명하기를 바란다만,
　나는 총명 때문에 일생을 그르친 사람이라. 바라건대 내 아이가 바보스럽고 어리숙하게
　살아서, 아무 탈 없이 공경이 되었으면〔人皆養子望聰明, 我被聰明誤一生. 惟願孩兒愚且魯,
　無災無難到公卿〕."이라고 하였다(『소동파시집(蘇東坡詩集)』, 「세아희작(洗兒戲作)」).
16 농장(弄璋)의 경사 : 구슬을 가지고 논다는 말로, 아들을 얻은 것을 말한다.
17 일양(一陽) : 음의 운세가 다하고 양이 회복됨을 말한다. 여기서는 아들이 태어났으므로
　이 말을 써서 축하해 준 것이다.

● 성옹이 보내온 시에 차운하다
次惺翁見寄

정성은 천지 신령도 감동시키는데
어머님이 남몰래 비셨으니 득남을 하게 되리
이 아기 봉황처럼 빼어나 범상치 않겠고
서각[18]이 풍성하니 준수한 자태로다
자형(紫荊)[19]에 열매 맺지 못함을 항상 탄식하고
교목(喬木)에 뻗어나간 줄기 적음을 슬퍼하였더라
백년 덕을 쌓아 이제 효험을 보는 것이요
묘자리 잘 써 용케 발복한 것이 아니로다.

　● 성옹의 원운
　　原韻 惺翁

　심덕이 천지신명을 감동시킨 듯
　그 보응으로 아들을 얻으니 이치에 맞지
　곰 꿈[20]이 부합하여 열 달이 차니

....

18 서각 : 이마에 튀어나온 뼈를 말하는데, 관상법에 따르면 귀하게 될 상이라고 한다.
19 자형(紫荊) : 아가위이다. 형제를 비유한다. 옛날 전진(田眞)의 형제 3인이 재산을 똑같이
　 나누고 나니, 오직 자형수(紫荊樹) 한 그루만 남았으므로, 이것을 셋으로 쪼개서 나누자고
　 의논하고서 다음 날 그 나무를 베러 가 보니, 나무가 이미 말라 버렸다. 그래서 전진이
　 크게 놀라 아우들에게 말하기를, "이 나무의 뿌리가 하나인지라, 장차 쪼개 나눈다는 말을
　 듣고 이렇게 마른 것이니, 우리는 나무만도 못하다." 하고는, 나누었던 재산을 다시 합하여
　 형제간에 아주 화목하게 살았다는 고사에서 온 말이다.
20 곰 꿈[熊夢] : 사내아이를 낳게 될 길몽이라고 한다. 『시경』, 「사간(斯干)」에 "자고 일어나
　 내 꿈을 점쳐 보니, 길몽이 무엇인가? 웅과 비와 훼와 사로다[乃寢乃興, 乃占我夢. 吉夢維
　 何, 維熊維羆, 維虺維蛇]." 하였는데, 웅과 비의 꿈은 사내아이를 낳을 태몽이고, 훼와
　 사는 딸 아이를 낳을 태몽이다.

기린아처럼 준수하여 천품이 어렸네
상서는 길지(吉地)의 음덕을 징험하는가
봉록이 보수(寶樹)²¹의 가지에 새로워라
고가라 적선의 여경이 더없이 클지니
기쁜 마음으로 기특함을 축하하오.

● 부여회고
　扶餘懷古

강산은 그림처럼 선명하고
석양은 노을에 떨어지는데
지난 역사 고란사에 들러 찾아보고
흥망은 낙화암에 올라 묻노라
조룡대에 봄 물은 넘실대고
각월(却月)²²에 저녁 안개 비꼈더라
머리 돌려 신라국을 바라보며
천년 세월에 다 같이 탄식하노라.

---

21 보수(寶樹) : 가문에 훌륭한 자제가 많이 나오는 것을 비유하는 말이다. 동진(東晉)의
　사안(謝安)이 조카 사현(謝玄)에게 중히 여기는 것이 무엇이냐고 묻자, 사현은 "지란(芝蘭)
　과 옥수(玉樹)를 뜰에 가득 심은 듯 우리 사씨 집안에 훌륭한 자손이 배출되는 것입니다."
　라고 말한 데서 유래하였다(『진서(晉書)』, 「사현열전(謝玄列傳)」).
22 각월(却月) : 지명인 듯한데 미상이다.

● 종천[23]의 감회
鍾川有感

비인에서 노닐던 옛일 추억하여
해서루에 눈물을 적시누나
돛배는 하늘에서 내려온 듯
꽃이 피어 땅을 덮었네
강산은 여전히 옛 뜻을 품었거늘
나그네 봄 시름을 함께 한다오
내 장차 세상일을 다 정리하고
노경(老境)에 백구 따라 놀리라.

● 이치상 군을 찾아
訪李君稚祥

봄이 깊어 꽃기운 따뜻한데
산골짝 길엔 추위가 남아 있네
좋은 글귀 귀신의 도움인가!
그윽한 시름 술을 마셔 푸노라
만나는 사람들 싸늘한 눈으로 바라보니
나그네 길에 얼굴이 수척해서겠지.
금란의 벗을 찾아가자
하늘엔 장경성[24]이 잔월과 짝하고 있구나.

---

23 종천(鍾川) : 지명으로 지금의 충남 서천군 종천면. 첫구의 비양(庇陽)은 비인(庇仁)의
별칭으로, 지금의 충남 서천군에 소속된 고을 이름이다. 종천은 비인에 있었던 지명.
24 장경성(長庚星) : 태백성(太白星), 명성(明星)이라고도 한다. 소식(蘇軾)의 「화도빈사(和

● 『중용』을 읽은 소회
  有懷讀中庸

  호학은 정성에서 나오니
  밤마다 주공과 공자를 꿈꾸네
  천명을 알아 생각이 현혹되지 않고
  도를 깨달음에 즐거움이 다함 없다
  뜰에 돋아난 풀 단비에 무성하고
  시냇물 봄바람에 졸졸 흐르네
  위대하다 천지 사이에
  용덕(龍德)이 바로 중심에 자리했구나.[25]

3　경자년(1840)

● 희우
  喜雨

  9년 가뭄[26]에 근심이 쌓이더니

陶貧士)」에 나오는 "장경성이 잔월과 짝하니 희미하게 서로 의지하였네〔長庚與殘月, 耿耿如相依〕."라는 구절을 인용한 것이다.

25 용덕(龍德)이 바로 중심에 자리했구나 : 『주역』, 「건괘(乾卦)」, '구이(九二)'의 문언전(文言傳)에 "용덕이 정중앙에 자리하였다〔龍德而正中者也〕."라고 한 구절을 변용하여 주자가 「육선생화상찬(六先生畵像讚) 명도선생(明道先生)」에서 "용덕이 정중(正中)하니, 그 베풂이 넓도다〔龍德正中, 厥施斯普〕." 하였다. 이것에서 유래하여 군자의 중정한 덕을 뜻하는 말이 되었다.

26 9년 가뭄 : 요(堯)임금이 즉위하자 7년 간 홍수가 나고, 탕(湯)임금이 즉위하자 9년 간 가뭄이 들었다는 고사를 인용한 것이다.

사흘 내린 봄비 기쁘기 그지없어라
천지는 생기가 돌아오고
사람 사는 골목에 시름의 노래 그쳤네
풍흉(豊凶)은 국운에 관계되는데
날씨는 사람들 마음처럼 알 수 없어라
흙을 두들기며 주송(周頌)[27]을 노래하니
온화한 바람이 산야에 감도누나.

● 원휘에게
次韻酬元暉

화창한 봄날 술잔을 실컷 나누고
내일이면 구름처럼 흩어지리라
물고기처럼 자유롭게 노니는데
굴레에 묶인 말의 신세 슬퍼하노라
백 리의 거리 이별이라 할 것도 없지만
마음이 울적하여 어지럽기만 하네
영서(靈犀)[28]를 그대에게 드리니
그대 나에게 청옥안(靑玉案)[29]으로 보답하시네

---

27 주송(周頌) : 원래는 주나라 왕실의 공덕을 칭송하는 의미였으나 여기에서는 태평성대를 노래하는 의미로 쓰였다.
28 영서(靈犀) : 영서는 영통한 서각(犀角)을 말한다. 무소 뿔은 한가운데에 구멍이 뚫려 있어 양방향으로 관통되어 있다. 여기에서 연유하여 두 사람의 마음이 서로 통하여 의기투합함을 비유하는 말로 쓰이게 되었다.
29 청옥안(靑玉案) : 고아한 시를 말한다. 한(漢)나라 장형(張衡)의 시 「사수(四愁)」에 "미인이 나에게 수놓은 비단을 주었으니, 무엇으로 갚을거나? 청옥안이로세〔美人贈我錦繡段

머리 돌려 백운을 바라보노니
옛 도를 함께 할 짝이 없어라
물이 급하거늘 서강(西江)을 언제 끌어와요
타는 목마름 뜨거운 햇볕에 괴로운데[30]
우리 기약컨대 항하수(恒河水)를 같이 건너
저 만 리 피안에 함께 당도하세.

● 만음
漫吟

10년을 추위와 주림에 머리가 희끗해졌고
누차 좌절을 당해도 기상은 호쾌해라
좋은 책 다 읽어 정신은 광막한데
활보(活譜)를 전수받아 수법도 빼어나라
매양 가게에서 돈을 빌려 탁주를 사 마시고
때로 이웃 마을에 가서 붓을 놀리누나
갑 속에 담긴 보검 용광(龍光)이 새어 나오는데
깊은 밤중에 비바람 치는 소리 들노라.

何以報之靑玉案].”라고 한 데서 온 말이다.
30 서강(西江)을 …… 괴로운데 : 장자가 길을 가다가 수레바퀴 자국에 고인 물에 사는 물고기
를 만났다. 물고기가 장자에게 급히 물을 요청하자 장자는 자신이 서강에 가면 물길을
터서 살게 해 주겠노라고 대답했다. 그러자 물고기가 “나는 한 말이나 한 되쯤 되는 물만
있으면 되는데 당신이 기다리라고 하니 그때는 나를 건어물전에서 찾으라.”라고 한 고사를
변용한 말이다(『장자(莊子)』, 「외물(外物)」).

신축년(1841)

● 술에 취해 자다 깨어나 시를 지어 이웃의 벗에게 보내다
　醉起偶吟却簡隣朋

　술에 취해 자다 깨어 마당가 나무에 기대어 앉았으니
　맑은 밤이 깊어가는데 정취가 그윽해라
　바람은 향기로운 안개를 실어 푸른 연기[31] 새겨지고
　달은 꽃 그림자를 띄우니 금빛 물결이 부서지네
　이웃 사람들 술 마시는 운치를 알아
　태평성대에 함께 격양가(擊壤歌)[32]를 부르네
　십 년을 배고픔에 괴롭다가 다행히 풍년이 들었으니
　이런 때에 마시지 않는다면 그대들 어찌할거나.

● 신미동에서 송증약과 함께 짓다
　新美洞, 與宋曾若同賦

　솔길 따라 계곡을 곁에 두고
　선원(仙源)을 찾아가는데 흥취에 길을 잃지 않을까
　땅에 가득 떨어진 꽃은 방초와 어울리고
　숲 속의 새 다정하게 누구를 향해 우는가

---

31 푸른 연기〔碧篆〕: '篆'에는 반향(盤香), 곧 향을 피울 때 구불구불하게 서리는 연기의
　뜻이 있다. 소식(蘇軾)의 「숙임안정토사(宿臨安淨土寺)」에 "문을 닫으니 뭇 움직임 멈추
　고, 향 연기가 구불구불 실처럼 피어오르네〔閉門羣動息, 香篆起烟縷〕."라고 하였다.
32 격양가(擊壤歌): 풍년이 들어 농부가 태평한 세월을 즐기는 노래이다. 요임금 때에 어떤
　노인이 태평한 생활을 즐거워하여 땅을 치며 불렀다고 한다.

하늘에 가득한 푸른 산 빛은 옷에 젖어들고
하얀 바위 푸른 시내에 작은 오솔길 하나 있네
이런 곳에서 서로 만나다니 참으로 우연이 아니라
그대의 맑은 뜻 세속에서 찾아보기 어려운 줄 알겠네.

● 앞 시내에서 머리를 감다
　濯髮前溪

서쪽 정자 아래 머리를 감노라니 달빛이 냇물에 가득하고
물은 맑고 모래는 희고 모래톱에 안개가 밀려드네
도리어 여흥이 있어 시냇가 노인을 찾아가니
새로 거른 술 마시는 데에 돈이 필요 없다 하네.

● 하원을 찾아가
　訪夏元

골짝 어귀 연하 낀 곳에 별천지가 있으니
뽕나무 삼밭이 십 리 평원을 덮었구나
우리가 고기 낚고 농사 짓고 사는 것도 임금의 덕분이라
다행히도 인간 세상의 쾌활한 시절 만났구나.

● 혜백을 곡하다
　哭惠伯

영동에 살 곳을 마련하니 아직 청춘이라
십 년 간 원림의 좋은 주인이었지

오늘 그대는 홀연히 다시 못 올 객이 되니
연하에 서글피 풍륜(風輪)[33]을 보내오

● 가을밤 느낌이 있어
  秋夜有懷

날이 어둑어둑 흥취 유독 깊어 가는데
강산은 조촐하여 그윽한 회포 풀어지네
가을 바람은 아직도 영웅의 한을 이해하지 못하고[34]
밤중의 달은 부질없이 원녀(怨女)의 마음에 걸렸네[35]
맑은 술에 푸른 이끼 술잔 나누기 좋은 계절이요
붉은 단풍에 노란 국화 애써 홀로 시를 읊조리네
만 권의 책을 읽는다 한들 무슨 일 하랴
흰 서리 귀밑으로 실컷 침범하였네.

● 가을을 바라보며
  秋望

가을빛에 멀리 눈길을 모으니

---

33 풍륜(風輪) : 불교 용어로 바람을 의미한다. 금륜(金輪)·수륜(水輪)·공륜(空輪)과 함께
   사륜의 하나이다.
34 가을 …… 못하고 : 여기서 영웅은 조조(曹操)를 가리키는 듯하다. 소식은 「적벽부(赤壁
   賦)」에서 가을밤 적벽에서 노닐며 조조가 지은 「단가행(短歌行)」의 시구를 떠올리고 적
   벽대전 당시를 회상하였다.
35 밤중의 …… 걸렸네 : 이 구절은 왕창령(王昌齡)이 지은 「규원(閨怨)」이라는 시를 염두에
   두고 쓴 표현인 듯하다. "鴈盡書難寄, 愁多夢不成. 願隨孤月影, 流照伏波營."(『전당시(全唐
   詩)』 권114)

석양이 다시 뉘엿뉘엿

맑고맑아 뼛속까지 투사하여

실컷 읊조리매 일흥이 날아오른다

들판 멀리 누런 구름 조촐하고

물도 맑아 자줏빛 비단마냥 윤기 흐르네

시선을 마음 가는 대로 맡겨 두니

유연히 천기(天機)가 나타나네

때문에 군자의 마음은

지금껏 자잘한 일에 구애됨이 없었다네

우리 도가 참으로 여기에 있으니

한평생 함께 돌아갈 곳임을 알겠노라.

5　임인년(1842) 7월

● 병중에 읊다
  病中偶吟

우연히 연하고질(煙霞痼疾)[36]을 얻어

한 해가 지나도록 초당에 누웠노라

뼈 속에 스며드는 가을 기운에 놀라

고개 들어 달빛을 바라본다오

---

36 연하고질(煙霞痼疾) : 마치 중독된 듯이 자연의 아름다운 경치를 몹시 사랑하고 즐기는 것을 이른다. 당나라 처사(處士) 전유암(田游巖)이 고종(高宗)에게 말하기를 "신은 안개와 노을에 고질병이 들었습니다."라고 한 데서 유래한 말이다(『구당서(舊唐書)』, 「전유암열전(田游巖列傳)」).

싸움에 이겨도 마음에 다시 겁이 나니
머리털 짧아져도 뜻은 어찌 이리 긴가
도를 들은 것이 늦어 안타까우니
백 배나 천 배나 스스로 정진해야지.

6 계묘년(1843)

● 새해 첫날
  元朝

  묵은해를 보내고 새해를 맞음이 어찌 우연이리오
  문장은 해가 갈수록 차츰 진보한다네
  상서로운 빛 해가 부상(扶桑)[37] 밖에서 떠오르고
  온화한 기운 봄은 난간 앞에서 펼쳐지네
  두 다리로 평안히 밟으니 모두가 실지(實地)요
  마음에 유구함을 간직하니 하늘을 온전히 지녔어라
  몹시도 이웃과 더불어 술잔을 나누고 싶거늘
  좋은 말에 채찍 쓰기를 어찌 안타까워하랴.

● 폭염
  苦熱

  두세 칸 초가집 시루 속에 앉은 듯

---

37 부상(扶桑) : 중국 전설에서 해가 뜨는 동쪽 바다 속에 있다고 하는 상상의 나무로 해가
뜨는 동쪽 바다를 말한다.

대장간 풀무에서 화기가 솟아오르는 듯
차라리 좋은 쇠를 단련시키면 좋으련만
이상도 하다 한미한 선비만 찌러 드는가
붉은 구름이 나무를 태우니 나는 새들 퍼덕거리고
땀이 비오듯 옷을 적시니 파리가 꼬여드네
고담준론에 바람이 일어 사방이 서늘하거늘
선방(仙方)에 하필 현빙(玄氷)을 먹으라 했던가.

● 매화, 광국(光國)의 시에 차운하다
   詠梅, 次光國

병풍 위에 그림 속의 꽃
찬 가지에 그림자 마주해 비스듬히
아름다운 꽃을 가져다 시샘케 하지 말라
말하노니 그대의 집이 곧 나의 집이라네

얼음을 깎아 꽃술 만들고 눈으로 꽃을 만드니
벌과 나비 오지 않아 외롭게 그림자 비껴 있네
보통 꽃들과 고움을 다투기 싫어서
추운 겨울날 오직 옥인(玉人)의 집에 의탁하였구나

찬 눈 쌓인 한편에 홀로 꽃을 피우고
술잔 앞에 미소를 머금은 가지 하나가 비껴 있네
어디서 봄빛을 가져왔나 물어도
본디 따뜻하고 온화한 기운이 우리 집에 있다 하네

여러 꽃 중에 원조가 되는 제일의 꽃

봄빛이 먼저 눈 속에 자리 잡아 비껴 있네
아름다운 혼이 하늘하늘 봄바람 좇아 흩어지는데
향기로운 꽃 핀 부귀가는 몇몇 집인가.

● 정광지(鄭光之)의 시에 차운하다
  次鄭光之

  옥 같은 뼈 얼음 같은 마음 예쁜 꽃을 사로잡아
  봄빛 알알이 엮어 이리저리 비끼었네
  매화를 읊조리고 흥이 남아 다시 송가를 짓노니
  맑은 지조에 그윽한 향기가 일가를 이루었네

  인생살이 인과(因果)는 바람 속의 꽃과 비슷해라
  뒷간에 향기로운 풀들이 어지러이 비껴 있네
  오직 눈 속에 핀 매화만 이런 마음을 알아
  봄에 아양을 떨며 동황(東皇)[38]의 댁에 가지 않네.

    ● 정광지의 원시
      原韻 光之

      전백화(殿百花)[39]가 피어나 백화의 으뜸이 되니
      눈 올 때 고운 빛으로 해를 잡아 두고 비껴 있네
      누가 홀로 빼어나 고독한 기질 굳게 지키려나
      고움을 시새워 다투는 집안을 좋다 하랴.

---

38 동황(東皇) : 봄을 맡은 동쪽의 신(神)으로 청제(靑帝)라고도 한다.
39 전백화(殿百花) : 국화의 한 품종.

7 　갑진년(1844)

● **아들을 잃고 4월 30일**
　喪兒 四月三十日

노모는 방에서 통곡하고 아내는 땅에 쓰러지고
뜰에 난초 꺾이고 보옥은 물에 가라앉고 말았네
이 마음 표현한 말 세상에 한 마디도 없네요
귀밑머리 하얗게 된 이 사람도 외아들 잃었다오

어찌 감히 남을 탓하고 하늘을 원망하랴
빈 방에서 눈물을 훔치며 스스로 허물을 헤아리네
처량한 만년에 신세를 슬퍼하노니
이렇게 가 버리면 남은 생을 어찌 견디란 말이냐.

● **구름과 달 6월**
　六月 夜雲月

달은 구름 속으로 들어가면 빨라지고
구름 밖으로 나오면 더디게 가네
더디고 빠른 것은 단지 구름에 달렸으니
달과 기약한 건 아무래도 아니리라
달을 잡고 물어보아도
달도 그 이유를 모르겠지
구름도 흘러가고 달도 가는데
맷돌 위의 개미[40]를 생각해 보라
맷돌 위의 개미는 이런 이치가 아닐텐데

눈앞이 어질어질 보면 절로 의심이 드네

비유컨대 배를 타고 가는 사람에게는

언덕의 꽃이 이동하는 것만 보일 뿐이지.

● **양서(兩西)[41]로 노닐어** 8월 2일 출발하여 9월 22일에 돌아옴

遊兩西 八月初二日發行 九月二十二日乃歸

베옷에 짚신 신고 나서도 흥에 겨워라

장유(壯遊)를 하자니 사마천의 『사기』가 떠오르네

사영운(謝靈運)의 산을 찾아 노닌 것[42]이 늦었고

도연명(陶淵明)의 걸식[43]을 따르자니 계책이 성글구나

아전은 산골에서 노려보는 호랑이 같고

백성들은 그물에 걸린 고기나 다름없어라

안타깝다, 평안도 황해도 좋은 땅에

천 리 가도록 쓸쓸하여 온통 빈 집[44]이네.

....

40 맷돌 위의 개미 : 『진서(晉書)』, 「천문지(天文志)」에 하늘과 일월의 운행이 서로 반대 방향
임을 맷돌 위의 개미를 들어 비유하였다.

41 양서(兩西) : 황해도와 평안도를 합쳐서 부르는 말이다.

42 사영운(謝靈運)의 …… 것 : 사영운은 산에 갈 때 항상 나막신을 신었는데, 오를 때는 앞굽
을, 내려올 때는 뒷굽을 뺐다고 한다. 두보의 「기장십이산인표삼십운(寄張十二山人彪三
十韻)」에 "사씨의 산 찾아가던 신발, 도공의 술 거르던 헝겊〔謝氏尋山屐, 陶公漉酒巾〕."이
라는 구절이 있다.

43 도연명(陶淵明)의 걸식 : 도연명의 시 「걸식(乞食)」과 연관된 듯하다. "飢來驅我去, 不知
竟何之. 行行至斯里, 叩門拙言辭. 主人解余意, 遺贈副虛期. 談話終日夕, 觴至輒傾杯. 情
欣新知歡, 言詠遂賦詩. 感子漂母惠, 愧我非韓才. 銜戢知何謝, 冥報以相貽."

44 빈 집〔磬室〕 : 현경실(懸磬室)을 말한다. '현경(懸磬)'은 아무것도 없음을 형용한 말이다.
『국어(國語)』, 「노어 상(魯語上)」에 "방은 매달린 경쇠와 같고 들판에는 푸른 풀이 없으니
뭘 믿고 두려워하지 않으랴〔室如懸磬, 野無靑草, 何恃而不恐〕?" 하였다.

● 연광정[45]
練光亭

이곳의 번화는 항주(杭州)와 겨룰 만하니
강을 따라 높은 누각 공중으로 날아오르네
멀리 넓은 벌판 다달아 손바닥 펼친 것 같고
둘러선 봉우리들 모두 머리를 조아리는 듯
고기잡이 불 그림자 새벽달에 잦아들고
편대 이룬 기러기 울음소리 저문 구름에 끊어지네
적막한 천 년에 신성한 분들을 생각하며
누대에 기대어 객고를 달래노라.

● 평양 회고
平壤懷古

옛 성에 가을빛이 멀어가는데
회고의 정으로 눈물이 옷깃을 적시네
정전(井田)의 반듯한 구역이 완연하니[46]
팔조의 교화[47]가 깊었으리라

---

45 연광정 : 평양의 대동강을 굽어보는 위치에 있는 유명한 정자. 고구려 때 평양성을 건설하
    면서 처음 세웠다 한다. 1111년(고려 예종 6) 현재의 자리에 다시 정자를 세우고 이름을
    '산수정'이라고 했으며, 그 뒤 보수 · 재건하면서 현재의 이름으로 고쳐 부르게 되었다.
46 정전(井田)의 …… 완연하니 : 은(殷)나라가 망하자 기자(箕子)가 우리나라로 와서 평양에
    도읍을 열었다고 한다. 그래서 정전법(井田法)에 의거해 토지를 구획하여 평양에 그 유적
    이 남아 있는 것으로 생각하기도 했다. 이 구절은 이런 전설을 취해 쓴 것이다.
47 팔조의 교화 : 『신증동국여지승람(新增東國輿地勝覽)』, 「평양부(平壤府)」에 의하면 기자
    (箕子)가 평양에 와서 치정을 할 때 백성들에게 예의와 농사짓기 등을 가르치는 한편,

강산은 옛날 그대로인데
세상 풍속 이처럼 달라졌나
포의(布衣)의 선비로 경제(經濟)의 뜻을 품으니
인생 백 년에 유독 한 마음이로다.

● 기자사당
　箕子廟

소나무 삼나무 고색이 창연한데
기자의 사당 성곽에 기대 있네
옛 성현을 따라 풍속도 의구한데
우리의 길에는 후생이 있도다
천추에 지난 자취 허전하기만 하여
세 번 탄식하며 스스로 마음 아파하노라
치평책(治平策)을 지어 바치고 싶어도
옥경(玉京)[48]에 올릴 방도가 없다니.

● 선죽교
　善竹橋

성가퀴에 뜬 달 얼굴에 비추는데
물은 흘러 통한의 소리

금법(禁法) 8조를 만들어 교화를 시켰다고 한다. 살인한 자는 죽이고, 사람을 해친 자는
곡식으로 갚는다는 등 내용의 일부가 전하고 있다.
48 옥경(玉京) : 옥황상제가 있는 천상의 세계를 뜻하는 말인데 여기서는 임금이 계신 곳을
가리킨다.

자고로 죽지 않은 사람 없으되

님 홀로 지금까지 살아 계시네

푸른 피〔碧血〕⁴⁹ 천 년에 사람을 감동시켜

붉은 마음 한 조각 세상에 밝아라

살신성인(殺身成仁)은 실리(實理)를 보존키 위함이니

결코 이름이 좋아서 한 일 아니라오.

8 을사년(1845)

● 집이 가난해서 부모를 봉양할 길이 없기에 우리 형제가 함께 목반(木盤, 상의 통칭)을 만들어 팔아 조석의 생계를 삼았다. 3년을 밖에 나가지 않고 부지런히 일을 하느라 꽃 피고 버들개지 날리는 봄에도 놀러 나갈 겨를이 없었다. 이에 느껴 시 두 수를 짓는다.
家貧無以養, 兄弟共作木盤, 賣之以爲朝夕之具. 三春閉門疾作, 未暇遊賞花柳, 感而作二首.

어려운 세상길에 마음이 움츠러드는데

우리 형제 노력으로 노모를 공양하는 즐거움

경술 문장 높이 선반에 올려 두고

살아갈 도리로 부지런히 소반(小盤)을 만드노라

봄 꿈에도 벌써 벼슬길은 아득하고

가을 회포 산속 깊은 곳에 잠겨 있네

옛날 영무자(甯武子)⁵⁰는 지금에도 군자라

---

49 푸른 피〔碧血〕: 충신 열사가 흘린 피를 가리키는 말이다(『장자(莊子)』, 「외물(外物)」).
50 영무자(甯武子): 위(衛)나라의 대부(大夫) 영유(甯兪)이다. 『논어』, 「공야장(公冶長)」에

지혜롭고도 능히 어리석음 따라가기 어렵구나

40년 세상살이 어려운 일도 많아라
분수를 따라 때에 편안하여 홀로 즐기나니
궁궐에 문중(文仲)의 대책[51]을 올리지 못하고
물가 언덕에서 석인반(碩人盤)을 만드노라
고기 놀고 새가 나는 한가로운 봄 물에
산굽이 막혀 노을에 바위문이 잠겼도다
가정 또한 경세의 업무라
놀러 다닐 겨를이 없다 하되 어찌 까닭이 없으랴.

> **원주** '석인반(碩人盤)'은 내가 지은 「목반기(木盤記)」에서 주시(周詩)에 나오
> 는 '석인고반(碩人考盤)'을 '반장(盤匠)'으로 풀이했기 때문에 취해 쓴 것이다.[52]

"영무자는 나라에 도가 있으면 지혜롭고 나라에 도가 없으면 어리석은 척했으니, 지혜로움
은 따를 수 있으나 어리석은 척함은 따르지 못하노라." 하였다.

51 문중(文仲)의 대책 : 춘추 시대 큰 가뭄이 들자 노(魯)나라 희공(僖公)이 무당과 곱사등이
를 불태워 죽임으로써 하늘이 비를 내리도록 하려 하였다. 장문중(臧文仲)이 "그것은 가뭄
에 대한 대비가 못 됩니다. 성곽을 수리하고, 임금의 성찬(盛饌)을 줄이고 재용(財用)을
절감하며, 농사에 힘쓰고 양식을 나눠 주어 구휼하도록 부자들에게 권하는 것이 가뭄에
대한 대비책입니다. 무당과 곱사등이가 무엇을 할 수 있겠습니까. 하늘이 그들을 죽이고
싶었다면 그들을 태어나게 하지 않았을 것입니다. 만약 그들이 가뭄의 재해를 일으킬
수 있다고 하여 죽인다면, 하늘의 뜻을 거슬러 가뭄이 더욱 심해질 것입니다." 하였다(『춘
추좌씨전(春秋左氏傳)』희공(僖公) 21년).
52 내가 …… 것이다 : 본서의 「치목반기(治木盤記)」에 나오는 다음의 내용을 말한다. "泰卿
曰: 詩云, '考盤在澗, 碩人之寬.' 釋之者曰, '考, 擊也. 盤, 樂器也.' 然考之爲擊, 不見於他
書, 而盤乃匜牟之屬, 所以進水與饌耳, 非可擊拊而和聲者也. 考工之成也, 春秋之考宮、周
官之考工, 是也. 此盖周之季世, 亦有隱遁而以治盤爲業如吾兄弟者, 而不害爲碩人, 安在
其賤也? 吾不知今之所謂貴之爲貴也, 又焉知其所謂賤之爲賤乎哉?"

● 목반의 재목을 베러 황간(黃澗)으로 가는 둘째 아우 태경(泰卿)을 전송하다
送仲弟泰卿之黃澗伐盤材 并序

목반을 제조하자면 둘레가 한 아름 두 뼘 이상은 되는 큰 나무라야
쓸 수 있다. 그리고 목성(木性)이 견고하면서도 매끄럽고 유연하면서
도 질겨야만 양질이라 할 수 있다. 태경이 이웃에 사는 장생(張生)과
함께 3백여 리를 가서 황간(黃澗)의 물한산(物閑山)[53] 속으로 들어가
나무를 베어다가 억새풀을 엮어서 움막을 만들고 임시 거처를 삼았
다. 직접 밥을 지어 염장을 반찬으로 삼아 먹었다. 인가로부터 20리
나 떨어져 있어 깊은 계곡의 숲이 가운데 있어서 짐승의 소리가 사방
에서 들리고 인적이 뚝 끊긴 속에 낮에는 그늘에서 톱질을 하고 밤에
는 관솔불을 밝히고 자귀질을 하여 상판이 다듬어지면 일꾼을 사서
집으로 내려보낸다. 나와 막내아우 익경은 집에 있으면서 버드나무를
베어 변(辨)[54]과 다리의 재료를 만드는 작업을 한다. 이에 태경의 착
하고도 능력 있고 각고의 노력을 하는 데 감격하여 시 한 편을 짓는
다. 사구(射鉤)[55]와 건거(巾車)[56]를 잊지 않는 뜻을 붙인다.

---

53 황간(黃澗)의 물한산(物閑山) : 황간(黃澗)은 현재의 충북 영동군에 속한 지명. 영동의
   민주지산(岷周之山, 1241m) 자락에 물한계곡이라는 곳이 있는데, 물한산(物閑山)이란 이
   곳을 가리키는 것으로 추정됨.
54 변(辨) : 상의 다리를 상판 아래로 연결시키는 부위를 가리키는 말.
55 사구(射鉤) : 혁대 갈구리를 쏜다는 말로, 『춘추좌씨전』에 "제(齊)나라 환공(桓公)은 자기
   를 쏘아서 혁대 갈구리를 맞힌 관중(管仲)을 정승으로 삼았다." 하였다. 주에, "건시(乾詩)
   의 전쟁에 관중은 환공(桓公)을 활로 쏘아서 혁대 갈구리를 맞혔다." 하였다.
56 건거(巾車) : 광무제가 경시(更始) 원년(23)에 보성(父城)을 공격할 때 건거향(巾車鄕)에
   주둔하였는데, 영천군(潁川郡)의 아전인 풍이(馮異)가 사로잡혔다. 이때 광무제는 그가
   노모가 있는 보성으로 돌아가 공을 세워 은덕을 갚겠다고 한 것을 들어준 일을 말한다(『자
   치통감』 권3, 한기(漢紀) 39).

가난한 살림에 노모를 봉양하느라

곡식[57] 마련이 없어 괴로웠어라

목반을 만들어 지공(支供)을 하여

성현의 가르침을 저버리지 않았노라

삼백 리나 떨어진 산중으로 들어가

종종 호랑이를 만나는 심심(深深) 산골에서

온갖 고생 하며 목반 자재를 구하느라

달포 넘도록 집에 돌아오지 못하는구나

아우가 멀리 가서 수고하는 것을 생각하면

형이 어찌 홀로 편안히 지내리오

종일토록 자귀질을 하느라

근력을 다해 힘을 쓰고

분수를 지켜 초야의 삶을 즐기며

평생토록 관작[58]은 구하지 않노라

이미 부를 이룰 길이 없음에

노동[59]하여 밥을 먹자면 부지런히 일해야지

시운(時運)을 잘못 만났다 해도

생계를 위한 대책이야 허술하게 말아야지

우리 하는 일 착한 일이라 부끄럽지 않거늘

어찌 시속의 명예를 추구하리오.

---

57 저장한 곡식[儲石] : 얼마 되지 않는 적은 분량의 곡식을 가리키는 말이다.

58 관작[簪裾] : 부귀한 사람이 입는 옷을 가리킨다.

59 노동[食力] : 노동으로 의지하는 생활을 말한다. 『국어(國語)』, 「진어(晉語)」에 "서인은 힘으로 먹는다[庶人食力]."라는 말이 있다.

● 도연명(陶淵明)의 「동방유일사(東方有一士)」⁶⁰를 차운하여
次淵明東方有一士韻

동방에 한 선비 있으니

도에 나아가 정신이 유독 온전하더라

몸에는 포의를 걸쳤고

머리에 절운관(切雲冠)⁶¹을 썼도다

모옥(茅屋)을 지키며 글을 읽는데

벌써 노안에 수염이 희끗희끗

상자 속에 기이한 보배를 간직했음에⁶²

성부(城府)엔 여러 겹 관문이 닫혀 있고

웃지도 않고 말하지도 않음에

그 실마리를 알 수 없도다

황종(黃鐘)이 와부(瓦缶)에 밀려나니⁶³

홍곡(鴻鵠)은 잡을 길이 없노라

닭들처럼 먹이나 다투는 것이 싫어

---

60 동방유일사(東方有一士) : 도연명의 「의고(擬古)」 제5수의 첫 구이다. "東方有一士, 被服
常不完. 三旬九遇食, 十年著一冠. 辛勤無此比, 常有好容顔. 我欲觀其人, 晨去越河關. 青
松夾路生, 白雲宿簷端. 知我故來意, 取琴爲我彈. 上絃驚別鶴, 下絃操孤鸞. 願留就君位,
從今至歲寒."

61 절운관(切雲冠) : 높은 관을 가리키는 말. 구름에 닿을 정도로 높다는 의미.

62 상자 …… 간직했음에 : 옥을 상자에 갈무리하듯이 재능을 감추고 때를 기다릴 뿐 마음에
아무런 의혹이나 주저함이 없는 것을 말한다. 자공(子貢)이 "여기에 아름다운 옥이 있다면
상자에 감추어 간직할 것입니까, 좋은 값을 기다려 팔 것입니까?"라고 묻자, 공자가 "팔기
는 팔겠지만 나는 상인을 기다리겠다." 하였다(『논어(論語)』, 「자한(子罕)」).

63 황종(黃鐘)이 와부(瓦缶)에 밀려나니 : 『초사(楚辭)』, 「복거(卜居)」에 군자(君子)가 배척
받고 소인(小人)이 득세하는 것을 비유하여 "황종은 버림을 받고, 질그릇이 우레처럼 울린
다[黃鐘毁棄, 瓦釜雷鳴]."라고 하였다.

하늘 멀리 날아오르는 난새를 부러워하더라
현달하건 숨어 살건 어찌 세상을 버리랴
때를 따라 덥고 춥고 맞추어야지.

● 우연히 읊어 자위함
  偶吟自慰

작년에 동오(童烏)[64]를 잃어
슬하에는 자식 하나 없다니
이치를 들어 스스로 위로해도
외로움에 마음이 괴롭고 서글퍼라
하늘은 그윽하고 아득한데
내가 추구하는 도 잘못이 없을까[65]
천운(天運)은 바야흐로 역행을 하여
음기는 성하고 양기는 쇠해 가니
착한 부류는 많이 난관에 빠지고
못된 인간들 자못 때를 얻는구나
한마음으로 성인을 사모하여
도를 밝히는 일 스스로 기약했다네
앞이 캄캄하고 무너진 상태에서도

---

64 동오(童烏) : 한(漢)나라 양웅(揚雄)의 아들로, 9세 때 아버지의 『태현경(太玄經)』 저술
  작업을 도왔으나 요절하였다(『법언(法言)』, 「문신(問神)」). 이후로 일찍 총기를 드러내다
  가 요절한 사람을 가리키는 말로 사용되었다.
65 내가 …… 없을까 : 공자(孔子)가 자로(子路)에게 말하기를, "『시경』에 '무소도 범도 아닌데
  저 들판을 뛰게 하는구나.'라고 하였는데, 나의 도가 잘못이 아닐까. 내가 어찌하여 이렇게
  되었는가." 하였다(『사기(史記)』, 「공자세가(孔子世家)」).

굳게 지켜 뜻을 바꾸지 않노라

춥고 매서운 한겨울에

나무 한 그루 홀로 푸른 가지

풍설(風雪)이 몰아치는 앞에서

어찌 이울지 않으리오만

땅에 뿌리가 깊고 굳게 박혔으매

봄이 오면 무성함을 되찾으리

항시 노력하고 자강불식(自强不息)하여

앞으로 나아가며 회의하지 않노라

천도(天道)는 정녕코 신명하시니

어찌 끝내 모르겠다 하리오

대기수(大氣數)에 이르러는

하늘도 또한 어찌하지 못하나니

군자는 하늘을 원망하지 않노라

하늘은 사(私)가 없음을 깊이 알기 때문에.

● 산송(山訟)이 있어 가곡(佳谷)[66]으로 가서 지주(地主)[67]가 몸소 나와 판결해 주기를 기다렸다. 여러 날 아무 일이 없이 홀로 앉아 심히 한가하여 시를 읊어 뜻을 붙였다. 을사년(1845) 4월 그믐이 가까운 때이다.

有山訟, 往佳谷, 待地主之躬臨決處, 數日無事, 獨坐閑甚, 偶吟以寄意. 時乙巳四月近晦也

일을 기다리자니 도리어 일이 없어

---

66 가곡(佳谷) : 안성의 지명으로 심씨의 선산이 있던 곳. 현재 경기도 용인시 처인구 원삼면 가재월리이다.
67 지주(地主) : 고을의 수령을 가리키는 말인데, 당시 가곡은 안성군에 속해 있었으므로 안성군수를 지칭한다.

홀로 앉아 있음에 기심(機心)⁶⁸이 가라앉네

허튼 걸음으로 언덕에 올라

좋은 나무의 그늘을 사랑하노라

봄 기운 완연히 연못을 굽어보니

고기와 새들이 자유롭게 노는구나

구름과 노을은 옷소매에서 나오고

산들바람이 옷깃의 먼지를 씻어 주네

이러니 어찌 좋지 않으리오

다만 세정(世情)이 깊은 것을 어찌하랴

입신양명 이루지 못했으되

쇠공이가 끝내는 바늘이 되리라.⁶⁹

어찌 곧 자포자기를 하여

우두커니 산속에 들어앉아 있을까

이 마음 벌써 굳게 정해졌으니

물루(物累)⁷⁰에 침탈을 받지 않으리라

---

68 기심(機心) : 자기의 사적인 목적을 이루기 위하여 교묘하게 꾀하는 마음을 말한다. "吾聞之吾師, 有機械者必有機事, 有機事者必有機心. 機心存於胸中, 則純白不備."(『장자(莊子)』, 「천지(天地)」)

69 쇠공이가 …… 되리라 : 아무리 어려운 일이라도 참고 계속하면 언젠가는 반드시 성공함을 비유하는 말이다. 노력을 거듭해서 목적을 달성하거나 끈기 있게 학문이나 일에 힘쓸 것을 비유하기도 한다. 이백이 상이산(象耳山)에서 공부를 하다가 싫증을 느끼고 산을 내려오던 중, 한 냇가에서 노파가 바늘을 만들기 위해 바위에 쇠공이를 갈고 있는 것을 보게 되었다. 이백이 가능한 일인지 묻자 노파는 중도에 그만두지 않으면 된다고 답하였다. 이에 이백은 다시 산으로 올라가 공부에 매진하면서 마음이 해이해질 적마다 노파의 말을 떠올렸다는 이야기가 전한다(『방여승람(方輿勝覽)』, 「미주(眉州)」, '마침계(磨針溪)').

70 물루(物累) : 외물의 구속이라는 뜻으로 『장자』, 「천도(天道)」에 나오는 말이다. "故知天樂者, 無天怨, 無人非, 無物累, 無鬼責."

발길 닿는 곳마다 지극한 즐거움 얻을 수 있으니
천지간에 살아가는 것은 고금이 마찬가지라
인생은 스스로 적응하는 것이 귀하니
무엇 때문에 다시 침음(沈吟)을 하랴.

● 감회
　感懷

고인(故人)은 마음이 옥과 같고
신인(新人)은 얼굴이 꽃 같아라
고인은 단(緞)을 잘 짜고
신인은 깁을 잘 짜더라
꽃은 추위를 견디지 못해
번화한 계절에 보기 좋을 따름이요
깁은 더위엔 좋지만
풍설을 막아내진 못한다네
서쪽 집이 고인을 쫓아내니
눈물을 머금고 동쪽 집으로 갔다네
동쪽 집은 좋은 사람 얻었다 기뻐하고
서쪽 집도 잘 됐다고 하더라
서쪽 집 날로 가세가 기울고
동쪽 집 날로 형편이 나아지누나
사람의 마음 매양 옛것을 싫어하는데
옛것을 싫어하다가는 끝내 잘못이 생기며
사람의 마음 매양 새것을 좋아하는데
새것만 좋아하다가는 오래지 않아 후회하리

사람은 고인이 좋고 그릇은 새것을 취하나니[71]

『상서(尙書)』에 성현의 지모를 찬탄하는 말씀이 있지[72]

세속은 오래된 물건을 중히 여기면서

고인은 도리어 버림을 당하는구나

안타깝다, 이루 다 말하기 어려우니

동릉(東陵)에 가서 오이나 심으리라.[73]

● 원휘(元暉)가 보낸 시에 답하다
酬元暉見寄

저나무〔樗〕[74] 쓸모가 없어 베어지는 것을 면했고

청황색의 희상(犧象)은 나무로 보면 재앙이라[75]

---

71 사람은 …… 취하나니 : 『서경』, 「반경(盤庚)」에 나오는 말이다. "지임(遲任)이 말하기를, 사람은 옛사람을 구하고 그릇은 옛것을 구할 것이 아니라 새것을 쓰라〔遲任有言曰, '人惟求舊, 器非求舊, 惟新.'〕." 하였다.

72 『상서(尙書)』에 …… 있지 : 『서경』, 「이훈(伊訓)」에 "성인의 법이 커서 아름다운 말씀이 널리 드러난다〔聖謨洋洋, 嘉言孔彰〕."라는 말이 있다.

73 동릉(東陵)에 …… 심으리라 : 난세에 은거하여 지내는 것을 뜻하는 말이다. 소평(召平)이 장안(長安)의 동쪽 청문(靑門) 밖에 숨어 살면서 오이를 재배하며 살았는데 그 오이가 맛이 특별했다 한다. 그래서 동릉과(東陵瓜)라는 문자가 생겼다(『사기』, 「소상국세가(蕭相國世家)」).

74 저나무 : 『장자』에 나오는 나무로 이 나무의 특징은 쓸모가 없어 재목이 되지 않기 때문에 천수를 누린다고 한다. '저(樗)'라는 글자를 종래 가죽나무로 풀이하였는데 '저'의 특성으로 보아 가죽나무와는 다른 것으로 보인다.

75 청황색의 …… 재앙이라 : 희준(犧尊)은 나무를 깎아 만든 제기의 일종인데, 청색·황색으로 아름답게 채색을 하여 '청황의 희준'이라고 한 것이다. 그것을 나무로 제작하는 과정에서 남은 토막들은 버려지게 마련이다. 장자(莊子)는 '청황의 희준'과 버려진 나무토막 사이에 미추의 구별은 있지만 나무의 본성을 잃은 점에서는 마찬가지라고 하였다. "百年之木, 破爲犧尊, 靑黃而文之, 其斷在溝中, 比犧尊於溝中之斷, 則美惡有間矣, 其於失性一

속세 밖의 풍경 곳곳이 마음에 들어
산중의 운무(雲霧)는 사람을 끄네
반생의 공력은 천 권의 책이거늘
하루의 경륜은 한 잔 술이로다
한원(翰苑)⁷⁶의 좋은 벗 이 뜻 함께하여
유독 나를 향해 심회를 열어 보이네.

● 부채에 쓴 글
  扇題

타고난 성품이 미욱하니
말과 행동이 어긋나네
겸손하기로 힘쓴 지 7년에
자만심이 제거되지 않누나
지식은 얕고 국량이 좁아
여전히 소인 아닌가.

● 부채에 쓴 글, 갑진년(1844) 아이를 잃고
  扇題, 甲辰年喪兒後

삼가 천벌을 두려워하되
안으로 살펴봄에 허물이 많구나

也.”(『장자』, 「천지(天地)」) 여기서 '희상'은 희준과 통해서 쓴 것으로 생각된다.

76 한원(翰苑) : 예문관(藝文館)의 별칭으로 쓰이기도 하지만 여기서는 문필을 함께하는 동인
들의 모임을 지칭한다.

속마음 깨끗이 씻어내
천명을 조심하여 보존하리로다.[77]

● 밤에 이웃에서 아이가 죽어 곡하는 소리를 듣고
　夜聞鄰屋哭兒

이웃에 사는 부부
중년에 아이 하나를 얻어
울어도 예쁘고 웃어도 예뻐
천금 구슬처럼 귀하기 그지없더니
병을 얻어 끝내 살리지 못해
밤중에 슬피 우는 소리가 들리네
놀라 잠을 깨 일어나서
옷을 걸치고 집을 돌아 달려가니
눈물이 하염없이 흘러내려
줄줄이 옷깃을 적신다
그 심정 내 마음을 아프게 하니
가슴이 무너지는 슬픔 이치가 한가지라
풀이고 꽃이고 제각기 열매가 있고
새들도 어미에게 먹이를 물어 온다네
집에 서적이 아무리 가득해도
학문을 전수할 곳이 없다니
천운이 참으로 이와 같은가

---

77 천명을 조심하여 보존하리로다 : 『시경』, 「아장(我將)」에 "하늘의 위엄을 두려워하여 이에
　보전하리로다〔畏天之威, 于時保之〕."라는 구절이 있다.

옛날에도 연오(延吳)[78]가 있었다네
훌훌히 맺힌 생각 털어 버리고
다시는 탄식하지 말 일이로다.

● 계양(桂陽) 삼종형의 기일에 생각하니 마음이 아파 슬픔을 이길 수 없어,
　시를 지어 회포를 풀었으나 시를 이루고 나서 슬픔이 더했다
　桂陽三從族兄忌日, 撫事盡傷, 悲不自勝, 因題詩以遣懷, 詩成而增悲

우리 아버지 나이 열넷에
남쪽 땅에서 서울로 올라와
황고(皇考)의 양자로 들어가니
오직 족형에게 의탁하였더라
가르침을 받고 혼인도 시켰으니
실로 부모와 같은 은혜라
19년을 함께 살았는데
집안에 이런저런 말이 없었다네
나누어 살게 되었을 때도 서로 가까이 살아
한집처럼 왕래를 하고

---

78 연오(延吳) : 춘추 시대 오(吳)나라 연릉계자[延陵季子, 계찰(季札)]와 위(魏)나라 동문오
(東門吳)를 함께 일컫는 말로, 두 사람은 모두 아들을 잃고도 슬퍼하지 않았다고 한다.
『예기』, 「단궁(檀弓)」에 계찰이 제(齊)나라로 갔다가 돌아올 적에 장자가 죽어 영박(嬴博)
땅에 제사 지냈다는 이야기가 있으며, 『열자(列子)』, 「역명(力命)」에 동문오가 아들이
죽었는데도 슬퍼하지 않자 집사가 그 이유를 물으니 "나는 옛날에 자식이 없었을 때에도
슬퍼하지 않았는데, 지금 자식이 죽은 것은 옛날에 자식이 없었던 때와 똑같으니 무엇
때문에 슬퍼하겠는가[吾嘗無子之時不憂, 今子死, 乃與向無子時同, 吾奚憂也]?"라고 하였
다는 고사가 있다.

아이들이 늘 함께 놀아
어루만지고 사랑하기를 구별이 없었더라
우리 아버지 매년 남도로 근친(覲親)을 가시는데
가을에 갔다가 봄이면 돌아오시니
우리들은 형님에게 공부하는데
가르치고 깨우치기에 정성을 다하였네
형님이 돌아가시고 한 해 남짓하여
맏아들도 이어서 세상을 떠났다네
부인과 아이는 의지할 곳이 없어
나의 둘째 아우가 가서 생계를 도왔지요
부인도 이내 돌아가시니
살림살이 남은 것이 없어
어린 고아 남매를
데려와서 기르고 가르쳤는데
8년의 흉년을 간신히 넘겨서
배를 주리고 겨우 목숨을 보존했지요
대견스럽게도 남매가 성인이 되어
좋은 인연을 찾아 시집 장가 보내렸더니
안타깝다, 지난해 가을
일시에 남매가 죽고 말았다네
산소는 돌볼 자손도 없고
사당에는 제사도 받들지 못하게 되었네
7월 초열흘날은
형님이 세상을 떠난 날이라
생각할수록 슬픔이 넘쳐

참으려 해도 눈물이 수건을 적시네요
너무도 형편이 어려움을 애달파함에
은정과 의리 둘 다 저버리게 되다니
아들 하나도 살려 내지 못하고
내 손에서 대가 끊어지게 되었구나
형님의 정령(精靈)이 나를 책망하지 않는다 해도
내 무슨 면목으로 대하리오
백 년토록 길이 마음을 상하니
구원으로 돌아갈 때 형님을 뵐 낯이 없네요
유유한 생사의 경계에
이 한(恨)은 끊어질 기약이 없으니
목석처럼 아무것도 모르면 얼마나 좋으랴
사람은 지각이 있는 것이 괴로워라.

● 7월 13일 밤
  七月十三日夜

찌는 더위에 시달려 괴로워라
생량(生凉)하기를 바라고 바라더니
쏟아지는 비는 가을을 재촉하는데
돌아가는 구름이 달을 풀어놓았네
수고롭게 일하느라 여윈 얼굴 서글프고
술이 떨어져 마른 창자로 견디노라
맑은 경치는 사람의 기분을 살려서
오늘밤 흥이 길게 일어나네.

신해년(1851)

● 가을에 감회가 일어 짓다. 환운(換韻)하여 32운에 이르렀는데,
  몇몇 동지에게 보이다. 신해년(1851)
  秋日有懷偶成. 轉韻三十二, 以示二三同志 辛亥

맑은 바람은 하늘에서 불어오고
가을빛은 평원에 펼쳐지네
들판의 물은 나의 마음을 깨끗이 해 주고
산의 울림은 생황이나 축(筑)을 부는 듯
마음도 편안히 세상 근심을 잊노니
일마다 그윽한 뜻 가득하네
옥우(玉宇: 하늘)는 정히 소슬하여
만 리에 끝없이 푸르더라
명월은 반가운 친구인양
밝은 빛으로 외로운 곳 비춰 주네
제포(綈袍)[79]가 따뜻하지 않아도
봄날의 포근함을 느끼게 한다네
우는 학은 나무 그늘 속에 있고[80]

---

79 제포(綈袍) : 제포는 명주로 두껍게 만든 옷을 말하는데, 옛 은혜를 잊지 않고 마음속에
간직하고 있음을 비유한다. 『사기』, 「범저채택열전(范雎蔡澤列傳)」에 따르면, 전국 시대
위(魏)나라 범저(范雎)가 수가(須賈)를 섬기고 있을 때 모함을 받아 궁지에 몰리자 진(秦)나라
로 망명하여 진나라의 재상이 되었다. 후에 수가가 진나라에 사신으로 오자 범저가 일부러
헌 옷을 입고 그를 맞이하니, 영문을 모르는 수가는 불쌍히 여겨 그에게 제포를 주었다.
80 우는 …… 있고 : 마음이 서로 잘 통함을 뜻한다. 『주역』, 「중부괘(中孚卦)」, '구이(九二)'의
효사(爻辭)에 "학이 숲의 그늘에서 울자, 그 새끼가 이에 화답한다〔鳴鶴在陰, 其子和之〕."
라는 구절이 있다.

삼밭에는 쑥이 저절로 곧게 자란다지[81]

> 평어 즐거움을 사람들과 함께한 것이다.

좋은 시절 나는 새와 같아
둘러보는 사이에 훌쩍 지나가네
촌음(寸陰)도 아까운 터
부지런히 힘씀은 다른 까닭이 있어서랴

> 평어 힘써 나아가기를 그만두지 않는 것이다.

동산에 큰 고목이 있으니
선보(宣父)[82]가 심으신 것이로다
위로 뻗은 가지 하늘에 닿고
가운데 줄기는 원기를 머금었네
기나긴 이천 년 동안에
눈서리 얼마나 많이 맞았던고
큰 운세 봄으로 돌아오니
무성한 잎사귀 푸른 기운이 더해 가고
아름다운 꽃에 보배로운 열매 익어 가니
좋은 향기는 천지에 가득하여라

> 평어 치세의 운이 곧 돌아옴을 말한 것이다.

배와 밤 아무리 광주리에 가득해도

---

81 삼밭에는 …… 자란다지 : '봉생마중(蓬生麻中)'이란 말이 있는데, 쑥이 삼밭에서 자라면 삼처럼 곧게 자란다는 뜻으로, 사람은 환경의 영향을 받음을 비유하였다. "蓬生麻中, 不扶 而直 : 白沙在涅, 與之具黑."(『순자(荀子)』, 「권학(勸學)」)
82 선보(宣父) : 공자(孔子)에 대한 존칭이다. 한나라 평제(平帝) 때 공자의 시호를 '포성선공 (褒成宣公)'이라고 한 데서 유래한다.

이런 따위는 논할 것이 못 되네

이 보배로운 열매 한 번 먹으면 온갖 근심 사라지고

두 번 먹으면 마음이 흔쾌하게 되는도다

두고두고 오래 먹으면 신명이 통하여

천지와 더불어 수를 누리리니

지혜는 능히 조화와 짝하고

힘은 능히 우주를 움직이리

구하는 대로 얻어 부족함이 없고

복과 상서 날로 모여 쌓이리니

세상 사람들에게 나누어 주고 싶어도

기호(嗜好)가 오래전에 달라졌구나

맛을 제대로 알아보는 자 드문데

식성이 그대와 나 서로 같아라

> **평어** 뜻은 세상을 잊지 않았으니 아무리 그래도 뭔가 해볼 수 있겠다.

소원하는 바, 군자와 더불어

힘써 먼 길을 달릴 것이로다

물에 빠진 동포를 우리 함께 구제하고

발길 돌려 강구(康衢)[83]로 향할 것이로다

사람의 삶은 입선(立善)을 귀히 여기나니

그렇기 때문에 금수와 다르다오

> **평어** 이 아래로는 스스로 힘써 다른 사람을 힘쓰도록 하고, 또 세상을 근심

---

83 강구(康衢) : 강구는 사방팔방으로 통하는 번화한 큰 거리라는 뜻인데, 여기서는 요임금 때 태평성대를 칭송하여 불렀다는 「강구요(康衢謠)」를 염두에 둔 표현이다(『열자(列子)』, 「중니(仲尼)」).

하는 것으로 글을 끝맺는다.

스스로 표열(表列)⁸⁴을 하지 못하고 보면
형해(形骸)는 너의 소유가 되지 않으리라
남들 사이에 끼어 몰리게 되니
그 고기를 씹어 먹고 가죽을 깔고 자리로다⁸⁵
어지럽게 함정으로 달려들며
잘난 척 수염과 눈썹을 날리는가

> **평어** 명리에 빠져든 것이다.

영리한 자는 세속과 인연을 끊고
스스로 지렁이처럼 되고자 하네⁸⁶
삶을 위해 진흙 속에 파묻혀
인생 백 년의 기약을 길이 저버리도다

> **평어** 세상 밖으로 자취를 감춘 것이다.

---

84 표열(表列) : 나열하여 드러내 보이는 것이다. 『패문운부(佩文韻府)』, 「생부(笙賦)」의 "管
攢羅而表列, 音要妙而含淸."을 인용하였다.
85 그 …… 자리로다[食肉寢皮] : 원수를 잊지 않고 기어이 갚으려는 뜻을 표현한 말이다.
춘추 시대 제나라 장공(莊公)이 용사들에게 술자리를 마련해 주자 식작(殖綽)과 곽최(郭
最)가 참가하려 하였다. 그런데 이들과 원수지간인 주작(州綽)이 두 사람은 금수와 같은
사람으로 그 고기를 씹고 가죽을 깔고 자겠다며 반대하였다. "莊公爲勇爵, 殖綽‧郭最欲
與焉. …… (州綽)對曰 : '臣爲隷新. 然二子者, 譬如禽獸, 臣食其肉而寢處其皮矣.'"(『춘추
좌씨전』 양공(襄公) 21년)
86 스스로 …… 하네 : 『맹자』, 「등문공 하(滕文公下)」에 다음과 같은 이야기가 있다. 전국
시대 제나라에 진중자(陳仲子, 일명 於陵仲子)란 사람이 있었는데, 사흘 동안 아무것도
먹지 못하다가 굼벵이가 반이나 파먹은 자두가 우물가에 있는 것을 보고 겨우 기어가서
먹고 정신을 차렸다. 이로 인해 당시 청렴한 선비로 이름이 높았다. 그러나 맹자는 진중자
는 결코 청렴하다고 볼 수 없으며, 만약 진중자처럼 하려면 마른 흙이나 먹고 썩은 물이나
마시는 지렁이가 되어야 가능하다고 풍자하였다.

높은 데에 올라 널리 둘러보고
마음이 몹시 슬퍼지네
훌륭한 포부를 펴지 못했으니
홀로 즐기는 그 뜻 어떠한가

평어 즐거운 가운데 근심이 있으니, 그 근심 또한 즐거움이다.

천명에 운수가 있음을 알아
힘쓰기를 잊지 말고 본분에 편안할 일이로다.

평어 현달하면 천하를 두루 구제하며, 곤궁하면 홀로 자기 자신을 지킬 것이니,[87] 낙천지명(樂天知命)하고 안토돈인(安土敦仁)할 것이로다.[88]

---

87 현달하면 …… 것이니 : 『맹자』, 「진심 상(盡心上)」에 나오는 말이다. "古之人得志, 澤加於民; 不得志, 修身見於世. 窮則獨善其身, 達則兼善天下."
88 낙천지명(樂天知命)하고 안토돈인(安土敦仁)할 것이로다 : 『주역』, 「계사전(繫辭傳)」에 나오는 말로 '낙천지명'은 천리를 즐기고 천명을 아는 것을 말하며, '안토돈인'은 처지에 편안하여 인(仁)을 돈독히 하는 것을 말한다. "樂天知命, 故不憂; 安土敦乎仁, 故能愛."

서(書)

문장을 논해 원휘(元暉)[1]에게 주는 편지 을사년(1845)

與元暉論文書 乙巳

원휘(元暉) 족하(足下)[2]여! 문장의 도를 상실한 지 7백 년이 되었습니다. 그 사이에 한두 명 세상에 이름을 얻은 이가 없지 않았지만, 이른바 철중쟁쟁(鐵中錚錚)[3]이라 할 것이요, 서한(西漢)의 신수(神髓)나 당송(唐宋)의 풍골(風骨)은 텅 빈 듯 전해지지 않는군요.

무릇 문장은 대도(大道)에 비하면 한낱 소기(小技)일 뿐임에도 얻기 어려운 것이 이와 같거늘, 하물며 공자의 전통을 계승하여 대도가 이 세상에 다시 밝아지기를 기대할 수 있겠습니까? 이 점이 내가 잠 못 이루고 고민하기를 그치지 못하는 까닭입니다.

족하가 편지로 문장에 대해 묻는데, 도를 전하는 문장을 이루려고 스스로 기약한 나머지, 내가 여기에 먼저 종사했다 하여 어떻게 하는 것이 좋을까 질문하고 내 가르침을 받고자 하였습니다. 나로서는 도저히 감당할 일이 아닙니다만, 그대의 물음으로 인해서 생각을 하게 됩니다.

대개 문장이 성립한 이래로 육경(六經)의 글은 지극해서 그 이상은 없다고 할 수 있겠지요. 춘추전국 시대로 와서 선왕(先王)의 예교(禮敎)

---

1 원휘(元暉) : 이희영(李曦榮, 1821~1868)을 말한다. 원휘는 자이다. 심대윤은 「제이원휘문(祭李元暉文)」에서 "나는 그대와 세호(世戶)의 친함이 있고 편발(編髮)의 옛정이 있고 도학의 사귐이 있고 취미의 맞음이 있도다〔吾於子, 世戶之親也, 編髮之舊也, 道學之交也, 臭味之合也〕."라고 하였다.
2 족하(足下) : 상대에 대한 존칭으로, 귀하(貴下)와 유사한 말이다.
3 철중쟁쟁(鐵中錚錚) : 쇠 가운데 빼어나다는 뜻으로, 좋기는 하지만 최상급은 아니라는 뜻이 내포되어 있다(『후한서』, 「유분전(劉盆傳)」).

가 쇠퇴하고부터 선비들이 숭상하는 바는 문사(文詞)와 언변(言辯)에 그칠 따름입니다. 그래서 『좌전(左傳)』, 『국어(國語)』, 『전국책(戰國策)』 및 『장자(莊子)』, 『이소(離騷)』 등의 책을 손꼽을 수 있을 뿐이니, 세상에서 문필에 힘쓰는 이들이 모두 떠받드는 것입니다. 서한의 문장은 대단히 훌륭하다고 일컬어지고 있으나, 역시 두 사마씨(司馬氏)[4]와 양자운(揚子雲, 揚雄)이 진짜라고 할 수 있겠지요. 그 밖에 유향(劉向), 회남자(淮南子), 추양(鄒陽), 매승(枚乘) 등은 잘한다고 말할 수 있으나, 지극한 경지에는 못 미칩니다. 동한(東漢)에 있어서는 맹견(孟堅, 班固)이 괜찮은 정도라 할 수 있으나, 너무 집착하고 편협해서 족히 두려워할 것이 못 됩니다. 그 아래로 장형(張衡)·최인(崔駰)·채옹(蔡邕)의 무리들은 더욱 한참 미치지 못하지요.

당송(唐宋)의 즈음에는 문사로 이름을 얻은 이들이 헤아릴 수 없이 많지만, 한퇴지(韓退之, 韓愈)가 최고이고, 유자후(柳子厚, 柳宗元)·구양영숙(歐陽永叔, 歐陽修)이 그 다음이요, 소자첨(蘇子瞻, 蘇軾)이 또 다음이요, 왕안석(王安石)·소명윤(蘇明允, 蘇洵)·증공(曾鞏)은 잘 했다 할 수 있으나 지극한 경지에는 미치지 못합니다. 이 이후에는 나약하여 쇠퇴하고 만 것입니다. 상하 수천 년 동안에 곤충과 물고기나 아로새기고 달과 이슬이나 본떠 그리면서 머리가 다 하얗게 되도록 입언(立言)하는 대열에 참여하기를 희구하는 자가 어찌 한정이 있겠습니까. 하지만 대체로 나약하고 기백이 없어 떨치지 못하니, 문장이란 참으로 어렵다 할 것입니다. 그런데 짓는 것만 어려운 것이 아니요, 문장을 알아보는 것 또한 어렵습니다.

---

4 두 사마씨(司馬氏) : 전한(前漢)의 문장가인 사마천(司馬遷)과 사마상여(司馬相如)를 말한다.

모순보(茅順甫)⁵·당순지(唐順之)⁶ 등 여러 사람은 능히 글을 알고 평론을 잘한다고 일컬어졌으나, 역시 소경이 그림을 논하듯 모호한 것이 많습니다. 한퇴지는 이르기를 "공력을 많이 들인 연후에 옛 글의 참과 거짓, 흑과 백을 가려볼 수 있다." 하였고, 양자운은 "후세에 양자운이 나와야 내 글을 좋아할 것이다."라는 말을 남겼지요. 대개 양자운이 아니고는 양자운을 알 수 없기 때문입니다. 능히 지을 수 있는 연후에 능히 알 수가 있으니, 능히 알 수 있는 자는 반드시 능히 지을 수 있는 자일 것입니다. 능히 지을 수 없으면서 안다고 말하면 허황한 자이겠지요. 지을 수 없으면 알 수 없으며, 능히 알 수 없으면 또한 지을 수 없겠지요. 이 점이 어려운 까닭입니다. 비록 그렇지만 역시 무엇이 어렵겠습니까? 단지 그 문(門)을 찾아 들어가서 제대로 방도를 얻지 못한 때문이요, 만일 문을 제대로 찾아서 옳은 방도를 얻는다면, 진실로 쉽고도 쉬울 것입니다.

무릇 문장이란 다른 것이 아니요, 곧 말입니다. 말을 잘하는 자의 말은 아끼면서도 미진함이 없고, 간략하면서도 분명하며, 뜻은 깊고 조리는 명쾌하고, 말이 화려하면서 기운은 안정되어 있으며, 술술 이어져서 연줄기의 실이 뻗어 나오는 것 같고, 줄줄 흘러나와 병의 물이 쏟아지는

---

5 모순보(茅順甫) : 명(明)나라 문장가 모곤(茅坤)을 말한다. 순보는 자이며 호는 녹문(鹿門)이다. 당시 전칠자(前七子)와 후칠자(後七子)가 등장하여 선진양한(先秦兩漢)의 고문으로 돌아갈 것을 주장하였는데, 모곤을 비롯하여 당순지(唐順之)·왕신중(王愼中)·귀유광(歸有光) 등은 당송고문(唐宋古文)을 중시할 것을 주장했다. 전자를 의고파(擬古派)라고 부르는 데 대해서 이들은 당송파(唐宋派)로 일컬어지기도 한다. 모곤은 문장의 전범으로 삼기 위해 『당송팔대가문초(唐宋八大家文鈔)』를 편찬했는데, 이 책은 우리나라에서도 널리 읽혔다.
6 당순지(唐順之) : 명나라 문장가로 자는 응덕(應德), 벼슬은 우첨도어사(右僉都御史)에 이르렀다. 저서에 『형천집(荊川集)』이 있다.

듯하고, 힘차게 **뻗쳐** 나가되 주지(主旨)를 잃지 않아 뭇 별이 북두성을 받들어 모시는 것 같고, 기복과 변화를 만 가지로 부리더라도 정법(正法)을 어기지 않는 것이 사계절이 바뀌는 것 같습니다. 천연(天然)으로 모여들어 천착(穿鑿)한 흔적이 보이지 않으며, 자태는 한가롭고 태평하되 음절은 크고 시원하며, 웃음과 익살과 가곡과 속요(俗謠)를 뒤섞더라도 듣는 자들이 신기하여 지루하지 않고 흥미진진하게 여깁니다. 그 다음 등급의 것도 능히 정회를 다 말하고 경물을 잘 그리되, 요컨대 껄끄럽고 진부하고 어긋나고 자질구레하고 너저분한 병폐가 없으니, 이 또한 말을 잘하는 자라 하겠지요. 글을 잘하고 잘 못하는 것 역시 이와 마찬가지입니다.

세상에서 글을 한다고 하는 자들을 보면 이와 달라 지리하고 늘어지고 부풀리고 잡다한 것으로 해박함을 자랑하며, 굴절이 되고 뒤엉킨 것으로 공교함을 삼으며, 드러나지 않고 험벽한 것으로 기이함을 삼으며, 남의 글에서 따오고 훔치는 것으로 능함을 삼으며, 변려황백(駢儷黃白)[7]으로 문채를 삼는가 하면, **뼈대**와 힘줄이 연약해서 맥락이 이어지지 못합니다. 읽어 보아도 분명하지 않고, 분명하더라도 음미할 만하지 못하니 이야말로 장터 아이들이나 말몰이꾼들이 마구 지껄여대는 것 같아 정서와 사상이 천박하기만 한 것입니다.

무릇 문장이란 과연 어디에 쓰는 것이겠습니까? 대개 뜻을 밝히고 말을 담아서 멀리 통하고 오래 전하고자 하는 것입니다. 진실로 말이 그

---

7 변려황백(駢儷黃白): '변려'는 사륙문의 별칭이다. 사륙문은 문장의 수사와 형식을 중시하는 것이 특징이다. '황백'은 당나라 때 중서성(中書省)에서 윤명(綸命)을 받아 삼[麻]으로 만든 황색과 백색의 종이에 써준 고신장(告身狀)이다. 여기서는 변려문으로 지은 공용문(公用文)을 의미하는 것으로 보인다.

뜻을 표현하는 데 부족하고, 글이 그 말을 나타내는 데 부족하다면, 한갓 벌여 놓기만 한 것이어서 쓸모가 없습니다.

족하 또한 능히 말을 잘하니, 말과 같이 글을 쓴다면 잘하는 것이 될 것입니다. 내가 족하에게 말하는 글 하는 방도는 이를 벗어나지 않습니다.

내가 여기에 힘을 쓴 지가 거의 30여 년이나 됩니다. 참으로 재주가 거칠어 족히 말할 것이 없지만, 붓을 놀려 가는 대로 글을 쓰는데, 말을 달리고 멈추고 꺾고 하듯 자유롭게 나가서 스스로 지체하는 바가 없었지요. 그렇지만 일찍이 남에게 감히 말하지는 못했습니다. 한퇴지는 중화(中華)에서 태어나 성당(盛唐)의 문명한 시대를 만나서 고문(古文)을 창도하였으되, 오히려 비웃음과 배척을 면치 못했는데, 하물며 나의 처지에 있어서야 더 말할 것 있으리까!

또한 일찍이 홍유석사(鴻儒碩士)로 일컬어지는 분들을 살펴서 시험 삼아 내보이면, 얼핏 바람이 스치듯 훑어보고는 말아서 치워 버리고 다시는 가부간에 언급하려고도 하지 않았습니다. 아득히 그 정신이 이어지지 않아, 유념하여 살펴보려고도 하지 않거늘, 비웃고 배척하는 것이나마 구하려 한들 얻을 도리가 없는 것입니다. 나는 이 때문에 더욱 곤궁해졌는데, 근래에는 목반 만드는 기술을 배워 숙수(菽水)[8]나마 지공을 하고 있지요. 나는 평소에 옛글을 읽은 힘으로 탁주 한 잔도 얻어먹지 못했거늘, 지금 와서는 수입이 있어 기한(飢寒)을 면하게 되었으니, 장

---

8 숙수(菽水): 콩죽과 물로, 가난하게 살면서 어버이를 극진하게 봉양하는 것을 의미한다. 공자의 제자 자로(子路)가 집안이 가난해서 효도를 제대로 하지 못한다고 탄식하자, 공자가 "콩죽을 끓여 먹고 물을 마시더라도 마음을 기쁘게 해 드리는 일을 극진히 행한다면, 그것이 바로 효이다〔啜菽飮水盡其歡, 斯之謂孝〕."라고 위로했다(『예기(禮記)』, 「단궁(檀弓)」).

인바치의 일이 문학보다 낫다고 하겠습니다. 문학을 힘써 한 지 수십 년에 마침내 장인바치의 일을 얻었으니, 제자리를 잃은 것이 심하다 하겠지요.

그런데 나에게 있어서 문장은 여사(餘事)일 따름이외다. 본디 이것으로 이름을 얻고자 하지 않았지요. 이보다 더 중요한 것이 있으니, 내가 즐거워하며 근심하지 않고, 남이 알아주지 않는다고 해서 안타까워하지 않는 까닭이지요. 그렇지만 또 우려하는 일이 있으니, 성인의 도가 어둡게 된 지 이미 오래입니다.

세속이 날로 무너지고 혼란에 빠져 거의 이적(夷狄)·금수(禽獸)의 지경에 이르러 마침내 서로 해쳐서 막판에 이르고야 말 것입니다. 비유컨대 의술이 높아 홀로 좋은 처방을 지니고 있으면서, 무서운 전염병이 유행하는 때를 만나 사람들이 죽어 가는 것을 바라만 보고 치료하려고 나서지 않는다면, 이는 나 자신의 죄라 할 것이오. 그렇지만 몸이 곤궁한 가운데 처하여 말은 신뢰를 받지 못하고 또 알아주지를 않는데, 아무리 나서서 일을 하고자 한들 끝내 어찌할 도리가 없을 것이외다.

비록 그러하나, 군자(君子)는 당세에 막혀 있으면 반드시 후세에는 펴질 것입니다. 무릇 당세와 후세는 나에게 있어서는 실로 가깝고 멀고 좋고 나쁘고의 차이가 없습니다. 진실로 우리의 도를 얻게 되어, 부형과 자제들을 보존하고, 나라는 안녕을, 가정은 화평을 누리게 된다면 한결같이 나의 덕일 것이어늘, 또 무엇 때문에 당세와 후세를 분별하겠습니까?

대개 당세에 급급한 자들은 자기 자신이 직접 보고 싶어하기 때문입니다. 그런데 우리의 도는 천지(天地) 사이에 서서 어그러지지 않고, 귀신(鬼神)에게 물어보아도 의혹이 있을 수 없거늘, 어찌 꼭 몸소 실행해 본 연후에 후련하겠습니까? 무릇 자기의 도를 전하여 후세에 알리려고 한다면 글이 아니고는 불가능할 것이니, 이것이 곧 내가 오늘날 해야 할 일입니다.

족하와 같은 사람은 연부역강(年富力疆)하니 응당 힘을 다하고 몸소 행하여 공덕(功德)을 수립하며 영재를 교육해야 할 것입니다. 당세에 크게 행해지게 되면 제자들은 그 말씀을 외워서 안으로 전할 것이요, 사가(史家)는 그 업적을 기록하여 밖으로 드러낼 것이어늘, 어찌 문사(文詞)의 말기(末技)에 전심전력(全心全力)하여 스스로 후세에 전하기를 희망하겠습니까! 공자께서 "실행에 힘쓰되 여력이 있으면 글을 배우라."[9]고 하셨습니다. 족하의 재주로는 남은 힘이 있어 글도 잘할 수 있을 것입니다. 나는 기왕에 족하의 뜻을 장하게 여겨 왔기 때문에 추동하여 더 나아가도록 하는 것이니, 족하가 선질후문(先質後文)[10]하여 마침내 말을 확충하도록 하고 싶습니다. 오직 바라노니, 힘을 다해 게으름 없이 나의 간절한 정성에 부응하기 바랍니다. 이만 줄입니다.

평어 이 글은 유자후(柳子厚)의 「논문서(論文書)」[11]에 비해서 어찌 한 등급

---

9 실행에 …… 배우라 : 『논어』, 「학이(學而)」에 나온다. 공자가 제자들에게 실천적 윤리를 중시하도록 깨우친 말이다.

10 선질후문(先質後文) : '질(質)'은 본바탕, 즉 내용적인 측면을 가리키며, '문(文)'은 아름답게 꾸며진 상태, 즉 형식적인 측면을 가리킨다. 공자는 '질'과 '문'이 조화를 이룬 상태가 최선이라고 하였는데, '문(형식)'에 대해서 '질(내용)'이 우선적이라는 뜻으로 '선질후문'이 주장되기도 했다.

11 유자후(柳子厚)의 논문서(論文書) : 유자후는 당나라 때의 문장가인 유종원(柳宗元)으로, 자후는 그의 자이다. 「논문서」는 「답위중립론사도서(答韋中立論師道書)」를 말하는데, 이 글에서 유종원은 한유의 「사설(師說)」을 옹호하며 사도(師道)를 피력하고, '글은 도를 밝히는 것이다[文者以明道].'라는 문장론을 주장하였다. 이 글은 『고문진보』에도 수록되어 있다. 참고로 문장론 관련 부분을 인용해 둔다.

"始吾幼且少, 爲文章, 以辭爲工, 及長, 乃知文者, 以明道, 固不苟爲炳炳烺烺, 務采色夸聲

높지 않으리오?

音, 而以爲能也. 凡吾所陳皆自謂近道, 而不知道之果近乎. 遠乎. 吾子好道而可吾文, 或者
其於道, 不遠矣. 故吾每爲文章, 未嘗敢以輕心掉之, 懼其剽而不留也, 未嘗敢以怠心易之,
懼其弛而不嚴也, 未嘗敢以昏氣出之, 懼其昧沒而雜也, 未嘗敢以矜氣作之, 懼其偃蹇而驕
也, 抑之欲其奧, 揚之欲其明, 疏之欲其通, 廉之欲其節, 激而發之欲其淸, 固而存之欲其重,
此吾所以羽翼夫道也. 本之書, 以求其質, 本之詩, 以求其恒, 本之禮, 以求其宜, 本之春秋,
以求其斷, 本之易, 以求其動, 此吾所以取道之原也, 參之穀梁氏, 以厲其氣, 參之孟荀, 以
暢其支, 參之莊老, 以肆其端, 參之國語, 以博其趣, 參之離騷, 以致其幽, 參之太史公, 以著
其潔, 此吾所以旁推交通而以爲文也. 凡若此者, 果是邪. 非邪. 有取乎. 抑其無取乎. 吾子
幸觀焉擇焉, 有餘, 以告焉, 苟亟來以廣是道, 子不有得焉, 則我得矣, 又何以師云爾哉. 取
其實而去其名, 無招越蜀吠怪而爲外廷所笑, 則幸矣."

2 **친구에게 답한 편지** 갑자년(1864)

答友人書 甲子

대윤은 아룁니다. 보내 주신 서간에 저의 증조부[12]의 일에 관해서 대략 다음과 같이 말씀하셨지요.

"그분은 올곧은 도와 지극한 행실이 정도(正道)에 따라 자로 잰 듯 근엄하셨으며, 효행과 문장 또한 일세에 명성이 높았고, 관직에 임하심에 밝게 살핀다고 일컬어졌습니다. 상주(尙州)목사를 하실 적에는 남녀가 길을 구별해 다녔으며 동래(東萊)부사를 하실 적에는 왜인들이 함부로 굴지 못했고 강화에서는 백성들이 조심하여 근신하게 되었으며,[13] 바른 말과 곧은 행실로 자신의 생사를 돌아보지 않았으니, 우뚝하고 우뚝하여 천지에 해와 달처럼 환히 빛나, 당시 여론이 정숙자(程叔子)[14]에 견주었던 터입니다. 그런데 고명한 집에는 귀신이 그 안을 넘보며 명성과 덕망이 지나치게 높으면 사람들에게 시기를 받게 되는 법이라, 이것이 화를 부른 까닭입니다.

그 어른의 평생 사적을 상고해 보건대 털끝만큼도 들추어 책망할 것이 없습니다. 목숨을 바치면서까지 친구를 저버리지 않는 분이 어찌 군부(君父)를 소홀히 여겼겠습니까? 당시에 죄로 얽어넣은 자가 도리어 당신의 높은 의리를 드러낸 셈입니다. 이 일은 가려서 밝히기 지극히 쉬운

---

12 증조부 : 심악(沈鐸, 1702~1755)을 말한다. 호는 동리(東里)이며, 1755년(영조 31) 을해옥사에 연루되어 죄명을 쓰고 죽임을 당했다.

13 백성들이 …… 되었으며〔民蝎鷄狗〕 : '鷄狗'는 '鷄飛狗走'의 준말로 놀라서 어쩔 줄 모르는 모습을 형용한 말이다.

14 정숙자(程叔子) : 북송(北宋) 때의 유명한 학자인 정이(程頤)를 가리킨다. 그의 형인 명도(明道) 정호(程灝)와 함께 이정(二程)으로 불렸다. 명도선생 또한 학자로서 명성이 높았기 때문에 그를 가리켜 정숙자라고 불렀던 것이다.

데도 지금까지 백 년에 이르도록 공정한 의론이 나오지 않았으니, 전대에 일찍이 없었던 바입니다. 이 또한 자손된 자가 분수를 지키고 근졸(謹拙)한 태도가 지나쳐서 한 번도 억울함을 호소하지 못했던 까닭이라 하겠지요.

선생은 평소에 지키는 바가 자신의 몸을 닦고 천명을 기다리는 데 있어 주체를 확고히 가져 조금이라도 요행을 구하고 바라는 마음이 없었음을 잘 압니다. 그러나 선조의 일에 있어서는 불가불 해야 할 것입니다. 지금 다행히 위에는 공도(公道)가 있고 은택이 아래로 흐르니 천 년에 한 번 만나는 기회라 할 수 있겠지요. 어찌 가만히 움직이지 않고 종전의 일상 규범을 그대로 준수하고 있겠습니까?"

어허, 그대가 이런 말씀으로 채근하는 것은 사리로 보아 지당하며, 아는 친구들 사이에 이런 말을 한 사람도 그대뿐이 아닙니다. 그러나 저 또한 심중에 생각한 바가 있으니 그대에게 한번 호소해 보겠습니다.

우리 증조부께서는 명망과 행실이 한 시대에 빼어났으니 평소의 행동이 털끝만치라도 밝지 않고 어두운 것이 없었습니다. 노속들까지도 역시 그분의 맑고 곧음을 알고 나라 사람들은 모두 무죄라고 생각하는데, 오늘까지 백여 년이 되도록 아직껏 신원을 받지 못했습니다. 지금 새롭게 은택이 흘러넘치는 때를 당하여 여러 죄목에 걸린 사람들 중에 자손이 있는 경우는 너나없이 바삐 서둘러 도모하여 혹시라도 누락이 될까 두려워하고 있습니다. 그런데 저만 홀로 엎드려서 처분만 기다리고 있으니, 많은 친구들은 모두 저를 허물합니다. 하지만 저라고 해서 어찌 선조의 일에 무심하여 그러겠습니까. 어리석은 제 소견으로도 뜻이 있습니다.

지금 이 신원의 일은 그 은덕이 위로부터 베풀어지는 것이요, 아래에서 제기되는 것이 아닙니다. 죄의 경중은 굳이 해명할 필요가 없고, 오직 그 죄목이 여러 대에 걸쳐 씌워져 천지가 다하도록 끝이 없는 것을 안타깝게 여긴 까닭에 새로운 정치가 열리는 처음에 전에 없는 은택을 크게 내리는 것입니다. 그리하여 온 나라의 말라 죽어 가는 것들까지 단비에 젖도록 하여 한 사람의 백성도 태평시대에 소외됨이 없이 하고, 또 따뜻한 봄날의 햇볕 아래 시드는 일이 없도록 하였습니다. 「주고(周誥)」에서 "너희들의 목숨을 너그러이 살려 준다."[15]라고 한 것과, 『춘추(春秋)』에서 대사를 베푼 사실[16]이나 한당(漢唐)의 시대에 천하에 대사령을 내린 것이 이것입니다.

만약에 아래로부터 호소해서 신원이 된다면 이는 은택이 위로부터 내려오는 것이 아니요 일이 아래로부터 일어난 것입니다. 만약 죄가 없다고 하소연을 하는 자는 신원이 되고 죄가 없다고 하소연하지 않는 자는 되지 못한다면, 이는 얻는 것과 얻지 못하는 것이 아래에 있지 위에 있는 것이 아닙니다. 죄의 유무와 경중을 심리하여 적절히 조처하는 것은 정법(政法)의 정상적인 도리요, 개벽 이래로 오늘에 이르기까지 분명히 행해 온 일입니다. 지금에 이르러서 또 어찌 다시 할 것이 있겠습니까. 대개 사론(邪論)이 등장한 이래로 서로 배척하고 다투며 서로 뒤집고 바꾸어, 죄는 정해진 명목이 없고 법은 정해진 규정이 없으니, 자손이 힘이 있으면 끝내 벗어나고[17] 자손이 힘이 없으면 끝내 벗어나지 못합니다.

대개 지금 조정에서 내린 조처는 상례를 밟아서 취한 것이 아니요,

---

15 너희들의 …… 살려 준다 : 『서경』, 「다방(多方)」에 나오는 말이다. 주공이 은나라의 잔존 세력이 반기를 든 것을 평정한 다음에 그들을 죽이는 것이 마땅함에도 살려 주면서 했던 말이다. "周公曰 : '王若曰 : 猷. 告爾四國多方, 惟爾殷侯尹民, 我惟大降爾命, 爾罔不知.'"
16 대사를 …… 사실 : 『춘추좌씨전』 장공(莊公) 22년에 "春正月, 肆大眚."이란 구절이 보이는데, '생(眚)'은 죄가 있는 자를 사면한다는 의미이다.
17 벗어나고[脫空] : 소문이나 억울한 죄명에서 벗어나는 것을 의미한다.

특별히 전고(前古)에 없었던 이례적인 은전입니다. 당론에 관계된 자들은 모두 다 죄목을 씻어 주어 아래로 수백 년 동안 쌓인 원통한 기운을 사라지게 하고, 위로 국가의 복록(福祿)을 맞아들여 길이 번창할 운수를 열어 보자는 것입니다. 무릇 형전(刑典)에 의거하여 논하는 자들은 이는 곧 상도(常道)를 지키는 의론이요, 정상이 아닌 변화의 권도임을 알지 못하는 것이요, 지금의 조처가 정상에서 엄청나게 벗어난 것임을 알지 못하는 것입니다.

이때를 당하여 내 어찌 감히 스스로 호소를 해서 위로부터 큰 덕을 취해 스스로 누리겠습니까? 또 어찌 감히 증조부의 죄가 있다 없다를 밝혀 이례적인 은전을 도리어 정상인 일처럼 하겠습니까? 이 때문에 저는 엎드려 명을 기다리는 것이요 감히 나서서 호소하지 않는 것입니다.

한편으로 일이 그런지 저런지 애매할 때, 가리고 밝히는 법입니다. 우리 증조부로 말하면 가을 물처럼 깨끗하여 한 점의 의혹도 찾아낼 것이 없습니다. 아무리 가리고 밝히고자 한들 무슨 일을 가지고 말한단 말입니까. 오직 하늘이 굽어 살펴보심이 있을 따름입니다. 이 때문에 저는 엎드려 명을 기다리는 것이요 감히 나서서 호소하지 않는 것입니다.

원하옵건대 이 뜻이 재상께 전해지도록 하여 초야의 하찮은 진심이나마 밝혀졌으면 합니다. 오직 하늘과 같은 은택이 난애(蘭艾)[18]에 골고루 미치게 하여 원통한 기운이 쌓인 것을 해소하며 사직의 큰 복이 깃들기를 소원합니다. 이것이 저의 지극한 바람이요, 저 자신이 홀로 벗어나는 것만을 다행으로 여기는 것이 아닙니다. 그렇지만 시골에 엎드려 있어 아무런 통로가 없으니 안타까울 따름입니다. 이만 줄입니다.

---

18 난애(蘭艾) : 난초와 애초(艾草, 쑥의 종류)를 말한다. 난초는 군자를 비유하는 데 대해서 애초는 소인을 비유하는 말로 쓰인다. 이 경우에 소인은 일반 서민을 가리킨다.

3

답서
答書

저는 삼대(三代) 이후에 태어나서 감히 바르게 말하고 올곧게 행동하지
못합니다. 무릇 남들과 이야기하거나 남들의 문자를 볼 적에 마음에 마
땅치 않은 것이 있다 하더라도 항상 바보나 벙어리처럼 입을 다물고 감
히 논란을 하며 주장을 펴지 않았고, 도리에 크게 어긋나거나 일을 크게
낭패하게 됨을 면할 정도이면 사마덕조(司馬德操)를 본받아 곧 '좋습니
다'라고 말해 왔습니다.[19] 이는 제가 속마음을 숨기고 충고에 인색한 때
문이 아닙니다. 내가 한 말이 저쪽의 귀에 닿기도 전에 발끈하는 기색이
나타남을 보게 되면 충(忠)에는 보탬이 없고 스스로 척을 지을 우려가
있기 때문에 감히 따지지 않는 것입니다. 그래서 국무자(國武子)의 '말을
다함[盡言]'으로 경계(警戒)를 삼았습니다.[20]

지금 동개자(東介子)는 나와 일찍이 한번 대면하여 말을 나누어 본
적도 없거늘, 한 마디라도 도(道)에 어긋날까 깊이 생각하여 세심한 가
르침을 내려 주시고 게다가 죄 없이 비방을 부를까 안타깝게 여겨 명확
히 분변해 주셨습니다. 이는 성취가 근면하고 충후함이 지극함이니, 옛
사람의 도가 지금 다시 나타나 이를 몸소 터득하셨을 줄은 생각지 못했

---

19 사마덕조(司馬德操)를 …… 왔습니다 : 사마덕조는 후한(後漢) 시대의 인물인 사마휘(司馬
徽)를 가리키며, 덕조(德操)는 그의 자(字)이다. 그는 어떤 인물에 대해 평가해 주기를
부탁하면 훌륭하건 훌륭하지 않건 모두 '좋다[佳]'고 답했다 한다. 『세설신어(世說新語)』,
「언어(言語)」 주석에 보인다.
20 국무자(國武子)의 …… 삼았습니다 : 국무자는 전국 시대의 어진 인물인데, 난세에 자기
할 말을 다했기 때문에 죽임을 당했다고 한다. 한유(韓愈)의 「쟁신론(爭臣論)」에 "國武子,
不能得善人, 而好盡言於亂國, 是以見殺."이라고 하였다.

습니다. 그럼에도 제가 지금까지 지녀온 뜻과 시속의 방식으로 상대하여 우물쭈물 말을 하지 않으면, 이는 성인(聖人)이 말씀하신 '실인(失人)'의 가르침[21]을 저버리는 것이요, 끝내 석보(石父)의 나를 알아주는 사람을 위해 뜻을 편다는 의미가 없으니,[22] 도(道)에서 크게 멀어졌다 하겠습니다.

아무리 만 번 비방하는 소리를 듣는다 할지라도 나는 장차 돌아보지 않고 한결같이 바른 말을 할 것입니다. 어째서이겠습니까? 나는 오직 나의 도를 바르게 가질 것이니, 저가 나를 믿느냐 믿지 않느냐는 내 어찌 알겠습니까?

> **원주** 이는 일반적인 말이요, 동개자를 향해서 한 것은 아니다. 그래서 '저〔彼〕', '나〔吾〕'라고 한 것이다.

동개자가 나에게 했던 것과 같이 친근하게 대해 주는 다른 사람을 내가 만난다면, 나는 그를 이 도로써 대할 것입니다. 더구나 동개자의 포부와 행실은 시속의 무리들과 비교하면 천만 배나 **빼어난데** 더 말할 것이 있겠습니까! 나는 이북해(李北海)와 면식이 없지만[23] 한형주(韓荊州)

---

21 실인(失人)의 가르침 : 『논어』, 「위령공(衛靈公)」에 "더불어 이야기할 만한데도 더불어 이야기하지 않는다면 사람을 잃는 것이요, 더불어 이야기할 만하지 않는데도 더불어 이야기한다면 말을 잃는 것이다. 지혜로운 자는 사람을 잃지 않으며 말을 잃지도 않는다〔可與言而不與之言, 失人; 不可與言而與之言, 失言. 知者不失人, 亦不失言〕."라고 하였다.
22 석보(石父)의 …… 없으니 : 춘추 시대 안자(晏子)가 포박되어 가는 석보를 구해 주었는데, 이때 석보가 "군자는 자기를 알아주지 않는 사람에게는 굽히지만 자기를 알아주는 사람은 믿고 따른다〔君子詘於不知己, 而信於知己者〕."라고 하였다. 이 말을 듣고 안자가 석보를 상객(上客)으로 대접하였다는 일화가 전한다(『사기』, 「관안열전(管晏列傳)」).
23 이북해(李北海)와 …… 없지만 : 이북해는 두보(杜甫)와 동시대의 인물인 이옹(李邕)이다. 두보의 「봉증위좌승장이십이운(奉贈韋左丞丈二十二韻)」에 "李邕求識面, 王翰願卜隣."이라는 구절이 있는데, 이옹이 두보를 좋아하여 한번 만나 보기를 바랐다는 의미이다. 여기

와 만나고 싶은 마음은 간절합니다.[24] 항시 만날 기회를 얻지 못함을 안
타까워했는데, 지금 기쁘게도 먼저 관심을 베풀어 주시니 어찌 가진 것
을 다 털어서 백락(伯樂)[25]의 앞에 한번 머리 들어 울지 않으리까? 아울
러 「변난(辨難)」 1편과 「동구자해(東邱自解)」[26]를 동개자께 올립니다. 동
개자는 이를 어떻게 받아들일지 모르겠습니다.

[원주] 「동구자해(東邱自解)」는 이미 『북좌집(北左集)』에 수록했으므로 여기
에 중복하여 싣지 않는다.

서는 심대윤 자신이 동개자와 안면이 없음을 표현한 말이다.
24 한형주(韓荊州)와 …… 간절합니다 : 한형주는 이백(李白)과 동시대의 인물로 형주자사(荊
  州刺史)로 있었던 한조종(韓朝宗)이다. 이백은 「여한형주서(與韓荊州書)」에서 "生不用封
  萬戶侯, 但願一識韓荊州."라고 하였다. 이후로 '一識韓荊州'라는 말이 모르는 사람을 만나
  보기를 간절히 바란다는 뜻의 관용구로 쓰이게 되었다.
25 백락(伯樂) : 명마(名馬)를 잘 판별하기로 유명하였던 사람으로 춘추 시대의 인물이다.
  소금 수레를 끌고 힘겨워 태항산(太行山)을 올라가지 못하는 말을 본 백락이 자기의 옷을
  벗어 덮어 주자 머리를 들어 한 번 울었다[仰首一鳴]는 고사가 있다.
26 동구자해(東邱自解) : 현재 전하는 것으로 본서 권3에 「동구자자해(東邱子自解)」가 있고
  습유에 「동구자해(東邱自解)」가 있다.

4

팔자백선(八子百選)을 비평하여 정치형(鄭穉亨) 군에게
보내는 편지[27]

八子百選批評往鄭君穉亨書

대윤은 아룁니다. 옛날 문인들은 매양 이별을 슬퍼하는 글을 지었는데 나는 늘 비웃었습니다. 왜냐하면 그런 글들은 억지로 연연해하는 것이지 지극한 정이 있는 것이 아니라고 생각되었기 때문입니다.

　내 나이 오십 세가 되도록 이별이 슬픈 것인지를 몰랐는데, 그대와 헤어진 이후로 마음이 서글프고 멍하여 무언가 잃은 듯하니, 이제야 이별이 괴로운 것은 그 사람을 만나기 어렵기 때문이라는 것을 알게 되었습니다. 만나기 어려운 사람일수록 이별의 괴로움도 더한 법입니다. 나는 평생토록 만나기 어려운 사람을 만나지 못했기 때문에 슬프지 않았던 것입니다. 그러니 나와 그대가 만나게 된 것은 아녀자의 사모하는 감정이 아니라는 것을 더 말할 필요가 있겠습니까?

　『팔자백선』을 비평해 달라는 간절한 부탁을 받고 끝내 사양할 수 없었습니다. 적이 생각건대, 당시 사람들이 양자운(揚子雲)의 용모와 풍채가 족히 다른 사람보다 나을 것이 없는 것을 목격하고는, 오(吳)·초(楚)가 왕을 참칭한 것처럼 괴이하게 여겼답니다.[28] 내가 수십 일 동안 골똘

---

27 팔자백선(八子百選)을 …… 편지：『팔자백선』은 정조 때 규장각에서 왕명으로 편찬한 책이다. 6권 3책으로, 당송팔가(唐宋八家)의 문장에서 100편을 뽑아 만든 것이다. 심대윤이 제자 정기하(鄭基夏, 자 치형)로부터 이 책에 실린 글에 대해 논평을 해 줄 것을 부탁받고 그 작업을 한 다음 책과 함께 보낸 편지이다. 『한중수필』의 원주(原註)에 "건안체(建安體)를 본뜸. 경술년(1850)〔效建安體, 庚戌〕."이라고 되어 있다.

28 양자운(揚子雲)의 …… 여겼답니다：양자운은 한(漢)나라의 학자 양웅(揚雄. 기원전 53~기원후 18)으로 자운은 그의 자이다. 그가 『주역』에 비견하여 『태현경(太玄經)』 10책을 저술하였는데, 이 일을 사람들이 참람하다고 여겨 춘추 시대에 오(吳)·초(楚)가 왕을

히 생각한 결과 비웃음과 꾸짖음을 자아내어 작게는 집채만하고 크게는 산만해질까 두려워했습니다. 이 일이 스스로를 위한 계책이라고 하기에는 망녕되지만 다른 사람을 위해 도모한다는 점에서는 충정이라 하겠으니, 후세 문인들의 서가(書架)에서 보배가 되지 못하리라고 어찌 단언하겠습니까?

또한 축(筑)을 연주하는 소리를 듣고 혼잣말을 하고,[29] 자귀질하는 것을 보고 팔짱을 끼고 있는 것[30]은 필시 음률에 밝고 자귀질에 능숙하기 때문입니다. 소경이 문장을 논하고 난쟁이가 달리기 경주를 하는 일은 없습니다. 후기(后夔)[31] 이후로 또 사광(師曠)[32]이 나왔고, 공수(工倕)[33] 다음에 수반(輸班)[34]이 계승하였으니, "뒤에 오는 사람이 지금과 같은 수

참칭한 것과 같다고 말하였다고 한다. "然僭經之罪, 不特一王通也. 世無君子之論, 則蟬噪爭鳴, 蛙尊自居, 皆得侮聖言矣. 子雲之太元, 蓋準易之象數也, 易有象, 元則有首, 易有爻, 元則有贊, 易之爻有象, 而元之贊則有測. 然易以道勝, 而元以數勝, 是雄蔽於名而作也. 此後世所以有'吳楚僭王'之譏焉."(송황리(宋黃履), 『고금원류지론별집(古今源流至論別集)』 권6, 「의경(擬經)」)

29 축(筑)을 …… 하고 : 전국 시대 말기 연(燕)나라의 인물인 고점리에 관련된 고사이다. 고점리는 원래 축이라는 악기를 잘 연주하여 절친한 친구인 형가가 진시황을 암살하려고 떠날 때 역수(易水)에서 축을 연주하며 송별한 것은 유명한 이야기이다. 형가의 진시황 암살 계획이 실패하게 되자 그에게도 체포령이 내려 본색을 숨기고 부잣집에서 머슴살이를 하며 숨어 살고 있었다. 어느 날 주인집에서 연회를 열어 축을 타는데, 마당에 있으면서 그 연주에 대해 혼잣말로 품평을 하였다고 한다. 본문에서 혼잣말이란 곧 이를 지칭한다(『사기』, 「자객열전(刺客列傳)」, '형가(荊軻)').

30 자귀질하는 …… 것 : 수단이 아주 높은 사람이 하수가 하는 것을 관망하고 있다는 의미이다. 한유(韓愈)가 유종원을 위해 지은 제문에 나오는 말이다. "不善爲斲, 血指汗顔, 巧匠傍觀, 縮手袖間."

31 후기(后夔) : 순(舜)임금 때 음악을 관장했던 사람이다.

32 사광(師曠) : 춘추 시대 진(晉)나라의 빼어난 음악가이다. "師曠之聰, 不以六律, 不能正五音."(『맹자』, 「이루 상(離婁上)」)

33 공수(工倕) : 요(堯)임금 때 여러 가지 기술을 담당한 장인이다. "工倕, 旋而蓋規矩,, 指與物化, 而不可以心稽."(『장자』, 「달생(達生)」)

준이며, 후생을 두려워할 만하다."[35]는 말을 공자께서 어찌 공연히 하였겠습니까?

내가 듣기로 황하의 물은 천 년에 한 번 맑아지고 현인은 오백 년에 한 번 출현한다고 하였거늘, 지금 도를 상실한 지가 이천 년이요 문장이 쇠퇴한 지가 팔백 년이 되었습니다. 만약 하류(下流)에는 약어(若魚)[36]가 살지 않고 말세(末世)에는 깨달은 백성이 없다고 말한다면 어찌 꼭 그렇겠습니까? 말이 공손하지 못한 것은 혜자(惠子)가 나를 알아주는 것을 믿기 때문입니다.[37]

오랜 장마가 걷히자 더위가 물러가고 생량(生凉)이 되니 맑은 바람은 때때로 불고 매미 소리는 더욱 상쾌합니다. 이 즈음에 마루에서 녹기금(綠綺琴)[38]을 어루만지며 남쪽 창문으로 하얀 달을 맞아, 달팽이집만한 오막살이 가운데에서 다리를 쭉 펴고 드러누웠다 일어났다 합니다. 자리는 정결하고 서책이 눈앞에 가득한데 옛사람을 벗하여 더불어 수작을 하니, 집안사람은 재물이 있고 없고로 번거롭게 하지 않고, 시속의 시비를 관여하지 않으니 도리어 마음은 유유자적하면서도 텅 비고 그윽하여

---

34 수반(輸班) : 춘추 시대 노(魯)나라의 빼어난 장인 공수반(公輸班)으로, 일명 노반(魯班)이라고도 한다.

35 뒤에 …… 만하다 : 『논어』, 「자한(子罕)」에 나오는 말이다. "子曰 : '後生可畏, 焉知來者之不如今也?'"

36 약어(若魚) : 해약(海若)을 가리킨다. 북해(北海)를 맡고 있는 신으로, 해신(海神)을 가리키는 말로도 널리 쓰인다(『장자』, 「추수(秋水)」).

37 말이 …… 때문입니다 : 여기서는 심대윤이 자신의 비판적인 논조를 정기가 이해할 수 있을 줄 알고 대담하게 했다는 의미이다. 혜자는 장자(莊子)의 논적인 혜시(惠施)를 가리킨다.

38 녹기금(綠綺琴) : 한(漢)나라 사마상여(司馬相如)가 「옥여의부(玉如意賦)」를 짓고 양왕(梁王)에게 상으로 받은 금(琴)이라고 하는데, 후세에는 금(琴)을 가리킬 때 관습적으로 쓰였다.

끝이 없고, 무르녹아 움직이지도 않고 가만히 있지도 않으니, 무릇 천하의 낙을 들어 보건대 내가 누리는 것만한 것이 없다 하겠습니다. 때로 대백(大白: 술)을 가득 따라 스스로 공(功)이 없는 공을 칭찬하며, 이 소서(小序)를 찬술하고 덕이 없는 덕을 예찬합니다.

인간 세상은 어느 시대이든지 좋은 일은 나 스스로 짓는 것이요, 비웃음과 꾸짖음은 남으로부터 오는 것일 뿐이라. 말이 여기에 이름에 우리가 서로 손을 잡고 크게 웃지 못함이 한스럽습니다. 대윤은 이같이 아뢰고 줄입니다.

경술년(1850) 월 일

원주 주공(周公) 이후에 도가 행해지지 못했기 때문에 2천 년이라고 말한 것이다.

5

동개자(東介子)의 「'참곡궤문변(斬曲几文辨)'을
논변한 글」에 답함[39] 임술년(1862)

答東介子辨斬曲几文辨 壬戌

동개자가 곡(曲)·직(直)과 유형(有形)·무형(無形)의 설(說)에 대해 논한
것을 읽어 보니 글이 좋았다. 또한 나의 「곡궤문변(曲几文辨)」[40]에 대한
주석이라고 할 수 있는 것이다.

내가 원래 쓴 글의 대의는 군자(君子)는 곧은 도로 굽은 것을 쓰며
소인(小人)은 굽은 도로 곧은 것을 쓴다고 한 것이었다. 군자는 곧음으
로써 굽은 것을 써서 곧은 곳으로 나아가며, 소인은 굽은 것을 버리고
곧은 것을 빌려서 굽은 데로 나아간다. 도(道)란 형체가 없는 것이요, 용
(用)이란 형체와 이름이 있는 것이다. 무릇 인간이란 응당 삼가 도를 분
변할 것이요 용에 구애되어서는 안 된다. 만약에 생김새와 이름만 가지
고 판단한다면 군자도 혹 굽은 것을 쓸 수 있고 소인도 혹 곧은 것을
쓸 수 있으니 분별할 수가 없다. 만약에 무형으로 바라본다면 군자는 항
상 곧으며 소인은 항상 곧지 못하다.

동개자의 담론 또한 나의 이 의미이다. 반복해서 깊이 살펴보아도 나
와 이견이 보이지 않았다. 그런데 끝에서 "유자(柳子, 柳宗元)의 「참궤문
(斬几文)」은 굽은 것을 씀에 졸렬하지 않은 것이다."라고 하여 나의 뜻에
어긋날 뿐 아니라 그 자신의 처음 말에도 어긋나는 것이었다.

무릇 곡궤는 사용하기엔 편하지만 그 생김새와 이름을 혐오하여 절단

---

39 동개자(東介子)의 …… 답함 : 동개자와 '참곡궤문변'은 미상이다.
40 곡궤문변 : 심대윤의 저술로 원제는 「변유종원참곡궤문(辨柳宗元斬曲几文)」이다. 본서
권1에 실려 있다.

해 버린다면 그른 것을 버리고 곧은 것을 빌리는 자와 얼마나 다르겠는가? 이를 가리켜 굽은 것을 사용할 줄 안다고 하겠는가? 오직 군자라야만 굽은 것을 잘 사용하니, 이 때문에 능히 만물을 포용해서 천하를 잘 이끌 수 있다.

소인은 굽은 것을 사용할 줄 모르기 때문에 그중 상수에 속하는 자는 굽은 것을 버리고 곧은 것을 빌려오며, 그중 하수에 속하는 자는 자신이 굽은 것과 짝하여 오로지 굽은 행동만 하게 된다. 굽은 것을 버리고 곧은 것을 빌리는 자는 겉으로 보면 곧지만 보이지 않게는 굽은 것이다. 자신이 굽은 것과 짝하여 오로지 굽은 행동만 하는 자는 보이는 것이나 보이지 않는 것이나 모두 굽은 상태다.

이 두 부류는 모두 다 소인이지만 굽은 것을 버리고 곧은 것을 빌려오는 자는 문제가 더욱 심각하니, 알아보기 어려워서 쉽게 믿고 배척하기 어려워 등용되기 쉽다. 때문에 항상 천하에 심한 화를 미치게 된다. 자신이 굽은 것과 짝하여 오로지 굽은 행동만 하는 자는 누구에게나 훤히 보여서 배척을 당하기 쉬우니 큰 우환이 될 것이 없다.

동개자는 오직 굽은 행동을 하는 소인만 알고 곧은 것을 쓰는 큰 소인은 알지 못한단 말인가? 동개자는 앞서 이르기를,

"응당 무형에서 구할 것이요 유형에서 구해서는 안 된다."
라고 하였으며, 또 이르기를,

"굽은 형체와 비뚤어진 이름에 대해서는 미워하여 버리는 것이 옳다."
라고 하였으니, 스스로 처음에 한 말을 뒤집은 것이 아니고 무엇인가? 그렇다면 나는 어느 쪽을 따를 것인가? 무형에서 구하는 것이 옳은가, 유형에서 구하는 것이 옳은가? 나로서는 오직 곡궤가 용도에 편한가 여부만 따질 일이요, 그것의 형체와 이름의 곡직을 가지고 따져 물을 것이 없다고 본다.

무릇 천하 사람들이 모두 '도척(盜跖)이다'라고 하여도 그 이름만 믿지 말고 그 실상을 살펴서 쓸 만하면 써야 할 것이요, 천하 사람들이 모두 '성인이다'라고 하더라도 그 권위에 눌리지 말고 실상을 살펴서 버려야할 것 같으면 버릴 것이다. 천하 사람들이 모두 '천하다' 하더라도 그 실상을 살펴서 존경할 만하면 존경해야 할 것이요, 천하 사람들이 모두 '귀하다' 하더라도 그 실상을 살펴서 비루하다면 비루하게 취급해야 할 것이다.

직접 본 바 그의 행동이 도척과 같더라도 외관에 구애되지 말고 그의 실상을 살펴서 쓸 만하다면 써야 할 것이요, 직접 본 바 그의 행동이 성인과 같더라도 행적에만 끌리지 말고 실상을 살펴서 버려야 하면 버릴 것이다. 직접 보기에 그의 지위가 매우 낮더라도 실상이 존경할 만한 점이 있다면 존경해야 할 것이요, 직접 보기에 그의 지위가 매우 귀하더라도 실상이 비루한 점이 있다면 비루하게 취급해야 할 것이다.

나는 삼대(三代) 이후에도 세상에 태어나서 비록 공정한 말과 올곧은 행동을 못하지만 자신의 마음에 가진 바가 이와 같아서 나 스스로 실패가 적을 수 있으리라 생각하였다.

나의 글은 단지 「참곡궤문(斬曲几文)」에서 일부분을 취하여 입론(立論)한 것이다. 유자(柳子)가 군자인지 소인인지 하는 문제는 실로 논의의 대상이 아니다. 그런데 유자는 영정(永貞)[41] 시기의 인물이다. 한퇴지(韓退之)는 유자를 좋아하고 사랑했음에도 그의 악을 덮지 못해서 『순종실록(順宗實錄)』을 편찬함에 있어 왕숙문(王叔文)[42]의 간사함을 곧바로

---

41 영정(永貞) : 당 순종의 연호이다. 순종은 재위 1년에 그쳤는데, 서기 805년에 해당한다.
42 왕숙문(王叔文, 753~806) : 당나라 때의 정치가이다. 덕종(德宗) 재위 시 궁중사에 관여하였고 명사(名士)들과 결탁해 벼슬에 뜻을 둔 사람들이 그를 따랐다. 순종(順宗)이 즉

썼던 것이다. 양성(陽城)[43]은 당(唐)나라의 어진 인물인데 그가 축출당하자 유자는 태학생에게 글을 보내 겉으로 도우면서 속으로 배척하였다.[44] 여온(呂溫)[45]은 당나라의 사특한 인물임에도 유자는 그를 위한 제문에서 극도로 칭송하였다. 유자의 평생 행적을 가만히 살펴보건대 정직한 면은 드러나지 않는다. 유자가 세상을 떠난 이래로 오늘에 이르기까지 역시 그를 정직한 사람으로 평가한 경우는 보지 못했다. 동개자는 유독 그를 정직한 군자로 일컫고 있으니 따로 어떤 견해가 있어서인가? 나는 미욱하여 어떤 근거가 있는지 찾아보았으나 아직 찾지 못했다. 훗날에 만약 내가 책을 끼고 문하에 나아간다면 가르침을 받을 수 있을 것이다. 나는 삼대 이후에 세상에 태어나서 일찍이 바른 말과 곧은 의론을 펴지 못하는데 지금 동개자는 동어(桐魚)[46]로 종을 두드리니 한번 크게 울리

위하자 한림학사(翰林學士)로 병권을 장악해 거사를 도모하려다 일이 발각되어 참형을 당하였다.

43 양성(陽城) : 당나라 북평(北平) 사람으로 자(字)는 항종(亢宗)이다. 덕종(德宗) 때 간의대부(諫議大夫)로 있다가 육지(陸贄)가 좌천당하자 그의 무죄를 주장하다가 지방으로 좌천되었다.

44 유자는 …… 배척하였다 : 덕종(德宗) 정원(貞元) 14년(798), 태학생 설약(薛約)의 언사가 죄에 걸려 양성은 도주자사(道州刺史)로 좌천되었다. 이와 관련해 그해 9월 26일에 유종원이 「여태학제생희예궐유양성사업서(與太學諸生喜詣闕留陽城司業書)」를 지은 사실을 두고 한 말이다.

45 여온(呂溫, 772~811) : 당나라 문인으로 자는 화숙(和叔)·화광(化光)이다. 왕숙문과 가까운 사이였으며 왕숙문의 개혁이 실패했을 때 그는 토번(土蕃)으로 나가 있었던 관계로 죄책을 면했다. 유우석·유종원 등과 가깝게 지냈으며, 벼슬은 형주자사(衡州刺史)에 이르렀다. 그가 죽자 유종원이 「제여형주온문(祭呂衡州溫文)」을 지었는데, 여기서 "도는 크고 육예(六藝)를 갖추었으니 이야말로 온전한 덕을 지녔도다[道大藝備, 斯爲全德]."라고 하였다.

46 동어(桐魚) : 크게 역량을 발휘함을 뜻하는 말이다. 진 무제(晉武帝) 때 석고(石鼓)가 출토되었는데 두들겨도 소리를 낼 수가 없었다. 장화(張華)가 그것을 보고서, "촉 땅에서 나는 오동으로 물고기 모양을 새겨 두드리면 울릴 것이다."라고 하였는데, 그렇게 하였더니

지 않을 수 없을 것이다.

이 세상에 우인(愚人)과 현자(賢者)는 구별이 없나니
홍황(鴻荒) 시대 이후도 그 전과 같이 보노라
꽃 지고 잎 떨어지는 것은 아무 뜻이 없어라
오직 뿌리와 둥치는 억만 년을 간다네.

원주 동개의 시에 화답한 것임.

소리가 수십 리까지 울렸다고 한다(『이원(異苑)』 권2).

6 사대신(四大臣)⁴⁷의 자손을 대신하여 원통함을
호소한 편지 갑자년(1864)

代四相子孫鳴冤書 甲子

옛사람이 말하기를,

　"천지간의 사시(四時)도 차고 기우는 변화가 있거늘, 하물며 인간에
있어서야 말할 것 있겠는가?"⁴⁸

라고 하였습니다. 엄동설한이 지나면 따스한 봄이 오고 가뭄의 끝에는
단비가 오게 마련이니, 대개 음(陰) 기운이 성해져서 (양 기운이) 펼쳐지
지 않고, 양(陽) 기운이 막혀서 트이지 않는 일은 없습니다.

　모(某)의 선조 모(某)와 모의 선조 모 등은 오늘날에 이르도록 신원을
받지 못하여 귀신도 원통해하며 자손들은 폐족(廢族)이 되어 있습니다.
지금 밝은 세상을 만나 다행히 태평의 정치를 보게 되니, 주공(周公)은
성왕(成王)을 보필하여 정사를 부지런히 살핌에 삼토포(三吐哺)⁴⁹를 하
여 초야의 인재를 구하며, 이윤(伊尹)⁵⁰은 훌륭한 정치를 펼침에 한 사람

---

47 사대신(四大臣) : 여기서는 경종(景宗) 때 연잉군(延礽君, 英祖)의 왕세제(王世弟) 책봉을
반대했던 소론 측의 조태구(趙泰耉)·이광좌(李光佐)·최석항(崔錫恒)·유봉휘(柳鳳輝)
를 가리킨다. 이를 소론 사대신이라 하며, 이에 반해서 노론 측에 섰던 김창집(金昌集)·이
이명(李頤命)·이건명(李健命)·조태채(趙泰采)를 노론 사대신이라 한다.

48 천지간의 …… 있겠는가 : 진(晉)나라 산도(山濤)가 혜강(嵇康)의 아들인 혜소(嵇紹)에게
비서승(秘書丞)이 되기를 권하면서 한 말이다. "嵇康被誅后, 山公擧康子紹爲秘書丞, 紹諮
公出處. 公曰 : '爲君思之久矣! 天地四時, 猶有消息, 而況人乎?'"(『세설신어(世說新語)』,
「정사(政事)」)

49 삼토포(三吐哺) : 한 번 식사를 할 때에도 사람을 접견하기 위해 세 번이나 먹던 음식을
뱉어냈다는 뜻이다. 『사기』, 「노주공세가(魯周公世家)」에 따르면, 주공이 어린 성왕을
보좌하여 국정을 맡아 다스릴 때 정사를 부지런히 하고 어진 사람을 구하기 위해 삼악발
(三握髮, 한 번 머리 감을 때 세 번 머리카락을 움켜쥠), 삼토포를 하였다고 한다.

이라도 제 일자리를 얻지 못할까 걱정하니, 깊은 골짝에 잠긴 교룡도 기뻐 일어나 춤을 추고 썩은 풀이나 마른 뼈도 모두가 소생할 기운을 머금고 있습니다.

그런데 덮어 놓은 항아리 아래는 해와 달이 비추지 못하고, 큰 화로와 같은 조화 속에도 눈서리가 그대로 남아 있으며,[51] 지하에는 억만 년 동안 용서받지 못한 귀신이 있고 세상에는 백 대(代), 천 대 동안 버려진 사람이 많은데, 아득한 푸른 하늘이시여! 언제나 이런 일이 그치겠습니까?[52]

천지는 만물을 죽여도 다시 싹이 나게 하며, 부모는 자식을 야단쳐도 이내 등을 쓰다듬는 법입니다. 이런 까닭으로 성왕(聖王)은 법을 쓰심에 죄가 있으면 다스리고, 다스리고 나면 풀어 줍니다. 끝까지 노여움을 품은 채 풀어 주지 않거나, 위엄만 부리고 은혜를 베풀지 않는 경우는 없습니다. 생전에 지은 죄는 죽어 뼈가 된 뒤에까지 미치지 않으며, 조상이 받은 벌은 후손에게까지 가해지지 않습니다. 형법으로는 사람을 다스리지 귀신을 다스리지 않으며, 죄 지은 자에게 가하는 것이요 죄 없는 자까지 미치는 것은 아닙니다. 하물며 공정한 마음을 가졌으되 시운의 불행을 만난 이들을 어찌 반역과 같이 다스릴 수 있겠습니까? 그렇다면 반역의 무리들에게는 또 어떤 죄를 내릴 수 있겠습니까?

---

50 이윤(伊尹) : 탕왕(湯王)을 도와 걸왕(桀王)을 치고 은(殷)나라를 세운 명재상으로 아형(阿衡)이라 불리웠다. 이윤은 정사를 베풀 적에 사람들을 적재적소에 배치하여 하나의 실직자도 없게 했다고 한다.

51 해와 …… 있으며 : 『포박자』에 나오는 말을 취해 쓴 표현으로, 임금의 거룩한 덕화(德化)가 미치지 않음을 가리킨다. 여기서 '큰 화로와 같은 조화'는 원문이 '洪爐'인데, 홍로는 원래 화로를 가리키며 천지의 조화를 뜻한다.

52 아득한 …… 그치겠습니까 : 『시경』, 「보우(鴇羽)」에 나오는 구절이다. 이 시는 원래 혼란한 정치를 풍자하는 시이다.

엎드려 바라옵건대 천지조화(天地造化)의 마음으로 마음을 삼으시고 선왕(先王)의 법으로 법을 삼으시어, 아비지옥(阿鼻地獄)[53]에 갇힌 귀신들로 하여금 따스한 봄을 맛보는 백성이 되게 하시며, 말라 썩은 물체에도 영지(靈芝)가 돋아나게[54] 하사 결초보은(結草報恩)할 기회를 내려주옵소서. 천 번 만 번 간절히 비옵니다.

---

53 아비지옥(阿鼻地獄) : 불교에서 8대 지옥의 하나로, 가장 고통스러운 곳이라고 한다. 무간지옥(無間地獄)이라고도 한다.

54 말라 …… 돋아나게 : 유종원(柳宗元)의 「여소한림면서(與蕭翰林俛書)」에 썩은 그루터기가 다시 살아나지는 못하지만 영지를 내기에는 충분하다고 한 말이 있다. "雖朽蘖不能生植, 猶足蒸出芝菌, 以爲瑞物."

7 대덕(大德) 상공께 올리는 서한
上大德相公書

겸허충화(謙虛沖和) 독후경양(篤厚敬讓)[55] 대덕 상공(大德相公)이 처음 송
(宋)나라 원풍(元豊) 연간(1078~1085)에 벼슬하여 동도 윤(東都尹)이 되
었는데, 그 사람이 하나의 뜻으로만 행하기를 고집하며 준엄하고 고결
한 행동을 좋아하므로 그의 문객 가운데 어떤 사람이 편지를 올려 아래
와 같이 경계하였다.

삼가 족하의 높은 의리를 우러르건대, 충심을 다해 지극한 계책을 바
치고 싶었으되 거룩한 뜻이 돌아가는 바에 일치하지 못할까 저어하여
머뭇거리며 감히 바치지 못한 지가 여러 해입니다.

엎드려 생각건대 족하의 밝고 널리 통달하심이 당세에 견줄 곳이 없
는데다 저의 몸이 돌보심을 입고 은혜를 받음이 유독 깊은 터라, 만약
제가 족하께 말씀드리지 않는다면 충고의 도리는 영영 이 세상에서 끊
어질 것이니, 은혜를 저버리고 의리를 망각하는 일이 아닐 수 없습니다.
저로서는 아무래도 이런 방식을 취할 수 없습니다. 붓을 들고 마음에 느
껴 저도 모르게 눈물이 줄줄 떨어집니다.

저는 고루하여 견문은 부족하지만 일찍이 천인(天人)의 사이를 깊이
궁구하고 지난 역사의 성패와 당면한 세상의 득실(得失)을 두루 살펴보
았습니다. 양유기(養由基)의 활을 쏘아 버들잎을 백발백중 맞추는 재주
로도 매승(枚乘)에게 비하면 활을 들고 화살을 당길 줄도 모르는 자라는

---

55 겸허충화(謙虛沖和) 독후경양(篤厚敬讓) : 겸허하고 온화하며 후덕하며 공손하다는 뜻으
로, 덕을 찬양하는 칭호이다.

말을 떠올릴 수 있겠습니다.⁵⁶

　무릇 천도(天道)에는 재앙과 복이 있고, 인도(人道)에는 이로움과 해로움이 있으며, 지도(地道)에는 옳음과 그름이 있습니다. 천지인(天地人) 삼극(三極)의 도는 하나요, 나누어지는 것이 아닙니다. 본디 옳으면서 이롭지 않거나 이로우면서 복되지 않는 것은 있을 수 없으며, 그르면서 해롭지 않거나 해로우면서 화가 되지 않는 것도 없습니다.

　나와 남 사이의 관계 역시 하나요, 나누어지는 것이 아닙니다. 나에게 해로우면서 남을 이롭게 할 수 있거나 남을 해롭게 하고서 나에게 이로운 것은 있을 수 없으며, 나에게 이로우면서 남을 해롭게 하고 남을 이롭게 하면서 나에게 해가 되는 것도 있을 수 없습니다.

　나라와 백성과 나 자신의 관계 역시 하나요, 나누어지는 것이 아닙니다. 나라에는 이롭고 백성에 해롭다거나 백성에게 해롭고 나라에 이로운 것은 있을 수 없습니다. 또한 나라와 백성을 해롭게 하고서 나 자신에게 해롭지 않거나 나 자신에게 이롭고 나라와 백성에게 이롭지 않은 일 역시 있을 수 없습니다.

　능한 자는 중용을 써서 하나에 치우치지 않으므로, 말 한마디를 해도 사면이 모두 기뻐하고 일 한 가지를 해도 사면이 모두 편안해합니다. 이런 까닭에 하늘과 땅, 신령과 인간이 부응하여 복록이 무궁합니다.

　능하지 못한 자는 하나만 알고 둘은 모르고 가까운 것만 알고 먼 것은 모르며 작은 것만 알고 큰 것은 모르고 앞의 일만 알고 뒤의 일은

56　양유기(養由基)의 …… 있겠습니다 : 양숙은 춘추 시대 초나라의 명사수인 양유기(養由基)를 말한다. 매승(枚乘)의 「간오왕서(諫吳王書)」에서, 양유기가 활을 아주 잘 쏘지만 한계가 있으며, 매승 가신에 겨루어 보면 활을 들고 화살을 당길 줄 모른다고 말한 바 있다. "養由基, 楚之善射者也. 去楊葉百步, 百發百中, 楊葉之大, 加百中焉, 可謂善射矣. 然其所止, 迺百步之內耳. 比於臣乘, 未知操弓持矢也."

모릅니다. 그리하여 말 한마디를 하면 삼면이 모두 상처를 입고, 일 한 가지를 하면 삼면이 모두 어그러져서 삼면이 모두 상처를 입고 어그러지면 한 면 역시 온전할 수 없게 됩니다. 이런 까닭에 하늘과 땅, 신령과 인간이 서로 어긋나서 재앙이 그치지 않습니다.

하늘에 대해 잘 말하는 자는 사람을 통해서 증명하며, 사람에 대해 잘 아는 자는 자기 몸을 통해 살피며, 자기 몸을 잘 위하는 자는 자기 마음을 통해서 성찰합니다. 무릇 마음이 화평하지 못하면서 자기 몸을 윤택하게 할 수 있는 자는 있을 수 없습니다. 자기 몸을 윤택하게 하지 못하면서 남의 몸을 이롭게 할 수 있는 자는 있을 수 없습니다. 남을 이롭게 하지 못하면서 하늘을 따를 수 있는 자도 있을 수 없습니다. 그러므로 하나로 합치하여 나누어지는 것이 아니라고 말한 것입니다.

지금 족하의 맑음〔淸〕은 얼음과 같은 지조라 할 수 있고, 족하의 곧음〔直〕은 먹줄이나 화살과 같고, 족하의 밝음〔明〕은 이루(離婁)[57]처럼 살필 수 있으며, 족하의 견고함〔堅〕은 묵자(墨子)가 성을 잘 지키는 것 같고, 족하의 높음〔高〕은 절벽이 준엄한 것 같고, 족하의 강함〔剛〕은 절교(折膠)[58]의 위풍(威風)과 같다고 하겠습니다.

일찍이 듣건대 큰 맑음은 꼭 맑아야 하는 것이 아니라서 큰 바다는 온갖 더러움도 받아들이며, 큰 곧음은 꼭 곧아야 하는 것이 아니라서 도로는 꼬불꼬불하면서 나아가고, 큰 밝음은 샅샅이 살피는 것이 아니라

---

57 이루(離婁) : 중국 고대 황제(黃帝) 때의 전설적 인물이다. 백 보 밖에서 가을 터럭을 볼 수 있을 정도로 시력이 좋았다고 한다.

58 절교(折膠) : 찬바람이 일어나는 가을과 겨울철을 가리키는 말이다. 이때가 되면 아교가 견고해져서 부러뜨릴 수 있으므로 활이나 쇠뇌에 이용할 수 있다. 그래서 출정하기에 적당하다고 한다. 『한서(漢書)』, 「조조전(鼂錯傳)」의 "欲立威者, 始於折膠."의 주에 "秋氣 至, 膠可折, 弓弩可用, 匈奴以爲候而出軍."이라고 하였다.

서 해와 달은 굽이굽이 다 비추지 않습니다. 지극히 높은 것은 준엄하지 않은지라 태산은 언덕이 많고, 지극히 견고한 것은 꽉 막히지 않은지라 금석은 윤택한 기운이 돌고, 지극히 강한 것은 능히 부드러울 수 있기 때문에 오(吳)나라 간장(干將)의 검[59]은 이빨이 빠지지 않습니다. 저는 족하의 태도가 잘못이라고 생각합니다.

대저 알 수 없는 하늘은 사람을 통해서 증험해 볼 수 있습니다. 온 경내의 백성들이 기뻐하는가, 원망하는가? 덕화와 은택이 흘러 사람들은 편안하고 집집마다 여유로운가? 형벌이 매일같이 끊이지 않아 정치는 어지러우며 백성들은 고통을 당하는가? 관부의 이속과 하인들이 정성을 다 바치고 따르기를 아버지와 아들의 관계처럼 하는가? 상하의 마음이 단절되어 숨기고 속이기를 전혀 다른 족속처럼 하는가? 이런 것들을 살펴보면 하늘이 기뻐하는지 노여워하는지를 알 수 있습니다.

알 수 없는 타인도 자기 자신을 통해서 증험해 볼 수 있습니다. 편안하고 즐거운가, 괴롭고 애달픈가? 자기 집안을 윤택하게 하고 사랑하는 사람들에게까지 덕이 미치는가, 그렇지 못한가? 대가나 조관들이 마음으로 좋아하고 칭송이 날로 들리는가, 못마땅해 비방하며 비웃는가? 친족이나 친구들이 모두들 좋아하고 자랑스럽게 여겨서 경하하는가, 아니면 가슴을 치며 애달파하고 한숨을 쉬는가? 가까운 사람도 없이 고립되고 사람들과 원수가 되어 저 혼자 잘났다고 하면 과연 어질다고 할 것인가? 천하가 아무 일이 없으면 그만이겠거니와, 일이 생기는 경우 어찌 위태롭지 않겠는가? 이를 살펴보면 사람들의 향배를 알 수 있을 것입니다.

알 수 없는 자기 자신에 대해서는 마음을 통해서 살필 수 있습니다.

---

59 간장(干將)의 검 : 춘추 시대 오나라의 간장(干將)이 만든 보검이다. 막야검(鏌鋣劍)과 짝을 이루는 것으로 일컬어졌다.

충화탄탕(沖和坦蕩)⁶⁰하여 태연하고 평온하고 여유롭고 조용할 뿐인가? 열 번 묶이고 아홉 번 번뇌에 빠져 한 번의 슬픔에 세 번의 통탄으로 밤이나 낮이나 초조함을 벗어나지 못하니 급하게 타는 거문고 줄이 너무 팽팽하여 곧 끊어질 것 같은가? 이를 살펴보면 나 자신이 잘하는지 못하는지를 알 수 있으니, 이른바 '한 모서리를 보면 나머지 세 모서리를 알 수 있다'⁶¹는 것입니다. 그렇지 않고 다른 사람에게 들어서 알고자 한다면 제대로 알 수 없을 것입니다.

좋아하는 까닭에 지적하지 못하거나 거리낌이 있어 감히 말하지 못하거나 아첨하여 말하고 싶어하지 않거나 소원하여 말하지 않으려고 합니다. 그러므로 이렇게 하면 아무리 남에게서 듣고자 한들 들을 수 없을 것입니다.

한번 말을 하면 맞장구를 치고 행동을 하면 칭송이 쏟아지게 되는 경우 스스로 믿기를 더욱 굳게 하고 스스로 조심하기를 더욱 게을리하게 되어 혹 바른 말과 곧은 의론이 그 사이에서 나온다 하더라도 귀에 거슬리게 들리고 마음에 싫어져서 망령스러운 말이라고 생각하고 도외시해 버립니다. 다른 한편으로 남이 말해 주는 것이 요긴해 사리에 들어맞는 내용이 적으면 남의 말을 들을 것이 없다고 생각합니다. 이것이 관습화 되면 혹시 좋은 의견이 있더라도 살필 수 없습니다. 예로부터 망국패가 하는 사례가 이어지는데도 깨닫지 못하는 것은 대부분 이와 관련이 있습니다.

『주역』에 이르기를, "각옥을 크게 짓고 방집을 덮었다. 그 문을 엿보니

---

60 충화탄탕(沖和坦蕩) : 옛날 사람들이 생각하는 이상적인 인간의 품격을 표현한 말이다. 충화는 깨끗하고도 화평한 모양, 탄탕은 평탄하고 툭 트인 모양이다.
61 이른바 …… 있다 : 한 측면을 보면 다른 세 측면은 유추해서 알 수 있다는 의미이다. "子曰: '不憤不啓, 不悱不發, 擧一隅不以三隅反, 則不復也.'"(『논어』, 「술이(述而)」)

고요하여 사람이 없다. 흉하다."고 하였습니다. 상전(象傳)에서는 "집을 크게 짓는다는 것은 하늘로 날아오름이요, 고요하여 사람이 없다는 것은 스스로 감추는 것이다."라고 하였습니다.[62] 밝게 살피는 사람은 집의 위에 위치하면서 그 아래가 가려져서 멀고 빈 데는 밝으면서 아주 가까운 곳에 어두운 것과 유사합니다. 정과 뜻이 사람들과 교류하지 않고 단절이 되어 혼자 높게 되는 것입니다. 이와 같으면 흉하다는 뜻입니다.

하늘은 속일 수 없고 백성은 깔볼 수 없으며 신명은 무너질 수 없고 이치는 바뀔 수 없으며 성인의 말씀은 업신여길 수 없는 법입니다. 이런 일들은 알기 쉬워 환히 분명한데, 하물며 그 조짐이 이미 이루어져 눈으로 볼 수 있는 데 있어서이겠습니까?

무릇 선을 쌓기를 오랜 세월 해도 흥하여 일어나기란 매우 어려우며, 과감하게 행동하고 자기의 생각대로 하는 것으로는 전적으로 안정을 구하기 쉽지 않습니다. 고요히 생각해 봄에 마음이 서늘하고 뼛골이 움츠러듭니다.

대저 때가 변하면 일이 달라지고 위치가 옮겨 가면 공도 바뀌는 법입니다. 이런 까닭에 여항에서 이름을 날리는 것으로는 조정에 기용이 되기에 부족하고, 스스로 잘난 척하는 것으로는 겸제천하(兼濟天下)[63]의 법

---

62 『주역』에 …… 하였습니다 : 『주역』, 「풍괘(豐卦, ䷶)」에, "上六, 豐其屋, 蔀其家, 闚其戶, 闃其无人, 三歲不覿, 凶. 象曰 : '豐其屋', 天際翔也; '闚其戶, 闃其无人', 自藏也."라고 하였다. 이 상(象)에 대한 정이(程頤)의 풀이는 이러하다. "육(六)이 풍대(豐大)의 극에 처하여 위에 있으면서 스스로 높은 체하여 하늘로 비상하는 듯하니, 높고 큼이 심함을 이른 것이다. 그 문을 엿봄에 사람이 없다는 것은, 비록 풍대의 극에 거했으나 실제는 지위가 없는 자리이니 그가 어두우면서 스스로 높고 큰 체하기 때문에 사람들이 모두 버리고 끊어서 스스로 감추고 피하여 더불어 친하지 않는 것이다."
63 겸제천하(兼濟天下) : 천하 사람들을 널리 구제한다는 의미이다. 이에 대해서 독선기신(獨善其身)이라는 말이 있는데 오로지 자신을 고결하게 갖는다는 뜻이다.

술이 될 수 없습니다.

때문에 청수(淸水)의 정사로는 촉나라 전체를 다스릴 수 없었으며,[64] 은현(鄞縣)의 법으로 끝내 천하를 망쳤습니다.[65] 왜 그렇겠습니까? 쓰이는 자리가 서로 같지 않기 때문입니다. 이를 통해서 말하건대 조그만 곳에 마땅한 것을 들어서 큰 곳에 기어이 갖다놓으려는 것은 옳지 않으며, 전날 얻은 것을 믿어서 온통 오늘에 적용하려는 것도 옳지 않습니다.

내가 듣기로, 모래는 언덕에서 빠져나오면 흘러서 반드시 무너지게 되고, 나무는 숲에서 홀로 솟아나면 바람이 반드시 넘어뜨리게 된다[66]고 하였습니다. 이름이 높은 자는 실질을 잃어버리며 행동이 괴팍한 자는 많은 사람에게 원망을 사고 치우쳐 고집부리는 자는 어울리지 못하고, 때에 어긋난 자는 상서롭지 못합니다.

이런 까닭에 군자는 홀로 우뚝 서는데도 뭇사람이 따르고, 세속과 어긋나는데도 사람들이 기뻐 복종하며, 강직하고 의연한데도 세상과 화합

---

64 청수(淸水)의 …… 없었으며 : 『후한서(後漢書)』, 「염범전(廉范傳)」에 따르면, 후한 때 촉군(蜀郡)에서는 화재를 막기 위해 백성들이 밤에 불을 피우고 일하는 것을 금하였는데, 염범(廉范)이 태수가 되어서 구제(舊制)를 고쳐 밤에 작업을 하되 화재에 대비하여 집집마다 물을 저장하게 하였다. 그러자 백성들이 노래하기를, "염숙도(廉叔度)여, 어찌 이리 늦게 오셨나. 불을 금하지 않으니 백성들 편안히 일하네. 평소에 저고리도 없다가 지금은 바지가 다섯 벌이네〔廉叔度, 來何暮. 不禁火, 民安作. 平生無襦, 今五袴〕."라 하였다. 숙도는 염범의 자이다.

65 은현(鄞縣)의 …… 망쳤다 : 『송사(宋史)』, 「왕안석열전(王安石列傳)」에 따르면, 왕안석이 은현에 부임하여 둑을 만들고 못을 터서 수륙(水陸)의 이익을 삼고, 백성에게 곡식을 빌려 주고 이자를 불려 갚게 함으로써 새 곡식과 오래된 곡식을 바꾸니 사람들이 편하게 여겼다. 왕안석은 이때의 정사를 바탕으로 신법(新法)을 제정하였는데, 심대윤은 이것이 결국 실패로 돌아갔다고 본 것이다.

66 모래는 …… 된다 : 『문선(文選)』 권53에 실려 있는 이강(李康)의 「운명론(運命論)」에 "木秀於林, 風必摧之; 堆出於岸, 流必湍之."라고 하였고, 주석에 "木高出於林上者, 故風吹而先折也."; "岸側有堆阜而出於岸, 侵入於水者, 故水流必先衝之也."라고 하였다.

하고, 청렴결백하면서도 남에게 누를 끼치지 않습니다. 홀로 우뚝 서는데도 뭇사람이 따르는 것은 함께 좋아하는 바를 행하기 때문이며, 세속과 어긋나는데도 사람들이 기뻐 복종하는 것은 사람들과 이로운 바를 같이 하기 때문이며, 강직하고 의연한데도 세상과 화합하는 것은 의를 지켜 중(中)을 얻기 때문이며, 청렴결백하면서도 남에게 누를 끼치지 않는 것은 너무 꼬치꼬치 따져 남의 과오를 드러내지 않기 때문입니다.

대체로 시대를 등지고 공을 세우며 대중을 해치고 이름을 온전히 한 자는 없습니다. 시대를 등지고서 공을 세우는 것은 얼음 위에 벼를 심는 격이요, 대중을 해치고 이름을 온전히 하는 것은 가죽을 벗기면서 털을 남기려는 격입니다.

만약 "대중은 무식한데 무엇을 도와줄 것이며 세상은 더러운데 무엇을 안타까워할 것이랴."고 한다면 그 어긋남이야말로 큰 오류가 될 것입니다. 사람이 사람과 더불어 어울리지 않고 누구와 더불어 어울리겠습니까? 무릇 백성은 무식하지만 지극히 신령스럽고 세상은 더럽지만 지극히 밝으니 함부로 생각할 수 없습니다.

사람의 본성은 하나이니 타인이 본성을 잃으면 나 또한 본성을 잃습니다. 천인은 하나이니 사람의 뜻을 어기게 되면 하늘 또한 뜻을 어깁니다. 군자는 공경하며 삼가고 두려워하여 오직 천하의 마음을 잃을까 걱정해야 합니다. 때문에 사람과 더불어 함께하기를 잘하니, 사람과 더불어 한즉 하늘과 더불어 하는 것입니다.

예로부터 오늘에 이르기까지 하늘을 위배하고 자기의 공명을 보존하는 경우는 없었습니다. 『시경』에 이르기를, "상제가 너에게 임하시니 너는 마음을 이랬다저랬다 하지 마라."[67]고 하였으니 이를 말하는 것입니다.

---

67 상제가 …… 마라 : 『시경』, 「문왕(文王)」에 나오는 구절이다. "殷商之旅, 其會如林. 矢于

내 아무리 어리석다고 하나 뜻을 거역하고 말씀을 드리면 보상이 없이 죄만 돌아오며, 입을 다물고 순종하면 편안하고 아무 일이 없다는 것을 어찌 알지 못하겠습니까? 그런데도 그만둘 수 없었던 것은 어찌 나 자신을 위한 계책이겠습니까? 오직 족하는 이 지극한 정성을 어여삐 여기고 어리석음을 용서해 주기 바랍니다.

대덕 상공은 이 서한을 보고 크게 깨달은 바 있었다. 이에 개옥역철(改玉易轍)[68]하여 험악한 길을 떠나 평탄한 길로 나아가 공과 덕이 아울러 높아지고 복록이 영구히 이어졌다.

이런 까닭에 성인은 허물을 고치는 것을 크게 여기고 충고를 받아들이는 것을 귀하게 여긴다. 군자의 말씀은 충성스러우면서도 곡진하며 미덥고도 징험할 수 있고 곧은 소리이면서도 상처를 주지 않는다. 때문에 듣는 사람 또한 의문을 갖지 않는다.

평어 마치 조자룡(趙子龍)의 창끝이 적장의 몸에서 떠나지 않는 것과 같다. 적장의 가슴을 정면으로 찌르지 않으면 그 등을 겨누고 있으니, 전 편에 주제 밖의 한가로운 말은 단 한 구절도 없다.

牧野, 維予侯興. 上帝臨女, 無貳爾心." 대개 주왕(紂王)을 치려는 무왕(武王)에게 하늘의 뜻이 임했으니 단행하라는 내용으로 풀이한다.

68 개옥역철(改玉易轍): 개선하여 진로를 바로잡는 것을 뜻하는 말이다. 개옥의 옥은 옛날 군자들이 몸에 착용하는 패옥인데, 그 옥을 바꾸면 걸음걸이도 바꾸었다는 말이 있다. 『춘추좌씨전』 정공(定公) 5년에 "六月, 季平子行東野. 還, 未至, 丙申, 卒于房. 陽虎將以璵璠斂, 仲梁懷弗與, 日, '改步改玉.'"이라 하였다. 역철은 수레가 가는 궤도를 바꾼다는 뜻으로, 『진서(晉書)』, 「강통전(江統傳)」에 보인다. "夫聖賢之謀事也, 爲之於未有, 理之於未亂, 道不著而平, 德不顯而成. 其次則能轉禍爲福, 因敗爲功, 値困必濟, 遇否能通. 今子遭弊事之終而不圖更制之始, 愛易轍之勤而得覆車之軌, 何哉?"

8

교우의 도를 논하여 이생에게 주는 글
與李生論交道書

붕우의 도는 옛날엔 중요하게 여겼던 터인데, 오늘의 세상에서는 어찌
하여 무시하고 가볍게 여기는 것입니까? 무릇 인생에서 서로 갈고 다듬
고 도움을 주며 덕을 쌓고 업적을 이루는 데로 나아감에 스승과 벗이
있을 따름입니다. 스승의 도는 존엄하기 때문에 자상하게 할 수가 없거
니와, 종일토록 함께 지내며 거듭해서 토론을 하고, 옳은 일을 하고 허
물을 고치도록 하는 데 곡진하게 하며, 영달하였을 적에는 서로 이끌어
주고 환난을 당했을 때에는 서로 구제하며, 세상에 나가기 전에는 함께
공부하며 몸을 닦고, 세상에 나간 뒤에는 도(道)를 함께 하여 경세(經世)
를 하는 것이 곧 붕우입니다.

　스승은 대강을 잡아 줄 따름이요, 섬세하게 조목을 세우고 점차 열어
가고 보탬이 되도록 함에 있어서는 붕우의 힘이 큽니다. 그러므로 『주
역(周易)』에서, "두 사람의 마음이 합하면 그 예리함이 쇠를 자를 수 있
다〔斷金〕."[69]고 가르쳤으며, 『시경(詩經)』에서는, "타산지석이 옥(玉)을
다듬을 수 있다〔攻玉〕."[70]라고 읊었던 것입니다. 붕우의 도가 군신·부
자와 더불어 오륜(五倫)의 하나로 들어가게 된 까닭입니다. 군신과 부자
와 형제와 부부는 경우에 따라서는 제대로 만나지 못할 수도 있으니, 거
기에는 운명(運命)이 있기 때문입니다. 오직 붕우는 그렇지 않으니, 나

---

69 두 사람의 …… 있다 : 『주역』, 「계사 상(繫辭上)」에 "두 사람의 마음이 합하면 그 예리함이
　　쇠를 자를 수 있고, 마음을 같이하는 말은 향기가 난초와 같다〔二人同心, 其利斷金, 同心
　　之言, 其臭如蘭〕."라고 하였다.
70 타산지석이 …… 있다 : 『시경』, 「소아(小雅)」, '학명(鶴鳴)'에 "다른 곳에 있는 돌이 옥을
　　다듬을 수 있다〔它山之石, 可以攻玉〕."라고 하였다.

자신의 신의가 족히 사람들에게 믿음을 줄 수 있다면 붕우가 없을까 걱정할 것이 없습니다. 조수(鳥獸)도 함께 어울리는 무리가 있거니와, 사람이 이 세상을 살아감에 있어서 하루도 없을 수 없는 것이 붕우라고 말할 수 있습니다. 붕우는 서로 도움을 주는 바가 많고 서로 필요로 하는 바가 큰 것이 이와 같습니다.

오늘날 세상에는 서로 사교하는 것이 이와 달라서 노름하고 술 마시며 떼로 모여 웃고 떠들기로 즐거움을 삼습니다. 그리고 이익과 권세로 파당을 짓고 다투는 것을 당연한 듯 여깁니다. 외면으로는 서로 잘 알면서 마음은 알지 못하며, 가문만 논하고 그 사람은 논하지 않습니다. 따르는 사람을 좋아하고 충고하는 사람을 싫어하며, 이익에 빠져 의리를 등지고 있습니다. 삼손(三損)[71]의 가르침이 분명하지 않게 되면서 오교(五交)[72]의 비웃음이 아울러 일어났으니 교우의 도가 타락한 것이 이에 이르러 극에 달했다 하겠습니다.

옛날에 한퇴지(韓退之, 韓愈)는 스승의 도가 세상에 행해지지 않는 것을 통탄하여 「사설(師說)」을 지어 밝혔는데, 그 언론이 매우 절실하였음에도 끝내 세상에 도움이 되지 못하였습니다. 그럼에도 그 당시에 친구

---

71 삼손(三損):『논어』에서 공자가 이로운 벗에 세 가지가 있고 해로운 벗에 세 가지가 있다고 하였는데, 이를 가리킨다. 공자가 이르기를, "이로운 벗에 세 가지가 있고 해로운 벗에 세 가지가 있다. 정직한 사람을 벗하고 신실한 사람을 벗하고 견문이 많은 사람을 벗으로 삼으면 이롭다. 치우친 사람을 벗하고 우유부단한 사람을 벗하고 아첨하는 사람을 벗하면 해롭다[益者三友, 損者三友, 友直、友諒、友多聞, 益矣. 友便辟、友善柔、友便佞、損矣]."라 하였다(『논어』,「계씨(季氏)」).

72 오교(五交):유효표(劉孝標)의「광절교론(廣絶交論)」에 나오는 다섯 가지 옳지 못한 사귐을 가리킨다. 권세를 보고 사귐[勢交], 재산을 보고 사귐[賄交], 말만으로 사귐[談交], 자신의 처지가 궁하기 때문에 도움을 바라고 사귐[窮交], 자신에게 이익이 될지 계산한 뒤에 사귐[量交]의 다섯 가지이다.

를 위해 파주(播州)로 갈 것을 유주(柳州)로 바꾸어 달라고 한 예가 있으며,[73] 임하(臨賀)로 좌천을 당해 가는데 의리를 저버리지 않은 사람이 있었습니다.[74] 이를 보면 스승의 도는 비록 폐해졌으나 붕우의 도는 없어지지 않았던 것임을 알 수 있습니다. 그렇지만 그가 지은 「동소남을 전송하는 글〔送董邵南序〕」과 「이고에게 주는 편지〔與李翺書〕」를 보면 사귐의 도가 상실된 것을 당시에도 슬퍼해 마지 않았습니다.

근세로 와서 성리(性理)가 이지러지고 성현의 도가 희미해지면서 전주(箋注)는 번쇄하고 경전의 의미는 어두워졌습니다.[75] 또한 당론(黨論)이 일어나면서 공정한 의론은 단절되고, 사화(士禍)가 거듭되어 교분이 삭막하게 되었습니다. 옳은 일을 권하고 잘못을 경계하는 사람이 있으면 모두들 손가락질하며 시체(時體)를 모른다고 비웃으며, 일척포(一尺布) 일두속(一斗粟)[76]의 교분을 이상한 일처럼 보고 있습니다. 지금 한퇴지의 시대처럼 되려고 해도 어려운데, 하물며 옳은 일로 책망하고 목숨

---

73 친구를 …… 있으며 : 유종원(柳宗元, 773~819)이 친구 유우석(劉禹錫, 772~842)에게 행한 일이다. 유우석이 노모가 있는데도 궁벽한 파주(播州)로 좌천되자, 유종원이 자신이 좌천될 곳인 유주(柳州)와 바꾸기를 청한 일이 있다(韓愈, 「유자후묘지명(柳子厚墓誌銘)」).
74 임하(臨賀)로 …… 있었습니다 : 당나라 때 인물인 서회(徐晦)의 행적을 가리킨다. 양빙(楊憑)이라는 인물이 임하로 좌천을 당해 가는데, 아무도 전송한 사람이 없었다. 유독 서회만 나가서 전송하였다. 사람들은 그가 화를 당할까 두려워했으나 오히려 영전을 하게 되었다. 그를 영전시킨 사람이 "그대는 양빙을 저버리지 않았는데 어찌 나라를 저버리겠는가."라고 하였다(『자치통감(資治通鑑)』 권238).
75 전주(箋注)는 …… 어두워졌습니다 : 전주는 경전에 붙이는 주석을 가리킨다. 저자는 시대를 내려올수록 경전의 주석이 번쇄하게 되어 오히려 경전의 참 의미는 희미해진 것으로 보고 있다.
76 일척포(一尺布) 일두속(一斗粟) : 『사기』, 「회남형산열전(淮南衡山列傳)」에 나오는 말이다. "한 자의 베로도 옷을 지을 수 있고, 한 말의 곡식으로도 방아를 찧을 수 있는데, 우리 형제 두 사람은 서로 용납하지 못하는가〔一尺布, 尙可縫; 一斗粟, 尙可舂, 兄弟二人不能相容〕."

도 내놓는 옛날의 도를 기대할 수 있겠습니까?

슬프다! 스승의 도는 이미 다시 회복할 수 없거니와 붕우의 도 또한 상실되었으니, 선비가 지금 세상에 처하여 아무리 자기를 개발하여 덕성을 성취하고자 한들 실로 찾아서 얻을 길이 없습니다. 인물들의 그릇과 뜻이 범속하고 세상 풍속이 퇴폐해진 것을 어찌 괴상하게 여길 것이 있겠습니까? 내가 매양 생각하며 길이 탄식하는 바가 바로 여기에 있습니다.

적이 스스로 용렬함을 알지 못하고 붕우의 도를 다시 일으킬 것을 생각하여, 사람들과 사귐에 있어서는 반드시 공경과 신의를 우선시하여 처음부터 끝까지 권면하려 들고, 도를 하나라도 들으면 반드시 남에게 알려 주려고 합니다. 그리고 곤경과 환란에 처한 사람이 있으면 안타깝게 여기기를 자기 자신이 당한 것같이 합니다.

아! 한퇴지는 스승의 도는 폐해졌지만 붕우의 도는 남아 있던 시대에 처해서도 다시 일으켜 세우지 못했거늘, 지금 두 가지가 다 폐해진 뒤에 진작시키려고 하다니 헤아리지 못함이 너무도 심하지 않겠습니까? 비록 그렇지만 나의 언행이 조금이나마 효과를 보아 뜻을 같이하는 사람들이 차츰 많아진다면, 마침내 이 세상에 약간의 도움이 없으리라고 어찌 단언하겠습니까?

어제 족하(足下)가 보낸 편지를 보고, 붕우의 도가 땅에 떨어진 것을 우려하여 옛날의 도를 회복할 것을 깊이 생각하고 있는 줄 알았습니다. 아! 어찌 그리도 나의 뜻과 같단 말입니까? 나는 전부터 망령스럽게 사도(斯道)로 자임하였거니와 다행히 족하의 도움을 얻게 되었으니, 지금으로부터는 족하에게 기대하는 바가 매우 큽니다.

무릇 스승과 붕우는 한 가지이니, 덕이 비등하면 벗이 되고 도가 높으면 스승이 됩니다. 족하는 아직 나이가 어린데도 뜻과 도량이 벌써 이와 같으니, 나의 오늘의 벗이 다른 날 스승이 되지 않는다고 어찌 말하겠습니까? 그렇다면 스승과 벗의 도는 아마도 족하로부터 회복이 될 것입니다. 오직 마땅히 힘써 실행하여 확충한다면 마침내 나의 간절한 기대에 부응하게 될 것이니 그러면 더없이 다행이라 하겠습니다.

9

이생이 도(道)를 논한 데 답하는 편지
答李生論道書

대윤은 원휘(元暉, 李曦榮, 1821~1868) 족하에게 아룁니다.

지난번에 올린 편지 및 글에 대해서 답장을 주셨는데, 그 의미가 호한해서 서너 번 읽어도 아득하여 요지를 통할 수 없었습니다. 나처럼 고루하고 보잘것없는 사람이 어찌 감히 거기에 대해 논란을 하겠습니까? 그러나 그런 가운데 한두 가지 언급할 사항이 있어 애오라지 다시 주제넘은 소리를 늘어놓으니 바로잡아 주시기 바랍니다.

족하가 말씀한 대강의 뜻은, 확고히 지켜 변하지 않으며 삼가고 조용하여 다른 생각이 없어야 할 것이요, 잡기나 술수 따위는 모두 군자가 가까이 할 바가 아니라고 하여, 한 마디 말을 하고 한 발짝 발을 옮기는 데도 일체 단속을 엄히 하여 오직 도에 합하기를 구해야 할 것이라 할 수 있습니다. 정말로 이와 같이 지키기로만 든다면 이는 너무 국한이 되고 편협하여 스스로 자기의 본성을 손상하는 결과가 될 것이라, 번쇄한 규범으로 곡학아세(曲學阿世)를 하여 명망을 구하려는 것으로 보입니다.

저 대인(大人)의 행동으로 말할 것 같으면 광활한 천지에 자유롭게 노닐되 중용(中庸)을 실천하니, 어찌 놀란 돼지[駭豚]를 잡아 묶는 것처럼 속박하고 견제할 것입니까? 이런 까닭에 최상급은 변화(變化)를 하고, 그 다음은 유통(流通)을 하고, 가장 아래 등급은 집착해서 매달리기만 합니다.

도의 근본은 하늘로부터 나오는 것이니, 성인이란 하늘일 따름입니다.

하늘의 도[天道]는 변화해서 없는 것이 없고 운용을 하여 할 수 없는 것이 없습니다. 넓고 넓어 무언가 하나의 선으로 이름 붙일 수 없고, 변화무쌍하여 어떤 하나의 이치로 규정할 수 없습니다. 그런 까닭에 능히 무궁한 변화와 헤아릴 수 없는 신묘함에 도달할 수 있는데, 오직 성인이라야 이 방도를 본받을 수 있습니다.

이런 까닭에 도는 일정한 모양이 없고 중(中)과 정(正)을 추구할 따름이며, 덕은 일정한 스승이 없고 선을 위주로 할 따름이며, 사업은 일정한 법이 없고 옳은 것을 행할 따름입니다. 경중을 잘 살펴 균형을 취하고 이해의 구분에 밝아, 움켜잡으면 한 줌에 차지 않지만 펼치면 천지사방에 가득 차고, 만물에 적응하며 시중(時中)을 취하니, 초야(草野)라도 좋고 암묘(巖廟)라도 좋으며[77] 관문 지키기나 목축에도 좋을 것입니다. 처한 상황에 따라 자기의 도를 다하니, 충서(忠恕)로 일관하며 성실과 밝음으로 지키며 변화로 통하기를 구할 것입니다. 그러니 얕은 식견으로 헤아릴 수 없는 것입니다.

지금 족하는 이르기를, "나는 한결같이 본성을 따르며[率性][78] 그 밖의 다른 것은 모른다."고 합니다.

무릇 격물치지(格物致知)로부터 천하를 다스리고 만물이 다 이루어지게 하는 데 이르기까지 모두 제각기 본성을 따르는 성인의 도리입니다. 그러므로 천하의 물(物)은 모두 나의 물(物)이요, 천하의 일은 모두 나의 일입니다. 만물의 이치와 만사의 실정에 대해 통달하지 못하는 바가 있으면 천하의 사무를 이룰 수 없습니다. 이런 까닭으로 말을 하지 않는 것이 있더라도 알지 못하는 것이 없으며, 행하지 않는 일이 있어도

---

77 초야(草野)라도 …… 좋으며 : 초야는 선비가 재야에 있는 것을 가리키며 암묘(巖廟)는 높고 큰 집, 곧 조정을 가리킨다. 『한중수필』에는 암묘가 암랑(岩廊)으로 되어 있다(『한서(漢書)』, 「동중서전(董仲舒傳)」).

78 본성을 따르며 : 『중용』 13장 주석에, "도라는 것은 본성을 따르는 것뿐이니, 진실로 모든 사람들이 능히 알 수 있고 능히 할 수 있는 바이다[道者, 率性而已, 固衆人之所能知能行者也]."라 하였다.

능하지 못한 것이 없으니, 이야말로 '궁리진성(窮理盡性)'[79]이라 하겠습니다. 사물의 밖으로 돌고 세상일에 깊지 못하면서 오직 본성만을 따르노라고 하는 자들은 이름만 끌어안고 알맹이는 없는 그런 부류가 아니겠습니까?

또한 물은 지류들이 합하여 큰 강이 되고, 산은 토양이 쌓여서 봉우리를 이루게 되는 것입니다. 그러므로 천지는 홀로 감당할 수 있는 것이 아니고 만물이 모여들어 이루어졌고, 군왕은 홀로 높은 것이 아니고 뭇 백성들이 몰려들어 높아지게 되었고, 성인은 홀로 위대하게 될 수 있는 것이 아니고 선이 모여서 가능하게 된 것입니다. 그러므로 천지는 버리는 물건이 없고 군왕은 버리는 사람이 없으며 성인은 버리는 재능이 없습니다. 성인은 보통 사람들과 다른 특이한 능력이 있는 것이 아니요 많은 사람들의 재능을 잘 취하여 결합해 쓰는 데 있으니, 그런 까닭에 능히 대업을 이룰 수 있는 것입니다.

무릇 예악(禮樂)·형정(刑政)과 의장(儀章)·명물(名物)과 도수(度數)·음률(音律)과 사어(射御)·산서(筭書)며, 의약(醫藥)·복서(卜筮)·공기(工技)와 천관(天官)·지지(地誌)며, 음양(陰陽)·성상(星相)의 법술들은 대도(大道)에 비추어 보면 만분의 일에 불과한 것입니다. 그렇지만 실로 이런 것들을 버리고 보면 도는 홀로 행할 수 없습니다. 그러므로 말단·지엽의 한 가지 사물, 한 가지 기예를 두고 말하더라도 어느 것이나 다 천하에 없어서는 안 될 것입니다. 증자(曾子)는 이르기를, "군자는

---

79 궁리진성(窮理盡性) : 『주역』, 「설괘전(說卦傳)」에, "이치를 다하여 본성을 극진히 하여 천명에 이르게 하시니라[窮理盡性, 以至於命]."라 하였다. 주석에, "천하의 이치를 궁구하고 인물의 성(性)을 다하여 천도(天道)에 합하니, 이는 성인이 역(易)을 지은 지극한 공이다[窮天下之理, 盡人物之性, 而合於天道, 此聖人作易之極功也]."라 하였다.

최선을 다하지 않는 일이 없다."[80]고 하였습니다. 때문에 옛날의 군자들은 천하를 자기의 임무로 생각하여 혹 능하지 못한 일이 있을 수는 있지만 거부하여 행하지 않거나 포기해 버리고 쓰지 않는 경우는 없었던 것입니다.

공자는 "군자는 재능이 많아야 하는가? 그렇지 않다."[81]고 말씀하셨습니다. 그런데 단평(丹萍)[82]·상양(商羊)[83]·벽경(壁經)[84]·필월(畢月)[85]과

---

80 군자는 …… 없다 : 『대학』 전(傳) 2장에 보인다. 주석에, "자신(自新)과 신민(新民)을, 모두 지선(至善)에 그치게 하고자 하는 것이다〔自新新民, 皆欲止於至善也〕."라 하였다.

81 군자는 …… 않다 : 『논어』, 「자한(子罕)」에 나오는 말이다. 전후의 내용은 이러하다. "태재가 자공에게 물었다. '공자는 성인이십니다. 어찌 그리 다재다능하신가요?' '원래 하늘이 허락한 성인이시며, 또 다재다능하십니다.' 이 말을 듣고 공자가 말하였다. '태재가 나를 아는구나! 나는 젊어서 천했기에, 비천한 일에 능할 뿐이다. 군자는 재능이 많아야 하는가? 그렇지 않다.'〔大宰問於子貢曰 : '夫子聖者與? 何其多能也?' 子貢曰 : '固天縱之將聖, 又多能也.' 子聞之, 曰 : '大宰知我乎! 吾少也賤, 故多能鄙事. 君子多乎哉? 不多也.'〕."

82 단평(丹萍) : 둥글고 붉은 과일로, 『공자가어(孔子家語)』, 「치사(致思)」에 다음과 같은 이야기가 있다. "초나라 소왕이 강을 건널 때 강에 크기가 국자만한 물건이 있었는데, 둥글고 붉었으며 바로 왕의 배에 닿았다. 왕이 그것을 괴이하게 여겨 공자에게 묻도록 하였는데, 공자가 말하기를 '이것은 평실이라는 것으로, 쪼개어 먹을 수 있는데, 길상(吉祥)입니다.' 라고 하였다〔楚昭王渡江, 有物大如斗, 圓而赤, 直觸王舟, 王怪之, 使問孔子, 子曰'此萍實也, 可剖而食之, 吉祥也.'〕."

83 상양(商羊) : 새의 일종이다. 『공자가어』, 「변정(辯政)」에 다음과 같은 이야기가 있다. "제나라에 다리가 하나뿐인 새가 있어, 사신을 보내어 공자에게 묻게 하니, 공자가 말하기를 '이는 상양입니다. 옛날에 아이들이 한 다리를 구부리고 팔을 펴고 뛰면서 노래하기를, '하늘에서 장차 큰 비가 오려 할 때는 상양이 춤춘다.'라고 하였습니다. 지금 제나라에 이 새가 나왔으니 장차 큰 비가 올 것입니다.'라고 하였다〔齊有一足鳥, 遺使問孔子, 子曰, 此商羊也, 昔有童子屈其一足, 展臂而跳, 歌曰, 天將大雨, 商羊鼓舞. 今齊有之, 將大雨矣〕."

84 벽경(壁經) : 공자의 유택의 벽에서 나왔다는 경전을 가리킨다. 한나라 무제(武帝) 때 노공왕(魯共王)이 공자의 옛집을 헐다가 경전이 나왔는데 그 글씨가 고문으로 쓰여져 있었다고 한다.

85 필월(畢月) : 달이 필성(畢星)에 걸려 있는 상태를 가리킨다. 『공자가어』, 「십이제자해(十

같은 술법에 의거하여 기이하게 적중한 사례를 보면 재능이 많았다고 말할 수 있습니다. 그리고 『주역』과 『춘추』를 조술(祖述)함에 일찍이 선견지명을 발휘하고 기미를 알아 신통함을 보였습니다. 예컨대 견귀부도(見鬼負塗)[86]의 상(象)과 천재(天災)·물요(物妖)의 감응에 이르기까지 분명히 증명하고 삼가 기록하였던 것입니다. 그런즉 법술과 기예는 실로 작게 볼 수 없는 것이 분명합니다. 그럼에도 "재능이 많아야 하는 것인가? 그렇지 않다."라고 한 까닭은 대개 앞뒤가 막히고 용렬한 사람들이 도의 근본을 잊어버리고 오직 만분의 일에 불과한 말단의 기예에 빠져 있기 때문이었습니다. 만약 총명하고 슬기로운 인재가 역량이 남아서 여기에까지 미친다면 어찌 불가하다고 하겠습니까?

무릇 대장부로서 최상의 것은 남에게 양보하고 짐짓 제2, 제3 정도를 취하여 스스로 만족한다면 부끄러운 일입니다. 자기의 재주와 역량이 미치는 바를 헤아리지 않고 고원한 데로 쏠려 힘쓰다가 마침내 아무것도 이루지 못하게 된다면 서글픈 일입니다. 그리고 자기는 하지 못하면서 일부러 큰소리를 쳐서 할 만한 것이 못 된다고 말하는 자는 가소로울 따름입니다.

二弟子解)」에, "공자가 장차 막 떠나려 할 때, 종자들에게 모두 일산을 지니도록 했는데, 조금 뒤에 과연 비가 왔다. 무마기가 묻기를, '해에 구름이 없었고 이미 해가 떴는데, 선생님께서 일산을 지니도록 하셨으니, 여쭙건대 어떻게 아셨는지요?'라 하자, 공자가 말하기를, '어제 밤에 달이 필성에 걸려 있었다. 시에 '달이 필성과 만났으니, 큰 비 내리게 한다.'라고 이르지 않았더냐. 이 때문에 그것을 알았다.'라 하였다〔孔子將近行, 命從者皆持盖, 已而果雨. 巫馬期問曰, 旦無雲, 旣日出, 而夫子命持雨具, 敢問何以知之, 孔子曰, 昨暮月宿畢, 詩不云乎, 月離于畢, 俾滂沱矣, 以此知之〕."라는 내용이 보인다.

86 견귀부도(見鬼負塗) : 『주역』, 「규괘(睽卦)」, '상구효(上九爻)'의 효사(爻辭)에 나오는 말이다. "돼지가 진흙을 지고 귀신이 수레에 실려 있는 것을 본다〔見豕負塗, 載鬼一車〕."는 것으로 이는 더럽고 망령됨을 뜻한다고 한다.

성인은 천하에 대해서 본디 할 만하지 않은 일이 없고 또 응당 해서는 안 될 일도 없으며, 어떻게 하느냐에 달려 있을 뿐입니다. 그러므로 뜻을 세운 선비는 위의 세 과오를 제거한 다음에라야 더불어 성인의 도에 대해서 말할 수 있을 것입니다.

　족하는 타고난 자질이 훌륭하고 빼어나 내가 기대하는 바 실로 적지 않습니다. 다만 족하에 대해 걱정하는 바 젊은 예기로 스스로 고집하기를 너무 굳게 하고 스스로 처신하기를 너무 치우치게 하여 오로지 세상과 단절하는 것을 고상하게 여기며 대도(大道)에 합하지 않을까 하는 것입니다. 이와 같이 좁은 소견을 대략 진술하여 하찮은 정성을 표하니 유의해 주시기 바랍니다. 이만 줄입니다.

10

제사에 대한 중제(仲弟)⁸⁷의 물음에 답한 편지

答仲弟問祭書

맹자는 이르기를,

"제수를 구비하지 못하고 제기가 갖추어지지 않으면 군자는 제사를
지내지 않는다."⁸⁸

라고 하였다. 이때의 제사란 시향(時饗)을 이른 것이지, 기제(忌祭)를 가
리키는 것이 아니다.⁸⁹ 기제란 상례의 연장선상에 있기 때문이다.

공자는 이르기를,

"상례는 예법을 갖추려고 힘쓰기보다는 슬픈 마음이 드러나야 할 것
이다."⁹⁰

라고 하였다. 기제에 있어서는 예(禮)를 간략히 하면서 정(情)을 위주로

---

87 중제(仲弟) : 심대윤은 심완륜(沈完倫)의 장남이며 형제간으로 대재(大載)·의래(宜來)·
대시(大時)·의돈(宜敦)·의규(宜逵)가 있다(『청송심씨대동세보(靑松沈氏大同世譜)』 권
7). 여기서는 바로 아래인 심대재를 가리킨다.

88 제수를 …… 않는다 : 『맹자』, 「등문공 하(滕文公下)」에 나오는 말이다. "『예기』에 이르기
를 '제후가 친히 밭 갈면 백성들이 도와서 제수를 바치고 부인은 누에 치고 실을 켜서
의복을 짓는다. 희생이 갖추어지지 않고 제수가 정결하지 못하며 의복이 준비되지 않았다
면 감히 제사 지낼 수 없다.'고 하였다(禮曰 : '諸侯耕助, 以供粢盛, 夫人蠶繰, 以爲衣服,
犧牲不成, 粢盛不潔, 衣服不備, 不敢以祭.']."

89 시향(時饗)을 …… 아니다 : 시향은 시향(時享)이라고도 하며, 태묘(太廟)에서 사시(四時)
에 지냈던 제사로 제왕으로부터 백성에 이르기까지 모두 시행했다. 기제(忌祭)는 삼년상
을 마친 뒤 해마다 조상이 돌아가신 기일에 지내는 제사로 여기서는 주로 '친기(親忌)'를
가리킨 듯하다.

90 상례는 …… 것이다 : 『논어』, 「팔일(八佾)」에 나오는 말이다. "임방이 예의 근본에 대해
묻자 공자가 말하기를, '훌륭하구나, 이 질문이여! 예는 사치스럽게 하기보다는 검소하게
할 것이고, 예법을 갖추려고 힘쓰기보다는 차라리 슬픈 마음이 드러나야 할 것이다.' 하였
다(林放問禮之本, 子曰 : '大哉, 問! 禮與其奢也, 寧儉, 喪與其易也, 寧戚.']."

해야 할 것이다. 그런데 공자는 또 이르기를, "예로써 제사 지낸다."[91]고 하였으니, 제사란 예로써 하는 것이요, 신명이 취하고 배부르기를 도모하는 것이 아니다.

이런 점을 참작하되 기일이 되면 예가 덜 갖추어졌다고 제사를 지내지 않을 수는 없으며, 또한 모양을 전혀 갖추지 못하고서 간소하게만 제사 지낼 수도 없는 것이다. 지금 고기 한 그릇, 나물 한 접시라도 갖출 수 없는 형편이라면 차라리 제사를 올리지 않는 편이 낫다. 그러나 오직 친기(親忌)에 있어서는 부모님이 돌아가신 날로부터 오래되지 않아 슬퍼하며 그리워하는 마음이 더욱 절실하여 지극한 정이 깃드는 바이니 어느 겨를에 형식을 갖추어 예를 차리겠느냐?

『예기(禮記)』에 이르기를,

"부계의 친족에 대해서는 외형으로 예를 차리지 않는다."[92]

라고 하였고, 장주(莊周, 莊子)는 이르기를,

"남의 발을 밟는 경우 미안하다고 사과를 하지만, 부모에게는 아무런 표도 내지 않는다."[93]

---

91 예로써 제사 지낸다 : 『논어』, 「위정(爲政)」에 나오는 말이다. "번지가 수레를 몰고 있었는데, 공자가 그에게 말하기를 '맹손이 나에게 효에 대해 묻기에 어김이 없게 하라고 대답해 주었다.'라고 하였다. 번지가 '무엇을 이르신 것입니까?'라고 묻자 공자가 말했다. '살아 계실 때는 예로써 섬기고 돌아가시면 예로써 장례 지내며, 예로써 제사 지내는 것이다.'〔樊遲御, 子告之曰 : '孟孫問孝於我, 我對曰, 無違.' 樊遲曰 : '何謂也?' 子曰 : '生事之以禮, 死葬之以禮, 祭之以禮.'〕."

92 부계의 …… 않는다 : 『예기』, 「예기(禮器)」에 나오는 말이다. "검소한 것을 귀히 여기는 경우가 있으니, 지극히 공경하면 문식(文飾)하지 않으며 부계의 친족에 대해서는 외형으로 예를 차리지 않는다〔有以素爲貴者, 至敬無文, 父黨無容〕."

93 남의 …… 않는다 : 『장자(莊子)』, 「경상초(庚桑楚)」에 나오는 말이다. "저자에서 남의 발을 밟으면 경솔했음을 사과하지만, 형의 발을 밟았다면 웃는 얼굴로 말하고 부모인 경우에는 아무런 표도 내지 않는다〔蹍市人之足, 則辭以放驚, 兄則以嫗, 大親則已矣〕."

라고 하였다. 지극히 가까운 사이는 실로 겉으로 드러난 예절은 차리지 않는다. 그러므로 밥과 국 몇 가지를 가지고 친기에 제사를 드린다 하더라도 나는 정과 예에 비추어 어긋나지 않았다고 하겠거니와, 만약 다른 제사는 박하게 드리면서 유독 친기에만 풍성하게 차리면 아주 가까운 제사만 후하게 치른다는 혐의[94]를 받을 것이다. 지금 모양을 전혀 갖출 수 없는 까닭에 선조의 제사는 받들지 못해도, 사정(私情)에 이끌려서 친기를 간소하게나마 지내는 것은 안 될 것이 없다고 본다.

---

94 아주 가까운 …… 혐의〔豊昵之嫌〕: 『서경』, 「고종융일(高宗肜日)」에 "아아! 왕은 백성 공경하는 일을 맡으셨고 조종(祖宗)은 하늘의 아들 아닌 이가 없으니 제사 지낼 때 가까운 사당에만 풍성하게 하지 마소서〔嗚呼, 王司敬民, 罔非天胤, 典祀無豊於昵〕."라는 구절이 있는데, 이를 공영달(孔穎達)이 "예에는 일정한 법도가 있어 부모처럼 가까운 사당에만 특히 풍성하게 차리는 것은 부당하니, 희생과 예물을 많이 차리는 것을 말한다〔禮有常法, 不當特豊於近廟, 謂犧牲禮物多也〕."고 풀이하였다.

11

용모에 대한 중제(仲弟)의 물음에 답한 편지
答仲弟問容貌書

의관을 정제(整齊)하고 시선을 엄숙하게 하며 말과 웃음을 아끼고 걸음
걸이가 자로 잰 듯 바르면 위의가 점잖고 숙연하여 사람들이 그 엄숙함
을 바라보고 두려움을 느껴[95] 마치 신을 대하듯 우러러보게 된다. 그렇
지만 아랫사람들은 꺼려서 가까이하지 못하니, 이는 평안하고 무사할
때에 백성들을 복종시켜서 함부로 대드는 마음이 싹트지 못하게 하는
효과가 있다.

　웃고 장난치며 너그러워서 형식을 차리지 않고 소탈해서 규범을 따
지지 않으며 기꺼이 사람의 마음을 다 털어놓게 하면, 비록 너무 친히
여겨 버릇없이 구는 듯하긴 하지만 도움을 받아 어지러운 세상을 헤쳐
갈 수 있다. 이는 위태로운 시기에 처했을 때 뭇 사람들을 대하는 태도
이다.

　평안할 때 법이 너그럽고 정사가 은혜로우면 해이함에 빠질까 염려되
니, 힘써 엄숙한 모습으로 백성을 대해 그들로 하여금 자기를 공경하면
서도 교화를 즐거이 여기게 해야 할 것이다. 반면 위태로운 때에 법이
엄하고 명령에 변통이 없으면 은혜롭지 못한 것에 가깝게 되니, 힘써 너
그럽고 온화한 태도로 백성을 대해 그들로 하여금 법을 두려워하면서도
자기를 좋아하게 해야 할 것이다.

----

95 의관을 …… 느껴 : 『논어』, 「요왈(堯曰)」에 나오는 말이다. "군자는 의관을 바르게 하며
　시선을 엄숙하게 하기 때문에 사람들이 그 근엄함을 바라보고 두려워하니 이것이 위엄스
　러우면서도 사납지 않은 것이 아니겠는가〔君子正其衣冠, 尊其瞻視, 儼然人望而畏之, 斯
　不亦威而不猛乎〕?"

오직 자신의 용모와 행동이 서로 순환이 되어 관대함과 엄격함을 조절하게 되면 그에 따라서 아랫사람들이 조심하면서도 가까이하고 격이 없으면서도 흐트러지지 않을 것이다. 만약 어느 한쪽으로 치우친다면 그들은 해이해지거나 상처 입게 될 것이다. 이런 까닭에 때를 따라서 적절히 대응하는 것이 요망된다.

12

박문총[96]에게 주는 편지

與朴文蔥書

구양수(歐陽脩, 1007~1072)의 문집을 온전히 돌려드립니다.[97] 먹고 사는 일이 마음을 어지럽혀 오롯이 읽을 겨를은 없었습니다만 매양 손님이 없어 한가로울 때면 한 권을 뽑아 들고 그 가운데 마음에 드는 것을 골라 네다섯 번 소리 높여 읽곤 하였습니다. 그러고 나서 팔베개를 하고 누워 글의 뜻과 인용한 고사의 깊이를 음미해 보면 종종 깨달음을 얻어서 나도 모르게 희열을 느껴 다시 단잠을 자게 되고, 상쾌하기 그지없어 엊그제까지의 울적한 마음이나 어지러운 상념이 완전히 사라지니 이 또한 하나의 특이한 일이라 하겠습니다. 스스로 생각건대 천하의 지극한 즐거움은 이보다 더할 것이 없습니다.

다만 한스러운 바는 소자미(蘇子美)처럼 큰 술잔을 옆에 놓고 때때로 부어 마시며 즐거움을 보탤 수 없는 것입니다.[98] 그렇긴 해도 이 아우

---

96 박문총 : 문총은 자(字)로 보이는데, 누구인지 분명하지 않다.

97 온전히 돌려드립니다(完璧) : 손실 없이 원래 물건 그대로 주인에게 돌아오거나 혹은 돌려줌을 뜻하는 말이다. 전국 시대 조(趙)나라 혜문왕(惠文王)이 초(楚)나라 화씨(和氏)의 벽옥(璧玉)을 얻었는데, 진(秦)나라 소왕(昭王)이 서신을 보내어 15개의 성을 벽옥과 바꾸자고 하였다. 인상여(藺相如)가 벽옥을 가지고 진나라에 사신으로 가서 진왕에게 벽옥을 올렸는데 성을 줄 기색이 없자 그는 수단을 써서 다시 온전한 상태의 벽옥을 되찾았다(『사기』, 「염파인상여열전(廉頗藺相如列傳)」). 이 고사에서 '완벽귀조(完璧歸趙)'라는 성어가 나왔다.

98 다만 …… 것입니다 : 소자미는 소순흠(蘇舜欽, 1008~1049)을 가리킨다. 자미는 자이다. 송나라 면주(綿州) 출신으로 호는 창랑옹(滄浪翁)이다. 인종(仁宗) 경우(景祐) 원년에 진사(進士)가 되었으며 대리평사(大理評事)와 집현교리(集賢校理)를 역임했다. 문집으로 『소학사집(蘇學士集)』이 있다. 소순흠은 호방불기하고 술을 좋아했는데, 매일 밤 책을 읽으면서 술 한 말을 마실 정도였다. 이를 이상하게 여긴 장인이 아들들로 하여금 엿보게 하였더니 소자미는 『한서(漢書)』, 「장량전(張良傳)」을 읽다가 장량이 진시황을 암살하려

가 근심과 걱정을 잊고 지극한 즐거움을 얻을 수 있었던 것은 모두 책을 빌려주신 형의 큰 덕택입니다. 돌아보건대 보답할 길도 없군요. 이미 빌려주신 책을 보고도 또 빌려주시길 바라고 있으니 심히 부끄러울 따름입니다. 증공(曾鞏)이나 왕안석(王安石)의 문집도 빌려주실 수 없을까요?

다 실패한 대목과 장량이 한 고조에게 자신들의 만남은 하늘이 정한 것이라고 말하는 대목에서 감탄하며 큰 술잔에 술을 따라 마셨다. 이를 전해들은 장인은 큰 소리로 웃으면서 이런 사람이라면 술 한 말이라도 부족할 것이라 말했다고 한다(龔明之, 『중오기문(中吳紀聞)』).

13

유하원(柳夏元)[99] 군에게 보낸 편지
與柳君夏元書

대윤(大允)은 머리를 조아리고 유군(柳君) 족하(足下)께 아룁니다. 저는 본디 나약하고 범상한 성격인데도 선인(先人)의 유업을 계승하려고 해서, 처음부터 농사와 장사, 수공업 같은 일을 알지 못한 채 오로지 문학에만 힘쓰고 다른 데 눈을 돌릴 겨를이 없었습니다. 이렇게 여러 해가 지났습니다.

근래 나이가 좀 들고부터 집안의 경제력이 점차 쇠락하는 것을 보니, 양친은 노경에 이르렀는데 동생들은 아직 어려서 함께 부모를 봉양하고 가문을 보존할 길이 없겠구나 하는 걱정이 들었습니다. 때때로 잠자리에 누웠다가도 문득 이 일이 생각나면 곧장 옷을 걸치고 방안을 빙빙 돌며 아침까지 잠을 이루지 못했습니다. 그러다가 마침내 읍내로 들어갈 계책을 세웠습니다. 그리하여 남의 집에 우거하며, 밥을 얻어먹고 단맛 쓴맛을 골고루 맛보며 장사꾼의 무리에 끼어서 이익을 다투게 되었습니다.

제가 썩은 땅과 쓰레기 더미 속으로 스스로 몸을 던져 남에게 모욕을 받으면서도 돌아보지 않았던 까닭은 한 푼 두 푼의 이득이라도 얻어서 하루나마 부모를 봉양하는 기쁨을 누리고자 했기 때문입니다. 그런데 정성이 부족하고 죄악이 쌓여서 구구한 이 뜻을 끝내 이루지 못한 채 아버지가 돌아가시는 큰 슬픔을 만났습니다.

우리 아버지께서 살아 계실 적에 배고픔과 추위에 온갖 고생을 다 맛

---

99 유하원(柳夏元): 유영건(柳榮健)을 말한다. 하원은 자(字)이다. 『한중수필』에는 화원(華元)으로 되어 있다.

보아 겪지 않은 일이 없을 정도였는데, 장례를 마칠 때까지도 예(禮)를 제대로 갖추지 못했습니다. 저는 이미 하늘에 사무치는 죄를 짓고 우주에 가득 찬 통한을 품었기에 정수리를 갈아 발뒤꿈치에 닿는[100] 노력을 기울이더라도 이 슬픔을 씻어 낼 도리가 없습니다. 목을 자르고 가슴을 갈라서 땅속으로 따라 들어가지 못하는 까닭은 노모가 살아 계시기 때문입니다. 짐승이 사는 방식[101]으로 야만스럽게 지금에 이르고 있습니다. 슬프다, 어찌 차마 말을 할 수 있으랴!

예전에 저는 부모의 은혜만 입고 살아서 재리(財利)가 나오는 곳을 알지 못했는데 이런 상태로 살림을 살았으니 실패할 것은 자연스러운 이치였습니다.

그런데 제가 읍내로 들어갈 때에 자본금이라야 엽전 2만 푼[102]에 불과했습니다. 가족이 대소(大小) 10여 구(口)에 모두들 다른 도리 없이 나만 바라보고 있는 데다 연이어 흉년이 들어 굶주리고 상고(喪故)에 전염병까지 돌았습니다. 그럼에도 늘어난 이득을 계산해 보면 또한 몇 곱절이 되었는데 쓰고 남은 것이 없었습니다. 속담에 이른바 '돈이 많아야 장사를 잘한다〔多錢善賈〕.'[103]고 한 것이 어찌 정말이지 않겠습니까.

---

100 정수리를 …… 닿는 : 『맹자』, 「진심 상(盡心上)」에 "양주는 자신만을 위하고자 했으니 털 하나를 뽑아 천하를 이롭게 할 수 있어도 그렇게 하지 않았고, 묵자는 두루 사랑하고자 했으니 정수리를 갈아 발뒤꿈치에 닿도록 노력해서 천하를 이롭게 할 수 있다면 그렇게 했다."는 말이 있다.

101 짐승이 사는 방식〔禽視獸息〕 : 새처럼 두리번거리고 짐승처럼 숨을 쉰다는 뜻인데, 자연 상태 그대로 생존하는 방식을 비유한 말이다.

102 엽전 2만 푼 : 원문은 단위의 표시가 없이 2만(萬)으로 되어 있는데 여기서는 엽전 2만 개, 즉 200냥을 가리킨다.

103 돈이 …… 잘한다 : 『한비자(韓非子)』, 「오두(五蠹)」에 "소매가 길어야 춤을 잘 추고 돈이 많아야 장사를 잘한다〔長袖善舞, 多錢善賈〕."라고 하였다.

저는 속절없이 명분과 행실을 더럽힌 데다 계획했던 일도 이루지 못했습니다. 노모가 생존해 계시는 데다 형제도 많은데 가진 것 하나 없이 맨몸으로 차츰 굶어 죽을 지경에 다가가니, 지난날을 뉘우치고 앞날을 생각하면 안타깝기 그지없습니다. 매양 생각이 여기에 이르면 나도 모르게 온몸이 덜덜 떨리다가 뒤미처 몸에 열기가 나서 숨이 차는 것만 같았습니다.

제가 듣기로 옛날의 군자 중에는 가난해서 먹고 살기 위해 치욕스런 일을 하는 자가 있었습니다. 그래서 관문을 지키는 것[104]은 천한 직업이요, 채찍을 들고 말을 모는 것[105]도 욕된 일이었지만 오히려 그렇게 한 사람이 있었습니다. 그러나 청렴한 선비는 아무리 배가 고파도 차래지식(嗟來之食)[106]은 먹지 않으며, 아무리 목이 말라도 도천(盜泉)의 물은 마시지 않습니다.[107] 이 두 가지 태도 중에 어느 쪽이 좋고 어느 쪽이

---

104 관문을 지키는 것 : 『맹자』, 「만장 하(萬章下)」에 "가난 때문에 벼슬하는 것은 아니지만 때로는 집안이 가난해서 하는 경우도 있다. 그러나 이 경우에도 높은 자리나 녹봉이 많은 것을 사양하고 문지기나 순라꾼 같은 일을 해야 한다."는 말이 있다.

105 채찍을 …… 것 : 『논어』, 「술이(述而)」에 "만약 부(富)가 추구해서 되는 것이라면 비록 채찍 잡는 천한 일이라도 내가 하겠지만, 만일 추구해서 될 것이 아니라면 내가 좋아하는 일을 하겠다."라는 말이 있다.

106 차래지식(嗟來之食) : 『예기』, 「단궁(檀弓)」에 나오는 말이다. "제(齊)나라가 큰 흉년이 들자 검오(黔敖)가 노변에다 밥을 지어 놓고 주린 자들을 먹여 주었는데, 주린 자가 소매로 얼굴을 가리고 지척지척 오는 것이었다. 검오가 왼손에 밥을 들고 오른손에 마실 것을 들고서 '불쌍하구나. 와서 먹어라[嗟來食].'고 하니 그 사람은 눈을 치켜뜨고 보며 '내가 그런 말을 듣지 아니해서 이 지경에까지 이르렀다.'라고 말했다. 이에 좇아가서 사과했으나 끝내 그 사람은 먹지 않았다."

107 도천(盜泉)의 …… 않습니다 : 아무리 기갈이 심해도 물 이름에 '도(盜)' 자가 들어 있어 마시지 않는다는 뜻이다. 『회남자(淮南子)』, 「설산훈(說山訓)」에 "증자(曾子)는 염의(廉義)를 세워 도천(盜泉)의 물을 마시지 않았으니, 이른바 뜻을 기르는 자이다."라는 말이 있다.

나쁘다고 할 것입니까?

또한 나는 비록 둔한 사람이지만 일찍이 군자의 행실에 대해서 들은 것이 있고, 타고난 성품도 엄격하고 너그럽지 못해 구차한 것을 견디지 못합니다. 제가 일을 맡아 한 지 3년 이래로 죽이나 쌀겨도 제대로 먹지 못하고 맹추위에도 옷을 입지 못한 채 밤새도록 신음하곤 하였습니다. 그러나 이 때문에 애달파하지 않은 것은 스스로 지키는 바가 있어서입니다.

지금 저는 생계를 꾸려 나가지 않을 수 없는데, 크게 견딜 수 없는 일이 세 가지요, 차라리 몸을 깨끗이 하고 명을 따라 죽음으로써 명절(名節)을 온전히 하고자 해도 차마 그렇게 할 수 없는 이유가 세 가지 있습니다. 무엇 무엇일까요?

홀어머니에게 제대로 봉양하지 못하는 것은 앞에서 말한 바와 같으니 이것이 차마 죽지 못하는 첫 번째 이유요, 조부께서 우리 가문의 화를 당하신 끝에 외진 바닷가에 버려졌지만 하늘의 도움을 입어 대가 끊기지 않고 실낱같이 이어져 불초(不肖)에까지 이르렀는데, 곤궁한 나머지 보존하지 못하여 선세(先世)의 계통을 끊어지게 한다면, 이것이 두 번째 차마 할 수 없는 일이요, 증조모와 조부 양 세대는 제대로 장사를 지내지 못하고 백골도 수습해 오지 못했는데, 이 몸이 죽으면 부탁할 곳이 없으니 이것이 세 번째 차마 죽지 못하는 이유입니다.

저희 집안은 평소 시례(詩禮)[108]와 독실한 의론, 고상한 행실로 사대부의 모범이 되었는데 지금 문득 노예처럼 부끄러운 일을 하여 조상을 욕되게 하고 있으니 참으로 지금 세상에서 선비들을 다시 대할 면목이

---

108 시례(詩禮) : 사대부의 기본 교양과 범절을 통칭하는 말이다. 사대부라면 문학적 역량과 경전의 지식이 있어야 하며 예의범절을 지켜야 하기 때문에 나온 말이다.

없습니다. 이것이 차마 견딜 수 없는 첫 번째 일입니다.

저는 본래 이치를 궁구하는 학문을 좋아하고 장구(章句)나 따지는 공부에는 힘쓰지 않았습니다. 고금(古今)의 치란(治亂)과 득실(得失)의 대강, 현인들이 자신을 수양하고 도를 실천하는 큰 방도에 있어서 큰 뜻을 두지 않은 적이 없으며, 아래로 법률·음양·술수(術數)의 서적에 이르기까지 정치와 교화에 도움이 될 수 있는 것에 대해서도 모두 그 대략을 이해했습니다. 무릇 선비가 어려서 공부하는 것은 대개 장성하여 행하고자 하기 때문입니다. 그런데 지금 저는 뜻을 잃고 욕된 일이나 하면서 명분과 실상을 모두 잃어버렸으니, 이것이 차마 견딜 수 없는 두 번째 일입니다.

타고난 성질이 본래 고상한 것을 좋아하는데 나로 하여금 숨을 죽이고 움츠리면서 걷고 남의 채찍이나 맞으며 의원들과 능력을 다투도록 하니, 이것이 차마 견딜 수 없는 세 번째 일입니다.

슬프다! 족하는 장차 제가 어떻게 하면 좋겠습니까? 앞으로 나가고자 하면 뒤가 걱정되고 왼쪽으로 가려다가도 오른쪽을 돌아봐야 하니, 어디로 가고 무엇을 따라야 하며 무엇이 길하고 무엇이 흉합니까?[109]

옛날에 안연(顔淵)은 겨우 끼니를 이을 정도였고,[110] 중유(仲由)는 해진 옷을 입었으며,[111] 증자(曾子)는 이레 동안 밥을 먹지 못했고,[112] 원헌

---

109 어디로 …… 흉합니까?:『초사(楚辭)』,「복거(卜居)」에 "이 가운데 무엇이 길하고 무엇이 흉한 것이며, 어디로 가고 무엇을 따라야 합니까[此孰吉孰凶, 何去何從]?"라는 구절이 있다.

110 안연(顔淵)은 …… 정도였고:『논어』,「옹야(雍也)」에 "훌륭하다, 안회(顔回)여. 대그릇에 담은 밥과 표주박에 담은 물을 먹으며 누항(陋巷)에 살면서도 그 낙(樂)을 변치 않으니[賢哉回也. 一簞食, 一瓢飮, 在陋巷, 人不堪其憂, 回也不改其樂, 賢哉回也]."라는 구절이 있다.

111 중유(仲由)는 …… 입었으며 : 중유는 공자 제자인 자로(子路)의 자이다.『논어』,「자한

(原憲)은 팔꿈치가 드러나고 신발의 뒤축이 터졌는데도[113] 이분들은 모두 성인(聖人)을 만나 스승을 삼아서 이름을 세우고 행실을 잃지 않았으며, 스승과 친구들이 자주 도움을 주어서 비록 때로 궁핍하기는 했지만 그래도 죽을 지경에 이르지는 않았습니다. 그들이 개결하게 청렴을 지킬 수 있었던 것은 또한 그럴 만하지 않았겠습니까. 저처럼 죽을 지경으로 어려운 처지인데도 구원을 기대할 수 없는 자와 어찌 견줄 수 있겠습니까?

만약에 부모형제가 굶어 죽는데도 구하려고 하지 않고 병들어 있는데도 보살피지 않으며 자녀들을 시집장가 보내는데 때를 놓치고 제사를 지내지도 못하고 금수와 마찬가지로 살아가면서도 고상한 의론을 좋아하고 스스로 안빈낙도(安貧樂道)라고 생각하는 자가 있다면, 저는 사람의 마음이 아니요 간특한 짓이라고 생각합니다. 족하는 그렇게 생각하십니까, 아닙니까?

지난번에 어떤 사람이 제가 여러모로 재주가 많은데도 곤궁함이 이와 같이 심하여 술수를 팔아서 먹는 것을 구하느라고 몸과 이름을 더럽히게 될까 걱정합니다. 저는 웃으며 이렇게 대답했습니다.

"만약 그렇다면 다행이지요. 저는 지금 곤궁함이 이와 같은데도 아무런 조처도 취하지 않는 이유는 꼭 죽지는 않으리라 생각되기에 기어이

子罕)」에 "해진 솜옷을 입고서 여우나 담비 가죽옷을 입은 자와 함께 서 있어도 부끄러워하지 않을 자는 중유일 것이다."라는 구절이 있다.

112 증자(曾子)는 …… 못했고 : 증자가 일찍이 위(衛)나라에 있을 때 10년 동안 옷 한 벌 지어 입지 않고 혹은 사흘 동안 굶은 적도 있었지만 신을 끌면서 상송(商頌)을 읊조리면 그 소리가 천지에 가득 차고 금석(金石)의 악기를 연주하듯 고아했다는 고사가 『장자』, 「양왕(讓王)」에 나온다.

113 원헌(原憲)은 …… 터졌는데도 : 『한시외전(韓詩外傳)』에 나오는 말이다. 『장자』에는 이것이 증자의 고사로 나와 있다.

하지 않는 것입니다. 만약에 꼭 죽게 될 판에서 무언가 조처를 취하여 죽음을 면하게 된다면, 이 또한 죽는 것보다는 나을 것이니 어찌 다행이 아니겠습니까?"

이 말은 비록 한때의 우스갯소리지만 지금 저는 이미 죽을 지경에 이르렀습니다. 제가 들건대 지혜로운 사람의 행동은 능히 경중을 참작하여 선택하고 버리는 것을 귀하게 여기니, 고집을 부려 곧게만 나가고 변통 없이 하지는 않습니다. 그렇기에 "군자는 곧은 태도를 지키되 작은 신의에 매이지 않는다〔君子貞而不諒〕."[114] 하였고, 또 "자신의 덕을 변통 없이 지키면 흉하다〔恒其德凶〕."[115]라고 했습니다. "예(禮)의 가벼운 것과 음식의 중요한 것을 비교하면 어찌 음식이 중요하지 않겠습니까〔以禮之輕與食之重, 奚啻食重〕."[116]라고 했습니다.

이 때문에 이윤(伊尹)[117]은 정(鼎)과 조(俎)를 짊어지고 갔으며 여상(呂尙)[118]은 소를 잡아 팔았고, 백리해(百里奚)[119]는 소를 길렀으며 공손

---

114 군자는 …… 않는다 : 『논어』, 「위령공(衛靈公)」에 나온다.

115 자신의 …… 흉하다 : 『주역』, 「항괘」, '육오(六五)'에 나온다. 남자는 대의를 지켜야 하지만 변통 없이 행하면 오히려 좋지 않다는 의미이다.

116 예(禮)의 …… 않겠습니까 : 『맹자』, 「고자 하(告子下)」에 나온다. 예와 음식의 경중을 논할 때 예 중에서 아주 가벼운 것보다는 인간의 생존이 달려 있으므로 음식이 중요하다고 말했던 것이다.

117 이윤(伊尹) : 탕왕을 도와서 은나라를 세우는 데 공이 컸던 인물이다. 『사기』, 「은본기(殷本紀)」에 이윤이 탕왕을 성군(聖君)으로 만들고 싶어도 방법이 없자 유신씨(有莘氏)의 잉신(媵臣)이 된 뒤에 솥과 도마를 지고 찾아가서 음식 요리를 가지고 탕왕을 설득하여 왕도에 이르게 했다는 말이 나온다.

118 여상(呂尙) : 여상(呂尙)은 주(周) 문왕(文王)의 현신(賢臣) 태공망(太公望)이다. 그는 소를 잡는 일을 하며 살다가 발탁되었다고 한다.

119 백리해(百里奚) : 『맹자』, 「만장 상」에, 백리해(百里奚)가 난을 피하여 진(秦)나라에서 소를 먹이며 은거하고 있었는데 진 목공이 그가 어질다는 소문을 듣고 그를 등용하여 재상으로 삼았다는 말이 나온다. 한편 『장자』, 「전자방(田子方)」에 "백리해가 작록(爵祿)

홍(公孫弘)[120]은 돼지를 사육했고 엄군평(嚴君平)[121]은 촉(蜀)의 성도(成都)에서 점을 쳤으며 사마계주(司馬季主)[122]는 한(漢)나라 때 저자에서 시초(蓍草)점을 쳤고 사마장경(司馬長卿)[123]은 주막에서 그릇을 닦았으며 도연명(陶淵明)[124]은 걸식한 일이 있었고 한강(韓康)[125]은 약을 팔아 살았으며 서유(徐孺)[126]는 거울을 닦는 일로 돈을 벌었고 왕군공(王君公)[127]은 소를 거간하였으며 주도추(朱桃椎)[128]는 짚신을 삼아서 살았습니다. 이윤이나 여상 같은 분은 성인(聖人)이고, 그 나머지 분들도 모두 위대하고 특이하며 걸출한 인물들이라서 저보다 몇 등급이나 뛰어나 저로서는 도저히 당해 낼 수가 없습니다.

그럼에도 저분들은 자신을 깨끗이 하고 가난을 이기지 못해 세상을

에 전혀 마음을 쓰지 않았으므로, 그가 소를 사육하니 소가 살쪘다."는 말이 나온다.

120 공손홍(公孫弘) : 공손홍(公孫弘)은 서한 시대의 학자로, 집이 가난해서 돼지를 키웠는데 마흔이 넘어 박사(博士)가 되고 벼슬이 승상에 이르렀다.

121 엄군평(嚴君平) : 엄군평은 서한 시대 인물인 엄준(嚴遵)을 말한다. 성도(成都)에서 점을 치며 살았는데 양웅(揚雄)이 그에게서 공부했다고 한다(『한서』 권72).

122 사마계주(司馬季主) : 서한 시대 인물이다. 그에 대한 사적은 『사기』, 「일자전(日者傳)」에 보인다.

123 사마장경(司馬長卿) : 사마장경은 서한 시대의 문인인 사마상여(司馬相如)를 말한다. 부자의 딸이고 미인인 탁문군(卓文君)을 유혹해서 주막을 내고 탁문군은 직접 술을 팔고 자신은 그릇을 닦았다고 한다(『한서』, 「사마상여전(司馬相如傳)」).

124 도연명(陶淵明) : 도연명의 시 제목에 「걸식(乞食)」이 있다.

125 한강(韓康) : 동한 시대 인물로 고결한 선비로 유명하다. 산에서 약초를 캐다가 장안(長安)의 저자에서 팔았다고 한다(『후한서』, 「일민전(逸民傳)」).

126 서유(徐孺) : 서한 시대 인물로 고결한 선비로 유명하다. 서유자(徐孺子)로 일컬어진다. 그는 벼슬아치로 부름을 받으면 나가지 않았으나 문상을 가야 할 경우에는 만 리를 멀다 하지 않고 갔다. 한번은 거울 닦는 일로 돈을 벌어서 어떤 사람의 장례 비용을 도와주었다고 한다(『태평어람(太平御覽)』 권403).

127 왕군공(王君公) : 동한 시대의 인물로 『후한서』, 「일민전」에 나온다.

128 주도추(朱桃椎) : 당나라 때 인물로 신을 삼아 길가에 놓아두면, 지나가는 사람들이 쌀을 대신 그 자리에 놓아두고 가져갔다고 한다(『신당서(新唐書)』, 「주도추전(朱桃椎傳)」).

살아감에 있어서 이와 같이 더럽고 욕스러운 일을 마다하지 않았는데, 하물며 어쩔 수 없는 저의 처지에 있어서야 더 말할 것이 있겠습니까? 그런 까닭에 포초(鮑焦)[129]는 나무를 끌어안고 고사(枯死)하였으되 군자는 그의 행동을 절의라고 생각하지 않았으며, 미생(尾生)[130]은 다리 아래서 여자와 한 약속을 지키려다가 물에 빠져 죽었으되 군자는 그의 행동을 신의로 보지 않았습니다. 진실로 작은 절의와 작은 신의는 큰 도(道)에서 취하지 않는 바입니다.

세상일이란 실로 두 가지를 한꺼번에 이루어 나란히 아름다움을 얻기는 어려운 법입니다. 그래서 왕양(王陽)은 충신이 될 수 없었으며 왕존(王尊)은 효자가 될 수 없었습니다.[131] 지금 저를 두고 지혜로운 사람이기는 하지만 개결한 선비가 될 수 없다고 한다면 족하께서는 그렇다고 여기시겠습니까, 아닙니까?

무릇 군자의 허물은 일식·월식과 같아서 고쳐서 바로잡는 것이 오래 걸리지 않습니다. 관이오(管夷吾, 管仲)[132]는 죄인으로 수레 속에 갇히는

---

129 포초(鮑焦) : 춘추 시대의 은사(隱士)이다. 자공(子貢)이 그에게 "그 나라의 정치를 비난하는 자는 그 나라 땅을 밟지 말고, 임금을 욕하는 자는 녹을 받지 말아야 하겠거늘 선생은 땅을 밟고 녹을 먹고 살고 있습니까?"라고 말하자 그는 나무를 끌어안고서 말라 죽었다고 한다(『한시외전(韓詩外傳)』).

130 미생(尾生) : 춘추 시대 인물이다. 어떤 여자와 다리 밑에서 만나기로 약속했는데, 여자는 오지 않고 홍수가 져서 마침내 다리 기둥을 끌어안고 죽었다고 한다(『장자』, 「도척(盜跖)」).

131 왕양(王陽)은 …… 없었습니다 : 왕양은 한(漢)나라 때의 왕길(王吉)이다. 그의 자가 자양(子陽)이므로 이렇게 불렀다. 그가 험난한 고갯길[九折阪]을 넘으면서 혹시 몸을 상해 어버이에게 누를 끼칠까 염려하여 그냥 돌아왔는데, 뒤에 왕존(王尊)이 이 고개를 넘으면서 마부를 꾸짖으며 "빨리 몰아라. 왕양은 효자요, 왕존은 충신이니라."라고 했던 말이 실려 있다(『한서』, 「왕존전(王尊傳)」).

132 관이오(管夷吾) : 제(齊)나라 환공(桓公)을 도와 패업을 이룬 관중(管仲)을 말한다. 함거는 죄인을 사형장 또는 귀양지로 보낼 때 태우는 우리가 있는 수레이다. 환공이 공자

치욕을 당했지만 마침내 제(齊)나라를 패자(覇者)가 되도록 하였으며, 순앵(荀罃)[133]은 기어서 자루 속에 들어갔지만 뒤에 진(晉)나라의 재상이 되었고, 범저(范雎)[134]는 갈비뼈가 꺾이고 이가 부러졌으되 뒤에 진(秦)나라의 승상이 되었고, 진평(陳平)[135]은 사람들을 위해 고기를 나누어 준 일이 있었는데 한(漢)나라의 승상이 되었으며, 혜강(嵇康)은 대장간 일을 하였으나 그 아들이 진(晉)나라의 명신(名臣)이 되었고, 고필(古弼)[136]은 문지기 노릇을 하였으나 후위(後魏)에서 절조를 세웠고, 이적(李勣)[137]은 처음에 도적들의 대장 노릇을 하다가 당 태종(太宗)을 보좌하는 공신이 되었으며, 왕우칭(王禹稱)[138]은 국수를 밀어서 생계를 삼았는데 송나라의 명신이 되었습니다. 이 밖에도 더럽고 욕스러운 가운데에 있다가 탈바꿈

규를 죽일 적에 소홀(召忽)은 함께 죽었던 반면에 관중은 함거(檻車)에 갇히기를 자청하여 돌아온 뒤에 정승의 지위에 올랐으며 환공을 춘추오패(春秋五覇) 가운데 한 사람으로 만들었다.

133 순앵(荀罃) : 춘추 시대 진(晉)나라 장수이다. 순앵(荀罃)이 초(楚)나라와 싸우다가 포로가 되었는데, 정(鄭)나라 상인의 포대 속에 들어가서 몸을 숨기고 탈출한 사실이 있다(『춘추좌씨전(春秋左氏傳)』 성공(成公) 3년).

134 범저(范雎) : 원래 전국 시대 위나라 사람으로서 수가(須賈)를 섬기다가 미움을 사서 심한 폭행을 당해 버려졌는데, 죽지 않고 살아나 진(秦)나라로 탈출해서 재상에 이르렀다. 그의 자가 숙(叔)이라서 범숙(范叔)이라고도 한다.

135 진평(陳平) : 한나라의 개국공신이다. 원래 가난하고 미천할 적에 마을에서 고기를 나누어 주는 일을 했는데, 고기를 골고루 분배하면서 "내가 천하의 재(宰)가 되더라도 이 고기처럼 고루 나눌 수 있다."라는 말을 했다 한다(『사기』, 「진승상세가(陳丞相世家)」).

136 고필(古弼) : 후위(後魏) 때 예부상서에 오른 인물이다. 자기 고향에서 일찍이 문지기 일을 한 적이 있었다고 한다. 이후 원위의 예부상서가 되어 왕에게 직언을 했던 인물로 유명해졌다(『위서(魏書)』, 「고필열전(古弼列傳)」).

137 이적(李勣) : 당 태종 때의 명장(名將)이다. 이세적(李世勣)으로 많이 알려져 있다. 수(隋)나라 말기에 도둑의 무리에 가담하였다가 태종에게 등용되어 통일을 이루는 데 공을 세웠다.

138 왕우칭(王禹稱) : 북송 시대의 문인이며 시인이다. 젊었을 때 가난하여 밀가루를 미는 일로 생계를 꾸렸다고 한다(『송명신언행록(宋名臣言行錄)』).

하여 능히 앞의 치욕을 깨끗이 씻고 아름다운 이름을 후세에 전한 사람들을 이루 다 기록할 수가 없습니다.

그런데 이들은 모두 위대하고 뜻이 높은 사람들이라 그들의 재주로 충분히 나라에 보필하여 공을 이룰 수 있었습니다. 저와 같이 비루하고 용렬한 사람은 한번 진흙탕에 빠지면 바로 뜻을 잃어버리게 되니, 어찌 다시 스스로 새로워지기를 기대할 수 있겠습니까?

비록 그렇다 하더라도 지금 저는 실로 약간의 재물을 모아 어버이 봉양하는 일을 대충을 할 수 있으며 반장(返葬)[139]도 이미 마쳤고 형제들이 굶어 죽지 않을 계책은 갖추었으니 이제 겨우 죽지는 않게 되었습니다. 그러니 비록 만종(萬鍾)의 높은 자리라고 해도 결코 터럭만큼이라도 누가 되는 경우에는 취하지 않을 것입니다. 이런 일에 있어서는 세속의 사람들과 말하기 어렵지만, 족하라면 이 마음을 알아줄는지요. 저의 말을 어찌 믿을 수 없겠습니까?

오자서(伍子胥)[140]는 지(篪)를 불면서 구걸을 하러 다녔는데 군자는 그가 성격이 굳세면서도 부끄러움을 참는 태도를 훌륭하게 여겼으며, 계포(季布)[141]는 머리를 깎고 수갑을 차고 노예 행세를 하였는데 당시

---

139 반장(返葬) : 객지에 묻혀 있는 사람을 고향으로 옮겨 오는 일이다. 심대윤의 증조모와 조부, 대고모 등이 유배지에서 죽어 묻혀 있었는데 자기 고향인 안성으로 이장(移葬)을 하였다.
140 오자서(伍子胥) : 원래 초나라 사람으로서 망명하여 오나라에 와서 공을 세운 인물이다. 불우한 시절에 저자에서 지(篪)라는 악기를 불며 걸식한 적이 있었다. 그러나 결국에는 오왕(吳王) 합려(闔閭)를 도와 오나라를 패자(覇者)로 만들었다(『책부원귀(冊府元龜)』 권890).
141 계포(季布) : 항우의 초와 유방의 한이 천하를 다투던 시기 초기의 명장. 유방이 천하를 차지하게 되자 계포에게 현상금을 걸고 붙잡으려 하였는데, 그는 머리를 깎고 노예로 위장하여 주가(朱家)라는 사람 집에 팔려 갔다(『사기』, 「계포열전(季布列傳)」).

사람들은 강함을 꺾어 부드럽게 했다고 좋게 평가했습니다. 이 두 사람은 본래 수립한 것이 천하의 신뢰를 얻을 수 있었기 때문에 결심하여 미천한 행동을 해도 의심을 받지 않았습니다. 그래서 자기 몸을 밑바닥에 굴리는 일을 행하였지만 이름은 더욱 드러날 수 있었던 것입니다.

저 같은 사람은 사람들이 그저 뜻이 낮고 행실이 비천하여 스스로 밑바닥에 빠져 있다고 여길 뿐이니 어찌 좋은 평가가 있겠습니까? 그런데 가령 제가 절의를 굳게 지키다가 죽게 되면 그 누가 믿어 주겠습니까? 지금 명분과 의리가 서지 않고 언행이 드러나지 않았는데도 혼자 비분강개하여 팔을 걷어붙이고 옛날의 청렴하고 절의 있는 사람과 똑같이 행하려고 든다면 또한 어렵지 않겠습니까? 동중서(董仲舒)는 "이익을 구하기에 급급한 것은 보통 사람의 일이다." [142]라고 말했는데, 제가 지금 그렇다고 할 수 있습니다.

슬프다! 백벽(白璧)이 마구 버려져 기와 조각이 빛을 다투며 봉황이 가시덩굴에 내려앉고 향초와 난초가 띠풀처럼 천대를 받고 있습니다. 온통 변하여 제 천성을 잃었는데 누가 능히 청렴하고 곧은 성품을 보존할 수 있겠습니까?

또한 선비는 온 세상이 높이 인정하지 않는데 어떻게 스스로 높아지며, 온 세상이 천하게 여기는데 어떻게 천하지 않게 되겠습니까? 그러므로 군자는 때를 얻으면 한번 용이 되고 한번 범이 되며, 때를 잃으면 뱀도 되고 쥐도 됩니다.

---

142 이익을 …… 일이다 : 『한서(漢書)』 권66에 보인다. 표현이 약간 다른데, "동생(董生)이 말하지 않았습니까? …… 부지런히 재리(財利)를 구하며 항상 곤핍할까 두려워하는 것은 보통 사람들의 일입니다〔董生不云乎 … 明明求財利, 常恐困乏者, 庶人之事也〕."라고 하였다.

지금 제가 치욕스런 처지에 있는 것도 그럴 수밖에 없지 않겠습니까? 비록 그렇지만 내쫓아도 다시 돌아오는 파리 떼나 개처럼 구차하게 행동하고[143] 노비처럼 비굴하게 굴면서 먹고 살기를 꾀하는 자라도 간혹 영예와 치욕의 다름이 있는지를 묻는다면, 반드시 분별할 수 있는 사람이 있을 것입니다.

저는 지금 앞에 구덩이가 파여 있고[144] 뒤에는 맹호가 기다리고 있으며 사방이 짙은 안개에 싸여 있어서 어디로 갈지 알 수 없는 처지입니다.

족하는 근세에 드물게 충후한 인물이라서 오늘날 시속만을 좇고 세론에 아부하는 자와는 같지 않은 터에 누구보다도 저를 잘 알고 있으니, 부디 한마디의 가르침을 내려 주어 방향을 잃고 있는 저에게 지침이 된다면 어떻겠습니까?

● 하원의 답서
附夏元答書

족하께서 저를 고루하고 보잘것없다고 여기지 않으시고 처신을 어떻게 할 것인지 물으시니, 저는 청컨대 첨윤(詹尹)이 삼려대부(三閭大夫)에게 대답하였던 대로[145] 삼가 답을 할까 합니다. 아, 오늘날 세상에 어느 누

---

143 파리 …… 행동하고[蠅營狗苟] : 한유(韓愈)의 송궁문(送窮文)에 나오는 말이다.
144 구덩이가 파여 있고[習坎] : 원문의 '습감(習坎)'은 『주역』의 괘명이다. 구덩이가 중첩되어 있다는 뜻으로 위험한 상황을 가리킨다. 이 괘의 단사(彖辭)에 "습감은 중험(重險)하다. 물이 흘러도 차지 않는다."라는 말이 있다. 험준한 것이 거듭 중첩된 상황을 말한다.
145 첨윤(詹尹)이 …… 대답하였던 대로 : 첨윤은 옛날 점치는 일을 맡았던 사람의 이름이다. 삼려대부(三閭大夫)는 굴원(屈原)을 가리킨다. 『초사(楚辭)』, 「복거(卜居)」에 다음과 같은 내용이 나온다. 굴원은 궁중에서 추방된 지 3년이 지난 어느 날 마음이 몹시 어수선하여 어찌할 바를 모르다가 태복 정첨윤을 찾아가 처신에 대해 절박한 물음을 던진다. 이에 첨윤은 다음과 같이 대답한다. "무릇 한 자의 길이도 짧게 여길 때가 있고 한 치의

가 소경(少卿)[146]과 같은 사람이겠습니까? 족하의 곤궁함이여! 무릇 도(道)는 꼭 고정된 길이 있는 것이 아니요, 선비에게도 고정된 행실이 있는 것이 아니니, 때에 맞추어 중(中)에 처한다면 아름다운 이름을 얻지 못할 것이 없겠거늘, 선생께서는 어찌 걱정하십니까?

길이도 길게 여길 때가 있게 마련입니다. 재물을 가져도 부족할 때가 있고 지혜가 있어도 밝게 알지 못할 때가 있습니다. 술수로 미치지 못하는 것이 있고 신명으로도 통하지 않는 것이 있습니다. 당신의 마음을 따르고 당신의 뜻대로 행하십시오. 거북점이나 산가지로도 모든 일을 알고 다스리지는 못합니다."

146 소경(少卿) : 누구를 가리키는지 정확하지 않으나 한(漢)나라 무제(武帝) 때의 장수인 이릉(李陵)과 한나라 때 목민관으로 유명한 공수(龔遂)의 자가 소경이다. 여기서는 공수를 가리키는 듯하다. 그가 발해태수(渤海太守)가 되었을 때 백성들에게 농업을 권장하여, 칼을 차고 다니는 자가 있으면 그것을 팔아 송아지를 사도록 했고, 봄철이 되면 농사에 힘쓰도록 하고 겨울철이 되면 추수한 것을 평가하게 하니 백성들의 생활이 풍족해졌다고 한다.

서(序)

나국재서

懶菊齋序

척숙(戚叔) 남공(南公)[1]은 자호(自號)가 나국재(懶菊齋)이다. 내가 일찍이
그 뜻을 물었더니 이렇게 말씀하셨다.

"지금 온갖 식물들을 보면 저마다 일찍 꽃이 피어 열매를 맺는다. 그
래서 결실을 이루는 것이다. 그런데 국화는 9월이 되어서야 꽃이 피어
열매를 맺기도 전에 찬 서리를 맞으니, 게으름〔懶〕 때문에 때를 놓침이
심하다. 나는 일찍 명성과 영예를 얻지 못하고 늦게까지 아무 이루어 놓
은 것도 없이 머리에 하얀 서리를 쓰고 신세가 처량한 모양이 저 국화와
유사한 까닭에 그렇게 자호한 것이다."

나는 내려다보고 웃으며 쳐다보고 다음과 같은 뜻으로 진술했다.

무릇 국화는 참으로 게으른 것이 아니요, 하고자 하는 바가 보통 식
물과 다르기 때문이다. 보통 식물이 영화로 여기는 바를 영화로 여기지
않는 까닭에 속성(速成)을 하지 못하고 더디고 더디게 되었을 뿐이다.
계절이 추워질 무렵 꽃봉오리를 키워 서리를 이기고 꽃을 피우는 것으
로 보면, 홀로 모든 식물이 시들고 떨어지는 때에 모든 식물이 할 수
없는 바를 능히 하여, 아름다움이 매우 빼어나고 향기 또한 더욱 오래
간다. 꽃을 품평하는 자들은 국화를 추켜서 절품(絶品)이라고 하여 은군
자(隱君子)[2]에 비유한다. 처음에는 숨어 있다가 마침내 아름답게 드러나
니, 열매가 없다는 것으로 단점을 삼는 일은 없다. 그것이 열매를 맺지

---

1 척숙(戚叔) 남공(南公) : 외가 쪽의 아저씨 뻘이 되는 인물로 추정되나 미상이다. 저자
  심대윤의 외가는 의령 남씨로, 그의 외조부는 남지묵(南持默)이다.
2 은군자(隱君子) : 숨은 군자란 뜻으로, 국화를 비유하는 말로 쓰인다.

못하는 것은 하늘이 기회를 주지 않기 때문이요 국화의 잘못은 아니다. 저 모란이나 작약처럼 때를 얻었음에도 열매를 맺지 못하는 것과는 다르다.

무릇 요(堯)·순(舜)·우(禹)·탕(湯)과 문왕(文王)·무왕(武王)·주공(周公)은 꽃이 피어 열매를 맺은 데 해당하고, 공자(孔子)·안자(顔子)·증자(曾子)·맹자(孟子)는 꽃이 피었으나 열매를 맺지 못한 데 해당한다. 그 나머지 후세에 공명을 수립하여 스스로 이름을 떨친 이들은 비유하자면 산골짝이나 전원의 이런저런 풀이나 야채처럼 너절하고 잡다하여, 비록 꽃이 피고 열매가 달렸더라도 대체로 족히 귀할 것이 없는 셈이다.

공자·안자·증자·맹자는 그렇게 하기를 달갑게 여기지 않고 뜻을 원대하게 가졌으되, 마침 만난 때가 엄동이어서 열매를 맺을 수 없었던 것이다. 그렇지만 그 넘치는 아름다움과 남은 향기는 만세에 이르도록 그치지 않으니, 이는 그야말로 천지 사이에 기이하고 보배로워 특출한 존재라 하겠다. 그 열매를 맺었는지 여부는 때에 관계된 것이라 논할 바가 아니다.

국화는 이분들과 나란히 놓을 수는 없지만, 역시 같은 무리라고 할 수 있다. 저 이런저런 풀이나 꽃들이 겨우 열매를 맺지만 족히 귀하다 할 것이 없는 경우와 견주어 보면 판연히 다른 것이다. 또한 모란·작약처럼 때를 만나고도 열매를 맺지 못했다는 비난을 받지 않으니, 그 게으름을 어찌 탓할 것이랴! 옛날 도연명(陶淵明)은 국화를 사랑하여[3] 훌륭

---

3 도연명(陶淵明)은 국화를 사랑하여 : 도연명은 육조 시대 동진(東晉)에서 송(宋)에 걸친 시기의 인물로, 망국과 혼란이 중첩되자 전원으로 돌아와 몸소 농사를 지으며 살았는데, 꽃 가운데 특히 국화를 좋아하였다. 그의 「음주(飮酒)」라는 시에 "동쪽 울타리 아래에서

한 이름을 후세에 전했다. 나는 남공이 만절(晩節)⁴을 지니심에 기뻐하며 서문을 쓴다.

국화를 캐다가 유연히 남산을 보노라[采菊東籬下, 悠然見南山].”라는 구절이 있다.

4 만절(晩節) : 늙어 죽을 때까지 절조를 지키는 자세를 가리키는 말이다. 국화가 추운 가을에 향기로운 꽃을 피우기 때문에 국화에 대한 비유로도 쓰는 말이다.

2 사상당문집⁵서

四尙堂文集序

사마천(司馬遷)은 이르기를,

"청운지사(靑雲之士)⁶에게 붙이지 않으면, 이름이 파묻혀 일컬어지지
않는다."

라고 하였다. 여기서 이른바 '청운지사'란 공자(孔子)를 가리킨다. 공자
는 다시 만날 수 없으니, 그 버금가는 존재를 생각해야 할 것이다.

말과 행실이 당세에 우뚝하여 사람들에게 신뢰를 받아 그의 한마디
말로 무게가 실리게 되면, 어둡고 감추어진 데서 발현되고 지체되고 막
힌 데서 벗어날 수 있게 되어야 청운지사라고 할 것이다. 그런데 이와
같은 인물은 세상에 대대로 있는 것이 아니다. 세상에 공적(功績)으로
자신을 드러내고 싶은 자는 청운지사를 만나기 어렵다. 뿐만 아니라 요
행히 만난다 할지라도 그 끝자락이나마 붙잡아 칭찬의 소리를 듣게 되
는 경우가 아주 드물다.

그런데 청운지사가 소중한 까닭은 훌륭한 인물이 세상에 파묻히게 하
지 않는 데 있다. 만약에 빼어난 행실을 지닌 사람이 있는데도 선양해
주지 않는다면 그는 청운지사라고 하기에는 부족하다. 참으로 청운지사

---

5 사상당문집(四尙堂文集) : 이만유(李萬囿, 1684~1750)의 문집이다. 이만유는 자가 숙함
(叔咸), 본관이 한산(韓山)이며 사상당은 호이다. 숙종 때 무과에 급제하여 경상좌도수
사·은성도호부사 등을 역임하였고, 특히 이인좌(李麟佐)의 난을 평정하여 진무공신(振武
功臣) 한원군에 봉해졌으며 오위도총관을 증직받았다. 현재 『사상당실록문집(四尙堂實錄
文集)』이라는 서명으로 전하는데, 여기에는 박사형(朴師亨)의 서문이 있을 뿐이다.
6 청운지사(靑雲之士) : 지위와 명망이 높은 사람을 말한다. 『사기』, 「백이열전(伯夷列傳)」
에 "伯夷叔齊雖賢, 得夫子而名益彰. …… 閭巷之人, 欲砥行立名者, 非附靑雲之士, 惡能施
于後世哉!"라고 하였다.

라면 결코 그러지 않을 것이다. 선비된 자, 오직 자기의 행실이 갖추지 못함을 걱정할 일이요, 청운지사를 만나 거기에 붙지 못할까 걱정해서 는 옳지 않다.

우리 사상당(四尙堂) 이공(李公)은 능히 적은 수로 많은 무리를 대적 하여 강한 역적을 꺾었으니, 거룩한 무공이 있을 뿐 아니라 문장 또한 세련되어 편편마다 읽을 만하다. 실로 문무(文武)를 겸비하였고, 충효와 청렴은 그의 타고난 천성이었다.

내가 공에 대해 살피건대 능히 그보다 윗길에 오를 자가 없거늘 아직 껏 세상에 크게 드러나지 못했으니, 그로부터 백 년 사이에 청운지사라 고 할 만한 분이 나서서 힘을 실어 주지 않았던 때문이 아닐까? 아니라 면 드러나고 감추어지고, 통하고 막히는 것이 확실히 때가 있어서요, 사 람에게 관계된 것이 아니기 때문인가? 요컨대 공과 같은 공적과 행실은 반드시 언젠가 우주간에 명성을 날리고 영구히 빛날 것임을 의심할 바 없다.

청운지사가 영영 나오지 않는다면 그만이려니와 한 분이라도 나온다 면 필시 공을 빠뜨려 그 사실을 매몰시키지 않을 것이다. 나는 청운지사 는 아니지만 공의 화상을 우러러보고 공이 남긴 책을 읽음에 강개히 감 흥이 일어나 그만둘 수 없는지라, 문득 그 문집의 서문을 쓴다. 처음에 는 청운지사를 만나지 못했던 공을 위해 애석해하였거니와 마침내 공의 실제 행적이 반드시 빛나게 되리라는 것을 확신한다.

정치형⁷을 보내며 지은 글 경술년(1850)

送鄭穉亨序 庚戌

현명한 자와 불초한 자 모두 병통이 있다. 불초한 자의 병통은 늘 세속
만 좇아 비루해져서 줏대없이 이리 쏠리고 저리 쏠리고 하여 떨치고 일
어나 자립하지 못하는 데 있으며, 현명한 자의 병통은 자신이 잘났다 여
기고 남을 얕잡아 보아 오만한 태도로 함부로 행동하여 세상과 화해하
지 못하고 외톨이가 되는 데 있다.

이 양자는 고하가 현격히 다르다. 그런데 좋은 처지에 있고 보면 윗
사람을 흘겨보고 하루살이나 구더기처럼 다리 아래에서 어지럽게 날고
꿈틀대는 것을 굽어보는 듯하니, 확실히 그의 마음이 부풀려 커져도 스
스로 깨닫지 못할 수밖에 없다.

지금 여기에 나무가 하나 서 있어 홀로 한겨울 혹한에 능히 꽃을 피
우고 열매를 맺는데 바람과 눈이 몰아쳐 시달림을 당한다. 부풀려 커진
마음으로 눈바람에 시달리는 환난을 당하면 어떻게 견디겠는가? 그런고
로 군자는 아무리 형편없이 못나고 상대할 것이 도저히 못 되는 자라도
함부로 업신여기지 않으며 함부로 홀대하지 않는다. 나의 정신이 잠깐
이라도 이어지지 못해서 그 마음에 허물이 있을까 항상 두려워한다. 이
와 같이 하는 까닭에 능히 앞서 말한 바 양자의 병통을 면할 수 있는
것이다.

---

7 정치형: 정기하(鄭基夏)를 말한다. 치형은 자이다. 정노용(鄭老容)의 아들로 어릴 때부터
  기개가 호방하였으며, 서울에 살며 17세까지 저자의 노름판에서 노닐다가 뒤늦게 치악산
  상원암에서 독서하였다. 안성에서 심대윤을 만나 종유하고, 이로부터 이전에 배운 것을
  모두 버리고 강학에 몰두하였다. 동생의 아들을 양자로 삼아 후사를 이어 달라고 유언을
  남겼다(『춘경대집(春耕臺集)』, 「송오선생사략(松塢先生事略)」 참조).

정치형 군은 나의 문하에 와서 노닌 지 몇 년 사이에 크게 달라졌다. 그는 바탕이 아름답고 재주가 넉넉한지라 더불어 군자의 경지에 들어갈 만하다. 지금 그가 떠나가니, 더욱 마음이 안타깝다. 정군은 실로 불초한 자의 병통은 가지고 있지 않지만 행여 현명한 자의 병통이 있을까 염려되어 한마디 말로 권면하니 따로 붙일 말이 있기 때문이다.

나는 초야의 기인(畸人)이다. 현실에 무능하고 이름을 구하려고 하지도 않는다. 혹시 묻는 자가 있거든 이렇게 말해 주면 어떨까?

"그 사람은 본디 술 마시기를 좋아하고 해학을 잘하고 약간 글을 해석할 줄 알아서 함부로 말을 하고 멋대로 행동한다."

이와 같이 말하는 사람이 나를 사랑하는 사람이다. 만약에 과도하게 칭찬하여 사람들의 귀에 이상하게 들리게 해서 시기하고 해치는 빌미가 된다면 어찌할 것인가? 앞에서 한 말은 그대에게 주고, 뒤에 한 말로 나 자신의 처세로 삼을 것이다.

4 **정남곡(鄭南谷) 어른의 회갑을 축수하는 글** 임자년(1852)

南谷鄭丈人六十一壽並序 壬子

군자는 나이를 먹으면 '수(壽)'가 되고 소인은 나이를 먹으면 '적(賊)'이
된다. 오직 군자라야 수하고 소인은 수하지 못한다.

　소인은 근심하고 괴로워하여 제 본성을 잃고 골몰하고 분주한 데다
골치를 썩히고 우환 속에 지내느라 너무도 바빠 하루의 여가도 없다. 아
무리 백 년의 시간을 얻는다 하더라도 잠깐이나 마찬가지다. 군자는 한
가롭고 화평하여 느긋하고 한적하며 여유롭게 긴 날의 즐거움이 있다.
이 일 년은 백 년과 마찬가지다. 오직 군자라야 제대로 나이가 들고 소
인은 그렇지 못하다.

　예로부터 오늘에 이르기까지 제대로 나이가 들어 수를 누린 자 몇 사
람인고? 공과 같은 분은 제대로 나이가 들었고 수하였다고 할 것이로다.
나는 외람되이 공의 칭찬과 격려를 받았으니, 공이 제대로 나이가 든 것
을 적이 기뻐하며, 공의 수가 무한하기를 기원한다. 이에 오언시 한 편
을 지어 바치노니 노래 불러 축배를 드린다. 시는 이러하다.

군자의 일 년은
보통 사람의 백 년에 해당하나니
나이 백 년이 차면
곧 만 년의 수가 되리로다
시인은 만수무강을 축원하니
그 사연 어찌 구차하리오!
초조하고 급급하면 세월이 빨리 가고
느긋하고 태평하면 일월이 한가롭다네

때문에 송축을 잘함은

반드시 여기에 있도다

요지(瑤池)의 복숭아나 학수(鶴壽)를 바라는 건[8]

되먹지 않았구나 황탄한 이야기여.

공은 이제 육십여 세에

수성(壽星)[9]이 이 잔치에 비추도다

택심(宅心)[10]은 넓게 바탕이 있고

행실은 하늘에 부끄럽지 않도다

시주(詩酒)로 기쁨이 넘치니

풍류는 선현과 어울리도다.

코끝은 항시 밝고

눈썹 사이엔 희색이 이어 있네

세상 사람들 모두 분주하지만

공은 홀로 유유자적하네

하루의 더딘 해는 영대(靈臺)[11]에 비추고

봄빛은 단전(丹田)[12]에 머무는구나.

더구나 강건하기까지 하니

---

8 요지(瑤池)의 …… 바라는 건 : 요도(瑤桃)는 천상의 복숭아를 말하고 학은 천 년을 사는
동물로 알려져 있다. 요지와 학수(鶴壽)는 모두 장수를 기원하는 대표적인 상징물이다.

9 수성(壽星) : 남극성(南極星)을 가리킨다. 이 별이 하늘에 나타나면 장수를 하게 된다고
한다. 노인성(老人星)이라고도 한다.

10 택심(宅心) : 마음에 새겨 두고 잊지 않는다는 뜻으로 마음을 가리킨다.

11 영대(靈臺) : 혼령이 깃들어 있는 곳으로 인간의 정신작용을 맡은 곳을 의미한다. 영부(靈
府)라고도 한다.

12 단전(丹田) : 배꼽에서 한 치쯤 아랫부분을 가리키는데 몸의 급소이자 몸의 정기가 머무는
곳으로 알려져 있다.

상수(上壽)는 구하기 어렵지 않으리
송수를 바치는 말 한 점의 부끄러움 없으니
금석에 길이 새겨지리로다
공은 부족함이 하나도 없으니
오직 원하는 건 술이 샘물처럼 솟아나길.

오무헌서

五無軒序

강계행(姜季行)군이 자기 집의 편액을 '오무헌(五無軒)'이라고 써서 붙이고, 그 의미를 스스로 풀이하여, '나는 인(仁)·의(義)·예(禮)·지(智)·신(信) 다섯 가지 중 하나도 가진 것이 없다. 그래서 이렇게 한 것이다.' 하고, 사람을 보내 나에게 이 당호에 대한 서문을 지어 주기를 부탁하였다.

무릇 오성(五性)이란 하늘로부터 부여받아 사람마다 그 실마리를 갖추고 있으니, 그것을 길러 바르게 되면 덕 있는 사람이 된다. 우려할 바는 길러서 그 바름을 얻지 못하는 데 있지 처음부터 그것을 가지고 있지 않다고 하는 것은 옳지 않다. 나는 강군의 진의가 실로 말 밖에 있음을 안다.

노담(老聃)이 이르기를 "천지와 성인은 어질지 않다."[13]라고 하였다. 이 말을 곧이곧대로 듣는다면 그야말로 썩은 흙처럼 생명을 잃은 것이다. 유룡(猶龍)[14]이라고 일컬어지는 분이 어찌 이렇듯 잘못된 말을 하였겠는가?

나는 강군을 한번도 만난 적이 없어 그가 어떻게 생긴 사람인지 알지 못한다. 그렇지만 강호간에서 명성이 있는 것을 보면 결코 자기의 천성을 버리고 사람이 아닌 것으로 자처할 자가 아니다. 대개 그의 뜻은 노

---

13 천지와 …… 않다 : 『도덕경』제5장에 "천지는 어질지 않아서 만물을 추구(芻狗)로 삼고, 성인은 어질지 않아서 백성을 추구로 삼는다〔天地不仁, 以萬物爲芻狗; 聖人不仁, 以百姓爲芻狗〕."라고 하였다. 추구는 강아지 모양으로 풀을 엮어 만든 것인데, 쓸모가 없어지면 곧 버린다는 의미이다.

14 유룡(猶龍) : 노자(老子)를 가리키는 말이다. 공자가 노자를 만나 보고 용과 같다고 한 데서 유래한 것이다. "吾今日見老子, 其猶龍邪."(『사기』, 「노장신한열전(老莊申韓列傳)」)

담과 일치할 것으로 여겨진다.

주(周)나라 말년부터는 천하의 사람들이 일시적인 동정을 베풀고 보살피는 것을 인(仁)이라 여기고 천지와 성인의 대인(大仁)을 알지 못하였다. 천하에서 어질다 하는 것은 성인이 말한 어짊이 아니요, 성인의 어짊은 천하에서 불인(不仁)이라고 하는 것이다. 혼탁한 속세에서는 바른 말로 분변할 수 없기 때문에 반어(反語)로 "천지와 성인은 어질지 않다."고 말하여 세상에서 이른바 어질다는 것이 어짊이 아님을 밝힌 것이다. 성인의 인은 세상에서 말하는 인과 다를 것이다.

그렇지만 세상에서 아는 바에 의거해서 잘못을 바로잡는 것 또한 가르치고 깨우치는 한 방도이다. 후세에 인의예지를 말하는 자 누구나 그 참뜻을 얻었다고 주장한다. 그런데도 행한 지 수백 수천 년에 세도는 날로 타락하고 풍속은 날로 퇴폐하여 어지러움은 날로 늘어나고 화는 날로 심해졌다. 그래서 유가의 법술에 의거해서 한 가지 물상을 구제하거나 하나의 백성을 편안케 했다는 말을 듣지 못했거늘, 하물며 선왕(先王)의 정치를 기대할 수 있겠는가?

대저 도구의 효율성은 옛날에 써도 편리하고 오늘날에 써도 편리할 것이요, 재주의 능력은 치세에도 행할 수 있고 난세에도 행할 것이어늘, 어찌 삼대(三代) 이전에 두면 능력을 발휘하여 잘 다스리고 삼대 이후에 두면 어지럽게 된단 말인가? 도란 진실로 한가지거늘 어찌 놓인 시대에 따라 효과가 다르게 되겠는가? 이른바 도라는 것이나 세상에서 인의예지신이라고 말하는 것들은 선왕의 인의예지신과 다른 것이겠는가?

저들에게는 늘 하는 말이 있어 스스로 변명하여, "세상이 써 주질 않는다."고 말한다. 그렇지만 도학이 흘러 행하는 것은 마치 바람이 한쪽에서 일어나 온 세상에 펼쳐져 어느 한 물건도 그 변화를 입어 살아나 시들지 않는 것이 없는 것과 같다. 제왕도 그 가운데에서 일어나고 높은 벼슬아치와 여러 담당자들도 그 가운데에서 일어난다. 세상에서 도학이 과연 참되다면 아무리 세상을 다스리지 않으려 한다 하더라도 그렇게 될 수 없을 것이요, 세상에서 도학이 과연 거짓되다면 아무리 어지럽지 않게 하려 해도 그렇게 되지 않을 것이다. 어찌 위에서 나를 써 주느냐 써 주지 않느냐에 달려 있겠는가? 군자의 법이 만백성에게 시행되어 백 대에 걸쳐 흥망에 관계되는 것은 그가 쓰임을 얻어 자리에 있거나 쓰임을 얻지 못해 재야에 있거나 마찬가지이다.

아! 세상에서 이른바 도라고 하는 것이 성인의 도가 아닌 것은 의심할 것이 없거늘, 그럼에도 세상 사람들은 끝내 깨닫지 못하고 허공으로 들어가면서도 스스로 가지고 있다고 생각한다.

지금 강군은 초연히 홀로 깨달아 그 가지고 있다고 하는 것이 실은 없는 것임을 알고, 또 그 없다고 하는 것이 실은 있는 것임을 알았다. 그러므로 강군이 없다고 하는 것이 있는 것임을 인해서 알 수 있다. 세상에서 없으면서 있다고 하는 것을 강군은 참으로 없음을 알 것이요, 강군이 있으면서 없다고 하는 것은 나 또한 참으로 있음을 안다. 내가 이 사람과 함께하지 않는다면 누구와 함께할 것이랴![15] 내가 말세에 태어나서도 믿는 바가 있어 두려워하지 않는 것은 강군을 원군으로 삼고 있기 때문이다.

---

15 내가 …… 것이랴: 춘추 시대 초(楚)나라의 은자 장저(長沮)와 걸닉(桀溺)이 도(道)를 행하려고 애쓰는 공자를 매우 못마땅하게 여기자, 공자가 이르기를, "사람이 조수와는 함께 무리 지어 살 수 없는 것이니, 내가 이 세상 사람들과 함께하지 않고 누구와 함께하리오〔鳥獸不可與同群, 吾非斯人之徒與而誰與〕."라고 한 데서 온 말이다(『논어』, 「미자(微子)」).

6 **간양록 후서**
看羊錄後序

나는 일찍이 강수은(姜睡隱)의 『간양록(看羊錄)』[16]을 읽어 보고 그의 고심을 동정하면서도 국량(局量)이 적음을 안타까워했다.

대장부로서는 기왕에 몸을 바쳐 임금을 섬기기로 하였으면 나라가 위태로운 지경에 처했을 때에 죽지 못하면 힘을 내어 다소간의 공적이라도 세워야 할 것이다. 황급한 지경에서 포로가 되고 가족들이 모두 죽게 되는 이런 때를 당하면 만 번 죽더라도 책임을 면할 수 없을 것이다. 실로 살아서 공을 세우고 치욕을 씻어 군왕에게 보답을 하지 못한다면 바다 저쪽에서 자기 몸이 찢겨지는 형벌을 당하는 것이 분수일 것이다. 어찌 꼭 도망쳐 오기에 급급하여 새처럼 숨고 짐승처럼 도망쳐서 절의를 세운다고 생각했단 말인가?

옛날에 모용한(慕容翰)[17]은 우문부(宇文部)를 취하였고, 장손성(長孫晟)[18]은 돌궐(突厥)에서 알려진 존재가 되었다. 당시 일본 땅에서 괴수는

---

16 간양록(看羊錄) : 강항(1569~1618)이 정유재란 때 왜군에게 붙잡혀 일본에 끌려갔다가 탈출해 돌아와 남긴 기록이다. 자신의 견문 체험의 서술과 함께 일본의 지리와 정세 및 적중에서 임금에게 올린 비밀 상소 등이 실려 있다. 강항은 우계(牛溪) 성혼(成渾)의 제자로서 문과에 합격하고 형조좌랑에 올랐던 인물이다. 그는 일본 지식인에게 주자학을 전수한 것으로도 유명하다.

17 모용한(慕容翰) : 4세기 선비족(鮮卑族)이 세운 전연(前燕)의 인물이다. 전연의 임금인 모용외(慕容廆)의 왕자로, 무용과 지략이 뛰어난 인물이었다. 동생인 모용황(慕容皝)이 즉위하자 망명하여 처음에는 단료(段遼)에 있다가 나중에 우문씨(宇文氏)에게 갔다. 뒤에 다시 고국으로 돌아와서 우문씨를 멸망시키는 데 공을 세운 바 있다.

18 장손성(長孫晟, 552~609) : 원래 북주(北周)의 장군으로 돌궐에 사신으로 가서 그곳의 지세와 실정을 탐문한 바 있었다. 후일 수(隋)나라가 개국한 뒤 돌궐이 침입했을 때 문제(文帝)에게 대응책을 진언했고, 또 사신으로 돌궐에 갔을 때 돌궐인들이 크게 두려워

죽었고 여러 장수들이 서로 대결하는 판국에 사졸들은 전쟁에 지쳐 있었고 농부들은 수탈에 피폐해 있었으니 참으로 능히 형세를 잘 이용하여 세력을 규합하고 저들의 마음을 휘어잡아 그 틈새를 잘 탔다면 국가의 씻지 못한 만 년의 원수를 갚을 수 있고 천하 사람들의 눈과 귀를 진동시킬 수도 있었을 것이다. 설령 중도에 실패하고 노출이 되어 몸이 만 갈래로 찢겨진다 하더라도 또한 여한이 없을 것이다. 애석하다. 강공은 여기에 생각이 미치지 못하다니.

그런데 강공이 계책을 세워 제시한 것을 보면 착착 들어맞는다. 국가가 마침내 그의 하책(下策)을 써서 우리의 동쪽 변경에 전란이 없게 된 것이 지금까지 삼백 년이 되었다. 앞서 국가에서 강공의 계책을 모두 썼다면 일본 땅을 온통 영유할 수도 있었을 듯도 하다.

강공은 쓰러지고 넘어진 곤경 속에서도 생각을 깊게 하여 끝내 국가를 위해 장구한 계책을 세웠으니, 아! 출중한 인물이라 하겠다.

하였다 한다.

7   여러 사람들과 술 마시며 시 지은 데 붙인 글
諸公會飮詩序

술을 실컷 마시고 읊조려 감회를 푸는 것은 즐기기 위해서이다. 그렇지만 술이 지나치면 화를 부르는 데 이르며 시 짓기는 간혹 비방을 초래하는 폐단이 있다.

이런 까닭으로 옛날 사람들은 술을 마실 때에는 주위의 안색을 살피기도 했고 붓을 움직일 때에는 말을 가려서 썼다. 이렇게 하다 보면 시기와 혐의, 경계와 두려움으로 겨를이 없었거늘 즐거움을 누릴 수 있는 것이 얼마나 되랴! 근심을 이기지 못할 정도이다.

지금 이 자리의 여러분들은 근신하고 진중하며 온화하고 공경하는 태도를 지녀 모두 하자가 없는 패옥(佩玉)[19]과도 같으니 어찌 앞서 말한 우환이 생기겠는가?

돌아보건대 구속됨이 없이 진솔하기만 해서 눈치를 살피고 말을 조심하는 도리에 밝지 못하면, 어긋남이 있게 될 것은 당연한 이치이다. 그럼에도 마음을 툭 털어놓고 자유롭게 놀며 뒷걱정을 아예 하지 않는 까닭은, 오직 여러분들의 아량이 넓고 트여 있으며 게다가 나를 아무런 간격 없이 사랑하고 좋아하여 이해할 수 있을 것으로 믿기 때문이다.

그런즉 옛날 사람들이 누린 술 마시고 시 짓던 즐거움은 오늘 여러분들과 함께 누리는 즐거움만한 것이 없고 여러분들이 누리는 즐거움은 내가 누리는 것만한 것이 없다.

이에 한마디 말이 없을 수 없어 곧바로 서문을 쓴다.

---

19 패옥(佩玉) : 옛날 복식에서 귀인들이 관복 위에 늘여 차던 옥을 가리킨다. 옥 속에 티가 들어 있는 것을 하자(瑕疵)라고 불러 어떤 사물의 문제점이 있는 것을 뜻하는 말로 썼다.

8 오은서

鰲隱序

세상에서 일컫는 바 은둔에는 옛날과 지금의 차이가 있다. 옛날의 은자는 세속을 멀리하는 데 과감하여 종적을 감추고서 혹시라도 알려질까 두려워하며 죽을 때까지 자신을 드러내지 않았다.

후세의 은자들 중에는 간혹 은둔을 출세를 위한 계단으로 삼아 산림(山林)이라 일컬어지며 그 이름이 천하를 울리는 이도 있다. 사람들 사이에 자취를 숨기고 이름을 감춘 이들은 으레 초야나 푸줏간 등지에 있으면서 더러움을 마다하지 않고 직접 비천한 일을 행하여 세상 사람들이 알지 못하도록 힘쓸 따름이었다.

반면에 은둔이라는 이름을 빌려서 세상에 알려지기를 구하는 자들은 반드시 고담준론과 유별난 행동을 하니, 설령 벼슬은 못하더라도 도의(道義)로 허명(虛名)을 키워서 세상 사람들에게 알려지기 위해 힘쓸 따름이다. 이 두 가지의 경우 은둔이라는 이름은 같지만 실제는 아주 다르다.

나의 친구 유하원(柳夏元) 군은 백성(白城)[20]의 오산(鰲山)에 서재를 짓고 이름을 '오은(鰲隱)'이라고 한 뒤 나에게 글을 지어 줄 것을 청하였다. 나는 아직 알지 못하겠다. 하원이 취하는 은(隱)은 어떤 쪽을 택한 것인가.

하원이 나를 따라 노닌 지 십여 년이 되었는데, 자리를 같이하여 학문을 강론할 때에 마음으로 기뻐하고 감복하여 지성으로 노력해 마지않는 것은, 오직 공자(孔子)의 충서(忠恕) 중용(中庸)[21]의 도였다. 내가 권

---

20 백성(白城): 안성(安城)의 옛 지명으로 신라 경덕왕 때부터 고려 초엽까지 사용했다.

면하는 바와 하원이 마음속에 새겨 두는 바가 잠시라도 여기에 있지 않았던 적은 일찍이 없었다.

무릇 군자란 필히 수신제가(修身齊家)로부터 치국평천하(治國平天下)에 이를 수 있어서 은택을 당세에 끼치고 명성을 후세에 드리운 이후라야 능히 그 배운 바를 저버리지 않았다고 할 수 있을 것이다.

또한 내가 하원을 보건대 그는 일찍이 세상으로부터 도피하여 이름을 숨길 뜻이 있었던 것이 아니다. 그런즉 하원은 오늘날의 은둔을 하려는 것이요, 옛날의 은둔을 하려는 것은 아니라 하겠다. 그렇지만 충서(忠恕)와 중용(中庸)의 도는 지극히 평이하고 일상적이어서 보통 사람들이 응당 행해야 할 바에 지나지 않으며, 빼어나고 특별한 행동으로 딱히 무어라 일컬을 만한 점이 있는 것은 아니다. 공부자와 같은 성인조차도 특별히 일컬을 만한 명성이 없다는 기롱을 받거나,[22] 세상이 자신을 알아주지 못한다는 탄식[23]을 한 일도 있다.

하물며 하원의 경우는 중간 정도의 재주를 지녀 학문이 아직 지극하지 못하니, 빼어난 절조와 기이한 의론에 끼어들고 고매함으로써 세상

---

21 충서(忠恕) 중용(中庸): 『논어』, 「이인(里仁)」에 보인다. 공자가 증자(曾子)에게 "나의 도는 하나로써 모든 것을 관통하는 것[一以貫之]"이라고 말한 것에 대해 증자가 "부자의 도는 충서일 뿐이다[夫子之道忠恕而已矣]."라고 설명하였다. 이에 관한 『논어』의 주석을 보면 『중용』에서 '충서가 도와 멀지 않다고 한 것은 바로 하학상달(下學上達)을 말한다〔中庸所謂忠恕違道不遠, 斯乃下學上達之義〕."라는 언급이 있다.

22 특별히 …… 받거나: 『논어』, 「자한(子罕)」에 보인다. 달항당인(達巷黨人)이 공자(孔子)에 대해 '박학하지만 어느 한 가지 재주를 이루었다는 명성이 없다'면서 놀린 일이 있다. "達巷黨人曰, 大哉, 孔子. 博學而無所成名. 子聞之, 謂門弟子曰, 吾何執, 執御乎, 執射乎, 吾執御矣."

23 세상이 …… 탄식: 『논어』, 「헌문(憲問)」에 보인다. 공자가 '나를 알아주지 않는구나.' 나를 알아줄 것은 '하늘밖에 없다'는 내용의 한탄을 한 적이 있다. "子曰, 莫我知也夫. 子貢曰, 何爲其莫知子也. 子曰, 不怨天, 不尤人, 下學而上達, 知我者, 其天乎."

에 팔리기를 구한다 한들, 와서 이름을 물어보는 사람이 없을 터이다. 그렇다면 때를 만나지 못해 은거한 사람들 중에서도 그보다 더 깊이 은둔한 사람은 없을 것이다. 하원은 참으로 옛날의 은둔을 하는 것이지, 오늘날의 은둔을 하는 것은 아니다.

아! 옛날의 군자들은 뜻을 펴기를 구하였는데 오늘의 군자라는 자들은 은둔을 구하고 있다. 비록 그렇다 해도 군자의 도는 어둠 속에서도 날로 빛이 나니[24] 집에 있어서도 반드시 뜻을 펼치게 되고 나라에 있어서도 반드시 뜻을 펼치게 된다. 대체로 내실 있게 행하면서 명성이 그에 걸맞지 않는 경우는 없었다.

가령 하원이 자신의 도를 힘써 행하여 죽음을 당해서도 변치 않을 수 있다면, 뒤에 녹을 받는 관작을 얻어 세상에 포부를 펼칠 것인지는 알 수 없다 하더라도, 그의 훌륭한 명성과 명망이야 누가 지울 수 있겠는가?

오호라! 나는 알겠다. 하원의 은둔은 옛날의 은둔과 다르긴 하지만, 명성을 구하려고 하지 않는 점에서 오늘날의 은둔과 다르다는 것을. 그가 은둔한 것은 시운이 마침 그러해서이지 자신이 스스로 원한 것은 아니다. 그의 명성은 실질에서 나온 것으로 남들이 알아주기를 구했던 것은 아니다.

군자의 도는 자기 자신을 이루고 세상을 이루어 주는 데 있을 따름이니,[25] 시운이 열리거나 막히거나 드러나거나 가려지는 것은 실로 논할

---

24 어둠 …… 나니[闇然而日章] : 『중용』에 나오는 말이다. 『시경』에 "비단옷을 입으면 겉옷을 걸친다[衣錦尙絅]."는 구절을 인용하고, "이는 문채가 화려하게 드러남을 싫어하기 때문이다."라고 한 다음, "군자의 도는 어두운 가운데 날로 빛이 나고, 소인의 도는 뚜렷하지만 날로 사그라든다."고 하였다. "詩曰 : '衣錦尙絅, 惡其文之著也. 故君子之道, 闇然而日章, 小人之道, 的然而日亡."

25 자기 …… 따름이니 : 자신의 완성과 사회적 실천을 통일적으로 보는 것으로 『중용』에서

바가 아니다. 공자께서는 "군자는 중용에 의거하여 행하되 드러나지 못해 알아주지 않더라도 고민하지 않는다."[26]라고 말씀하셨다.

하원에 대해서는 내가 별달리 더 해 줄 말이 없다. 나는 입언(立言)을 할 만한 군자는 아니지만 하원의 청을 거듭 어기기가 어려워, 우선 우리 두 사람이 평소에 한 언행을 서술함으로써 그의 요청에 답한다.

언급된다. 참고로 그중 25장에 다음과 같은 내용이 있다. "誠者, 非自成己而已也. 所以成物也. 成己仁也, 成物智也, 性之德也, 合內外之道也. 故, 時措之宜也."
26 군자는 …… 않는다 : 『중용』 11장에 나오는 말로 원문은 다음과 같다. "君子依乎中庸, 遯世不見知而不悔, 惟聖者能之."

鷹峰序

나의 벗 강혜백(姜惠伯)이 자기가 살고 있는 산에서 따와 스스로 '응봉(鷹峰)'이라는 호를 짓고는 나에게 서문을 지어 달라고 요구하였다.

나는 「월령(月令)」의 "매가 변하여 비둘기가 된다."[27]라는 말을 인용하여, 학문이 기질을 변화시킬 수 있음을 밝히고, 은근히 권면하는 뜻을 담았다. 강군이 그 말에 매우 기뻐하며 좌우명으로 삼고 굳이 더 풀이해서 말해 주기를 청하였다.

내가 여러 지방을 돌아다니며 보니, 산이 우뚝 솟아 높은 봉우리를 응봉이라고 부르는 곳이 많았다. 항상 그 뜻을 물어보았는데, 어떤 이는,

"매가 갑자기 일어나 하늘로 날아오르는 모습과 비슷하기 때문이다."
라고 하였고, 어떤 이는,

"매가 앉는 곳이기에 명명한 것일 뿐이다. 높은 곳에서 보면 새나 짐승이 자기의 형체를 감추지 못하니, 바람을 타고 내려와 치면 기세가 험하고 기운이 내리누르는 법이다. 그러므로 매가 앉을 때에는 반드시 이산을 골라 자리잡는다."
라고 하였다.

좋은 매는 시력이 천 리 떨어진 터럭을 살필 수 있고, 힘으로는 높은 하늘의 붕새를 잡을 수 있으며, 재주는 백발백중이라 일컬어진다. 입추(立秋)가 되면 잡은 새를 제사를 지내며[28] 살기[29]를 타고 그 공을 바친

---

27 매가 …… 된다 : 『예기』, 「월령(月令)」에 "우수(雨水)가 되면 복숭아꽃이 피고 꾀꼬리가 울며 매가 변하여 비둘기가 된다[始雨水, 桃始華, 倉庚鳴, 鷹化爲鳩]."라는 말이 보인다.
28 입추(立秋)가 …… 지내며 : 『예기』, 「월령(月令)」에 "서늘한 바람이 불고 흰 이슬이 내리면 매미가 울고 매가 잡은 새를 제사 지내니 비로소 살육을 행한다[涼風至, 白露降, 寒蟬鳴,

다. 중춘(仲春)이 되면 비둘기가 되어 양화³⁰를 따르고 그 명령에 순종
한다. 그러다가 회오리바람을 떠나 줄과 고리로 나아가며, 하늘을 떠나
깍지로 내려와서는, 뜻을 받들고 기색을 살피며 사람이 부리는 대로 따
르니, 대응하여 변화하는 것이 지혜로운 자의 행동과 비슷하다.

매가 가장 강직하고 과단성 있다고 불리는 것은 그 재능이 쓸 만하고
때에 순응한 뒤에 움직이며 자리를 얻은 뒤에 치고, 또 강직함을 꺾고
모욕을 참아가며 사람에게 순종할 수 있기 때문이다. 이 네 가지를 갖추
었기 때문에 그 강직함과 과단성을 보전하여 화살에 맞거나 잡아먹히는
화를 면할 수 있다. 대개 한결같이 강직함에만 있지 않으므로 끝내 이지
러지지도 않고 꺾이지도 않을 수 있다는 것이다.

지금 강군은 총명하고 과단성 있으며 나약하고 어두운 단점이 없으니
재능이 있다고 하겠다. 애석하게도 조롱에 갇힌 처지로 날개를 늘어뜨린
때를 만났는데, 지나치게 강직하여 이기기를 좋아하는 마음만 가지고 자
기를 굽혀 남에게 낮추는 도량이 없다면 이는 덕을 높이고 복을 누리는
방법이 아니다. 사람의 지혜를 가지고서 새만도 못해서 되겠는가?

「홍범(洪範)」에 "강(强)하여 순하지 않은 자는 강(剛)으로 다스린다."³¹
하였고, 『법언(法言)』에 '의(義)에 있어서는 강(剛)하다.'³² 하였다. 군자는
자기를 이기는 데는 강하고 남을 다스리는 데는 부드러우며, 의를 행하는

鷹乃祭鳥, 用始行戮)."는 말이 보인다.

29 살기 : '숙살지기(肅殺之氣)'의 준말로 가을이 되면 찬바람에 초목이 이우러진다는 뜻에서
나온 말이다.

30 양화 : 봄의 따뜻하고 화평한 기운을 말한다.

31 강(强)하여 …… 다스린다 : 『서경』, 「홍범(洪範)」에 "강(彊)하여 순하지 않은 자는 강(剛)
으로 다스린다(彊弗友, 剛克)."는 말이 보인다.

32 의(義)에 있어서는 강(剛)하다 : 『법언(法言)』에 "군자는 인(仁)에는 부드럽고 의(義)에는
강하다(君子於仁也柔, 於義也剛)."는 말이 보인다.

데는 강직하고 이익을 다투는 데는 약하다. 지극히 강직하지 않다면 사악함을 제거하고 뜻을 굳건히 할 수 없다. 이 때문에 군자가 강직함을 사용하는 것은 오직 이 두 가지 경우일 뿐이다. 그 밖의 것은 비록 과단성 있고 능숙한 재주가 있으며 때를 얻고 유리한 위치를 점거하는 형세가 있더라도 오로지 강직함과 사나움에만 처하지는 않았다.

그러므로 공자께서 말씀하시길,

"내가 삼군을 지휘하게 되면 필히 조심해서 도모하기를 좋아하는 사람과 함께할 것이다."[33]

라고 하였으며, 증자는

"스스로 돌아보아 바르면 천만 사람이 있더라도 나는 갈 것이다."[34]

라고 하였다. 공경하고 신중히 하여 적을 이기고, 자기를 바르게 하여 남을 굴복시키는 것이 군자의 강직함이다. 군자가 강직을 좋아하면 사악함을 제거하고 뜻을 굳게 하는 것도 가능하고, 공경하고 신중히 하여 자기를 바르게 하는 것도 가능하다. 그러니 오직 강직함을 좋아하는 것이 지극하지 못할까를 걱정해야 한다. 어찌 근심할 것이 있겠는가? 만약 강인한 성품과 행동, 결단력 있는 뜻으로 마침내 꺾이고 부러지는 화를

---

33 내가 …… 것이다 : 『논어』, 「술이(述而)」에 "자로가 '선생님께서 삼군을 지휘하신다면 누구와 함께하시겠습니까?' 하자, 공자가 '맨손으로 호랑이를 잡고 맨몸으로 황하를 건너며 죽어도 후회하지 않는 자와는 함께하지 않을 것이다. 반드시 일에 임하여 두려워하고 도모하여 이루기를 좋아하는 사람과 함께할 것이다.'라고 하였다〔子路曰, '子行三軍, 則誰與?' 子曰, '暴虎馮河, 死而無悔者, 吾不與也, 必也臨事而懼, 好謀而成者也.'〕."

34 스스로 …… 것이다 : 『맹자』, 「공손추 상(公孫丑上)」에 "옛날에 증자가 자양에게 말하였다. '그대는 용맹을 좋아하는가? 나는 부자께 큰 용맹에 대해 들은 적이 있다. 스스로 돌아보아 바르지 않으면 천한 사람이라도 내가 두려워하지 않을 수 있겠는가? 스스로 돌아보아 바르면 비록 천만 명이 있더라도 나는 간다.'〔昔者曾子謂子襄曰, '子好勇乎? 吾嘗聞大勇於夫子矣. 自反而不縮, 雖褐寬博, 吾不惴焉. 自反而縮, 雖千萬人, 吾往矣.'〕." 라는 말이 있다.

당하고 말면 그것을 강직함이라고 할 수 있겠는가?

나는 강군이 강직하면서 의에 복종할 수 있는 것을 아름답게 여겨 강직함에 처하는 도리를 거듭 말하여 회답을 한다.

又

군자의 학문은 기질(氣質)을 변화시킬 수 있다는 데 있다.[35] 나는 일찍이 이 말을 의심하여 "질(氣)의 비뚤어짐과 바름, 바탕(質)의 맑음과 흐림은 저마다 하늘로부터 품부받아 태어나면서 정해진 것인데 어떻게 바꿀 수 있단 말인가."라고 하였다. 그러다가 『예기(禮記)』, 「월령(月令)」의 "매가 변하여 비둘기가 된다."는 대목을 읽고 나서 비로소 학문이 사람을 변화시킬 수 있다는 것을 깨닫게 되었다.

무릇 매라는 새는 갈고리 같은 부리에 갈퀴 같은 발톱을 가지고, 수호(愁胡)의 눈[36]과 긴 창 같은 날개로 사납고 매섭게 내리쳐서 죽이는 것을 본성으로 삼는다. 그런데 따뜻한 봄기운이 펼쳐지면 변화해서 비둘기가 된다. 비둘기는 조류 중에서 펄펄 날며 부드럽게 느껴진다.

무릇 매와 비둘기와 같이 서로 다른 종류라도 따뜻한 봄기운이 한번 쪼이면 변화할 수 있거늘, 하물며 도학에 의해 사람이 서서히 불에 달구어지듯, 물속에 자유롭게 적응하듯 세월이 쌓이면서 점차 변화되어 나가는 것은 따뜻한 봄기운에 한번 쪼여지는 것과는 비교도 할 수 없는 정도이니, 사람이 달라지게 되는 것은 실로 어렵다고 할 수 없을 것이다. 이를 두고 말하건대 공부의 힘이 참으로 충분하다면 도척 같은 사람이라도 요순으로 만들 수 있을 것이다. 그런 까닭에 군자는 공부에 힘

---

35 군자의 …… 있다 : 『중용집주(中庸集註)』에 수록된 여조겸(呂祖謙)의 주석에 "군자가 배우는 까닭은 기질을 변화시키기 위해서이다(君子所以學者, 爲能變化氣質而已)."라는 말이 보인다.

36 수호(愁胡)의 눈 : 수호는 서역 사람의 눈매가 시름겨워 보이는 데서 유래한 말로, 매의 눈을 비유하는 데 자주 쓰인다.

써, 하지 않음을 근심할 것이지 기질이 바뀌어지기 어렵다고 우려할 일
은 아니다. 때문에 학문이란 다른 것이 아니요, 힘써 성정의 치우침을
바로잡아 중화(中和)에 도달하는 데 있을 뿐이다.

나의 벗 강혜백(姜惠伯) 군이 백성(白城)의 동산(東山)에 서재를 짓고
그곳의 지명을 따서 편액을 응봉(鷹峰)이라 하였다. 그리고 나에게 당호
에 대한 내력을 써 달라고 청하였다.

강군은 본디 총명하고 영특한 품성을 타고났으되, 항시 지나치게 강
하고 조급하여 실수를 하는 폐단이 있었다. 그러다가 차츰 자라면서 점
차 모난 것이 깎여 부드러운 데 가까워졌으니 이야말로 매가 비둘기로
변화된 모양이다.

아! 강군은 학문으로 인해서 기질이 바뀐 경우라고 하겠다. 그래서
나는 「월령」을 인용하여 해명을 해 주고, 세상의 자포자기하는 사람들
에 대해 우리 강군의 경우를 들어서 깨우치고자 한다. 그리고 또 더 나
아가서 이렇게 말한다.

"참으로 강군이 힘써 공부하여 그만두지 않으면, 이로부터 훌륭한 봉
황도 될 수 있고 하늘을 날아오르는 붕새가 되는 것도 어렵지 않다. 오
늘의 강군이 어찌 전날의 강군일 것이며, 뒷날의 강군이 어찌 오늘의 강
군에 그칠 것이랴!"

기(記)

1 **치목반기** 을사년(1845)

治木盤記 乙巳

연전에 나의 아우 태경(泰卿)과 익경(益卿)[1]이 어머니를 모시고 안성(安城)의 가곡(佳谷)에서 지냈다. 그때 흉년이 거듭되어 봉양하기 어려운 형편이었는데, 마침 통영의 장인(匠人)이 와서 마을에 세들어 살면서 목반(木盤) 만드는 일을 하고 있었다. 태경이 간간이 가서 눈여겨보고 돌아와 익경과 함께 그 제작 방법에 따라 목반을 만들어서 곡식으로 바꾸어 어머니를 봉양하였다. 이듬해에는 풍년이 들어서 어머님은 다시 내게로 돌아오셨고, 두 아우 또한 목반 만드는 일을 그만두고 다시 글을 읽었다.

이윽고 우리 형제들은 나이가 자꾸 들어가는데, 백 가지로 도모했던 일들 중에 하나도 이룬 것이 없었다. 더구나 세상길의 험난함에 신물이 나서 사람들과 접촉할 마음도 사라졌다. 그래도 늙으신 어버이와 가난한 집안 형편을 생각하니, 힘껏 일하여 생계를 도모하는 것이 바람직하다고 여겨졌다. 이에 아우들과 의논하기를,

"군자는 궁하면 비천한 일을 행할 수 있거니와 의롭지 않은 일을 행할 수는 없다. 지금 우리는 재물이 없으니 장사를 할 수도 없고, 토지가 없으니 농사를 지을 수도 없다. 목반을 만드는 것은 천한 일이긴 하지만 실내에서 작업하기 때문에 남에게 관여되는 바 없으며, 농사일이나 장사치처럼 뙤약볕에서 땀을 흘리거나 장터에서 분주히 이익을 노리는 것

---

1 태경(泰卿)과 익경(益卿) : 태경은 심대윤의 형제 중 셋째인 심의래(沈宜來, 1812~?)이며, 익경은 넷째인 심대시(沈大時, 1817~1866)이다. 태경은 당숙 혜륜(惠倫)에게 출계(出系)하였다.

과 비교하면 훨씬 낫지 않느냐?"

라고 하였다.

이에 태경은 가곡(佳谷)에 처자식을 남겨 두고 자신은 나를 따라 읍내로 들어와, 익경과 함께 한 집에 모여 살면서 공방 작업을 시작했다. 태경은 기술이 가장 우수했으며, 익경은 그 다음이었고, 나는 솜씨가 없어 옆에 앉아서 쉬운 일을 거들었다. 장인바치 일은 몸은 고되지만 마음은 한가로워서, 일이 없을 때는 곧바로 경사(經史)를 토론하며 깊은 의미를 강구할 수 있었다.

천지와 인간과 만물의 존재 이유, 고금 역사의 흥망의 원인이며, 세상 물정의 움직임, 사리(事理)의 시작과 인과 관계로부터 아래로는 온갖 기예와 해외의 새로운 소식에 이르기까지 무릇 신지(神智)를 확충하고 심령(心靈)을 계발(啓發)할 수 있는 것들이 마음속에 드나들어 종횡으로 무한히 변화를 일으키며, 간혹 해학과 골계를 곁들여 기쁨과 웃음을 유발하기도 하니, 흔연히 즐거워 피로한 줄도 몰랐다. 어머님 또한 이를 보고 기뻐 좋아하시며 술지게미를 사다가 박주(薄酒)를 걸러 주시니 날마다 박주를 마시는 것이 일상이 되었다.

이에 나는 말했다.

"숨어 살며 뜻을 지키고, 힘을 다해 어버이를 봉양하니, 어질도다! 어진 일인즉 비천하고 욕되다 해서 무슨 상관이 있으랴? 나는 평소에 정신과 육신을 수고롭게 하여 세상을 구제한 공로가 털끝만큼도 없었거늘, 사십 년 동안 배에 곡식을 채우고 몸에는 옷을 걸친 채 살아 왔다. 항상 안절부절 부끄럽고 겸연쩍어 마음에 스스로 천지간의 한 도둑이라고 생각해 왔다. 그러다가 두 아우를 따라 이 일을 하고부터는 내 마음이 약간은 편안해져 부끄러움이 가셨다. 무릇 일이란 크고 작고 간에 스스로 힘을 다하여 그 '공으로 먹게 되는 것'이 귀함은 마찬가지이다."

익경은 이렇게 말했다.

"사물의 귀천은 일정하지 않아 때에 따라 귀할 때는 귀하게 되고 천할 때는 천하게 되는 법이다. 선비〔士〕는 옛날엔 귀한 존재였는데 지금에는 천하게 되었으니, 장인도 지금엔 천하게 여겨지지만 후세에 귀하게 되지 않을 줄 어찌 알겠는가? 선비와 장인은 모두 지금 천하게 여겨지는데, 우리는 이 두 가지를 겸하고 있다. 사물은 천함이 극에 다다르면 도리어 귀하게 되는 법이라, 어찌 애달파하리오?"

태경도 말했다.

"『시경』에 '고반재간(考盤在澗)하니 석인지관(碩人之寬)이로다.'[2]는 글이 있는데, 이를 풀이한 이들은 '고(考)'는 '치다'라는 뜻이요, '반(盤)'은 악기(樂器)라고 말하였다. 그런데 '고(考)'가 '치다'라는 뜻으로는 다른 책에 보이지 않으며, '반(盤)'은 대야 등속으로 물이나 음식을 담는 데 쓰는 그릇이니 두드려서 화음을 맞출 수 있는 것이라고 할 수 없다. '고(考)'는 공인(工人)이 일을 이루는 것을 가리키는 뜻이니, 『춘추(春秋)』의 '고궁(考宮)',[3] 『주관(周官)』의 '고공(考工)'[4]이 바로 그 예이다. 이 모두 주나라

---

2 고반재간(考盤在澗)하니 석인지관(碩人之寬)이로다 : 『시경』, 「고반(考槃)」에 나오는 구절이다. 『시집전(詩集傳)』에서는 이 구절에 대한 풀이로 두 가지 설을 제시하고 있다. 하나는 "고(考)는 이룸〔成〕이요, 반(盤)은 서성이다〔盤桓〕는 뜻이니, 은거할 집이 이루어졌음을 말한다."라는 것이고, 다른 하나는 "진씨(陳氏)는 말하기를 고(考)는 치다〔扣〕, 반(槃)은 그릇의 이름이다. 대개 때려서 노래의 박자를 맞추는 것이니, 분(盆)이나 부(缶)를 두드려서 음악을 연주하는 것과 같다고 하였다."라는 것이다. 이 두 가지 설 중 어느 것이 옳은지 모르겠다고 되어 있다. 여기서는 후자의 설을 따랐다.

3 『춘추(春秋)』의 고궁(考宮) : 『춘추좌씨전』 은공(隱公) 5년에 "九月, 考仲子之宮."이라는 구절이 나오는데, 이에 대한 주석을 보면 대개 '考'는 '成'으로 풀이하였다.

4 『주관(周官)』의 고공(考工) : 『주관(周官)』은 『주례(周禮)』를 말하며, '고공'은 여러 가지 물건을 만드는 공인(工人)의 일을 다룬 것으로 『주관』, 동관(冬官), 「고공기(考工記)」에 들어 있다.

말엽에 은둔하여 반(盤)을 만드는 것으로 업을 삼은 것이 우리 형제와 같았다. 그럼에도 석인(碩人)이 되는 데 문제가 없었으니 왜 천하다고 하리오? 나는 오늘날 귀하다 여기는 것이 귀한 줄을 알지 못하는데 천하다고 하는 것이 천한 줄을 또한 어떻게 알겠는가?"

이에 서로 바라보며 환히 웃고는 드디어 위와 같이 이 사실을 기록하여 뒤에 오는 사람에게 남긴다.

목반을 만드는 도구는 모두 삼십여 가지인데 날카롭고 뭉툭함에 따라 쓰임이 다르다. 목반 하나는 육칠십 푼의 값어치로 하루의 공정을 셈해 보면 백 푼의 이득을 얻을 수 있으나, 일을 부지런히 하고 게으르게 하는 데 따라 차이가 있다.[5]

---

5 목반……있다 : 옛날 화폐는 동(銅)으로 주조하여 동전 혹은 엽전이라고 불렀다. 엽전 한 개가 1푼(分) 혹은 1문(文)으로 일컬어져서, 10푼이 1돈〔錢, 爻〕, 10돈이 1냥(兩)의 가치를 갖게 되었다. 원문에 돈의 단위가 나와 있지 않은데, 이런 경우 돈의 최소 단위에 해당하는 엽전 한 개를 가리킨다.

일간정기 1
─間亭記

> 「일간정기」는 두 편인데, 이원휘(李元暉)를 위해 지은 글이다. 전편은
> 법도를 따르고 규범을 준수했다 할 수 있고, 후편은 법도로부터 자유롭고 뜻
> 에 맞게 지었다 할 수 있다. 이 때문에 두 편으로 만들어 보여 준다.

무릇 만물은 각각 그것대로 의당함이 있다.

　누더기 옷에는 옥을 차는 것이 마땅치 않고, 아름답게 장식한 수레에
는 소금을 싣는 것이 마땅치 않다. 아무리 훌륭한 보배라 할지라도 적절
히 사용하지 않으면 기와 조각이나 똥오줌이 거두는 효과에 미치지 못
할 수 있다.

　대체로 유관(遊觀)[6]의 즐거움에는 두 가지 길이 있다. 소주(蘇州)·항
주(杭州)처럼 번화한 땅에 있어, 사람들이 모여들고 배와 수레가 몰려들
며 높은 산이 둘러 있고 큰 강이 앞에 있어 호호망망한 밖을 둘러보면
기이한 장관에 마음이 흡족하다. 이런 데서 부귀를 누리며 노니는 젊은
이들과 의기를 중히 여기고 호협(豪俠)한 패들이 무리 지어 연회를 벌여
술잔과 안주가 화사하게 어울리고 노래 소리와 악기의 울림으로 요란한
가운데 운자를 내어 시를 짓는다거나 도박을 하고 투호 놀이도 하여 낮
부터 환락을 다해 달밤에까지 이어지면 층층의 누대가 화려하게 서서
하늘에 어른거리고 구름 사이로 솟고, 단청이 흘러 노을과 같고 불꽃을
토해 내 휘황하게 비치는 것이 마땅하다. 요컨대 호사를 극도로 하더라
도 병폐가 될 것이 없다.

---

6 유관(遊觀) : 놀고 유람하기 위하여 세운 누대나 정자 등을 가리킨다.

시골 동산의 적막한 물가에 있으면 숲이 가리고 수석(水石)에 둘러싸여 구름과 새들이 하늘에 스치는 것을 올려다보고, 졸졸 흐르는 시냇물 소리에 귀를 기울이기도 한다. 이런 데서 맑고 고상한 선비가 외물의 구속을 벗어나 타고난 그대로의 천진(天眞)을 조용히 길러, 몸을 기대어 손에 책을 들고 있거나 한적하게 소요(逍遙)하며 때로는 거문고를 타고 휘파람을 불되 곡조의 운치가 있게 되면 모정(茅亭) 죽루(竹樓)의 그윽하고 적막함이 마땅하다. 여기에 다래넝쿨을 끌어 지붕을 가리고 소나무를 심어 울을 삼을 수도 있다. 요컨대 청빈하고 검소함을 극도로 하더라도 누가 될 것이 없다.

만약에 호사스러움을 병폐로 여겨서 청빈하고 검소한 것을 끼워 넣거나, 청빈하고 검소함을 촌스럽다 하여 호사스런 것을 섞어 놓는다면, 적절치 않고 온통 조화를 잃게 될 것이다. 그 장소에 맞추고 그 사람에 의거해서 적절함을 잃지 않는 것은 방법에 통달한 자가 아니고는 할 수 없을 것이다.

이인(利仁)[7]은 호남으로 가는 길에 있는 역참(驛站) 중에서 가장 누추하고 조그마한 곳이다. 안승렬(安承列) 군이 그곳의 찰방(察訪)으로 부임했는데, 업무가 한가롭고 별일이 없어 병산(屛山) 기슭에 정자를 하나 짓고 편액을 '일간(一間)'이라 붙였다. 대개 그 실상대로 이름을 붙인 것이다.

나는 전에 이인을 지나간 적이 있었는데, 당시에는 일간정에 대해 알지 못해 정자에 올라가서 한번 둘러볼 기회를 갖지 못했다. 오직 그 주변의 지경이 그윽하고 적막함만 보았을 따름이다. 대개 청빈하고 검소

---

7 이인(利仁) : 서울에서 호남 지방으로 내려가는 도로에 있었던 역(驛)으로 이인도찰방(利仁道察訪)이 있었다. 지금의 충청남도 공주시 이인면이다.

함이 적절하다 하겠다. 나는 안군이 어떤 사람인지 아직 알지 못하고 있다. 그가 작은 관직에 편안하여 한가롭게 노닐며 자득(自得)의 뜻을 가지고 능히 일간정(一間亭)의 낙을 마련하여 그 땅의 적절함을 잃지 않았으니, 이를 통하여 그에게 맑고 고상한 뜻이 있음을 상상해 볼 수 있다.

세상에서 유관(遊觀)의 장소를 꾸미는 자들은 대부분 화려하고 굉장하기를 힘쓰며, 일간정처럼 지극히 소박한 것은 돌아보지 않는다. 이 때문에 호사함만 얻고 청빈하고 검소한 경지를 잃고 있다. 이른바 유관의 두 가지 길 중에서 그 하나는 폐기되어 들을 수 없게 되었다.

지금 안군 또한 어찌 누정을 화려하고 아름답게 꾸미고 싶지 않으랴? 다만 그가 처한 곳에 적절함이 다름을 알아 홀로 능히 장소와 때를 맞추어 유관의 길을 다했으니, 어찌 참으로 그 방법에 통달한 사람이라 이르지 않을 것인가?

만약 악양루(岳陽樓)·등왕각(滕王閣)[8]의 거대함과 걸출함으로 일간정의 조촐함과 적막함을 견준다면 아주 현격히 차이가 난다 하겠지만, 각기 그 적절함을 얻어 즐거움을 온전히 누림에 있어서는 진실로 우열을 다투어 서로 양보하지 않을 것이다. 일간정에서 노니는 것은 참으로 우리들에게 적절하다. 나는 안군을 따라 일간정에 한번 오르기로 마음먹고 이 기문을 먼저 쓴다.

---

8 악양루(岳陽樓)·등왕각(滕王閣) : 중국의 유명한 누각이다. 악양루는 호남성(湖南省)의 악양(岳陽)에 있는데 동정호(洞庭湖)에 접해 있고, 등왕각은 강서성(江西省) 남창(南昌)에 있는데 당나라 고조(高祖)의 아들 원영(元嬰)이 홍주자사(洪州刺史)가 되었을 때 건립한 것이다. 이때 그가 등왕(滕王)에 봉해졌기 때문에 '등왕각'으로 일컬어졌다.

3 일간정기 2
一間又一首

이인(利仁)은 역참 중에서 가장 작은 곳이요, 찰방(察訪)은 관직 중에서 가장 낮은 지위이다. 그런데 안승렬 군이 이곳에 부임하여 업무가 한가로워 여가가 많다고 기뻐한다. 그의 뜻을 살펴보건대 편안하게 스스로 족한 줄 알기 때문이다. 일찍이 조그만 정자를 산허리에 짓고 '일간정(一間亭)'이라 이름을 붙이고선 때때로 가서 놀았다. 이를 두고 비웃으며 말하는 사람이 있었다.

"무릇 누대(樓臺)·정사(亭榭)를 잘 꾸며 놓고 가서 노는 경우 필히 장대하고 화려하게 꾸민 연후에라야 볼만한 것이 있다. 어쩌면 이렇게 작고 보잘것없단 말인가?"

안군은 웃으면서 대꾸하지 않았다. 나는 주제넘게도 내 의사대로 풀이를 해 보았다.

"무릇 만물은 고정된 바탕이 있는 것이 아니다. 과장해서 부풀린다면, 털 하나가 태산(泰山)보다도 더 커질 수 있고, 한 자쯤 되는 회초리가 높은 누각보다 높아질 수 있다. 축소하여 집약시켜 놓으면 사해(四海)도 한 구역이 되고 우주도 한 간(間)으로 줄어들 수 있다. 또한 등왕각(滕王閣)과 악양루(岳陽樓)는 호화롭고 일간정은 검박한 줄 어찌 알겠는가? 또한 천하의 만물은 오직 지극히 크면 대적할 것이 없고, 또 지극히 작으면 대적할 것이 없다. 대적할 것이 없는 것으로 대적할 것이 없는 것을 상대한다면 가히 대적할 만하다고 하겠다. 지극히 검박한 일간정을 지극히 호화로운 등왕각·악양루와 대적시켜 놓으면 확실히 서로 양보할 수 없을 것이다.

또한 안군은 조그만 역참에서 찰방이란 낮은 자리에 있으면서 달팽이

218 ● 백운 심대윤의 백운집

보다는 크고 두실(斗室, 협소한 방)보다는 작은 일간정에서 노니니, 어찌 내 몸 밖의 사물이 풍부하거나 빈약하다고 해서 자기 중심이 흔들리고 즐거움이 손상될 것이랴! 옛날 사람 중에 표주박 하나로도 즐거워한 분이 있었고,[9] 허리에 새끼줄을 매고 노래한 분[10]이 있었는데, 지금 안군은 분수를 달게 여기고 만족을 알아 호화스러움을 원하지 않고 검박함을 싫어하지 않으니 옛사람의 뜻을 얻었다 할 것이다.

무릇 호화를 지극히 하면 항상 잃을까 걱정하는데, 지극히 검박하면 더 줄어들까 걱정할 필요가 없다. 진실로 안군에게 검박으로 호화스러움을 바꾸도록 한다면 필시 그렇게 하지 않을 것이다. 욕심을 많이 부리면 호화스러움을 극도로 하더라도 만족함이 없고, 욕심을 적게 가지면 검소하게 지내더라도 여유가 있을 것이다. 안군의 마음은 또한 스스로 자신이 검박한 줄 알지 못하면서 검박한 데 이른 것이다."

비웃던 사람이 떠나자, 바로 아까 한 말을 그대로 적어 기문으로 삼는다.

---

9 표주박 …… 있었고 : 단사표음(簞食瓢飮)의 고사를 말한다. 공자는 제자 안회(顏回)를 평하여 "어질구나, 안회여! 한 그릇의 밥과 한 표주박의 물을 마시며 누항에서 가난하게 살면서도 이를 근심하지 않고 그 즐거움을 바꾸려 하지 않는구나. 어질구나, 안회여〔賢哉, 回也! 一簞食, 一瓢飮, 在陋巷, 人不堪其憂, 回也不改其樂. 賢哉, 回也〕!"라고 하였다(『논어』, 「옹야(雍也)」).

10 허리에 …… 분 : 공자가 태산을 지나다가 제자 영계기(榮啓期)가 사슴가죽 옷에 새끼줄로 허리띠를 하고 금(琴)을 타며 노래 부르는 모습을 보고는 "좋구나! 스스로 여유로운 자로다〔善哉! 自寬者〕."라고 찬미하였다(『열자(列子)』, 「천서(天瑞)」).

4

연안 황당 중수기[11]

延安黃堂重修記

근래에 수령을 맡은 자들은 대개 세 가지 우환이 있다.

제도상으로는 육 년 아니면 삼 년으로 임기를 정해 놓았으나 한결같이 이 임기를 지키지 않는다. 옮겨 가거나 승진 혹은 좌천을 당하여 오고 가는 데 영접하고 전송하느라 거의 가만히 있는 해가 없어 자리가 따뜻해질 겨를도 없다. 대체로 일시적인 계책만 취하여 확고한 뜻을 세울 수 없으니, 이것이 첫 번째 우환이다. 징수하는 것이 여러 가지이고 옥송(獄訟)이 번잡한 데다 겸하여 상급 관서의 공문과 역로(驛路)를 통과하는 관원들의 접대 등으로 일이 많고 번거로워 마음도 수고롭고 입도 바빠서 다른 생각을 할 겨를이 없으니, 이것이 그 두 번째 우환이다. 수많은 식솔의 부양과 빈객들의 지공(支供)이며 각종 길흉사(吉凶事)와 연회의 비용을 녹봉으로 대기에 부족하여 항시 쪼들려서 근심이 마음속에서 떠나지 않으니, 이것이 그 세 번째 우환이다.

무릇 구차(苟且)·고식(姑息)의 태도로 번쇄한 일에 빠져들거나 한 재산 모아 갈 생각이 있게 되면, 그의 마음은 실로 백성에게 미칠 겨를이 없을 것이다. 이런 자에게 치적을 기대하기는 어렵다. 이런 까닭에 수령들이 임무를 잘 수행하는가 못하는가를 알아보고자 한다면, 정사를 어떻게 하는지 굳이 물어볼 필요도 없다. 오직 그에게 위의 세 가지 근심이 있는지 없는지를 물어보면 알 수 있을 것이다.

대개 수령 노릇을 하면서 구차해지지 않으려면, 영욕(榮辱)의 밖으로

---

11 연안 황당 중수기 : 연안 고을의 황당을 중수한 기문이다. 연안은 황해도에 있는 고을 이름이며, 황당(黃堂)은 지방 고을의 관아를 뜻하는 말이다.

초연해서 그것을 얻고 못 얻고로 자기 마음이 흔들리지 않아, 수령 자리에 임해서는 직분을 다하되 한결같은 마음으로 공명하게 하여, 사사롭고 어긋남이 없어야 할 것이다. 수령이 되어 번쇄한 일에 빠져들지 않으려면, 그의 능력이 필히 번거롭고 가혹한 것들을 제거하고, 밝게 판단하고 사리에 합당하게 되어 치정(治政)은 맑고 사무는 간소하게 되어야 할 것이다. 수령이 빈곤에 구애되지 않으려면, 반드시 청렴하고 만족할 줄 알아 사치와 낭비를 좋아하고 뇌물로 환심을 사려고 하지 않아야 할 것이다. 이와 같이 행한다면 양리(良吏)가 될 것임은 물어보지 않아도 알 수 있다.

정후(鄭侯)가 연안(延安)에 부임한 이듬해에 흉년까지 들어서, 이른바 세 가지 근심이 더욱더 심했지만 정후는 홀로 여유가 있어 보였다. 연안부의 청사가 퇴락하여 거처하기 어려울 지경임에도 전임자들은 수리할 겨를이 없었다. 이에 정후는 재목을 모으고 목수들을 불러 자신의 녹봉을 덜어서 재원을 충당하였다. 그 건물을 보수해서 새롭게 만드니 목수들은 수고롭다 하지 않았고 부역으로 백성들을 괴롭게 하지 않았다. 건물이 완성되자 그 고을의 고로들을 불러 낙성식(落成式)을 거행하였다. 어떤 사람이 일어나서 절을 하고 이렇게 말하였다.

"이 일은 치정(治政)은 아니로되, 치정을 살펴볼 수 있습니다. 사또께서는 부임하신 이래 마음을 다하여 하루하루를 그냥 보내려는 뜻이 없었음을 이를 통해 알 수 있습니다. 정사는 맑고 사무는 간소하여, 넉넉히 남은 겨를이 있음을 이를 통해서 알 수 있습니다. 청렴하고 탐욕이 적어, 재력이 넉넉함을 이를 통해서 알 수 있습니다. 사또의 우리 백성에 대한 은혜로운 정사와 아름다운 치적은 실로 낱낱이 헤아릴 수 없습니다. 이는 치정이 아니로되 치정을 살펴볼 수 있는 것입니다. 고을 백성들이 산뜻한 건물을 바라보며 마음에 느껴 노래 부르는 자들이 장차 감당(甘棠)나무를 소백(召伯)이 머물던 곳이라 칭송했던 것처럼 할 것입니다.[12] 조정에서 우리 백성들이 사또를 사모함을 알고서 애오라지 좀더 머물러 두어 은혜가 미치도록 한다면, 사또의 교화(敎化)는 더욱더 이루어지고 정사는 더욱더 여유로워질 것입니다. 그렇게 되면 단보(單父)의 금대(琴臺)[13]와 촉군(蜀郡)의 학사(學舍)[14]가 차례로 일어나게 될 것입니다. 이 또한 거룩하고 아름답지 않겠습니까?"

정후(鄭侯)는 백성들이 자기를 편안히 여기는 것을 기뻐하여 나에게 사람을 보내서 기문(記文)을 청하였다. 나는 그 고을 고로의 말에 의거하여 풀이해 기문을 짓고, 함께 세 가지 근심이 문제가 됨을 지적하여 목민관이 된 자들이 경계로 삼도록 한다.

원주 옛 법으로는 응당 군(君)이라 일컬어야겠으나, 요즘에는 그렇게 쓰지 않으므로 후(侯)[15]라 칭한 것이다.

---

12 감당(甘棠)나무를 …… 것입니다 : 소백(召伯)은 문왕(文王)의 아들 소공(召公) 석(奭)으로, 자신의 영지를 순행할 때 감당나무 아래에서 쉬었는데, 백성들이 그 덕을 기려 그 나무를 베지 않고 보존했다고 한다. 이를 노래한 시가 『시경』, 「소남(召南)」, '감당(甘棠)'이다.

13 단보(單父)의 금대(琴臺) : 공자의 제자 자천(子賤, 宓不齊)이 단보(單父)라는 지역을 다스릴 때, 유능한 사람을 찾아 사무를 맡겼더니 자신은 금(琴)만 타도 정사가 잘 이루어졌다고 한다(『한시외전(韓詩外傳)』).

14 촉군(蜀郡)의 학사(學舍) : 한(漢)나라 초기에 문옹(文翁)이 세운 학교이다. 촉군은 지금의 사천성(四川省) 지방이다. 문옹이 촉군의 태수로 부임하여 그곳에 학교를 세웠던바, 이 지방의 문화가 일어나서 사마상여(司馬相如)와 양웅(揚雄) 같은 인재들이 배출되었다고 한다. 그가 세운 학관은 한나라 각지 지방 학교의 기원이 되었다(『한서』, 「문옹전(文翁傳)」).

15 후(侯) : 여기서는 지방의 수령에 대한 호칭이다. 원래 사대부들 사이에 존칭으로 쓰였는데, 군(君)과 같은 말이었다.

5

연안 비봉서원 중수기 연안태수를 대신하여 지음

延安飛鳳書院重修記 代延安太守作

증자(曾子)는 "자기가 들은 바를 존중하면 고명해진다."[16]라 하였고, 자사(子思)는 "덕성을 존중한다."[17]라고 말하였다.

　무릇 몸이 귀하게 여기는 바는 덕성보다 귀한 것이 없고, 행동이 숭상해야 할 바는 들은 바보다 더한 것이 없다. 안으로 덕성을 존중하면 몸이 잘 수양되며, 밖으로 들은 바를 존중하면 행동이 선하게 된다. 뿌리가 튼실하면 가지들이 무성해지고, 군왕이 존귀한 위치에 제대로 있으면 온 나라가 잘 다스려진다. 덕성이란 몸의 뿌리요, 들은 바는 행동의 주인이다. 존중할 것을 존중할 줄 알아서 수신(修身)을 하면 편안해지고, 그 존중해야 할 바를 존중할 줄 알아서 남을 가르치면 바로잡히게 된다. 이렇기 때문에 정치의 근본은 교화에 있고, 교화의 근본은 그 존중해야 할 바를 존중할 줄 아는 데 있다. 그 존중할 것을 존중할 줄 아는 데 있어 근본은 다른 사람에게 있다.

　시속 관인들의 병폐는 항상 정사를 도모하면서도 교화에 근본을 두지 않아서 존중해야 할 바를 존중할 줄 알지 못하는 데 있다. 힘을 쓰면서도 치적이 드러나지 않은 까닭은 바로 여기에 있는 것이다. 참으로 풍속을 순후하게 바꾸어 천하를 인의(仁義)의 경지에 올리고 옛 성왕(聖王)의 거룩한 시대와 나란히 가려면, 반드시 증자·자사의 말씀을 제대로 안 연후에 가능할 것이다. 내 비록 그 적임자는 못되지만 삼가 힘쓰지

16　자기가 …… 고명해진다 : 『대대례기(大戴禮記)』에 "尊其所聞, 則高明矣; 行其所知, 則光大矣. 高明光大, 不在於它, 在乎加之意而已."라고 하였다.

17　덕성을 존중한다 : 『중용』에 나오는 말이다. "君子, 尊德性而道問學, 致廣大而盡精微, 極高明而道中庸, 溫故而之新, 敦厚以崇禮."

않을 수 없다.

연안부의 성 북쪽에 전부터 비봉서원(飛鳳書院)이 있었다. 주문공(朱文公, 朱熹)을 주벽으로 모시고, 우리나라의 문헌 최공(文憲崔公, 崔沖, 984~1068), 한훤 김공(寒暄金公, 金宏弼, 1454~1504), 율곡 이공(栗谷李公, 李珥, 1536~1584), 우계 성공(牛溪成公, 成渾, 1535~1598), 현석 박공(玄石朴公, 朴世采, 1631~1695) 등 다섯 선생을 배향한 곳이었다. 대개 우리나라의 공부하는 선비들이 도(道)를 주문공에게서 가장 상세하게 들으며, 다섯 선생 또한 이 땅의 사람들이 모두 존경하며 모범으로 삼는 분들이다.

내가 연안부에 부임해 보니 이 서원이 퇴락한 상태에 있었다. 그럼에도 이를 바라보는 자들은 태만했고, 학업을 닦으려는 자들도 별로 오지 않았다. 대저 들은 바를 존중하고자 한다면, 주문공과 위의 다섯 선생 같은 분이 없다. 그런데 이 분들에 대해서도 이처럼 공경하기를 소홀하게 하여 그다지 공경하는 태도가 아닌데 하물며 그 말씀에 감복하겠는가?

이 고을 선비 문재황(文載璜)이 깊이 느끼고 분발해서 내가 이 일을 완수하도록 도왔다. 재원을 염출하고 일꾼들을 불러 모아 건물을 고치고 지붕을 새로 이었다. 이에 사람들 모두 공경할 바를 알아서 흥기할 수 있게 되었다. 문재황 같은 사람은 들은 바를 존중할 줄 아는 사람이라고 하겠다.

비록 그렇다 해도, 들은 바를 한낱 외면으로 존중할 줄만 알고, 그 덕성을 내면으로 존중할 줄 모른다면 공허해서 알맹이가 없을 것이다. 무릇 이 두 가지가 아울러 필수불가결이 되어야 이루어질 수 있는 것이다. 그 덕성을 존중할 줄만 알고 그 들은 바를 존중할 줄 알지 못하면 자신의 성(性)을 확충할 도리가 없으며, 들은 바를 존중할 줄만 알고 덕성을 존중할 줄 알지 못하면 자신이 들은 것을 돈독히 행할 도리가 없다. 이와 같이 되면 공허해서 알맹이가 없다. 이른바 존중할 바를 존중할 줄 안다고 하는 것이 과연 존중할 바를 존중할 줄 안다고 말할 수 있겠는가?

오직 나와 문군은 마땅히 이런 과오가 있어서는 안 될 것이다. 나와 문군만이 아니요, 우리 고을 사람들도 마땅히 모두 이런 과오가 있어서는 안 될 것이다. 우리 고을 사람들만이 아니요, 온 천하의 사람들도 마땅히 모두 이런 과오가 있어서는 안 될 것이다. 곧바로 이 말을 써서 비봉서원의 기문으로 삼는다.

> **평어** 들은 바를 존중한다는 것은 본래 말을 가리키는 것이지, 사람을 가리키는 것은 아니다. 지금 사람과 말을 하나로 묶으려고 했으니 담론을 펴기가 매우 어려울 수밖에 없는데, 여기서 일거에 그것을 다했다. 붓 끝에 용상(龍象)[18]의 큰 신통력이 있지 않으면, 어떻게 이럴 수 있겠는가?

> **평어** 의론을 세운 것이 고상하고 짜임새가 치밀하다.

----

18 용상(龍象) : 불가(佛家)의 용어로 아라한(阿羅漢) 중에서 수행과 용맹이 가장 높은 경지에 이른 존재를 이르는 말이다. 아라한은 부처의 제자로 거의 부처의 경지에 이른 존재이다.

6 **범호정기** 을묘년(1865). 이 글은 주세(周世)[19]를 대신하여 지은 것이다.

泛湖亭記 乙卯, 此擬周世作

배 위에 기둥 여섯을 세워 집 모양을 만들고 지붕을 짚으로 덮은 다음 밀양(密陽)의 남천강(南川江)에 띄우니, 이름을 '범호정(泛湖亭)'이라 한다. 이 배를 제작한 것은 오래전인데 태수가 대대로 그 주인이 되어 매양 한가할 때는 술이며 바둑판을 싣고 기악(妓樂)을 준비하여 강을 위아래로 오르내리며 세속의 밖에서 자유롭게 놀고 물안개 속에서 즐긴다. 이야말로 낙양(洛陽)의 행와(行窩)[20]와 초계(苕溪)의 범택(泛宅)[21]의 의미를 계승한 것이라 할 것이다.

　밀양은 명승으로 일컬어지는 고을인데 광대하고 화려하기로는 영남루(嶺南樓)[22]가 남방에서 으뜸이요, 깊숙하고 한적하기로 무봉암(舞鳳菴)[23]이 읍내 가까이에 있다. 이 밖에도 강을 따라 백 리 사이에 볼만하고 즐길 만한 것이 적지 않은데, 오직 이 범호정이 모든 아름다움을 하

---

19 주세(周世) : 정기우(鄭基雨, 1832~1890)의 자이다.
20 낙양(洛陽)의 행와(行窩) : 송나라의 학자 소옹(邵雍)은 낙양에 살면서 작은 수레를 타고 마음 내키는 대로 소요하였다고 한다. 그를 사모하는 사람들이 소옹의 거처인 안락와(安樂窩)와 같은 모양으로 집을 지어 놓고 그가 찾아와 주기를 기다렸는데, 이 집을 '행와'라고 일컬었다(『송사(宋史)』, 「소옹전(邵雍傳)」).
21 초계(苕溪)의 범택(泛宅) : 초계는 중국 절강성 천목산(天目山)에서 발원하여 태호로 흘러 들어가는 강 이름이다. 당나라 장지화(張志和)가 남해위(南海尉)로 좌천되었다가 돌아와서 강호를 유람하며 연파조도(煙波釣徒)라 자호(自號)하고 부가범택(浮家泛宅)으로 이곳 초계를 왕래하였다고 한다(『당서(唐書)』 권196, 「장지화전(張志和傳)」).
22 영남루(嶺南樓) : 밀양 시내에 위치한 누각이다. 진주 촉석루, 평양 부벽루와 함께 우리나라 3대 누각으로 손꼽힌다. 고려 공민왕 14년(1365)에 신축, 조선조에 여러 차례 중건되었다. 보물 147호이다.
23 무봉암(舞鳳菴) : 현 밀양시 내일동에 위치한 사찰로, 밀양의 지세가 봉황이 춤추는 형국이라 하여 붙은 이름이다.

나같이 통괄한다. 무릇 누정의 경관은 바라봄이 각기 그곳에서 바라보는 데 그칠 따름인데, 범호정의 경관은 흥에 따라 옮겨 가서 호응 접촉하는 것이 무궁하다. 이 때문에 범호정이야말로 흥이 다하고 즐거움이 극에 다다르면 비애가 뒤따르게 되는 것을 홀로 면할 수 있는 것이다.

병오년(1846)에 나의 아버지께서 이 고을에 부임하여 이 범호정을 보수하셨으며, 갑인년(1854)에 나의 작은아버지께서 또 이어 부임하셨다.[24] 무릇 정사에 있어서는 모두 나의 아버지의 옛 행적을 그대로 따르니 백성들이 편하게 여겼다. 다시 또 범호정을 수리하여 관부의 요속(僚屬)들을 불러 연회를 열었는데, 잔잔한 바람에 가볍게 움직여 노를 저음에 따라 물결이 구슬처럼 부서졌다. 앉은 자리를 움직이지 않고도 강 양쪽의 언덕이 저절로 바뀌어, 지신과 산신령이 모두 나와서 차례대로 재주를 부리니, 옛 경치는 사라지고 새 경치가 다가와 나에게 기쁨과 즐거움을 제공하였다. 비유하자면 극장의 전기(傳奇)[25]에서 만연(漫延) · 어룡(魚龍)의 백희(百戱)[26]가 매양 새로운 연출을 펼치는 것 같아 그 즐거움이 무궁하였다.

술에 취한 어떤 손이 말하였다.

"즐겁도다, 이 유흥이여! 우리 사또의 정사 또한 이와 같습니다. 편안한 데 처해 있으면서 민암(民嵒)[27]을 두려워함은 이 범호정이 집 모양이

---

24 나의 …… 부임하셨다 : 정윤용(鄭允容)은 1846년부터 1848년까지 밀양부사로 재임하였고, 정지용(鄭志容)은 1854년부터 1856년까지 재임하였다(신희철(申羲澈) 편, 『외안고(外案考)』, 보경문화사, 2002, 182쪽).

25 전기(傳奇) : 여기에서는 연극을 지칭하는 말이다. 원래 중국문학사에서 당송 시대에 발달한 단편소설을 전기라고 일컬었는데, 명청 시대에 와서는 북방의 연극을 잡극(雜劇)이라고 하는 데 대해서 남방의 연극을 전기로 지칭했다.

26 만연(漫延) · 어룡(魚龍)의 백희(百戱) : 백희(百戱)는 중국 근대 이전에 연희 · 음악 일체를 일컫는 말이다. 만연과 어룡은 백희의 일종이다.

면서 물에 떠 있는 것과 같고, 먼 곳이나 가까운 곳이나 빠짐이 없음은
이 정자에서 두루 살필 수 있는 것과 같고, 맑기가 얼음과 같은 것은
이 정자가 더러움을 멀리한 것과 마찬가지입니다. 흘러가는 물의 근원
으로부터 명령이 행함에 백성들이 좋아하고 싫어함을 따르는 것은 이
정자가 바람을 타고 물결을 따라 움직이는 격입니다. 사람을 차별하지
않고 오직 선한 사람을 들어 쓰고, 일을 가리지 않고 오직 이로운 일을
일으키는 것은 이 정자가 한 곳의 경관에 매이지 않고 장소에 따라 승경
을 취하는 것과 같으며, 자기를 비우고 다른 사람에게 취하되 크고 작은
선행을 남김없이 드러내는 것은 이 정자가 자기의 경관으로 경관을 삼
지 않고 뭇 경관으로 경관을 삼는 것과 같습니다.

사또께서 이 범호정을 좋아하는 데는 좋은 뜻이 있으며, 백성들이 사
또의 정사를 좋아하는 것 또한 사또가 이 정자를 좋아하는 것과 같은
뜻입니다. 이 범호정의 경관이 백 리의 한계를 벗어나지 않음은 태수의
정자이기 때문이요, 사또의 정사가 온 나라의 백성들에게 미치지 못하
는 것은 재상의 지위에 처하지 않았기 때문입니다. 이에 거듭 사또와 범
호정을 위하여 애석해합니다."

기생(基生)[28]은 재배하고 감사의 말을 하였다.

"손님의 말씀은 실록입니다. 청컨대 그대로 써서 기문(記文)으로 삼고
자 합니다."

---

27 민암(民嵒) : 백성이 두렵다는 뜻이다. "顧畏于民嵒."(『서경(書經)』, 「소고(召誥)」)
28 기생(基生) : 정기하(鄭基夏), 즉 주세(周世)를 가리킨다. 이 글이 주세를 대신해서 쓴
　것이기 때문에 나온 표현이다.

7   취사정기[29]

取斯亭記

군자의 도는 한마디로 인(仁)이다. 직위에 올라서는 세상에 은택을 베풀어 만물에 미치고 널리 베풀고 대중을 구제하며, 재야에 있으면 인재를 교육하여 성취하도록 하고 즐거운 마음을 잃지 않아 시름하지 않는다. 요(堯)임금과 순(舜)임금, 문왕(文王)과 무왕(武王)은 직위에 올라 널리 베푼 분이요, 공자(孔子)와 맹자(孟子), 안자(顔子)와 증자(曾子)는 재야에 있으면서 시름하지 않았던 분이다. 이 두 경우 모두 인으로 덕을 이룬 것이다.

성취옹(醒醉翁)은 인천(仁川)의 군자산(君子山)[30] 아래에 거처를 마련하고 집 이름을 '취사정(取斯亭)'이라고 붙였다. 대개 고을의 이름과 산의 이름을 취해서 뜻을 붙인 것이다. 성취옹의 의도는 군자를 사모하는 데 있는가.

복자천(宓子賤)이 공자에게 배울 적에 그 당시 노나라에는 스승의 도로 이름이 알려진 사람이 또 없고 오직 공자 한 분이 있었다. 대개 공자가 일컬은바 노나라의 군자란 공자 자신을 가리키는 것이다. 공자가 생존해 있을 시절에는 온 세상의 학사 대부들로 인을 구하는 자들은 모두

---

29 취사정기(取斯亭記) : 취사정이란 정자에 붙인 기문. 누구의 정자인지 확인되지 않는데 '취사'란 『논어』, 「공야장(公冶長)」에서 따온 문자이다. 공자가 복자천(宓子賤)이란 제자를 두고 그를 군자라 칭찬하면서, '만약 노(魯)나라에 군자가 없다면 이 사람이 어디에서 취했겠는가?'라고 하였다〔子謂子賤, 君子哉! 若人, 魯無君子者, 斯焉取斯?〕.

30 군자산(君子山) : 현재 시흥시 군자동 소재의 군자봉(君子峰)을 가리킨다. 『안산읍지(安山邑誌)』에, 수리산(修理山)의 한 줄기가 북쪽으로 뻗어내려 군자봉(君子峰)이 되었다고 한다〔修理山在邑治 …… 一脈逶迤北走草山面鷹峯仍火面麻霞山馬遊面君子峯〕. 이 정자의 위치가 군자산 아래에 있기 때문에 이렇게 이름을 붙인 것이다.

공자에게서 인(仁)를 취했던 것이다. 지금 성취옹이 공자를 사모하지만 만나 볼 수 없기 때문에 산의 이름만 취하여 사모하는 뜻을 붙인 것이다.

나는 알지 못하겠다, 성취옹이 이 산에서 무엇을 취하였는가. 오늘의 시대에 군자가 없어 인의의 말씀을 듣고자 해도 들을 수 없음을 슬퍼하여 눈을 들어 둘러보아도 그 사람은 보이지 않고 오직 이 산만 보이는 터라, 다만 뜻을 붙여 깊이 탄식한 것인가. 장차 외형의 훌륭함만 좇는 세상의 무리들처럼 거짓을 꾸며 진실을 어지럽히고 거짓 명분으로 현혹시킬 것인가. 군자는 사람이 없다고 해서 할 일을 하지 않는 것이 아니요, 또 필히 천하의 실질을 먼저 하고 이름을 뒤로하는 법이다. 앞의 뜻으로 보면 사람을 속이는 것이요, 뒤의 뜻으로 보면 스스로를 속이는 것이다. 나는 성취옹이 이렇게 하지 않으리라는 것을 안다.

공자는 "인자(仁者)는 산을 좋아한다."라고 하였고, 『주역(周易)』에서는 상(象)을 취함에 있어 간괘(艮卦)[31]로 험(險)을 삼았다. 구름 기운이 산봉우리에 부딪혀 구름이 일어나며,[32] 구름이 모여들어 널리 비를 뿌리는 것[33]은 마치 군자가 만물에 미치는 인과 비슷하다. 또 인재를 기르기를 좋아하며 쓰임을 구하지 않는 것은 군자의 근심하지 않는 인과 비슷

---

31 간괘(艮卦): 『주역』 8괘의 하나로, 이 괘가 중첩이 되면 산을 형상하는 의미를 갖는데 어렵고 험한 것을 상징한다.

32 구름 …… 일어나며(山之觸石而興雲): 『춘추공양전(春秋公羊傳)』 희공(僖公) 31년에 "觸石而出, 膚寸而合, 不崇朝而徧雨乎天下者, 唯泰山爾."라는 구절이 있다. 이후로 '촉석(觸石)'은 산속의 운기(雲氣)가 산봉우리와 서로 부딪쳐 토해 내는 것(山中雲氣與峰巒相碰擊, 吐出雲來)을 의미하게 되었다. 좌사(左思) 「촉도부(蜀都賦)」에 "岡巒糾紛, 觸石吐雲."라는 구절이 있다.

33 구름이 …… 것(膚寸而徧雨): 부촌(膚寸)이란 비가 내리기 전 하나하나 차츰 모여 합쳐지는 운기(雲氣)를 가리킨다. 『춘추공양전』 희공(僖公) 31년의 위 각주에 인용한 구절, 송(宋)나라 황정견(黃庭堅)의 『방언(放言)』 제5수에 "微雲起膚寸, 大蔭彌九州."라는 구절이 있다.

하다. 그런즉 성취옹의 뜻은 오로지 여기에 있다고 하겠다. 여기에서 성취옹이 인을 추구하는 뜻이 늙어 갈수록 더욱 돈독함을 보겠다. 만약 성취옹이 공자를 만나 직접 가르침을 받을 수 있다면, 성취한 바가 응당 복자천보다 못하지 않았을 것인데 만날 수 없었던 것이 애석하다. 비록 그 덕을 곧바로 이루지는 못하더라도 이 취사정에 앉아 군자산을 둘러보며 그 이름에 인연해서 그 뜻을 추구한다면 아마도 인을 이루는 방도를 얻어서 스스로 힘써 나갈 방도를 알게 될 것이다.

지금 성취옹은 직위를 얻어 세상을 책임지고 만물에 미치는 효과를 발휘하지 못했고, 이제 노쇠한 얼굴에 흰 머리로 농사짓고 나무하는 무리들과 뒤섞여 살면서 한 그릇 밥으로 만족하며 거문고와 책을 가까이하여 스스로 즐기는데, 견디기 힘들어하는 기색을 전혀 보이지 않는다.

대체로 성취옹이 힘쓰는 바는 근심하지 않고 인을 이루는 데에 있다. 그래서 성취옹이 '취사정'이라고 이름한 것은 끝내 군자가 능히 산의 이름을 저버리지 않는 데에서 실질적인 얻음이 있어 과연 남을 속이지 않고 스스로를 속이지 않게 될 것임을 알았다.

고반음수(考槃飲水)[34]와 낙지군자(樂只君子)[35]의 뜻을 성취옹은 잊을 수 있겠는가, 산이 저기에 있거늘. 아무개는 쓰노라.

....

34 고반음수(考槃飲水) : 선비가 자연 속에서 즐기는 생활을 표현한 말이다. 『시경』, 「위풍(衛風)」, '고반(考槃)'에 "산골 시냇가에서 한가히 소요하나니, 현인의 마음이 넉넉하도다. 홀로 잠을 자고 깨어 길이 잊지 않으려 맹세하네〔考槃在澗, 碩人之寬. 獨寐寤言, 永矢弗諼〕." 하였다.

35 낙지군자(樂只君子) : 군자의 즐거워함을 표현한 말이다. 『시경』, 「소아(小雅)」, '남산유대(南山有臺)'에 "남산에 잔디가 있고, 북산에 명아주가 있도다. 즐거운 군자여, 나라의 기틀이로다. 즐거운 군자여, 만수무강하리로다〔南山有臺, 北山有萊. 樂只君子, 邦家之基. 樂只君子, 萬壽無期〕." 하였다.

설(說)

1

유군의 이름과 자를 새로 짓는 설

柳君名字說

유영건(柳榮健) 군이 나를 붙잡고 물었다.

"제가 선생님의 문하에 들어와 지낸 지가 8, 9년이 되어 성인의 도가 크고도 지극함을 알았습니다. 그러나 아무리 힘을 다해 실천하려 해도 항시 해이해져서 떨치지 못하고 나약해서 바로 서지 못하여 걱정이니, 힘을 써서 한 치 정도 나아가면 곧바로 여러 발짝을 물러서며, 하루라도 애써 무슨 일을 하면 1년이 다 가도록 늘어지고 맙니다. 아무래도 제 성격이 강인하지 못하고 제 역량이 부족해서 무슨 일을 이루기 어려운 듯합니다. 원하옵건대 선생님이 제 이름을 바꿔 주어 이름의 의미를 되돌아보아 스스로 힘쓴다면 어느 정도 얻는 것이 있을까 합니다."

나는 그의 간청하는 말을 듣고 굳이 사양하였으나 더욱 간곡하게 청하기로, 이에 그의 이름을 '영건(榮健)'이라 바꾸고 자를 '하원(夏元)'이라고 했다.

건(健)이란 건괘(乾卦)의 성정(性情)이요 하(夏)는 건괘의 시상(時象)이며 원(元)은 건괘의 덕이다.[1] 덕이 있으면 그 때에 호응하여 건(健)으로 주체를 세운다. 그런 연후에 능히 하늘과 더불어 도(道)가 합일하게 된다. 하늘의 도는 곧 성인의 도이다.

무릇 건(健)하면서 덕이 없으면 착하지 못한 쪽으로 마구 나가서 날

---

1 건(健)이란 …… 덕이다 : 건괘는 본래 하늘의 근원적 성정을 상징한다. 건(健)은 꾸준하고 성실함이다. 하(夏)가 건괘의 시상이 됨은, 건괘가 양효(陽爻) 3개로 이루어지기 때문에 매우 더운 여름 날씨와 연관된다. 원(元)은 건괘의 덕목으로 원(元)·형(亨)·이(利)·정(貞)이라는 네 가지 덕목 중 으뜸이다.

이 부족할 지경에 이를 수 있다. 덕이 있지만 때를 어기게 되면 좋다고 할 것이 없다.

유군이 자리를 가다듬어 앉으며 말했다.

"건괘의 시상과 위치에 대해서는 말씀을 잘 들었습니다. 다시 묻자옵건대 어떻게 해야 건(健)이 되겠습니까?"

"건(健)이라는 것은 정성[誠]이요 부지런함[勤]이요 강함[强]이요 큼[大]이다. 정성스러우면 부지런하고, 부지런하면 강해지며, 강해지면 크게 되는 것이다. 그러므로 힘이 부족하다고 하는 자는 힘이 부족한 것이 아니요, 정성이 부족한 것이다. 정성이란 억지로 힘써서 도달하는 것이 아니요, 여색을 좋아하거나 맛난 음식을 좋아하는 것이나 마찬가지로 권유하지 않아도 저절로 나가고 일부러 힘쓰지 않아도 저절로 힘이 나는 것이다. 이는 다름이 아니라 이롭기 때문이다.

천지의 마음은 이로움을 위주로 하고 해로움을 멀리하며, 인간과 짐승의 본성은 이로움을 좋아하고 해로움을 싫어하니, 성인의 도는 이 본성을 부정하고 거역해서 인의를 세우는 것이 아니다. 인의는 이롭게 하는 것이다.

대체로 사람들은 음식과 여색과 재물과 지위에 대해서는 급급하여 정신없이 덤벼들어 지모가 다하고 힘이 빠지도록 양보할 줄을 모른다. 반면 도덕과 인의에 대해서는 뒤로 자빠지고 돌보지도 않아 전혀 나아가려고 하지 않으면서 말로는 힘이 부족하다고 한다. 그러나 힘이 부족한 것이 아니라 정성이 부족한 것이다.

정성이 부족한 자는 도덕 인의의 이로움을 보지 못하기 때문이다. 실로 마음속에 인의의 이로움을 느끼지 못하는데 어디서 정성스러운 뜻이 나오겠는가?

무릇 인의(仁義)·공정(公正)은 만물과 더불어 함께 이로운 것이니,

하늘의 '미리(美利)'[2]이다. 탐비(貪鄙)·음사(陰私)는 남에게 해를 끼치고 자기의 이익만 챙기는 것이니 인간의 '욕리(慾利)'이다. 미리란 이로움을 이롭게 하는 것이요, 욕리란 이로움을 이롭게 하는 것이 아니다. 인간이 살아감에 있어 스스로 이로움을 만들 수 없고 반드시 남을 기다린 연후에 이로움이 생기는 법이다. 남을 기다려 생기는 이로움을 혼자 독차지하려 들면 그 이로움은 쉽게 바닥나고 해가 따라오게 마련이다.

내가 물고기라면 사람들은 물이고 내가 새라면 사람들은 바람이다. 물이 마르고 바람이 없으면 물고기도 새도 없을 것이다.

또한 한 사람의 지혜로 천하 사람과 더불어 이로움을 다툰다면, 이로움을 얻지도 못하고 화가 이루 말할 수 없게 될 것이다. 이런 까닭에 사람들과 더불어 같이 이로움을 구해야 이로움을 얻을 수 있을 것이다. 도덕과 인의는 참으로 사람들과 더불어 함께 이로움을 구하는 수단이요, 나를 비쩍 마르게 하고 남을 살찌우게 하는 것이 아니다. 가축을 잘 기르는 자는 육식을 할 수 있고, 곡식을 잘 가꾸는 자는 식탁을 풍성하게 할 수 있고 만물을 이롭게 하는 자는 백성을 얻게 될 것이다. 백성이 귀의하는 곳에는 신이 복을 내리니, 이 점을 잘 살피면 미리(美利)와 욕리(慾利)의 좋고 나쁨을 알 수 있을 것이다.

참으로 인의가 이로운 줄 알아서 저절로 좋아하게 되는 것은 그것이 본성이 된 셈이다. 그래서 능히 정성과 근면으로 자연히 충분하게 되고 강하게 되고 커지게 되는 것이 저절로 이른다. 이에 건괘의 건(健)의 뜻에 합하는 것이다.

---

2 미리(美利) : 좋은 의미의 이(利)를 가리키는 말이다(『주역』, 「건괘(乾卦)」, '문언전(文言傳)').

공자께서는 이르기를, '나는 덕을 좋아하되 힘이 부족한 경우를 보지
못했다.'[3]라고 하셨다. 대저 오패(五伯)와 도척(盜跖)[4]도 인의가 이로운
것을 알았다. 그럼에도 혹은 인의를 가장(假裝)하고 말았으며 혹은 자기
의 가까운 무리에게만 베풀고 천하에 미치도록 하지 않았으니 이는 무
엇 때문인가? 저들은 거기에 대해서 분명히 알지 못했고, 또 좋아하기를
지극하게 하지 못했던 까닭에 지키는 것이 확고하지 못했고 베푸는 것
이 넓지 못했던 것이다. 저들은 인의가 이로운 줄은 알면서도 그것을 확
고하게 지키고 널리 베풀어야 이로움이 더욱 두터운 줄을 알지 못했다.
대개 이로움의 지엽말단만 보고 근본에 어두웠던 것이다.

지금 하원은 도에 대해서 그 이로움을 알지 못하는 것이 아닌가? 아
니면 이롭다는 것은 알지만 그 근본까지 분명히 알지 못하는 것은 아닌
가? 만약 능히 좋고 나쁜 구별을 분명히 하여 인의의 근본이 이로운 줄
을 알아서 그 본성의 좋아하는 바에 순응하면 이때 건(健)은 지극해질
것이다."

유군이 위에 한 말을 글로 적어 스스로 반성할 자료가 되도록 해 달
라고 청하였다. 나는 스스로 외람된 줄 알면서도 그대로 들어주었다.

----

3 나는 …… 못했다 : 공자가 했다는 이 말은 『논어』, 「이인(里仁)」에 보이는 다음의 말을
   염두에 두고 심대윤이 약간 변형시킨 듯하다. "공자께서 말씀하시길, '나는 인을 좋아하는
   자와 불인을 미워하는 자를 보지 못하였다. 인을 좋아하는 자는 그보다 더할 수 없고,
   불인을 싫어하는 자는 그가 인을 행할 때 불인한 것으로 하여금 그 몸에 가해지지 못하게
   하는 것이다〔子曰, 我未見好仁者, 惡不仁者. 好仁者, 無以尙之, 惡不仁者, 其爲仁矣, 不使
   不仁者加乎其身. 有能一日用其力於仁乎? 我未見力不足者. 蓋有之矣, 我未之見也〕."
4 오패(五伯)와 도척(盜跖) : 오패는 춘추 시대 5인의 패자인 춘추오패(春秋五覇)를 의미한
   다. 도척은 춘추 시대의 유명한 도적 두목으로, 9천 명의 부하를 거느리고 천하를 횡행하며
   살인을 즐기고 사람의 간을 자주 먹었다.

【물음】 건(健)을 정성〔誠〕, 근면〔勤〕, 강함〔强〕, 큼〔大〕으로 풀이한 것은 무슨 의미입니까?

【답변】 정성은 정일(精一)해서 섞이지 않는 것이고, 근면은 움직여서 쉬지 않는 것이며, 강함은 흘러 통해서 막히지 않는 것이고, 큼은 포괄하고 관통하여 빠뜨리는 것이 없음이다. 섞이지 않으니 순수하고, 쉬지 않으니 항상스럽고 막히지 않으니 대적할 자가 없고 빠뜨린 것이 없으니 바깥이 없다. 이 네 가지가 구비된 것은 천도의 행함이다.

【물음】 '정성이란 오로지 이롭기 때문에 바쳐지는 것이다.'라고 한 것은 무슨 의미입니까?

【답변】 정성은 강건함이 밖으로부터 와서 안에서 주인이 되는 것이다.[5] 마음으로 기뻐하며 좋아하는 것에서 정성이 생기니, 이에 능히 마음을 당겨서 나아가는 것이다. 정성이란 착근한 곳은 없지만 기력이 있으며 붙잡으려 해도 형체가 없고 찾으려 해도 실마리가 없으며, 아무리 교묘한 힘이라도 영향을 미칠 곳이 없다. 진실로 자기 마음에 이로움을 느끼지 못한다면 좋아할 수가 없다. 좋아하지 않는다면 아무리 억지로 하려고 해도 그의 마음이 끝내 꼭 달라붙지 못한다. 억지로 하는 것과 마음에 달라붙지 않는 것은 정성이 될 수 없다. 진실로 자기 마음에서 이로움을 느끼면 좋아하게 되고, 좋아하면 겉으로 좋아하는 척하지 않으며 힘쓰지 않더라도 저절로 정성스럽게 된다. 그러므로 정성이란 오직 이롭기 때문에 바쳐지는 것이다.

---

5 정성은 …… 것이다 : 『주역』, 「무망괘(无妄卦)」의 단전(彖傳)에 나오는 말이다. "무망은 강이 밖으로부터 나와서 안의 주인이 되니, 움직여 굳건하고, 강이 중정해서 응하여, 크게 형통하고 바르게 하니, 하늘의 명이다〔无妄, 剛自外來, 而爲主於內, 動而健, 剛中而應, 大亨以正, 天之命也〕."라고 하였다.

【물음】 천지의 마음은 이로움을 위주로 하고 해로움을 멀리한다는 말은 무슨 의미입니까?

【답변】 천지의 마음은 생을 좋아하는 데〔好生〕 있을 뿐이다. 호생은 이로움의 지극한 것이다. 따라서 복괘(復卦)의 '허물을 고치고 선으로 나아간다〔改過就善〕.' 함은 곧 해를 멀리하고 이로움을 구함이다. 그래서 '천지의 마음을 볼 수 있다.'[6]고 한 것이다. 건괘(乾卦)에서 이르기를, '건은 처음부터 미리(美利)로 천하를 이롭게 하되 이로운 바를 말하지 않은'[7] 까닭은 하늘의 기화(氣化)를 말한 것이기 때문이다. 곤괘(坤卦)에 있어서는 곧바로, '이로움을 위주로 한다.'[8]라고 하였으니, 땅이 형체를 이루어 준 것을 이름이다. 하늘이 낳고 땅이 이루어 주는 것은 이로움을 주로 하고 해로움을 멀리하기 때문이다.

【물음】 인간과 짐승의 본성은 이로움을 좋아하고 해로움을 싫어한

---

6 천지의 …… 있다 : 『주역』, 「복괘(復卦)」의 단전(彖傳)에 나오는 말이다. "부, 형은 강이 돌아옴이니, 움직여 순응함으로써 행함이라. 이 때문에 출입에 병이 없어서, 친구가 와야 허물이 없느니라. 그 도를 반복하여 7일에 와서 회복한다는 것은 하늘의 행함이요, 갈 바를 둠이 이롭다는 것은 강이 자라는 것이니, 부에 그 천지의 마음을 볼진저〔復, 亨, 剛反, 動而以順行, 是以出入无疾, 朋來无咎. 反復其道, 七日來復, 天行也. 利有攸往, 剛長也. 復, 其見天地之心乎〕."라고 하였다.
7 건은 …… 않은 : 『주역』, 「건괘(乾卦)」의 문언전(文言傳)에 나오는 말이다. "건원이라는 것은 시작해서 형통한 것이고, 이정이라는 것은 성과 정이다. 건의 시작함은 능히 미리로써 천하를 이롭게 하니라. 이로운 바를 말할 수 없으니, 크도다〔乾元者, 始而亨者也, 利貞者, 性情也. 乾始能以美利利天下, 不言所利, 大矣哉〕."라고 하였다.
8 이로움을 위주로 한다 : 『주역』, 「곤괘(坤卦)」의 괘사(卦辭)에 나오는 말이다. "곤은 원하고 형하고 이하고 암말의 정함이니, 군자가 갈 바를 두느니라. 먼저 하면 아득하고, 뒤에 하면 얻으리니, 이로움을 주창하니라. 서남은 벗을 얻고 동북은 벗을 잃으니, 안정하여 길하리라〔坤, 元, 亨, 利牝馬之貞. 君子有攸往, 先迷, 後得, 主利. 西南得朋, 東北喪朋. 安貞吉〕."라고 하였다.

다는 말은 무슨 의미입니까?

【답변】 성(性)이란 하늘이 부여한 것이기 때문에 삶을 좋아하고 죽음을 싫어하며 얻는 것을 좋아하고 잃는 것을 싫어하며, 이루어지는 것을 좋아하고 이지러지는 것을 싫어하며, 편안함을 좋아하고 위험을 싫어한다. 그렇기 때문에 '이로움을 좋아하고 해로움을 싫어한다.'라고 말한 것이다. 이는 짐승과 인간이 하늘로부터 똑같이 얻은 본성이다. 그러므로 오로지 능히 이로움을 좋아하고 해로움을 싫어하는 까닭에 선(善)이라고 말한 것이다. 이로움을 좋아하고 해로움을 싫어하는 마음을 확대하여 만물에까지 미치니, 충서(忠恕)라고 이르는 것이다. 그래서 본성을 따르는 것을 도라고 일컬었던 것이다.[9]

요임금이나 걸도 본성은 마찬가지이다. 그러므로 군자와 소인의 도는 그 근본이 본성에서 나와 이로움을 좋아하는 것을 위주로 하는 데 있어서도 마찬가지이다. 군자는 이 마음을 확대해서 실시함에 있어서 공평하고 원대하게 하며 소인은 이 마음을 확대해서 실시함에 있어서 한쪽으로 치우쳐 편협하다. 공평하고 원대하면 분명하고 선하게 되며 한쪽에 치우쳐 편협하면 어둡고 악하게 되니, 이것이 군자와 소인의 구분이 된다. 이로움을 혼자 독차지하면 이로움이 없어지게 된다. 그러므로 아무리 소인이라도 이로움을 독차지하려는 마음을 가지면 또한 확대하여 남에게 미치게 하지 않을 수 없지만, 그것은 자기 무리에 그칠 따름이다.

【물음】 먼저 물고기와 새, 바람과 물로 나와 다른 사람들을 비유한

---

9 본성을…… 것이다 : 『중용』 1장에 나오는 말이다. "하늘이 명한 것을 성이라 하고 성에 따름을 도라 하며, 도를 닦는 것을 교라고 한다〔天命之謂性, 率性之謂道, 修道之謂敎〕."

말은 무슨 의미입니까?

【답변】 물고기는 연못에서 벗어날 수 없고 새는 바람 없이는 날 수 없다고 한 것은 서로 의존해서 벌어짐이 없어 삶을 누리는 바탕이 되니 어긋나거나 벗어날 수 없다는 말이다.

【물음】 뒤에서 가축을 기르고 곡식을 가꾸는 것으로 백성에 대한 이로움을 비유한 말은 무슨 의미입니까?

【답변】 무릇 오곡과 육축을 잘 보살펴서 몸이 수고로움을 마다하지 않는 것은 이로움을 증식시키기를 구함이요, 곡물과 포목, 재화 등속을 절약하고 저축하는 것은 이로움이 오래가기를 도모함이다. 처자나 딸린 식구들에 있어서도 먼저 은덕을 베푼 다음이라야 보답을 바랄 수 있다. 이 점은 어리석은 어른이나 유치한 아이라도 다 아는 바이다. 그런데 유독 백성에 대해서는 길러 주지 않고 마구 빼앗으려 들고 도움을 베풀지 않고 끝까지 차지하려고 들면 이야말로 물정을 모르는 자이다.

【물음】 인의는 나를 비쩍 마르게 하고 남을 살찌우는 것이 아니라고 한 말은 무슨 의미입니까?

【답변】 무릇 자신에게 손해를 끼치고 남을 이롭게만 하는 것은 이미 인정이 아니다. 인정이 아니면서 도가 되는 경우는 없었다. 또한 도가 아니면서 인의가 된 경우도 없었다. 저 일시적인 동정으로 인을 삼고 굳센 척하는 것으로 의를 삼으며 각박하게 굴고 얽매이고 번쇄하고 악착한 자들은, 밖으로 남에게 이로움이 되기에 부족하면서 안으로 자신에게 손해만 끼치며, 밖으로 고상한 사람이라는 허명을 얻으면서도 안으로 실제 화를 받게 된다. 그러므로 대도(大道)의 적이다. 남에게 이로움이 되기에 부족하면서 허명을 얻는 까닭에 천하에 고명한 자에게는 대단치 않게 생각되고, 스스로 손해를 보면서 실제로 화를 입게 되므로

천하의 사람들은 겉으로는 그 명성에 순종하는 것 같지만 실제로는 원하지 않는다. 인의가 천하에 밝혀지지 않은 것은 이런 사람들이 그렇게 만들었기 때문이다.

자기는 본(本)이요 타인은 말(末)이며 자기는 체(體)요 타인은 용(用)이다. 그러므로 자기를 굽혀서 능히 타인을 곧게 하고 자기에게 손해를 끼치면서 능히 남을 이롭게 하는 것은 있을 수 없다. 그러므로 일이 작고 조목이 많아 피차가 모두 이롭지 못한 경우가 있으면, 성인은 이해의 경중을 잘 살펴서 가벼운 쪽을 버리고 무거운 쪽을 취하는 것이다. 그런 까닭에 자기에게는 손해가 되면서 남에게는 이로운 때가 있고, 남에게는 손해가 되면서 자기에게 이로울 때도 있는데, 귀결되는 곳은 인의의 본뜻에서 어긋나지 않는다. 이것이 곧 복괘(復卦)의, '출입에 해가 없으니 그 도를 다시 회복한다.'는 뜻이다.[10]

성인의 권도는 그 자신의 대두뇌(大頭腦)로 큰 주판을 두드려서 전체를 계산해야 할 것이니, 한마디로 말하면 세상 사람들과 이로움을 함께 누리는 데 있다. 남에게 손해를 끼치면서 자기를 이롭게 할 수 없고, 또한 자기에게 손해를 끼치면서 남을 이롭게 할 수도 없다. 성인은 바른 길을 추구하니, 정도가 아니면 서지 않고 권도가 아니면 나갈 수가 없다. 그러므로 권이란 정으로 가기 위한 방도이다. 선천은 삶을 따라서 후천을 끌어오고, 후천은 역극(逆克)을 해서 선천을 이루니, 정도는 선천이요 권도는 후천이다. 그러므로 대덕(大德)은 방향을 바꾸지 않고 소덕

---

10 복괘의 …… 뜻이다: 『주역』, 「복괘(復卦)」의 괘사(卦辭)에 나오는 말이다. "복은 형통하니 출입에 병이 없어서, 벗이 와야 허물이 없느니라. 그 도를 반복해서 7일에 와서 회복하니, 갈 바를 둠이 이로우니라〔復, 亨. 出入无疾, 朋來无咎, 反復其道, 七日來復. 利有攸往〕."라고 하였다.

(小德)은 유통하는 것이다.

【물음】 이로움의 지엽말단만 보고 근본에 어두웠다고 하는 것은 무슨 의미입니까?

【답변】 유독 오패와 도척만 그러한 것은 아니니, 천하 사람 모두 그렇지 않은 이가 없다. 더러는 인의가 가져오는 명예를 좋아한다든지 더러는 인의를 행하지 않아 화가 생기는 것을 두려워하여 억지로 인의를 행하고 있다. 이런 경우는 참으로 인의를 좋아하는 것이 아니다. 이런 사람들은 인의의 헛된 이름만 보고 인의가 참으로 이로운 줄을 알지 못한다. 또 이런 사람들은 인의를 행하지 않으면 화가 되는 줄은 알지만 인의가 복이 되는 줄은 알지 못한다. 그런 까닭에, '지엽말단만 보고 근본에 어두웠다.'고 한 것이다. 이와 같은 자들은 그 실상이 속을 가리고 겉만 꾸며서 그럴듯하게 드러내는 사람이 아니면 필시 태만에 빠져 스스로 포기하는 사람일 것이다. 이 온 천하와 만세를 살펴보건대 소인의 나쁜 뿌리는 오직 여기에 있다.

유군이 나의 말을 다 듣고 나서 일어나 말하기를,
"선생님은 도를 아시는 분입니다."
라고 하였다. 이에 나는 이렇게 말했다.
"아니다. 그럴 리가 있는가. 도를 안다고 말할 수 있는 분은 실로 돈독히 실천하여 중(中)을 얻은 사람일 것이다. 어찌 말만 제대로 하는 사람을 가리키는 것이겠는가. 학문을 좋아하고 생각을 깊이 하는 점이라면 있을지도 모르겠다."

2

성취옹설
醒醉翁說

무릇 취해 있으면 깬 것이 아니요, 깨어 있으면 취한 것이 아니다. 깬
상태와 취한 상태는 서로 어긋나서 끝내 함께 공존할 수 없는 것이다.
이상하다! 옹은 어째서 성취옹(醒醉翁)이라고 자호를 하였을까?

옹은 하늘로부터 타고난 모양이 참으로 이상하다. 그의 얼굴을 보면
오른쪽은 붉고 왼쪽은 희어서 오른쪽은 취한 듯하고 왼쪽은 깨어 있는
듯하다. 옹의 오른쪽에 있는 사람은 그의 취한 모습을 볼 것이요, 옹의
왼쪽에 있는 사람은 그의 깨어 있는 모습을 볼 것이다. 다만 보는 자가
그럴 따름이다. 옹의 마음은 실로 아득하여 취한 것인지 깨어 있는 것인
지 알기 어렵다. 곧 옹이 양면을 아울러 호를 삼아도 안 될 것이 없는
이유이다. 옹의 얼굴은 깨어 있는지 취해 있는지 분별할 수 없는데 옹의
마음은 더욱 알 수 없는 면이 있다.

무릇 천 리를 가서 무명지를 펴 줄 수 있는 사람을 구하고,[11] 백 금을
들여서 손등이 터지지 않는 처방을 사려고 하는 것[12]은 인간의 상정(常
情)이다. 지금 얼굴에 있는 병은 손등이나 손가락처럼 사소한 것이 아니
로되 치료할 방도를 구하지 않고 도리어 기뻐하여 자호를 삼는다니, 이

---

11 무명지를 …… 구하고 : 『맹자』, 「고자 상(告子上)」에 나오는 말이다. 무명지가 잘 펴지지
  않는 사람이 있는데 그것을 치료해 줄 수 있는 자가 있다면 먼 길을 마다하지 않고 찾아간
  다는 이야기다. 무명지는 네 번째 손가락인데 비교적 적게 쓰는 것이기 때문에 이를 비유
  로 든 것이다. 정작 마음속에 든 중요한 병은 무관심하다는 이야기이다.
12 백 금을 …… 것 : 『장자(莊子)』, 「소요유(逍遙遊)」에 나오는 말이다. 옛날 어떤 사람이
  겨울에도 손등이 터지지 않는 비방이 있었는데 그는 이 처방을 가지고 대대로 빨래하는
  일을 하는 데 그쳤다. 어떤 자가 그 처방을 백 금을 주고 사서 겨울철에 수전(水戰)을
  하는 나라의 임금에게 제공하여 큰 공을 세웠다고 한다.

어찌 장주(莊周)의 '형해를 자기의 밖으로 하는 것〔外形骸〕'[13]과 마찬가지가 아니겠는가?

또한 도도하게 취할 적에는 화(和)의 성자와 같고 말짱하게 깨어 있을 적에는 청(淸)의 성자와 같다. 유추해서 구해 본다면 유하혜(柳下惠)와 백이(伯夷)가 각기 해당할 것이다.

옹은 일찍이 과거 공부에 힘을 썼으나 누차 응시하여 누차 낙방하였으되 태연하여 마음에 빗나가거나 성을 내는 기색이 없다. 이 점으로 보면 유하혜의 부류라고 볼 수 있다. 늘그막에 산림 속에 은둔하여 세상을 떠나 궁벽하게 지내며 개결하여 때 묻지 않은 절조를 지녔으니 이는 백이의 풍모이다.

이를 통해 보건대 옹은 얼굴만 깨고 취함을 겸해서 가지고 있는 것이 아니요, 옹이 품은 도 또한 깬 것과 취한 것을 아울러 가지고도 어긋남이 없다.

그런데 사람들은 당초 옹이 깨어 있는가 취해 있는가를 알지 못하거늘, 어찌 또 백이도 되고 유하혜도 되는지 분변할 수 있을 것인가? 옹이 당초에 무엇이 깬 상태인지 무엇이 취한 상태인지를 알지 못하거늘, 또 무엇이 백이요 무엇이 유하혜인 줄 분간할 수 있을 것인가?

아, 슬프다! 옹과 같은 분은 참으로 무엇이라 함부로 일컫고 마음대로 헤아릴 수 없다. 대개 옹이 하는 일은 옹 또한 스스로 알지 못하니, 다른 사람들 또한 끝내 옹을 알지 못할 것이다.

나는 옹과 일면식이 없다. 다만 옹의 풍모를 듣고 마음속으로 좋아한 까닭에 멀리서 그를 위해 이 글을 지어 보낸다.

---

13 형해를 …… 것〔外形骸〕 : 『장자』, 「대종사(大宗師)」에 나오는 말이다. 형해란 육신을 가리키는 것으로 정신적 주체를 내(內)라고 볼 때 육체는 외(外)에 해당한다. 자기의 절대적 자아를 지켜 모든 것을 밖으로 돌릴 때 진정한 자유를 얻을 수 있다고 주장한 것이다.

제발(題跋)

오자서전¹ 뒤에 쓰다
伍子胥傳後題

전(傳)에 이르기를 "부불수주(父不受誅)면 아들은 복수할 수 있다."²라고
하였다. 군자는 사적인 일로 의(義)를 해칠 수 없다. 만약 죄 없이 죽임
을 당했다면 의리로 보아 복수할 수 있지만, 합당한 죄로 죽임을 당했다
면 아무리 부자 관계라 할지라도 감히 사적으로 편당을 지어 의리를 배
반할 수 없는 것이다. 오자서(伍子胥)가 초(楚)나라에 복수한 것은 그럴
만하다 하겠다. 그런데 평왕(平王)이 이미 사망하여 복수를 하려 해도
그 대상이 없으며, 계승한 왕에게 원한을 갚으려 한 것은 아니었기 때문
에 그 시신에 채찍질을 했던 것이리라. 일이 비록 정도는 아닐지라도 군
자는 그의 뜻을 용서할 수 있을 것이다. 만약 오자서가 신하로서 초나라
임금을 섬겨 일찍이 현달하였으면 또한 자기 아비를 위해 임금을 해칠
수 없는 법이다.

---

1 오자서전 : 『사기』, 「오자서열전(伍子胥列傳)」을 말한다. 오자서(伍子胥, 기원전 559?~
  기원전 484)는 원래 초(楚)나라 출신으로 오(吳)나라에 가서 큰 공을 세운 인물이다. 이름은
  원(員)이며 자서(子胥)는 자이다. 그의 아버지 오사(伍奢)는 초나라 평왕(平王) 때 태부(太
  傅)의 지위에 있었는데, 태자 옹립의 문제로 내분이 일어나서 평왕에게 죽임을 당했다.
  이에 오자서는 오나라로 망명, 오왕(吳王) 합려(闔閭)를 도와 오나라를 강성하게 한 다음
  초나라를 쳐서 수도를 함락시켰다. 평왕은 이미 죽은 뒤라서 그의 묘에서 시체를 꺼내
  채찍질을 가했다고 한다. 사마천은 「오자서열전」에서, 억울하게 죽은 아버지와 형의 원수를
  갚기 위해 초나라를 등지고 오나라로 들어온 오자서에 대해 작은 의리를 버리고 큰 치욕을
  씻었다며 높이 평가하였다.
2 부불수주(父不受誅)면 …… 있다 : 『춘추공양전(春秋公羊傳)』 정공(定公) 4년에 나온다.
  '부불수주(父不受誅)'는 아버지가 죄 없이 부당하게 죽임을 당한 경우를 가리키는 말이다.

2 한열후세가[3] 뒤에 쓰다

漢列侯世家後題

옛날에는 제후가 죄가 있어 죽임을 당하는 경우, 반드시 그의 아들이나 아우, 조카 중에서 어진 자를 구하여 계승하도록 했다. 자손의 죄과로 그 선세(先世)를 폐하지 않은 것이다. 한(漢)나라에 이르러 제후들이 죄를 지으면 바로 그 나라를 없앴으니, 의로운 형벌이 아니요 땅을 탐낸 것이다. 사람을 살해하고 재물을 빼앗아 도적질을 하는 것과 무엇이 다르랴! 마침내 울타리가 없어진 모양이 되었다. 왕망(王莽)[4]이 제위를 찬탈함에 이르러서는 머리를 땅에 조아리며 바람이 휩쓸리듯 무너졌으니, 어찌 슬프지 않은가? 여후(呂后)가 세력을 떨치던 시대에 만약 반석처럼 튼튼한 종실이 없었다면, 여산(呂産)·여록(呂祿)이 어찌 왕망처럼 되지 않았겠는가?[5]

---

3 한열후세가 : 『사기』 권55의 「유후세가(留侯世家)」를 말한다. 유후(留侯)는 한나라의 개국공신 장량(張良, 기원전 250?~기원전 186)이다.

4 왕망(王莽, 기원전 45~기원후 23) : 한나라 황실의 척족으로서 권력을 장악하여 마침내 선양(禪讓)의 방식에 의해 스스로 제위에 오른 인물이다. 나라 이름을 신(新)으로 바꾸고 개혁적 정치를 시행하려 하였으나 결국 각 지방에서 일어난 반란에 의해 멸망하고 말았다. 왕망의 선양 이전을 서한(西漢), 이후를 동한(東漢) 또는 후한(後漢)으로 일컫게 되었다.

5 여후(呂后)가 …… 않았겠는가 : 여후는 한나라 고조(高祖)의 부인으로 본래 성이 여씨(呂氏)이기 때문에 여후로 일컬어진다. 여산(呂産)과 여록(呂祿)은 여후의 친정 동생들이다. 고조가 죽고 아들 혜제(惠帝)가 제위에 오르자 여후가 실권을 장악하고 자신의 친정인 여씨 일족을 중용하였다. 그래서 한때는 여씨의 세력이 크게 떨치고 한나라가 멸망의 위기에 이르렀으나, 여후가 죽자 곧 한나라의 옛 공신들에 의해서 여씨 일족이 제거되었다.

화식전⁶ 뒤에 쓰다

題貨殖傳後

나는 「화식전」을 읽고 나서 적이 오늘의 세상에 느낀 바 있어 그 글의 끝에 다음과 같이 쓴다.

식량과 물화는 사람이 의지해서 살아가는 근원이니, 어찌 중요하다고 보지 않겠는가! 그러나 다투어 소송을 벌이거나 간교하고 사특해지며 화란과 실패를 부르는 실마리가 항시 이로 말미암아 일어난다. 이런 까닭에 군자는 처신하기를 의리로 하며, 지키기를 명분으로 하며, 오로지 재화와 이익만 힘쓰는 짓을 행하지 않는다. 어찌 여력이 있어 재화를 멀리한 것이겠는가? 돌아보건대 그것은 잘못 들어가서 잘못 나오는 것을 혐오하기 때문이다.

또한 저 재화의 증식에 힘쓰는 경우 대부분 자신의 이익을 좇아 오욕을 피하지 않고 밑바닥에 처해서 오직 예의를 내던지고 염치도 없이 도굴이나 일삼으며 눈치를 잘 살펴 행동하는 자라야 능력을 발휘할 수 있다. 그러므로 맑은 선비는 하지 않는 법이다.

무릇 인물과 재화는 세상에서 서로 경중(輕重)이 엇갈리게 된다. 잘 다스려진 세상이 되면 어진 인물을 구하는 데 급하니, 참으로 어진 인물이라면 부귀와 명예는 저절로 따라오게 된다. 그런 까닭에 인물은 중하고 재화는 가벼워져 선비들은 가난을 부끄러워하지 않고 불초(不肖)함을 걱정하는 것이다. 세상이 혼란해지면 일이 부정한 방법으로 이루

---

6 화식전: 『사기』 권129, 「화식열전(貨殖列傳)」을 말한다. 그 내용은 춘추 시대 말기부터 한나라 초반에 이르기까지 상공업으로 부를 이룬 인물들의 사적을 다룬 것이다.

어져서 재물의 이익으로만 치닫게 된다. 부를 얻으면 기세등등해져서 구하는 대로 이루어지니, 아무리 변수(卞隨)와 백이(伯夷)[7] 같은 인물이 있다 할지라도 채용되지 않을 것이다. 이런 까닭에 인물이 가벼워지고 재화가 중하게 되어, 선비들은 가난을 부끄럽게 여기고 행실을 돌아보지 않게 된다. 이 양자의 경중을 살펴보면, 치세인지 난세인지 잘 드러난다. 때문에 밝은 임금이 천하를 다스림에 있어서는, 반드시 인물이 귀하고 재화가 천하게 되도록 만들어 염치가 생기도록 하였던 것이다. 「화식전」이 지어진 것은 한나라가 쇠운(衰運)에 접어든 때이리라! 슬프다! 독행군자(獨行君子)[8]가 어찌 쇠퇴한 세상의 습속에 휩쓸려 이익과 권세에 자기의 중심이 흐트러지고 자신의 행실과 의리가 이지러지게 할 것인가?

---

7 변수(卞隨)와 백이(伯夷) : 중국 고대의 청사(淸士)로 이름 높은 인물들이다. 변수는 은(殷)나라 탕왕(湯王) 때의 인물로 탕왕이 천하를 양보하겠다고 말했으나 받지 않았다고 한다. 백이는 은나라가 망할 시기의 인물로 원래 고죽국(孤竹國)의 왕자였다. 당초에 왕위를 아우인 숙제(叔齊)에게 양보하였으나 숙제 또한 받지 않았으며, 은나라가 망하자 두 형제는 수양산(首陽山)에 들어가 은거했다고 한다.
8 독행군자(獨行君子) : 어려운 세상에 처해서 홀로 자기의 주체를 지킨 선비를 일컫는 말이다. 『맹자』, 「등문공 하(藤文公下)」에 "뜻을 얻으면 백성과 더불어 실천하고, 뜻을 얻지 못하면 홀로 자신의 도를 행한다[得志, 與民由之; 不得志, 獨行其道]." 하였다.

4 **조조전[9] 뒤에 쓰다**
鼂錯傳後題

내가 일찍이 건문제(建文帝)와 제태(齊泰)·황자징(黃子澄)의 일을 논하면서 조조(鼂錯)의 죄에 대해 대략 언급한 바 있다.[10]

경제(景帝)가 처음 즉위하였을 때 조조는 신임받는 신하였지만, 군주의 덕화와 은혜를 펴서 천하를 안정시킬 것은 생각하지도 않고 진(秦)나라를 망친 신불해(申不害)와 상앙(商鞅)의 법술을 써서 오로지 각박하게 근친의 관계에 있는 제후들을 약화시키려고 하였다. 결국 반란을 일으키는 데로 몰아가 거의 사직을 망하게 하는 데 이르렀으니, 그의 죄는 실로 일족을 멸하는 데 해당한다. 바야흐로 7국이 반기를 들어 조조를 주벌하는 것으로 명분을 삼아 의리를 표방한 진양지갑(晉陽之甲)[11]이 되었으니, 앞서 원사(袁絲)[12]의 계책을 쓰지 않았으면 한나라와 오(吳)나라의 승패는 어찌될지 알 수 없었을 것이다.

---

9 조조전(鼂錯傳): 『사기』권101, 「원앙조조열전(袁盎鼂錯列傳)」에 수록된 조조(鼂錯, 기원전 200~기원전 154)의 전기이다. 조조는 한(漢)나라 때 영천(潁川) 사람으로, 상앙(商鞅)·신불해(申不害)의 형명학(刑名學)을 연구하였고 복생(伏生)에게 상서를 배웠다. 경제(景帝) 때 어사대부가 되어 제후의 봉지를 삭감하도록 주청하였는데 오(吳)·초(楚) 등 칠국(七國)이 그를 죽이겠다는 구실로 난을 일으키자 원앙(袁盎)의 진언에 의해 동시(東市)에서 참형되었다.

10 내가 …… 있다 : 본서 권3에 실려 있는 「진건문평연책(進建文平燕策)」을 가리킨다.

11 진양지갑(晉陽之甲) : 조정에 불만을 품은 반란군을 지칭한다. 춘추 시대 진(晉)나라의 조앙(趙鞅)은 진양(晉陽)에서 임금의 주변을 깨끗하게 한다는 명분으로 군대를 일으켜 순인(荀寅)과 사길석(士吉射)을 축출한 일이 있었다.

12 원사(袁絲) : 원앙(袁盎, 기원전 200?~기원전 150?)을 가리킨다. 사(絲)는 자이다. 성품이 강직하여 '무쌍국사(無雙國士)'라는 호칭이 있었다. 경제 때 칠국의 난이 일어나자 조조를 참수할 것을 건의한 공으로 태상(太常)에 봉해졌다.

조조가 주벌을 당한 뒤에도 오나라의 반군은 물러나지 않았으니, 곧 자신들이 내세운 명분을 잃고 역적이 된 것이다. 비록 오군의 장졸이라도 나갈 방도가 없어 그네들의 사나운 기세는 꺾여서 사그라졌다.

무릇 기세가 떨치면 힘은 하나로 모이고, 기세가 꺾이면 마음도 흩어지는 것이 백성들의 심리이다. 대개 거병을 하고 나서 명분을 잃게 되면 역적이란 이름을 듣게 되니, 그러고도 성공한 자는 일찍이 없었다. 그렇지 않고 오·초의 대군에게 처음 떨쳐 일어선 날카로운 기세가 그대로 있었더라면, 양왕(梁王)의 장척의 성[13]이나 주아부(周亞夫)의 높이 쌓은 담장[14]이라 할지라도 굳게 지켜 깨지지 않았을 것이라고 장담할 수 있겠는가! 그래서 나는 앞서 "원사(袁絲)의 계책을 쓰지 않았으면 한나라와 오나라의 승패는 어찌 될 지 알 수 없다."고 말한 것이다. 이렇게 보면 등공(鄧公)의 발언[15] 역시 잘못이라 하지 않겠는가.

혹자는 이르기를,

"오나라는 반란 획책을 끝내 그만둘 수 없었는데, 반란이 늦게 일어났으면 화가 커졌을 것이다. 이 점은 어떻게 볼 것인가?"

하니, 나는 다음과 같이 말했다.

"오나라가 반란을 도모한 것은 오래된 일이다. 문제(文帝)의 은혜가 두터웠던 까닭에 반란의 명분이 없었으므로 감히 일어서지 못했던 것이

---

13 양왕(梁王)의 장척의 성 : 양왕은 한 경제의 동생 유무(劉武, ?~기원전 144)로, 오·초 등 칠국의 반군이 장안을 공격할 때 성을 견고하게 지켜 냈다.

14 주아부(周亞夫)의 …… 담장 : 세류영(細柳營)을 가리킨다. 세류영은 주아부가 세류(細柳) 땅에 주둔하였을 때 쳤던 군영(軍營)인데, 군율이 매우 엄격하여 문제가 순시차 왔을 때에도 문지기가 쉽사리 군문을 열어 주지 않았다고 한다.

15 등공(鄧公)의 발언 : 오·초 등 칠국의 반란을 평정하고 나서, 등공은 황제를 만나 조조를 충신으로 추켜세운 바 있다(『사기』, 「원앙조착열전(袁盎晁錯列傳)」).

다. 경제로서도 관계를 좋게 가졌다면 오왕은 늙었으므로 미적미적하다
가 죽을 수도 있었을 것이요, 그렇지 않으면 중앙의 관리를 파견하여 체
포할 수도 있었을 것이다. 오왕은 마침내 어찌할 계책도 없고 황제의 명
에 거역할 수도 없었을 것이다.

형산왕(衡山王)과 회남왕(淮南王)은 모두 반란을 획책한 기간이 짧지
않았으되, 한 사람의 관리를 파견해서 잡아가려 하매 다 머리를 조아리
고 주벌을 당했으니 이 또한 지난 사적에서 분명한 증거로 들 수 있다.
설령 천자의 명을 거역하여 반란을 일으키는 자가 있더라도, 오(吳) 하
나뿐이었을 것이요, 어찌 7국이 함께 일어나는 일이 있었겠는가? 그렇지
않다면 장수를 파견하여 기습해 취하되, 운몽택(雲夢澤)에 놀러 나간 척
하는 것[16]도 모두 형편대로 실행할 수 있는 것이다. 계책을 이렇게 쓰지
않고 도리어 격동시켜 반란을 일으키게 한 것은 무엇 때문인가? 제후들
의 땅을 침입하고 깎아 내어 화를 북돋아 합세하여 반란을 일으키도록
한 것은 무엇 때문인가? 소인이 대체(大體)를 모르는 것이 이렇게 심하
다. 소인이 화를 끼치는 것은 이루 말로 다할 수 없는 지경이다.

건문제는 제태와 황자징을 죽이지 않아서 마침내 나라를 잃어버리는
데 이르렀으니, 슬프도다!"

---

16 운몽택(雲夢澤)에 …… 것: 운몽택은 동정호(洞庭湖)의 별칭이다. 한나라 고조(高祖)가
 초왕(楚王) 한신(韓信)이 모반하려 한다는 밀고를 받고 옛날 천자가 제후국을 순수(巡狩)
 하던 예에 따라 운몽택의 유람을 가장하여 제후들을 모이게 하고 한신을 사로잡은 일을
 말한다(『자치통감(資治通鑑)』 권11).

5 나는 전겸익(錢謙益)¹⁷의 문집을 읽고 그의 바르지 못한 말이 덕을 해칠까 두려워 그 가운데 더욱 도리에 어긋난 것을 드러내 비판한다.

余讀錢謙益文集, 懼其佞言亂德, 輒表其尤悖於道者而辨焉

「향언(嚮言)」¹⁸에 이르기를, "인주(人主)는 유자(儒者)의 학문을 배울 것이 없다."고 하였다. 이에 나는 다음과 같이 비판한다.

"성(性)을 따르는 것이 도(道)가 되나니, 도는 하나요, 도를 닦는 것이 가르침〔敎〕이니, 가르침은 하나요, 가르침에 승복하는 것이 학문이니, 학문은 하나이다. 그런 가운데 하나로 될 수 없는 것이 있다면 곧 이단(異端)이다. 사람의 학문에 어찌 다름이 있을 수 있겠는가? 군자라는 것은 지목하여 일컫는 것이니, 아래에 있으면서 덕이 있는 자를 일컫는 말이다. 건괘(乾卦)에 있어서 구이(九二)는 인신(人臣)에 해당하는 것이지만 임금의 덕이라고 할 수 있다.¹⁹ 윗사람의 학문과 아랫사람의 학문이 어찌 다름이 있겠는가? 나는 비루한 유자가 나라를 망치게 될 것이 두렵다."

---

17 전겸익(錢謙益, 1582~1664) : 자는 수지(受之), 호는 목재(牧齋), 강소성(江蘇省) 상숙(常熟) 출신이다. 명 말의 대표적인 문학가로서 예부상서(禮部尙書)를 역임하였다. 명의 신하로서 청에서 벼슬하여 계속 높은 지위를 누렸는데 그의 사후 그가 남긴 글 속에서 반청(反淸)적인 내용이 들어 있다 하여 관작이 박탈되고 저작도 금서(禁書)가 되었다. 문집으로 『초학집(初學集)』, 『유학집(有學集)』이 있으며 『열조시집(列朝詩集)』을 편찬하기도 했다.

18 향언(嚮言) : 『초학집』 권23에 실려 있다.

19 건괘(乾卦)에 …… 있다 : 『주역』, 「건괘(乾卦)」의 두 번째 효사(爻辭)에는 "見龍在田, 利見大人."이라 나와 있다. 용은 군왕의 상징인데 '현룡재전'이란 아직 신하의 지위에 있는 상태이며, '이견대인은 군왕으로서 큰 덕을 지닌 신하를 만나거나 신하로서 큰 덕을 지닌 군왕을 만나는 것이 다 크게 이롭다는 뜻이다.

6

점필재집을 읽고 느낌이 있어 지음[20] 계해년(1863)

讀佔畢齋集有感而作 癸亥

천하에 도가 있으면 법으로 죄를 벌하고, 천하에 도가 없으면 폭력으로 악을 제거함이 하늘의 도이다.

어진 자가 위에 있고 불초한 자가 아래에 있으면 허물이 없는 자가 많고 죄 있는 자는 드물다. 권력과 법제가 어진 자에게 있으면 족히 간악함을 제압하여 법으로 죄를 벌할 수 있다. 위는 어두워 밝지 못하고 아래는 중용지덕(中庸之德)을 잃어 세속이 거짓되고 행동이 어긋나서 법으로 제압할 수 없게 되면 폭력으로 악을 제거할 수밖에 없다.

악이란 무엇인가? 행동이 너무 지나치거나 미치지 못하면 한결같이 악으로 돌아가는 것이다. 천도는 중(中)을 지키는 자에게 복을 내리고 중을 지키지 못하는 자에게 화를 내리며, 중을 심히 벗어나는 자가 많아 제압할 수 없는 경우에는 하늘이 이에 폭력을 빌어서 한번 싹 쓸어 버린다.

언변이 좋고 행동이 강퍅해서 중을 지키지 못하는 자는 폭군을 만나지 않으면 벌이 행해지지 않으며, 허위와 편벽이 습속을 이루는 경우 폭난(暴亂)을 일으키지 않으면 모조리 없애 버릴 수 없다. 하늘이 어질지 않은 것이 아니요, 죽여 없애야 할 자가 워낙 많아 세상이 법으로 제압할 수 없게 된즉 부득이 폭력을 빌어 제압할 수밖에 없는 것이다. 또한 하늘이 마음이 있어 이렇게 하는 것이 아니요, 사람이 행한 일이 각기

---

20 점필재집을 …… 지음 : 『점필재집』은 김종직(金宗直, 1431~1492)의 문집이다. 그의 제자 김일손(金馹孫)이 그가 지은 「조의제문(弔義帝文)」을 사초(史草)에 수록하였는데, 이 글이 세조의 왕위찬탈을 비판한 것으로 알려지면서 부관참시(剖棺斬屍)를 당하였다.

부류에 따라 불러들여서 저절로 초래된 것이다.

장평(長平)²¹에서는 조(趙)나라 군대 40만 명을, 진시황은 선비들을 파
묻어 죽였으며, 수수(睢水)²²에서 10만 군을 익사시킨 일도 있었으며, 초
옥(楚獄)²³으로 베임을 당하고, 동한(東漢)에서는 선비들이 당화(黨禍)를
입었으며,²⁴ 영가(永嘉)²⁵ 연간에, 하음(河陰)²⁶에서, 백마역(白馬驛)²⁷에서

---

21 장평(長平) : 중국 산서성(山西省) 고평현(高平縣) 서북쪽의 지명이다. 이곳에서 전국 시
대 말기에 백기(白起)가 이끄는 진군(秦軍)에 의해 조괄(趙括)이 이끄는 조군(趙軍) 40만
이 포위를 당한 사실이 있었다. 조나라 군대는 부득이 항복을 하였으나, 백기는 결국
조나라 군대 40만을 모두 땅에 파묻어 죽도록 하였다고 한다(『사기』, 「백기왕전열전(白起
王翦列傳)」).

22 수수(睢水) : 중국 하남성(河南省) 수현(睢縣) 부근을 흐르는 강 이름이다. 이곳에서 항우
(項羽)는 유방의 한나라 군대 10만을 추격하여 모두 물에 빠져 죽도록 하니 이 때문에
수수가 막혀서 흐르지 못하였다고 한다(『사기』, 「항우본기(項羽本紀)」).

23 초옥(楚獄) : 한나라 명제(明帝) 때 일어난 사건이다. 초왕(楚王) 영(英)과 관련해서 일어
난 옥사이기 때문에 초옥이라 일컬어진 것이다. 본서의 「의간초옥서(擬諫楚獄書)」 참조.

24 동한(東漢)에서는 …… 입었으며 : 동한 말기에 일어난 당고(黨錮)의 화(禍)를 가리킨다.
당시 환관들이 발호하여 권력을 남용하고 이응(李膺)·범방(范滂) 등 양심적인 선비들을
파당을 결성한다는 명목으로 탄압하였다. 환제(桓帝)가 죽고 영제(靈帝)가 즉위하면서
척신 두무(竇武)가 환관세력을 제거하려고 하다가 도리어 환관들이 난을 일으켜 두무는
자결해 죽었고 많은 선비들이 죽임을 당하거나 금고에 처해졌다.

25 영가(永嘉) : 서진(西晉)의 마지막 황제인 회제(懷帝)의 연호(307~312)이다. 흉노(匈奴)가
공략하여 낙양(洛陽)을 함락, 군사 10만 명을 학살하였고, 회제는 사로잡혔다. 이로 인해서
화북 지방은 오호십육국(五胡十六國)의 시대가 열렸고, 서진의 왕족 사마씨(司馬氏)는
강남으로 옮겨 새로 동진(東晉)을 건국하였다.

26 하음(河陰) : 중국 하남성(河南省) 맹진현(孟津縣) 부근의 지명이다. 이곳에서 북위(北
魏) 때 이주영(爾朱榮)이 백관 2천여 명을 학살하고 태후(太后)도 함께 체포하여 황하에
던졌다.

27 백마역(白馬驛) : 중국 하남성(河南省) 활현(滑縣) 부근의 지명이다. 당나라 애제(哀帝)
때 배추(裴樞) 등이 주전충(朱全忠)의 전횡(專橫)을 반대하다가 살해당한 사건이 있었다.
이진(李振)이란 자가 주전충에게 "이들은 스스로 청류(淸流)라 하니 황하에 던져 탁류(濁
流)가 되게 하여야 한다."고 사주하여, 30여 명을 백마역으로 불러 죽여 황하에 집어던졌다
한다(『당서(唐書)』, 「배추전(裴樞傳)」).

무수한 사람들이 죽임을 당했고, 정란(靖亂)²⁸에는 선비들이 무고하게 죽었다. 그리고 춘추 시대에 피를 흘린 이래로 싸움에 어육이 되었으니, 적미(赤眉)²⁹·황소(黃巢)³⁰·이자성(李自成)³¹·장헌충(張獻忠)³² 등의 난리로 유린이 되어 씨를 말렸다. 독한 약으로 고질병을 다스리고 뜨거운 불로 악초(惡草)를 태우는 격이니, 하늘이 폭력으로 악을 제거하는 것은 곧 이 이치이다.

악이란 무엇인가? 간혹 청탁(淸濁)에 따라 다른 행동이 있긴 하지만, 자신을 망치고 남을 실패하게 하는 데 충분함은 다름이 없으니 한결같이 악이라고 이르는 것이다. 무릇 자신을 망치는 자는 반드시 남을 실패하게 하며, 남을 실패하도록 만드는 자는 반드시 자신을 망치게 하니, 두 가지의 귀결점이 다른 것은 아니다.

---

28 정란(靖亂) : 명나라 제3대 황제인 영락제(永樂帝) 때 일어난 사건이다. 영락제는 원래 명 태조의 셋째 아들로서 연왕(燕王)으로 봉해졌는데, 자기 조카로서 제2대 황제인 건문제(建文帝)에게서 제위를 찬탈하였다. 이를 반대하던 방효유(方孝孺)와 그의 가족 및 제자 수천 명을 함께 학살한 일을 가리킨다.

29 적미(赤眉) : 서한(西漢)과 동한(東漢) 사이에 일어난 군도(群盜) 집단이다. 왕망(王莽)이 제위를 찬탈하자 세상이 어지러워졌을 때 일어난 반란군의 하나인데, 이들은 눈썹에 붉은 칠을 하였기 때문에 적미적(赤眉賊)으로 일컬어졌다(『한서(漢書)』, 「왕망전(王莽傳)」).

30 황소(黃巢, ?~884) : 당나라 말 반란의 주도자이다. 그는 원래 과거시험에 실패하고 왕선지(王仙芝)가 이끄는 반란 집단에 참여했고, 왕선지를 계승하여 한때는 강남 지역으로부터 수도 장안까지 점령하였으나 실패하였다. 이 무렵 최치원(崔致遠)이 중국에서 활동하여 황소에 대한 선전포고문에 해당하는 「격황소문(檄黃巢文)」을 지은 바 있다.

31 이자성(李自成, 1606~1645) : 명나라 말 반란의 주도자이다. 섬서(陝西) 미지현(米脂縣) 출신으로 1630년(숭정 3) 반란을 일으켜 국호를 대순(大順), 연호를 영창(永昌)이라 하고, 1644년에는 수도인 북경을 함락하였다. 그러다가 청나라에 패하여 결국 호북성(湖北省) 구궁산(九宮山)에서 죽음을 당하였다.

32 장헌충(張獻忠, 1606~1646) : 명나라 말 반란의 주도자이다. 원래 섬서(陝西) 연안부(延安府) 출신으로 한때는 사천성 일대를 장악하고 스스로 대서국왕(大西國王)에 올랐으나, 결국 청나라에 패하여 죽었다.

무릇 사람이 살육하는 것은 사람이 살육하는 것이 아니요 바로 하늘이 살육하는 것이며, 하늘이 살육하는 것은 하늘이 살육하는 것이 아니요 바로 스스로 살육한 것이다. 참으로 스스로 죽고 스스로 망하지 않는 도를 행한다면 하늘이 어떻게 그를 죽일 것인가? 하늘이 죽이지 않는 자를 사람이 어떻게 죽일 수 있겠는가? 반드시 스스로 취한 연후에 하늘이 거기에 응답하고 사람이 거기에 따라서 그 일이 이루어지는 것이다.

높은 데 올라가서 떨어져 죽고 물에 빠져 죽는 것은 고하의 차이는 있지만 그 죽음이 좋지 못한 점에 있어서는 마찬가지이다. 자신을 망치고 남을 실패하게 하는 것이 그 청탁은 차이가 있지만 모두 악인 점에 있어서는 마찬가지이다.

그가 만난 때와 처한 곳의 불행이 말할 수 없이 심한데 자기 능력으로 타개할 수 없는 경우, 구차하게 모면해서 의리에 저촉되는 것보다는 차라리 죽어서 인(仁)을 이루는 편이 낫다. 그래서 끝내 죽고야 말 몸을 기러기털보다 가볍게 던져서 명(名)과 이(利)를 온전히 하였기에 그것을 일러 의(義)라고 하니, 백 대에 걸쳐 본받을 만한 것이 된다. 이를 본받는 자들은 모두 불행이 말할 수 없이 심한 때를 만나 명과 이를 온전히 하였으니 이런 까닭에 인(仁)이라 하는 것이다. 그 의는 정당하여 인을 이루고 그 뜻이 경전에 실려 있으니 그것을 배우면 틀림이 없을 터이다.

버리는 바[육신]는 기러기털보다 가볍고 온전히 한 바[인의]는 태산보다 무거우니, 확실히 자신을 망치고 남을 실패하게 하는 자와는 크게 다르다. 이를 일러 죽어도 죽지 않았다 하니, 용방(龍逢)·비간(比干)·구목(仇牧)·계로(季路)³³와 같은 분들이 그러하다. 성인이 허여하는 바

---

33 용방(龍逢)·비간(比干)·구목(仇牧)·계로(季路): 중국 고대에 대의를 위해 자기 목숨을 바친 충신들이다. 용방은 하(夏)나라의 마지막 임금 걸(桀)에게 간언(諫言)하다 죽임을

요, 백성들이 우러러보는 바요, 천지와 귀신이 동정하는 바이다. 그렇지만 역시 불행한 것이요 소원할 일은 아니다. 불행을 스스로 취하는 자는 오히려 진선(盡善)하지 못한 바가 있다. 그가 의에 처하여 죽은즉 선이라고 하겠지만, 평소에 진선하지 못한 바가 있어 죽음을 면하지 못한 까닭에 불행에 이른 것이다. 만약 죽었는데 의에 정당하지 못한 경우, 곧 자신을 망치고 남을 실패하도록 해서 악이 되는 것이다.

악이란 무엇인가? 자기 아버지를 죽이는 것은 남의 아버지를 죽이는 것보다 더 나쁘며, 자기의 몸을 죽이는 것은 남의 몸을 죽이는 것보다 더 나쁘다. 죽음에도 명리(名利)를 다 잃어버린다면 이를 일러 자신을 망쳤다 할 것이요, 친척에게 누를 끼친다. 이를 본받게 되면 모두 다 명리를 잃어버리고 자기 친척까지 빠져들게 하니, 이를 일러 남을 실패하게 한다고 하는 것이다. 죽음이 의에 합당한 경우 버리는 것은 적고 취하는 것은 크기 때문에 선(善)이라고 이른다. 그럼에도 원하는 바는 아니다. 죽음에 의를 잃게 된다면 온전히 유지해야 할 자신의 몸을 잃고 취할 것도 없어지니, 이는 악이 되는 것이다.

무릇 자신을 죽여서 인을 이루는 것〔殺身成仁〕에 대해서, 성인은 능히 인을 이룸을 훌륭하게 여긴 것이요 자신을 죽인 것을 훌륭하게 여긴 것은 아니다. 자신을 죽이고서 인을 위배한 경우는 크게 선하지 못한 것이다. 『춘추』의 필법에는 대부를 죽였는데 죽여야 할 이유가 있는 경우 그의 이름을 올린다 하였으니 구목은 『춘추』에 그 이름이 올랐던 것

당했고, 비간은 은(殷)나라 주왕(紂王)에게 간언하다 죽임을 당했다. 구목은 춘추 시대 송(宋)나라의 대부로, 군주를 시해한 송만(宋萬)이란 자를 처단하려 도리어 송만에게 죽임을 당했으며, 계로(季路)는 공자의 제자 자로(子路)를 가리키는데, 위(衛)나라의 내란 중에 죽임을 당했다.

이다.³⁴ 공자는 이르기를,

　　"유(由, 자로의 이름)와 같은 사람은 제명에 죽지 못할 것이다."³⁵

하였고, 또 이르기를,

　　"유가 어찌 나의 문하에서 슬(瑟)을 연주하는가?"³⁶

하였다. 그리고 안연(顔淵)은 자로에게 이르기를,

　　"힘이 덕을 능가하면서 제명에 죽는 자는 드물다."³⁷

하였고, 공자는 또 이르기를,

　　"위기에 처해서 목숨을 바칠 것이다."³⁸

하였고, 위나라에 난리가 일어났다는 말을 듣고,

　　"유는 죽을 것이다."³⁹

하였으니, 대개 그의 죽음을 허여한 것이다. 확실히 그에 대해 평소에
목숨을 바칠 것으로 긍정하고서, 단지 죽어야 할 도리가 있느냐는 점으

---

34 구목은 …… 것이다 『춘추좌씨전』에 구목이 자기의 주군의 원수를 갚으려다가 죽은 사실
　　을 기록하여, "송만이 자기의 주군인 첩(捷)과 대부 구목을 죽였다[宋萬弑其君捷及其大夫
　　仇牧]."라고 기록하였는데, 두예(杜預)가 이 대목에 대한 주석에서 "구목의 이름을 올린
　　것은 경계하지 않고 있다가 역적을 만나서 죽었으며, 기릴 만한 선이 없기 때문이다[仇牧
　　稱名, 不警而遇賊, 無善事可褒]."라고 하였다.

35 유(由)와 …… 것이다 『논어』, 「선진(先進)」에 나오는 말이다. "閔子侍側, 誾誾如也, 子路,
　　行行如也, 冉有ㆍ子貢, 侃侃如也. 子樂. 若由也, 不得其死然."

36 유가 …… 연주하는가 『논어』, 「선진」에 나오는 말이다. "子曰 : '由之瑟奚爲於丘之門?'
　　門人不敬子路. 子曰 : '由也升堂矣, 未入於室也.'"

37 힘이 …… 드물다 『공자가어(孔子家語)』에 나오는 말이다. "顔回問子路曰 : '力猛於德而
　　得其死者, 鮮矣. 盍愼諸?'"

38 위기에 …… 것이다 『논어』, 「헌문(憲問)」에 나오는 말이다. "子路問成人. 子曰 : '若臧武
　　仲之知, 公綽之不欲, 卞莊子之勇, 冉求之藝, 文之以禮樂, 亦可以爲成人矣.' 曰 : '今之成人
　　者何必然 見利思義, 見危授命, 久要不忘平生之言, 亦可以爲成人矣.'"

39 유는 죽을 것이다 『사기』, 「위강숙세가(衛康叔世家)」에 나오는 말이다. "孔子聞衛亂曰 :
　　'嗟乎柴也, 其來乎. 由也其死矣.'"

로 문제를 삼았다. 이에 근거해서 보면 용방·비간 이하 여러 인물들에 대해서 알 수 있을 것이다. 또 이를 확대해 보면 형벌에 죽고 변란에 죽는 자도 알 수 있다.

성인이 사람을 가르치심에 오직 복을 구하고 화를 피하며 죽음을 멀리하고 생을 온전히 하기를 소망하였다. 그러므로 목숨을 바쳐 인을 이루는 것은 불행한 상황에서의 선이요 평소의 선은 아닌 것이다. 그것에 대해 인정할 수는 있지만 바랄 수는 없는 것이다.

『주역』에 이르기를,

"물을 건너다 이마가 들어가니 흉하다."[40]

하였고, 『시경』에 이르기를,

"이미 밝고 지혜로워 자기 몸을 보호한다."[41]

하였고, 『예기』에 이르기를,

"나라에 도가 없으면 침묵을 지키는 것이 용납된다."[42]

하였고, 공자는 이르기를,

"나라에 도가 없으면 형륙을 면하도록 해야 한다."[43]

하였고, 자사(子思)는 이르기를,

"사망하는 일은 없을 것이다."[44]

---

40 물을 …… 흉하다 : 『주역』, 「대과괘(大過卦)」, '상육(上六)'의 효사(爻辭)에 보인다.

41 이미 …… 보호한다 : 『시경』, 「증민(烝民)」에 보인다.

42 나라에 …… 용납된다 : 『중용』에 나오는 말이다. "是故居上不驕, 爲下不倍, 國有道其言足以興, 國無道其默足以容. 詩曰 : '旣明且哲, 以保其身', 其此之謂輿."

43 나라에 …… 한다 : 『논어』, 「공야장(公冶長)」에 나오는 말이다. "子謂南容, '邦有道, 不廢. 邦無道, 免於刑戮.' 以其兄之子妻之."

44 사망하는 …… 것이다 : 임금을 섬김에 자기의 성정을 다해서 도로 보좌하며 목숨을 버리지 않는다는 뜻. 『공총자(孔叢子)』, 「항지(抗志)」에 나오는 말이다. "子思見老萊子, 老萊子聞穆公將相子思, 老萊子曰 : '若子事君將何以爲乎?' 子思曰 : '順吾性情以道輔之, 無死亡焉.'"

하였고, 공자는 이르기를,

"신체발부(身體髮膚)는 부모로부터 받은 것이니 훼손해서는 안 된다."[45]

"몸을 공경히 하는 것이 큰 일이다."[46]

하였고, 악정자춘(樂正子春)은 이르기를,

"부모가 온전히 낳아 주셨으니, 자식은 온전히 돌아가야 할 것이다."[47]

하였고, 증자는 이르기를,

"이불을 걷어 나의 손을 살펴보고 나의 발을 살펴보라. 나는 이제 면한 줄 알겠다."[48]

하였다. 이 모두 사람은 죽음을 멀리하고 생을 온전히 해야 한다는 것을 말한 것이다. 부모가 물려주신 육신을 가지고 살다가 죽거나 잃는 데 빠지면 이는 자기의 부모를 빠지게 만드는 것이다. 그런데 사람은 확실히 한번 죽음이 있을 뿐이거늘, 죽어서 의를 얻어 잃는 것은 적고 온전하게 된즉, 죽음을 기러기 털보다 가볍게 여긴다고 한 것은 무엇 때문인가? 불행한 경우를 당하여 여기에 이르도록 죽지 않는다면 재앙이 더 크기 때문이다. 참으로 불행한 경우에 이르지 않았다면 죽거나 훼상을 당하는 것이 이와 같이 중대한 문제이거늘, 자신의 몸에 대해 불인(不仁)하

---

45 신체발부(身體髮膚)는 …… 안 된다 : 『효경』, 「개종명의(開宗明義)」에 나오는 말이다. "身體髮膚, 受之父母, 不敢毁傷, 孝之始也."

46 몸을 …… 일이다 : 『예기』, 「애공문(哀公問)」에 나오는 말이다. "君子無不敬也, 敬身爲大. 身也者親之枝也, 敢不敬與? 不能敬其身, 是傷其親. 傷其親, 是傷其本. 傷其本, 枝從而亡."

47 부모가 …… 것이다 : 『예기』, 「제의(祭義)」에 나오는 말이다. "樂正子春曰: 善如, 爾之問也. 善如, 爾之問也. 吾聞諸曾子, 曾子聞夫子, 曰: 天之所生, 地之所養, 無人爲大. 父母全而生之, 子全而歸之, 可謂孝矣. 不虧其體, 不辱其身, 可謂全矣. 故君子頃步而弗敢忘孝也."

48 이불을 …… 알겠다 : 『논어』, 「태백(泰伯)」에 나오는 말이다. "曾子有疾, 召門弟子曰: '啓予足, 啓予手. 詩云: 戰戰兢兢, 如臨深淵, 如履薄冰. 而今而後, 吾知免夫, 小子.'"

면서 남에게 인을 행한다는 것은 있을 수 없다.

최상은 중을 온전히 하는 것이요, 그 다음은 중에 근접하는 것이요, 최하는 중에서 멀어진 것이다. 중을 온전히 하는 자는 천지에 참여하여 길이 존속할 수 있으며, 중에 근접한 자 또한 행복과 장생을 누려서 위험과 화란을 면할 수 있으며, 중에서 멀어진 자는 온갖 재앙에 걸리게 될 것이다.

공자는 말씀하기를,

"나에게 어찌할 것인가."[49]

라고 하였고, 노담(老聃)은 이르기를,

"죽을 곳이 없다."[50]

라고 하였다. 비록 자신을 죽여서 인을 이룬 자라 하더라도 중을 다했다고 할 수 없다. 그 밖에 다른 경우는 모두 심히 중에 맞지 않은 자들이다.

주나라 뒤로 도를 잃은 이후부터, 죽고 망한 사람이 날로 늘었는데 의에 합한 경우는 드물었다. 그럼에도 앞의 사람들은 깨닫지 못하고 뒤의 사람들은 뉘우치지 않아, 수레바퀴가 이어 계속되고 일어나는 먼지만 바라보고 몰려들어 죽고 망치는 데로 달려가기를 마치 맛있는 음식을 쫓아가는 듯하였다. 이상하다. 어찌 인정이 생을 싫어하고 죽음을 좋

---

49 나에게 어찌할 것인가 : 『논어』, 「술이(述而)」에 나오는 말이다. "子曰 : 天生德於予, 桓魋 其如予何?"

50 죽을 곳이 없다 : 『도덕경(道德經)』에 "섭생을 잘하는 자는 뭍으로 가면 범을 만나지 않고 군에 들어가도 갑옷을 입거나 무기를 들지 않으니, 무소가 뿔로 받을 곳이 없고 범이 발톱으로 할퀼 곳이 없고 무기가 찌를 곳이 없다. 어째서인가? 그에게 죽을 곳이 없기 때문이다[蓋聞善攝生者, 陸行不遇虎, 入軍不被甲兵, 兕無所投其角, 虎無所措其爪, 兵無所容其刃. 夫何故. 以其無死地]."라고 하였다.

아할 것인가?

오호라, 아아, 나는 알겠다. 사람들은 누구나 다 이(利)를 좋아하고 명(名)을 좋아하는 천성을 가지고 있는데, 맑고 바른 자는 명을 지나치게 좋아하고, 비루하고 비뚤어진 자는 이를 지나치게 좋아하여 자기 소견에 빠진 나머지 대도(大道)와 실리(實理)를 알지 못한다. 이익되는 것을 보고 옳다구나 하면 죽을지언정 후회하지 않고 덤벼들며, 이름이 날 것을 보고 옳다구나 하면 죽을지언정 깨닫지 못한다. 큰 욕심이 앞을 가려서 돌아볼 줄 모르기 때문이다.

온 세상이 비방하더라도 확실히 명예가 되지 않는 까닭에 돌아보지 않는 것이요, 엎어지고 넘어지고 어려움을 당하더라도 온 세상이 명예롭게 보기 때문에 돌아보지 않고 나서는 것이다. 당사자는 혹시 잘못 판단하여 빠져든다 하더라도 온 세상이 그를 기리는 것은 무엇 때문인가? 살해하는 자는 항상 폭력을 쓰고, 살해를 당하는 자는 저들과 상극이 되어 폭력에 대항하는 까닭에 훌륭하게 여기며 죄를 따지지 않은 것이다. 폭력에 의해 살해를 당한 까닭에 훌륭하고 죄가 없다고 여겨 세상에서는 이에 따라 그를 기리니, 죽음을 자초하는 길을 걸은 것을 깨닫지 못하고 있다.

포악한 형벌과 포악한 난리에 죽는 것은 포악이 사람을 죽인 것이 아니요, 죽을 길을 스스로 취한 까닭에 하늘이 포악의 손을 빌려서 죽인 것이다. 법에 의해 죽은 자가 다 나쁜 것도 아니요, 포악에 의해 죽은 자가 다 선한 것도 아니다.

무릇 스스로 어질고 죄가 없다고 생각하면, 이야말로 누대에 걸친 화란·패망의 표식이자 멸망의 징표이다. 오호라, 나는 너에게 장생의 약을 줄 것이요, 또 너에게 필사의 길을 가는 것을 경계할 터이니 애오라지 길을 가려서 나아가도록 하라.

너는 아무쪼록 조심하여 공경하고 두려워할 것이며 착실히 하여 삼가고 독실히 하여 잠깐 사이라도 중을 어기지 말 것이로다. 동쪽에서도 중을, 남쪽에서도 중을, 북쪽에서도 중을, 서쪽에서도 중을, 가운데에서도 중을 지켜야 할 것이니, 이것이 곧 장생의 약이다.

빛나고 깨끗하여 매양 남의 위에 있으면 이는 지나친 것이요, 지저분하고 늘어져서 아래로만 돌면 이는 미치지 못한 것이라고 할 수 있다. 또 꽉 막히거나 너무 벌어져 있으면 한편에 치우친 것이니 편벽된다고 말할 수 있다. 이는 모두 필사(必死)의 길이다. 지금 말은 이와 같이 하지만 이치가 은미하고 뜻이 정밀하여 한두 마디 말로 다할 수 없다. 그 뜻은 경전에 실려 있으니 잘 배우면 알 수 있을 것이다.

7

명사(明史)를 읽고 인재는 시운에 달려 있지 않음을 논함
讀明史論人才不係時運

나라를 다스리고 백성을 교화하는 정치의 성쇠는 인재의 흥망에 달려
있고, 인재의 흥망은 군주가 들어 쓰고 내치는 데 달려 있다.

인재란 본래 하늘이 낳고 땅이 기르는 것이 아니요, 군주가 양성해
내는 것이다. 군주가 사람을 쓸 때에 늘 알아봄이 밝지 못함을 근심하
고, 이미 알아보고 나서는 구해도 얻지 못함을 근심할 따름이다. 그리고
인재를 양성해 내는 데에 도가 있음을 아는 군주는 없다.

사람을 쓸 때에 그의 능력을 다 발휘하도록 하지 못하고, 인재를 알
아봄에 있어서 그 사람을 제대로 알지 못하며, 인재를 양성해 내는 데
에 있어서 그 도를 다하지 못한다. 그러면서 관리의 선발을 관장하는
일에 당하여 말하기를, "천하에 인재가 없으니, 기운이 쇠퇴하였고 시
대의 수준이 떨어졌도다."라고 하니, 이는 이치를 알지 못하고 있는 것
이다.

천하에 좋은 쇠는 부족한 적이 없었지만 장인이 아니면 칼을 제조할
수 없는데 구야자(歐冶子)[51]는 훌륭한 장인이었다. 천하에 좋은 재목은
떨어진 적이 없었지만 목수가 아니면 수레를 제조할 수 없는데 윤편(輪
扁)과 장석(匠石)[52]은 훌륭한 목수였다. 천하에 사람의 기상이 적었던 적

---

[51] 구야자(歐冶子) : 춘추 시대 월(越)나라 인물. 쇠를 잘 다루는 장인으로서 월왕을 위해
거궐(巨闕) 등 명검 다섯 자루를 만들었다. 후에 간장(干將)이란 장인과 함께 초왕(楚王)
을 위해 용연(龍淵)·태아(泰阿) 등의 명검을 만들었다.

[52] 윤편(輪扁)과 장석(匠石) : 윤편은 춘추 시대 제(齊)나라 사람으로, 수레바퀴를 깎아 만드
는 장인이었고, 장석은 춘추 시대 초나라의 유명한 목공이었다. 『장자』에 두 사람에 대한
이야기가 나온다.

이 없었지만 당세의 군주가 아니고는 재능과 도량을 갖춘 인물로 키울 수 없는데 선왕(先王)⁵³은 훌륭한 군주였다. 그러므로 당세의 군주는 인재를 양성해 내는 장인이며, 선왕은 구야자나 윤편과 장석에 해당하는 셈이다. 주조함에 있어 묘리를 통달하지 못하고, 깎고 다듬는 데 있어 정교한 솜씨를 전수받지 못하고서 천하에 좋은 쇠와 훌륭한 재목이 없다고 한다면, 옳은 말이겠는가?

대개 군주가 인재를 양성해 내는 일은 녹로[물레]로 그릇을 만드는 데 비유할 수 있으니, 그 하는 바에 달려 있을 뿐이다. 군주가 학문을 좋아하여 학교의 교육을 게을리하지 않는다면 경전에 밝고 행실이 다듬어진 선비가 배출될 것이요, 군주가 정사를 부지런히 하여 고과(考課) 제도를 차질 없이 행한다면 실무에 능통하고 재간 있는 선비가 배출될 것이요, 아름다운 문장을 숭상하여 응대하는 말과 글을 신중하게 한다면 화려한 글솜씨로 나라를 빛내는 선비가 배출될 것이요, 무예와 용맹을 숭상하여 공상(功賞)을 논하는 일을 미덥게 한다면 나라를 지키고 적을 무찌르는 무사가 배출될 것이요, 직언하는 사람을 좋아하고 아첨하는 사람을 미워하며 허물을 듣고 곧바로 고친다면 임금 앞에서 기탄없이 간쟁하는 신하가 배출될 것이요, 염치를 차리고 신의를 숭상하여 은혜와 예법으로 대우한다면 절개를 지키며 국난을 당해 목숨을 바치는 선비가 배출될 것이다.

위의 여섯 가지 일을 잘 닦아서 그 방도를 완전히 얻고 또 밝은 덕으로 이끈다면, 훌륭하게 보필하는 인재들이 경향 각지에 두루 있어 이루 다 들어 쓸 수가 없을 것이다. 그러나 여섯 가지 일을 해이하게 하여

---

53 선왕(先王) : 여기서는 요순(堯舜)으로부터 문왕(文王)·무왕(武王)에 이르는 성군(聖君)을 지칭하는 말이다.

그 방도를 온통 잃어버리고 또 혼미하고 포악함을 더한다면, 탐욕스럽고 사악하며 헐뜯고 아첨하는 자들이 조정에 가득 차 이루 다 제거할 수 없을 것이다. 이러한 때를 당하면 천하에 총명하고 지혜롭고 특출난 자질이 없는 것이 아니로되 만들어 내지 못할 뿐만 아니라, 훼손하여 모두 간교한 자로 바뀔 것이요 혹은 이단에 빠져 벗어나지 못하게 될 것이다.

이와 같이 하면서 인재를 얻고자 하는 것은 근원이 이미 혼탁해졌는데 흐르는 물이 맑기를 바라는 것과 같으니 옳다고 볼 수 없다.

이런 까닭에 사람을 얻어 잘 다스리고자 한다면 반드시 먼저 양성해야 한다. 이미 양성하였다면 알아보는 데 달려 있고, 이미 알아보았다면 들어 쓰는 데 달려 있다. 이 세 가지가 갖추어져야 요순의 정치를 기약하여 도달할 수 있을 것이다. 요순의 정치는 별다른 것이 아니라 이 세 가지를 잘 하는 데 있었다. 비록 그렇다지만 어찌 꼭 그렇다고 분명히 말할 수 있는가? 명나라를 통해서 말할 수 있다.

무릇 한(漢)·당(唐)·송(宋)의 천하는 또한 삼대 이상의 천하요, 명나라의 천하 또한 한·당·송의 천하이다. 백성들이 감소한 것이 아니요, 나라를 유지한 기간이 짧았던 것이 아니다. 한·당·송의 인물이 비록 삼대에 미치지는 못하지만 줄어들어 아주 없어진 것은 아니었다. 그런데 명나라에 이르러서는 겨우 3, 4인 이외에는 까마득히 알려진 인물이 없으니, 어찌하여 이렇게 다른가? 여기에 그칠 뿐만이 아니다.

건문제(建文帝)의 명나라는 곧 홍무제(洪武帝)의 명나라요, 영락제(永樂帝) 이하의 명나라는 곧 건문제의 명나라이다. 그런데도 사람의 품격이 서로 미치지 못하니 또 어찌하여 이렇게 현격히 다른 것인가? 참으로 수십 년 사이에 기운의 성쇠와 시대의 오르내림이 같지 않게 된 것인가? 나는 결코 그렇지 않다고 생각한다.

태조가 남옥(藍玉)[54]을 처형할 때에 공훈을 세운 신하들이 다 꺾여서 적군을 무찌를 인재가 없어졌으며, 영락제가 건문제를 축출할 때에 기절(氣節)이 무너지고 충열(忠烈)의 기풍이 종식되었다. 이에 천하 사람들은 공훈을 세우기를 꺼려 하고 의리 지키는 일을 그만두게 되었으니, 명나라의 인물들이 한·당·송에 미치지 못한 까닭이거니와 홍무·영락의 시기에 더욱 현격히 달랐던 것은 바로 여기에 이유가 있다. 그러니 앞서 내가 '인재의 흥망은 군주가 들어 쓰고 내치는 데 달려 있다.'고 이른 것은 이런 사실을 보면 족히 증명할 수 있을 것이다. 아, 나라를 다스리는 데에 나의 이 주장을 받아들인다면 아마도 잘 다스려질 것이다.

---

54 남옥(藍玉, ?~1393) : 정원(定遠) 사람으로 명나라의 개국 공신이다. 전시에 매양 적의 성벽에 먼저 올라가 적진(敵陣)을 함락시켜 여러 번 전공(戰功)을 세웠다. 1387년(홍무 20) 대장군(大將軍)에 제수되고, 다음해에는 원나라를 격파하여 양국공(凉國公)에 봉해졌다. 1393년 모반죄로 죽임을 당했다.

8 양한문 비평 뒤에 쓰다
兩漢文批評後題

무릇 문장의 좋고 나쁨은 뚜렷이 알 수가 있다. 대저 말이 적고 뜻은 넓으며 말은 간략하고 의미가 남김이 없고 가리키는 바가 절실하고 비근하여 내포한 바가 심원한 것은 군자의 말이다. 글이 간결하면서 뜻이 깊고 단어는 적게 쓰고 담긴 말은 많으며 진술한 바는 요긴하면서 비유한 바는 분명하고 통달한 것은 잘 짓는 솜씨의 글이다.

수많은 별들이 하늘에 매달려 북극성을 향해 정연한 형상과 같고, 팔음(八音)과 오성(五聲)[55]이 제 소리를 각기 내면서도 하나로 조화를 이루는 것 같고, 장강(長江) 대하(大河)가 한데 모여 흐르면서도 구분이 되지 않는 것 같고, 고봉준령(高峰峻嶺)이 우뚝우뚝 일어서 서로 이어지는 것 같고, 비바람과 우레가 몰아쳐도 따로 힘을 쓰는 것같이 보이지 않으면, 이야말로 문장에 훌륭한 것이다.

무릇 앞의 사람이 이미 말했고 사람들이 늘 말하는 바이고 뭇 사람이 다 아는 것들은 이른바 진부한 말[陳言]이다. 진부한 말을 제거하지 않으면 흐리멍텅한 것이다. 그러면 맛이 없어 읽을 수 없다. 말이 제목에 꼭 붙지 않고 고삐를 바로잡고 길을 따라가지 못하여 이리저리 걸음이 흐트러지면 육손에다가 혹 곁가지 따위가 많게 되니 이는 거친 말[荒言]이다. 거친 말을 제거하지 않으면 부풀려진 것이다. 그러면 뜻이 모호해서 알 수가 없다.

---

55 팔음(八音)과 오성(五聲) : 팔음은 악기의 재료인 금(金)·석(石)·사(絲)·죽(竹)·포(匏)·토(土)·혁(革)·목(木)을 말하고, 오성은 궁(宮)·상(商)·각(角)·치(徵)·우(羽)의 오음(五音)을 말한다.

무릇 문장을 짓는 법은, 의미는 하나지만 단어를 달리하여 다른 것이 같은 곳으로 나아가게 하는 것이다. 그런데 구절들이 서로 다르지 않아 문장이 중첩되는 것, 이것을 복언(複言)이라 한다. 복언을 제거하지 않으면 번잡스럽고, 번잡스러우면 싫증이 난다. 문장을 짓는 법은 큰 집을 지을 적에 재목을 적합한 곳에 쓴 뒤에야 완성하는 것과 같다. 앞뒤의 차례가 없고 맺고 끊는 순서를 잃는 것을 난언(亂言)이라고 한다. 난언을 없애지 않으면 글이 거칠고, 거칠면 두서가 없다.

그림자가 짧고 몸은 길며, 객체는 간략하고 주체는 상세한 것이 절제된 문장이다. 길고 짧음이 뒤바뀌고 상세하고 간략한 것이 제자리를 잃는 것을 은언(隱言)이라고 한다. 은언을 제거하지 않으면 이해가 되지 않는다.

요해처에서는 법도와 표준을 엄수하지만 넓은 광야에서는 마음껏 치달리는 것이 문장의 전략이다. 거리낌 없이 법도를 지키지 않거나 얽매여서 자유롭지 못한 것, 이것을 열언(劣言)이라 하니, 열언을 없애지 못하면 비루하다.

비유로 든 것이 적절치 못하며 자구(字句)가 정밀하지 못하여 읽어도 눈에 들어오지 않는 것, 이것을 속언(俗言)이라 하니 속언이 있으면 비루하다.

합쳐져서 떨어지지 못하고 떨어져서 합하지 못하며, 끊어져서 잇지 못하고 이어져 끊지 못하는 것, 이것이 치언(穉言)이다. 치언을 제거하지 못하면 유약(幼弱)하다. 원주 기력이 없다.

패설(稗說)이 자질구레하여 부녀자의 말과 비슷한 것을 쇄언(瑣言)이라 한다. 실제와 달라 시의(時宜)에 맞지 않으며 중풍을 앓거나 발광하는 자 같은 것을 낭언(浪言)이라 한다. 이치에 맞지 않는데도 억지로 떠들어 대는 것을 망언(妄言)이라 한다. 주장을 세우지 못하고 손 가는 대로 쓰면서 가기만 하고 돌아오지 못하는 것을 탕언(湯言)이라 한다. 이것이 모두 문장의 병통이다.

천하의 이치는 모두 근본으로 돌이간 뒤에야 이루어지니, 삼극(三極)[56]의 도가 그러하다. 그러므로 문장은 법이 있는 곳에서 시작하여 법이 없는 경지로 돌아간 이후에 완성되고, 기굴한 데서 시작하여 평온한 곳으로 돌아간 이후에 좋아지며, 험벽한 곳에서 시작하여 원만한 데로 돌아간 이후에 지극해지고, 민첩하게 시작하였다가 정돈되고 여유로운 곳으로 돌아간 이후에 얻어진다. 금이나 은을 아로새겨 문장을 짓는 것이 문장이겠는가, 문장이겠는가.

---

56 삼극(三極) : 천(天) · 지(地) · 인(人) 삼재(三才)를 말한다.

논변(論辨)

변학[1]
辯學

나는 제문을 지어 유하원(柳夏元) 군을 애도하면서 "그대와 더불어 함께 공자(孔子)의 충서(忠恕)·중용(中庸)의 도를 행하려고 하였더니, 미처 행하지도 못하고 졸지에 중단됨을 한탄하노라."고 하였다. 세속의 사람들은 해괴하게 여기리라 물론 짐작했지만, 나와 하원이 평소에 말하고 행하던 바 대체로 여기에 그쳤던 터라, 영결(永訣)함에 당해서 말하지 않을 수 없었던 것이다.

이윽고 나의 제문을 본 사람들은 아니나다를까 다들 입술을 삐죽이며 비웃었으며, 그중에 심한 자들은 버럭 성을 내어 "이게 과연 공자를 배우는 자인가?"라고 소리쳤다. 나는 이 말을 듣고서 이렇게 말한다.

어허! 이는 변론하지 않을 수 없는 일이다. 변론하는 것은 조소당하는 데 대한 해명일 뿐 아니라, 세상의 의혹을 해명하는 방도이기도 하다. 그러면 거의[庶幾] 고쳐질 것 아닌가?

무릇 공자의 도는 다른 것이 아니요, 충서·중용일 뿐이다. 충서·중용이란 다른 것이 아니요, 사람의 도리[人道]일 뿐이다. 공자가 독자적으로 세워서 신기하게 만든 그런 것이 아니요, 하늘이 있고 사람이 존재한 이후로 이 도리가 있었던 것이다. 때문에 충서·중용이란 진실로 사람마다 일상으로 행하는 그런 것이다. 아무리 훼척(虺瘠)[2]이나 품팔이꾼·말의원·개백정 따위라도, 하루나마 사람이 되었으면 불가불 그 하루에는 이 도리를 따라야 할 것이다. 이 도리가 없으면 사람이라 할 수

---

1 변학: 『한중기문』의 주석에 따르면 계묘년(1843)에 지은 것이다.
2 훼척(虺瘠): 미상. 척추가 굽어서 몸을 가누지 못하는 사람을 가리키는 말로 추정됨.

없다. 귀신이나 기이한 물건처럼 보통 세상에서 있을 수 없는 초월적인 것이라야 이것을 행할 수 있는 것은 아니다. 공자는 특히 거기에 진선(盡善)했던 분이요, 보통 사람과 달랐던 것은 아니다. 정말로 일반 사람과 다른 존재였다면, 인간의 세상에 쓰일 수 없었을 터이니, 어떻게 공자가 될 수 있었겠는가!

『주역(周易)』에 "몽(蒙)은 형통함으로 행하니 시중(時中)이라."[3]고 하였다. 무릇 시중이란 대성인의 최고의 도달점이거늘 그것을 가지고 동몽(童蒙)에게 부과하는 것은 무슨 까닭인가? 사람의 도리가 여기에 그친즉, 비록 동몽이 배우는 바라 할지라도 달리 용납할 것이 없다. 무릇 사람으로 태어난 자 응당 배냇머리의 어린아이 때부터 공자를 목표로 삼아 힘껏 달려 나가서 늙어 죽음에 이르러서야 그만두는 것이니, 모든 물줄기가 바다로 가는 것처럼 해야 옳다. 나와 하원은 진실로 공자를 배우려고 하면서도, 능히 다하지 못한 자이다. 그렇다고 어찌 불가할 것이 있겠는가!

오호라! 지금 사람들은 대개 공자는 보통 사람들이 배울 수 없다고 여겨 다가설 경계 밖으로 둔다. 그리하여 하나라도 배우기를 원하는 사람이 있으면, 문득 무리를 지어 떠들고 비웃는다. 괴이한 일이로다! 사람으로서 공자를 배워 사람 도리를 할 수 없다면, 걸(桀)이나 도척(盜跖)을 배워 짐승의 행동을 하겠단 말인가? 너나없이 자신을 소·말·개·돼지라고 부르면 필시 발끈 성을 내고 야단을 칠 것이다. 지금 스스로 금수라고 자처하면서 사람의 도리로서 스스로 기대하지 않는다면 그야말로 자포자기가 이보다 심할 수 없겠다. 자기 자신에 대해서는 스스로

---

3 몽(蒙)은 …… 시중(時中)이라:『주역』,「몽괘(蒙卦)」의 상전(象傳)에 나오는 말이다. 몽은 坎(☵)下, 艮(☶)上으로 되어 있으며, 괘명(卦名)은 '어린아이〔童蒙〕'를 의미한다.

금수로 돌리면서 사람의 도리를 행하려는 자를 비웃다니, 미친 짓과 의혹스런 사태를 허다히 볼 수 있다.

옛날의 군자들은 옳고 그름에 대해 논의한 바는 으레 일찍이 학습해서 분명히 밝힌 것이었다. 오늘날에는 충서·중용이 무슨 의미인지 분별하지도 못한 채, 입만 열면 망령스럽게 보통 사람이 알 수 없는 바라고 하니, 이 또한 봉사가 그림을 논평하고 귀머거리가 소영(韶英)[4]을 듣고서 비방하는 격이다. 귀머거리와 봉사는 인지할 수 없는 것이지만 실로 보통 사람들은 알 수 있는 것이다. 어찌 자기가 알지 못한다고 해서 남이 아는 것을 이러니저러니 할 것인가! 옛날에는 사람에 대해 논평하는 경우, 그의 하는 말을 들어 보고 그의 하는 행동을 살피더니,[5] 지금에는 사람이 말하고 행하는 것이 어떤 내용인지 알지도 못하면서 마구 논평하고 비방을 해 대고 있다. 자신은 알지 못하면서 망령스럽게 남을 논평하고 헐뜯는다. 혹은 자신은 종신토록 버릇처럼 행하면서 무슨 일인지 알지 못하기도 하며, 남이 하는 것은 괴이하다고 하면서 자기 또한 그렇게 하는 줄을 알지 못하기도 한다. 참으로 취생몽사(醉生夢死)라 할 것이다!

무릇 지금 사람들은 자기의 처자식에게는 너나없이 감정이 잘 통하고

---

4 소영(韶英) : 소영(韶韺)이라고도 한다. 소(韶)는 고대 순(舜)임금의 음악이며, 영(韺)은 제곡(帝嚳)의 음악을 가리킨다. 공자는 특히 소를 진선진미(盡善盡美)한 가장 이상적인 음악으로 평가한 바 있다. "子謂韶, 盡美矣, 又盡善也. 謂武, 盡美矣, 未盡善也."(『논어』, 「팔일(八佾)」)

5 옛날에는 …… 살피더니 : 공자가 제자 재여(宰予)가 낮잠을 자는 것을 보고, "나는 본래 사람의 말을 듣고 그 행실을 믿었는데, 재여로 인하여 사람의 말을 듣고 바로 믿지 않고 그 행실을 살피게 되었다."고 꾸짖은 일화가 있다. "宰予晝寢. 子曰 : '朽木不可雕也, 糞土之牆不可杇也, 於予與何誅?' 子曰 : '始吾於人也, 聽其言而信其行, 今吾於人也, 聽其言而觀其行. 於予與改是.'"(『논어』, 「공야장(公冶長)」)

혜택이 미치니, 이는 곧 충서의 도이다. 옷 한 벌, 밥 한 끼도 반드시 꼭 맞고 절도가 있어야만 탈이 없으니, 이것이 중용의 도이다. 충서와 중용은 일용 사물 가운데 있어 지극히 평범하고 지극히 가까운 것이요, 높고 멀어 실행하기 어려운 데 있는 것이 아니다. 높고 멀어 실행하기 어려운 것은 충서와 중용의 도가 아니다.

무릇 사람의 행실은 요컨대 이 도 밖에 있는 것이 아니다. 그럼에도 자기 자신에 있어서는 매일 행하면서도 알지 못하고, 남에게 대해서는 손가락질을 하며 비웃고 업신여긴다. 알지 못한즉 힘쓰지 않고, 비웃고 업신여긴즉 권면이 될 수 없다. 바로 여기에 세상이 날로 쇠퇴하고 도가 날로 희미해지는 까닭이 있으니, 나라가 망하고 가문이 망하는 사태가 연이어 끊이지 않는 것이다.

그렇지만 이는 오늘날 사람들의 죄가 아니요, 그 유래가 오래되었다. 대개 경전의 의미가 어두워짐으로 말미암아 알 수 없게 된 것이다. 알 수 없게 된즉 절벽처럼 앞을 가로막아 감히 올라갈 엄두도 내지 못하게 되니, 도는 날로 멀어지고 사람은 더욱 타락해 갔으며, 성인은 날로 높아지고 세상은 더욱 비속해졌다. 성인의 도로 깨우치려 들면, 너나없이 눈을 둥그렇게 뜨고 놀래 어쩔 줄 몰라 하다가 달아나고 만다.

오호라! 이 또한 끝내 어찌할 수 없으니, 그만이로구나! 무릇 선비는 뜻을 숭상하나니, 입지(立志)를 굳게 한 연후에라야 진보해 나갈 수 있을 것이다. 의당 부지런하고 서둘러 공자와 똑같이 되지 못함을 근심해야 한다고 말하면서도 지금 제 스스로 똥구덩이와 쓰레기더미 속에 빠져서 장벽으로 둘러막히고 짙은 안개에 쌓인 채 날마다 암흑과 위기 속으로 들어가서 한갓 무리 지어 입만 놀리고 있구나! 사군자(士君子)들이 실로 그들 입이 두려워 감히 공자를 배우려 하지 않는다면, 이나 모기가 두려워서 감히 사람이 되지 않으려는 것과 마찬가지이다.

뜻을 세운 자는 오직 굳게 지켜서 힘써 행할 따름이요, 막히고 헐뜯음을 당한다 해서 마음이 움직여서는 안 될 것이다. 때로는 더불어 말할 만한 사람을 찾아서 서서히 깨닫도록 할 것이다. 세상 사람들 모두 성인이 보통 사람과 다르지 않고, 충서·중용이 일상의 도리임을 알도록 한다면, 거의[庶乎] 점진(漸進)함이 있을 것이다. 무릇 덕을 이룸이 공자같이 된 연후라야 사람의 도리를 다하여 유감이 없을 터이다. 하지만 공자를 배워 비록 공자의 경지에 이르지 못할지라도 일촌(一寸)을 얻는다면 나의 일촌이요, 일척(一尺)을 얻는다면 나의 일척이다. 그럼에도 끝내 미칠 수 없다 하여 폐기하고 배우려 하지 않는다면, 이는 오채(五采)의 아름다움과 팔진미(八珍味)의 지극한 맛을 남김없이 누릴 수 없다 하여 보고 먹는 것을 모두 그만두는 것과 무엇이 다르랴? 이를 일러 자기 본성을 해친다고 하는 것이다. 내가 보기에는 스스로 슬퍼할 겨를도 없거늘, 어느 겨를에 남을 비웃고 있겠는가!

오호라! 소자(小子)⁶들은 나의 이 설을 이해하고 삼가 마음에 새겨 두면 거의[庶得] 사람이 되는 방도를 얻어서 스스로 힘쓸 바를 알게 될 것이다.

> 원주 세 번에 걸쳐 '오호라[嗚呼]'라고 한 것은 시대를 구할 방도가 없음을 슬퍼한 말이요, 세 번에 걸쳐 '거의[庶幾]'라고 한 것은 천하에 도가 없는 것으로 기필하지 않고 그래도 바꿀 수 있다는 희망을 보인 것이다.

---

6 소자(小子) : 여기서는 학생, 즉 제자를 가리킨다.

2 유종원(柳宗元)의 참곡궤문(斬曲几文)을 논변함[7] 갑진년(1844)

辨柳宗元斬曲几文 甲辰

성인이 물(物)을 쓰는 데 있어서는 오직 이해를 살폈으며, 굽음〔曲〕과 곧음〔直〕에 대해서는 묻지 않았다. 곧은 것이라도 일에 해로우면 버렸으며, 굽은 것이라도 용도에 이로우면 취했던 것이다.

대저 만물은 곧은 것도 있고 굽은 것도 있다. 하늘의 기운은 감도는 것이 있고 땅의 형상은 둘러싼 것이 있으며, 사람의 모습은 곱사등이도 있다. 이세〔理〕는 결이 있고, 길은 구불구불하기도 하며, 별자리는 벌려 있고 달은 활처럼 휘며, 산은 뻗어 가다가 돌고, 물은 굽이치며, 바람은 회오리치고, 번개는 비껴 치며, 조수도 둥글게 날갯짓을 하며 발굽은 굽었고, 초목도 휘어진 풀잎, 늘어진 가지로 모두 굽은 상태를 면치 못하고 있다.

만약 굽은 것은 절대로 사용할 수 없다고 한다면 집에는 모서리가 있을 수 없고, 수레에는 바퀴가 있을 수 없으며, 경쇠는 악기가 될 수 없고, 몸을 굽히고 엎드리는 것이 예가 될 수 없으며, 쟁기와 낫도 농기구가 될 수 없고, 아미(蛾眉)는 후진(後陳)에 충원하기에 맞지 않을 것이요,[8] 코끼리의 코는 제왕이 타는 옥으로 꾸민 수레〔玉輅〕를 끌기에 맞지

---

7 유종원(柳宗元)의 …… 논변함 : 이 글은 유종원의 「참곡궤문」을 논변한 글이다. 「참곡궤문」은 본래 곧은〔直〕 나무로 만들던 안석〔几〕이 후대에 점차 구부러진 나무로 만들어진 것을 비판하면서, 굽은 안석〔曲几〕를 베어 버리고 옛 현인의 경지를 희구해야 한다는 내용을 담고 있다. 여기서 '곡(曲)'은 물론 '직(直)'의 반대로, 유종원은 곡궤는 몸이 성치 않은 사람〔病夫〕이나 좋아한다고 주장하고 있다. 『유종원집(柳宗元集)』(中華書局, 2000), 494~496쪽 참조.

8 아미(蛾眉)는 …… 것이요 : '아미'는 여자의 예쁜 눈썹을 표현하는 말로 미인을 뜻한다. 중국의 병법가로 유명한 손무(孫武)가 오왕(吳王) 합려(闔廬)를 처음 만났을 때 자신의

않을 것이요, 여덟 폭 병풍은 가리개로 쓸 수 없고,[9] 회문(回文)[10]으로 수놓은 비단은 만들어서는 안 되는 것이다. 꺾인 획은 글씨가 아닐 것이며, 접은 종이는 책이 아닐 것이다. 꺾고 도는 걸음은 걸음이 아니며, 창자가 굽은 것은 사람이 아니다. 난정(蘭亭)의 흐르는 물은 술잔을 띄울 수 없으며[11] 무이산(武夷山)은 사람이 거처할 곳이 될 수 없을 것이다.[12] 이와 같이 하고서도 잘못되지 않는 경우는 거의 없을 것이다.

이런 까닭에 나무를 굽혀서〔曲木〕 활을 만들고, 쇠를 굽혀서〔曲金〕 갈고리를 만들며, 내실〔曲房〕에서 잠을 자고, 굽은 난간에〔曲檻〕 서 있고, 곡장(曲牆)[13]으로 보호를 하고, 곡성(曲城)으로 견고히 하며, 굴뚝〔曲突〕을 만들어 화재를 방비하고, 양산〔曲盖〕을 들어 해를 가리고, 물을 둘러 흐르도록 하여〔曲池〕 즐기며 놀고, 구불구불한 골목길〔曲巷〕에 통행을 하며, 허리를 굽혀 눕고, 팔뚝을 굽혀 베개로 한다. 무릇 이렇게 한 연후에 능히 만물의 본성을 다하도록 하여 쓰임을 충분히 얻을 수 있을 것이다. 게다가 공자께서는 팔베개 하는 것을 즐거워하셨거

용병술을 보여 주기 위해 합려가 총애하는 궁녀들에게 군사 훈련을 시킨 고사가 있다(『사기』, 「손자오기열전(孫子吳起列傳)」).

9 여덟 …… 없고: 여러 폭으로 만든 병풍은 접어야 하기 때문에 이런 말을 쓴 듯하다.

10 회문(回文): 시의 한 형식이다. 시의 자구(字句)를 원형이나 사각형 등으로 배열해서 어느 쪽으로 돌아도 글이 되게 하는 방식이다. 이 시체는 전진(前秦) 때 두도(寶滔)의 아내 소씨(蘇氏)가 멀리 유배를 떠나는 남편에 대한 애정을 담아 비단에 수를 놓아 보냈던 데서 비롯되었다.

11 난정(蘭亭)의 …… 없으며: 난정 고사를 말한다. 난정은 지금 절강성(浙江省) 소흥(紹興)에 있는데, 동진(東晋) 때 왕희지(王羲之)를 비롯한 여러 문인들이 유상곡수(流觴曲水)를 만들어 놓고 놀았던 곳이다. 글과 글씨로 유명한 「난정서(蘭亭序)」는 이때 지은 것이다.

12 무이산(武夷山)은 …… 것이다: 무이구곡(武夷九曲)을 말한다. 무이구곡은 지금의 복건성(福建省) 무이산에 있는 명승지인데, 주자(朱子)가 이곳에 거처하며 「무이도가(武夷櫂歌)」 10수를 지었다.

13 곡장(曲牆): 능묘 뒤에 두른 낮은 토담을 말한다.

늘,[14] 지금 유자후(柳子厚)[15]는 곡궤(曲几)에 기대는 것을 혐오하여 절단하겠다 하였으니, 굽은 것을 쓰는 데 졸렬하다 하겠다.

무릇 사람들이 굽은 것을 혐오하는 까닭은 학술을 왜곡해서 세상에 아부하고, 도를 왜곡하여 이익을 좇고, 사리를 왜곡하여 소송을 일으키고, 소신을 굽혀 권세에 달라붙고, 법을 굽혀 파당을 짓고, 굽은 길로 권력에 추종하고, 바르지 못한 행실로 명예를 낚고, 말을 왜곡해서 잘못을 꾸미는 것을 싫어하는 데 있다. 이는 왜곡을 하여 이치를 어기고 일을 해쳐서 나라를 망치고 백성에게 앙화를 끼치고야 말 것이니, 반드시 제거해야 한다.

굽은 것이라 하더라도 이치를 어기고 사실을 해치는 것이 아니어서 이용이 가능한 경우라면 취해서 쓰지 않을 수 없다. 반드시 굽은 것을 써야만 공적을 이룰 수 있고 쓰지 않으면 이루어질 수 없는 경우라면 또한 쓰지 않을 수 없는 것이다. 무릇 곧은 것은 굽은 것을 쓸 자리에는 쓸 수 없으니, 이는 곧은 것을 써야 할 때 굽은 것을 쓸 수 없는 것과 마찬가지다. 오직 쓰임새가 마땅함을 얻는 데 있을 따름이다.

지금 곡궤의 굽은 모양은 이치를 어기고 일을 해침에 있지 않고, 용도의 편리함을 취한 것이다. 또한 팔꿈치와 허리를 괴고 등을 붙이려면 반드시 굽은 모양이어야 한다. 그런데 어찌해서 없애 버릴 것인가! 또한 저 간사하고 음흉하고 비뚤어진 부류를 보건대 겉으로 보면 대부분 바르고 곧아서 세상에 잘 팔린다. 그런 연후에 남모르게 왜곡된 성질을 발

---

14 공자께서는…… 즐거워하셨거늘 : 『논어』, 「술이」(述而)」에 "나물밥을 먹고 물을 마시며 팔을 베고 눕더라도 즐거움이 또한 그 안에 있다〔飯疏食飲水, 曲肱而枕之, 樂亦在其中矣〕."라는 말이 있다.
15 유자후(柳子厚) : 유종원을 말한다. 자후(子厚)는 자이다.

휘한다. 때문에 사람을 쓰는 자, 그 곧음만 보고 굽은 면을 보지 못하면, 곧은 것으로 썼다가 끝내는 굽은 것 때문에 실패하지 않은 자 없다.

지금 만약 "나는 오직 곧은 것만 취하고 굽은 것은 버린다." 하고 그것의 이로움과 해로움을 살피지 않는다면, 간사하고 음흉하고 비뚤어진 무리들이 곧장 모여들어 떼지어 진출할 것이며, 곧은 선비들은 임금이 보고 듣는 앞에서 가로막힐 것이다. 이와 같이 되면, 곧은 것을 취하고 굽은 것을 버린 그 때문에 굽은 것을 세우고 곧은 것을 가로막는 원인이 되는 것이다. 나는 그 좋은 점을 보지 못하겠다.

무릇 곧은 것은 좋고 굽은 것은 좋지 않다는 것은 천하의 공통된 도리이다. 군자란 곧은 사람의 무리요 소인이란 굽은 사람의 무리이다. 그러나 곧은 것도 때에 따라서는 일을 해칠 수 있고 굽은 것도 때에 따라서는 용도에 이로울 수 있다. 오직 그 이해를 살펴서 버리고 취하는 데 적당함을 얻어야 할 것이다. 그것의 모양과 이름에 현혹되지 않은 연후에야 그 곧은 것의 실질을 얻을 수 있고, 또 굽은 것의 쓰임도 잃지 않게 될 것이다. 세상에서 인간과 만물을 쓰는 자, 먼저 자기 마음에 경계와 표준을 정하지 않고 오직 일의 실정에 따라 분별하여 이것과 저것을 가려야만 이룰 수 있을 것이다.

3 **안자의 '불이과(不貳過)'를 논함**[16]

顔子不貳過論

공자께서 안연(顔淵)은 학문을 좋아한다 하시며, '불이과(不貳過)'라고 말씀하셨다. 이를 풀이한 자는 "능히 자기의 잘못을 고쳐서 다시는 저지르지 않음을 말한 것이다." 하였다.

대저 능히 자기의 잘못을 고쳐서 다시는 저지르지 않는다는 것은 어려운 일이라고 볼 수 있다. 그렇지만 이는 옛날의 총명하여 노력하는 사람이라면 능히 할 수 있는 자가 많았다. 예컨대 잠시(箴詩)·잠서(箴書)나 패현(佩弦)·패위(佩韋)[17]나 종신토록 음악(淫樂)을 듣지 않았다[18]는 따위가 그것이다. 이것을 가지고 아성(亞聖)[19]의 출중함으로 여기기에는 부족하다.

---

16 안자의 '불이과'를 논함 : 불이과는 같은 잘못을 반복하지 않는다는 뜻으로, 『논어』, 「옹야(雍也)」에 보인다. "哀公問弟子, '孰爲好學?' 孔子對曰 : '有顔回者好學, 不遷怒, 不貳過, 不幸短命死矣. 今也則亡, 未聞好學者也.'" 이 글은 안자의 불이과를 "능히 자기의 잘못을 고쳐서 다시는 범하지 않는다."라고 보는 기존의 견해에 반론을 제기하는 내용이다.

17 패현(佩弦)·패위(佩韋) : '패현'은 느긋한 마음을 고쳐 긴장시킨다는 뜻으로 춘추 시대 진(晉)의 동안우(董安于)가 자기의 느슨한 마음을 고치기 위하여 시위를 팽팽하게 맨 활을 항상 몸에 차고 다니며 반성했다는 고사에서 유래한 말이다(『한비자(韓非子)』, 「관행(觀行)」). '패위'는 급한 성질을 느긋하게 고친다는 말로 전국 시대 위(魏)의 서문표(西門豹)가 자신의 급한 성질을 고치기 위하여 무두질해 부드러워진 가죽을 항상 몸에 지니고 다니며 경계했다는 고사에서 유래한 말이다.

18 종신토록 …… 않았다 : 『사기』, 「오태백세가(吳太伯世家)」에 따르면, 오(吳)나라 계찰(季札)이 위(衛)나라에서 진(晉)나라로 가다가 척(戚) 땅에 묵었는데, 그곳에서 손문자(孫文子)가 음악을 듣고 있었다. 계찰이 헌공(獻公)의 시신이 아직 빈소에 있는데 음악을 연주할 수 있겠느냐고 하자, 손문자는 이 말을 듣고 죽을 때까지 음악을 듣지 않았다.

19 아성(亞聖) : 도덕과 역량이 성인 다음가는 사람을 이르는 말이다. 안자가 공자의 문하에 있어서 누구보다도 학문과 덕행이 높았기 때문에 아성으로 일컬어졌다.

또한 잘못을 저지르고도 고치지 못하고, 고치고도 끝까지 가지 못하면 이는 『주역(周易)』에서 이른바 '빈복려(頻復厲)'[20]에 해당하는 것이다. 중간 정도의 자질을 가진 사람도 부끄럽게 여길 바이거늘, 안자가 이렇게 하지 않았다는 점이 어찌 칭찬할 만한 일이겠는가. 더구나 안자처럼 '하나를 들으면 열을 아는' 재주를 가진 인물이라면 어쩌다가 과오가 있으면 의당 그것으로 미루어 반삼우(反三隅)[21]를 하며 옆으로 다른 모든 일에까지 미쳐서 다시는 잘못을 저지르지 않을 것이다. 단지 그 한 가지 일을 고쳐서 다시 저지르지 않는 정도에 그치지 않을 것이다.

만약 한번 저지른 잘못을 단지 그 일만 고쳐서 다시 저지르지 않을 뿐, 다른 일로 유추해 나가서 잘못되고 치우친 행사를 예방하지 못한다면, 인간사는 매우 번다하니 백 년을 살아가는 동안에 잘못을 저지르는 일이 필시 많을 것이다. 일마다 낱낱이 과실을 저지르지 않을 수는 없으니 끝내 과오를 저지르지 않는 사람이 될 수 없을 것이다. 안자 같은 분이 이런 식으로 했다면 어떻게 안자가 되었을 것인가? 이 때문에 '불이(不貳)'의 의미는 능히 고쳐서 다시 저지르지 않음을 말하는 것이 아닌 줄 알았다.

대개 '이(貳)'라는 글자의 의미는 '다시[再]'나 '거듭[復]'이나 '또[又]'라고 풀이해서는 안 되며, '따라붙어서 걸려 있다[附因而不麗]'는 말이다. 이미 있는 줄기에 곁가지가 생긴다거나 기왕에 이것을 중심으로 하면서 또 저것을 한다는 의미이다. 경전 등 문헌을 상고해 보건대 신하가

---

20 빈복려(頻復厲) : 『주역』, 「복괘(復卦)」, '육삼(六三)'에 "자주 회복함이니 위태하나 허물은 없다[頻復, 厲, 无咎]." 하였다.
21 반삼우(反三隅) : 하나를 가르쳐 주면 나머지 셋을 유추해서 안다는 뜻이다(『논어』, 「술이(述而)」).

임금을 섬기면서 다른 마음을 품고 있는 것을 '이(貳)'라고 하며, 임금의 태자를 '이(貳)'라 하고, 궤(簋)가 준(尊) 옆에 있는 것을 '이(貳)'라고 하고,²² 물(物)이 서로 배합함에 있어서 부수되는 것을 '이(貳)'라 한다. 이 모두 따라붙어서 걸려 있다는 뜻이요 '다시[再]'라거나 '거듭[復]'이나 '또[又]'라고 하는 의미는 없다.

한유(韓愈)가 이르기를 "'안자의 잘못'이란 잠깐 사이 보이지 않는 가운데 마음속에 조금 싹튼 것이니, 곧바로 제거해서 언행으로 딸려 나오지 않도록 하였다."²³라고 하였는데, 마음에 대해 언행은 따라붙어 있는 것이므로 '이(貳)'자의 풀이는 맞게 했다고 볼 수 있다. 그러나 그의 말은 옳지 않다. 쉽게 말해서 안자가 한번 저지른 과오를 다시 저지르지 않았다고 본다면, 언행에 과오가 있었다는 것을 증명할 수 있다. 아무리 공자라 할지라도 어떻게 언행에 의거하지 않고 안연의 마음속에 허물이 있는지 고쳤는지 여부를 알아서 말을 했겠는가? 나는 '불이과'란 한 가지 일의 잘못을 다른 일에 따라붙이지 않도록 한다는 의미로 보아야 한다고 주장한다.

사람들이 저지르는 과오는 오만 가지로 같지 않지만 그 과오의 원인을 따져 보면 근원은 다섯 가지가 있다. 나약(懦弱)과 포한(暴悍)과 탐욕(貪慾)과 간사(奸詐)와 우미(愚迷)가 그것이다. 이 다섯 가지는 내가 이른바 사람 마음의 사상(四象)²⁴으로서 과오의 원인이 된다고 하는 것이다.

---

22 궤(簋)가 …… 하고 : 궤와 준은 고대에 제사를 지낼 때 쓰던 용기로, 궤는 곡물을 담는 것이고 준은 술을 담는 것이다. 『주역』, 「감괘(坎卦)」, '육사(六四)'에 "술을 담은 준과 궤 둘을 질그릇으로 사용하고, 맺음을 들이되 통한 곳으로부터 하면 끝내 허물이 없으리라〔樽酒簋貳, 用缶, 納約自牖, 終无咎〕."라고 하였다.
23 안자의 …… 하였다 : 한유(韓愈)의 「성시안자불이과론(省試顏子不貳過論)」에 나오는 말이다.

무릇 사람이 과오를 고치는 경우, 그 잘못된 일을 고칠 줄만 알고 그 과오의 근본 원인을 고칠 줄 모른다면, 그 일은 고쳐질지라도 과오의 근본이 그대로 남아 있기 때문에 일이 오래되면 잊고 잊으면 다시 저지르게 된다. 혹 총명하고 노력하는 자가 있어 능히 잊지 않아 두 번 다시 저지르지 않을 수도 있다. 그렇지만 항상 그 유형에 따라서 다른 일에 나타날 수 있다. 공자께서 "사람의 잘못은 각기 유형이 있다."[25]고 하신 것이 이것이다. 일찍이 여기서는 고쳤지만 또 다른 데서 나타날 수 있으니, 그 과오의 원인은 같은데 행해진 일이 다르기 때문이다. 여기에 따라붙어서 걸려 있다는 뜻으로 '이(貳)'라고 이른 것이다.

　무릇 안자가 능히 '불이과'를 할 수 있었던 것은 오로지 자기 자신이 저지른 과오의 근본 원인을 제거하였기 때문이다. 나약에 근거한 경우라면 그 나약을 제거하면 그만이요, 포한에 근거한 경우라면 그 포한을 제거하면 그만이요, 탐욕·간사·우미에 근거한 것이라면 그 탐욕·간사·우미를 제거하면 그만이다. 그렇다면 안자의 과오는 종신토록 다섯 가지 일에 지나지 않았으니 이를 모두 제거하고 보면 영구히 다시 저지르거나 따라붙어 행하는 근심이 없었을 것이다.

　더구나 안자는 본디 청순(淸純)·충화(沖和)의 기질을 타고나서, 이 다섯 가지로 인해서 마음이 가려지지 않았을 것이다. 또 한두 가지 있다 하더라도 보통 사람처럼 깊고 고질적이지 않았을 것이다. 그래서 약관의 나이에 덕을 이루었던 터요, 공자께서 그가 학문을 좋아함을 칭찬했

24　사상(四象) : 천지자연을 네 가지 형상으로 구분하는 것인데, 계절의 변화에 적용해서는 춘하추동(春夏秋冬), 방위에 적용해서는 동서남북(東西南北), 사람에 적용해서는 태양(太陽)·소양(少陽)·태음(太陰)·소음(少陰)이 된다.

25　사람의 …… 있다 : 『논어』, 「이인(里仁)」에 나온다. "子曰 : '人之過也, 各於其黨, 觀過, 斯知仁矣.'"

던 것이다. 과오를 다시 저지르지 않는 것은 쉽고, 따라붙어 행하지 않는 것은 어렵다. 오직 안자만이 행할 수 있고 다른 사람은 행할 수 없으므로 특별히 거론하여 칭찬한 것이다.

무릇 성인의 과오는 뭇사람과 다르다. 성인의 과오는 해와 달이 밖에서 가려지는 것과 같아 그 자체의 밝음은 변함이 없다. 뭇사람의 과오는 풀 열매가 속에서 상한 것과 같으니 그 속에 병이 든 것이다. 때문에 그 일에 대해서 과오는 같다 할지라도 유형이 아주 다르다. 그 과오가 다를 뿐 아니라 고치는 방법도 달랐으니 오직 그 근본 원인을 제거하여 따라붙어 행하지 않도록 하였다. 이 점이 안자가 끝내 과오가 없는 데에 이르러 성인이 된 방법이었다.

성인이 성인이 된 까닭과 범인이 범인이 된 까닭은 바로 여기에 있다. 후세의 군자는 능히 우리 안자와 같이 '불이과'를 행한 뒤에야 학문을 좋아한다고 말할 수 있을 것이다.

허노재²⁶가 사(士)의 진퇴행장(進退行藏)을 논한 글을 반박함
駁許魯齋論士之進退行藏

허형이 「두선생에게 보낸 편지〔與竇先生書〕」²⁷에서 자신은 감히 천하의 일을 자임할 수 없다고 말하면서, "천하의 치란(治亂)이 바뀜은 큰 운수가 작용하는 것이니 인력(人力)에 의해서 되는 것이 아닙니다. 치란이 바뀌는 것은 점진적으로 이루어지는 것이니, 한 사람에 의해서나 한 세대에서 바뀔 수 있는 것은 아닙니다. 옛날의 총명하고 지혜로운 자들은 능히 시세(時勢)를 살펴서 나아가고 물러났으니, 이야말로 명(命)을 아는 것입니다."라고 하였다.

슬프다! 비루한 유자의 이 한마디로 화가 백 대에 미쳤도다. 공자께서는 "천하에 도가 있다면 나는 나서서 바꾸려고 하지 않았을 것이다."²⁸라고 말씀하셨다. 오직 세상이 무도하기 때문에 자신이 바꾸기 위해 나섰을 뿐이니, 비유컨대 사람이 바야흐로 물이나 불 혹은 함정에 빠져 있으면 자기가 광분질주(狂奔疾走)해서 힘을 다해 구하는 것과 같다.

만약에 좋은 집에 살면서 비단옷을 입고 옥기(玉器)에 음식을 담아

---

26 허노재(許魯齋) : 원나라 학자 허형(許衡)이다. 노재(魯齋)는 호, 자는 중평(仲平)이다. 학자로서 명망이 높았다. 원 세조 쿠빌라이 칸의 부름을 받아 국자좨주(國子祭酒)가 되었다. 황제에게 진언한 것이 많았으나, 물러나서는 진언한 초안을 모두 삭제하여 세상에 전하지 않게 되었다고 한다. 원나라가 정주학을 국가적으로 받드는 데 공헌하였다. 저서로 『노재유서(魯齋遺書)』, 『노재심법(魯齋心法)』 등이 있다.
27 두선생에게 보낸 편지 : 『노재유서』 권9에 수록된 「여두선생」을 말한다. 이 편지는 허형이 자신에게 내려진 벼슬을 사양하기 위해 쓴 것이다.
28 천하에 …… 것이다 : 『논어』, 「미자(微子)」에 나오는 말이다. 은둔한 인물인 장저와 걸익이 공자를 두고 어지러운 세상을 어떻게 바꿀 수 있겠느냐고 비아냥거렸다. 그러자 공자는 서로 갈 길이 다르다고 하며, 천하에 질서가 있었다면 자신이 나서지 않았을 것이라고 말하였다.

먹고 배부르고 편안하게 잠을 잘 수 있다면, 내가 무엇 때문에 구제하고
자 하리오? 이런 까닭에 공자·맹자께서 급히 서둘렀던 것은 다름이 아
니라 천하가 극히 어지러웠기 때문이다. 세상이 어지럽기 때문에 버리
고 떠나서 아무 일도 하지 않는다는 말은 듣지 못하였다. 공자께서 말씀
하시기를 "덕이 세상에 행해지는 것은 파발마로 명령이 전해지는 것보
다 빠르다."[29] 하였고, 또 "만약 나를 써 주는 이가 있다면, 일 년만 되어
도 효과를 볼 수 있을 것"[30]이라고 하셨으니, 갑자기 바꾸기 어렵다는
말은 들어 보지 못하였다.

　무릇 성현이 훌륭한 까닭은, 위태로운 상황을 돌려 안정시키고, 난세
를 바로잡아 치세로 만들 수 있기 때문이다. 만약에 치세에는 나아가 그
이익을 누리고 난세에는 물러나 수고로움을 피하고, 시세를 좇아 오르
락내리락하며 자신의 이익에만 재빨라 천하 사람들에게 허명(虛名)을
훔치는 자는 그야말로 도둑들 중에서도 뛰어난 자라 할 수 있겠다. 참으
로 총명하고 지혜로운 자가 그럴 수 있겠는가?

　은거해 있을 때는 공자·맹자로 자처하며 "나를 등용해 주지 않는다."
고 불평하다가, 등용하는 기회를 얻게 되면 이내 "치란에는 운수가 있
다", "어지러운 세상을 갑자기 바꿀 수 없다."라고 말한다. 참으로 이 말
대로라면 치란은 전적으로 운수에 매여 있어서 인력(人力)과는 관계가
없다. 요(堯)·순(舜)도 훌륭하다 할 것이 없으니 이는 운세가 잘 다스려
질 때였기 때문이고, 걸(桀)·주(紂)에 대해서도 책임을 물을 것이 없으
니 마침 운세가 어지러울 때였기 때문이다. 불초한 무리들도 허물에서
벗어날 수 있으며 어진 분들도 있으나마나 하게 될 것이니, 이것이 과연

29 덕이 …… 빠르다 : 『맹자』, 「공손추 상(公孫丑上)」에 나오는 공자의 말이다.
30 만약 …… 것 : 『논어』, 「자로(子路)」에 나오는 말이다.

이치에 가깝다 할 것인가?

　무릇 재능과 시대와 지위를 가리켜 명(命)이라 하니, 이는 천·지·인 삼극(三極)의 도(道)이다. 자신의 재능으로 최선을 다하고도 얻지 못하는 경우를 명이라고 한다. 자신의 재능으로서 최선을 다하고도 오히려 얻지 못하게 되면 비로소 명을 탓할 수 있는 것이다. 오직 공자 같은 분이라야 비로소 치란에 운수가 있다고 말할 수 있으며, 공자에 미치지 못하는 자는 마땅히 자신의 재능을 다 발휘했는가 자책해야지 운수를 말해서는 안 된다. 자신의 재능을 다 발휘하지 않고서 갑자기 운수를 말하는 것은 망령된 짓이며, 운수를 핑계대어 처음부터 노력하지 않는 자는 망령된 중에서도 더욱 망령스러운 자이다.

　삼대 이래 대유(大儒)라는 칭호를 얻고 임금에게 등용된 자로는 오직 허형 한 사람 뿐이었다. 이는 수천 년 이래 가장 다행스러운 만남이라 할 것이어늘, 그럼에도 자신의 이익에만 민첩하여 망령되게 운수를 핑계대었으니, 치란의 법술에 대해서는 아무런 능력도 발휘하지 못하고 한갓 천하의 허명만 훔친 것이다. 그 자신 속에 든 것이 없이 겉으로 큰소리를 쳐서 세상을 속였다는 것을 알 수 있다. 자기 자신이 하지 못했을 뿐만 아니라 천하 후세의 사람들을 유인해서 맡은 바 임무에 힘쓰지 않도록 한 것이다. 만약 이렇게 된다면 천하의 혼란은 다스려질 때가 없을 것이다.

　슬프다! 비루한 유자의 한마디 말이 세상에 화를 끼침이 이와 같구나! 무릇 허형 이후 지금까지 오륙백 년 사이에 어진 선비라 일컬어지는 자들은 모두 허형이 자신의 이익에만 민첩했던 점과 명예와 작위를 훔쳐서 자신은 영화롭게 하고 가문은 고귀하게 하면서도 직무의 책임을 지려고 하지 않은 점을 본받았으니, 자신의 이익을 위해서는 좋은 계책을 얻었다 하겠지만 천하의 어지러움은 다시 회복될 날을 바랄 수 없게 되었다. 만약 이들이 참으로 현자였다면 분명 이런 태도는 차마 취하지 못하였을 것이니, 이는 현자가 아니요 바로 사이비 현자인 것이다. 슬프다! 세상에 현자는 없고 사이비 현자들만 많구나!

원주 우리나라의 학풍으로 말하면 유자란 필히 은일(隱逸)을 겸하는 자이다. 학문하는 선비로 일컬어지는 자가 있으면 으레 은일을 부르는 법에 따라 나라의 초빙을 받는데, 학문하는 선비는 으레 감히 나가지 않는다. 그래서 혹 관작이 재상에 이르러도 산림을 벗어나 출사하지 않는 이가 있다. 이를 '산림재상'이라 이른다.

5 **동정이사록[31]을 논변함**

辨東征二士錄

「동정이사록(東征二士錄)」에 실린 내용은 모두 사실을 기록했다고 볼 수 없다. 이는 우리나라의 역사인데 임진왜란의 참혹함은 우리에게 일찍이 없었던 일이다. 패사(稗史)의 기록이나 노인들이 전하는 말이 모두 눈앞에 일어난 일처럼 확실해, 실정을 파악해서 신뢰할 만한 기록으로 전할 수 있다.

일본 장수 소서행장(小西行長, 고니시 유키나가)이 평양성을 점거하고 있을 때, 병부상서 석성(石星)[32]이 심유경(沈惟敬)[33]을 파견하여 일본 군영으로 들어가 책봉(冊封)과 화약(和約)의 문제를 논의하도록 했다. 소서행장은 기뻐하며 심유경을 믿었으나 제독(提督) 이여송(李如松)이 이 기회를 노려 일본군을 기습하였다.

소서행장이 당황하여 성을 거점으로 삼아 저항하자 제독은 군사를 몰

---

31 동정이사록(東征二士錄) : 전겸익(錢謙益, 1582~1644)이 임진왜란 때 조선에 파견되었던 풍중영(馮仲纓)과 김상(金相) 두 사람에 대해 쓴 기록으로, 『초학집(初學集)』 권25에 실려 있다. 이여송(李如松)에 대해 매우 비판적인 입장을 취하고 있다. 평양성 전투부터 강화교섭에 이르기까지 알려진 사실과 다른 부분이 많아서 심대윤이 변박(辨駁)한 것이다.

32 석성(石星, ?~1599) : 명의 병부상서(兵部尙書)로 임진왜란 때 구원병 파견을 강력히 주장하여 조선에 도움을 주었으나, 전쟁이 장기화되고 내부 상황이 악화되자 각로(閣老) 조지고(趙志皐) 등의 주장에 따라 화친정책에 찬성하게 되었다. 그러나 교섭이 실패하고 정유재란이 일어나자 관료들은 석성에게 책임을 돌렸다. 황제의 노여움을 사게 된 석성은 감옥에 갇혔다가 병사하였다.

33 심유경(沈惟敬, ?~1597) : 본래 절강성 출신 상인으로 임진왜란 때 평양성에서의 패전 이후 강화교섭을 맡았으나 결렬되었다. 정유재란 이후에도 교섭을 계속하였지만 끝내 실패하였고, 일본에 망명을 하려고도 하였으나 명나라 장수 양원(楊元)에게 잡혀 처형되었다.

아 서문으로 접근하며 홍이포(紅夷砲)를 쏘아 공세를 더욱 급히 했다. 성중의 초목과 가옥들이 모두 불타고 천지가 진동하였다. 제독은 말이 넘어져 물속에 빠지기까지 하였으나 더욱더 북을 울려 급히 공격하였다. 이에 병사들은 더 기세를 올려 바짝 다가서서 성벽에 오르니, 참장(參將) 낙상지(駱尙志)가 몸을 날려 먼저 뛰어올랐다. 왜군이 위축되어 자성(子城)으로 물러났는데, 평양은 외성(外城)은 크고 견고하나 자성은 협소하여 지켜낼 만한 곳이 못되었다. 우리 대부(大夫) 유성룡(柳成龍)은 왜군이 곧 달아날 것이라 밤에 군사를 이끌고 요격하기를 청했으나 이 제독은 받아들이지 않았다. 그날 밤에 과연 왜군이 달아났다.

그런데 「동정이사록」에서는 왜군이 이미 도주해 이여송은 군사를 이끌고 빈 성으로 들어가 죽은 조선인의 머리를 베어 승전을 보고했다고 썼으니, 사실에 어긋나는 말이다.

당초 일본 장수 가등청정(加藤淸正, 가토 기요마사)에게 누이가 있어 점을 잘 쳤는데, "소나무〔松〕를 만나면 패할 것이다."라고 경계하였다. 때문에 '송(松)'자가 들어가는 지명이나 소나무가 우거진 큰 산은 왜군들이 들어가지 않았다고 한다. 이로 인해 송도(松都, 개성)는 왜군이 왕래하는 요충지에 있었음에도 병화를 입은 적이 없었다.

「동정이사록」에서 이여송이 개성을 공격하여 왜군의 병기와 기치(旗幟)를 수습했다고 한 것은 틀린 말이다.

소서행장은 평양에서 패전한 뒤 6백 리를 퇴각하여 경성을 지키고 있었고, 가등청정 또한 군사를 이끌고 와서 합세하였다. 제독이 진군하여 송도에 이르렀는데, 선봉장 사대수(査大受)가 혜음령에서 왜군을 물리쳤다는 보고를 받고 즉시 가정(家丁) 5백 명을 거느리고 진군하였다. 후군이 미처 이르지 못했는데 벽제역에 매복해 있던 왜군에게 요격을 당했다. 제독은 대패하여 간신히 몸만 빠져나왔다.[34] 그러나 왜군의 장수 또한 평양에서의 패배를 경계로 삼아 군대를 거두어 고개를 넘어 물러나니 경성이 드디어 수복되었다.

「동정이사록」에서 조선 사람이 왜군이 도망갔다고 거짓말을 하였다는 것이나 대석교(大石橋)[35] 싸움에 관한 것들은 모두 사실과 다른 말이다.

소서행장은 심유경과 강화(講和) 문제를 논의할 적에 (명나라의) 공주를 (일본으로) 시집보내는 것과 조선 국토의 할양 및 왕으로 봉해 줄 것 등 몇 가지 사항을 요구하였다.[36] 왜군이 짧은 시간 동안에 2천 리를 계

---

34 제독은 …… 빠져나왔다 : 여기에 나오는 사실에 대해서 유성룡이 비교적 자세히 기록하고 있다. 유성룡의 기록을 참고로 제시한다.
"사대수(査大受)가 군사 수백 명을 거느리고 먼저 가서 벽제역(碧蹄驛) 남쪽 숫돌고개〔礪石嶺〕에서 적을 만나 1백여 급을 베었다. 제독이 이 소식을 듣고 대군을 남겨 두고 홀로 가정(家丁) 1천여 명을 인솔하여 달려가서 혜음령(惠陰嶺)을 지나는데 갑자기 말이 넘어지면서 땅에 떨어졌다. 부하들이 부축해 일으켰다. 당시에 적군이 숫돌고개 뒤에다 대부대를 숨겨 놓고 수백 명만을 고개 위로 올라가게 하였다. 제독이 이를 바라보고 병사를 지휘하여 좌우 두 대열로 전진하니 적군도 고개 위에서 내려와 점차 서로 접근하게 되었다. 뒤에 있던 적군이 산의 후면으로부터 문득 산으로 올라오는데 거의 만 명이나 되었다. 명나라 군사들은 이를 바라보고 겁이 났는데, 이미 칼날이 부딪쳐서 벗어날 수 없었다. 이때에 제독이 거느린 군사들은 모두 북쪽의 기병이라서 화기가 없고 단지 무디고 볼품없는 단검만 소지하고 있었다. 적군은 보병으로 모두 3, 4척이 되는 칼을 들었는데 예리하기 그지없었다. 양군이 부딪쳐서 싸우는데 좌우에서 휘몰아쳐 인마가 모두 쓰러져 그 예봉을 당해 낼 수가 없었다. 제독은 사세가 위급함을 보고 후군을 불렀으나, 오기도 전에 선군(先軍)이 벌써 무너져 사상자가 많았다. 적군은 군대를 거두고 급히 추격하지 않아서 저물녘에 파주로 돌아왔다. 제독은 비록 패전한 사실을 숨겼으나 기상은 크게 꺾였다(『서애집(西厓集)』, 「기임진이후청병사(記壬辰以後請兵事)」).

35 대석교(大石橋) : 「동정이사록」에 나오는 지명인데, 정확히 어디인지는 미상이다.

36 소서행장은 …… 요구하였다 : 당시 일본의 조건은 다음과 같다. ① 명나라 황녀를 일본 천황의 후궁으로 삼는다. ② 무역증서제를 부활한다. ③ 일본과 명나라 양국 대신이 각서를 교환한다. ④ 조선8도 가운데 4도를 일본에 이양한다. ⑤ 조선의 왕자와 신하를 볼모로 일본에 보낸다. ⑥ 포로로 잡고 있는 조선의 두 왕자를 석방한다. ⑦ 조선의 권신이

속 진격하여 남의 나라로 깊이 들어간 까닭에 힘은 다하고 심적으로도 외로웠으니, 이른바 강노지말(强弩之末)[37]의 형세라 할 것이다. 게다가 중국이 가까워 함부로 진군할 수도 없고, 가등청정이 함경도 땅에 있어 합세할 수도 없었으며, 사방으로 흩어져 공략하는 별장(別將)들을 모두 집결시켜 힘을 모으지도 못하였고, 그 수군 10만 명은 서해로 올라올 수 없었다.

이런 까닭에 저들은 중국의 강화제의를 다행으로 여기고 실행하기 어려운 일을 요구하여 시간을 질질 끎으로써, 병력에게 휴식을 주고 수군과 육군이 다 합세하길 기다린 다음 틈을 노리다가 갑자기 출동해서 중국의 무방비한 상태를 틈타려고 한 것이다. 일본의 본래 계략은 조선의 강토를 차지하여 중국과 경계를 맞대고 신기(神器)[38]를 넘보고자 했을 뿐이다. 이를 미루어 보면 저들의 뜻은 공주를 맞아들인다거나 왕으로 책봉받는 데에 있지 않았던 것이 분명하다. 또한 조선이 곧 무너질 터인데 저들이 수천 리의 토지와 인민들을 가지고 일개 여자와 허울뿐인 작위와 바꾸려고 했겠는가?

심유경이 재차 일본을 방문했고 이종성(李宗城)[39]은 사신으로 갔는데

일본을 배반하지 않겠다는 서약을 한다. 이에 대해 명에서 제시한 것은 ① 조선에서 완전히 물러갈 것. ② 조선의 두 왕자를 송환할 것. ③ 도요토미 히데요시가 공식적으로 사죄할 것 등이었다.

37 강노지말(强弩之末) : 처음에는 강하게 나왔다가 뒤로 가서 약해지는 것을 비유한다. 『한서(漢書)』, 「한안국전(韓安國傳)」에 "맹렬한 바람도 잦아들면 깃털 하나 날리지 못하며, 강하게 쏜 화살도 끝에 가서는 부드러운 비단을 뚫지 못한다." 하였다.

38 신기(神器) : 신물(神物) 또는 옥새(玉璽) 등 왕권을 상징하는 물건을 지칭한다. 곧 나라나 왕위를 뜻하기도 한다.

39 이종성(李宗城) : 명의 관원으로 1595년 명과 일본 사이에 강화를 위한 논의가 있었을 때 책봉일본정사(冊封日本正使)로 파견된 인물이다. 일본에 들어가기 위해 부산의 왜군 진지에 머물 때 위협을 느끼고 몰래 도망친 사실이 있다. 부사 양방형(楊邦亨)이 그의

그 결과 천자의 명(命)을 욕되게 하고 강화 논의는 실패로 돌아갔다. 석성(石星)과 심유경 모두 이 때문에 벌을 받았다. 예로부터 적과 대치하는 중에 강화를 주장하는 경우 적의 술수에 말려들지 않은 적이 없었다. 앞서 이 제독이 평양에서 대첩을 거두지 않았다면 일이 어떻게 되었을지 알 수 없다.

「동정이사록」에 적혀 있는 것은 다음과 같다. 풍중영(馮仲纓)과 김상(金相) 두 기사(奇士)가 찬획(贊畫) 원황(袁黃)[40]의 막객(幕客)이 되어 경략(經略) 송응창(宋應昌)을 따라 요동에 주재해 있었다. 이 두 사람이 '왜군이 책봉해 주기를 청한 것은 믿을 수 있다', '동국(東國)의 문제는 결말을 지을 수 있는데 이여송은 필시 이때를 틈타 기습해서 강화의 일을 망쳐 놓을 것이다.'라고 하니 원황이 맞다고 했다. 이는 이여송이 항복하려는 적을 공격하여 화친을 방해한 죄를 물은 것이다. 또 '은밀히 풍중영을 가등청정에게 파견하여 강화를 하고자 했다.'라고 하니 참으로 화친을 하고자 한다면 더 급하게 싸워야 한다. 급하게 싸운다면 화친이 이루어질 수 있다. 싸우지 않고 화친만 외친다면 병사들의 마음이 나태해져서 적의 계략에 걸려들 뿐이니, 이는 잘못된 것이다. 또한 화친을 서두르는 자는 반드시 적의 공격을 받아 곤경에 처하게 되니, 상대를 치면서 여력이 있는 사람이 화친을 서두른 적은 일찍이 없었다. 바야흐로 왜군의 정예병 수십 만이 천 리를 횡행할 적에 앞을 가로막는 군대가 없어서 지체하지 않고 거침없이 진군했으니, 그들의 안중에는 이미 조

역할을 대신하게 되었다.

40 원황(袁黃) : 자는 곤의(坤儀)이며 병부직방주사(兵部職方主事)로 조선 출병에 자원하여 나온 인물이다. 풍중영(馮仲纓)과 김상(金相)은 그의 휘하 사람으로, 그는 이 두 사람을 보내 화친을 맺으려 하였으나, 지휘관이 꺼려 하여 관직에서 물러나게 되었다 한다. 훗날 조선 출병 때의 공으로 상보사소경(尙寶司少卿)에 추증되었다.

선이 없은 지 오래였다. 그리고 (임진왜란의) 처음 (명나라) 조승훈(祖承
訓)⁴¹의 부대를 격파할 때 손 하나 까딱 않고 그 부대를 전복시켰으니,
저들의 마음은 중국도 가벼이 여기고 있었거늘 무슨 어려움이 있어 화
친을 서두르려 할 것인가?

그 시점에서 화친을 주장한 무리들은 살 속에 붉은 피가 흐르지 않는
자들일 것이다. 화친이 끝내 실패로 돌아가자 도리어 전날의 논의를 옳
다 여겨 그 허물을 힘써 싸운 장수들에게 돌리니, 이야말로 소인 중에서
도 더욱 되어먹지 못한 부류라 하겠다. 내가 보건대 이른바 두 기사(奇
士)란 자들도 그 사람됨을 알 만하다.

「동정이사록」에서는 또 김상이 젊어서 신이(神異)한 승려에게 기이한
술수를 배워 주술을 외기만 하면 사람이 즉시 죽는다고 하였다. 그렇다
면 어찌 한번 주문을 외워서 왜나 금(金)의 군사들을 죽이지 않고 마구
날뛰도록 내버려 두었단 말인가. 아! 그 허탄함이 너무도 심하다.

양원(楊元)⁴²이 남원(南原)에서 전멸당했을 때 3천의 군사들 중에 죽
음을 면한 자는 한 명도 없었다. 그런데 『황명세법(皇明世法)』⁴³을 읽어
보니 "부여강을 건널 적에 괴룡이 풍랑을 일으켜 전군이 모두 물에 빠져

---

41 조승훈(祖承訓) : 요동 지역의 무장(武將)이다. 임진왜란 초기 명은 요동의 군사만 파견했
  는데, 조승훈은 1592년 7월 첫 번째 싸움인 평양성 전투에서 왜군에게 참패하자 즉시
  회군해 버렸다. 이 패배를 계기로 명나라 조정의 왜군에 대한 인식이 바뀌고 화의론이
  대두되기도 하였다.
42 양원(楊元) : 명의 장수로 이여송과 함께 평양성 전투에 참여하여 공을 세웠다. 1597년
  정유재란 때 3천여 명의 병사와 남원성을 지키다가 고립되어 5일 간 전투를 벌인 끝에
  패배하였다. 조선은 그를 구명하기 위해 외교적 노력을 기울였으나 성과가 없었고, 결국
  패전의 책임을 지고 1597년 10월에 처형되었다.
43 황명세법(皇明世法) : 『황명세법록(皇明世法錄)』을 말한다. 명나라 진인석(陳仁錫, 1581~
  1636)의 저술로 92권이다. 태조 홍무제로부터 신종 만력 연간에 이르기까지 명나라의
  전장제도를 분류별로 기술한 것이다. 1777년(건륭 42) 금서(禁書)가 되었다.

죽었다."라고 하였다.

슬프다. 임금을 속이고 죄를 모면하는 데 양원 같은 자가 있었고, 화친을 주장했던 것을 자랑스러이 여기며 장사들이 죽음을 무릅쓰고 힘써 싸운 공적을 덮은 자로는 풍중영·김상 같은 자들이 있었으며, 김상의 허망하고 망녕된 말을 믿어 책에 기록하기로는 전우산〔錢謙益〕같은 자가 있었다. 그러니 명나라가 천하를 통치하는 방식을 알 만하다.

무릇 군자는 말을 들음에 마음으로 듣고 귀로 듣지 않으며, 책을 읽음에 정신으로 읽지 눈으로 읽지 않는다. 이런 까닭에 진위(眞僞)를 잘 가려서 현혹되지 않는다. 만약 귀와 눈만 믿으면서 마음에 비추어 보지 않고 정신으로 터득하지 않으면 이 또한 위태롭지 않겠는가!

[평어] 사마천이 다시 태어난다고 해도 이와 다른 의론은 있을 수 없을 것이다.

[평어] 서사(敍事)는 사마천과 비슷한데 논리의 명쾌함에 있어서는 더 뛰어나다.

붕당론
朋黨論

붕당이란 명사는 예전부터 있었는데, 근원은 같지 않고 끼친 화의 크고
작음과 깊고 얕음도 달랐다.

몇 명의 간사한 신하들이 임금의 미혹함을 틈타 당파를 결성하고 자
기들과 뜻을 달리하는 어진 신하 한두 명을 음해하는 일은 고금에 걸쳐
더러 있었다. 이 경우 잘못은 임금이 어리석어 밝지 못한 데 있으며, 그
화는 작고 얕은 것이었다.

나라가 쪼개지도록 무리를 지어 서로 각축하는 일은 상고에는 없었는
데 동한(東漢)으로부터 시작되었다. 정도(正道)와 사도(邪道), 청류(淸流)
와 탁류(濁流)가 서로 기치를 세워 대적하다가 결국 사도가 정도를 이기
고 탁류가 청류를 이긴 경우는, 동한(東漢)**44**과 송(宋)나라 원우(元佑) ·
희녕(熙寧) · 원풍(元豊)**45** 연간이 그러했다. 양편이 모두 권세를 탐하고
원수를 갚으려 들어 상호간에 알력을 빚은 경우는 당(唐)나라의 우당(牛
黨) · 이당(李黨)**46**이 그것이다. 양측이 모두 청류인데 안으로 서로 공격

---

44 동한(東漢) : 동한 시대 후기를 가리킨다. 이때 어리고 유약한 황제들이 등극하면서 외척세
력이 황제의 권력을 능가하게 되었다. 황제가 성인이 되면 측근의 환관을 이용하여 외척을
배제하고, 어린 황제가 즉위하면 외척이 권력을 장악하는 악순환이 이어지던 중에 차츰
환관의 힘이 커져서 국정이 혼란에 빠졌다. 유자(儒者) 출신의 관료들이 자신들을 '청류'로
자처하고 환관과 결탁한 무리들을 '탁류'로 지탄하였는데, 166년 환관 세력이 청류를 탄압
하여 말살시켰다. 이 사건을 당고(黨錮)의 화(禍)라 부른다.
45 송(宋)나라 원우(元祐) · 희녕(熙寧) · 원풍(元豊) : 북송 시대의 연호로 원우는 철종(哲宗)
연간(1086~1093), 희녕과 원풍은 신종(神宗) 연간의 연호(1068~1078)이다. 당시 왕안석
(王安石)이 개혁을 주도하였는데, 이를 지지하는 세력을 신법당(新法黨)이라 했고, 사마광
(司馬光)을 중심으로 개혁에 반대하는 세력을 구법당(舊法黨)이라 하였다.
46 우당(牛黨) · 이당(李黨) : 당나라 문종(文宗) 연간에 우승유(牛僧孺)를 중심으로 하는 세

한 경우는 송(宋)나라의 촉당(蜀黨)·낙당(洛黨)·삭당(朔黨)[47]이 그것이다. 한 시대의 사류(士流)들이 스스로 한 무리를 이루어 적대하는 당이 없었는데도 타자의 시기와 질투를 면치 못한 경우는 명(明)나라 동림당(東林黨)[48]이 그러했다. 이들은 대개 사대부들이 명분을 좋아하고 절조를 숭상하여 지려 하지 않고 다투는데, 임금이 옳고 그름을 확실히 분별하지 못했기 때문이니, 이 경우 화가 크고 깊게 된다.

군자는 사양하여 다투지 않으며 공평하여 치우치지 않는다. 천하를 자기의 몸과 같이 여기고 사해만민(四海萬民)으로 당(黨)을 삼기 때문이니, 어찌 사사로운 붕당이 있을 수 있겠는가? 현명한 자는 존경하며 불초한 자는 감복하게 되니, 어찌 뭇 사람의 적이 되는 일이 있겠는가?

이를 통해 보건대 붕당의 명부에 들어가 있는 사람은 또한 군자의 후예라 할 수 있으리라. 그런데 그 자손들은 대대로 지켜서 잃지 않으면서 각자 자신의 조상을 옳게 여기고 저들의 조상을 공격하여 욕하고 헐뜯기를 그만두지 않는다. 이는 자신의 조상이 과연 옳아서 옳다고 하는 것인가? 자손으로서 자기의 조상을 가지고 남과 다투는 것은 결코 아름다

력과 이덕유(李德裕)을 중심으로 하는 세력이 대립하였던바 전자를 우당, 후자를 이당으로 일컬었다.

47 촉당(蜀黨)·낙당(洛黨)·삭당(朔黨): 북송(北宋) 원우(元祐) 연간에 양심적인 사류로 일컬어지는 세 세력이 있었던바, 정이(程頤)를 중심으로 하는 낙당(洛黨)과 소식(蘇軾)을 중심으로 하는 촉당(蜀黨)과 유지(劉摯)를 중심으로 삭당(朔黨)이 그것이다. 이 명칭은 각기 출신 지역에 따라 붙여진 것이다.

48 동림당(東林黨): 명나라 말엽 고헌성(顧憲成)·고반룡(高攀龍)을 중심으로 결성된 집단이다. 고헌성이 1604년 정계에서 추방당하자 강소성(江蘇省) 무석(無錫)으로 내려와 북송(北宋)의 학자 양시(楊時)의 동림서원(東林書院)을 재건하고, 고반룡(高攀龍) 등과 함께 강학하였다. 이 강학을 통해서 당대 부패한 정치에 반대하는 재야세력이 이루어졌는데, 이를 '동림당'이라고 일컬었다. 이들은 1625~1626년 환관 위충현(魏忠賢)과 결탁한 세력에 의해 탄압을 당하여 대다수가 체포되고 동림서원도 폐쇄되었다.

운 일이 아니다. 아무리 훌륭하더라도 자기가 나서서 훌륭하다고 자랑
하면 오히려 그 훌륭한 점을 잃게 된다. 자기가 나서서 조상을 훌륭하다
고 자랑하는 것은 참으로 조상을 훌륭하게 만드는 방도가 아니다. 실은
그른데도 옳다고 하는 것인가?

선왕의 예법으로는 선조가 유왕(幽王)이나 여왕(厲王)처럼 일컬어지
면, 아무리 효성스런 자손이라도 그 악을 숨길 수 없다.[49] 『춘추(春秋)』
에 친부를 위해 휘(諱)하더라도 그 사실은 없애지 않는다고 한 것[50]은,
감히 사적인 친분을 위해서 천지의 공의(公義)를 없앨 수 없기 때문이
다. 사람이 옳고 그른 것을 분별하는 마음이 없다면 사람이 아니요, 알
면서도 잘못을 감춘다면 조상을 속이는 것이다. 나는 선조의 덕을 좇아
행하여 허물을 덮는다[51]는 말은 들었어도, 조상을 속여서 효를 한다는
말은 듣지 못하였다. 조상의 실제 사적에 아무런 보탬이 되지 못하면서
자신의 의리(義理)를 거듭 손상시킨다면 무슨 의미가 있겠는가?

저들은 상대의 조상이 과연 그릇되어서 비난을 하는 것인가. 남의 자
제(子弟)를 대하여 이미 뼈가 되어 버린 그들의 조상을 헐뜯는 것은 말이

---

49 선왕의 …… 없다 : 유왕(幽王)과 여왕(厲王)은 주나라의 폭군이다. 『맹자』, 「이루 상(離婁
上)」에 "유왕과 여왕으로 일컬어지면 아무리 효자 · 자손이라도 결코 그것을 바꿀 수 없
다." 하였다. "暴其民甚, 則身弒國亡, 不甚, 則身危國削, 名之曰'幽' · '厲', 雖孝子慈孫, 百
世不能改之."

50 『춘추(春秋)』에 …… 것 : 『춘추공양전(春秋公羊傳)』 민공(閔公) 원년(元年)에 "『춘추』는
존귀한 이를 위해 휘하는 경우가 있고 어버이를 위해 휘하는 경우가 있고 어진 이를
위해 휘하는 경우가 있다〔春秋爲尊者諱, 爲親者諱, 爲賢者諱〕." 하였다.

51 선조의 …… 덮는다 : 주나라 성왕(成王) 때 관숙(管叔) · 채숙(蔡叔) · 곽숙(霍叔)이 반란
을 일으켰는데 주공(周公)이 난을 진압하고 주모자를 처벌하였다. 훗날 채숙의 아들 채중
(蔡仲)이 부친의 죄를 뉘우치고 회개하자 주공은 다시 채(蔡)나라의 제후로 봉해 주도록
하였다. 이는 채중이 떠나갈 때 주공이 한 말로 조부인 문왕(文王)의 덕을 본받아 부친
같은 죄를 다시 짓지 말라는 뜻이다〔『서경(書經)』, 「채중지명(蔡仲之命)」).

비록 옳다 하더라도 패륜의 행위가 됨을 면치 못한다. 하물며 모두 종묘
사직의 선대부(先大夫)로서 일찍이 임금을 보필하던 사람들⁵²임에야 더
말할 것이 있겠는가? 이 나라에 살면서 저들을 비난하는 것은 종묘사직
에 누를 끼치고 임금을 비하하는 짓이니, 이보다 큰 죄가 어디 있으랴?

상대가 옳은데도 비난을 하는가? 그렇다면 이는 앞서 지적한바 악함
을 모두 갖춘데다 더욱 음험(陰險)하고 사리에 어긋나 새처럼 지저귀고
짐승처럼 짖어 대는 셈이다, 이런 말을 듣고서 발끈해서 나서는 자는 그
또한 금수를 상대하여 다투고 따지는 격이니, 금수와 더불어 다투고 따
지는 자 또한 금수이다.

『좌전(左傳)』에 이르기를,

"적혜(敵惠) **원주** 내가 남에게 은혜를 베풀었더라도, 그 아들에게 보답을 바
라지 않는다. · 적원(敵怨) **원주** 남이 나에게 원한을 품게 했더라도, 그 아들에게
갚지는 않는다. 은 그 후손에게는 해당시키지 않는다."⁵³

라고 하였다. 만약 대대로 원수를 갚으려 하여 그만두지 않는다면 이야
말로 응어리가 더욱 심하여 하늘 끝까지 갈 것이다. 천하 사람들이 첩첩
이 원한을 맺어 서로 어육을 만든다면, 사람들의 씨가 마르기 전에는 그
치지 않을 것이다.

또 바야흐로 함께 조정에 있을 적에 명분을 위해 다투었던가? 의리

---

52 임금을 보필하던 사람들〔貳守〕: 지방 장관의 부관의 위치에 있는 자를 지칭하는 뜻과
   임금을 보필하는 직임을 가리키는 두 가지 뜻이 있는데, 여기서는 후자의 의미로 쓴 것
   이다.
53 적혜(敵惠) …… 않는다 : 『춘추좌씨전』 문공(文公) 6년에 나오는 말이다. 적혜는 남에게
   은혜를 베풀고 그 자손들에게 보답을 바라지 않는다는 뜻이고, 적원은 남에게 원한이
   있어도 그 자손에게 보복하지는 않는다는 뜻이다. "敵惠敵怨, 不在後嗣.' 孔穎達疏 : '敵惠
   謂有惠於彼, 不可望彼人之子報; 敵怨謂有怨於彼, 不可讎彼人之子.'"

〔義〕를 위해 다투었던가? 이익을 위해 다투었던가? 권세를 위해 다투었던가? 이야말로 소인들의 일상이다. 그 사람은 벌써 죽고 그 일도 이미 끝나서 수십 수백 년 전의 과거사가 되었음에도, 꼭 붙들어 놓지 않고는 입에는 바른 말이 없고 마음에는 공정한 도가 없이 서로 피폐해져도 깨닫지 못하니, 도대체 어찌된 일인가?

무릇 한(漢)·당(唐)·송(宋)·명(明)의 역사로 살펴보건대, 붕당의 화가 가문에 있으면 반드시 가문이 멸망하고, 나라에 있으면 반드시 나라가 멸망하였으니, 두렵지 않은가? 지금 그런 일을 계속하여 능히 조상의 선악의 실상을 바꿀 수 있다면 좋다 할 것이요, 능히 자기의 몸을 올곧게 하고 자기의 행동을 선하게 할 수 있다면 좋다 할 것이요, 자기의 권세와 득실에 관계가 있다면 그것도 좋다 할 것이다. 그러나 군자라면 이러한 일은 하지 않을 것이다. 하물며 이런 모든 것들을 얻지도 못한 채 한낱 금수로 귀착되고 멸망의 화를 부르기만 할 뿐이랴! 이런 짓을 하는 자 누구인가?[54]

무릇 천하의 대도(大道)는 화동(和同)[55]를 이루는 것보다 좋은 것이 없고 서로 어긋남보다 좋지 않은 것이 없다. 그러하니 천하의 일은 화동을 이루어 성취되고 어긋남으로 인해 실패하지 않는 것이 없으며, 천하의 사람들은 화동을 이루어 복을 받고 어긋남으로 인하여 화를 당하지 않음이 없다.

---

54 이런 …… 누구인가:『시경』,「서리(黍離)」에 "悠悠蒼天, 此何人哉."라는 구절이 있는데 주자의 집전(集傳)에 따르면 "이렇게 만든 게 누구인가 누구의 탓인가〔所以致此者, 果何人哉〕."라는 의미라고 한다. 「서리」는 기장을 보고 읊은 시인데 동천(東遷)한 이후 주나라의 쇠락을 슬퍼하는 내용이다.
55 화동(和同) : 화(和)는 서로 돕고 이루어 주는 것이며, 동(同)은 차이가 없이 단일하다는 의미이다. 한마음으로 화목하다〔和睦同心〕는 뜻이다.

오호라! 우리들은 근원을 귀감으로 삼아 처음을 신중히 함으로써 후세에 일어날 나쁜 징조를 미리 방비하고, 그 폐단을 살피고 이후의 일을 조심함으로써 오늘날의 우환을 제거해야 한다. 나는 그렇게 하지 않으면 장차 크게 두려워할 바가 있다고 말한다.

원주 군자와 소인의 구분은 공리(公利)에 의해서 판별이 된다. 저만 선하다고 하거나 이익을 독차지하려는 것은 소인이 되기는 마찬가지이다. 동한 시대 이래 붕당의 화는 모두 이로부터 비롯되었다. 공평하지 못하면 당파로 치우치는 것이 필연의 이치이다.
무릇 선(善)은 곧 이(利)이니 서로 다른 것이 아니요, 명(名) 또한 이(利)이니 서로 다른 것이 아니지만, 오로지 선(善)만 취한다면 선하지 않게 되고 오로지 이(利)만 취한다면 이롭지 않게 되며, 오로지 명(名)만을 취하면 허명이 된다. 오로지 자기만 위하는 것을 사(私)라 이르고, 남과 함께하는 것을 공(公)이라 한다. 공사(公私)의 구분이 군자와 소인을 판별하는 기준이다. 어진 자는 그 선만을 취하려 하고, 어질지 못한 자는 그 이익만 취하려고 하니, 이것이 붕당이 일어나는 까닭이다. 만일 공자의 도가 다시 참으로 밝아진다면, 한번 붕당을 얻고자 한들 그럴 수 없을 것이다. 만약 천하에 큰 일이 생긴다면 필시 모두 잿더미가 되는 화가 있을 것이니, 그런 까닭에 '나는 크게 두려워할 바가 있다'고 한 것이다.

무릇 이(理)란 반드시 그렇게 되는〔必然〕이유를 가리키는 것이다. 필연이라고 하면 반드시 그렇게 되는 것이요, 필연이 아니라고 하면 반드시 그렇게 되지 않는 것이니, 이는 이(理)가 정해진 것이요, 또 천지가 천지가 되는 이유이다. 만약 필연이라 하는데 반드시 그렇게 되지 않거나, 필연이 아니라고 하는데 반드시 그렇지 않은 것이 아니라면, 이는 이(理)가 없는 것이요, 이(理)가 없으면 천지 또한 없는 것이다.

무릇 선(善)을 행하는 자에게 하늘이 복(福)으로 응답하고 사람은 이(利)로 갚아 주는 것은, 하늘과 사람이 사적으로 사랑을 베풀기 때문이 아니요, 그의 행동이 절로 복과 이를 부르는 것이다. 선을 행하지 않는 이에게 하늘이 화(禍)로 응답하고 사람들이 해(害)로 갚는 것은, 하늘과 사람이 사적으로 증오하기 때문이 아니요, 그의 행동이 절로 화와 해를 부른 것이다. 이런 까닭에 선이란 반드시 흥하는 도이고, 불선(不善)은 반드시 망하는 도이다. 흥하는 자는 틀림없이 선을 행한 자요, 망한 자는 틀림없이 불선을 행한 자이다. 결코 흥하지 않는 자는 선이라 하지 않으며, 결코 망하지 않는 자를 불선이라고 할 수 없다. 만약 선하면서도 꼭 흥하지 않고, 불선하지만 꼭 망하지 않는다면 이는 찬데도 차지 않고 뜨거운데도 뜨겁지 않고 네모가 네모나지 않고 둥근데도 둥글지 않은 셈이니, 이런 이(理)는 없으며, 이(理)가 없으면 천지 또한 없다.

무릇 공인(工人)의 솜씨가 어떤지 알고 싶으면 그가 만든 물건이 좋은지 나쁜지를 살펴보기만 하면 될 것이요, 좋은 말〔馬〕인지 알고 싶다면 그 말이 길을 어떻게 달리는가를 살펴보기만 하면 될 뿐이다. 이런 까닭에 옛날에 사람을 논할 때는 반드시 그의 실상을 통해서 징험을 하였으니, 믿고 따르는 사람이 많고 적음을 보면 그의 덕이 높은가 낮은가를 알 수 있으며, 하늘이 내린 복록이 후한지 박한지를 보면 그의 도가 훌륭한가 아닌가를 알 수 있다. 명성이 아무리 높아도 사람들이 믿고 따르지 않으면 진실한 덕이 아니요, 행동이 아무리 정성스러워도 하늘이 복록을 내리지 않으면 선한 도가 아니다.

군자로서 도덕을 지녔음에도 혹 그의 운명[56]에 불행이 특히 심한 경우가 있으니, 비간(比干)[57]이나 계로(季路)[58]나 구목(仇牧)[59]처럼 살신성인(殺身成仁)을 한 사람들이 있다. 그러나 이는 그들의 지력(智力)이 미치지 못한 바가 있었던 까닭이니 진선(盡善)이라고 할 수는 없다. 군자이면서 사람들에게 배척을 당하고 죄망에 걸려서 자신의 육신이 찢겨지고 자손까지 멸절된 사람은 결코 없었다. 때문에 춘추 시대 이전의 군자들은 남의 행실을 보고 그의 화복을 판단함이 마치 부계(符契)처럼 들어맞았던 것이다.

내가 수천 년의 역사를 보건대, 도에 가까운 행실이 조금이라도 있는 사람 치고 자신이 복록을 누리고 자손들이 번창하지 않은 경우가 없었으며, 도에 반하는 행실이 있는 사람 치고 자신이 재앙에 걸리고 자손들이 멸절되지 않은 경우가 없었다. 천인(天人)의 이치가 명백하고도 밝으

---

56 그의 운명 : 본문은 '其命'인데 여기에 '時位也'라는 원주가 달려 있다. 그 인물이 당시 처한 위치가 불운을 면할 수 없었다는 뜻으로 이해된다.
57 비간(比干) : 은나라 말의 충신이다. 은의 마지막 임금인 주왕(紂王)의 숙부로서 주왕의 실정(失政)을 간하다가 죽임을 당했다.
58 계로(季路) : 공자의 제자로 성명은 중유(仲由), 자를 자로(子路)라 하는데, 자로라는 호칭으로 널리 알려져 있다. 그는 위(衛)나라의 대부 공회(孔悝)를 섬겼는데, 정변이 일어나자 죽임을 당하였다.
59 구목(仇牧) : 춘추 시대 송(宋)의 대부이다. 남궁만(南宮萬)이 반란을 일으키자 저항하다가 죽임을 당했다.

니 어찌 속일 수 있겠는가!

진한(秦漢) 시대 이후로부터는 천인의 도가 어긋나 합치되지 않았으니, 세상에서 어질다고 칭송하는 사람이 항상 복을 누린 것은 아니요, 어질지 못하다고 지탄받는 자가 반드시 재앙을 당하지도 않았다. 이에 천하의 논자들이 비로소 의심하고 규정짓지 못하면서,

"하늘과 사람은 호오(好惡)를 달리한다."

라고 하였으며, 심한 경우는,

"인간 세상의 군자는 하늘의 소인이며, 하늘의 군자는 인간 세상의 소인이다."[60]

라고 하였다. 이에 선을 행하는 것을 권장할 수 없게 되며 악을 행하는 것도 거리낄 바가 없게 되니, 천하 사람들이 행동하는 것을 제 성정에만 맡기고 감정대로 치달리게 되었다.

어진 자는 명예를 위해서 죽고 어질지 못한 자는 이로움을 위해 죽으니, 배척당하고 멸망하더라도 이를 피하지 않고 하겠다고 생각한 것이다. 어진 자는,

"나는 선을 행하였으니 비록 패망하더라도 후회하지 않는다."

라고 하며, 또,

"선은 선이다."

라고 말한다. 어질지 못한 자는,

"나는 이로움을 행하였으니 비록 패망하더라도 후회하지 않는다."

라고 하며, 또,

"이로움은 이로움이다."

라고 말한다. 어진 자는,

---

60 인간 …… 소인이다 : 『장자』, 「대종사(大宗師)」에 보인다.

"운명이다. 옛 사람들 또한 이러한 경우가 있었다."
라고 하며, 어질지 못한 자는,

"운명이다. 어진 자 또한 면치 못하였다."
라고 한다. 흥해도 선 때문이라 하지 않고, 망해도 선하지 않기 때문이라고 하지 않으니, 이야말로 찬데도 차지 않고 뜨거운데도 뜨겁지 않고 네모난데도 네모나지 않고, 둥근데도 둥글지 않다고 하는 것이며, 이야말로 스스로를 속이고 천인의 이(理)를 없애 버리는 것이다. 선하지 않아 멸망에 이르고서도 오히려 선이라고 말할 수 있다면 선 아닌 것이 어디에 있겠는가? 이롭지 않아 멸망에 이르고서도 오히려 이롭다고 말할 수 있다면 이(利) 아닌 것이 어디에 있겠는가?

자기의 부모를 죽인 죄악은 남의 부모를 죽인 죄악보다 중하며, 자기의 몸을 해친 죄악은 남의 몸을 해친 죄악보다 크다. 뒤이어 살육이 돌아가신 부모의 유체에까지 미치고 자손과 종족들까지 연루됨으로써 선조로부터 후세에 이르기까지 영원히 멸망하도록 만든다. 무릇 자기의 몸에 대해서는 함부로 하면서 다른 사람에 대해서는 차마 하지 못하며, 자신의 부모에게는 함부로 하면서 타인에 대해서는 차마 하지 못하는 자는 있지 않았다. 천하의 선하지 못함이 이보다 더한 것이 있겠으며, 천하의 이롭지 못함이 이보다 심한 것이 있겠는가? 그럼에도 "선은 선이요, 이로움은 이로움이다."라고 하니, 천하의 사람들이 잘못된 길로 날로 치달아 돌이킬 줄을 모른다. 위아래로 수천 년 동안 깨달아 말해 줄 수 있는 자가 없었으니, 몹시 슬프다 하지 않으리오! 무릇 생을 좋아하고 죽음을 싫어하며 복을 바라고 화를 피하려 하는 것은 인간의 본성이거늘, 마음이 한번 현혹됨에 그 잘못됨이 이 지경에 이르고 드디어는 본성을 잃게 되니, 어찌 큰 슬픔이 아니랴!

대개 그 잘못은 이름에 현혹되어 실상을 징험하지 않는 데에 있으며,

한편에 치우쳐 보고 전체를 살피지 못하는 데에 있다. 그리하여 그럴듯한데 현혹되어 참과 거짓을 혼동하니, 선하다고 하는 것이 선한 것이 아니요, 이롭다고 하는 것도 이로운 것이 아니다.

사람이 처음 태어나 입을 오물거리며 먹을 것을 구하는 것은 이(利)를 좋아하는 시초요, 조금 자라나 지각이 생겨서는 칭찬을 들으면 좋아하는 것은 명예를 좋아하는 단초이다. 이는 하늘로부터 품부받은 것으로 배워서 얻는 것이 아니며, 또한 인력(人力)으로 없앨 수 있는 것도 아니다.

온 천하 사람들이 하고자 하는 바는 사람들과 더불어 함께 이루어야〔同濟〕할 것이요, 홀로 취해서는 안 되는 것이다. 함께 이루는 것은 공(公)이요 홀로 취하는 것은 사(私)이다. 무릇 여러 사람과 더불어 선을 행하지 못하고 홀로 취하는 것은 허명(虛名)이지 실명(實名)이 아니며, 여러 사람과 더불어 이로움을 구하지 못하고 홀로 취하는 것은 편협한 이〔偏利〕이지 온전한 이〔全利〕가 아니다. 그렇게 한다면 필시 사람들은 원망하고 하늘은 노여워할 것이니, 이는 반드시 망하는 도인 것이요 동주공제(同舟共濟)[61]하는 것은 반드시 흥하는 도이다. 반드시 망하는 도는 선하지 않은 것이요, 반드시 흥하는 도는 선한 것이다. 오호라! 세상에서 망하지 않고 흥하려는 자는 나의 이 말에서 취해야 할 것이다.

원주 나는 천지의 이치를 은폐하여 만세의 화를 구제하지 않아서는 안 되기에 부득이 말한 것이다. 나의 증조부 같은 분은 남의 모함을 입는 횡액을 당하여 비록 초기에는 화를 면치 못했지만 필시 후세에는 사람들이 알아줄 것이니, 세상에서 이러쿵저러쿵하는 것과는 차이가 있다. 그렇다면 나의 이 글은 자기 조상의 문제를 감추지 않고 말했다는 비난은 받지 않을 것이다.

---

61 동주공제(同舟共濟) : 『손자(孫子)』, 「구지(九地)」에 보인다.

8

선악일본론

善惡一本論

천하의 사물은 근본이 두 가지로 나뉘는 것은 없다. 천하에는 악인(惡人)이 없으며 선만 있을 뿐이요, 천하에는 악사(惡事)가 없으며 선만 있을 뿐이다. 선이 지나치거나 부족한 경우에 악이 되니, 선과 악은 근본이 하나이다. 식(食)과 색(色)은 사람이 거기에 힘입어 나고 자라는 것인데, 부족하면 나고 자랄 수 없으며 지나치면 나고 자라는 것을 해치게 된다. 나고 자랄 수 없는 것과 나고 자람을 해치는 것은 그 근본으로 말하면 모두 부족하거나 지나친 데서 비롯된다. 그러므로 악은 본래부터 악이 아니요, 선이 지나치거나 부족한 결과이며, 소인은 본래부터 소인이 아니요, 군자가 지나치거나 미달한 결과이다.

지나치거나 부족함이 없는 것이야말로 천하의 선도(善道)이니 이름하여 중용(中庸)이라 한다. 노자(老子)는 이르기를 '출생입사(出生入死)'[62]라 하였는데 이것은 생을 취함이 많으면 죽음으로 들어간다는 말이다. 오직 노자가 선악의 근본이 하나임을 알았다고 할 수 있는데, 다만 지나침의 폐해만 언급하고 부족함의 폐해에 대해서 말하지 않은 것은 어째서인가?

노자의 도는 실로 욕심을 적게 함을 위주로 삼아, 그 중점이 누르고 줄여서 지나침의 폐해를 멀리함에 있었기 때문에, 부족한 폐해에 대해서는 생각하지 못했던 것이다. 대체로 노자의 도는 성인의 중용과는 다르다 하겠다. 그렇지만 그의 지력(智力)이 보통 사람보다 빼어났기 때문

---

62 출생입사(出生入死) : 『도덕경』 50장에 나오는 구절이다. 왕필(王弼)은 이 구절을 "생지에서 나와 사지로 들어간다〔出生地, 入死地〕."라고 풀이하였다.

에 스스로 심히 부족한 폐해에는 이르지 않았다. 그런 까닭으로 후세에 그의 도와 비슷하게 나아간 자들은 모두 능히 그 몸을 편안히 하고 그 자손들이 이어갈 수 있도록 하였다. 그러나 겨우 근근이 할 뿐이며 크게 진작함은 없었다. 그렇다고 해도 중용의 다음이라고 볼 수 있다. 이 밖에는 선도라고 이를 만한 것이 없다.

천하의 일은 선(善)과 이(利)가 있을 따름이니, 선과 이는 서로 다른 것이 아니다. 선이면 반드시 이롭고 이로우면 반드시 선하니, 선이면서 이롭지 않은 것은 없고 이로우면서 선하지 않은 것도 없다. 선이면서 이롭지 않으면 선이 아니요, 이로우면서 선하지 않으면 이가 아니다.

세상에 선을 말하는 자들은 "선은 선뿐이요 이는 선이 아니다." 하며, 이를 말하는 자들은 "이는 이뿐이요 선은 이가 아니다."라고 한다. 선을 행하면서 자기의 이를 부족하게 하기에 힘쓰거나 이를 행하면서 선에 미치지 못한다면, 양자의 청탁에는 차이가 있지만 부족하거나 미치지 못하는 점에 있어서는 마찬가지요, 또 악이 되는 점에 있어서도 마찬가지다. 그것이 사람의 잃어버리는 바 되고 귀신이 재앙을 끼치는 바 됨에 있어서도 마찬가지이다.

이 문제점은 선과 이가 하나로 귀결되며 선과 악이 하나의 근본이라는 이치를 알지 못하는 데에 있다. 천하의 악은 선에 근본을 두고 이루어지지 않는 것이 없으니, 본래부터 악인 것은 없다. 선과 이가 지나치고 부족하게 되는 것은 자기 한 몸을 위해 사사롭게 하기 때문이다. 만약에 사람들에 대해서 공(公)이 되면 지나치거나 미치지 못하게 되고 싶어도 될 수 없다.

무릇 사람들에게 공(公)이 되는 것은 실로 미치지 못함이 없다. 아무리 선이 만고를 덮고 이가 사해에 두루 미치더라도 지나치다는 걱정이 없을 것이다. 이야말로 중용지선(中庸至善)[63]의 덕이다. 오호라! 이것은 행하지 않고 저것만 오래도록 행하고 있으니, 이 유독 무엇 때문인가?

원주 중용의 도는 천하의 실정을 모두 통하여 물아(物我)에 한결같이 시행할 것이기 때문에 부족함이 없고 또 지나침도 없다. 슬프다! 미묘한 도를 가지고 귀먹고 눈먼 세속을 깨우치고자 하나 말로 표현하기 어렵구나. 단지 그 실마리를 꺼내어 스스로 생각하여 터득하도록 할 따름이다.

---

63 중용·지선(中庸至善) : 중용(中庸)은 한쪽에 치우침이 없고 지나침이나 모자람이 없는 것을 말하며, 지선(至善)은 인간이 도덕 수양을 통해 도달할 수 있는 최고의 경지를 말한다.

9

음식에 대한 경계

食戒

음식(飮食)이란 '이(利)'의 근본이요 '이'란 낳고 길러지는 근원이다.
'색(色)'이란 '식(食)'의 짝이 되고, '명(名)'이란 '이'의 아들이기 때문에 따로
드러내 거론하지 않았다.

사람이 욕망하는 바로는 이보다 더 큰 것이 없고, 하늘이 귀하게 여
기는 바로는 이보다 중한 것이 없으니, 천지의 사이에 가득 찬 것은 오
직 이것이리라. 음식이 없으면 '이'가 없고 '이'가 없으면 낳고 길러지는
것이 없고 낳고 길러지는 것이 없으면 만물이 없으며 만물이 없으면 천
지도 없을 것이다.

사람들이 다같이 욕망하는 바라 독차지할 수 없는 것이니, 독차지하
게 되면 사람들이 반드시 다툰다. 하늘이 아끼고 보배롭게 여기는 바라
치우치도록 과다하게 가질 수 없는 것이니, 과다하게 가지면 하늘이 필
시 벌을 줄 것이다.

이런 까닭에 '이'는 공평하지 않으면 길이 누릴 수 없으며, 음식은 절
제하지 않으면 길이 얻을 수가 없다. '이'를 공평하게 하는 것이 '이'를
보존하는 방법이요, 음식을 절제하는 것이 곧 음식을 얻는 방법이다.

무릇 사람이 살고 죽고, 흥하고 망하는 것은 별개의 일이 아니다. 이
것으로써 사는 자는 이것으로써 죽으니, 음식을 이름이 아닌가? 이것으
로써 흥하면 이것으로써 망하니, '이'를 이름이 아닌가? 이런 까닭으로
구하지 않을 수가 없는 것이요, 또한 경계하지 않을 수도 없는 것이다.

사람이 태어남에 일찍이 이것을 가지고 온 것이 아니요, 죽음에 또한
일찍이 이것을 가지고 간 적이 없었다. 본디 자기의 소유가 아니요, 잠
깐 천지로부터 빌리고 세상에서 취해 쓴 것일 뿐이다. 쓸 만큼 취해 쓸

일이요, 어찌 남겨서 축적해 둘 것인가? 그것이 다른 사람에게 쌓여 있거나 자기에게 쌓여 있거나 자기의 소유가 되지 않는 점에서는 마찬가지이다.

진실로 내가 하려는 바가 하늘에 순응하고 인사에 합당하면, 하늘은 항상 빌려줄 것이요 사람들은 항상 도와줄 것이니, 어찌 얻지 못할까 근심하겠는가? 하늘을 거역하고 인사를 거역하면, 아무리 축적하여 천하의 것을 다 가진다 하더라도 하루 아침도 소유할 수 없을 것인데, 내 또 무슨 덕을 보겠는가?

이에 곳간을 곳간으로 삼는 것이 천하를 곳간으로 삼는 것만 같지 못함을 알 것이다. 그러므로 '이'는 사람들에게 공평하게 하지 않을 수 없는 것이요, 음식은 자기 자신에게 절제하지 않을 수 없는 것이다.

음식이란 '이'의 근본이자 백성들의 생명이다. 때문에 사람에게 더욱 절실하여 하늘이 더욱 아끼는 것이다. 이 때문에 앞 시대에 음식의 사치를 극도로 하여 복록을 아끼지 않은 자들을 두루 살펴보니, 으레 전복과 멸망이 갑자기 닥쳤다.

대저 음식을 절제하지 않으면 그에 따른 문제로 열 가지가 생긴다. 재물을 탕진하기를 무한히 하여 천하를 다 기울여서도 충당할 수 없어, 마치 깨진 독에 강물과 바닷물을 퍼붓고 펄펄 타는 솥에 눈서리가 내리는 것과 유사하게 되니, 이것이 첫 번째이다. 음식은 좋고 나쁘고 간에 모두 인간의 생명에 관계되는데, 이것저것 가려내고 마구 버리고 하여 크게 복을 잃을 모양이 되니, 이것이 두 번째이다. 음식이란 정해진 맛이 없으니, 배고프면 맛있고 배부르면 맛없다. 푸성귀나 먹는 자의 푸성귀와 고기와 쌀밥을 먹는 자의 고기와 쌀밥은 각기 제 입맛에 맞기는 마찬가지다. 맛을 더 이상 느끼지 못하면서도 한갓 축내기만 하니 이것이 세 번째이다.

입맛은 마음에서 생기니, 마음이 편안하면 입맛도 달고 마음에 만족스럽지 않으면 입맛이 달지 않다. 그런데 욕망은 한이 없어 만족스럽지 않으면 더욱 입맛이 없어지니, 이것이 네 번째이다. 입맛도 음식에 따라 바뀐다. 늘 지게미와 쌀겨를 먹는 자는 지게미와 쌀겨처럼 맛있는 것이 없는데, 한번 쌀밥과 고기를 얻어먹게 되면 지게미와 쌀겨의 나쁨을 비로소 알게 된다. 쌀밥과 고기도 오래 먹다 보면 차츰 그 역시 맛이 떨어져 음식 사치 부리기를 끝없이 하여 맛 또한 그에 따라 떨어지게 되니, 이것이 다섯 번째이다. 젊어서 지나치게 기름지게 먹다가 늙고 병들어 더 잘 먹을 수 없으면 보양할 수 없게 되니, 이것이 여섯 번째이다.

기름진 음식만 늘 먹으면[64] 기혈(氣血)에 장애를 일으켜서 근육이 허약해지고 창자가 썩어 질병에 걸리기 쉬우니, 이것이 일곱 번째이다. 음식을 자기 자신에게는 후하게 하고 남에게 인색하여 양갱복국(羊羹覆國),[65] 원팽시군(黿烹弑君),[66] 간후미건(乾餱微愆)[67]으로 화를 산처럼 불러들이게

---

64 기름진 …… 먹으면〔膏膩勺藥〕: '勺藥'이 무슨 의미로 쓰였는지 미상이다. 전후 문맥으로 보아 위와 같이 번역하였다.

65 양갱복국(羊羹覆國): 양갱은 양고기로 만든 국이다. 춘추 시대에 중산군(中山君)이 여러 신료들을 모아 놓고 양갱을 대접하였던바, 사마자기(司馬子期)에게는 배당이 되지 않아서 원한을 품게 되었다. 후에 사마자기는 초(楚)나라로 들어가 그 임금을 설득, 중산국을 쳐서 멸망시켰다. 이에 중산군은 "양갱이 나라를 넘어뜨리게 했구나." 하고 탄식했다고 한다(『춘추좌씨전(春秋左氏傳)』 선공(宣公) 2년).

66 원팽시군(黿烹弑君): 원팽은 큰 자라를 삶아서 만든 음식이다. 춘추 시대에 정(鄭)나라 영공(靈公)이 초나라로부터 큰 자라를 선물로 받아 요리를 하여 측근의 신하들과 나누어 먹게 되었다. 그때 마침 자공(子公)이라는 대부가 들어오면서 자기의 식지(食指)가 저절로 움직였는데, 자기는 식지가 움직이면 특별한 음식을 맛볼 징조라 하였다. 그런데 영공은 원팽을 나누어 먹는 자리에서 끝내 자공에게는 주지 않았다. 자공은 화가 나 나가면서 솥에 담겨 있는 원팽을 손가락으로 찍어 맛보았다. 자공은 이 때문에 원한을 품어 결국 영공을 시해하였다(『춘추좌씨전(春秋左氏傳)』 선공(宣公) 4년).

67 간후미건(乾餱微愆): 간후는 비상식량으로 쓰기 위한 말린 밥을 가리킨다. 『시경』, 「벌목

되니, 이것이 여덟 번째이다. 식탁에 산해진미를 쌓아 놓고도 마시는 술잔을 다 비우지도 않고 음식에 젓가락을 대지 않는 경우도 있다. 이들을 마련하느라고 죽을 힘을 다 쓰지만 한갓 비복(婢僕)들의 입으로 들어가게 되니, 이것이 아홉 번째이다. 입과 배를 채우느라고 염치를 다 잃어 사람들에게 천하게 여기는 바가 되니, 이것이 열 번째이다.

무릇 음식에는 좋은 것과 나쁜 것이 없으니 목구멍으로 내려가 배를 채우기로 말하면 마찬가지이며, 입에는 귀한 것과 천한 것이 없으니 시장할 때 먹으면 다 고기처럼 맛있는 것이 마찬가지이다. 그러므로 군자가 마음을 다스림에 있어서는 필히 식색(食色)으로부터 시작하게 된다. 식색에 마음이 사로잡히지 않은 다음이라야 바야흐로 더불어 의논할 수 있을 것이다.

『시경(詩經)』에 "고기를 먹음에 어찌 꼭 하수의 방어를 먹어야겠으며, 아내를 얻음에 어찌 꼭 제나라의 강씨라야 하리오〔豈其食魚, 必河之魴. 豈其娶妻, 必齊之姜〕."[68]라고 하였다. 나는 이 구절을 늘 반복해 외워 항시 도를 이해하고 있음을 음미하곤 하였다. 오호라! '오늘날 사람들은 어찌 시를 배우지 않는가!'[69]

(伐木)」에 "백성이 덕을 잃는 것은 간후의 허물이라〔民之失德, 乾餱以愆〕."라는 구절이 있는데, 이때 간후는 일반적인 식품을 표현한 말이다. 음식과 관계되는 작은 허물 때문에 민간에서 서로 덕을 잃게 된다는 의미이다.

68 고기를 …… 하리오: 『시경』, 「형문(衡門)」에 나오는 구절이다. 방어(魴魚)는 편어(鯿魚)라는 민물고기의 옛 이름으로, 생긴 모양이 넓고 납작하며 머리와 꼬리가 뾰족하며 맛이 좋다. 강씨는 제나라 제후의 성씨로, 당시 제나라는 대국이었고 강씨는 미인으로 여겨졌다.

69 어찌 …… 않는가: 공자가 제자들에게 왜 시를 배우지 않느냐고 하면서 시의 여러 가지 효용에 대해 말한 내용이 『논어』, 「양화(陽化)」에 보인다. "子曰 : '小子! 何莫學夫詩? 詩, 可以興, 可以觀, 可以群, 可以怨. 邇之事父, 遠之事君. 多識於鳥獸草木之名.'"

10 권설
權說

권(權)이란 경(經)과 다른 또 하나의 경이다.[70] 행함에 있어서 권이 있고
일에 있어서 권이 있다.

행함에 있어서 권도란 경서에서 말한 소덕(小德)[71]이 그것이다. 도에
는 정도(正道)가 있고 권도(權道)가 있다. 정이란 대강이요 권이란 소목
이며, 정이란 네모난 상자요 권이란 둥근 바퀴라 할 수 있다. 대절(大節)
은 각지지 않을 수 없고 소절(小節)은 둥글지 않을 수 없으니, 모나지
않으면 설 수 없고 둥글지 않으면 행할 수 없는 법이다. 군자는 우뚝
서서 방향을 바꾸지 않고 죽음에 이르도록 변치 않으니[72] 곧 정도를 이
름이다. 시속과 한가지로 하여 더러운 세상에 합류하는 것은 향원(鄕
原)[73]과 대체로 비슷하니 곧 권도를 이름이다.

정도를 써서 돈화(敦化)가 활발히 움직여 고착된 뜻이 없는 경우에
이르면 정도가 극에 다다라 권도와 유사하게 된 것이요, 권도를 써서 냇

---

70 권(權)이란 …… 경(經)이다 : 여기서 권(權)이란 정도(正道)는 아니지만 결국 정도에 합하
는 것을 가리킨다. 그리고 경(經)이란 처음부터 끝까지 정도로 나가는 것을 의미하는
것이다.
71 경서에서 말한 소덕(小德) : 여기서 경서는 『중용』을 말한다. 『중용장구』 30장에 "소덕은
천류요, 대덕은 돈화이다〔小德川流, 大德敦化〕."란 구절이 있다. 소덕은 분파된 작은 덕으
로 마치 여러 갈래로 흐르는 냇물과 같으며, 대덕은 전체의 큰 덕으로 조화를 돈후하게
하여 근본이 성대한 것을 말한다.
72 군자는 …… 않으니 : 『주역』, 「항괘(恒卦)」에 "우레와 바람이 항이니, 군자가 이를 보고
서서 방소를 바꾸지 않는다〔雷風, 恒, 君子以, 立不易方〕."라 하였고, 『중용장구』 제10장에
"나라에 도가 없어도 죽음에 이르도록 변치 않는다〔國無道, 至死不變〕."라고 하였다.
73 향원(鄕原) : 『논어』, 「양화(陽貨)」에 "향원은 덕의 적이다〔鄕愿, 德之賊也〕."라는 말이
있다. 이때 향원이란 겉으로 행동은 바르지만 속마음은 좋지 않은 자를 가리킨다고 하였다.

물이 갈래로 나뉘어 변천하는 모양이 없는 경우에 이르면 권도가 극에 다다라서 정도와 유사하게 되는 것이다. 곧 성인의 덕이니, 이는 권도가 정도와 짝하여 행하는 것이다. 권도는 평소에 늘 행하는 바인데 작은 데 쓰고 큰 데 쓰지 않는 것은 대개 변통하여 형세를 따르는 방식이기 때문이다.

일에 있어서 권도란 경서에서 말하는 권(權)이 그것이다.[74] 시운(時運)이 특히 불행한 때를 만나 형세를 살피고 경중을 가늠하여 대의에 합하도록 하는 것이니, 탕무(湯武)가 방벌(放伐)을 행하고[75] 문왕(文王)이 뇌물을 바쳐 위기에서 벗어난 경우[76]가 바로 그렇다. 이는 권도가 특별한 상황에서 행해진 것인데 또한 정도를 잃지 않은 것이다. 그래서 반드시 어찌할 수 없는 위난(危難)을 당한 연후에라야 행할 수 있는 것이다. 큰 데 쓰고 작은 데 쓰지 않는 것이니, 대개 비상한 상황에서 알명(幹命)[77]하는 방식이다.

행함에 있어서 권도란 『주역』에서 항괘(恒卦)가 그것이니 누구나 다 행할 수 있는 것이요, 일에 있어서 권도란 대과괘(大過卦)가 그것이니

---

74 경서에서 …… 그것이다 : 여기서 경서는 『맹자』를 가리키는 것으로 보인다. 『맹자』, 「양혜왕 상(梁惠王上)」에 "저울로 달아 본 후에야 무겁고 가벼움을 알 수 있고, 자로 재본 후에야 길고 짧음을 알 수 있다〔權然後知輕重, 度然後知長短〕." 하였고, 『맹자』, 「이루 상(離婁上)」에 "남녀가 직접 물건을 주고받지 않는 것이 예인데, 형수가 물에 빠졌을 때 손을 잡아 구하는 것은 권이다〔男女授受不親, 禮也; 嫂溺, 援之以手者, 權也〕." 하였다.

75 탕무(湯武)가 방벌(放伐)을 행하고 : 탕은 하(夏)나라의 폭군 걸(桀)을 쳐서 내쫓고 은(殷)나라를 세운 왕이며, 무는 은나라의 폭군 주(紂)를 내쫓고 주(周)나라를 세운 왕이다. 이 둘은 모두 신하로서 왕을 친 것이니 군신의 의리에 어긋나지만, 세상을 구하기 위해서는 어쩔 수 없는 일이었으므로 대의(大義)에 부합한다고 볼 수 있다.

76 문왕(文王)이 …… 경우 : 『사기』, 「주본기(周本紀)」에 따르면, 주나라 문왕(文王)이 붙잡혀 옥에 갇힌 일이 있었는데, 이때 은나라 주왕(紂王)에게 뇌물을 바치고 석방되었다.

77 알명(幹命) : 목숨을 구하기 위해서 계교를 쓰거나 변통하는 것을 가리키는 말이다.

오직 성인이라야 행할 수 있는 것이다. 이 두 가지는 다 같이 경과 다른 또 하나의 경인데, 각기 쓰이는 데서 다르다. 작은 물줄기가 흘러가는 데는 얽히고 돌아 백 번이나 꺾이지만, 큰 강에 이르러서는 천 리에 한 번 굽이치는 정도이다. 보통 사람들은 기교가 많고 성인은 기교가 없는데, 기교가 없는 것이 아니요 기교가 지극한 경지에 도달했기 때문이다. 두 가지가 다 같이 권도를 쓰지만 역량에 있어서는 서로 같지 않다.

무릇 권도란 쓰지 않을 수 없는 경우에 쓰는 것이요, 하도록 권(勸) 기뻐하여 나아가는 것을 '권'이라 한다. 해서 하는 것이 아니다. 소인을 **원주** 다루는 방법이지 군자를 대하는 방법은 아니며, 어려운 일을 다스리는 방도이지 쉬운 곳에 처하는 방도는 아니다. 이런 까닭에 항상 치세(治世)에는 쓰임이 드물고 난세에는 쓰임이 많아진다. 공자께서 이르기를 "도에는 더불어 나아갈 수 있으나, 권에는 더불어 나아갈 수 없다."[78]고 하였으니 그 어려움이 이와 같다.

아! 사군자(士君子)가 불행히도 난세를 살아가자면 권도를 쓰지 않을 수 없으니 그 어려움이 이와 같다. 대인군자(大人君子)가 나와서 깊이 강구하지 않으면 권도를 어떻게 제대로 알아서 행할 수 있겠는가? 권도를 제대로 알지 못하면 어떻게 세상의 변화에 대응할 것이며, 어떻게 자기 몸을 잘 보존할 수 있겠는가? 이런 까닭으로 학문이 귀중한 것이다.

---

78 도에는 …… 없다 : 『논어』, 「자한(子罕)」에 나오는 말이다. 공자가 말하기를 "더불어 배울 수는 있어도 더불어 도에 나아갈 수 없는 사람이 있고, 더불어 도에 나아갈 수는 있어도 더불어 확고하게 설 수 없는 사람이 있으며, 더불어 확고하게 설 수는 있어도 더불어 권도(權道)를 행할 수 없는 사람이 있다[可與共學, 未可與適道; 可與適道, 未可與立; 可與立, 未可與權]." 하였다.

11 풍속론

風俗論

무릇 속(俗)이 유래한 것으로 보면 그 근본이 두 가지이니, '유속(流俗)'은 위에 근본하고, '풍속(風俗)'은 아래에 근본하고 있다.[79]

위에 근본하는 것은 임금이 주관하게 되고 아래에 근본하는 것은 선비가 주관하게 된다. 임금의 교화는 물이 위에서 점차 아래로 내려가는 것 같기 때문에 유속이라고 이르는 것이다. 선비의 도와 법술은 바람이 한쪽 방향에서 불어와 멀고 가깝고 다 영향을 받기 때문에 풍속이라 하는 것이다.

유속을 살펴보면 임금의 교화가 잘 되었는지 잘못되었는지 알 수 있고 풍속을 살펴보면 선비의 도와 법술이 진실한지 거짓된지 알 수 있다.

대저 속(俗)이 잘 이루어지고 무너지는 것은 한 달이나 한 해로 결정되는 것이 아니다. 선비의 도와 법술이 진실로 밝아서 풍속이 참으로 아름답게 될 것인즉 비록 당시에 아무리 용렬한 임금이 위에서 혼미한 정치를 하더라도 졸지에 패망·파괴될 수 없을 것이다. 그러다가 다시 보통 정도의 임금을 만나게 되면 틀림없이 바른 데로 돌아갈 것이요, 간혹 현명한 임금이 들어서게 되면 더욱 상승할 것이다. 삼황(三皇)·오제(五帝)의 융성함이 수천 수백 년 지나도록 소멸하지 않았던 것은 곧 여기에 기인하는 것이다. 이를 통해서 보건대, 풍속이 관계되는 바는 유속보다 크다 하겠다.

---

[79] 유속(流俗)은 …… 있다 : 여기서 유속은 예로부터 전해 내려오는 풍속을 말하고, 풍속은 당대에 유행하는 풍조(風潮)를 가리킨다. 그러므로 유속은 전통을 계승하는 상층에 근본을 두고 있고, 풍속은 당대의 많은 사람들이 따라 행하는 것이므로 백성에 근본하는 것이다.

선비의 도와 법술이 밝지 못하여 풍속이 무너지고 나빠지게 될 것인즉, 어진 사람이 출현할 길이 없고 밝은 임금이 출현할 길이 없다. 진·한 이래로 수천 년 동안 적막하여 소식이 들리지 않는 것은 바로 여기에 까닭이 있는 것이다. 이를 통해서 보건대, 풍속은 또한 유속의 근본이 된다. 선비된 자 또한 임무가 중요하고 책임이 크다 하지 않겠는가?

그런데 후세의 선비된 자들은 장구(章句)의 학(學)[80]에 골몰하고 들뜨고 번쇄한 행실에 집착할 따름이요, 도와 법술을 밝혀서 풍속을 변화시킴으로써 세상을 바로잡는 효과를 드러내는 인물은 찾아볼 수 없으며, 또한 추종해서 혼미한 상태에 빠져 돌아올 줄 모르고 허상만 다투어 좇기를 그만두지 못하고 있구나. 슬프다!

천지의 사이에 세 가지 근원이 있는데 도가 나오는 바는 여기에서 벗어나지 않는다. 유·불·도 삼교(三敎)가 그것이다. 세상에서 도와 법술을 말하는 자 공자가 아니면 노자요, 노자가 아니면 석가이다.

유학의 도가 한 번 변하여 양주(楊朱)·묵적(墨翟)이 되고, 두 번 변하여 신불해(申不害)·한비자(韓非子)가 되었으며, 세 번 변하여 장구(章句) 유생이 되었다. 노자의 도는 전국 시대로부터 진·한 시대에 이르기까지 행하는 선비들이 많았는데 청담(淸談)[81]이 유행하고부터 말폐를 낳았다. 불도는 가장 늦게 출현하여 오늘에 이르도록 유독 성황을 누리니 폐를 끼치는 것 또한 심하다.

---

80 장구(章句)의 학(學) : 장구란 시문(詩文)의 구절(句節)을 가리키는데, 장구의 학이란 장구를 분석하여 풀이하는 데에만 치우쳐 전체 대의(大意)에 통하지 않는 학문을 말한다. 한(漢)나라의 훈고학에 이런 병폐가 있었다.
81 청담(淸談) : 위진(魏晉) 시대 선비들이 노장(老莊)을 조술(祖述)하여, 세무(世務)를 버리고 속세를 떠나 청정무위(淸靜無爲)의 담론을 일삼은 것으로 죽림칠현(竹林七賢)에서 비롯되었다.

서학이 들어옴으로 해서 말세로 가는 것이 머지않게 되었다. 무릇 천하의 교리로 일컬어지는 것들이 반복해 나와서 헤아릴 수 없는 지경이지만, 요컨대 삼교의 지류(支流)요 잔존 형태인 점에 있어서는 마찬가지다.

대개 보통 사람의 심성은 늘 보는 것으로 눈을 삼고 늘 듣는 것으로 귀를 삼고 일상에 겪는 것으로 마음을 삼고 길에서 듣는 대로 입을 삼아 습관이 쌓이는 대로 속(俗)을 이루게 되었다. 이런 상태로 이미 수천 년이 지났으니 아무리 유명한 사람이 때때로 나와서 서로 비난하고 배척하더라도 결국에 귀착되는 곳은 그대로 일치하고 만다.

슬프다! 풍속이 고질화되고 암담한 것이 오늘에 이르러 극도에 달했다 하겠다. 홀로 우뚝 서서 스스로 지켜 습속에 물들거나 빠져들지 않는 인물을 찾으려 했지만, 단 한 명도 얻을 수 없는 지경이다. 더구나 그 습속을 변화시켜 바른 데로 바꾸고자 하는 인물이 나오기를 기대할 수 있겠는가?

비록 그렇지만 천지는 순환하여 때가 극에 달하면 돌아가게 된다. 대략 황제(黃帝)로부터 주나라에 이르기까지 치세(治世)가 2천여 년이었다. 춘추 시대부터 오늘에 이르기까지 풍속이 암담하게 된 것이 또한 2천여 년이다. 시대를 상고하고 기수(氣數)를 살피건대 아마도 흥기할 때가 온 것이 아닐까. 송나라 말년에 해와 달과 오성(五星)[82]이 진(軫)[83]에 모이더니 원대(元代)로부터 오늘에 이르기까지 중국이 통일된 상태가 6백 년이다. 대개 근고(近古) 이후로 있지 않았던 일이다. 왕년에 오성이 다시 벽(壁)[84]에 모였으니, 이것이 그 징조이다.

---

82 오성(五星) : 수성·화성·목성·금성·토성을 가리킨다.
83 진(軫) : 28수의 하나로 남방주작(南方朱雀)의 일곱 별자리 가운데 맨 끝의 별자리이다. 네 개의 별이 있다.

무릇 대도(大道)가 장차 움츠러들려 할 적에는 전란과 분쟁으로 인해서 붕괴되니 그런 연후에 성인의 영향이 땅에 떨어지는 것이다. 춘추 시대로부터 전국 시대에 이르기까지 4백 년 동안 천하는 통합이 되지 못해 여러 나라들이 서로 싸워 몹시 어지러웠다. 천하의 선비들은 다투어 술책과 속임수에 종횡의 변설을 쓰기에 힘써 선성(先聖)의 학문에 마음을 둘 겨를이 없었다.

다시 또 세월이 흐르면서 옛날 학자들이 입과 입에서 서로 전해 온 것도 오래갈수록 더욱 잃어버린 것이 많아졌다. 선성이 물려준 경전의 은미한 말씀이 매몰되고 흩어져서 하나도 남은 것이 없게 되었으며, 남아 있는 것도 그 뜻을 통할 수 없었다. 이런 까닭으로 삼황오제의 융성함을 공자와 같은 성인이 계승했음에도 그 영향이 마침내 땅에 떨어져 떨치지 못하게 되었으니, 전란과 분쟁이 오래간 때문에 파괴된 것이다. 도가 장차 움츠러들 때에는 천하가 분열하여 다투며, 도가 장차 행해지려 할 적에는 천하가 하나로 통합되는 법이다. 통일된 상태가 오래가도록 분열이 되지 않는 것은 도가 장차 나타나려는 징조이다. 이러한 때에 선비가 출현하면 다행히 일을 해볼 만한 기회를 만난 것이다. 어찌 힘쓰지 않으리오.

무릇 풍속을 교화시키는 방도는 원주 이 말은 선비가 풍속을 교화하는 것이다. 만약 위에서 풍속을 교화시키되 염치(廉恥)로써 인도한다면 백성들이 따를 것이다. 위엄과 형벌로 금지한다고 해서 되는 것이 아니요, 은혜를 베풀고 상을 주어 치켜올린다고 해서 되는 것이 아니다. 오직 천지와 성인의 도를 밝혀 느끼고 움직이도록 하되 마치 바람이 사물을 흔들어도

---

84 벽(壁) : 28수의 하나로 북방현무(北方玄武)의 일곱 별자리 가운데 맨 끝의 별자리이다. 두 개의 별이 있다.

그 자취가 보이지 않는 듯한 뒤라야 흡족한 교화가 이루어질 것이다. 푯말을 세워 불러들여서 나를 따르라고 하는 것으로도 가능하지 않으며, 기치를 휘두르며 앞장 서 나가 몸소 풍속을 유도하는 것으로도 가능하지 않다. 오직 군자는 풍속을 따라 정상의 도로 돌아오게 하되 다수의 보통 사람들과 함께 이루어 흔적을 남기지 않은 다음에라야 가능할 것이다.

내가 일찍이 아이종을 데리고 가는데 마침 공납(貢納)으로 바치는 나라의 말을 만났다. 백 필이나 천 필의 말이 내닫는데 그 뒤를 구경하며 따르는 아이들이 또한 백 명이나 천 명이 되어 모두들 휩싸여 내달리는 것이었다. 아이종이 사람들이 모두 달리는 것을 보고 나도 달려야 하는가 보다 생각하고 문득 일어서 그 뒤를 따라 달렸다. 나 또한 그 아이를 잃어버릴까 걱정하여 뒤를 좇아 달렸다. 아이놈은 내가 달려오는 것을 뒤돌아보고 더욱 달리는 것이 옳다고 여겨서 달리기를 그치지 않았다. 아이놈이 힘이 다해서 지치기를 기다려 멈추라고 부르니 비로소 멈추었다.

안타깝다. 세상에 다투어 허상만 좇는 자 이 아이놈처럼 되지 않는 경우가 드물 것이다. 군자가 그 달리는 것을 멈추게 하고자 할 때는 내가 그 뒤를 좇아 달려서 불러 멈추게 했던 것과 같이 해야 할 것이다.

원주 천하의 도와 법술을 말하는 자들의 말을 들어 보면 제각기 문호를 세우고 있지만, 그들이 행하는 바를 살펴보면 귀착하는 곳은 일치한다. 비유컨대 서울로 가는 사람 너댓 명이 각기 자기 길을 가면서 서로 남들은 길을 잃었다고 비웃으며 자기만 제 길을 간다고 믿고 있다. 그런데 다다른 곳에 이르러서는 함께 부처의 법당에 앉아 있다. 각기 저마다 세운 문호가 옳다고 믿으면서 돌아가는 곳이 일치함을 깨닫지 못한 까닭은, 그 사실(事實)을 이탈하여 한낱 허언이 되어 사실에 의거해서 실행하지 못했기 때문이다. 그래서

스스로 그 같고 다름을 깨닫지 못하는 것이다. 만약 허언을 가지고 행동에 옮긴다면 제대로 할 수 있는 바가 없을 것이니, 함께 허무한 불가의 도로 돌아가고 마는 것이다. 사실을 이탈하여 허언을 일삼는 것은 진(晉)나라의 청담으로부터 비롯되었다. 그 이후로 선비들은 모두 사실에 의거해서 실행하지 못하였다. 천하의 어지러움 또한 전보다 훨씬 심해졌다.

12 인도
人道

원주 이상의 7편[85]은 세상을 구제〔救世〕하기 위해 지었기 때문에 글의 끝 부분에 '오호(嗚呼)'라는 감탄사가 많이 들어가 있다.

무릇 사람의 도(道)는 다름이 아니라 화와 해〔禍害〕를 멀리하고 복리(福利)를 취하는 것일 따름이다. 학문이란 다름이 아니라 이해(利害)와 화복(禍福)의 연유를 밝혀서 좇아가거나 회피하는 것일 따름이며, 군자란 다름이 아니라 복리와 화해의 연유를 밝혀서 좇아가거나 회피하기를 잘하는 것일 뿐이다.

이른바 선도(善道)와 패도(悖道), 길덕(吉德)과 흉덕(凶德), 군자(君子)와 소인(小人)이라 하는 것은 다름이 아니라 복리화해(福利禍害)에 이르도록 하는 것일 뿐이다.

천인(天人)의 도란 화복과 이해의 바깥에 따로 다른 일이 있는 것이 아니다. 천인의 도를 화복이해의 바깥에서 구하려고 하는 자는 빈 숟가락질을 하면서 배부르기를 바라며, 갖옷을 버리고 따뜻하기를 구하는 것과 마찬가지다. 그러면 나는 종신토록 헛말만 하고 실제의 소득이 없는 것을 볼 따름이다.

---

85 이상의 7편 : 『한중수필』에는 12편으로 되어 있다. 『한중수필』에서 12편의 제목은 「문예대」, 「동방대」, 「선기후인대」, 「문학대」, 「붕당론」, 「험실편」, 「선악일본론」, 「식계」, 「권설」, 「풍속론」, 「본과」, 「인도」이다. 『백운문초』에서 7편은 「붕당론」, 「험실편」, 「선악일본론」, 「식계」, 「권설」, 「풍속론」, 「인도」이다. 『백운문초』에서 언급하지 않은 5편은 이 글의 뒤쪽에 실려 있다. 이렇듯 편차가 다르기 때문에 12편 또는 7편이라고 한 것으로 보인다.

무릇 사람은 추위와 배고픔이 닥치면 다른 사람에게 구할 줄 알고, 질병과 같은 탈이 생기면 천리를 멀다 않고 길양식을 싸들고 의원을 찾아가 묻는다. 그러나 인도(人道)상의 화복이해와 같은 큰 문제를 당해서는 남에게 물어보는 것을 부끄럽게 여겨 도를 지닌 분에게 나아가 바로잡으려고 하지 않는다. 이야말로 손가락 하나는 아낄 줄을 알면서 몸 전체는 생각하지 않고, 눈앞의 일만 알고 일생에 대해서는 캄캄한 격이다.

　　점을 잘 치는 사람이나 관상을 잘 보는 사람을 보면, 미래의 화복이해에 대해서는 능히 알아맞히면서도 그렇게 되는 이치는 알지 못한다. 따라서 화복이해를 좇아가고 회피하는 방도는 알지 못할 수밖에 없다. 그러니 물어보거나 말거나 실로 화복이해의 실제에는 아무런 상관이 없다. 그런데도 사람들은 이들을 보고는 다투어 물어도 군자에게는 물을 줄 모른다. 이야말로 고기를 입으로 말하기를 좋아하면서도 먹을 줄은 모르고, 몸의 병을 알아보기를 좋아하면서도 약을 쓸 줄은 모르는 자라 하겠다.

　　공자가 이르기를,

　　"군자에게는 세 가지 두려움이 있다. 천명이 두렵고 대인이 두렵고 성인의 말씀이 두려운 것이다."[86]

라고 하였다. 천명은 순응하면 창성하고 거역하면 흉하게 되며, 대인이 옳다고 하는 것은 이루어지고 그르다고 하는 것은 실패하며, 성인의 말씀은 따르면 길하고 어기면 흉하니, 그런 까닭으로 두려워하는 것이다.

---

86 군자에게는 …… 것이다 : 『논어』, 「계씨(季氏)」에, "군자는 세 가지 두려움이 있다. 천명이 두렵고 대인이 두렵고 성인의 말씀이 두려운 것이다. 소인은 천명을 몰라 두려워하지 않고 대인을 업신여기며 성인의 말씀을 모욕한다〔君子有三畏, 畏天命, 畏大人, 畏聖人之言. 小人不知天命而不畏也, 狎大人, 侮聖人之言〕." 하였다.

요즘 사람들은 어찌해서 화와 해를 즐겨하고 복리를 싫어하여 저 세 가지 두려움을 두려워할 줄 모른단 말인가? 무릇 초목은 무성함을 좋아하고 시드는 것을 싫어하며, 금수는 화를 두려워하여 멀리하고 이로움은 좋아하여 좇는데, 어찌하여 사람은 그러지를 않는단 말인가? 사람처럼 만물의 영장이면서 이와 같이 어리석고 어둡다니, 문제는 배우지 않는 데 있다. 사람은 태어나서부터 성인이 되는 법은 없으니, 필히 배움에 힘입어 이루어지는 것이다.

　　전(傳)에 이르기를,

　　"사람은 세 사람의 은혜로 살아가니 섬기기를 한결같이 해야 한다."[87] 라고 하였다. 무릇 스승과 임금, 아버지가 함께 나란히 일컬어지는 것은 화복(禍福)과 이해(利害)의 원인을 분명히 알아서 좇아가고 회피하도록 해 주기 때문이다. 아버지가 아니면 태어나지 못하고 임금이 아니면 먹고살지 못하며 원주 이는 신하의 입장에서 말한 것이다. 스승이 아니면 존립할 수 없다. 그러므로 세 가지는 다 같이 중요한 것이다. 오호라! 오늘날의 스승은 참으로 스승이라 할 것인가? 오늘날의 배우는 자는 참으로 배우는 자라 할 것인가?

---

87 사람은 …… 한다 : 『국어(國語)』, 「진어(晉語)」에 따르면, 무공(武公)이 진(晉)의 국도인 익(翼)을 정벌하고 애후(哀侯)를 죽이자 애후의 대부였던 난공자(欒共子)는 자신을 회유하는 무공에게 "백성은 세 사람의 은혜로 살아가니, 한결같이 섬겨야 한다〔民生於三, 事之如一〕."라고 말하며 맞서 싸우다가 죽임을 당했다. 세 사람이란 임금·스승·아버지를 말한다.

옛날 군자는 정면에서 자기의 허물을 말하는 것을 좋아하고 등 뒤에서 남의 잘못을 드러내 말하는 것을 싫어하였다. 그런 결과로 불초(不肖)한 사람들도 감화를 받아 남의 허물을 보면 정면에서 말하기를 좋아하고 등 뒤에서 논하는 것을 부끄럽게 여겼다.

　이에 따라서 천하 사람들이 풍습을 이루어 남이 정면에서 자기의 허물을 말하는 것을 들으면 속으로는 혹시 좋아하지 않을지라도 감히 밖으로 드러내지를 못하였다. 그리고 등 뒤에서 남의 잘못을 논하는 사람을 보면 곧바로 모두 일어나서 배척하며 성토하였다. 종신토록 정면에서 말을 하더라도 충고하는 선행이라는 평가를 받고, 노여움을 사는 우환은 없었다. 어쩌다가 한번이라도 등 뒤에서 이러쿵저러쿵 말을 하면 곧바로 남을 비방하여 해코지한다는 지목을 받아 모든 사람에게 버림받게 되었다.

　이렇기 때문에 천하의 사람들 모두 자기의 허물을 듣게 되며, 참소하고 아첨하거나 속이는 단초가 생길 일이 없었다. 간악한 행동을 하려는 자도 누군가 뭇사람 가운데 정면으로 말할 것이 두려워 감히 하지 못하였다. (원주) 무릇 허물이 이미 굳어져서 고치거나 뉘우칠 수 없는 자에 대해서 군자는 말하지 않는 법이다. 이는 풍속을 아름답게 만드는 중요한 시발점이다.

　오늘날의 군자는 이 도리와 상반되어 온 천하의 풍속이 등 뒤에서 논하는 것을 좋아하고 정면에서 말하는 것을 어렵게 여기고 있다. 그래서 충고의 도가 끊어져 참소하고 아첨하는 행태가 만연하게 되었다. 선을 행하려는 자도 자기의 허물을 들을 기회가 없고, 간악한 술책이 통하게 되었다.

무릇 상등의 재질을 타고난 사람도 자기의 허물을 듣지 못하면 가려져서 발휘하지 못하게 되기 쉽거늘, 하물며 세상의 보통 사람들이야 자기의 허물을 듣지 못하니 어둡고 흐리멍덩하게 되는 것 또한 당연하지 않은가?

　무릇 소인의 정태는 선악과 시비가 이해화복의 원인이 됨을 알지 못한다. 그래서 자기 잘못을 숨기기를 좋아하고 남에게 알려지는 것을 싫어하며, 항상 겉으로 꾸며서 고칠 줄을 모르고 끝까지 나가며 남이 혹시 지적하면 노여워한다. 그리고 남이 알거나 모르거나 남이 지적하거나 지적하지 않거나 간에 자기의 이해화복의 실체는 본디 그대로 있음을 알지 못한다. 그리고 다행히도 남이 알아서 자기 잘못을 지적해 주고, 내가 다행히도 고쳐서 해를 멀리하고 이로움으로 나아가게 되면 전화위복이 됨을 알지 못한다.

　어리석은 사람의 정태는 자기를 속으로 반성하고 스스로 살필 줄 몰라서 종일토록 길을 가는데 캄캄한 밤에 땅을 두드리며 가는 것 같아서[88] 무슨 일이 잘 되고도 착하여 이루어진 줄 알지 못하며, 무슨 일이 실패하고도 악해서 부른 줄 모르고 있다.

　다른 사람이 분명히 지적해 주는 것을 들을 때는 자기의 선과 악이 그의 입에서 나오는 줄로 생각한다. 그래서 칭찬하면 좋아하고 책망하면 화를 불끈 내며, 남이 지적하거나 지적하지 않거나 간에 자기의 선악의 실상은 본디 그대로 있음을 알지 못한다. 그리고 자기의 실상을 다행

---

88 캄캄한 …… 같아서[昏冥摘埴] : 한(漢)나라 양웅(揚雄)의 『법언(法言)』, 「수신(修身)」에 "땅을 두드리며 길을 찾으니, 캄캄한 밤길을 가는 것과 같다[摘埴索塗, 冥行而已矣]." 하였는데, 이궤(李軌)의 주(注)에 "식(埴)은 흙이다. 맹인이 지팡이로 땅을 두드려 길을 찾는 것이니, 비록 밝은 해를 비춰 준다 해도 밤길을 가는 것과 다를 바 없다[埴, 土也. 盲人以杖摘地而求道, 雖用白日, 無異夜行]." 하였다.

히 알아서 깨닫고 고칠 줄 모른다.

속 좁은 사람의 정태는 남이 자기를 비방할 때 사실에 어긋나면 발끈 성질을 내어 따지고, 자기에 대한 충고를 거부하는 태도가 다시는 잘못을 지적해 주는 말을 듣지 못하도록 만드는 것임을 깨닫지 못한다.

내가 선행을 하지 않았는데 남이 칭찬을 한다면 이는 나에게 화가 될 것이지만, 내가 선행을 하였는데도 남이 비방을 한다면 나에게 무슨 해가 될 것인가? 내가 한 달이나 굶었는데도 사람들이 팔진미를 갖추어 먹는다고 말하면, 나에게는 아무런 먹을 것도 돌아오지 않을 것이니 화가 아니고 무엇인가? 내가 팔진미를 갖추어 먹는데도 사람들이 한 달이나 굶주린다고 말하면, 사람들이 너도나도 먹을 것을 보내 줄 것이니 무슨 해될 것이 있겠는가?

대개 소인(小人)과 어리석은 사람[愚人]이나 속좁은 사람[悍人], 이 세 부류의 행실이 끊이지 않아서 옛날의 아름다운 습속은 다시 볼 수 없게 되었다. 그런데 그 근본을 따져 보면 이름을 좋아하고 실질을 버려두고 다투어 그림자만 좇고 그 실상의 진실을 보지 못하는 데 있다. 참으로 그 이해화복의 실체를 밝게 알면 모두 장차 자기의 잘못을 듣기를 좋아하게 될 것이다. 그리고 자기의 잘못을 들으면 복리(福利)가 되고 듣지 못하면 화해(禍害)가 됨을 알게 될 것이다.

사람들은 누구나 스스로를 보는 데는 어둡고 남을 아는 데는 밝다. 왜 그런가? 자기가 행한 일의 손익은 남에게 있는 까닭에 자신은 알지 못하며, 남이 행한 일의 손익은 자기에게 있으니 틀림없이 그것을 알기 때문이다.

이런 까닭으로 거울로 귀감을 삼는 자는 자기의 형체에 더러운 것이 있는 것을 알아서 제거할 수가 있으며, 타인으로 귀감을 삼는 자는 자기 행실의 잘못을 알아서 고칠 수가 있다. 군자가 허물이 있으면 하늘의 일식·월식처럼 환히 드러내 오직 사람들이 알지 못할까 두려워하며,[89] 군자가 충고를 구하는 것은 넓은 바다에 물이 모이듯 모두 받아들여 오직 남이 지적해 주지 않을 것을 두려워할 뿐이다.

천하 사람들의 귀와 눈과 마음과 지식을 다해서 나의 선을 보충하고 나의 선하지 못함을 제거하면, 아무리 밝으려 하지 않더라도 그렇게 될 수 없을 것이요, 아무리 선하게 되지 않으려 해도 그렇게 될 수 없을 것이다. 이것이야말로 성인(聖人)이 되는 방법이다.

오호라! 세상에 복리를 두텁게 하며 화해를 멀리해서 자기의 몸을 선하게 하고 풍속을 순화해서 성현이 되기를 바라는 자, 어찌 나의 이 말을 채용해 쓰지 않을 것인가?

> **원주** 남들이 나에게 허물을 자주 말해 주면 나의 현명함을 밝혀 주는 것이요, 남들이 나의 허물을 말해 주지 않으면 나의 불초(不肖)함을 밝혀 주는 것이다. 남들이 나에게 허물을 자주 말해 주면 내가 흥할 것을 증명하기에 충분하고, 남들이 나에게 잘못을 말해 주지 않으면 내가 곧 망할 것을 증명하기에 충분하다.
> 불초한 자에게 그의 부형이나 어른들까지 잘못을 말해 주지 않는 것은 비유하자면 소경이 지팡이도 없이 혼자 갈팡질팡 걷는 모양이다. 넘어지지 않을 자 얼마나 될 것인가?

---

89 군자가 …… 두려워하며 : 『논어』, 「자장(子張)」에 보인다. "子貢曰, 君子之過也, 如日月之食焉. 過也, 人皆見之, 更也, 人皆仰之."

14 **처음과 끝의 어려움과 쉬움에 대해 논함**

始終難易論

처음과 끝은 어느 쪽이 어려운가? 나는 단정해서 말할 수 없다. 끝과 처음은 어느 쪽이 쉬운가? 나는 또한 단정해서 말할 수 없다. 무릇 처음에는 아주 어렵지만 끝에는 아주 쉬운 경우가 있으며, 처음과 끝의 어려움이 똑같아서 구분할 수 없는 경우가 있으며, 또 처음의 어려움도 아주 어렵더니 끝에서의 어려움은 더욱 어려운 경우가 있다. 무엇 때문인가? 오직 그 인품의 높고 낮음이 같지 않기 때문이다.

'가장 지혜로운 사람〔上智〕'은 일을 할 때, 처음에 계획을 명확하게 세워서 그 일이 끝날 때에도 순조롭게 완성하여 생각이 애초의 범위를 넘어서지 않는다. 비유하자면 대를 자를 때에 칼날이 끝까지 쭉 나가는 것과 같다.[90] 『서경(書經)』에서는 "끝을 조심하되 처음부터 잘하라."[91]고 일렀으며, 『주역(周易)』에서는 "일을 하는데 처음을 잘 도모한다."[92]고 하였다. 오직 처음에 대해서만 말하고 끝을 말하지 않은 것은 이미 처음 시작할 때에 신중하면 그 일의 끝부분은 힘쓰라고 다시 말할 필요가 없기 때문이다. 그러므로 처음이 어렵고 끝이 쉬운 경우는 '가장 지혜로운 사람'이 여기에 해당한다.

'보통의 재능을 지닌 사람〔中材之人〕'은 일의 시작을 도모할 때, 적합하기도 하고 적합하지 않기도 하여 처음부터 어려우면서 그 끝도 쉽게 되지 않는다. 『시경집전(詩經集傳)』에서 "시작을 잘하고 끝마침을 잘하

---

90 대를 …… 같다 : 『진서(晉書)』, 「두예전(杜預傳)」에 "대를 쪼갤 때 몇 개의 마디만 지나가면 모두 칼날이 닿는 대로 똑바르게 쪼개진다〔破竹, 數節之後, 皆迎刃而解〕."라고 하였다.

91 끝을 …… 잘하라 : 『서경』, 「태갑 하(太甲下)」에 나오는 구절이다.

92 일을 …… 도모한다 : 『주역』, 「송괘(訟卦)」, '상전(象傳)'에 나오는 구절이다.

라."⁹³고 이른 것은 처음과 끝, 양쪽을 다 힘쓰라는 말이다. 그러므로 처음도 어렵고 끝도 어려운 경우는 '보통의 재능을 지닌 사람'이 여기에 해당한다.

'가장 수준이 낮은 사람의 마음〔下品之情〕'은 항상 처음에는 공경스럽게 하다가 뒤에는 소홀해지고, 처음에는 부지런하다가 뒤에는 게을러지고, 처음에는 신중하다가 뒤에는 교만해지고, 처음에는 예리하다가 뒤에는 느슨해진다. 오직 처음이 어려운 줄만 알고 해이해져서 그 끝에 대해서는 다시 생각하지 않는 것이다. 무릇 어려움을 당해서 어렵다고 여기지 않으면 어려움이 반드시 이르게 되니, 이것은 그 어려운 가운데 또 어려움이 생겨나는 격이다. 『시경』에 이르기를, "처음에 잘하지 않는 사람이 없지만, 끝에 잘하는 사람은 드물다."⁹⁴고 하였으니, 이는 마지막 일이 특히 어려움을 말한 것이다. 그러므로 처음도 어렵고 끝은 더 어려운 경우는 '가장 수준이 낮은 사람'이 여기에 해당한다.

그런 까닭에 '가장 지혜로운 사람'은 처음부터 끝까지 한 가지 어려움만 있을 뿐이요, '보통의 재능을 지닌 사람'은 두 가지 어려움이 있고, '가장 수준이 낮은 사람'은 세 가지 어려움이 있다. 한 가지 어려움이 있는 자는 얻는 것만 있고 잃는 것이 없으며, 두 가지 어려움이 있는 자는 얻는 것도 있고 잃는 것도 있으며, 세 가지 어려움이 있는 자는 잃는 것만 있고 얻는 것은 없다.

처음이 어렵고 끝은 쉬운 경우가 있는가? 그렇다. 어찌 그렇지 않으

---

93 시작을 …… 잘하라 : 『시경』, 「대아(大雅)」, '권아(卷阿)'의 주자의 주석에 다음의 구절이 보인다. "그대가 이미 한가히 노닐었다고 말하고, 또 불러 고하기를 그대로 하여금 타고난 수명을 잘 마쳐서 선군처럼 시작을 잘하고 끝마침을 잘하게 할 것이라고 말한 것이다〔言爾旣伴奐優游矣, 又呼而告之, 言使爾終其壽命, 似先君善始而善終也〕."
94 처음에 …… 드물다 : 『시경』, 「대아」, '탕(蕩)'에 나오는 구절이다.

리오? 끝이 어렵고 처음은 쉬운 경우가 있는가? 그렇다. 어찌 그렇지 않
으리오? 처음과 끝이 모두 어렵거나 모두 쉬운 경우가 있는가? 그렇다.
어찌 그렇지 않으리오? 각기 인품의 높고 낮음을 견주어서 다르게 말했
을 뿐이다.

15

범저(范雎)의 원교근공책(遠交近攻策)의 잘못에 대해 논함[95]
論范雎遠交近攻之非

신(臣)은 듣자옵건대, 패업(覇業)을 이루고자 하는 군왕은 가까운 쪽을 복속시키고 먼 쪽에 대해서는 위엄을 과시하며 약한 자는 달래고 강한 자는 억누른다 합니다. 가까운 쪽을 복속시키면 급박한 상황에서 힘을 얻기 쉬워서 방어벽으로 삼는 이로움이 있으며, 약한 자를 달래면 위엄과 덕이 아울러 베풀어져서 위협을 받게 될 걱정이 없습니다. 능히 천하를 횡행하며 대적할 자가 없게 된 것은 이 도를 썼기 때문입니다.

지금 듣건대 누군가 원교근공책을 임금께 제출하여 제(齊)나라와 조(趙)나라를 가까이하고, 한(韓)나라와 위(魏)나라를 도모하라고 했다고 합니다. 무릇 제나라와 조나라는 천하의 강국이요 한나라와 위나라는 중국의 지붕 꼭대기에 해당합니다. 대저 지붕 꼭대기에 올라간 자는 왼쪽으로 고개를 돌리면 왼쪽으로, 오른쪽으로 고개를 돌리면 오른쪽으로 내려갈 수 있습니다. 지금 진나라가 한·위를 가까이하고 제·조를 공격하는 경우, 이는 우리를 위해서 방어벽이 되어 줄 것이요 저들에게는 적을 보태 주는 격이 됩니다. 만약에 한·위를 공격하는 경우 한·위는 필시 두려워하여 제·조와 연합할 것이니, 이는 자기의 방어벽을 스스로 제거하여 이웃에 적을 만드는 격입니다.

무릇 제·조와 같은 강국으로서 한·위의 협조를 얻게 된다면 여력이

---

95 범저(范雎)의 …… 논함 : 이 글은 원교근공책을 논한 사평적 성격의 글이다. 범저(?~기원전 255)가 진나라를 위해서 6국 중에 먼 나라와 가까이하고 가까운 나라를 공격하는 계책인 원교근공책을 제시했을 당시, 어떤 신하가 반론을 제기한 것으로 가탁하여 지은 것이다. 범저는 전국 시대 위나라 사람으로 진나라에 들어가서 승상에 오른 인물이다(『사기』, 「범저채택열전(范雎蔡澤列傳)」).

생겨서 진나라와 맞서 겨룰 수 있게 될 것입니다. 어찌 진나라가 고립되고 한ㆍ위와 단절하는 외교정책을 용납할 것입니까. 그리하여 방어벽을 제거해서 적에게 보태 주고 자신을 고립시키는 쪽으로 가겠습니까? 그리고 또 한ㆍ위가 제ㆍ조와 연합을 하게 되면 다시는 도모할 수 없게 될 것입니다.

신은 살피건대 멀리 있는 나라는 사귈 수 없으며 가까이 있는 나라는 공격할 수 없습니다. 그렇지 않았다가는 곧바로 천하의 여러 나라에게 공격을 받게 될 것입니다. 가령 제ㆍ조의 협력을 얻어서 한ㆍ위를 쳐서 없앤다면 다만 강한 적국을 더 키워 주어 위험을 불러들이는 우환이 생길까 걱정입니다.

지금 대왕을 위한 계책은 한ㆍ위와 동맹관계를 공고히 하여 북쪽으로 연(燕)나라와 대(代)나라를 치고, 동쪽으로는 제나라와 조나라를 치는 것이 가장 좋은 계책입니다. 성을 얻게 되면 진나라는 그 반을 취하고 한ㆍ위에게는 그 일부를 나누어 줍니다. 그러면 한ㆍ위는 진나라가 자기들과 가까운 덕택으로 땅을 얻는 이로움이 생겼다 하여 필시 의심하고 꺼리는 마음이 없어져서 힘을 다해 공격하고 싸우게 될 것입니다.

무릇 강한 진나라로서 한ㆍ위를 얻어 두 날개를 삼고 보면 점차 연ㆍ대를 접수하고 제ㆍ조는 그 다음 공격할 차례가 될 것입니다.

논하는 자들은 한ㆍ위가 점차 강해져서 제압하기 어렵게 될 것이라고 합니다. 그러나 한ㆍ위는 얻는 땅이 진나라에 비해 절반에 지나지 않으며 밖으로는 군대가 피곤하게 되고 안으로는 국력이 고갈되기에 이를 것입니다. 또한 진나라의 땅이 그 국경을 둘러싸고 있어 진나라 영토 안에 있는 것이나 다를 바 없습니다. 명목상으로는 저들을 이롭게 한다고 하지만 실제는 저들을 피폐하게 만들며, 명목상으로는 저들에게 보태 준다고 하지만 실제는 둘러싸는 것입니다. 안으로는 가도멸괵(假

道滅虢)⁹⁶의 계책을 쓸 수 있고 밖으로는 사면으로 집중해서 공격할 수 있습니다. 이는 그야말로 매나 사냥개의 힘을 빌어 여우나 토끼를 잡는 격이니, 여우나 토끼가 다 없어지면 곧이어 매나 사냥개도 잡아먹게 될 것입니다. 이는 제나라·조나라와는 사귀기 어려우면서 위험이 가까이 있게 되는 것과 비교하면 그 이로움이 열 배나 백 배나 더하다고 할 것입니다. 이와 같이 한다면 천하를 도모할 수 있어 패업을 이루게 될 것입니다.

---

96 가도멸괵(假道滅虢): 진(晉)나라가 괵(虢)을 치기 위해 우(虞)나라에 길을 빌려 달라 하여 괵을 쳐서 없앤 다음 돌아오는 길에 우나라까지 멸망시켰다(『춘추좌씨전(春秋左氏傳)』 희공(僖公) 5년). 이 사실에 근거하여 가도멸괵이라는 성어가 나왔다.

16

안빈론
安貧論

옛날 군자들은 몸가짐에 있어서 필히 가난에 편안[安貧]하고 곤궁에 흔들리지 않는 것[固窮]을 쉽지 않은 일로 여겼다.

무릇 빈궁을 싫어하고 부귀를 소원하는 것은 백성들이 본성처럼 여기는 것이다. 비록 군자라 한들 다를 것인가?

대개 공자(孔子)는 "부를 얻을 수 있다면 아무리 채찍을 잡는 일이라도 나는 그 일을 할 것이다."[97]라고 하였으며, 자로(子路)는 가난을 슬퍼하는 탄식[98]을 한 바 있었다. 그 마음이 부귀를 싫어하고 가난을 즐거워하지 않았음을 볼 수 있다.

또한 사람들이 폭넓게 묻고 절실히 생각하며 돈독히 학문을 하고 부지런히 실천하면 거의 군자의 영역에 도달한다 하면 그 뜻이 모두 저기에서 구하는 데 있다. 굳이 여기에 안주하여 빈궁하려고 할 것인가? 누가 그렇게 할 것인가? 대개 공자가 채찍이라도 잡겠다는 뜻을 보인 것이나, 자로가 가난을 애달파하는 탄식을 했던 데서 그 진정을 볼 수가 있으니, 저 빈궁을 싫어하고 이 부귀를 좋아하는 것이 아님을 알 수 있다.[99]

---

97 부를 …… 것이다 : 공자가 부귀는 구해서 얻을 수 있는 것이라면 말몰이꾼이라도 하겠지만 그렇지 않다면 자신이 좋아하는 것을 따르겠다고 말했다. "子曰 : '富而可求也, 雖執鞭之士, 吾亦爲之. 如不可求, 從吾所好.'"(『논어』, 「술이(述而)」)

98 자로(子路)는 …… 탄식 : 공자의 제자인 자로는 가난 때문에 부모를 생전에 제대로 모시지 못하고 상례에도 예를 갖추지 못했음을 마음 아파하며 탄식하였다. "子路曰 : '傷哉! 貧也. 生無以爲養, 死無以爲禮也.' 孔子曰 : '啜菽飮水, 盡其歡, 斯之謂孝. 斂手足形, 還葬而無槨, 稱其財, 斯之謂禮.'"(『예기(禮記)』, 「단궁 하(檀弓下)」)

99 이 단락은 『한중수필』에 의거해 보충함.

무릇 이윤(伊尹)이나 여상(呂尙) 같은 재주와 덕을 지니고도 고기를 잡아 요리하고 판매를 하는 천한 일[100]을 면하지 못하였다. 그럼에도 쓰임을 얻게 되자 천하도 오히려 남음이 있었으니 자기 몸을 위해서는 부족했다 하겠다. 저들은 각기 그럴 만한 때가 있었으니 빈궁할 때를 당해서는 아무리 백방으로 면하기를 구할지라도 얻지를 못했으며, 부귀할 때에 이르러서는 가만히 앉아서 이루었던 것이다. 그 사이에 강력한 힘도 쓸모가 없었으니 나는 편안히 있으면서 기다릴 것이다.

또한 부지런히 밭을 갈아 가을을 기다리는 것은 농부의 직분이요, 누에를 길러 추위를 막고자 하는 것은 길쌈하는 여인의 일이요, 세상에 쓰일 도구를 준비하여 때를 기다리는 것은 군자의 지혜이다.[101]

무릇 학식이 해박한 것은 부귀를 위해 갖추어야 할 바인데, 만약 가난할 때 편안하지 못하고 곤궁할 때 확고하지 못하면 외면으로 물욕이 침투하고 내면으로 근심 걱정에 빠져들 것이다. 저 도모하고 경영하는 데 급급하여 학문을 할 겨를이 없는 것은 누에를 기르지 않고 비단옷을 입으려 하며, 농사를 짓지 않고 곡식을 얻으려 하는 것과 마찬가지이니, 준비도 없이 공을 바라는 자이다.

그러므로 군자는 빈궁함을 면하지 못함을 근심할 것이 아니요, 덕업을 이루지 못함을 근심하는 것이다. 그리고 가난에 편안하다고 말한 것

---

100 무릇 …… 일 : 이윤은 은(殷)나라를 건국한 탕왕(湯王)의 신하가 되기 위해 몸소 "솥과 도마를 지고 찾아가서 음식으로 탕왕을 설득하여 왕도에 이르게 했다〔負鼎俎, 以滋味說湯, 致于王道〕."라고 한다(『사기』, 「은본기(殷本紀)」). 여상은 주(周)나라 문왕(文王)의 초빙을 받고 무왕(武王)을 도운 강태공(姜太公)으로, 제(齊)나라에 봉해져 물산을 유통시켜 상업이 번성할 수 있도록 경제적 수완을 발휘하였다(『고사고(古史考)』).

101 세상에 …… 지혜이다 : 『맹자』, 「공손추 상(公孫丑上)」에 "비록 지혜가 있더라도 기세를 타는 것만 못하며, 비록 농기구가 있더라도 때를 기다리는 것만 못하다〔雖有智慧, 不如乘勢, 雖有鎡基, 不如待時〕."라고 하였다.

은 가난을 좋아함을 뜻하는 것이 아니요, 곤궁한 처지에 흔들리지 않는다 함은 그것을 좋아한다는 의미가 아니다. 대개 외모를 좋아하는 마음을 단절하여 오로지 덕에 나아가고 수양을 하는 데 힘쓴다는 뜻이다.

학업이 이미 충족하게 된 연후에라야 그 때를 타서 이루어질 수 있다. 그러므로 가난에 편안하다는 것은 부귀를 구하기를 잘하기 위함이요, 곤궁에 흔들리지 않는다는 것은 현달을 추구하기를 잘하기 위함이다.

무릇 천도는 줄었다 늘었다 하기 때문에 아침이 오려면 반드시 밤이 있고, 봄이 오려면 반드시 겨울이 있다. 사물의 본성은 해침을 당한 이후에 이루어진다. 그러므로 베고 잘리는 재앙을 입지 않으면 큰 재목이 될 수 없으며, 갈고 다듬는 수고로움이 없으면 좋은 도구를 만들 수 없다.

인정은 곤궁한 연후에 얻음이 있으며, 격동을 당해야만 분발할 수 있다. 그러므로 변란을 경험하지 않고서는 지혜가 크게 자랄 수 없으며, 어려움에 처하지 않고는 뜻이 확고해질 수 없다.

그러므로 부귀는 빈궁한 속에서 나오고 공적은 곤란과 치욕을 겪은 다음에 이루어지는 법이다. 이 또한 반드시 그럴 수밖에 없는 형세이다. 빈궁한 가운데 처해서 마음을 굳게 갖고 뜻을 돈독히 하여 덕이 이미 갖추어지고도 길이 불우한 처지를 면치 못하는 사례를 나는 아직 보고 듣지 못했다.

따라서 군자는 자신이 당하는 기한과 곤궁을 잊고 자신의 역량이 갖추어지기를 힘쓴다. 이 때문에 적절한 기회를 놓치지 않는 것이다. 소인은 우환과 근심으로 본성을 해쳐 스스로 수신할 겨를이 없으며, 때가 이르렀는데도 대응을 하지 못하여 끝끝내 아무런 성취도 없게 된다. 그러므로 계예(計倪)의 칠책(七策)[102]과 장작(張鷟)의 만선(萬選)[103]은 이익을

---

102 계예(計倪)의 칠책(七策) : 계예는 월왕 구천을 도와 부국강병을 이루게 했다는 범려의

구하는 데 잘했다 할 수 없으며, 오직 가난에 편안하고 곤궁함에 흔들리지 않는 자라야 여기에 해당할 것이다. "밭을 갈아도 굶주림이 그 가운데 있을 수 있고, 학문을 함에 녹봉이 그 가운데 있을 수 있다."[104] 하였으니, 이를 가리킨 것이 아닌가 한다.

스승이다. 계예가 7가지 계책을 마련했는데 이 계책을 범려가 썼다고 한다.
103 장작(張鷟)의 만선(萬選) : 장작은 당나라 때의 뛰어난 문인이다. 그는 글솜씨가 워낙 좋았기 때문에 과거를 만 번 보아도 만 번 뽑힐 것이라는 말을 했다고 한다.
104 밭을 …… 있다 : 『논어』, 「위령공(衛靈公)」에 나오는 말이다. "子曰: '君子謀道, 不謀食. 耕也, 餒在其中矣, 學也, 祿在其中矣. 君子憂道不憂貧.'"

세상의 일이란 평탄치 않고 복잡하여 뿌리처럼 서로 뒤엉키고 가지와 잎사귀가 제멋대로 자란 모양이다. 시작과 끝이 서로 엇물려서 그 실마리를 찾기 어렵고, 머리와 뿔이 어지러이 솟아나 그 실체를 붙잡을 수 없으며, 이해를 분변하고 취사(取捨)를 살피기 어렵다.

평평하고 험악한 것이 착종되고 길사와 흉사가 한곳에서 뒤섞여, 동쪽으로 향해 서서 서쪽으로 칼을 들이밀고, 남쪽을 바라보며 북쪽으로 활을 당기는 셈이다. 이러면 방향을 잡고 나아감에 혼미하지 않을 자 드물다. 얻고 잃고 이기고 지고 하는 일들도 지나고 보면 모두 빈껍데기요, 시비와 영욕은 때가 지나면 달라질 것이라. 천변만화하여 포착하기 어려우니, 내가 무엇을 붙잡을 것인가? 잡을 데가 없다.

그런데 온 세상 사람들은 물결을 좇아 흐르고 빠져들며 바람을 따라 나부끼고 스러져서 방향도 모른 채 다투어 내닫고 꿈속에 드나들면서도 스스로 그런 줄 알지도 못하고 남들도 왜 그런지 알지 못한다.

그 하는 말은 봄날의 새, 가을의 벌레가 울부짖는 것 같고, 그 하는 행동은 쑥대처럼 굴러다니고 버들솜처럼 날리는 것 같다. 스스로 자기 마음을 유지하여 천지의 흐르는 기운에 감응하지 못하고 이처럼 동요하고 있다. 그러니 천하에 사람이 없다 하더라도 맞는 말이다.

그래도 깨닫지 못하는 사람들은 맹인이 길을 찾듯[105] 함부로 다니다

---

105 맹인이 길을 찾듯[擿埴] : 적(擿)은 적(擿)의 잘못으로 보인다. '적치(擿埴)'는 '적치색도(擿埴索塗)'의 줄임말로, 맹인이 지팡이로 땅을 두드리며 길을 찾는 것을 의미하는 말이다. 한(漢)나라 때 양웅(揚雄)의 『법언(法言)』, 「수신(修身)」에 "(맹인이) 땅을 두드리며 길을 찾는 것은 밤길을 가는 것일 뿐이다[擿埴索塗, 冥行而已矣]." 하였다.

가 죽어 갈 따름이다. 초연히 홀로 깨달은 자들은 스스로 우환을 이기지 못하고 어찌하기가 어렵다는 것을 보게 될 것이다. 옛날 사람들의 자취를 찾아보면 진실인 것도 같고 공허한 것도 같고, 지금 세상의 실태에 비춰보면 거짓인 듯 사실인 듯 자꾸 의심이 일어나서 그 이름에 부합하는 것이 무엇인지 모르겠다.

배도 잃고 나루도 찾지 못해 어찌할 바 모르고 자주 놀라며 감히 나가지 못한다. 훌훌 스스로 허물을 벗고 세상의 얽매임을 털어 버리고 높이 구름 밖으로 떠돌고자 하지만, 또한 할 수 있는 것이 없다. 정처 없이 떠돌며 중심을 잃고 그렁저렁 세월을 보내니 이와 같을 따름이다.

또한 못나고 흐릿한 사람은 일을 만나면 감히 하지를 못하고, 해도 잘하지 못하니 자포자기해 버린다. 한가로움을 구하려는 것이 아니요 그 괴로움을 견디지 못하는 것이다. 하늘은 백성들에게 각기 직분에 힘쓰도록 하였다. 그러니 사람의 마음은 한가로워 일이 없으면 근심이 생기지 않겠는가?

가마우지는 종일토록 고기를 노려 물가에 서 있으면서 두 눈은 물속을 주시하고 있다. 그것을 바라보는 사람들은 너나없이 부러워하여,

"세상에 참으로 한가롭구나. 저야말로 기심(機心)[106]이 없는 자로구나."

라고 말한다. 그런데 그 실상은 뜻이 오로지 고기 잡는 데 있어서 고기

---

106 기심(機心) : 기교(기계)를 이용하려는 생각을 말한다. 『장자』, 「천지(天地)」에 다음과 같은 일화가 전한다. 자공(子貢)이 한수(漢水) 남쪽을 지나다가 힘들게 밭에 물을 주고 있는 노인을 보고서 기계를 만들어 사용하면 훨씬 효율적일 것이라고 조언해 주었다. 이에 그 노인은 다음과 같이 말하며 기계를 이용하려는 마음을 가지고 있으면 순수함을 잃게 되어 도(道)를 담을 그릇이 될 수 없다고 하였다. "吾聞之吾師, 有機械者, 心有機事; 有機事者, 必有機心. 機心存於胸中, 則純白不備; 純白不備, 則神生不定. 神生不定者, 道之所不載也." 자공은 이 말을 듣고 부끄러워하며 대꾸하지 못했다 한다.

를 잡지 못해 한가롭게 됨을 근심하는 것이다. 만약 요행히 고기를 만나게 되면 또한 세상에 참으로 바쁘게 될 것이다. 이와 같은 자를 기심이 없다 할 것인가. 그 실상인즉 바쁨을 구해도 얻지 못해 한가로움을 떠나지 못한 것이다. 저들이 천기에 따라 움직이는 것이 이와 같으니 천하의 실상을 알 수 있겠다.

능력 있는 자가 수고하고 졸렬한 자가 편안한 것은 졸렬한 것이 우월해서가 아니다. 이로 보면 무능한 사람이 한가로움을 얻는 것 또한 가마우지의 경우와 비슷하다. 일을 다 마치고 한가로움을 얻는 것은 즐겁거니와 일을 구해도 얻지를 못하여 한가롭게 되는 것은 근심일 뿐이다.

그런데 하늘이 내려 준 직분을 게을리하고 자기의 삶을 포기해 버리니 형체는 해골 같고 정신은 식은 재처럼 적막하여 죽지 않았으나 죽은 것이고 사라지지 않았으나 사라진 것과 마찬가지다. 이와 같은 자는 세상에서 매장되는 것을 면하길 도모해도 근심만 더할 것이니 어떻게 구제할 수 있을 것인가.

무릇 자식을 낳아 기르지 않고 기물과 의복을 중간에 훼손하면 안타까워 마음이 아프게 되니, 이는 유용한 것임에도 그 쓰임을 얻지 못하기 때문이다.

만약에 물건이 쓸모가 없다면 찢어지고 부러져도 아까워할 것이 없을 것이다. 사람으로 태어나서 사람으로서 쓸모가 없다면 사람이라고 할 수 없을 것이다. 고(觚)가 고답지 못하고 사람이 사람답지 못하면, 그러고도 고라고 할 수 있으며 사람이라고 할 수 있겠는가? 괴이하도다, 장자가 제물(齊物)을 주장하다니.

깨닫지 못한 사람들은 무능하고 가마우지는 무지하다. 이제 고명(高明)한 재주로 유용한 보배를 품고 있으면서 좋은 재목을 불태우고 박옥

(璞玉)을 훼손시켜 스스로를 황폐한 들판과 음침한 땅에 내던져 저들과 다름없이 똑같이 귀결되려 함은 어째서인가?

생각건대, 그는 초연히 홀로 깨달아 세상을 어떻게 하기 어려움을 보고서 그 우환을 이기지 못한 사람일 것이다. 그렇기 때문에 부득이하게 스스로를 세상 밖에 풀어놓아 온전하기를 추구했으리라. 그러고도 또 용렬한 자들과 함께 귀결됨을 싫어해 그 입을 마음대로 놀리며 헛되이 스스로를 뛰어나다고 여겨 고금(古今)의 일을 희롱하고 성현들을 공박(攻駁)했다. 요컨대 그 취지는 공업(功業)을 천시하고 무사(無事)함을 귀하게 여기며 천하를 경시하고 제 한 몸을 중시하여 스스로 입지를 마련하기 위한 것이었다. 이로써 어리석은 세상을 진동하고 자신의 부족함을 덮어, 이름과 자취를 남기고자 했을 뿐이다. 하지만 또한 감정을 숨기고 거짓말하기를 싫어했다. 그래서 황홀하여 왼쪽인지 오른쪽인지 분간하기도 어렵고, 오르락내리락 기복이 심해서 표현은 절실함과 간결함이 없고, 논의는 확실한 이치가 없다. 잘 모르는 사람들은 이 책에 현혹되어 보물로 여기게끔 하기에 충분하며, 잘 아는 사람들은 깊이 살펴서 그 뜻을 밝히게끔 하기에도 충분하니, 이것이 그가 고심한 부분이다.

모든 사물은 화평함을 얻지 못하면 운다. 인간이 기뻐 웃거나, 성내어 욕하거나, 탄식하며 곡하는 것은 더욱이 자유분방하게 나오고 일정함이 없으니, 반드시 마음에 맺힌 것이 있어서 그 올바름을 얻지 못했기 때문이다. 불행히 시대의 어려움이 특히 심한 때를 만나 스스로 재주가 어려움을 견디기에 부족한 줄 알고, 온전함을 추구하는 데 빠져서 뜻을 드러내고자 마음대로 말하였으니 슬프다 할 만하다. 그런데 후세 사람들은 실로 허무함을 좇고 수고로움을 싫어하여 은일(隱逸)을 즐겼다. 세상을 속이고 명분을 도적질하는 자들이 그 풍모를 듣고 그를 사모하여 기탁해 비조로 삼았으니, 동한 때의 고사(高士)와 서진(西晉) 때의 청담

(淸談)은 유래가 있는 것이다. 그리하여 여기에 점점 젖어들어 사람들의 마음속 깊이 들어오게 되었다.

한편 북을 울리고 기치를 세워 스스로 성도(聖道)를 행하고 이단을 배척한다는 자들은 오히려 고정된 틀에서 벗어나지 못하고 천하에 외치기를,

"『장자』는 사설(邪說)이다. 성인의 죄인이다."

라고 한다. 그러나 그들이 실제 행하는 것을 보면 남의 뒤꽁무니나 따라가면서 저들과 매한가지로 실제 사무를 팽개치고 헛소리를 숭상한다. 공업을 도모하는 자들을 비루하다 여기고 물러나 한가로움을 즐기는 자들을 고상하다고 여긴다. 자기네들끼리 품평하며 서로 과장해 알맹이 없이 화려하고 실적 없이 이름만 높다. 때를 만나지 못한 것이 아니어서 해야 할 일이 있는데도 기꺼이 마음을 움직이고 힘을 내 함께 일을 성취하려 하지 않는다. 파도가 치는 가운데 배가 곧 뒤집힐 듯한 상황 같아 천하가 이 때문에 크게 어지럽고 인류는 위기에 놓여 있다.

아랫사람들이 힘을 다해 생업에 나아가고 윗사람은 지혜를 다해 공덕을 세워, 천하의 마음이 한결같이 사물을 구제하고 인간을 이롭게 하려 한 이후에야 천하는 다스려지고 백성은 안락하게 될 것이다. 춘추시대 이래로 어찌 군자가 있으면서 이와 같이 하지 않고 저와 같이 했겠는가!

천하를 그르치게 만든 자는 장자지만, 장자가 천하를 그르치게 만든 것이 아니라 천하를 그르치게 만든 자가 장자에게 핑계를 댄 것이다. 장자라면 할 말이 있을 것이다.

불행히 천지의 재앙을 마주쳐 성인의 글을 불태우고 유자(儒者)를 파묻으며 협서율(挾書律)[107]을 엄격히 적용하고 우어(偶語)의 죄[108]를 무겁게 여기는 때를 만났으니, 눈을 굴리는 자는 묵형(墨刑)[109]을 당하고 손

을 움직이는 자는 참수를 당하며 혀를 놀리는 자는 멸문(滅門)의 화를 당하고 발을 움직여 행동한 자는 멸족(滅族)을 당했다. 당시에 숭상했던 바는 오로지 율령과 형법일 뿐이고 다른 방도는 없었다. 탁월하고 빼어난 선비들은 세상에 드문 기운을 지니고 합종연횡의 법술을 품고 있었지만 속박되어 재주를 펴지 못했고 꽉 막혀 뜻을 말할 수 없었으니 실성하여 광기를 드러내지 않을 자가 있었겠는가!

세상의 득실과 영욕을 마찬가지로 생각하여 자신의 마음을 평온하게 갖고, 툭 트인 눈으로 모든 사물의 외면을 관망하여 자기의 심회를 너그럽게 하며, 옛일을 빌려 지금을 비웃어 답답한 마음을 풀어내는가 하면, 인간 세상을 꿈처럼 여기고 우주를 눈 깜짝할 순간으로 보아 울컥한 기운을 해소하기도 했다. 궤변과 허튼 말로 자기의 뜻을 부치다가도 때로는 정론(正論)으로 자기의 뜻을 드러내었다. 그렇지만 끝내 한편에 치우쳤다고 자처하였고, 소리를 질러 메아리를 그치게 하려 하고 형체가 그림자와 경주하는 꼴이었음을 슬퍼하였으니[110] 이 또한 스스로 헤아림이 깊었다 하겠다. 나아가서 세상을 구제할 수 없어, 물러나 본성을 온전히 하고 해를 멀리하길 구했으니, 이야말로 현자가 아닌가. 그가 본디 도덕

---

107 협서율(挾書律) : 진시황(秦始皇) 때 승상 이사(李斯)의 건의에 따라 유학자들이 옛일로써 당시를 비판하는 일을 금지시키고, 민간에서 경서나 제자백가서를 개인적으로 보관하다가 발각되었을 경우 형벌에 처하도록 한 법령이다.
108 우어(偶語)의 죄 : 사람들이 모여서 은밀히 정부를 비판하는 일을 가리킨다. 진시황 때 이런 사람들이 발각되면 그 시체를 길거리에 버리는 형벌에 처하였다.
109 묵형(墨刑) : 중국 고대에 죄인의 이마나 팔뚝 등에 먹줄로 죄명을 써넣던 형벌이다.
110 소리를 …… 슬퍼하였으니 : 『장자』, 「천하(天下)」에 "혜시(惠施)는 느긋하고 호탕하여 얻은 것이 없고, 만물을 좇아 돌아올 줄 모르니 이는 소리를 질러 메아리를 그치게 하려 하고 형체가 그림자와 경주하는 듯하니 슬프도다[惠施之才, 駘蕩而不得, 逐萬物而不反, 是窮響以聲, 形與影兢走也, 悲夫]!"라고 하여, 혜시가 근본을 다스리지 못하고 실제적이지 못함을 말했다.

을 스스로 내세워 후세에 교훈을 드리우려 하지 않았으니, 이러한 처신이 천하와 무슨 상관이 있겠는가! 장자는 천하에 죄가 없다 하겠다.

비록 그러하나 그 사람됨을 보건대 육국(六國, 전국 시대)에서 쓰임을 얻지 못하고 버려진 인물이다. 그래서 군자의 대도(大道)를 듣지 못하였던가?

무릇 천지와 부모로부터 기운과 형체를 받아서 사람의 역할을 가지고, 천지의 공덕을 도와 이루고 부모의 사업을 이어받아 자기의 쓰임을 온전히 발휘하는 것이 사람 된 도리이다. 이를 쓰지 않고 폐기해 버린다면 이는 '하늘을 거스르는 것〔逆天〕'이요, '어버이를 잊어버리는 것〔忘親〕'이라고 규정지을 수 있다.

또 장인이 물건 만들기의 어려움을 꺼려한 나머지 재목을 부수어 버리고, 농부가 농사짓는 수고를 괴로워한 나머지 농토를 없애 버리고서 남들에게 자랑해 말하기를, "나는 일이 없다."라고 한다고 보자. 일이 없다고 한다면 그렇다고 하겠으나 곧바로 일이 있을 것이다. 다름 아닌 굶주려 죽는 일이 이르고야 말 것이다.

그러고도 남들에게 자랑해 말하기를, "나는 근심이 없다. 배고프거나 배부르거나 마찬가지이며 죽고 사는 것이 한가지다."라고 한다고 치자, 근심이 없다고 한다면 그렇다 할 것이니, 참으로 근심이 없다 할 것이다. 명계(明界)에서는 몸이 없어지고 종족이 끊어질 것이며 유계(幽界)에서는 귀신이 소멸할 것이다. 아무리 근심하려고 한들 근심할 것이 없을 것이다.

아무 일이 없고 근심도 없다고 하는 말은 억지소리이다. 굶주리면서도 걱정이 없고 사라져 없어지는데도 슬퍼하지 않는다니 무릇 혈기와 지각이 있는 자로서는 도저히 있을 수 없는 일이다. 어찌 사람이 목석과 같겠는가!

설령 혹시 그럴 수 있는 자가 있다 하더라도 이는 괴이하고 상서롭지 못한 사람이다.

얻은 것이 얻지 못한 것이 되고 이룬 것이 이루지 못한 것이 되고 사는 것이 살지 못한 것이 되고 존재하는 것이 존재하지 않는 것이 되고 유지(有知)가 무지(無知)로 되고 유용(有用)이 무용(無用)으로 된다고 보자. 그렇다면 천지가 생긴 이래 오늘에 이르기까지 얻은 것, 이룬 것, 살아 있는 것, 존재하는 것, 유지, 유용, 이 일체를 하루아침에 잃어버리고 태초의 이전으로 돌아가는 격이다. 이와 같은 것을 과연 선(善)이라고 말할 수 있겠는가. 이와 같은 것을 과연 선이라고 한다면 천하의 실패하고 멸망한 경우를 모두 다 선이라 하고 실패하지 않고 멸망하지 않은 경우는 모두 선하지 않다고 해야 할 것이다. 이렇다면 거의 만물이 다 없어지고 천지도 종식이 되지 않겠는가.

씨를 뿌려 놓고 가꾸지 않으면 씨를 뿌리지 않는 것만 못하고, 그릇을 만들어 놓고도 쓰지 않으면 그릇이 없는 것만 못하다. 이러면 천지는 개벽이 안 되고 만물도 생겨나지 않을 것이니 옳다 하겠는가. 사람이 노동을 하고 어려움을 겪는 것은 꺼려할 바가 아니다.

무릇 기는 운동하지 않으면 정체되고 형체는 운동하지 않으면 폐기되는 법이다. 이런 까닭에 흐르는 물은 썩지 않고 문틀 부위는 좀이 먹지 않는다.

옛날에 형체를 쓰는 데 인색한 자가 있었다. 그래서 자기의 왼쪽 눈을 가려서 쓰지 않고 오른쪽 눈이 쇠약해지는 데 대비하였다. 이윽고 가렸던 왼쪽 눈을 열었더니 어두워 눈이 없는 것이나 마찬가지였다. 그리하여 나이 80세가 될 때까지 한결같이 오른쪽 눈처럼 어두워져서 시력을 상실하게 되었다. 또 자기의 왼쪽 손을 묶어서 쓰지 않고 오른쪽 손이 쇠약해지는 데 대비하였다. 이윽고 묶어 놓은 왼쪽 손을 풀어 보았더니 풀었어도 묶어 놓은 것이나 마찬가지였다. 한결같이 오른쪽 손처럼 쇠약해져서 기능을 상실하게 되었다.

인간의 신체에서 기혈(氣血)은 쓰면 나오고 쓰지 않으면 흩어져 버리게 마련인 까닭에 이러한 것이다. 형체가 폐기되는 것은 때가 있지만 이로움은 쓰는 데 있고 해로움은 쓰지 않는 데 있으니 쓰지 않을 수 없는 것이다. 정신은 인간에게 있어서 무궁하니 쓰면 길이 내것이 되고 쓰지 않으면 다시 하늘로 돌아가니 쓰지 않을 수 없는 것이다.

무릇 인간이 괴롭고 고생스럽고 어려움을 꺼려 하는 까닭은 한 때를 참지 못하는 때문이다. 어찌 곤궁과 멸망을 꺼려 하지 않으면서 괴롭고 고생스럽고 어려움을 꺼려 하는가. 한 때에 당하는 것은 참지 못하면서 영원한 일에 대해서 생각지 못하는가. 스스로 형해를 외면하고 사생을 잊어버리고서 또 어찌 형해의 괴롭고 고생스럽고 어려운 것을 꺼려 한단 말인가.

끝내는 장차 썩어 없어질 뿐이어늘 그것을 어찌 아껴서 쓰지 않을 것인가. 더구나 영화와 안락은 괴롭고 고생스럽고 어려운 그 가운데에 있고 곤욕스럽고 쇠망하는 것은 태만하고 안일한 뒤에 따르는 법인 데 있어서랴. 진나라 사람은 죽음을 무릅쓰고 백 번 싸우는 것을 악기를 두드리며 노는 것과 같이 보았고, 관중(管仲)은 할 일 없이 노는 것을 독약에 비유하였다.[111] 무릇 태만하고 안일함을 구하면서 영화와 안락을 바라는 것은 이야말로 뒷걸음질을 치면서 앞으로 나가겠다 하고 북쪽으로 향해서서 남쪽으로 가겠다는 격이다.

---

111 관중(管仲)은 …… 비유하였다 : 『춘추좌씨전』 민공(閔公) 원년에 적인(狄人)이 형(邢)나라를 공격하자 관중은 제후(齊侯)에게 형나라를 구원할 것을 설득하며 이렇게 말했다. "管敬仲言於齊侯曰, '…… 宴安酖毒, 不可懷也.'"

아, 슬프다. 세상 길은 실로 험난하여 평탄하지 않고 세상의 정서는 실로 곧지 않고 헤아리기 어려우며 세상의 운세는 실로 정함이 없이 뒤바뀌며 세상의 도리는 실로 순수하지 않고 분열되어 있다. 세상의 일은 참으로 해 나가기 어렵지만 그래도 하지 않을 수 없는 것이다.

일찍이 한하던 바가 있다. 그렇다고 어찌 사람이 거머리 같지 못하다고 한할 것이며, 도가 손바닥처럼 분명하지 못함을 한할 것이랴. 사람은 내부로 오장육부와 12경맥이 있고 외부로 구규백체(九竅百體)[112]가 있으며 뼈로 지탱하고 힘줄로 묶여 있게 하고 혈액으로 소통하고 살로 감싸고 10만 8천의 사락(絲絡)으로 싸고 10만 8천의 모공으로 배설을 한다. 승강향배(升降向背)[113]로 그 기능이 만 가지요 생극제화(生克制化)로 묘리가 무궁하다. 황제 헌원씨도 다 통하지 못했으며 유부(兪跗)[114]와 귀유(鬼臾)[115]도 통달하지 못했다. 이런 까닭에 병들기는 쉬워도 고치기는 어려우며 요절하는 사람은 많아도 장수하는 사람은 적다.

무릇 도란 현묘하고 은미하며 상호 순환하니 또한 이럴 뿐이다. 이런 까닭에 어리석은 자는 캄캄하여 살피지 못하고 지혜로운 자는 두려워하여 조심한다. 이를테면 거머리는 그 모양이 횅해서 가죽포대처럼 겉과 속이 없지만 병도 없고 죽이기도 어렵고 볕에 쪼여 비쩍 마르더라도 물을 만나면 살아난다. 손바닥은 누구나 다 가지고 있고 보이지 않을 것도

---

112 구규백체(九竅百體) : 구규는 귀·눈·입·코·요도·항문 등 인체의 아홉 구멍을 말하며, 백체는 인체의 모든 부분을 통칭하는 말이다.
113 승강향배(升降向背) : 오르내림과 좇고 등진다는 뜻으로, 모든 방향의 작용을 말한다.
114 유부(兪跗) : 중국 고대의 명의(名醫)이다. 침이나 탕약 등을 사용하지 않고 외과수술을 시행했다고 한다(『사기』, 「편작창공열전(扁鵲倉公列傳)」).
115 귀유(鬼臾) : 황제(黃帝)의 신하 귀유구(鬼臾區)를 말한다. 황제의 명령에 따라 신의(神醫)인 기백(岐伯)을 찾아가 인체의 원리에 대해 배웠다고 한다(『황제내경(黃帝內經)』).

없다. 사람을 거머리같이 되게 하고 도를 손바닥과 같이 한다면 어찌 어김이 있겠는가. 그럼에도 끝내 그렇게 될 수는 없다. 세상일은 참으로 해야 할 것이요, 끝내 하지 않을 수 없다. 아무리 하지 않으려 해도 또한 끝내 하지 않을 수 없다.

물(物)이란 천지의 기(氣)를 부여받아서 생긴 것이요 기에 감응해서 움직이는 것이다. 그 말하는 바는 (기가) 불어 주는 것이요 그 행하는 바는 (기가) 움직이게 하는 것이다. 비죽(比竹)[116]이나 꼭두각시가 동하는 것은 모두 무엇에 의해서 그렇게 되는 것이지 자기 스스로 되는 것은 아니다. 작용하는 것은 영향을 받아서요 작용하지 않는 것도 영향을 받아서니 영향을 받는 것은 여기에 있고 작용하는 것은 영향을 기다려서이다. 작용하는 것과 작용하지 않는 것 모두 자기 스스로 되는 것이 아니요, 기가 시켜서 되는 것이다.

하는 것 또한 하지 않는 것이요 하지 않는 것 또한 하는 것이니 하는 것과 하지 않는 것이 다 하는 것이다. 아무리 하지 않으려 해도 끝내는 하지 않을 수 없다. 이는 분명히 마음이 있어 스스로 주관하는 것이 아니고 힘이 있어 스스로 서는 것이 아니다. 옳은가 그른가 선한가 악한가 얻었는가 잃었는가 성공하였는가 실패하였는가. 한바탕의 꿈과 비슷하니 꿈꾸는 자가 마음이 있어 그것을 주관하는 것이 아니요 하는 것 하지 않는 것 모두 꿈이다. 시비와 선악과 득실과 성패는 모두 꿈이다. 이는 천인(天人)의 바른 길을 깨닫지 못하는 것이다. 환히 정신을 차려 깨어나고 엄숙하게 바름을 얻은 자는 오직 군자일 것이다.

---

116 비죽(比竹) : 생황·통소 따위의 대로 만든 악기를 말한다. 『장자』, 「제물론(齊物論)」에 "인뢰(人籟)는 비죽 따위가 이것이다〔人籟則比竹是已〕." 하였다.

한 번도 마음이 기에 의해서 움직인 적이 없으되 기가 따라오고 정이 물(物)에게 부림을 당한 적이 없으되 물이 돌아오게 된다. 그래서 천하와 더불어 함께 얻으며 사적으로 이익을 취하지 않고 뭇사람들과 함께 행하여 자기 명예를 내세우지 않는다.

그 움직임에 있어서는 고요하고 그 섞임에 있어서는 한결같으니 사람으로 사람을 다스리고 물로 물을 이루도록 한다. 스스로 자기를 드러내지 않고 만물을 본받으며 스스로 자기를 쓰지 않고 천지를 써서 혼연히 천지의 조화가 아무 자취가 없는 듯이 한다. 그의 행동과 언어 일체는 오직 하고자 하는 바대로 하되 천지귀신도 어기지 않게 된다.

가는 곳마다 크게 응하여 뜻에 맞지[117] 않음이 없을 것이다. 이런 까닭에 사람이 능히 천지에 참여하여 아울러 입명(立命)을 하게 되면 '배천(配天: 하늘과 짝함)'이라 할 수 있다. 천지는 능히 물(物)을 생성하지만 쓸 수는 없으며, 능히 사람을 생성하지만 가르치고 안정시킬 수 없다. 천지가 생성하는 것을 도와주고 능히 쓰고 가르치고 안정시키는 것은 사람[人]이다. 그러므로 사람이란 천지의 중심이라고 하는 것이다.

이런 까닭에 사람의 도리를 다해서 그 바름을 얻은 자, 그를 가리켜 '배천(配天)'이라 하는 것이다. 이와 같이 하는 자는 부귀를 누리는 경우에도, 곤궁한 처지에도, 우환과 곤란을 겪는 때에도, 이적(夷狄)의 세상에도 어디를 들어가도 자득하지 않은 바가 없고, 어느 곳에 있어도 자락(自樂)하지 않는 바가 없다. 어찌 노고와 간난을 꺼려 할 것이며, 어찌 불행을 만나게 됨을 애달파하랴!

어진 자 근심하지 않고 지혜로운 자 현혹되지 않고 용기 있는 자 두

---

117 크게 …… 맞지 : 『서경』, 「익직(益稷)」에 나오는 말이다.

려워하지 않는 법이다.[118] 낙천지명(樂天知命)을 하여 지극한 선에 머물 뿐이다.[119]

---

118 어진 …… 법이다 : 『논어』, 「헌문(憲問)」에 나오는 말이다.
119 지극한 선에 머물 뿐이다 : 『대학』 1장에 "대학의 도는 밝은 덕을 밝히는 데 있고, 백성을 새롭게 하는 데 있으며, 지극한 선에 머무는 데 있다[大學之道, 在明明德, 在親民, 在止於至善]."라고 하였다.

문대(問對)

물음에 답함

對問

어떤 문인(門人)이 물었다.

"선생님의 글은 누구와 견줄 수 있다고 보십니까?"

"나는 스스로 알지 못하겠다. 일찍이 논하여 구양수(歐陽修)[1]의 글은 한유(韓愈)를 본받고 유종원(柳宗元)을 벗 삼았다고 보았거니와, 나는 스스로 헤아리지 못하겠다."

"선생님의 글은 어떻다고 말하겠습니까?"

"감히 스스로 잘한다고 말할 수 없다. 말은 간결하면서도 변화가 심오하고 전아(典雅)하면서도 정돈되어 있다고 본다면, 맨손으로 용이나 호랑이를 잡고서도 숨도 헐떡이지 않을 정도이며, 황하(黃河)가 용문(龍門)[2]으로 쏟아지고 장강이 지주(砥柱)에 부딪쳐 삼협(三峽)[3]의 구당협(瞿唐峽)으로 내닫되 파도가 솟구치는 것이 보이지 않으며, 천가만로(千街萬路)가 가로세로로 얽혀 있으되 그 바른 길을 헷갈리지 않으며, 능히 명산(冥山)의 가지를 잘라다가 남해(南海)의 나무에 접붙이되 천연스럽

---

1 구양수(歐陽修, 1007~1072) : 북송(北宋) 때의 정치가이자 문학가이다. 자는 영숙(永叔), 호는 취옹(醉翁) 또는 육일거사(六一居士)로 당송팔대가의 한 사람이다. 왕안석의 신법(新法)을 반대하여 구법당(舊法黨)을 대표하는 인물로 손꼽혔다. 저서로 『구양문충공집(歐陽文忠公集)』, 『신당서(新唐書)』, 『모시본의(毛詩本義)』, 『육일시화(六一詩話)』 등이 있다.

2 용문(龍門) : 황하(黃河)에 있는 유명한 협곡이다. 지금의 산서성(山西省) 하진현(河津縣) 서북과 섬서성(陝西省) 한성시(韓城市) 동북에 위치한다.

3 삼협(三峽) : 양자강(揚子江)에 있는 세 협곡으로, 무협(巫峽)·구당협(瞿唐峽)·서릉협(西陵峽)을 가리킨다. 지금 사천성(四川省)과 호북성(湖北省)의 경계 지역에 위치해 있는데, 이곳의 하류에 댐을 설치하여 '삼협댐'으로 일컬어지고 있다.

게 하나가 되며,[4] 능히 마른 뼈다귀가 소생하여 풍성하게 보이고, 썩은 흙이 황금으로 바뀌며, 능히 고삐 하나로 천 마리 말을 이끌고, 채찍 하나로 만 마리 양을 몰며, 의관에 옥을 착용하고 엄숙한 기색으로 조정에 서 있는 것 같아 군자임은 물어볼 것 없이 알 수 있다 할 것이다. 이는 나의 장점으로서 고인에게 양보하고 싶지 않은 것이다."

"선생님의 글은 대단히 훌륭하다 하겠는데, 저희 제자들은 일찍이 한 번도 선생님께서 남에게 드러내 보이거나, 여러 사람들과 담소할 적에 문장에 대해 언급하시는 것을 보지 못했습니다. 어찌 남이 알아주기를 구하지 않으십니까? 옛날 글 잘하는 사람 치고 당세에 인정을 받지 못하면 고민하지 않은 사람이 없었으니, 항시 강개하여 마음속에서 풀어 버리지 못하였습니다. 선생님께서는 그렇지 않으십니까?"

"그래. 피라미 따위가 도랑물 속에서 한가롭게 꼬리를 흔들며 놀고 재빨리 왔다갔다 하는 것을 사람들은 누구나 보고서 알 수 있으며, 메추리 따위가 덤불숲 사이에 서식하여 먼지를 일으키며 날아오르고 바람을 따라 오르락내리락하는 것을 사람들은 누구나 보고서 알 수 있다. 그런데 신령한 용이 깊은 못 속에 가만히 숨어 있고, 큰 붕새가 푸른 하늘 위로 날개를 치며 날아오르는 것을 사람들이 어찌 능히 보고 알 수 있으리오? 무릇 글은 뭇사람들이 알면 기이할 것이 없고, 기이하면 뭇사람들은 알지 못한다. 사람들이 쉽게 알 수 없는 바를 힘써 하면서 사람들이 알아주기를 구한다면 맞지 않는 것이다.

---

4 명산(冥山)의 …… 되며 : 명산과 남해는 『장자(莊子)』에 나오는 상상의 지명이다. 명산은 북쪽에 있는 산이며 남해는 남쪽 끝에 있는 바다인데, 명산의 가지와 남해의 나무는 전혀 다른 지역의 것으로 각기 처한 환경이 다르기 때문에 이질적일 수밖에 없다. 그런데 이것들을 자연스럽게 어우러지게 했다는 것은 문장 짓는 솜씨가 뛰어남을 비유한 것이다.

무릇 개는 잘 짖는다고 하여 우량한 것으로 치지 않으며, 사람은 말을 잘하는 것으로 훌륭함을 삼지 않는다. 그러므로 옛날의 군자들은 말을 함부로 하지 않았던 것이다.[5] 군자가 귀하게 여기는 바는 자신이 품은 도가 백성을 구제하고 국난을 제거하는 데 있었으며, 해박한 변론이며 굉장한 문사(文詞)의 능력에 두지 않았다. 소진(蘇秦)·장의(張儀)[6]의 무리는 문사에 빼어나지 않았던 바 아니었지만 사람들을 혼란스럽게 만드는 결과를 면치 못했으니, 그의 문사는 오히려 누가 되었다고 하겠다. 이로 미루어 보건대 글이 참으로 훌륭한 것은 실로 사람들이 알아볼 수 없으니, 알아주는지 여부는 본래 나 자신에게 문제될 것이 없다. 어찌 남이 알아주기를 구할 것인가?

무릇 문장이란 군자의 한 작은 재주에 불과한 것이다. 진실로 글이란 참으로 자기의 의사를 통달하는 데 있을 뿐이다. 힘써 높고 기이하게 만들어 스스로 이름나기를 구하지 않는 법이니, 군자가 되어 문장으로 이름을 얻으려고 하면 더없이 부끄럽다 할 것이다. 육경(六經)이며 전기(傳記)[7]의 서책들은 작자의 이름이 전하지 않는다. 옛날의 군자들은 문장으로 이름을 구하지 않고자 했던 것이 이와 같거늘, 후세의 문인들은 모범으로 삼을 말이나 특별한 의론이 있는 것도 아닌데, 얼마 안 되는 글이나 몇 장의 종이에다 삼가 자기의 성명을 써넣어 스스로 세상에 드러나기를 구하지 않은 자 없으니, 이 또한 우스울 뿐이로다.

---

5 옛날의 …… 것이다 : 『논어』, 「이인(里仁)」에 "옛날 사람들이 말을 함부로 하지 않은 것은 실천이 따르지 못할까 걱정해서였다〔古者, 言之不出, 恥躬之不逮也〕."라는 구절이 있다.

6 소진(蘇秦)·장의(張儀) : 전국 시대의 인물이다. 이들은 함께 귀곡(鬼谷)선생의 문하에서 수학하고 책사(策士)로 활동하였는데, 소진은 합종책을 제시했고 장의는 연횡책(連橫策)을 제시한 것으로 유명하다.

7 전기(傳記) : 여기서는 『좌전(左傳)』, 『예기(禮記)』 등을 가리키는 것으로 보인다.

나는 기왕에 세상으로부터 버림받은 사람이다. 일삼아 하는 일이 없어 평소 한가로운 겨를이 많다. 성격이 또한 바둑이나 장기, 노래 따위를 좋아하지 않고 매양 홀로 조용히 지내며 친구들도 찾아오는 사람이 드문 터라 때때로 붓을 들어 글을 짓는 것으로 재미를 삼아 소일하며 마음의 고민을 떨쳐 버린다. 이는 장기나 바둑보다 낫다 하지 않겠는가? 그런데 항시 마음 닿는 대로 자유자재하며, 정신을 오로지하고 생각을 극도로 하되 괴기(塊琦)한 문장을 추구한 적이 없다. 그럼에도 또한 자연스레 괴기함을 이룬 것은 천성이라 할 것이다.

공자는 말씀하시기를, '덕이 있는 자는 반드시 말이 있거니와, 말이 있는 자 반드시 덕이 있는 것은 아니다.'[8]라고 하였다. 이 두 가지에 대해 내가 능력을 갖추고 있는지 알 수 없지만, 내가 진실로 힘을 다하는 곳이 있다. 그 만분의 나머지를 가지고 글을 하는 것이다. 그대는 나의 만분의 나머지로서 바둑이나 장기에 비견될 수 있는 것으로 나의 이름을 삼으려고 하는가? 그 알 수 없기 때문에 알지 못하는 것으로 사람을 원망할 것이 없거니와, 그 알아주기를 구할 만한 것이 아니기 때문에 알아주기를 구하지 않으므로 나 자신에게 안타까워할 것이 없다. 그대가 나를 위한 생각이 있다면 이것은 우선 놓아두고 다른 데서 찾을 것이다."

평어 참으로 훌륭한 문장은 확실히 이러해야 할 것이다. 의론 또한 이전 사람들이 도달하지 못한 곳에 이르렀다.

---

8 덕이 …… 아니다 : 『논어』, 「헌문(憲問)」에 나오는 말이다.

2　문학대[9]

問學對

어떤 사람이 이렇게 물었다.

"공자가 이르기를, '집에 있음에 반드시 달(達)하고 나라에 있음에 반드시 달해야 한다.'[10] 하고, '학문을 함에 녹(祿)이 그 가운데 있다.'[11]고 하셨습니다. 성인이 어찌 저를 속이겠습니까? 그런데 왜 지금은 그렇지 않습니까? 이를 어떻게 설명하겠습니까? 원하옵건대 말씀을 듣고자 합니다."

나는 다음과 같이 말했다.

"그렇다. 거기엔 까닭이 있다. 무릇 학문이란 인도(人道)를 배우는 것이다. 무릇 사람이라면 학문을 하지 않으면 안 되니, 학문이란 별다른 것이 아니다.

지금 온 나라를 통틀어 학사라고 일컬을 만한 사람은 손가락으로 셀 수 있는 정도니, 매우 적다고 하지 않을 수 없다. 학문에 뜻을 둔 자들을 보면 반드시 먼저 규범대로 움직이며 목석처럼 앉아 느릿느릿 말하고 형식적인 예법을 꾸며서 현저히 세상 사람들 앞에 남다르게 보여서 기

9　문학대 : 학문이 무엇인가를 묻는 데 답한다는 의미이다. 대(對)는 물음에 답하는 형식의 문체로, 대개 경전의 내용이나 정치의 현안에 대해 의견을 구할 때 사용하였다.

10　집에 …… 한다 : 『논어』, 「안연(顔淵)」에, "질박하고 정직하며 의를 좋아하고, 남의 말과 안색을 살펴 몸을 낮추려 생각하는 사람은 나라에서나 집안에서나 반드시 달(達)하게 마련이다〔質直而好義, 察言而觀色, 慮以下人, 在邦必達, 在家必達〕."라고 하였다. 집주(集註)에 따르면, "달은 그 사람의 덕이 남을 감화시켜서 무슨 일을 하든 안 되는 것이 없는 것을 말한다〔達者, 德孚於人而行無不得之謂〕."라고 하였다.

11　학문을 …… 있다 : 『논어』, 「위령공(衛靈公)」에, "농사를 지으면 굶주림이 그 가운데 있고 학문을 하면 녹이 그 가운데 있다〔耕也餒在其中 學也祿在其中〕." 하였다.

치를 내걸듯 우뚝 서려고 한다. 세상 사람들 역시 이들을 별다른 부류로 보아 겉으로는 숭배하는 척하면서도 속으로는 좋지 않게 여겨서 서로 헐뜯고 비웃으며 썩은 냄새가 난다고 손가락질한다. 사대부의 자제들은 그 문하에 찾아가 선생이다 제자다 하고 일컬으려 하지 않는다. 이 이름을 차지한 자들이란 부르는 데 끼어 스스로 빠져나오지 못한 사람들이거나 시골 구석의 미천하고 어리석어 세상 물정을 알지 못하는 부류들이다. 이것이 첫 번째 이유이다.

무릇 학사는 세상을 잘 다스려 이름을 얻는 존재이며, 은자는 세속을 버리고 종적을 감추는 존재이다. 이 양자는 취향이 서로 상반되어 함께 칭할 수 없는 것이다. 지금 학사라고 하는 자들은 곧 은일(隱逸)이라고 일컬으며 나라에서 불러도 나오지 않고 벼슬을 주어도 나오지 않으며 종신토록 폐기된 상태로 있으니, 연도(鈆刀)[12]를 한번도 시험해 본 적이 없다. 저들의 학문이란 과연 어떠한 것이며 장차 어디에 쓸 것인가?

세상의 부녀자나 졸개들까지도 모두 다 학사란 으레 일에 쓸모없는 줄 알며, 학사들 스스로도 자신이 일에 소용이 없는 줄 알아서 영원히 천지간에 한 폐기물이 되고 있다. 가령 그가 주공·공자의 도덕과 재능을 품고 있다 하더라도 그만일 것이요, 속이 텅 비어 숙맥도 구분하지 못할지라도 그만일 것이요, 이단사교(異端邪敎)나 정치를 해치고 인륜을 무너뜨리는 학문에 빠졌더라도 그만일 것이다. 이것이 두 번째 이유이다.

무릇 학사의 속셈 또한 살펴볼 수 있다. 대개 시속이 야비하고 더러워 어울릴 수 없다 생각하는 까닭에 스스로 잘났다 하고 드러내는 방식이다. 아니면 자기 임금이 도가 없어 능히 나를 쓸 수 없다고 생각하는

---

12 연도(鈆刀) : 납으로 만든 칼이다. 허명만 있고 쓸모없는 학자를 비유하였다.

까닭에 물러나 숨는 것이다.[13] 대저 당세의 시속을 더럽다고 하면서 시속에 합하기를 구하고, 자기의 임금을 추하다고 하면서 임금에게 쓰이기를 구하고 있으니 말이 되는가. 남을 더럽게 여기는 자는 남 또한 그를 더럽게 여기며, 남을 추하게 여기는 자는 남 또한 그를 추하게 여길 것이다. 학사가 현달하지 못하는 것도 마땅하다 하겠다.

스스로 잘난 체하는 것은 이름을 구하는 데 가까우며, 쓰이지 않으면 세상을 속이기에 쉽다. 스스로 쓰이지 못할 줄 알면서도 하려고 하는 것은 세상을 속이고 이름을 훔치려 하는 것이 아니고 무엇인가?

군신의 관계는 천지의 대의요 인간 세상의 큰 윤리이다. 대의를 폐기하고 큰 윤리를 어지럽히며 실용을 잃어버리고 구차히 얼마 되지 않는 허명을 취하니, 그 귀결처는 어떤 모양이 될 것인가? 임금에게 버려지고 세상의 비난을 받는 것이 마땅하지 않은가?

오호라! 옛날의 학자는 실(實)을 위하여 학문을 하였고 지금의 학자는 명(名)을 위하여 학문을 하며, 옛날의 학자는 등용되기를 구하였고 지금의 학자는 폐기되기를 구하며, 옛날의 학자는 풍속을 바로잡으려 하였고 지금의 학자는 풍속을 더럽히려 하며, 옛날의 학자는 훌륭한 임금을 만들려 하였고 지금의 학자는 임금을 추하게 만들려 하고 있다.

비록 그렇다 해도 이 지경에 이른 원인은 모두 근원이 있으니 대개 그 학식이 공소(空疎)한 때문이다. 적이 행하고자 해도 쓰일 만한 것을 갖지 못했으니, 집을 다 뒤지고 책장을 기울여도 오직 몇 권의 의문(儀文)에 관한 서책이 있을 뿐이다. 그가 아는 바가 여기에 그치니 부득이

---

13 자기 …… 것이다: 『논어』, 「위령공」에, "군자답구나, 거백옥(蘧伯玉)이여. 나라에 도가 있으면 벼슬하고 나라에 도가 없으면 거두어들여 숨길 것이다〔君子哉, 蘧伯玉. 邦有道則仕, 邦無道則可卷而懷之〕." 하였다.

실행해야 할 경우를 당하면 의문 이외에 실학이 있는 줄 알지 못한다. 나가서 어떤 지위에 오르는 경우, 한 가지라도 이루는 바가 없는 것은 오히려 다행이요, 한갓 처형을 당하는 화에 빠지기 쉽다. 그런 까닭에 물러나지 않을 수 없다. 그럼에도 실학이 실제에 쓰임이 이와 같지 않음을 모르고 있다.

그 마음이 처음부터 세속을 더럽혀서 스스로 잘난 척하겠다고 한 것은 아니라도 결과적으로 그런 것이요, 처음부터 임금을 추하게 만들고 스스로 폐기되려는 것은 아니라도 결과적으로 그런 것이다. 이를 통해 논하건대, 그가 쓰이더라도 역시 쓸 데가 없는 것이다.

무릇 사람이 하는 바는 사람이 하는 바가 아니요 하늘이 하는 것이다. 그를 쓰는 것도 하늘이요 그를 폐기하는 것도 하늘이다. 그런데 하늘에게 마음이 있어서 그런 것은 아니요, 사람이 필히 스스로 취한 다음에 하늘이 따르는 것이다. 대개 스스로 취하지 않는데 우연히 이르는 경우는 없다."

어떤 사람이 또 물었다.

"진취적으로 일을 해보려는 자는 학문에 뜻을 두는 것을 부끄러워하고, 학자는 실제 쓰임을 얻지 못하고 있으니, 옛 도는 이제 다시 밝아질 수 없게 되었습니다. 학문을 하지 않으면 사람이 될 수 없으니, 학문의 폐해는 또 이와 같습니다. 인류는 장차 어떻게 되겠습니까? 이야말로 군자가 안타깝게 여겨 고민하는 바입니다. 그대가 아니면 누구에게 기대하겠습니까? 보배를 품고 있으면서 나라가 어지러운데 가만히 있으면 인(仁)이라 할 수 있겠습니까?"[14]

---

14 보배를 …… 있겠습니까:『논어』,「양화(陽貨)」에, "양화가 이르기를, '보배를 품고 있으면서 나라가 어지러운데 가만히 있으면 인이라 할 수 있겠는가?' 하니, 공자가 이르기를,

나는 이렇게 답변한다.

"세상 사람들 또한 학자가 쓸모없는 줄을 아는 까닭에 학문을 하려고 하지 않는다. 사람들이 학문을 부끄러워하는 것은 학자의 죄이다. 학자들이 실학을 한다면 장차 온통 쏠려서 저절로 그쪽으로 가게 될 것이다. 이는 학자에게 달려 있지 나에게 달려 있는 것은 아니다. 참으로 학자들로 하여금 그대의 말을 들어 문득 깨닫고 뉘우쳐 불치하문(不恥下問)의 자세를 갖게 하면 좋을 것이다. 만약 명(名)을 얻고자 하고 화를 좋아하며 잘못을 부끄러워하면서도 잘못을 계속한다면 어떻게 할 방도가 없다. 내 어찌하겠는가!"

원주 나는 이미 나이가 많이 들었다. 때가 마침 앉아서 좋은 값을 받기만 기다리고 팔리기를 구하지 않을 수 없게 되었다.[15] 그런데 세속이 나와 어긋난 상태임을 보고 감히 곧바로 달려 나가지 못하는 처지이다. 그래서 고삐를 잡고 방황하는 까닭에 이 글을 지으니, 고황(膏肓)에 병이 든 세속에 정문일침(頂門一鍼)이 되기를 기대한다.

'할 수 없습니다.' 하였다. 양화가 이르기를, '세월은 흘러가니 세월은 나를 기다리지 않는다.'라고 하니, 공자가 이르기를, '예. 저는 장차 벼슬할 것입니다.'라고 하였다〔曰, 懷其寶而迷其邦, 可謂仁乎? 曰, 不可. 日月逝矣, 歲不我與. 孔子曰, 諾. 吾將仕矣〕."라는 구절이 있다.

15 좋은 …… 되었다 : 『논어』, 「자한(子罕)」에 나오는 말이다. 공자의 제자 자공(子貢)이 "여기에 아름다운 옥이 있다고 할 때, 이것을 상자 속에 그냥 보관해 두어야 합니까, 아니면 좋은 값을 받고 팔아야 합니까〔有美玉於斯, 韞櫝而藏諸, 求善賈而沽諸〕?" 하고 묻자, 공자가 "팔아야지, 팔아야 되고말고. 나 역시 제값을 주고 살 사람을 기다리고 있다〔沽之哉, 沽之哉, 我待賈者也〕."라고 대답하였다.

3 **문례대**[16] 임자년(1852)

問禮對 壬子

어떤 사람이 물었다.

"지금의 학자들은 평상시에도 으레 심의(深衣)[17]를 입고 관대를 하고서 무릎을 꿇고 앉아 있으니 이것이 예입니까?"

나는 다음과 같이 대답하였다.

"예란 명분을 잃지 않게 하며 시의(時宜)에 적합해야 하는 것이다. 관중(管仲)은 이를 어기고 위 등급의 예를 쓰려 하였고, 안자(晏子)는 이를 어기고 아래 등급의 예를 쓰려 한다는 평을 들었다.[18] 명분에 저촉이 되어 시의를 잃은 때문이다.

무릇 위 등급에서 아래 등급의 예를 쓰고, 아래 등급에서 위 등급의 예를 쓰면 질서를 어지럽히는 길이며, 추운데 갈포 옷을 입고, 더운데 갖옷[裘]을 입으면 죽음을 자초하는 빌미가 된다. 이는 예에서 금하는 바인데, 그럼에도 예라고 이를 것인가?

또한 심의를 입고 관대를 하고서 무릎을 꿇고 앉아 있는 것은 제사를 받들고 빈객을 접대할 때의 차림이다. 만약에 이를 평상시에 하게 되면,

---

16 문례대 : 장서각 소장 『백운집』에 '혹문(或問)'이란 제목으로 같은 글이 수록되어 있다.

17 심의(深衣) : 상하 의상(衣裳)이 서로 연결된 복장으로, 옛날 제후·대부·사가 평상시 착용하던 복장이다.

18 관중(管仲)은 …… 들었다 : 『예기』, 「잡기(雜記)」에 나오는 공자의 말이다. 관중이 제사 지낼 때나 손님을 맞을 때나 저택을 꾸미는 등의 일에 규범에 지나치게 하므로 윗사람이 되기 어렵다고 하였으며, 안평중에 대해서는 제사를 지내는 데 너무 간략하게 하기 때문에 아랫사람이 되기 어렵다고 말했다. "孔子曰 : '管仲鏤簋而朱紘, 旅樹而反坫, 山節而藻梲, 賢大夫也而難爲上也. 晏平仲祀其先人, 豚肩不揜豆, 賢大夫也而難爲下也. 君子上不僭上, 下不偪下.'"

제사를 받들고 빈객을 접대할 때는 또 어떻게 더할 것인가? 그리고 제사를 받들고 빈객을 접대하는 차림으로 평상시에 생활하면, 평상시 차림으로 제사를 받들고 빈객을 접대하는 셈이다. 제사를 받들고 빈객을 접대하는 차림으로 평상시에 생활하면 질곡(桎梏)이 되고, 평상시의 차림으로 제사를 받들고 빈객을 접대하면 홀만(忽慢)한 것이 된다. 질곡과 홀만 또한 예와는 거리가 먼 것이다.

공자께서는 평상시에는 갖춰 입지 않았으며, 일상의 갖옷은 오른쪽 소매를 짧게 하였다.[19] 갖춰 입지 않았다고 하였은즉 갖춰 입었을 때와는 달랐음을 알 수 있으며, 일상의 옷은 일상이 아닌 때와 달랐던 것을 알 수 있다. 일상의 갖옷은 소매를 짧게 한다 하였으니, 성복(盛服)[20]에 입을 수 없었던 것을 또한 알 수 있다. 성복의 경우 소매를 짧게 한 것은 쓰지 않았다. 또 공자께서는 재계를 할 경우 반드시 명의(明衣)를 입되 포(布)로 만든 것[21]이라 하였으니, 치재(致齋)를 드릴 때에는 성복을 입지 않았던 것이다. 평상시의 복장은 어떠했는지 짐작할 수 있다.

제나라 왕이 사람을 시켜 맹자를 살펴보도록 하였는데, 맹자는 스스로 말하기를, "보통 사람과 다르지 않다"고 하였다. 그런즉 맹자도 특별하게 차려입어서 스스로 구별하지 않았던 것을 알 수 있다. 군자는 아무리 춥더라고 제복(祭服)을 입지 않으며, 폭풍이 불거나 우레가 치는 날

---

19 일상의 …… 하였다 : 『논어』, 「향당(鄉黨)」에 나오는 말이다. 공자는 추위를 막기 위해 일상복으로 긴 갖옷을 입는 경우 활동에 편하게 하기 위하여 오른쪽 소매를 짧게 하였다고 한다.

20 성복(盛服) : 위의(威儀)를 갖추기 위해 차려 입은 복식이다. 대체로 제사를 받들거나 공식적인 행사 때의 복장이었다.

21 재계를 …… 것 : 『논어』, 「향당(鄉黨)」에 나오는 말이다. "齊必有明衣, 布." 명의(明衣)는 깨끗한 옷을 가리킨다.

이면 반드시 의복을 바꿔 입고 관을 쓰고 앉아 있다 하였으니,[22] 그렇지 않은 경우 특별히 의관을 갖춰 입지 않았던 것을 알 수 있다.

내 듣건대 외화(外華)를 힘쓰는 자는 내실이 적고, 외면을 꾸미는 자는 내면을 잃는다고 하였다. 지금 옛날 성현의 실학에 힘써서 덕업(德業)을 세우려 하지 않고, 오로지 외모를 그럴듯하게 꾸미며 아주 고원하게 보여서 스스로 보통 사람과 다르다는 것을 드러내려는 자가 있다. 이는 헛된 명예를 낚기 위한 술수이다. 이야말로 공자의 이른바, '색려(色厲)·색장(色莊)'[23]이라, 이름을 도둑질하는 데 비유할 수 있다. 이 또한 심히 부끄럽지 않은가!

하늘이 때를 어기면 재난이 일어나고, 땅이 물성을 거스르면 요괴가 생기고, 사람이 상도에 어긋나면 재앙이 되는 법이다. 사람이 평상시에는 편안함을 취하고 조심하고 공경해야 할 경우에는 용모를 고치고 바꾸는 터이니 이는 사람의 보통 마음이다.

지금 이를 어겨서 조심하고 공경해야 할 경우에 홀만하니, 홀만하면 행할 수 없으며, 평상시에 스스로 구속을 당하고 있으니, 구속된 상태는 움직이기 어렵다.

---

22 폭풍이 …… 하였으니 : 『예기』, 「옥조(玉藻)」에 나오는 말이다. 폭풍이 불거나 우레가 치는 천지의 큰 사태가 일어나는 경우 두려워하고 조심하는 뜻에서 의관을 정제하는데 이를 변(變)이라 일컬었다. "君子之居恒當戶, 寢恒東首. 若有疾風迅雷甚雨, 則必變, 雖夜必興, 衣服冠而坐."

23 색려(色厲)·색장(色莊) : 색려는 『논어』, 「양화(陽貨)」에 나오는 말로 외모를 엄숙하게 갖는 것을 가리킨다. 공자는 외모를 엄숙하게 가지면서 안으로 나약하면 소인에 비유하자면 구멍을 뚫고 담을 넘어 남의 집에 들어가 도둑질하는 것과 같다고 하였다. "色厲而內荏, 譬諸小人, 其猶穿窬之盜也與." 색장은 『논어』, 「선진(先進)」에 나오는 말로, 외모를 장중하게 갖는 것을 가리킨다. "子張問善人之道. 子曰 : '不踐迹, 亦不入於室.' 子曰, '論篤是與, 君子者乎? 色莊者乎?'"

연장자를 볼 때에도 이러하고, 연하의 사람을 볼 때에도 이러하고, 존귀한 사람을 대할 때에도 이와 같고, 미천한 사람을 대할 때에도 이러하다. 이야말로 귀천과 상하를 알지 못하는 것이다. 그런 까닭에 홀만해서 행할 수 없다고 말한 것이다.

　　스스로 갇혀서 속박을 당하고 꼭 짜여서 말라붙는 꼴이 되니, 살아도 뻣뻣해지고 죽지 않아도 시체처럼 되는 꼴이다. 이야말로 생명을 가진 사람의 도가 아니다. 그런 까닭에 구속되어 움직이기 어렵다고 말한 것이다. 대개 『홍범전(洪範傳)』에서 이른바 '복요(服妖)'라 하는 것과 '모지불공(貌之不恭)'이라 하는 것이다.[24] 행할 수 없고 움직이기 어려우니, 장차 필시 중병에 걸려 버려진 사람처럼 될 것이다. 이런 학자는 세상에서 영영 버려진 물건이 될 것이다. 그 존재가 천하의 재앙을 일으키게 되니 무엇이 이보다 더 클 것인가?

　　사람들의 감정은 낯선 것을 혐오하고 앞선 것을 시기하는데, 유독 남이 하지 않는 바를 하고 있으니, 천하의 사람들이 겉으로는 공경하는 척해도 마음속으로는 꺼려 하며, 앞에서는 치켜세우고 뒤에서는 미워한다. 비록 친척의 관계라도 불안하게 여기거늘 어떻게 세상에 용납이 될 것인가?

　　거백옥(蘧伯玉)은 자기 홀로 군자가 되는 것을 부끄럽게 여겼다.[25] 무

---

24 '복요(服妖)'라 …… 것이다 : 『홍범전』은 『홍범오행전(洪範五行傳)』을 가리키는데, 한(漢)나라 유향(劉向)이 지은 책이라 전한다. 복요는 기이한 복식을 하고 있는 것을 말한다. '모지불공'은 외모가 공손치 않으면 정숙하지 않다는 뜻이다. "貌之不恭, 是謂不肅. 厥咎狂, 厥罰恒雨, 厥極惡, 時則有服妖."

25 거백옥은 …… 여겼다 : 거백옥은 위나라 대부로 이름은 원(瑗)이다. 덕이 높아 공자가 자주 칭송하였으며, 공자가 위나라에 머물 때 주로 그의 집에서 머물렀다고 한다. 공자는 "君子成人之美, 不成人之惡, 小人反是."라는 말을 남겼는데, 이 구절을 두고 주자는 "君子恥獨爲君子, 故成人之美, 不成人之惡."이라 해석한 바 있다. 그런데 앞서 말한 거백옥은

릇 지나친 예절과 번쇄한 행동을 꾸며서 스스로 세상에 고상한 척하며, 부형과 일가친척은 따라갈 수 없음을 드러내는 것은 천하의 더러운 짓이요 겸손한 도리²⁶가 아니다. 군자는 이를 불공(不恭)이라고 생각하였는데 저들의 계산은 시골 구석의 어리석은 사람들의 이목을 놀라게 해서 약간의 헛된 명성을 취하는 데 있었다. 그래서 스스로 면전에 뿌듯한 기분을 얻지만 대도(大道)에는 성실한 모습이 아니어서 마침내 자신의 재앙이 되고 천하를 해치는 데 이른다. 이야말로 소인의 본모습이다.

나는 이런 모습을 보고 통탄하며 슬퍼하지 않은 적이 없었다. 무릇 자기 혼자만 행할 수 있고 천하와 더불어 행할 수 없는 것은 천하의 통도(通道)가 아니다. 천하의 통도가 아닌 것은 사람의 도리라고 할 수 없다. 군자는 천하의 통도를 힘써 행하여 감히 남음이 있다 하지 못하며 또한 감히 부족하다고 할 수 없다. 그러므로 만 년이 가도록 이어갈 수 있다.

지금 일상에서 임금에게 곤룡포와 면류관을 벗지 못하도록 하고, 대부에게 점잖은 예복[端委]을 벗지 못하도록 하고, 사농공상(士農工商)에게 의관을 벗지 못하도록 한다면 결코 그렇게 할 수 없을 것이다. 필시 여러 가지 일에 방해가 되며 재력을 소비하고 견딜 수 없이 피곤하게 될 터이니, 천하의 통도가 아님은 분명하다.

『예기』에도 "휴식을 취하고 노닌다."²⁷는 가르침이 있으며, 또 "활시

홀로 군자가 되는 것을 부끄러워했던 대표적 인물로 평가되어, '蘧伯玉恥獨爲君子'라는 말이 『위서』, 『후한서』 등에 자주 거론되고 있다.

26 겸손한 도리 : 겸손한 태도는 오히려 자신의 광채와 미덕을 드러낸다는 의미이다. 『주역』, 「겸괘(謙卦)」에 "謙, 尊而光, 卑而不可踰."라고 하였다.

27 휴식을 취하고 노닌다 : 『예기』, 「학기(學記)」에 보인다. "君子之於學也, 藏焉, 修焉, 息焉, 遊焉."

위를 당기고 푸는 과정이 없으면 문왕·무왕도 어찌할 수 없다."[28]고 하였다. 요(堯)·순(舜) 같은 성인도 보통 사람과 같았을 뿐이다. 보통 사람들과 다르면 사람의 도리가 아니다. 사람의 도리가 아니면서 예가 되는 경우는 없다. 예라는 것은 보통 사람과 더불어 잘하는 것이요, 보통 사람과 다른 것이 아니다."

원주 어떤 사람이 묻기를, "경전에 이른바 '엄숙한 태도로 임한다[莊以涖之]'[29]는 것과 '의관을 정제하고 시선을 근엄하게 갖는다[30]는 말은 무슨 뜻입니까?"라고 하였다.
이에 나는 이렇게 대답했다. "경전에 이른바 '장(莊)'이란 북궁문자(北宮文子)가 말한 '위의(威儀)'[31]를 가리키는 것이다. 사람이 외형으로 볼 수 있는 것을 모두 가리키니, 비단 의관과 시선, 용모만을 뜻하는 것이 아니다.
위의를 차리는 것은 관장으로 백성에게 임하는 때 및 제사를 받들고 빈객을

---

28 활시위를 …… 없다 : 『예기』, 「잡기(雜記)」에 보인다. "張而不弛, 文武弗能也; 弛而不張, 文武弗爲也. 一張一弛, 文武之道也."

29 엄숙한 태도로 임한다 : 『논어』, 「위령공(衛靈公)」에 보인다. "子曰, '知及之, 仁不能守之, 雖得之, 必失之. 知及之, 仁能守之. 不莊以涖之, 則民不敬. 知及之, 仁能守之, 莊以涖之, 動之不以禮, 未善也.'" 『논어』, 「위정(爲政)」에도 다음과 같은 내용이 있다. "季康子問, '使民敬忠以勸, 如之何?' 子曰, '臨之以莊則敬, 孝慈則忠, 擧善而敎不能則勸.'"

30 의관을 …… 갖는다 : 『논어』, 「요왈(堯曰)」에 보인다. "子曰, '君子正其衣冠, 尊其瞻視, 儼然人望而畏之, 斯不亦威而不猛乎?'"

31 북궁문자(北宮文子)가 말한 위의(威儀) : 북궁문자는 춘추 시대 위(衛)나라의 대부이다. 여기에 나오는 말은 『춘추좌씨전』 양공(襄公) 31년조에서 절취한 것이다. "衛侯在楚, 北宮文子見令尹圍之威儀, 言於衛侯曰, '令尹似君矣, 將有他志. 雖獲其志, 不能終也. 詩云, 靡不有初, 鮮克有終. 終之實難, 令尹其將不免.' 公曰, '子何以知之?' 對曰, '詩云, 敬愼威儀, 惟民之則. 令尹無威儀, 民無則焉. 民所不則, 以在民上, 不可以終.' 公曰, '善哉! 何謂威儀?' 對曰, '有威而可畏謂之威, 有儀而可象謂之儀. 君有君之威儀, 其臣畏而愛之, 則而象之, 故能有其國家, 令聞長世. 臣有臣之威儀, 其下畏而愛之, 故能守其官職, 保族宜家. 順是以下皆如是, 是以上下能相固也. 衛詩曰, 威儀棣棣, 不可選也, 言君臣、上下、父子、兄弟、內外、大小皆有威儀也.'"

접대할 때 해당하는 것이요, 평상시에 차리는 것은 아니다.

그러면서도 위의는 일에 따라 때에 따라 같지 않으며, 의관 또한 일에 따라 때에 따라 같지 않으니, 각기 그 때에 맞춰 적당함을 얻으면 위의가 있다고 할 수 있다.

반대로 때에 어긋나고 합당함을 잃으면 위의가 없다고 말할 수 있다. 평상시에 편의를 좇는다 하더라도 옷을 풀어헤치고 몸뚱이를 드러내는 데〔袒裼裸裎〕[32] 이르지 않고, 거칠고 비루하고 어긋나는〔暴慢鄙倍〕[33] 기세가 없으면, 평상시의 위의라고 할 수 있다. 성복을 하고 용모를 가다듬는 경우라도 또한 속박되고 거만한 데 이르지 않고 편안하고 화평한 뜻이 있게 되면 조심하고 공경하는 가운데 위의라고 할 수 있다.”

평어 강렬한 어조와 분명한 변론은 족히 썩은 선비의 의혹을 격파할 만하다.

---

32 옷을 …… 드러내는 데 : 일상의 행동에서 예의가 없는 태도를 표현한 말이다. 『맹자』, 「공손추 상(公孫丑上)」에 보인다. “柳下惠不羞汙君, 不卑小官, 進不隱賢, 必以其道, 遺佚而不怨, 阨窮而不憫. 故曰, ‘爾爲爾, 我爲我, 雖袒裼裸裎於我側, 爾焉能浼我哉?’”

33 거칠고 …… 어긋나는 : 난폭하고 거만하며 천박하고 사리에 이반된 것을 의미한다. 배(倍)는 배(背)와 통용되는 의미로, 『논어』, 「태백(泰伯)」에 “出辭氣, 斯遠鄙倍矣.”라는 구절이 보인다.

4 자기를 우선시하고 남을 뒤로해야 한다는 물음에 답하는 글
先己後人對

어떤 사람이 나를 보고 다음과 같이 따져 물었다.

"무릇 자기를 우선시하고 남을 뒤에 생각하는 것은 사람들의 당연한 마음이다. 그런데 남을 우선시하고 자신을 뒤에 생각한다고 하는 자는 간사하여 행실을 꾸미는 것이 아니라면 명예를 얻기 위해서 본성을 잃어버린 자이다.

군자는 자기 몸을 잘 닦으면 될 것이거늘 어찌 남을 교화시키는 데 급급하며, 자기 몸을 이롭게 하면 될 것이거늘 어찌 백성을 구제한다고 급급해할 것인가? 자기를 잘 위하여 여력이 생기면 남에게 미칠 수 있을 것이다. 여력이 있음에도 남에게 미치지 않는다면 어질지 못한 것이고 자기를 뒤로하고 남을 우선시하는 것은 진정이 아니다. 진정을 위배하는 자는 하늘이 화를 내릴 것이요, 어질지 못한 자는 사람들이 해를 끼칠 것이니, 선하지 못한 점에서는 양자가 마찬가지이다.

지금 그대는 가난하여 자립하지 못해 위로는 부모를 봉양할 능력이 없고 아래로는 인사를 제대로 닦지 못하며, 형제와 처자식들이 집안에 가득한데 배가 고파도 먹지를 못하고 추워도 입지를 못하며, 몸소 농사를 지으면서도 매양 넉넉하지 못함을 걱정하니, 자기 자신을 잘 위한다고 말할 수 없으며 자기의 이로움을 도모한다고 말할 수도 없다.

몸은 세상에서 버려진데다 학문을 멸시하는 때를 만나 조정에서는 지위를 얻지도 못하고 남에게 알려지지도 못하였다. 게다가 고질병이 있어 종일토록 몸이 늘어져 있으니 여력이 생길 것은 아무 데도 없다. 그럼에도 자기 자신을 헤아릴 줄 모르고 뜻을 보면 하루라도 천하를 잊은 적이 없다. 가로막혀서 통하지 못하는 것을 보고 말을 하고 싶은데도 감히 발설하지 못하며 나아가고 싶은데도 감히 나아가지 못하면서 그럼에도 눈을 들어 멀리 두리번거리고 돌아보기를 그만두지 않으니 어찌 그리도 고상한가? 『시경』에 이르기를 '내 몸을 보살피지도 못하면서 하물며 그 밖의 일을 돌보랴.'[34]라고 하였다. 그대는 차라리 자기 자신을 작게 여겨야 할 것이다. 이것이 인정이 아니겠는가?"

나는 후유 한숨을 쉬고 우러러 탄식하며 안색이 침통해졌다. 마음도 괴로워 한참 있다가 대답했다.

"그대의 말이 옳다. 그러나 또한 그것이 둘로 나뉘는 줄만 알고 하나로 합하는 줄은 알지 못한 것이다. 무릇 자기를 우선시하고 남을 뒤에 생각하는 것은 베푸는 순서이다. 남과 내가 둘이 아니라는 것은 하늘의 이치이다. 하늘의 이치를 써서 베풂에 순서가 있으면 이를 일러 도를 얻었다 할 것이다.

무릇 10인이 함께 길을 가다가 한 사람이 길을 잃으면 9인은 함께 피해를 볼 것이다. 또 10인이 함께 물을 건너다가 한 사람이 잘못하여 배를 뒤집히게 만들면 9인이 모두 낭패를 보게 된다. 천하는 도를 함께하며 사해는 함께 배를 타고 건너는 격이다. 사람들이 모두 착하지 않으면 어떻게 자기 혼자 착할 수 있겠으며, 사람들이 모두 이롭지 않으면 어떻게 자기 혼자만 이로울 수 있겠는가?

대도가 은폐되자 천하의 사람들은 방향을 상실하여 눈을 감고 쫓아가고 흐리멍텅 살아가니, 성이 나면 서로 헐뜯고 좋아하면 끼리끼리 감싸

---

34 내 몸을 …… 돌보랴: 『시경』, 「패풍(邶風)」, '곡풍(谷風)'에 "我躬不閱, 遑恤我後."라고 하였고, 「소아(小雅)」, '소변(小弁)'에 "我躬不閱, 遑恤我後."라고 하였다. 본문과는 약간의 글자 출입이 있다. 한편 심대윤의 『시경집전변정(詩經集傳辨正)』에도 "我躬不閱, 遑恤我後."로 되어 있다.

안으며 마음 내키는 대로 마구 나간다. 높은 자는 하늘로 치솟고 낮은 자는 땅으로 기어들어, 치우쳐 중용을 잃고 흩어져 질서를 차리지 못하니, 이적(夷狄)·금수(禽獸)와 구별되는 바가 거의 드문 실정이다. 군자가 더불어 어울리는 자들이 모두 이러하며, 가다가 만나는 자 또한 모두 이러하다.

사람은 금수와 한 무리가 될 수 없는 법이다. 무릇 세상을 버리고 친지들로부터 떠나 저 혼자 가는 것은 귀도(鬼道)요, 깃발을 세우고 북을 두드리며 저 혼자 잘났다고 하는 것은 흉덕(凶德)이다.

이 세상을 살아감에 있어서는 이 세상을 위하지 않을 수 없다. 어느 정도 굽혀서 따라가고 보완해서 온전히 하며 아무쪼록 고민을 하여 이루어야 할 것이요, 바른 말을 하여 곧바로 밀고 나가며 자신을 잘났다고 드러내는 것을 함부로 할 수 없으니, 독선기신(獨善其身)[35]하는 뜻이 어디에 있겠는가? 또 세상 사람들과 더불어 선하지 못하면 곧 선하지 않은 것이니, 그것을 어떻게 선이라고 하겠는가? 이런 까닭에 세상을 선하게 하는 것이 곧 자기 자신을 선하게 하는 방법이다.

대도가 은폐되자 천하의 사람들은 방향을 상실하여 눈을 감고 쫓아가고 흐리멍텅 살아가니, 머리가 부딪쳐 그물에 걸리고 발이 함정에 빠지고 어린아이가 우물에 빠져들고 밤벌레들이 불속으로 달려드는 듯하다. 약한 자의 고기는 강한 자의 먹이가 되고 마니, 온 천지가 도살장처럼 되었다. 군자는 이를 생각함에 마음까지 뼛골까지 괴롭다. 금수도 저와 같은 부류는 해치기를 꺼리거늘, 하물며 인간으로서 자기의 부모형제를

---

35 독선기신(獨善其身) : 홀로 자기 자신을 닦는다는 뜻으로, 더불어 천하를 구제한다는 겸선천하(兼善天下)와 대비하여 사용한다. 난세에는 독선기신하고 치세에는 겸선천하하는 것이 유가의 일반적인 처세법이다.

돌보지 못하는 데 있어서랴!

이득이 있는 곳에는 떼로 일어나 서로 으르렁대고, 형세가 약해 보이면 돌멩이를 던지며 몽둥이를 들고 달려드니, 이런 세상에 있어서는 악하지 않으면 이득을 얻을 곳이 없다. 군자는 이를 혐오하는 터인데, 어디서 홀로 이로움을 얻는단 말인가? 무릇 사람을 생육하는 이로움이란 널리 만물을 구제하는 데 있거늘, 널리 만물을 구제하지 못한다면 어디에서 이로움을 취한단 말인가? 이런 까닭에 만물을 이롭게 하는 것이 바로 저 자신을 이롭게 하는 것이다.

지금 나는 선한 마음은 가지고 있으면서도 선한 행동을 실행하지 못했다. 그래서 겨우 나 자신만 면했을 따름이요 그 밖의 것은 돌보지 못하는 실정이다. 그러므로 선이라 할 것은 작고, 이로움을 끼쳤다고 할 것은 좁다. 내 몸이 곤궁하여 펴지지 못한 것이 또한 마땅하지 않겠는가?

무릇 천하와 더불어 이름을 다투지 않는다면 오직 천하와 함께 선을 행할 것이요, 천하와 더불어 이익을 다투지 않는다면 오직 천하와 함께 이루어 나가야 할 것이다. 선과 이(利)가 되는 것은 남들과의 관계에서 취하지 않는다면 달리 방도가 없다. 진실로 홀로 선한 것만 가지고 선이 되고, 홀로 이로움만 가지고 이(利)가 되는 일은 있지 않다. 농사를 잘 짓는 자는 밭을 가리지 않고 근면하게 일을 하며, 복을 잘 취하는 자는 사람을 가리지 않고 덕을 베푼다. 내가 힘을 다하고 생각을 다해서 뜻이 천하를 잊지 않는 까닭은 이 때문이다.

또한 그대는 잘못 생각하였다. 천하를 잊지 않는 자 어찌 자기의 어버이를 잊을 것이며, 자기 자신을 잊을 것인가? 이 어찌 남을 우선시하고 자신을 뒤에 생각하는 자와 같겠는가? 나는 듣건대, 행하기 어려운 경우는 얻는 것 또한 크며, 다다르기 더딘 경우는 그것을 지켜 나가는 것이 오래가는 법이다. 초명(蟭螟)[36]은 모기 속눈썹에 붙어살고, 대붕(大

鵬)³⁷은 구름 위로 날아다니며, 하루살이는 하루로 일생을 삼고, 명령(冥靈)³⁸은 천 년으로 한 해를 삼는다. 대소가 구분되고 함량이 다르니, 어찌 서로 더불어 논할 수 있겠는가?"

그 사람은 빙그레 웃고 노래를 부르며 떠나갔다.

나와 타자가 하나로 합하니
팔극(八極)³⁹에 두루 미치도다
봄에 농사를 힘써 가꾸니
가을에 결실이 풍성하여라
공덕은 천지의 조화를 본받으니
은택이 넘쳐 흐르도다
즐거움이 무궁하니
무슨 근심이 있으리오?

원주 공자가 떠난 지 오래되고부터 어진 자는 세상을 버리고 독선기신만을 취하고, 어질지 못한 자는 자기 자신만 생각하여 이익을 취하려고 하니, 이 모두 천하를 해침에 있어서는 마찬가지이다. 이 양자는 행하는 바는 같지 않지만, 공(公)을 등지고 사(私)만 취하는 데 있어서는 마찬가지고, 하늘을 속이

---

36 초명(蟭螟) : 벌레 이름이다. 모기의 눈썹에 집을 짓고 산다는 전설상의 작은 벌레이다.
37 대붕(大鵬) : 북명(北冥)에 사는 곤어(鯤魚)가 변하여 되었다는 전설상의 큰 새이다. 한번 날갯짓을 하면 9만 리를 간다고 『장자』, 「소요유(逍遙遊)」에 묘사되어 있다.
38 명령(冥靈) : 남방에 산다는 전설적인 나무 이름이다. 일설에는 거북의 일종이라고도 한다. 『장자』, 「소요유」에 초나라의 남쪽에 명령이 있는데 5백 년을 봄으로 삼고 5백 년을 가을로 삼는다고 나와 있다.
39 팔극(八極) : 팔방(八方)을 말한다. 팔황(八荒)이라고도 한다. 팔방은 동서남북과 동북·동남·서북·서남을 가리킨다.

고 사람을 속이는 데 있어서도 마찬가지다. 무릇 나라를 망치고 가정을 망치는 것은 근본이 모두 여기에서 비롯되었다. 이에 이 한 편을 지어 밝힌 것이다. 무릇 선은 곧 이로움이니, 두 가지가 아니다. 선행이 다른 사람에게 미치는 데 따라 이로움이 생겨나는 법이다. 남에게 해로움을 끼치면 악이 되고 남에게 이로움을 끼치면 선이 되니, 선이란 자기 혼자서 할 수 있는 것이 아니다. 이는 악을 혼자서 할 수 없는 것과 마찬가지이다. 자기 혼자 행하여 남에게 해롭지 않은 것은 악이 아니요, 자기 혼자 행하여 남에게 이롭지 않은 것은 선이 아니다.

평어 「동방대(東方對)」와 「선기후인대(先己後人對)」 2편은 작자의 문장 솜씨를 벗어난 것이니, 사마천이나 한유와 같은 분들도 모두 여기에는 미치지 못할 것이다.

동방대
東方對

어떤 사람이 나를 보고 아래와 같이 따져 물었다.

"동방은 바다 왼쪽[左海][40]에 위치한 조그만 나라이다. 예로부터 여기에서 태어난 자로서 천하에서 본받을 만한 이는 없었다. 소나무·잣나무는 작은 흙무더기에서는 자라지 않으며 용은 물웅덩이에서 날아오를 수 없는 법이다. 그대는 분연히 떨치고 일어서 세상을 바로잡겠다고 자임하여 수천 년이나 지나 세도가 쇠퇴한 지금에 요순(堯舜)의 거룩한 시대를 회복하고자 하니, 어찌도 그리 처지를 생각하지 않는가?

오늘날 사대부들은 학문하는 것을 부끄럽게 여기고 도에 대해 말하기를 꺼린다. 어떤 사람이 혹시라도 그렇게 하면 곧바로 은둔자로 지목하여 종신토록 폐기된 사람처럼 만들어 버린다. 게다가 배사지율(背師之律)[41]이 준엄하여 모함에 걸려들게 된다. 경전은 아이들의 구두(句讀) 공부에 쓰이거나 과거 시험장에서 글을 짓는 자료에 불과할 뿐이다.

무릇 세상 사람들이 부끄러워하는 것을 행하고, 세상에서 꺼리는 것을 주장하니, 공손하게 대하면 비웃을 것이요 정색을 하고 말하면 노할 것이다. 궁색하게 쓸모없이 버려진 사람이 근심 걱정과 가난 질병을 겹겹이 걸치고 시속과 배치되는 곳으로 달려가면서 마음이 어둡고 귀가 꽉 막힌 무리들을 깨우치길 바라니 이는 신령스러운 성인도 어려워할

---

40 바다 왼쪽[左海] : 중국을 중심으로 보았을 때 우리나라가 바다의 왼쪽에 있다 하여 써오던 관용적인 표현으로 중국 중심주의의 천하관이 반영된 말이다.
41 배사지율(背師之律) : 스승을 배반한 죄목을 말한다. 원래 군(君)·사(師)·부(父)가 일체라 하여 스승을 배반한 죄를 무겁게 여겼는데, 특히 스승은 도를 전수한다는 의미를 부여하여 부모에 대한 효보다도 중하게 여기기까지 했다.

일이다.

내가 보기에 그대는 늘그막에 이르도록 노력을 다하여 잠자는 것도 잊고 먹지도 않고 의지를 날카롭게 하여 나아가기만 하고 발길을 돌리려 하지 않았다. 그럼에도 나라에는 뜻을 같이하는 친구가 없고, 덕으로는 이웃을 두지 못했으며, 머리가 희끗희끗해지도록 아무런 효과를 보지 못하고 보니, 잡초는 대문을 메웠고 춥고 집안에 굶주린 사람이 가득하다. 자기 한 몸도 건사하지 못하면서 세상 사람을 교화시키고자 한다면 아마도 이루어지기 어려울 것이다. 그대는 어찌 생각을 바꾸려 하지 않는가?"

나는 빙긋이 웃으며 흔연히 대답하였다.

"그대가 지적한 것은 다만 일반적인 것을 말하는 것이니 일반적이지 않은 경우를 들어 보겠는가? 무릇 동방은 하늘에 있어서는 원(元)이 되고, 사람에 있어서는 인(仁)이 되며, 사계절에 있어서는 봄이 된다. '원'이란 모든 화육(化育)의 근원이요, '인'은 온갖 선행의 으뜸이요, 봄은 만물의 시작이다. 그러므로 사람들의 천성이 양순하여 서방·남방·북방 지역과는 다르다. 무릇 중국의 제왕을 계승해서 일어선 자는 오로지 북방에 있었지만 진실로 중국의 성인을 계승하여 일어설 자가 나온다면 반드시 동방에 있을 것이니, 이것이 첫 번째 이유이다.

사방이 오랑캐의 야만이었을 때에 홀로 기자(箕子)를 임금으로 모셔 그 유풍과 남은 가르침이 지금까지도 없어지지 않아 소중화로 일컬어진다. 바른 줄기에서 분화된 가지는 줄기가 쇠하더라도 가지는 뻗어갈 수 있는 것이니 이것이 두 번째 이유이다.

천하의 국가들이 온통 변발을 하고 오랑캐 복장을 하고 있거늘 홀로 선왕의 의관을 지키고 문물을 유지하여 양기(陽氣) 한 줄기를 전하여 하늘의 뜻을 뚜렷하게 볼 수 있으니 이것이 세 번째 이유이다.

공자는 바다를 건너 이(夷)의 땅에 가서 살겠다고 탄식한 바가 있는데,[42] 사방 주변의 지역에 어디고 갈 수 없는 곳이 없겠거늘, 유독 동방에 마음을 두었던 것은 대도(大道)가 회복되는 것이 이곳에서부터 시작되리라는 것을 알아서였다. 성인의 말씀은 결코 공연히 한 것이 아닐 터이니, 이것이 네 번째 이유이다.

무릇 봄에 피어나는 꽃은 이미 전년 가을에 꽃망울이 맺히며, 해는 묘시에 떠오르지만 닭은 축시에 운다. 대도가 밝아지고 어두워지는 것은 그 조짐이 수천 년 전에 이미 생기는 것이요, 갑자기 그렇게 되는 것은 아니다. 그러므로 현명한 자는 반드시 먼저 그것을 안다.

사군자(士君子)가 우연히 이런 나라에 태어나 돌아보며 비루(鄙陋)한 곳이라 여겨 자포자기하고 만다면 이야말로 비루한 곳이 되는 이유다. 이런 까닭이 아니라면 어찌 비루할 까닭이 있겠는가. 진실로 동국의 땅 수천 리의 사람들이 모두 나와 같이 학문을 좋아하게 된다면 이곳에서 참으로 우뚝하여 걸출한 자가 나오지 않는다고 어떻게 단언하겠는가?

나의 타고난 재질과 성격이 졸렬하고 어두워 상달(上達)[43]을 기대할 수는 없음에도 이렇게 힘쓰기를 그만두지 않는 까닭은 장차 온 나라의 선도자가 되어 동방의 아름다움을 이루고자 함이다. 그리하여 천하 만세에 길이 본받을 바를 세우려는 것이다.

---

42 공자는 …… 있는데 : 공자는 중원에 도가 행해지지 않는 것을 탄식하여 뗏목을 타고 바다를 건너 오랑캐의 땅으로 가고자 했다. 또한 공자는 군자가 거처하는 곳이면 오랑캐의 땅일 수 없다고 생각했다. "子曰, 道不行, 乘桴浮于海. 從我者其由與?"(『논어』, 「공야장(公冶長)」); "子欲居九夷. 或曰, '陋, 如之何!' 子曰, '君子居之, 何陋之有?'"(『논어』, 「자한(子罕)」)

43 상달(上達) : 위를 향하여 진취적으로 나아가는 것을 말한다. 『논어』, 「헌문(憲問)」에 "君子上達, 小人下達."이라 하였다.

나는 듣건대 지친 사나이가 앞에서 떨쳐 나감에 삼군(三軍)이 그 뒤를 따르고, 갇힌 토끼가 우리를 뚫고 나감에 백수(百獸)가 그 뒤를 따르고, 군자가 산처럼 우뚝 서 있음에 만방(萬邦)이 휩쓸린다고 하였다. 내가 비록 노둔한 사람이지만 어찌 선도자가 될 수 없을까 보냐. 어찌 한때 암울하다고 해서 뜻을 바꿀 것인가.

무릇 이치가 반드시 이르는 것은 하늘도 어길 수가 없다. 선비는 오직 쓰임에 알맞을까 여부를 생각할 뿐이다. 참으로 쓰임에 알맞다면 하늘은 필시 그에게 맡길 것이요, 사람도 그를 버리지 않을 것이다. 이것이 반드시 이르게 되는 이치이다.

무릇 상아·서각·진주·비취 같은 보물이 나는 곳은 꼭 궁벽한 산골이나 멀리 떨어진 바다 같은 험악한 지역이다. 사람의 발길이 닿기 어려운 곳에서 나오지만, 그것을 획득하기 위해 사력을 다해 추락하고 넘어지고 죽을 위험을 꺼리지 않으니 이는 그것이 쓰임이 있기 때문이다. 하물며 군자의 보배로운 바는 상아·서각·진주·비취와 비견할 정도가 아닌데, 어찌 유독 그 처한 곳이 궁벽하다고 해서 버리겠는가? 나의 처지는 실로 어렵다고 하겠다. 그러나 내가 끝끝내 성취할 것인가의 여부는 애오라지 쓰임에 적합해서 반드시 쓰여지게 되는가로 판명될 것이다."

그 사람은 깜짝 놀라고 겸연쩍어하면서 공손히 두 번 절하고 이렇게 말하는 것이었다.

"제자는 비로소 특별한 말씀을 들었습니다. 저는 말채찍을 잡고 띠를 들고서[44] 힘을 다해 따르겠습니다."

---

[44] 말채찍을 …… 들고서 : 마부나 하인의 임무를 말하는 것으로 제자의 도리를 가리키는 것이다.

대체로 사람들은 자신의 처지에 따라 진퇴를 결정하는 경우가 많다. 이를테면 "동방은 비루한 나라이다. 아무리 잘한들 무엇하겠는가."라고 하기도 하고, "나는 가문이 미천한데 아무리 잘한들 무엇하겠는가."라고 하기도 하고, "나는 폐족인데 아무리 잘한들 무엇하겠는가."라고 하는가 하면, "시대가 선비를 귀하게 여기지 않는데 아무리 잘한들 무엇하겠는가."라고도 한다. 그리하여 자포자기해 버리기 쉽고 힘써 노력하려 하지 않으니, 이는 반드시 망하는 도리이다. 군자는 어디로 가도 자득(自得)하지 못할 곳이 없다.

지금 나 대윤의 궁벽함에 처한 형편은 위에서 일컬은 바 네 가지에 해당된다. 하지만 그 때문에 조금이라도 좌절하지 않는 것은 천명(天命)을 알기 때문이다. 이제 「동방대」 한 편을 지어 밝히니, 나머지 세 가지 것은 또한 여기에서 벗어나지 않을 것이다. 세상의 군자들은 어찌 유의하지 않을 것인가?

말이 매우 기발한데다 치밀하게 엮어졌으니 그래서 신품(神品)이라 할 만하다.

잡저(雜著)

1

물에 사는 작은 벌레 을사년(1845)

水小蟲 乙巳

내가 못가에서 노닐다 보니 물에 작은 벌레가 있었다. 하얗고 발가벗은 상태라 발톱·어금니·비늘·껍질이 없어서 물고기 따위가 집어삼키는 것을 방비할 도리가 없으니, 한 치쯤 되는 갈대 줄기나 썩은 쑥대를 취해 그 가운데에 들어가서는 제 몸을 꼭 붙여 껍질로 삼는다. 갈대나 쑥대를 얻지 못하면 제 몸에 가는 모래를 붙이고 굳게 하여 집 모양으로 만들기도 한다. 다닐 때는 머리와 발을 내놓고 살금살금 움직이다가 무언가 다가오면 얼른 웅크려서 가만히 멈춰 있으니, 단지 갈대나 쑥대 혹은 모래가 저절로 움직이다가 멈춘 것처럼 보일 뿐이다. 내가 이상하게 여기고 잡아서 쪼개 보았더니 그런 모양이었다.

아! 이는 작은 벌레의 지혜이지만 사람보다 훨씬 낫다고 할 수 있겠다. 세상 사람들은 대체로 자신의 국량을 헤아리지 않고서 자기의 재주를 부풀려 자랑하고 자기의 문장을 뽐내며 그저 남이 알아주지 않을까 걱정한다. 남이 알아주면 으레 어려움을 당하고도 그 폐단을 그대로 방치해 둔다. 정력과 사려를 다해 사방을 둘러보고 예비를 한다지만, 끝내 참소와 시기를 받는 우환이나 죽임을 당하는 재앙을 면하는 자가 극히 드물다. 저 작은 벌레가 저 자신에게 발톱·어금니·비늘·껍질 등의 방어할 수단이 없는 줄 알고 갈대나 모래에 제 몸을 숨겨서 다른 것들에게 잡아먹히는 화를 면하는 것과 견주어 볼 때 어떠한가.

오직 군자는 이와 다르다. 덕(德)으로 비늘과 껍질[札甲]을 삼으니 천하에 손상을 입힐 수 있는 것이 없고, 의(義)로 발톱과 어금니를 삼으니 천하에 복종하지 않는 것이 없으며, 중화(中和)와 겸용(謙庸)[1]으로 갈대와 모래를 삼으니, 천하에 그 종적을 엿볼 수 있는 자가 없다. 감출 것이 없는데[不藏] 감추고, '함'이 없는데[無爲] 하니, 공을 이루고 몸이 편안하게 되며, 남에게 알려짐을 구하지 않는데 남들이 절로 알고, 남들에게 존경받기를 구하지 않는데 남들이 절로 존경한다. 아! 이 사람이 아니면 내가 누구와 더불어 돌아갈 것인가.

---

1 중화(中和)와 겸용(謙庸) : 중화는 치우치지 않고 중심과 화평을 유지하는 것이며, 겸용은 겸손하고도 안으로 자신감이 있는 것이다.

2

서국

敍菊

내가 거처하는 집 뜰에 국화가 있는데, 진황색과 담홍색 두 종류이다. 나는 국화를 특별히 사랑하여 손님이 오면 맞아들여 국화 옆으로 가서 술을 사다가 마셨다. 이윽고 탄식하며 다음과 같이 말했다.

"이는 나의 취미이니 내 어찌 사랑하지 않으리오? 또한 국화는 꽃을 품평하자면 마땅히 제일로 손꼽아야 할 것이니 세상에서 일컬어지는 이름난 꽃이라도 모두 미치지 못할 것이다. 봄여름 사이에 백화(百花) 가 다투어 피어 무성히 스스로를 자랑하며 때를 만난 것을 기뻐하지 않음이 없지만, 오직 국화만이 쑥·풀 사이에 가리어 섞여져 빼어남을 드러내지 않고 여러 꽃들과 더불어 어여쁨을 다투고 애교를 부리는 것을 부끄러워하니, 이것이 국화가 귀하게 여겨지는 첫 번째 이유이다. 찬서리가 내리면 온갖 꽃과 풀은 시들어 버리지만, 국화만 홀로 꽃이 활짝 피어 변함없는 지조를 지키며 스스로 우뚝 서서 시절을 따라 피었다 시들었다 하지 않으니, 이것이 국화가 귀하게 여겨지는 두 번째 이유이다. 다른 꽃들은 잠깐 피었다가 곧 시드는데, 국화는 오랫동안 시들지 않고 끝내 지지 않으니, 이것이 국화가 귀하게 여겨지는 세 번째 이유이다. 술에 띄우거나 떡을 찧을 때 넣으면 향기로운 맛이 기가 막혀서 빛나고도 실용성이 있으니, 이것이 국화가 귀하게 여겨지는 네 번째 이유이다.

국화는 군자와 비슷하다. 대개 국화는 꽃 중의 군자요, 군자는 사람 중의 국화이다. 국화는 일 년 동안의 국화이지만, 군자는 만 년 동안의 국화이다. 군자의 이룸은 더딜수록 오래가니, 처음에는 쑥과 다를 바가 없어 사람들이 알지 못하는 것도 당연하다 하겠다. 또 무엇이 이상한가?

무릇 만물은 빨리 이루어지면 거칠고 이지러져서 쉽게 무너지고, 서서히 이루어지면 견고하고도 아름답게 된다. 대체로 사람들은 젊은 시절의 일은 대수롭지 않게 보고 말년을 중시하니, 국화와 군자가 유독 귀한 이유이다. 사람이 참으로 뜻을 세움이 굳세고 확실하지 않으면 한때의 이해에 끌리거나 좌절하게 마련이다. 나는 초목 중에서 국화를 보았거니와, 사람에 있어서는 그런 사람을 아직 만나지 못했다. 어찌 사람으로서 도리어 초목만 못하겠는가? 아마도 그런 사람이 있지만, 내가 알지 못할 뿐이리라."

3

학질을 저주하는 글 무신년(1848) 9月

詛瘧文 戊申九月

군자도 저주를 하는가? 『시경』에 이르기를, "이 삼물(三物)을 내어서 너를 저(詛)하리로다."[2]라고 하였다. 정(鄭)나라는 영고숙(潁考叔)을 쏜 자를 저주하였고[3] 진(秦)나라는 아타(亞駝)를 빌어 초(楚)나라를 저주하였다.[4] 안자(晏子)는 이르기를 "고(姑)·우(尤)의 서쪽에서 요(聊)·섭(攝)의 동쪽에 이르는 지역에 저주를 하지 않는 자 없다."[5]라고 했으니, 어

---

2 이 …… 저(詛)하리로다 : 『시경』, 「하인사(何人斯)」에 나오는 구절이다. 여기서 '삼물(三物)'은 개·돼지·닭을 말한다. '저(詛)'는 주자가 『시경집전』에서 맹서한다는 의미로 풀이했는데, 여기서는 저주의 의미로 보고 있다. 심대윤은 그의 「시경집전변정(詩經集傳辨正)」에서 이 구절과 관련하여 "귀신은 속일 수 없음을 가탁해 말한 것이니, 자신이 저지른 잘못은 피할 수 없는 것이다〔托言鬼神不可欺也. 自作之孽, 不可逭也〕."라고 하였다.

3 정(鄭)나라는 …… 저주하였고 : 『춘추좌씨전』 은공(隱公) 11년 조에, "정백(鄭伯, 鄭莊公)이 졸(卒, 100인으로 구성된 부대)에게 돼지를 내게 하고, 항(行, 25인으로 이루어진 부대)에게 개나 닭을 내게 하여 영고숙을 쏘아 죽인 자를 저주하게 하였다〔鄭伯使卒出豭, 行出犬雞, 以詛射潁考叔者〕." 하였다. 영고숙은 정나라 대부로서 공손알(公孫閼)과 함께 정나라의 병권을 맡고 있었는데, 공손알이 쏜 활에 영고숙이 맞아 죽자 정백은 자기의 군졸들을 시켜 저주하게 했던 것이다.

4 진(秦)나라는 …… 저주하였다 : 아타는 물귀신 이름이다. 진(秦)나라 혜문왕(惠文王)이 아타에게 빌어 초(楚)나라 회왕(懷王)의 군사를 물리친 사적과 관련된 것이다. 진나라의 옛 석비에 실린 「저초문(詛楚文)」에 나온다.

5 고(姑)·우(尤)의 …… 없다 : 『춘추좌씨전』 소공(昭公) 20년에 나오는 내용이다. 고(姑)·우(尤)는 제나라 동쪽 경계에 있는 강 이름이고, 요(聊)·섭(攝)은 제나라 서쪽 경계에 있는 요현(聊縣)과 섭성(攝城)이다. 제후(齊侯)가 병이 들었는데 낫지 않자 기도를 맡은 축사(祝史)를 죽이려 하였다. 그러자 안자가 말하기를, "백성들이 괴롭고 피곤하면 부부가 모두 저주합니다. 기도하는 것이 도움이 되지만 저주하는 것도 손해가 됩니다. 요·섭의 동쪽에서 고·우의 서쪽까지 사람이 많습니다. 비록 기도를 잘한들 어찌 수많은 사람의 저주를 이길 수 있겠습니까? 임금께서 축사를 죽이려거든 덕을 닦은 이후에야 할 수 있을 것입니다〔民人苦病, 夫婦皆詛, 祝有益也, 詛亦有損. 聊攝以東, 姑尤以西, 其爲人也多矣. 雖其善祝, 豈能勝億兆人之詛? 君若欲誅於祝史, 修德而後可〕." 하였다.

찌 제(齊)나라를 통틀어서 군자라고 할 만한 자 없겠는가? 그렇다면 군자 또한 저주를 한 것이다. 오직 군자라야 저주를 할 수 있으니, 소인이라면 자신의 허물을 스스로 반성하기에 겨를이 없어야 하겠거늘 언제 저주를 하겠으며, 신이 그의 저주를 들어줄 것인가?

내가 가을에 병에 걸렸는데 그 증상이 특이했다. 이틀에 하루 간격으로 발병하여 그 기일을 어기지 않았다. 얼음 위에 누운 듯 오한이 나고 불을 안고 있는 듯 열이 나며 머리는 기둥에 부딪힌 것 같고 사지는 바늘로 찌르는 것 같고 온몸은 타들어 가듯 혈기가 타오르고 정신은 어지러운데, 살은 녹아들고 뼈가 쑤셔서 이부자리에 쓰러지고 만다. 이름하여 해학(痎瘧)이라고 부르는 것이다. 음식 때문도 아니요 기생충 때문도 아니요 귀신의 빌미이니, 이수(二竪)[6]가 함께 작용하고 수화(水火)가 아울러 이르는 것이라. 침석(針石)으로도 효과가 없고 부적으로도 소용이 없다. 내 듣기로 고결한 군자는 신명이 보호하는 터에 선업이 쌓이는데다 천리 또한 음으로 도우니, 어떻게 추악하고 음란한 귀신이 군자의 인격을 지닌 사람에게 함부로 위세를 부릴 수 있겠는가?

나는 젊어서 학문에 독실했고 장성해서 실행에 힘썼으며 앞길이 가로막혀도 성내지 않고 고생이 극도에 다다라도 원망하지 않았도다. 천지신명이 위에서 굽어살피시니 물어보아도 좋을 것이다. 비록 나처럼 하늘을 섬기는데도 어찌하여 면할 수 없단 말인가? 또한 노모를 봉양하고 있는데 집에는 식량이 조금도 여유가 없어 몸소 부지런히 일을 하여 공급해야 하니 하루라도 일을 하지 않으면 끼니를 거를 수밖에 없으며, 집안 식구 수십 명이 목숨을 걸고 있는데 이 한 몸이 병들면 이 한 가족이

---

6 이수(二竪) : 인간의 육체에 병을 일으킨다는 요마, 즉 병마를 가리킨다(『춘추좌씨전(春秋左氏傳)』 성공(成公) 10년).

병든 것이다. 오호라, 독한 학질이여 안타깝다. 어찌 저주를 하지 않을
수 있으랴? 이제 저주하는 글을 부치노라.

동방의 신[7]이시여!
머리는 솟아 뾰쪽한데
풍륭(豊隆)[8]을 타고서
혼돈(混沌)의 하늘을 뛰어넘으니
번개가 번쩍이고 벽력이 쳐서
저놈의 몸을 태우고 뼈를 가루로 만들어라.

남방의 신[9]이시여!
긴 부리가 천 척이나 되어
뜨거운 화염을 뿜으며 날개를 치고 내려와
요마(妖魔)를 좁쌀처럼 쪼아 먹어라.

서방의 신[10]이시여!
톱니 같은 이빨에 갈고리 같은 발톱으로
매서운 바람을 타고 성을 내어
으르렁대며 입을 크게 벌려
한번에 요마 천 마리를 삼켜도 배부르지 않아라.

----

7 동방의 신 : 전통적으로 동방의 상징물을 청룡(青龍)이라고 일컬어 왔다.
8 풍륭(豊隆) : 우뢰나 구름의 신, 옛말에 동방의 신은 용(龍)인데, 구름은 용을 좇는다고
  하였다.
9 남방의 신 : 전통적으로 남방의 상징물을 주작(朱雀)이라고 일컬어 왔다.
10 서방의 신 : 전통적으로 서방의 상징물을 백호(白虎)라고 일컬어 왔다.

북방의 신¹¹이시여!

거대한 등갑에 억센 비늘로

풍도(酆都)¹²와 무간지옥(無間地獄)¹³에 유폐를 시켜

온갖 귀신들 여기 갇혀 어지럽도다.

시끌벅적 뽐을 내며 구름처럼 몰려들고

치우(蚩尤)¹⁴를 시켜 앞장서도록 하니

나는 여초(麗譙)¹⁵로 하여금 경계를 서도록 하며

안팎에서 일제히 일어서길 기약하네.

인의(仁義)를 입어 갑옷으로 삼고

굳센 기운으로 병기를 삼노라.

오직 정일(精一)¹⁶의 견고함을 지녀

경(敬)의 수레를 늘어놓고 정벌에 나서네

홀로 운용하는 신묘함이 헤아릴 수 없어

---

11 북방의 신 : 전통적으로 북방의 상징물을 현무(玄武)라고 일컬어 왔다. 「사신도(四神圖)」
는 이 사방의 신을 형상화한 것이다.
12 풍도(酆都) : 나풍산(羅酆山)을 말한다. 북방에 있으며 귀신이 다스리는 곳으로 사람이
죽으면 여기에 간다고 한다.
13 무간지옥(無間地獄) : 불교에서 말하는 8대 지옥의 여덟 번째로, 아비지옥(阿比地獄)이라
고도 한다.
14 치우(蚩尤) : 고대 신화 속의 인물이다. 대개 악의 신으로 싸움을 좋아하며, 황제와 맞서다
가 죽임을 당했다고 한다.
15 여초(麗譙) : 높은 누각을 말한다. 『장자』, 「서무귀(徐無鬼)」에, "임금께서는 굳이 높은
누각에 성대히 군사를 늘어놓을 필요가 없습니다〔君亦必無盛鶴列於麗譙之間〕." 하였다.
16 정일(精一) : 인간의 도덕적인 품성이 높은 경지에 이름을 뜻하는 말이다. 『서경』, 「대우모
(大禹謨)」에, "인심은 위태롭고 도심은 은미하니, 정밀하게 하고 전일하게 하여 진실로
그 가운데를 잡으라〔人心惟危, 道心惟微, 惟精惟一, 允執厥中〕." 하였다.

엄연히 가운데 서서 영험을 떨치도다.

너도나도 기세를 모아 협공하니
바다가 치솟고 산이 기울어지듯 하네.
너 아무리 구리머리 돌 내장이라도
큰 화로에 불을 붙여 터럭을 태우고
뼈가 부서져 가루가 되고
피는 타서 기름이 될 것이로다
잡아 족쳐 흔적도 없이 만들리니
영영 뿌리까지 끊어져 우리 백성을 구하리로다.

저 정상을 꿰뚫어 보건대
한결같이 정사를 망치고 어진 이를 해치는 악종이로다
너 어찌 몸을 움츠려 달아나지 않느냐
재앙이 닥치게 되면 후회해도 쓸데없느니라.

하늘이 빛나고 빛나 나를 도우니
어찌 좀스런 요마들이 나를 해칠까 보냐?
태양이 잠깐 일식으로 어두워졌다가
마침내 사해(四海)를 환히 비추는 데 견줄 수 있으리라.

4 원휘의 병유를 윤색한 글

潤色元暉病喩

『주역(周易)』에 이르기를,

"용과 뱀이 겨울잠을 자는 것은 자기 몸을 보존하기 위함이다."[17]
라고 하였다. 그런데 서리가 내리고 추운 기운이 닥치면 굴속이나 바
위나 담장 사이에 칩거하는 동물들은 죽은 듯 꼼짝하지 않고서 먹고
마시고 숨쉬는 등의 행위를 절제하니 병이 되지 않겠는가? 그런데 병
든 모양으로 있으면서 죽음에 이르지 않고 도리어 장생을 할 수 있는
이유는 가을과 겨울에는 엎드려 있다가 봄여름에는 일어나 천지의 기
운을 따라서 몸을 움츠렸다가 펴기 때문이다. 그런 까닭에 병든 모양
으로 있으면서 죽음에 이르지 않고 도리어 장생하는 것이다.

나는 천식을 앓고 있어서 발작을 하면 어떤 기운이 가슴을 막아 폐에
가득찬 듯하여 헐떡이며 숨이 곧 끊어질 것 같고 물 한 모금도 입에 들
어가질 않는다. 이러기를 수십 일 계속하고 보면 보기에 오싹하여 금방
이라도 죽을 것 같은 모양이다. 이러기를 십여 년이나 하였지만 몸은 쇠
약하지 않고 정신도 소진하지 않아 기력이 그대로였다. 이상하게 여겨
의원에게 물어보았더니 의원도 알지 못하였다. 아마도 봄여름이면 항시
좋아지고, 가을·겨울로 와서 나빠지는 것이 용과 뱀 등이 천지의 기운
을 따라서 움츠러들었다가 피어나는 현상과 유사한 듯싶다. 『주역』에서
예(豫)로부터 췌(萃)로 가는 것을 일러 "정질(貞質)이 일정하게 일어나면

---

17 용과 …… 위함이다 : 『주역』, 「계사 하(繫辭下)」에 "자벌레가 몸을 움츠리는 것은 펴기
위함이고, 용과 뱀이 겨울잠을 자는 것은 자기 몸을 보존하기 위함이다〔尺蠖之屈, 以求信
也; 龍蛇之蟄, 以存身也〕." 하였다.

죽지 않는다."[18]라고 하였으니, 이는 예가 때를 잘 따라서 움직임을 이른 것이다.

아! 내가 필시 처음에는 천지의 기운을 거스른 까닭에 병을 얻었을 것이다. 하지만 병을 얻고 나서는 천지의 기운을 잘 따랐기 때문에 죽지 않을 수 있었다. 무릇 봄과 여름은 양(陽)의 기운이 펼쳐 발하는 때요, 가을과 겨울은 양의 기운이 걷혀서 잠복하는 때이다. 한 해의 봄·여름·가을·겨울에만 그러는 것이 아니요, 하루 사이 밥 한 끼 먹는 사이에도 역시 그런 것이 있다. 참으로 이를 잘 따라 맞추어 자신의 거동을 적절히 한다면 양생(養生)의 으뜸이 될 것이다.

군자가 이 세상을 살아가는 것도 이와 유사하다. 무릇 때가 되어 일을 활발히 할 경우는 봄과 여름이요, 때가 물러나서 스스로 보존해야 할 경우는 가을·겨울이라 할 수 있다. 나아가고 물러남에 그 때를 잃지 않는다면, 누추한 집에 거처하며 푸성귀를 먹고 남루한 옷을 입는다 하더라도 병이 될 것이 없다. 이는 죽은 재가 때에 따라 다시 타오르고, 앙상한 나무가 때에 따라 다시 무성해지는 것과 같다. 때문에 나라에 도가 없는 경우는 형벌을 면하는 것이 중요하고, 나라에 도가 있는 경우에는 폐기되지 않아야 할 것이다.[19] 그래야 뒤집히고 멸망을 당하는 재앙이 없고, 영화와 현달의 복록이 있을 것이다. 이것이야말로 용과 뱀이 때에 따라 맞추어 칩거한 끝에 장생을 얻는 데 비유될 수 있다.

---

18 정질(貞疾)이 …… 않는다 : 『주역』, 「예괘(豫卦)」, '육오(六五)'에 "정질(貞疾)이 있으나 항상 죽지는 않는다[貞疾, 恒不死]." 하였다. 정질은 일정한 시기가 되면 나타나는 병적 현상으로, 동물들이 겨울잠을 자는 것을 말하는데, 고질병이란 의미도 있다.

19 나라에 …… 것이다 : 『논어』, 「공야장(公冶長)」에 나온다. 공자가 남용이라는 제자를 두고 이와 같이 칭찬을 하면서 조카사위로 삼았다. "子謂南容, 邦有道不廢, 邦無道免於刑戮, 以其兄之子妻之."

거취를 정하고 행동함에 번번이 그때의 기운을 거스르는 경우 병들지 않으면 죽을 것이요, 패하지 않으면 망할 것이다. 슬프도다!

나는 처음에 조심하지 않아서 병을 얻었지만, 그래도 이로 인하여 양생하는 방도를 깨달았고 또 군자의 도를 터득하였다. 세상에는 확실히 불행으로 행을 얻고 화로 복을 얻는 경우가 있다. 이에 드디어 스스로 경계를 삼는다. 그리고 세상에 처신을 때에 맞게 하지 않아 생명을 잃어버리고 자기 몸을 망치는 자들을 깨우치고자 한다.

5 자경문
自警文

천하 만세가 잘 다스려지고 못 다스려지는 문제는 선비〔士〕에게 달려
있다.

천하의 옷과 음식은 농민에게 나오고, 각종 기물들은 공인에게 나오
며, 재화는 상인들에 의해 유통된다. 선비가 특별한 일 없이 편안히 앉
아 농민·공인·상인들이 부지런히 노력을 하는 데에 관여하지 않는 까
닭은, 천하 만세가 잘 다스려지고 못 다스려지는 문제에 대한 책임을 맡
고 있기 때문이다.

무릇 왕이나 제후 및 관리들은 모두 선비로부터 진출하였으며, 백성
들의 습속이 잘 교화되는 것도 선비로 말미암아 이루어진다. 선비의 도
리와 술법(術法)이 참으로 밝아지면 위에서 정치가 융성하고 아래에서
풍속이 아름다워지겠지만, 밝아지지 못한다면 이와는 반대가 될 것이다.

선비는 우물〔井〕에 비유할 수 있다. 우물에서 길어 올린 물은 위로는
천지·종묘·사직에 올리는 큰 제사와 임금이 외교사절을 맞이하는 잔
치의 쓰임에 이바지할 수 있으며, 아래로는 만백성이 마시고 먹는 데 쓰
인다.

길어 올린 물이 맛이 좋고 나쁘고 깨끗하고 더러움은 우물에 달려 있
다. 우물은 깨끗이 관리되면 그것을 먹는 사람도 정신이 맑아지고 혈액
이 깨끗해지며 화평하고 즐거워져 건강과 장수를 누릴 수 있다. 반대로
우물이 탁하면 물을 마시는 자도 속이 거북해지고 구역질이 나며, 기침
과 피 섞인 가래가 나오며, 담이 들고 체증이 생기고 고통스러워 요절하
기에 이른다. 대단하구나, 선비의 책임이 중대함이여!

오늘날의 선비라고 하는 자들은 그렇지 않다. 그들의 임무가 무엇인

가 물어보면 '과거시험을 위한 공부'라 하고, 그들이 하는 일이 무엇인가 물어보면 '먹고 마시고 수다 떨며 내기하기'라 하고, 도리와 술법이 무엇인가를 물어보면 "나는 그런 것 없다." 하며, 제가·치국의 방도가 될 수 있는 정법(政法)에 대해 물어보면 "모른다" 하고, 먹고사는 재물을 어디서 얻는지 물어보면 "농·공·상에서 나오지." 하며, 그 재물을 어떻게 얻느냐 물어보면, "수령으로 있는 친척이며 친지들에게 빌어온다."라고 한다.

청탁문서를 가지고 분주히 벼슬을 사러 다니며, 권세를 부리고 법을 흔들어 뇌물을 갈취하기도 한다. 힘없는 백성들을 애매한 일로 엮어 두들겨 패서 죄망에 집어넣고는 이내 풀어 주면서 사례를 받거나 묶어 놓고 매를 때려 억지로 재물을 빌리고는 끝내 갚지 않기도 한다. 이들은 선비 중에서 교활하고 권세가 있어 걸출하다고 일컬어지는 자들이다.

이들보다 못한 부류들은 달콤한 말과 웃음 띤 아양으로 머리를 조아리고 꼬리를 흔들면서 굽신굽신 알랑알랑 온갖 아첨으로 호감을 사 그 남은 밥술이나 떨어진 곡식을 얻기도 한다. 밭을 갈지 않고서도 밥을 먹고, 길쌈을 하지 않고서도 옷을 입으며, 공업·상업에 종사하는 것도 아닌데 기물을 사용하고 재화를 써 댄다. 비루하고 패악한 행실을 하면서도 영화롭고 귀한 자리에 앉아, 천하의 좀벌레·쥐새끼가 되어 가지고도 버젓이 이상하게 여길 줄 모른다. 슬프도다, 자신의 성정(性情)을 잃어버리고 염치 없음이 극에 이르렀다 하겠다.

세상 사람들은 속으로 비웃으며 "천하에 선비를 어디에 쓸 것인가?"라고 하며, 선비된 자들 또한 스스로 돌아보고 웃으며 "선비는 천하에 쓸데없는 것이다."라고 말한다. 시속에서 이미 선비를 무용지물이라 단정하는데, 선비 또한 스스로를 무용지물로 단정하고 있도다.

오호라, 선비가 선비 된 이유가 어찌 참으로 그러하겠는가? 무릇 천하 만세 치란(治亂)의 책무를 짊어지고서도 자기의 임무를 폐기하고 자신의 도리를 상실함으로써 나라를 망치고 백성의 습속을 해치고 있으니, 그 죄를 따지자면 죽음을 면할 수 없을 것이다.

나는 일찍이 천도와 관련하여 선비에 대해 논하기를 "내실은 없이 겉치레만 힘쓰고 노력은 하지 않고 이익만 누리려 하는 태도는 귀신이 몹시 미워하는 바이며 형벌과 재앙이 반드시 미치는 바이다."라고 하였다.

또 일찍이 인사(人事)와 관련하여 선비에 대해 다음과 같이 말했다. "우활하고 진부하여 물정에 통하지 못함이 한 가지요, 귀하게 타고났다 하여 남을 멸시하는 것이 두 가지요, 들떠서 말을 번드르르하게 하며 허황하여 신의가 없는 것이 세 가지요, 사소한 일을 겉으로만 꾸며 지나치게 속박함으로써 백성들이 가까이하지 않은 것이 네 가지요, 몸이 유약해서 추위와 더위, 배고픔과 목마름, 바람과 이슬을 견디지 못함이 다섯 가지요, 일을 알지 못하고 기술도 없어 백에 하나도 쓸모가 없는 것이 여섯 가지요, 평소 백성들에게 원망이 쌓여 백성들이 반발하는 것이 일곱 가지이다." 나는 저들이 하루아침에 몰락해서 종적을 감추게 될까 두렵다.

슬프도다! 지금 환관(圜冠)과 방구(方屨)[20]로 초가지붕 아래 앉아서 떼지어 사사로이 떠드는 자들은 저마다 말하기를 "어허, 임금이시여! 어허, 정승과 백관들이여! 어허, 수령 방백들이여!"라고 하면서, "천하의 치란은 내가 알 바가 아니다. 나는 죄가 없다."라고 한다. 오호라! 그들이

---

20 환관(圜冠)과 방구(方屨) : 옛날 유자(儒者)들이 착용하던 복식이다. 환관은 도요새의 깃털로 장식한 둥근 모자로 휼관(鷸冠)이라고도 한다. 방구(方屨)는 유자가 신는 신발을 가리킨다. 『태평어람(太平御覽)』, 「복장부(服章部)」, '이(履)'에 "儒者冠圜冠者, 知天時; 履方屨者, 知地形."라는 구절이 있다.

과연 죄가 없단 말인가? 저들이 과연 스스로의 죄를 알지 못한단 말인가? 저지른 죄가 죽음을 면할 수 없는데 게다가 죄를 알지 못하기까지 하니, 장차 이를 어찌할 것인가? 이것이 바로 내가 크게 두려워하고 슬퍼하는 바이다. 그러므로 이와 같이 써서 '자경(自警)'의 의미로 삼으니, 후세의 선비된 자는 귀감으로 삼을 수 있을 것이다.

> 평어 글이 아름답지 않은 것은 아니로되, 말뜻이 가혹하고 법리로 따지는 것이 심각하다. 결코 대군자의 말이라 할 수 없다. 다만 세도에 관계되기 때문에 말을 하지 않을 수 없었으며, 말을 함에 이와 같지 않을 수 없었다. 그렇지만 오래 음미하면 마음이 서글퍼져서 편치 않을 것이다.

6 꿈풀이
占夢

갑인년(1854) 유월 어느 날 저녁 꿈에 신(神)이 나타나서 나를 보고 '이해(利害)'라 하고는 뒷말을 잇지 않고 가 버렸다. 꿈에서 깨어나 스스로 점을 쳐 보니 '대길(大吉)'이라고 나왔다.

무릇 천도(天道)는 순전히 이롭기만 하고 해는 없이 길한 경우는 없으며, 또한 순전히 해롭기만 하고 이롭지 않아서 흉한 경우도 있지 않다. 순전히 이롭고 해가 없는 경우에는 후에 반드시 온통 해가 있으며, 온통 해롭고 이로움이 없는 경우는 없다. 이런 까닭으로 만족한 상태에서 가득 차기를 바라고, 욕망이 쾌락의 극도를 추구하면 장차 망할 징조가 된다.

하늘에는 음과 양, 추위와 더위, 어둠과 밝음이 서로 바뀌어 진행되며, 지상에는 높고 낮음, 넓고 좁음, 평탄하고 험악함이 서로 어울려서 배열되어 있으니, 이는 만세무궁의 현상이다. 이로움도 한때이고, 해로움도 한때이니, 이해란 만세에 끊임이 없는 것이다. 때문에 "여기서 노래하고 여기서 곡한다."[21]는 말을 옛날 사람들이 훌륭한 송축(頌祝)이라고 했던 것이다.

군자는 일시에 해(害)를 보더라도 그 해로움으로 이(利)를 잃지 않으

---

21 여기서 …… 곡한다 : 새로 지은 집에서 때에 따라 노래하고 울기도 하며 지낸다는 뜻으로, 『예기』, 「단궁(檀弓)」에 나오는 말이다. 진(晉)나라 헌문자(獻文子, 趙武)가 집을 화려하게 세운 데 대해 진나라 대부 장맹(張孟)이 평하는 말 속에 들어 있는 구절이다. 이 장맹의 평에 대해 진나라 군자들은 훌륭한 송도(頌禱)라 일렀다고 한다. "晉獻文子成室, 晉大夫發焉, 張老曰 : '美哉輪焉, 美哉奐焉, 歌於斯, 哭於斯, 聚國族於斯.' 文子曰 : '武也得歌於斯, 哭於斯, 聚國族於斯, 是全要領, 以從先大夫於九京也.' 北面再拜稽首. 君子謂之善頌善禱."

며, 일시에 이를 보더라도 그 이로움으로 해로움에 대해 잊지 않았다. 그래서 이해는 능히 양립(兩立)할 수 있었다. 신(神)은 나에게 마음을 두었던 것이며, 그런 고로 '대길'이란 점괘가 나왔으리라.

한 객이 나를 위해 다음과 같이 풀이하였다.

"유독 이(利)와 해(害)가 치우쳐서 재앙이 있는 것만이 아니요, 거기에는 또한 내외의 구분이 있다. 세상에는 주택이며 수레와 옷이 눈에 부시고 음식과 술이 넘쳐나고 권세가 빛을 발하여 번갯불이 빛나듯 하고 우레처럼 진동하더라도, 만약 육친(六親)[22]이 화목하지 못하고 마음이 서로 이반되어 날마다 함정 속으로 빨려 들어가는데 이를 깨닫지 못한다면, 외면으로는 이롭지만 내면으로는 해로운 경우이다.

군자는 아무리 곤궁하고 억눌려 막히고 버림을 당하는 데에 이르더라도 인의(仁義)로 그 뿌리를 튼튼히 하고, 덕과 겸양으로 그 기반을 두터이 하며, 참다운 기운으로 그 원천을 풍부하게 한다. 비유하자면 가을에 나무가 잎이 다 떨어져도 그 속에 진액을 고스란히 간직하고 있는 모양이니, 이는 외면으로 해롭지만 내면으로 이로운 것이다.

때를 만났어도 자신의 욕망을 끝까지 채우려 하지 않고, 때를 잃었어도 자신의 지키는 바를 끝까지 잃지 않아서, 이로움과 해로움이 치우치지 않도록 해야 할 것이다. 그래서 해로움은 항상 밖에 있고 이로움은 항상 안에 있어, 이로움이 주가 되고 해로움은 객이 되는 것이다. 이런 까닭으로 해는 계속 해가 되지 않고 이는 항상 이로움이 된다. 선생은 아마도 이를 내면에 두고 해를 외면에 두는 분이 아닌가 한다. 그래서 신(神)이 '이해'라고 했던 것이다. 만약에 해를 내면에 두고 이를 외면에

---

[22] 육친(六親) : 친족을 이르는 말이다. 왕필(王弼)의 『노자주(老子註)』에는 부자(父子)·형제(兄弟)·부부(夫婦)를 육친이라 한다고 하였다.

둔다면, '해리(害利)'라 말했을 것이요, '이해'라 말하지 않았을 것이다."

나는 그 객에게 두 번 절하고 이렇게 다짐하였다.

"신이 나에게 내려 주심이 크고, 그대가 나를 신임하심이 무겁도다. 원하옵건대 책(策)에 써서 힘써 행하기를 잊지 않도록 한다면, 애오라지 신에 대한 부끄러움을 면하고 그대의 말씀이 미덥게 될 것입니다."

> **평어** 앞의 논조를 세발(洗發)[23]하여 뒤의 논조로 접속시켰으니, 이는 전편의 관건이 되면서도 자연스러워 흔적을 남기지 않고 있다.

---

23 세발(洗發) : 비평용어로, 분석하여 변론함을 뜻하는 말이다.

7

꿈풀이 2, 주세(周世)를 위해 지음

又一首, 爲周世出

예전 꿈에 어떤 신(神)이 나타나 동쪽 방문 밖에 서서 나를 보고 소리치기를, '이해(利害)'라 하더니 어둠 속으로 사라졌다. 나는 꿈에서 깨어나 다음과 같이 해몽하였다.

"내 나이 49세에 이르도록 평생 겪은 풍상이며 가난은 열 손가락으로 다 헤아릴 수 없고, 눈살을 펴고 웃었던 일은 적다. 머리는 이미 하얗게 되었고 신병(身病)이 깊은데다 처자식의 봉양도 받지 못하고 생계도 날로 궁핍해 가니, 명이 기박하여 죽을 지경에 이른 것을 스스로 알 만하다. 해(害)는 있지만 이(利)라면 있을 것이 없는데, 신이 무슨 상서로운 일이 있겠다고 하는가?"

객이 옆에 앉아 있다가 말했다.

"선생은 비록 평생 곤궁한 처지이긴 하지만 남에게 해를 끼치지 않고 시비에도 말려들지 않았으며 책을 가지고 스스로 즐겨 몸도 편안하고 마음도 화평하여 표정을 살펴보면 항상 태평한 듯합니다. 세상에 부귀와 향락을 누리면서도 욕심을 부려 얻는 것을 탐하고 잃을까 두려워하여 몸과 마음이 하루도 무사할 날이 없는 사람들과 비교해 보면 얼마나 다릅니까? 만약에 큰 주판으로 더하고 빼고 나누고 곱하기를 해본다면 선생의 얻은 바와 잃은 바는 대체로 반반이라 할 것입니다. 신이 '이해'라고 이른 것은 바로 이것이 아니겠습니까?"

또 어떤 사람이 웃으며 말했다.

"이것은 선생에게 있어 이로울 것이 못됩니다. 선생은 비록 평생을 곤궁한 처지에 계시지만 연구를 하면 곧 법이 되어 후세에 길이 드리워서 이름이 하늘과 땅 사이에 울릴 것이라, 세상의 밥 한 그릇, 고기 한

접시를 얻기 위해 힘쓰다가 문득 사라지고 보면 초목금수와 다름없이 되는 것과 비교해 보면 어떻습니까? 이는 군자의 큰 이로움이요 보통 사람으로서는 가질 수 없는 바입니다. 신의 뜻은 대개 한때의 부귀로 이로움을 삼지 않고 만세의 아름다운 이름으로 이로움을 삼습니다."

또 다른 한 사람이 웃으며 말했다.

"초나라가 잃는다 하더라도 제나라가 얻을 것은 없다[24]는 말이 있습니다. 이는 선생 스스로 본디 가지고 있는 바이니, 어찌 신의 고함을 기다릴 것이 있겠습니까? 무릇 바른 도리를 행하지 않음에도 복이 있는 것은 하늘이 장차 재앙을 주려는 것이요, 까닭 없이 곤궁한 것은 하늘이 장차 창성하도록 하려는 것입니다. 선생이 지키는 도를 보면 곤궁할 까닭이 없는데 곤궁한 것은 끝내 곤궁할 것이 아니요, 아마도 하늘이 장차 어려운 일을 맡기려 함에 먼저 마음을 격동시키고 인내심을 기르기 위한 것입니다. 대저 신이 미래를 알려 주고 과거를 추적하지 않으며, 은미한 조짐을 보이고 이미 드러난 일을 되풀이하지 않는 것은 장차 맡길 임무가 중하기 때문입니다. 그렇기 때문에 '이해'라고 이른 것이니, 신의 뜻은 실로 여기에 있습니다."

나 또한 따라서 웃으며 말했다.

"세 분의 말씀은 모두 뜻이 있지만 실정에는 절실하지 못합니다. 무릇 이해라는 것은 인도(人道)입니다. 나는 평생토록 이해를 말했지만 실행하지 못했습니다. 어찌 신이 나를 훌륭한 사람이 되도록 힘써 행하게

---

24 초나라가 …… 없다 : 사마상여(司馬相如)의 「상림부(上林賦)」에, 초나라의 자허(子虛)와 제나라의 오유선생(烏有先生)이 서로 자기 나라를 옹호하여 논쟁하자 무시공(亡是公)이 대화를 듣고 웃으며, "초나라가 잘못하였으나 제나라도 잘한 것은 아니다〔楚則失矣, 而齊亦未爲得也〕."라고 한 데서 온 말이다.

하겠습니까. 신이란 상성(象成)²⁵이요, 동방이란 양이 발동하여 먼저 봄이 오는 곳이며, 문턱 밖에 서 있는 것은 나가려고 함이요, 소리쳐 부르는 것은 경고해서 깨우려 함입니다. 나는 오직 인도를 행할 줄 알 따름이요, 신 또한 인도로 나를 힘쓰도록 함입니다. 어찌하여 세 분은 어지럽게 얻고 잃는 것으로 풀이를 하십니까? 『장자(莊子)』에는 꿈속에서 꿈을 꾼 말이 있습니다.²⁶ 세 분이 꿈을 점치는 것 또한 꿈일 수 있습니다. 나 홀로 크게 깨어난 자입니다."

이에 나는 세 분과 함께 껄껄 웃으며 드디어 써서 해몽의 징험으로 삼고자 한다.

---

25 상성(象成) : 음악이란 공을 이룬 것을 본떴다는 의미이다. "夫樂者, 象成者也. 總干而山立, 武王之事也. 發揚蹈厲, 大公之志也. 武亂皆坐, 周召之治也."(『예기』, 「악기(樂記)」)
26 『장자(莊子)』에는 …… 있습니다 : 『장자』, 「제물론(齊物論)」에, 장자가 꿈에서 나비가 되어 놀다가 깨어났는데 자신이 꿈속에서 나비가 된 것인지 나비가 꿈속에서 장자가 된 것인지 분간할 수 없었다는 이야기가 있다.

8

시초점 풀이
釋筮

심대윤(沈大允)은 살아온 지 마흔아홉 해에 몸은 점점 곤궁해지고 이름
은 점점 묻혀졌으며, 세상살이 또한 점점 힘들어지고 운명도 더욱더 틈
이 벌어졌다. 이에 엎드려 깊이 생각해 보았다.

"나의 행실은 잘못되지 않았거늘, 신은 어찌하여 해롭게 하며, 사람들
은 어찌하여 등을 돌리는가? 나의 행실이 잘못되지 않았거늘, 어찌하여
이런 처지에 이르렀단 말인가?"

마침내 마을의 선생을 찾아가 점을 쳐 보았다.

선생은 물었다.

"그대는 무엇을 물으려 하십니까? 사람을 점치려는 것입니까, 하늘을
점치려는 것입니까?"

나는 이렇게 대답했다.

"무릇 천도(天道)는 복선화음(福善禍淫)인 줄 나는 잘 알고 있소. 사람
사는 도리는 지나치면 화가 되고 미치지 못하면 해가 되며, 허황하면 잃
고, 충실하면 얻는다는 것을 나는 익히 헤아리고 있소. 다만 내가 모르
는 것은 제 행실이 정도에 맞는지 맞지 않는지 여부입니다. 나는 다른
사람이나 하늘을 점치려는 것이 아니라 나 자신을 점치려 하오."

선생은 망연히 놀라 어찌할 줄 몰라하며 사양했다.

"참으로 나로서는 알 수 없는 일입니다. 그대의 행실이 맞는지 틀리
는지는 바로 그대에게 있지 다른 사람에게 있는 것이 아닙니다. 그대 스
스로 점을 쳐 볼 일인데 또 어찌하여 묻는단 말입니까? 참으로 나로서는
알 수 없는 일입니다."

"비록 그렇다 하더라도 선생은 나를 위해 한 번만 점을 쳐 주십시오."

선생이 이에 산가지를 잡고 나에게 읍(揖)을 하며 말했다.

"그대는 장차 무엇을 운명이라고 여길 것입니까?"

나는 이렇게 말했다.

"푯대는 곧은데 그 그림자가 휘어 있고, 성큼성큼 걷는데 발자국이 촘촘하다는 말은 들어 보지 못했소? 이런 까닭에 내실이 있으면 반드시 그 쓰임을 얻는 것이니, 행실이 꼭 맞는가를 물으려면 반드시 그 공덕을 살펴야 할 것이오. 내가 결국 성공할 것인가의 여부로 저 자신을 점치고자 하오. 내가 과연 행실이 맞을까요? 그렇다면 꼭 성공할 수 있을 것이오. 이와 같은 성공이 없다면, 이는 제 행실이 맞지 않는 것이오. 나는 이것으로 나 자신을 점치고자 하오."

선생이 말했다.

"네. 삼가 말씀을 알아듣겠습니다."

이에 『주역』으로 점을 치니, 진괘(震卦, ䷲)의 정회(貞悔)를 만났다. 거기에 이렇게 나와 있다.

"진(震)은 형(亨)하니 진래(震來)에 혁혁(虩虩)하면, 소언(笑言)이 액액(啞啞)이로다.[27] 진(震)이 백 리를 놀라게 함에 비창(匕鬯)[28]을 잃지 않는다. 진래(震來)에 혁혁(虩虩)은 염려하여 복을 가져온다는 것이요, 소언(笑言)이 액액(啞啞)하다는 것은 후에 법도가 있음을 말한다. 진(震)이 백 리를 울린다는 것은 멀리 있는 사람을 놀라게 하고 가까이 있는 사람을 두렵게 한다는 것이니, 나오면 종묘사직을 지켜 제주(祭主)

---

27 진(震)은 …… 액액(啞啞)이로다 : 『주역』, 「진괘(震卦)」의 효사이다. 진동이 올 때에 돌아보고 돌아보면 웃고 말함이 즐겁다는 뜻이다. 혁혁은 돌아보고 생각하며 편안히 있지 못하는 모양이며, 액액은 즐겁게 담소하는 모양이다.

28 비창(匕鬯) : '비(匕)'는 제사에 사용하는 숟가락이며, '창(鬯)'은 제사에 쓰이는 술이다. 울창주(鬱鬯酒)라고도 한다.

가 되리라."²⁹

선생은 다음과 같이 풀이하였다.

"그 길함을 본받으니 해로움이 없습니다. 진괘는 우레〔雷〕요, 간괘(艮卦, ☶)는 산(山)이요, 감괘(坎卦, ☵)는 물〔水〕이요, 리괘(离卦, ☲)는 불〔火〕입니다.³⁰ 우레가 산에 있으매 소리와 기세가 우렁차고, 물이 불 위에 있으매 만물이 모두 길러지니, 그래서 '진(震)이 백 리를 울려도 비창(匕鬯)을 잃지 않는다.'고 한 것입니다. 이는 장차 천하의 시축(尸祝)³¹이되어 무한한 명성을 날리게 될 것이니, 무엇이 이보다 위대하겠습니까? 그대는 아마도 필히 성공할 것입니다.

그럼에도 어려움이 있으니, 화살은 세게 당기지 않으면 멀리 가지 않고, 기세는 충동하지 않으면 떨치지 않습니다. 이런 까닭에 따뜻한 봄기운이 돌면 바람이 일어나며, 음(陰)이 극도로 쇠하면 용전(龍戰)³²이 일어납니다. 그런고로 '우레가 옴에 염려하여 웃음소리가 화락하다〔震來虩虩, 笑言啞啞〕.'라고 한 것입니다.

---

29 진래(震來)에 …… 되리라 : 『주역』 '진위뢰(震爲雷)'에 대한 단전(彖傳)의 내용이다. 단전은 단사(彖辭, 『주역』 각 괘의 뜻을 총론하여 길흉을 판단한 말)에 대해 그 뜻을 다시 설명한 부분을 말한다. '진위뢰'의 단전을 부연하면 이러하다. 진괘(震卦)는 지하의 양기가 지면의 음기를 뚫고 나오는 형상이므로 일이 원활히 진행되어 크게 발전한다. 우레 소리가 퍼질 때는 사람들이 두려워 벌벌 떨지만 그 소리가 그치면 사람들은 다시 즐겁게 담소할 수 있게 된다. 우레 소리가 퍼져 사방을 놀라게 한다고 해도, 조상신을 제사 지내는 천자가 침착하고 태연하게 제사 도구인 숟가락이나 제삿술인 울창주를 떨어뜨리거나 하지 않으므로 그 형세가 길하다. 점괘를 쳐서 이 괘를 얻은 사람은 경거망동하지 말고, 분발하여 노력해야 한다고 한다.
30 진괘는 …… 불〔火〕입니다 : 이 구절은 '진위뢰'의 각 부분을 떼어 내어 설명한 것이다.
31 시축(尸祝) : 신에게 제사를 받드는 사람을 뜻하는 말이다. 원래 시(尸)는 귀신을 대신하여 제사를 받는 사람을 의미하며, 축(祝)은 귀신에게 말을 전하는 사람을 가리킨다.
32 용전(龍戰) : 영웅호걸이 나서서 천하를 두고 다툼을 비유한 말이다. 『주역』, 「곤괘(坤卦)」에 "용이 들에서 싸우므로 그 피가 질펀하다〔龍戰于野, 其血玄黃〕."라는 구절이 보인다.

무릇 대물(大物)은 함께 있을 수 없으니 함께 있으면 반드시 다툼이
일어납니다. 진(震)은 용이 되고 간(艮)은 호랑이가 되는데, 변화는 용
같은 것이 없고 위무는 호랑이 같은 것이 없어, 용과 호랑이가 한번 부
르짖으면 백수(百獸)가 놀라니, 이것을 일러 어려움〔難〕이라고 합니다.
그대는 힘써야 할 것입니다. 그대가 장차 성공할 것인지 그대의 행실에
부합하는가 점쳐 보건대, 처음의 어려움〔難〕은 일시적인 것이라 애달파
할 것이 없습니다.”

　나는 대답했다.

　“그렇지요. 내가 성공할 것인가로 나를 점쳐 보니, 처음의 어려움은
일시적인 것이라 하는데 또 무엇을 애달파하겠습니까? 내 비록 불민한
사람이나, 힘을 다하여 굳게 지켜가고자 합니다.”

9

백이전[33] 신해석

伯夷傳新解

【**원문**】 무릇 학자들은 전적이 아무리 많더라도 육예(六藝)[34]에서 진실을 고증하고, 『시경』, 『서경』이 비록 온전치 못하더라도 이를 통해 우하(虞夏) 시대의 글을 알 수 있다.

> **신해** 우하 시대의 일을 고증할 곳은 오직 육예의 글 속에 있다.

【**원문**】 요(堯)임금은 제위에서 물러나면서 순(舜)임금에게 선양을 하였다. 순과 우 사이에 있어서는 악목(岳牧)[35]들이 추천을 하도록 하고 맡은 직위에서 일하는 것을 시험하여 직무를 수십 년 맡아 그 성과가 드러난 연후에 전수한 것이다. 이는 천하가 중기(重器)임을 보인 것이니 왕이라는 대통(大統)을 물려받아 천하를 전하는 것은 이렇듯 어려운 일이다.

> **신해** 천하를 전하는 일을 이와 같이 신중하게 하였으니 적임자가 아닌 사람에게 어쩌다가 잘못 전해지는 일은 없었다. 전해 받은 자도 반드시 순이나 우와 같은 성인이었다.

---

33 백이전(伯夷傳) : 백이는 아우 숙제(叔齊)와 함께 충신으로 이름 높은 인물이다. 사마천의 『사기』 열전(列傳)의 첫머리에 그의 전기가 실려 있다. 이 「백이전」은 특히 명문으로 높이 평가되어 왔던 작품이다.

34 육예(六藝) : 육경(六經)을 말한다. 유가의 주요한 경전인 『시(詩)』, 『서(書)』, 『역(易)』, 『예(禮)』, 『악(樂)』, 『춘추(春秋)』를 가리킨다.

35 악목(岳牧) : 악(岳)은 사악(四嶽)을 의미하며 목(牧)은 12주의 행정 장관이다. 악목은 요순 시대 사방 지역의 우두머리를 말한다.

【원문】 그런데 말하는 자들이 "요임금이 천하를 허유(許由)에게 양보하니 허유는 받지 않고 그런 말을 들은 것을 부끄럽게 여겨 달아나 숨었다."[36]고 하며, "하나라 때에 이르러서는 변수(卞隨)·무광(務光) 같은 이가 있었다고도 한다."[37] 이런 이들에 대해서는 어떻게 평가할 것인가?

태사공은 말한다. "내가 기산(箕山)[38]에 올라가 보았더니, 그 산 위에 허유의 무덤이라고 하는 곳이 있다고들 했다."

> 신해 의심하면서도 신빙성이 있다는 것이다. 무덤이 있다면 그 사람이 있었던 것이요, 그 사람이 있었다면 과연 그 사적(事蹟)이 있었을 것이다. 그렇다면 허유나 무광은 성인이 아니면 현인임을 알 수가 있다. 그럼에도 『시경(詩經)』, 『서경(書經)』의 글에는 증거가 보이지 않으니, 확실히 고결한 행실이 있음에도 세상에 이름이 일컬어지지 않은 것이다. 부귀만 명(命)이 있는 것이 아니요, 이름이 드러나고 감추어지는 것 또한 만나고 만나지 못함이 있다.

【원문】 공자는 옛날의 어질고 현명한 인물들을 차례로 거론하면서 오태백(吳太伯)[39]이나 백이 같은 인물에 대해서는 상세히 언급하였다.

---

36 요임금이 …… 숨었다 : 허유(許由)는 상고 시대의 은자이다. 요임금이 그에게 양위하려 하자 기산(箕山) 아래에서 은거하여 농사를 지었다. 그 후 요임금이 다시 그를 불러 구주(九州)의 장(長)으로 삼으려 하자, 그 말을 들은 자신의 귀를 강물로 닦았다. 허유에 대한 이야기는 『장자』, 「소요유(逍遙游)」와 「양왕(讓王)」 등에 보인다.

37 하나라 …… 한다 : 『장자(莊子)』, 「양왕(讓王)」에 따르면 변수(卞隨)와 무광(務光)은 하(夏)나라 때의 은자로, 탕(湯)임금이 하(夏)의 걸왕(桀王)을 멸망시키고 군주의 자리를 이들에게 물려주려고 하자, 이들 두 사람은 그것을 치욕으로 여기고 강물에 투신하여 자살하였다고 전한다.

38 기산(箕山) : 지금의 중국 하남성(河南省) 등봉시(登封市)에 있는 산이다.

39 오태백(吳太伯) : 주(周)나라 태왕(太王)의 장남이다. 태왕에게는 태백(太伯)·중옹(仲雍)·계력(季歷)이라는 세 왕자가 있었다. 태왕이 뒤에 문왕이 되는 계력의 아들 희창(姬昌, 후의 文王)의 성덕을 예견하여 관례를 깨고 셋째 아들에게 왕위를 물려주자 태백은 순종하여 중옹과 함께 오나라로 떠났다. 그러므로 오태백이라고 부른다.

내가 들은 바로 허유와 무광은 의리가 지극히 높았다고 하는데, 그들에 관한 글은 하나도 볼 수가 없으니 무엇 때문인가?

신해 하(夏) 이전의 문장은 워낙 옛날이라서 소루할 수 있겠는데 공자가 옛 사람을 논평하여 절충한 데 이르러 자세히 갖추어지게 되었다. 그럼에도 허유와 무광에 대해서는 언급하지 않았다. 허유와 무광은 불우하였으니 거듭 그들을 위해 탄식하지 않을 수 없다.

【**원문**】 공자는 이르기를, "백이·숙제는 옛날에 가졌던 나쁜 감정을 품지 않아 원한을 갖지 않았다." 하였고, "인을 구해서 인을 얻었으니 또 무엇을 원망할 것이랴."[40]라고 하였다.

신해 이 말씀을 인용하여 현인은 처지가 아무리 곤궁하고 어렵더라도[41] 원망이 없음을 밝힌 것이다.

【**원문**】 나는 백이의 뜻을 슬퍼하였으나, 일시(軼詩)[42]를 보고 이상하게 여겼다. 그에 관한 전(傳)[43]에는 이렇게 나와 있다.

백이와 숙제는 고죽군의 두 아들이다. 그 아비가 숙제를 세우려고 하

---

40 백이·숙제는…… 것이랴 : 모두 『논어』에서 공자가 한 말을 인용한 것이다. 『논어』, 「공야장(公冶長)」에 "不念舊惡 怨是用希."라고 하였고, 『논어』, 「술이(述而)」에 "求仁而得仁, 又何怨."이라고 하였다.

41 현인은…… 어렵더라도 : 군자는 어떠한 순간에도 인을 저버릴 수 없다고 공자는 강조한 바 있다.

42 일시(軼詩) : 떨어져서 단편으로 전하는 시라는 뜻이다. 『시경』에서 빠져 있다는 뜻으로 보기도 한다. 이 시구는 「채미가(采薇歌)」로 알려져 있다.

43 그에 관한 전(傳) : 백이, 숙제가 원망하는 시가 수록되어 있는 『한시외전(韓詩外傳)』, 『여씨춘추(呂氏春秋)』를 말한다.

였으나, 아비가 죽자 숙제는 백이에게 양보하였다. 백이는, "아버지의 명령이다." 하고, 드디어 달아났다. 숙제 또한 임금 자리에 오르려고 하지 않고 도망해 버렸다. 이에 나라 사람들이 그 가운데 아들을 세웠다.

백이와 숙제는 서백(西伯) 창(昌)이 노인을 잘 봉양한다는 말을 듣고, "어찌 그에게 귀의하지 않으리오." 하고 찾아갔는데, 때마침 서백이 세상을 떠났다. 무왕(武王)은 목주(木主)를 수레에 싣고 문왕이라 일컫고서 동쪽으로 주왕(紂王)을 치러 떠나려 했다. 백이와 숙제는 말고삐를 붙잡고 간하되, "부친이 죽었는데 장사도 지내지 않고 전쟁을 일으키니 효라고 할 수 있겠는가? 신하로서 임금을 죽이려 하니 인이라고 할 수 있겠는가?" 하였다. 좌우에서 칼로 찌르려고 하니, 강태공이 나서서, "이들은 의로운 사람이다." 하고, 보호하여 떠나도록 하였다. 무왕이 은나라의 혼란을 평정하니 천하는 주나라를 종주국으로 받들게 되었다. 백이와 숙제는 이것을 부끄럽게 여기고 의리상 주나라의 곡식을 먹을 수 없다 하여 수양산으로 들어가 은거하였다. 고사리를 캐 먹고 살다가 굶주려 죽음에 이르러 노래를 지었다. 그 가사는 이러하다. "저 서산에 올라 고사리를 캐는도다. 폭력으로 폭력을 교체하면서도 잘못인 줄 알지 못하는구나. 신농씨 · 순임금 · 우임금 다 홀연히 돌아가셨으니, 나는 장차 어디로 가서 귀의하리오? 아아, 죽음이 앞에 있구나, 명이 쇠해졌으니." 드디어 수양산에서 굶어 죽었다.

이를 통해 보건대, 원망함이 있었던가, 그렇지 않았던가?

신해 의문을 가지면서도 단정하는 어법이다. 백이와 같은 개결함은 옛날에도 실로 있지 않았다. 그러나 곤궁하여 어려운 경우에 놓이자 마음속의 고뇌를 떨쳐 버리지 못하였다. 그러니 부귀에 뜻이 없다거나 어려운 처지에 놓이기를 좋아했던 것이 아님은 분명하다. 그러므로 인간에 있어서 부귀는 실로 중하다 하겠다.

【원문】 혹은 이르기를, "천도는 따로 친함이 없고 항상 착한 사람과 더불어 한다."고 하였다. 백이와 숙제 같은 이는 착한 사람이라고 할 수 있는가, 없는가? 선행을 쌓고 행실을 고결하게 가진 것이 저와 같은데도 결국 굶어 죽었다. 또한 공자는 칠십 제자 중에서 유독 안연이 학문을 좋아한다고 칭찬하였다. 그러나 그는 양식이 없어 술지게미도 마다하지 않고 먹다가 마침내 젊은 나이에 죽었다. 하늘이 착한 사람에 대해서 베풀어 줌이 어찌 이와 같은가? 도척은 날마다 무죄한 사람을 죽이고 사람의 고기를 먹고 제멋대로 폭력을 쓰며 수천 명의 무리를 모아 천하에 횡행하였으나 끝까지 잘 살다가 생을 마쳤다.[44] 이는 어떠한 덕을 따른 것인가? 이는 그런 가운데서도 가장 크고 분명하게 드러난 사례이다.

근세에 이르러서도 행동이 정도에 어긋나고 금하고 거리끼는 일을 마구 범했으되 종신토록 안락을 누리고 부귀가 대대로 끊어지지 않는 자들이 있다. 혹은 갈 데 안 갈 데를 잘 가려서 발을 디디고 꼭 말해야 할 경우에 말을 하며 행동은 정도를 벗어나지 않고 공정하지 않으면 발분해서 나서지 않는데도 재앙을 만나는 자들을 이루 다 헤아릴 수 없다. 나는 심히 의아스럽게 생각하는바, 천도는 있다고 할 것인가 없다고 할 것인가?

---

44 도척은 …… 마쳤다 : 도척은 춘추 시대 노(魯)나라 사람으로 수천 명을 거느리고 천하를 횡행하였다는 전설적인 도적이다. 『장자』에는 그가 사람의 간을 회로 먹고 포를 떴다고 하는 내용이 기록되어 있다. "盜跖乃方休卒徒大山之陽, 膾人肝而餔之."(『장자』, 「도척(盜跖)」) 맹자 역시 도척을 악덕한 사람의 대명사로 인용하였다. "仲子所居之室, 伯夷之所築與? 抑亦盜跖之所築與?"(『맹자』, 「등문공 하(滕文公下)」)

신해 의혹을 가지면서 단정하지 못하는 어법이다. 부귀는 중요한 것인데, 만약 수행을 하는 선비가 뜻이 부귀를 구하는 데 있다고 한다면 또한 그렇지 않은 점이 있다. 천도는 상고해 보건대 끝내 아득하여 알 수가 없다. 저 어진 이들이 복리만을 위하지 않았던 것은 분명하다. 이미 복리를 싫어하고 곤궁을 좋아한 것도 아니요, 복리를 구해서 곤궁을 떨쳐 버리려고 한 것도 아니었다. 그 뜻이 장차 어떻게 하려는 것이었는지 알 수 없다.

【 원문 】 공자는 말씀하기를, "도가 같지 않으면 함께 도모하지 않는다."[45]고 하였다. 이는 각기 자기의 뜻을 따른다는 의미이다. 그러므로 "부귀를 구해서 얻을 수 있다고 하면 비록 채찍을 들고 말을 모는 일이라도 나는 할 것이다. 그러나 만약 구해서 얻을 수 없다고 하면 내가 좋아하는 바대로 할 것이다."[46]라고 말씀한 것이다.

신해 나는 실로 크게 바라는 바가 있는데, 부귀와 함께 얻을 수는 없는 것이다. 이는 양주학[47]과 같은 것이기 때문에 나는 '물고기를 버리고 웅장을 취하려는 것'이다.[48]

【 원문 】 추운 겨울이 온 뒤라야 소나무와 잣나무가 시듦을 뒤로하는 것을 알고,[49] 온 세상이 혼탁할 때 청사(淸士)가 나타나게 된다.

---

45 도가 …… 않는다 : 『논어』, 「위령공(衛靈公)」에 나오는 말이다.
46 부귀를 …… 것이다 : 『논어』, 「술이(述而)」에 나오는 말이다.
47 양주학 : 남조(南朝) 양(梁) 은운(殷芸)의 『소설(小說)』에 나오는 말로, 신선이 되어 학을 타고 양주자사(揚州刺史)로 부임한다는 말이다. 부와 귀와 고상한 것을 함께 이루기를 소망한다는 뜻이다.
48 나는 …… 것이다 : 『맹자』, 「고자 상(告子上)」에 "물고기도 내가 좋아하는 바요 웅장(熊掌)도 내가 좋아하는 바이지만 두 가지를 함께 얻을 수 없다면 나는 물고기를 버리고 웅장을 취할 것이다[魚, 我所欲也, 熊掌, 亦我所欲也, 二者不可得兼, 舍魚而取熊掌者也]." 하였다. 맹자는 인간의 진정한 가치인 의(義)를 취하겠다는 뜻에서 한 말이다.

신해 내가 바라는 바는 오로지 부와 귀를 함께 얻을 수 없는 데만 있는 것이 아니요, 혹은 곤궁하여 넘어지고 쓰러지는 데 이른 연후에 내가 바라는 바를 도리어 더욱 얻을 수 있기 때문이기도 하다.

【원문】 어떻게 그 중요하기가 저와 같은데도 이렇듯 가볍게 대할 수 있었던가?

신해 무릇 백이와 같이 개결한 자세를 가지고서도 석연치 못한 점이 있었다. 부귀가 중요한 것이 저와 같다 할 수 있는데, 지금 공자의 뜻을 살피건대 이와 같이 가볍게 훌쩍 버린 것은 이 때문이 아니겠는가.

【원문】 "군자는 죽은 후에 이름이 일컬어지지 않음을 싫어한다."[50] 하였으며, 가의(賈誼)[51]는 이르기를, "욕심을 부리는 자는 재물 때문에 죽고 절의를 지키는 선비는 이름 때문에 죽는다. 잘난 척하는 자는 권력 때문에 죽으며 보통 서민은 그저 살아가는 데 매달려 있다." 하였다.

신해 내가 바라는 바는 명절(名節)이다. 나는 실로 명절을 부귀와 바꾸려고 하지 않는다. 이렇기 때문에 아무리 곤궁하여 재앙을 당해 죽어 없어지는 데 이른다 하더라도 후회하지 않는다. 이것이 바로 원망하지 않을 수 있는 이유이다. 군자가 좋아하는 바는 일반 사람들과는 같지 않다. 공자께서 이른바 "인을 구하여 인을 얻었으니 또 무슨 원망이 있을 것인가."라고 한 것은 이와 같은 뜻이다.

---

49 추운 …… 알고 : 『논어』, 「자한(子罕)」에 "歲寒然后知松柏之後凋."라고 하였다.
50 군자는 …… 싫어한다 : 『논어』, 「위령공(衛靈公)」에 보인다.
51 가의(賈誼, 기원전 201~기원전 169) : 한나라 문제(文帝) 때 사람으로 진나라 때부터 내려온 율령·관제·예악 등의 제도를 개정하고 전한의 관제를 정비하기 위한 많은 의견을 상주했다. 저서에 『신서(新書)』, 『가장사집(賈長沙集)』이 있다.

【 원문 】 같은 색깔의 물건은 서로 조응하고 같은 종류는 서로 따르는 법이며, 구름은 용을 따르고 바람은 호랑이를 좇으며, 성인이 제작을 함에 만물이 드러나게 되었다.[52]

> 신해 내가 평생 이루려 하고 아끼는 것은 오직 명절이다. 명절이 드러나고 감추어지는 것 또한 세상을 만나고 만나지 못하는 데 달려 있다. 세상에 반드시 공자와 같은 성인이 있은 뒤에야 합당하게 세상에 이름을 떨칠 수 있을 것이다.

【 원문 】 백이와 숙제는 현명한 인물이었으되 공자를 만나서 이름이 더욱 드러날 수 있었으며, 안자는 독실히 학문을 한 인물이었으되 천리마의 꼬리에 붙어서 행실이 더욱 뚜렷하게 나타날 수 있었다.[53] 초야의 선비들을 보면 나아가고 물러남을 이렇듯 때에 맞게 했음에도 대부분 이름이 인멸되어 일컬어지지 않으니, 슬프다.

> 신해 기왕에 공자를 만나게 된 것은 다행이다. 그런데 허유와 무광처럼 공자 같은 분을 만나지 못했던 사람들도 있었으니 깊이 탄식하는 바이다.

【 원문 】 여항(閭巷)의 사람들은 행실을 닦아 이름을 전하고 싶어한들 청운지사(靑雲之士)에게 붙지 않는다면 어떻게 능히 후세에 드러날 수 있겠는가?

> 신해 허유와 무광 같은 행실이 있는 사람도 후세에 드러나지 않았거늘 하

---

52 같은 …… 되었다 : 『주역』, 「건괘(乾卦)」, '구오(九五)'의 효사에 나오는 말이다. "同聲相應, 同氣相求, 水流濕, 火就燥, 雲從龍, 風從虎, 聖人作而萬物覩."
53 천리마의 …… 있었다 : 원문의 '附驥尾'는 파리가 천리마의 꼬리에 붙어서 천 리를 간다는 뜻이다. 곧 안회가 공자의 표창으로 인해 후세에 이름을 떨치게 된 것을 일컫는다.

물며 여항에서 행실을 닦은 사람들에 있어서랴? 붙는 바가 있지 않으면 어떻게 능히 스스로 이름을 전할 수 있겠는가? 청운지사란 대개 공자와 같은 분을 가리키는 것이다. 사마천은 스스로 역사 서술을 하여 숨은 덕〔潛德〕의 감춰진 빛을 능히 발현할 수 있는 것으로 생각하였으니, 은연중에 자신을 공자에 비견한 것이다.

원주 이 글의 본지에 대해서는 한나라 이래로 오늘에 이르기까지 학사대부들이 모두 숭상하는 바이다. 그러나 옛날의 군자는 이 견해를 비판할 것이다. 무릇 이름 또한 이로움이다. 이로움 때문에 죽는 것이나 이름 때문에 죽는 것이나 본성을 잃음에는 마찬가지이지만 이름 쪽이 더 심하다고 하겠다. 무릇 군자는 자기 자신을 편안히 하여 용(用)을 날카롭게 하며〔利用〕, 넓게 베풀어 만물을 구제하면〔濟物〕 명(名)과 이(利)가 저절로 이르게 될 것이다. 실로 소인들이 허명(虛名)을 좇느라 자기 자신을 망치고 사리를 탐내서 남을 해치는 것과는 다르다.

밖으로는 만물을 구제하고 백성에게 은택을 미치지 못하며, 안으로는 부모형제를 양육하고 일가친척을 돌보지 못한다. 이미 그 존재가 천하에 있으나 없으나 별 상관이 없으면서 가만히 앉아서 인의를 담론하고 초라하기 짝이 없는 집에 앉아서 명성을 키워, 한 세상에 덧없이 이름만 드높은 자는 내가 말하는 허명(虛名)이다. 천하와 더불어서 이로움을 함께하지 못하고 남을 해치고 만물을 훼손하면서 오직 자기 자신만을 위해 힘쓰는 자는 내가 말하는 사리(私利)이다. 만민을 편안하게 하여 나 스스로 이롭게 되며 천하 만세로 이로움을 함께 누리는 것은 내가 말하는 자기 자신을 편안히 하여 용(用)을 날카롭게 하며, 명과 이가 스스로 이르게 되는 경우이다.

이이(李耳, 老子)는 깊이 감추기를 빈 듯이 하며, 거룩한 덕은 외양으로 보면 어리석은 듯하다[54]고 말하였다. 안자(顔子)의 인품은 자신이 지니고 있음에도 없는 것 같이 하며 가득 차 있으면서도 텅 빈 것같이 한다는 평을 받은

---

54 깊이 …… 듯하다 : 공자가 노자에게 예를 묻자 노자가 답한 말이다. 『사기』, 「노자한비열전(老子韓非列傳)」에 보인다. "吾聞之, 良賈深藏若虛, 君子盛德容貌若愚."

바 있다.[55] 공자와 같은 성인으로서도 『논어』에 기록된 것을 살펴보면 평소의 언행이나 음식을 먹는 것이 보통 사람과 다르지 않았다. 군자는 다른 사람과 다르게 하여 명예를 구하려고 하지 않았던 것이 이와 같았다.

예컨대 의관을 특별하게 꾸미고 언행을 준엄하고 고상하게 하여 자기 몸을 개결하게 가져 보통 사람과는 아주 다르게 한 나머지 스스로 구름 밖에 날아올라서 다른 사람들은 더러운 것처럼 보이게 만들되 자기는 위수처럼 맑고 세상은 경수처럼 탁하다고 치부하기도 하는 자들은, 집에 있을 때에도 반드시 명성이 드러나고 나라에 있을 때에도 반드시 명성이 드러나서 공명을 이루고 명예를 이루는 것이 가능하게 될 것이다.

그러나 이런 사람들의 실상을 보면, 끝끝내 한 백성에게라도 은택이 돌아가지 못하고 한 사람을 구제하지도 못하며 부모처자에 대해서는 굶어 죽는 것을 면치 못하도록 만든다. 이런 자는 천하를 이끌어 쓸모없는 데로 유도하는 격이니 대도의 적이라고 하지 않을 수 없다. 인정에 위배되고 천리에 어긋남이 심하다 할 것이다.

이로움 때문에 죽는 것은 실로 소인들의 일상적인 일이다. 그러므로 이름을 위해 죽는 것이나 이로움을 위해 죽는 것이나 본성에서 어긋남은 마찬가지인데, 이름 쪽이 더욱 심하다 하겠다.

저 내실이 없이 허명만 얻은 자는 비록 한때에 사람들을 놀랍게 하여 높은 이름을 취하게 되지만, 천하 사람들이 외면으로만 존경을 하지 마음속으로 쏠리지 않고 빈번히 사람들에게 증오감을 일으키고 신의 노여움을 사서 천하에 고립이 되게 마련이니 망하지 않는 것이 요행이라 할 것이다.

『주역』의 박괘(剝卦)에서 이르기를 "언변으로 천하에 이름 높다〔以言辯高於天下〕."라고 한 것이 그것이다. 군자는 다른 사람들과 더불어 이로움을 같이해야 행실이 이어져서 여유롭게 잘 적응하여 어려움에 처하지 않을 것이다. 다른 사람들과 함께하기를 잘하기 때문에 천하 사람들이 마음으로 감복할 수 있게 되니 그러면 함께 사업을 이룰 수도 있을 것이다.

---

55 안자(顏子)의 …… 있다 : 증자가 안회를 평한 내용으로 『논어』, 「태백(泰伯)」에 보인다. "曾子曰, 以能問於不能, 以多問於寡, 有若無, 實若虛, 犯而不校, 昔者吾友, 嘗從事於斯矣."

이런 까닭에 도드라지게 드러나고 혁혁하게 빛나는 행적이 없이 능히 천하 사람과 더불어 하고 천하 사람이 쓸 수 있게 되면 대업을 이루어 천하에 두루 이로움을 미칠 수 있고 명예가 천고에 으뜸이 될 것이다. 그럼에도 이렇게 행하지 않고 저런 식으로 계속 행하면 어떻게 할 것인가? 애닲지 않은가.

10

남쪽 집 여인

南鄰媼

남쪽 집 여인이 서쪽 집에서 개를 사고 나서 90푼을 주기로 약속했다. 돌아와서 동쪽 집 여인과 함께 그 개를 잡아 반씩 나누어 가졌다. 그리고 속여서, "내가 개를 100푼에 샀으니 당신은 나에게 50푼을 갚아야 할 것이다."라고 하였다.

이윽고 그 사실이 드러나게 되자 남쪽 집 여인은 두려워서 서쪽 집에 100푼을 채워 주어 자기가 했던 말을 사실로 만들었다. 이에 두 집에서는 각기 50푼을 냈으며 서쪽 집만 10푼의 이득을 보게 된 것이다.

어허 참! 교활하다고 하는 자는 남에게 해를 끼치고 자기 자신에게 해를 입히는 데 불과하며, 앉아서 이득을 본 것은 제삼자였다. 이는 또 어떻게 된 것인가?

세상의 폭군이나 간신의 죄악이 이미 가득 쌓이면 시속에서 성현이라 일컫는 자들이 그에 따라 쫓아내고 천하에 소리치기를, "백성을 위해 해악을 제거했다."고 하며 공덕을 삼고 있다. 포악과 혼란이 일어나지 않으면 공훈의 업적이 세워질 수 없는 법이다. 저 백성을 해치고 자기 몸에 화를 끼치면서 타자를 위해 이익을 몰아다 주는 자는 남쪽 집 여인과 다름이 없다.

저들에게 남쪽 집 여인의 일을 들려주면 필시 비웃으며 침을 뱉을 것이다. 그런데 그 자신이 행하는 일을 보면 그보다 더 심하다. 아! 괴이하도다.

저 남쪽 집이 본 피해는 5푼뿐이니 별로 대단할 것이 없지만 폭군과 간신으로 인한 화는 어쩌다가는 자신이 죽임을 당하고 가문이 끊어지는 재앙을 입는 데 이르기도 한다. 다른 사람의 경우 5푼의 해를 입는 것은 조롱하고 비웃는 정도로 여기면서 자기 자신의 경우 멸문의 화를 입는데도 걱정을 하지 않으니, 이는 사리를 안다고 할 것인가 모른다고 할 것인가?

나는 남쪽 집의 일을 처음부터 끝까지 보고 세도(世道)에 느낀 바 있어 이 일을 기록하여 간악한 행동을 하고 요행을 바라는 자들에게 경계를 삼도록 한다.

11　서신(西神)⁵⁶을 전송하는 글
送西神文

울긋불긋한 모양 꽃이 핀 듯하고
또렷하기는 구슬을 이룬 듯,
이 열꽃의 아름다움
역신의 영험이로다
저 학질과 염병과는
그 종류가 달라,
함부로 재앙을 일으키니
신 또한 추하게 여기는 것이로다.
왜 신이라 하는지 모르겠으되
민간에서 그렇게 부르는도다.

---

56 서신(西神) : 전염병의 일종인 천연두를 일컫던 말이다. 천연두에 대한 전통적인 호칭은
마마·손님·두역 등 여러 가지 호칭이 있는데, '서신'은 그런 호칭 중의 하나이다. 전근
대 사회에서는 이 질병의 원인이나 치료방법이 개발되지 않았기 때문에 어떤 귀신, 곧
역귀(疫鬼)에 의해서 일어난다고 생각했으며, 그 귀신을 잘 달래어 보내야 병이 나을
수 있는 것으로 믿었다. 이규경(李圭景)의 『오주연문장전산고(五洲衍文長箋散稿)』, 「두
역유신변증설(痘疫有神辨證說)」에 다음과 같은 기록이 있다. "우리나라에서는 두신(痘
神)을 '호귀마마(胡鬼媽媽)' 또는 '손님 들었다〔客至〕'고 칭하고, 영남에서는 '서신'이라
칭하는데, 어린이가 두역을 앓게 되면 매일 정결한 소반에 정화수 한 사발을 위시하여
온 솥의 밥과 온 시루의 떡을 장만하여 기도를 드리고, 두역이 끝나게 되면 지번(紙幡,
종이로 만든 표기)·유마(杻馬, 싸리나무로 만든 말)·짚신 등 두신에게 드릴 물건을 마
련하여 전송하는데, 이를 배송(拜送)이라 한다." 정약용(丁若鏞)의 『마과회통(麻科會通)』
에도, "우리나라의 마진(麻疹)은 반드시 서북에서 일어나 점차 동남으로 오는데 전후로
모두 그러하였다. 세속에서는 두역을 서신이라 하는데, 역시 서쪽에서 온다는 말이다."
하였다.

세상에서 서신이라 일컫는데
그 뜻은 무엇인가?
강남에서 오셨다는
무당의 이 소리 믿을 수 없네.[57]
중고 시대 이래로[58]
서쪽에서 동쪽으로 오셨다지.
백성의 아이들
크건 작건 남겨 두지 않지만,
한번 걸리면 다시 걸리지 않으며
유행할 때가 따로 있도다.
피부에 반점이 불어나고 염증이 생기는 이런 증세
순서가 틀림없네.
반점이 성글고 조밀하고 되는 대로
보기 좋고 보기 싫고 뒤바뀌네.
허한 자 튼튼하게 하고
약한 자 굳세게 되어,
뼈대는 강해지고
형기가 비로소 온전해진다네.
무릇 서쪽은 가을에 속하는지라

---

57 강남에서 …… 없네 : 이규경의 『오주연문장전산고』, 「두역유신변증설」에, "송(宋) 진종(眞宗) 때 왕단(王旦)이 그 아들 소(素)를 위해서 강남(江南) 여도사(女道士)ーユ때 아미산(峨嵋山)에 있었는데, 두역 예방술에 능하였다.ー를 청하여 소의 두역을 예방시켰으니, 곧 지금의 종두법(種痘法)이다." 하였다.
58 중고 시대 이래로 : 『의학입문(醫學入門)』에 "태고 시대에는 두진(痘疹)이란 것이 없다가 주(周)나라 말기, 진(秦)나라 초기부터 나왔다."라는 말이 보인다.

만물의 성취함을 맡나니,
가혹하게 **빼앗고** 죽여서
그 결실을 거두는도다.
병으로 성인이 되는 것은
대개 그 이치가 한가지라.
서신이라 일컫는 자
거짓이 아니라 하겠네.
일원(一元)의 운세로 보면
오(午)에서 신(申)으로 가는 계절이로다.[59]
오직 신이 통제를 하니
한 해의 성과가 이에 달렸도다.
혹자는 이르기를 전염병은
말세에 창궐한다지만,
기의 유통을 알지 못하고
앞이 막힌 답답한 소리로다.
빽빽 우는 어린아이도
큰 은혜를 입는도다.
흉터도 남지 않고 다른 재앙도 없이
깨끗이 탈바꿈한 형상이라.
가만히 들어 보니 네 계절이
각기 공을 이루고 물러가는데,

---

59 일원(一元)의 …… 계절이로다 : 여기서 일원은 일년(一年)을 가리키는 것으로 보인다. 오
에서 신으로 간다는 것은, 일 년 열두 달을 12지로 구분하면 오는 음력 7월, 신은 음력
9월에 해당하기 때문에 이렇게 일컬은 것이다.

목욕재계하고 옷을 갖추어 입고서
제수를 고루 갖추니,
감히 서신을 붙잡아 두지 않고
배송의 잔치를 벌리며 사연을 아뢰노라.
바람 말 구름 수레
번쩍 지나가 쫓을 수 없도다.
내 가슴에 감동을 새겨
끝내 잊지 않으리로다.
비옵건대 서신께옵서는 이 마음 굽어살피사
올리는 한잔 술 흠향하소서.

12 동구자 자술
東邱子自解

동구자(東邱子)란 이는 성명을 알지 못하는데 진작부터 읍성의 동쪽 언덕에 살았던 까닭에 동구자로 자호(自號)를 하였다. 사람들 또한 그렇게 불렀다.

동구자는 은자는 아니로되 타고난 성질이 구속을 싫어하여 시속에 맞지 않았으나 특별히 표방하여 남다른 것으로 과시를 하지 않았다. 이 때문에 세상에서 그를 아는 사람이 없었으며 안다고 하는 자들도 기껏 술수를 잘하는 것으로 일컬었다.

동구자는 소년 시절부터 재주와 학문으로 자부하더니 장년이 되어서는 더욱 다방면에 통하여 능력은 많고 허물은 적었다. 그럼에도 나이 서른이 되도록 곤궁하여 자립을 하지 못하고, 항상 하루에 한푼 돈으로 두부를 사서 대강 요기를 하였으며, 추운 겨울 눈이 쌓였을 때에도 짧은 바지가 정강이도 가리지 못할 정도였다. 그래도 그의 안색은 여유가 있어 보였다. 그리고 학문을 매우 깊이 좋아하여 담박한 모습으로 장차 일생을 마칠 것같이 하였다.

어느 날 객(客)이 지나다가 그의 집 문앞에 이르러 박〔匏瓜〕이 매달려 있는 것[60]을 보고 빙그레 웃으며 말을 던졌다.

"배〔腹〕를 부르게 할 수 있을 텐데 어찌해서 매달아 두고 먹지 않으시오?"

---

60 박〔匏瓜〕이 …… 것 : 『논어』, 「양화(陽貨)」에 나오는 말이다. 필힐(佛肹)의 부름에 공자가 가려고 하자 자로가 이를 만류하니, 공자가 "내가 어찌 박과 같아서 한 곳에 매달린 채 먹기를 구하지 않을 수 있겠는가〔吾豈匏瓜也哉? 焉能繫而不食〕?"라고 하였다.

동구자는 읍을 하고 들어와서 말했다.

"아! 그런가. 그대는 한낱 박을 먹지 않는 것으로 근심을 삼을 뿐, 다른 사람에게 구하는 바가 없는 줄은 알지 못하고 있네. 나는 먹을 수 없는 박과 견주어질 수 있는 것은 아니요, 비유하건대 만 석(石)을 싣는 배가 넓은 바다 위에 떠다닐 수 있어 이를 쓴다면 선적을 하고서 풍랑을 헤치고 떠다닐 수 있으되, 쓰지 못하게 되는 경우는 진리(津吏)의 수치가 될 것이요, 배에 허물을 물을 일은 아니겠지."

객이 말했다.

"그걸 말하는 것이 아닙니다. 대개 듣건대 도가 있으면서 실행하지 못한 경우가 있다 함은 들었거니와, 실행이 있으면서 이름을 얻지 못한 경우가 있다 함은 듣지 못했습니다. 무릇 명과 실이 서로 부합하는 것은 그림자와 형체의 관계나, 종과 종소리의 관계와 마찬가지입니다. 어찌 형체를 비춰 주는데 그림자가 없겠으며, 종을 치면 소리가 울리지 않을 수 있겠습니까? 『주역(周易)』에, '군자는 곤궁하면서도 형통하게 된다.'[61]고 일렀는데, 이는 명이 기울어질 수 없음을 말한 것입니다. 그런 까닭에 중니(仲尼, 孔子)는 곤궁한 처지에 놓였을 적에 도가 더욱 밝아졌으며, 맹씨(孟氏, 孟子)는 배척을 당함에 그 말씀이 참으로 바르게 되었지요.

지금 선생께서는 각고의 의지를 가지고 현묘한 도리를 궁구하며, 옆으로 찾고 안으로 파고들며, 고금을 증언하되 현포(玄圃)의 언덕에 옥을 저장하고, 등후(鄧侯)의 숲에서 재목을 모으며, 항시 밤에도 불을 밝혀

---

61 군자는 …… 된다 : 『주역』, 「곤괘(困卦)」의 단전(彖傳)에 나오는 말로, "곤(困)은 강(剛)이 가려진 것이니, 험하나 기뻐하여 곤하여도 형통한 바를 잃지 않으니 오직 군자일 것이다〔困, 剛揜也. 險以說, 困而不失其所亨, 其唯君子乎〕!"라 하였다.

시간을 아끼고 홀로 안석에 기대어 읊조리기를 그만두지 않으니, 선생의 학문은 참으로 성실하다 할 것입니다. 도덕에 근본을 두어 무극(無極)의 경지에까지 살피고, 깊은 사고와 투철한 식견으로 견고한 것을 뚫고 막힌 데를 평평히 하여, 천지는 궤도가 다르되 축이 동일하며 삼교는 나란히 행하되 자취는 다릅니다. 여러 성현들이 짓고 만드신 바를 궁구하여 세상에 펼쳐 풍속을 교화시킬 수 있으니, 선생의 도는 밝다고 하겠습니다.

문장으로 말하면 분명하고 조리 있게 표현함을 최고로 삼아, 교묘하게 새기고 곱게 꾸미는 일을 좋게 여기지 않으니, 참으로 나의 뜻을 다하면 그만인데 하필 미문을 만들어 내는 것으로 다툴 것이며, 참으로 일의 실정에 분명하면 그만이지 하필 가다듬는 것으로 시간을 허비할 것입니까? 선생은 문장에 능하다고 할 수 있습니다. 천문지리(天文地理)와 음양오행(陰陽五行)의 서적들을 도형을 상고하며 핵심을 꿰뚫고 곁가지까지 살폈으니, 선생은 술수에 있어서도 정통하다 할 것입니다. 막다른 골목에 넘어져서도 뜻을 바꾸지 않고 칭찬과 비난이 몸에 쌓여도 마음이 움직이지 않으며, 공손하고 검소하며 화평하되 신의를 중시하고 사리(私利)를 가볍게 여기니, 선생은 행실에 있어서도 곧다 할 것입니다. 정도(正道)를 고집하되 권도(權道)로 변화에 대응하며 인(仁)의 부드러움과 의(義)의 강함으로 둥긂을 용(用)으로 모남을 체(體)로 하여 지나치도록 밝게 살피지 않고 흐려서 불투명하게 되지도 않게 하며, 사세(事勢)에 통달하여 두루 막힘이 없으니, 선생은 사람됨에 있어서도 완성을 이루었다 할 것입니다.

그럼에도 평천하를 이룰 책략을 가지고 한 가정의 문호(門戶)도 유지하지 못하고, 나라를 부유하게 하고 백성을 잘살게 할 수 있는 포부를 지니고도 채소밭도 가꾸지 못하는 형편이며, 신의는 돈어(豚魚)까지 미덥게 할 수 있음에도[62] 일가친척에게 미치지 못하고, 덕행은 이적(夷狄)까지 교화할 수 있음에도 이웃에 드러나지 못하고 있습니다. 대문 앞은 잡초가 길을 막고 부엌의 솥은 이끼가 낄 지경이 되어 훌륭한 이름이 일컬어질 기약이 없거늘 부귀는 어느 때까지 기다리겠습니까? 나는 선생이 세상에 아무도 모른 채 누추한 집에서 늙어 죽는 것을 보게 될 것입니다. 실로 소리는 큰데 메아리는 가늘다는 것은 선생을 두고 나온 말이 아닙니까? 생각해 보건대 선생의 행동과 의리에는 뭔가 결함은 없습니까?"

동구자는 어이없어 고개를 들어 웃다가 다시 숙이며 한숨을 쉬며 말하였다.

"앉아라. 내 너에게 이르리라. 큰 도회지의 성곽 가까이 있는 곳에서는 썩은 나무 그루터기, 한 자 남짓한 가지나 울퉁불퉁하고 괴이한 나무도 모두 고가로 값이 나가 천자의 기물이 될 수 있지만, 인적이 닿지 않는 외진 산골의 숲속에 있는 용의 비늘 같고 천 아름이나 되는 특이한 재목들조차 쓰러진 채 버려지는 것은 처한 바가 다르기 때문이다. 겨울의 화로나 여름의 부채처럼 귀천이 뒤바뀌게 되는 것은 때의 변화 때문이다. 목마르면 마시고 배고프면 먹고, 추우면 불에 가까이 가고 더우면 바람을 좇는 것은 필요한 바가 각기 다르기 때문이다. 가까운 땅에 있는 살구나무도 하나는 시들고 하나는 무성하며, 이웃에 있는 우물이 혹은 청결하고 혹은 고갈되는 것은 꼭 마음에 애증이 있어서 그렇게 된 것일

---

62 신의는 …… 있음에도 : 『주역』, 「중부괘(中孚卦)」에 나오는 말이다. "중부(中孚)는 돈어(豚魚)에 미치면 길하니 대천(大川)을 건넘이 이롭고 정(貞)함이 이롭다〔中孚, 豚魚吉, 利涉大川, 利貞〕."라 하였고, 단전에 "중부는 유(柔)가 안에 있고 강(剛)이 중(中)을 얻었기 때문이니 기뻐하고 공손하기에 신의가 마침내 나라를 감화시킨다〔中孚, 柔在內而剛得中, 說而巽, 孚乃化邦也〕."라고 하였다.

까? 각기 만난 처지가 같지 않기 때문이니 저마다 명이 있다 하겠다.

길(吉)과 흉(凶)이 서로 따라서 가득 찼다가 비었다가 하는 현상이 번갈아 일어나 선(善)은 경사(慶事)를 기약하고 화(禍)는 재앙을 부르는 것은 이치로 보아 꼭 그렇게 되게 마련이지만, 간혹 그렇지 않은 것은 망령 부리는 듯한 때[無妄之時]⁶³이다. 군자는 자신이 처한 바를 살펴, 시대를 헤아려 세상에 대응하면 천명을 알아 자유롭게 즐길 수 있다. 그렇지만 어긋남을 면할 수 없는 경우도 있으므로 식견이 있는 자는 현달하였다는 이유로 사람을 취하지 않으며, 지혜로운 자는 훼손을 당하였다는 이유로 정신을 바꾸지 않는 법이다. 지금 그대는 어찌 유독 명성을 떨치지 못한다는 이유로 나의 학문이 순수하지 못하다고 의심하는가?

옛날에 중국이 서로 싸우던 시절에 우환과 변고가 잦아 인재를 얻은 자는 창성하고 인재를 얻지 못한 자는 멸망할 수밖에 없었다. 이때에는 산 임금의 머리가 죽은 선비의 무덤만도 못하다⁶⁴는 말이 있었다. 이 때문에 만승(萬乘)의 임금은 혹 꿈에서 보필할 인재를 보고 그림을 그려

---

63 망령 부리는 듯한 때 : '무망(無妄)'은 진실함, 즉 거짓을 행하지 않음을 뜻한다. 『주역』, 「무망괘(无妄卦)」 괘사(卦辭)에 대해 『역전(易傳)』에서 "무망(无妄)은 지성(至誠, 지극히 성실함)이니 지성은 하늘의 도이다. 하늘이 만물을 화육하여 낳고 낳아 다하지 않아서 각기 성명을 바르게 함이 무망이니, 사람이 무망의 도에 합하면 이른바 '천지와 더불어 덕이 합한다'는 것이다[无妄者, 至誠也, 至誠者, 天之道也. 天之化育萬物, 生生不窮, 各正其性命, 乃无妄也, 人能合无妄之道, 則所謂與天地合其德也]."라 하였다.

64 산 임금의 …… 못하다 : 제나라 선왕(宣王)이 안촉(顔斶)을 보고 가까이 오라고 명하자 안촉은 도리어 왕에게 앞으로 나오라고 하면서 선비가 군왕보다 존귀하다고 하였다. 그 예로 진나라가 제나라를 공격할 때 진나라는 유하혜(柳下惠)의 묘를 보호하기 위해서 그의 묘에서 50보 이내의 초목을 베는 자에게는 사형을 내릴 것이라 하였고 제나라 왕의 목을 베어 오는 자에게는 만호후에 봉하고 금 천 일(鎰)을 하사할 것이라 하였다면서, 이로 보아 "산 임금의 머리가 죽은 선비의 무덤만 못합니다[生王之頭, 曾不若死士之壟也]."라고 대답하였다(『전국책(戰國策)』, 「제책(齊策)」).

찾기도 하였으며,[65] 혹은 빗자루를 들고 앞장서 나서기도 하였으며,[66] 혹은 문에서 바라보고 나아가 맞아들이기도 하였으며,[67] 혹은 침상에 같이 있으면서 수염을 건드리기도 하였다.[68] 이에 포의로 암혈(巖穴)에 숨어 있던 선비가 갑자기 손뼉을 치고 눈썹을 떨치며 광채를 빛내고 놀라운 변론을 쏟아내서 번개가 번쩍하고 구름이 하늘을 달리듯 하였다. 아침에 포로로 잡혔던 사람이 저녁에 황제의 스승이 되기도 하였고, 허명을 꾸며서 분에 넘치는 지위를 훔치기도 하였다.

지금 이 나라는 하늘로부터 명을 받아 개국한 것이 5백 년에 이르렀는데, 국토를 둘러싼 바다는 해자를 이루고, 잇닿은 산맥은 방벽처럼 되어 있다. 국경 너머에는 유목하는 오랑캐가 없고 인가에는 횡행하는 도적이 거의 없다. 오직 지켜 온 것으로 정해진 법이 되고 하나같이 인습에 사로잡혀 준석(準石)을 제도로 삼고 승묵(繩墨)을 규정으로 삼아, 예를 어기면 배척을 받고, 법을 바꾸려 들면 처형을 당한다. 그러니 어린아이가 지켜도 넉넉하거늘 또 어찌 포륜(蒲輪)[69]·안거(安車)[70]가 소용이

---

65 만승(萬乘)의 …… 하였으며: 은(殷)나라 고종(高宗)이 꿈에서 상제(上帝)에게 재상감을 소개받는 꿈을 꾸었는데, 깨어난 뒤 꿈에서 본 사람의 모습을 그림으로 그려 신하들로 하여금 찾아보게 하였다. 결국 부암(傅巖)의 들판에서 부열(傅說)을 찾아 재상으로 삼았다 (『사기』, 「은본기(殷本紀)」).

66 빗자루를 …… 하였으며: 제(齊)나라의 학자 추연(騶衍)이 연(燕)나라에 갔을 때 소왕(昭王)이 추연의 앞에서 빗자루를 들고 길을 쓸고는 제자들 자리에 앉아서 가르침을 청하였다는 고사가 전한다(『사기』, 「맹자순경열전(孟子荀卿列傳)」).

67 문에서 …… 하였으며: 당(唐) 헌종(憲宗)이 통화문(通化門)에 나아가 배도(裵度)의 노고를 치하한 일을 말한다(『구당서(舊唐書)』, 「헌종본기(憲宗本紀)」).

68 침상에 …… 하였다: 후한(後漢)의 광무제(光武帝)가 제위에 오른 뒤 옛 벗이었던 엄광(嚴光)을 불러 한 침대에서 잠을 잔 일을 말한다. 수염을 건드렸다는 말은 미상이다.

69 포륜(蒲輪): 수레의 진동을 줄이기 위해 바퀴를 부들풀로 싼 것을 말한다. 천자(天子)가 중요한 의식을 행할 때나, 유능한 인재를 초빙할 때 사용하였다.

70 안거(安車): 앉아서 탈 수 있는 수레이다. 보통 중국 고대의 수레는 서서 타야 하는데,

되겠는가?

이런 까닭에 오늘날 인재를 뽑는 방법은 시부(詩賦)로 과거시험을 보이는 데 그쳐서 문장의 꾸밈을 공교롭게 하고 성률을 조화롭게 하는 능력을 취할 따름이다. 아무리 이윤(伊尹)·여상(呂尙)과 같은 인물이 시험을 본다 하더라도 다른 도리가 있겠는가?

무릇 파리는 천리마에 붙어 멀리 갈 수가 있으며, 선비는 벗을 얻어서 명성이 드러나는 법이다. 행실과 의리가 잘 이루어졌음에도 아름다운 이름이 펼쳐지지 못하는 것은 그 친구된 사람들의 허물이라 하였다.

바야흐로 지금 속수(束脩)의 도[71]가 이지러지고 이택(麗澤)의 의[72]가 단절됨에, 경쟁에 앞장서는 것을 명철하다 이르고, 제멋대로 독단하는 것을 걸출하다 이르며, 도를 지키고 가난에 편안한 태도를 졸렬하다 하며, 활을 쏘고 말 달리며 도박을 일삼고 어울려 진탕 술을 마시고 허세를 부리며, 권세에 이로우면 원수도 친구가 되고, 재물이 떨어지면 친척도 종처럼 부린다. 쓰는 글은 어릿광대가 재주 부리는 것같이 꾸미고 훔치기로 자랑을 삼고, 높은 갓을 쓰고 경전을 끼고서 나무인형 같은 형상으로 점잖게 두 소매를 드리우고 천천히 걸어가니, 정자·주자로 일컬음을 받을 만하다. 그러고서 어떤 사람이 훌륭한 행실이 있다는 말을 들

앉을 수 있도록 만들어져서 이런 이름이 붙었다고 한다. 주로 귀부인과 연로한 고관(高官)들이 사용하였는데, 고관이 은퇴하여 고향에 돌아갈 때나 덕망이 있는 인물을 초빙할 때도 사용되었다고 한다.

71 속수(束脩)의 도 : 사제(師弟)의 도를 말한다. 공자가 말하기를 "속수 이상의 도를 행한 자는 내가 일찍이 가르쳐 주지 않은 적이 없었다〔自行束脩以上, 吾未嘗無誨焉〕." 하였다 (『논어』, 「술이(述而)」).

72 이택(麗澤)의 의 : 붕우(朋友)의 의리를 말한다. 『주역』, 「태괘(兌卦)」, '상전(象傳)'에 "붙어있는 택(澤)이 태(兌)이니, 군자가 보고서 붕우들과 강습한다〔麗澤, 兌, 君子以, 朋友講習〕."라 하였다.

으면 도리어 입술을 비쭉이며 헐뜯고, 어떤 사람에 대해 비방하는 말을 들으면 어깨를 들썩이며 신나게 여긴다. 더욱이 인재를 경멸하기를 좋아하여 똥재처럼 천하게 보며,[73] 그의 온축된 바를 살피지 않고 문득 재목이 될 수 없다고 말한다. 한번 비판하는 말이 나오면 만 사람의 입이 우레처럼 호응한다.

아! 선비가 이런 시대를 살아가면서 도덕이 빛나고 명성이 드날리기를 바란다면, 이미 허탄한 일이 아니겠는가? 하물며 나는 세상에서 끼어주지 않는 가문에 태어나 가난하기까지 한데, 뭇사람들이 모두 침 뱉고 욕하는 것을 견디지 못하여 멀리 도피하여 오직 파장이 남아 해를 입을까 두려워해야 하며, 안으로는 억지로라도 가까이할 친척이 없고, 밖으로는 편들어 줄 사람도 없는 형편이다.

무릇 기구한 처지에 놓여 시류에 어긋나는 도리를 지키고 쓸모없는 국량만 안고 있으니, 피곤하게 되는 것이 불가피하다. 가령 공자 · 맹자가 이 자리에 온다 하더라도 어떻게 할 줄 모를 텐데, 어찌 능히 만승천자에게 대등한 예를 취하여 빈사(賓師)의 예우를 받을 수 있겠는가?

이러하니 스스로 청빈을 지켜 고요한 생활태도로 몸은 도와 더불어 하나가 되어 천명을 기다리면 아마도 중(中)과 정(正)을 얻을 수 있을 것이다. 어찌 또 몸을 굽히고 비척거리며 이치 밖의 복을 바라겠는가?

무릇 대장부라면 쓰임을 얻게 되는 경우 관복을 입고 좋은 수레를 타고 다니며 임금을 잘 보좌하고 백성을 안정시키는 것이 마땅히 해야 할 직분이다. 때를 만나지 못하는 경우 수척한 몸에 부황 든 얼굴로 뒷골목

---

73 똥재처럼 천하게 보며 : 원문은 '視若糞灰'이다. 전래의 뒷간은 구조가 불이 탄 재에 대변을 보는 구조인데 그것을 삭혀서 거름으로 이용했다. 「흥부전」에서 흥부가 품팔이한 일을 나열하는 중에 '두 푼 받고 똥재치기'가 나온다.

에서 굶어 죽는 것 또한 받아들여야 할 분수라고 하겠다. 구구한 명예를
굳이 흠모할 것이 있겠는가? 또한 그대는 성인의 지극한 도리를 듣지
못했는가?

무릇 천지는 본디 허한 것이요, 만물은 본디 있는 것이 아니요, 한 기
(氣)가 굴신(屈伸)하는 운동이 조화(造化)의 시초라. 선악(善惡)은 뿌리
가 같고 길흉(吉凶)은 원천이 한 곳이며, 영예와 치욕은 같은 문에서 나
오고 죽고 사는 것이 둘이 아니며, 모이고 흩어지고 어지러워 그 끝간
데를 알 수 없다. 멸망하는 것도 형륙이라 할 것이 없고, 영달하는 것도
득이라고 할 것이 없다.

한번 논해 보건대 천지가 열린 이래 처음부터 지금에 이르기까지 대
범 몇 년이나 되었는가? 그 가운데에서 태어났다가 죽은 자는 대범 몇
사람이나 될 것인가? 이긴 사람 누구이고 진 사람 누구인가? 어리석은
자 어디 갔는가, 영리한 자 어디 갔는가? 지금 둘러보건대 씻은 듯 지워
진 듯 전하는 것이라고는 하나도 없다. 후세에서 지금을 본다 하더라도
응당 그러할 것이다. 또한 알지 못하겠다. 미루어 위로 올라가 본다면
천지가 열리고 닫힌 것이 몇 번이나 되며, 지금으로부터는 또다시 몇 번
이나 풀무질[橐籥][74]을 할 것인가?

하루살이나 좁쌀 같은 몸으로 아득히 그 사이에 처하여 우주의 일을
눈여겨보건대, 덧없이 금방 사라져 족히 무엇이라고 칭할 것이 없도다.
비록 그렇지만 한번 음양(陰陽)의 조화 속에 들어왔으면 끝내 스스로 그
만둘 수 없는 것이라.

---

[74] 풀무질[橐籥] : 『도덕경』에 나오는 말로, "천지 사이는 풀무[橐籥]와 같아서 텅 비어도
다하지 않고 움직일수록 더욱 나온다[天地之間, 其猶橐籥乎, 虛而不屈, 動而愈出]."라
하였다.

석가의 공적원명(空寂圓明)[75]과 현원(玄元, 老子)의 인순녕정(因循寧靜)[76]과 칠원(漆園, 莊子)의 창광망행(猖狂妄行)[77]은 모두 변화의 사정에 통달하였다고 할 것이다. 그러나 궤벽(詭僻)하여 평탄한 도를 얻었다고 할 수는 없다. 오직 성인의 도는 나의 본성을 다함에 있을 따름이다. 나의 본성을 다하면 천하 만물의 성질이 모두 바른 길을 얻을 것이니, 내 어찌 억지로 사사로운 생각을 끌어대겠는가? 하늘은 나를 사람으로 만들었다. 그러니 품부 받은 바에 따라서 사람의 도리를 닦는 것이 옳을 것이다. 그리하여 쓰임을 얻으면 행할 것이요, 버림을 당하면 물러서 중용의 도를 어기지 않아야 할 것이다.

무릇 나 밖의 외물(外物)의 변화를 보건대, 모두 나의 중심을 혼란시키는 것은 아니다. 지금 나는 어찌 세상이 나를 용납하지 않으며 이름이 알려지지 않음을 근심하고 있을 것인가? 또한 고결한 난초는 사람이 없다 하여 향기를 풍기지 않는 것이 아니며, 밝은 달은 어두운 곳이라 하여 빛을 비추지 않는 것이 아니다. 왜인가? 나의 본성에서 나온 것은 실로 이해득실을 따져 그 상도(常道)를 바꾸지 않는 법이다.

말을 마치기도 전에 손님은 눈을 둥그렇게 뜨고 혀를 내두르며 망연자실하여 머뭇머뭇하다가 재배를 하고 공손히 옷깃을 여미더니 이렇게 말하는 것이었다.

---

75 공적원명(空寂圓明) : 공적(空寂)은 만물은 모두 실체가 없어 생겨나거나 사라지는 것이 없음을 말하며, 원명(圓明)은 완전히 꿰뚫어 깨달음을 말한다.
76 인순녕정(因循寧靜) : 인순(因循)은 자연의 도에 순응하는 것을 말하며 영정(寧靜)은 편안하고 고요한 상태를 말한다.
77 창광망행(猖狂妄行) : 창광(猖狂)은 마음이 하고자 하는 바를 따라서 구애받지 않는 것을 뜻한다. 『장자』, 「재유(在宥)」에, "떠돌아다니면서 구하는 바를 알지 못하고, 내키는 대로 가면서 가는 바를 알지 못한다〔浮遊, 不知所求 ; 猖狂, 不知所往〕."라는 구절이 있다.

"제자는 성인의 오묘한 말씀을 듣지 못했더니, 선생께서 저를 불초하다 여기지 않으시고 깨우쳐 주셨습니다. 선생이 보배롭게 여지지 않는 것은 소자의 고민하는 바입니다. 선생은 어찌 적게 여기십니까?"

13 **동구 자술** 임술년(1862)

東邱自解 壬戌

주(周)나라 사람들은 이름을 휘(諱)하여[78] 자(字)를 지어서 불렀다. 그런데 후세에 또 자(字)를 휘하여 호(號)를 지어 부르니 이는 옛날 관행이 아니다. 나는 시속의 사대부들이 어지럽게 호를 바꾸어 쓰는 것을 마땅치 않게 여긴 나머지 매양 글이나 시의 끝에 자를 쓰고 호는 쓰지 않았다.

나는 28세 때 안성(安城)의 동리(東里)에 나가 살아서 친구들은 나에게 편지를 보낼 적에 '동리시좌(東里侍坐)'[79]라고 으레 썼다. 그런데 동리는 나의 증조부의 호여서 이 점이 꺼려졌다. 이에 동구(東邱)로 바꾸었는데 초평(草坪)[80]의 이원휘(李元暉)[81]가 처음 쓴 것이다.

대개 『장자(莊子)』에는 '구리(邱里)'[82]라는 문자가 보이며, 경전에도 '구(邱)'와 '리(里)'를 통해서 쓴 경우가 많다. '구'란 마을[里]의 언덕 부분이요 '리'란 언덕 아래 사람이 사는 곳이다. 사람이 사는 곳은 으레 언

---

78 이름을 휘(諱)하여 : 여기서 휘한다는 것은 이름을 직접 부르지 않는다는 뜻이다. 『예기집설(禮記集說)』 권5에 은나라 이전에는 풍속이 질박하여 이름을 휘하지 않았는데, 주나라에 이르러 휘하는 법이 생겼다고 나와 있다. 그래서 이름을 휘하는 대신 따로 자를 지어서 부르는 것이 관행이 되었다. "殷人以前, 質不諱名, 至周人以諱事神名, 終將諱之, 故名子者, 必有所辟, 以其終將諱也."

79 시좌(侍坐) : 상대방에게 편지를 보낼 적에 쓰던 관행적인 표현이다. 어른을 모시고 앉아 있는 사람이 이 글을 받아서 올리라는 뜻에서 시좌라고 한 것이다. '귀하(貴下)' 또는 '좌하(座下)'도 같은 뜻의 말이다.

80 초평(草坪) : 지금 충청북도 진천군에 있는 지명이다. 이곳은 경주 이씨 화곡(華谷) 이경억(李慶億, 1620~1673) 이후 자손들이 세거한 곳이다.

81 이원휘(李元暉) : 심대윤의 지인이다. 본서 권2에 「제이원휘문(祭李元暉文)」이 있다

82 구리(邱里) : 『장자』, 「칙양(則陽)」에 나오는 말로 '구리지언(丘里之言)'이라는 문구인데, 백성들 사이의 여론을 뜻한다. "少知問於太公調曰 : '何謂丘里之言?' 太公調曰 : '丘里者, 合十姓百名而以爲風俗也. 合異以爲同, 散同以爲異.'"

덕에 의지하며, 그렇기에 '부(阜)'는 '리'에 가까운 것이다. 이것이 곧 원휘가 '리'를 '구'로 바꾼 뜻이다. 이후로부터 사람들이 서로 본받아 써서 편지의 겉면뿐 아니라 직접 대해서 부르기도 하였다. 나는 이를 금지하지는 않았으나 스스로 마음 편히 여기지도 않았다.

예로부터 호로 일컬어진 사람들은 모두 유명한 현인이나 걸출한 선비였다. 나같이 평범한 사람은 '너'라고 불리지 않는 것만 해도 다행이다. 어찌 감히 스스로 별호(別號)를 지어 유명한 현인이나 걸출한 선비의 대열에 끼려 하겠는가. 하물며 나와 같이 늦게 태어나 변변치 못한 사람이 '선생'이라 일컬어진다면 실상을 잃어버린 것이 심하다.

내가 평생 가장 미워하는 것은 허명(虛名)이다. 어찌 스스로 자신이 어질지 못한 줄 알면서 어진 자의 칭호를 훔치려고 할 것인가. 어찌 남에 대해서는 마땅치 않다고 말하면서 자기에 대해서는 용납하려 들 것인가.

늦게 태어난 사람으로서 선생이란 일컬음을 받고 서쪽 마을로 옮겨 산 지 오래되었는데 그대로 '동구'라고 부르니 이 모두 요즘 사람들이 실상을 잃은 것이요, 내가 자초한 것은 아니지만 역시 스스로 편안할 수 없는 바이다. 그런데 스스로 공자(孔子)에 비견해서 자칭 '동구선생'이라 한다고 말하는 데 이르러서는, 이는 남을 무함하기를 좋아하는 간사한 무리들의 소행이니 본래 변명할 것도 없는 것이다. 진실로 식견이 있는 사람이라면 이 때문에 의심하지 말기를 바라며, 또한 별호나 선생으로 부르지 말기를 바란다.

가령 내가 상당한 명성을 얻고 행실을 닦아 실제로 존경을 받을 만하여 후세 사람들이 혹 호나 선생으로 일컫게 된다면 괜찮을 것이다. 그러나 지금 세상에 함께 살아가는 부류들이 그렇게 일컫는다면 실상과 어긋나는 것이다. 개를 용이라 부른다 해서 어찌 개가 용이 될 것이랴. 용과 개 다 함께 실상을 잃어버리는 것이다. 삼대(三代) 이래로 명(名)과 실(實)이 어긋나서 허위로 뒤덮였으니, 온갖 혼란의 근본은 항시 여기에 원인이 있다.

나는 매양 이런 일들을 생각하고 길이 탄식하는데 뜻하지 않게 지금에는 나 스스로 그것을 면하지 못하고 있도다.

세상을 살아가며 어리석음과 현명함을 분간치 않고
홍황(鴻荒) 이후의 세상을 그 전과 같이 보노라
꽃이 피고 지는 건 도통 뜻이 있음이 아니니
오직 뿌리와 밑둥은 억만 년을 견디리라.

동개(東介)[83]의 시에 화답함.

---

83 동개(東介) : 동개자(東介子)를 말한다. 본서에 「답동개자소론변참곡궤문변(答東介子所論辨斬曲几文辨)」이 있다.

우사(雨師)를 책망하는 글

責雨師文

구유(九圍)[84]의 거대한 가운데 만물이 번성하는 것은 모두 깊은 은택에
힘입어 자라는 것이요, 낳고 자라게 하는 대감의 공덕 아님이 없습니다.
대감이 하고자 하시는 바 저들의 풍요함과 초췌함, 번영과 고사(枯死)는
모두 메아리가 울리고 그림자가 따라오듯 하지 않음이 없습니다. 상제
(上帝)께서 맡기신 임무 지극히 중하고, 대감이 그에 보답하여 바치는
바 지극히 부지런합니다.

그런데 지금 쓸데없이 비가 많이 내려 물이 넘쳐서 논밭을 잠기게 하고
가옥을 무너뜨리며, 곡식을 망치고 채소가 썩어 가고 굶어 죽은 시체가
들을 덮었으며 한숨과 원한이 길에 가득합니다. 이러기 3년에 이르렀지요.

돌아보건대 사나움을 부려 생각도 않고 듣지도 않고 갈수록 그만둘
줄 모르니 저는 적이 의혹을 품지 않을 수 없습니다. 어찌하여 대감은
노망이 든 듯 절제할 줄을 모르고 함부로 마구 행패를 부리는 것입니까?

일찍이 듣건대 음양설에서 이르기를,

"홍수가 나고 가뭄이 드는 것은 인사(人事)에 달려 있을 뿐이다. 뭇
음기가 양기를 억누르면 홍수가 되고, 양기가 성해서 음기를 약화시키
면 가뭄이 된다. 인사가 기운에 나쁜 영향을 주는 것은 골짜기에서 소리
치면 메아리가 울리는 것 같다."

라고 하는데, 저는 과연 그렇다고 생각하지 않습니다. 요임금 때의 홍수
와 탕임금 때의 가뭄은 그 당시 무슨 나쁜 일이 있어 재앙을 부른 것입

---

84 구유(九圍) : 상고 시대에 대륙을 이루는 9개의 대구역을 일컫는 말이다. 뒤에는 구주(九
州)라고 하였다.

니까? 이를 통해 보건대 영향을 주어 부르는 자가 여기에 있는 것이 아니라 주관한 자가 저기에 있는 것임을 알 수 있습니다.

무릇 기왕에 주관(主管)의 임무를 맡아 놓고 그 기강을 어지럽게 하여, 위로 책임을 맡긴 바 뜻을 저버리고 아래로 백성들이 우러러 바라는 마음을 무시해 버리니, 너무도 태만하지 않습니까? 대감은 여기서 책임을 회피할 수 없을 것입니다.

만약에 또, "내가 보기에 덕을 잃고 정사를 어지럽게 하는 경우, 혹은 그에 앞서 조짐을 보여 경계를 하도록 하며, 혹은 위력이 남아 재앙이 따르기도 한다."라고 한다면, 이는 걸(桀)의 포학한 행위에 대한 경계가 항상 요순의 세상으로 옮겨 가고, 주(紂)의 재앙이 항상 문왕·무왕의 때로 옮겨 간다고 할 수 있을 것입니다. 경계함이 옮겨서 내린다면 악을 행하는 자에게 징계가 될 수 없고, 재앙이 옮겨서 내린다면 선을 행하는 자가 두려워하게 될 것입니다. 이러고도 괜찮다고 할 수 있겠습니까?

지금 세상에 훌륭한 임금이 대를 이어 정치가 잘 갖추어져 있는 터라 앞에 부족한 덕이 없고 뒤에 허물이 없거늘, 장마가 계속되고 있습니다. 이렇게 된 것을 어떻게 설명할 것입니까? 그리고 우리 백성들이 무슨 죄가 있습니까? 이쪽으로 보나 저쪽으로 보나 한 가지도 근거를 댈 수 없습니다. 또 비를 많이 내리는데도 은혜롭지 못하고, 수고하는데도 원한을 사고 있으니, 스스로 도모함에 졸렬하고 미치는 화는 크다고 할 것입니다. 이제 대감은 내리는 것은 줄이고 수고를 덜면서 스스로 절제하여 안정을 취하십시오. 그러면 전화위복이 될 텐데, 어찌 스스로를 괴롭게 하면서 그리지 않는단 말입니까?

대개 듣건대, 천지는 인간을 기다려 삼재(三才)를 이루고,[85] 귀신은 인

---

[85] 천지는 …… 이루고 : 삼재는 천(天)·지(地)·인(人)을 가리킨다. 『주역』,「설괘(說卦)」에

간을 기다려 유명(幽明)을 판정합니다. 그러므로 천지는 인간이 아니면 화육(化育)의 공덕을 드러낼 수 없고, 귀신은 인간이 아니면 흠향을 누릴 수가 없지요. 지금 곡식은 다 망쳤고 잡초만 무성하며, 인민들은 곤란한데 어별(魚鼈)이 횡행하며 모든 것이 물에 잠기게 되는데, 대감은 태연히 아무 생각이 없는 듯합니다. 위로 하늘의 덕화를 가로막고 흠향(歆饗)이 계속되지 못하게 하여 스스로 후회하는 데 이르지 않겠습니까?

성인은 허물을 고치는 것을 훌륭하다 여겼고, 현자는 실수를 만회하는 것을 좋게 여겼습니다. 참으로 능히 태도를 확 바꾸어[86] 앞의 실수를 경계로 삼고 뒤의 복록을 불러들이되 가뭄과 홍수를 알맞게 조절한다면, 주나라 초기에 풍년이 거듭 든 일과 춘추 시대에 대풍년이 들었던 일 또한 모두 대감이 어떻게 하느냐에 달려 있습니다.

위로 막혔던 덕화를 펴게 하고 물에 빠져 있는 백성들의 생명을 구해낸다면 이야말로 맡은 바 직책을 다하고 흠향을 길이 누리게 될 뿐 아니라, 공덕이 크게 드러나 칭송의 소리가 높아질 것입니다.

오직 바라건대 대감은 저의 어리석은 말을 듣고 스스로 새로워지기를 도모하소서. 맡은 바 직분을 남에게 맡기며 한낱 교묘한 언설로 허물을 변명하지 마옵소서.

"是以立天之道曰陰與陽, 立地之道曰柔與剛, 立人之道曰仁與義. 兼三才而兩之, 故易六畫
而成卦."라고 하였다. 또한 한(漢)나라 왕부(王符)의 『잠부론(潛夫論)』, 「본훈(本訓)」에는
"천은 양, 지는 음, 인은 중화를 각기 근본으로 하여 세 가지가 서로 다르지만 어울려서
일을 이룬다〔是故天本諸陽, 地本諸陰, 人本中和. 三才異務, 相待而成〕."라고 하였다.
86 태도를 확 바꾸어〔改玉〕: 옛날에는 몸에 옥을 차는 풍속이 있어 이를 패옥(佩玉)이라
했는데, 옥을 바꾸면 걸음걸이도 바꾸어야 한다는 속담이 있다. "先民有言曰 : 改玉改
行."(『국어(國語)』, 「주어 중(周語中)」) 법을 고치면 행동도 달라져야 함을 비유하는 말로
쓰인다.

전(傳)

孔阿賭傳

공아도(孔阿賭)는 오(吳)나라 사람이다. 그의 조상 동(銅)은 예장산(豫章山)[2]에서 태어나 성을 전(錢)씨로 하였다. 하(夏)·은(殷) 시대에 전갱(錢鏗)[3]이란 자가 있었는데, 장생술(長生術)을 배워 8백 살을 살다가 세상을 떠나 신선이 되었다. 주(周) 시대에 자(子)와 모(母)[4] 두 사람이 있었는데, 경중(輕重)을 헤아려서 구부환법(九府圜法)[5]을 제정하니 많은 백성들

---

1 공아도전(孔阿賭傳): 돈을 의인화한 가전(假傳)의 일종이다. 아도(阿堵)는 돈의 별칭으로, 원래는 육조 시대의 구어로서 '이것'을 뜻하는 말이었는데, 육조 동진(東晉)의 왕연(王衍)이라는 사람이 돈이란 말을 자기 입에 올리기 싫어하여 '아도물(阿堵物, 이 물건)'이라고 했다는 데서 유래하여 돈을 가리키는 말로 쓰였다(『세설신어(世說新語)』, 「규잠(規箴)」). 우리나라에서 돈을 의인화한 가전으로는 고려시대 문인 임춘(林椿)이 지은 「공방전(孔方傳)」이 유명하다. 공방(孔方)이란 둥근 모양에 네모난 구멍이 뚫린 엽전을 가리킨다.

2 예장산(豫章山): 중국의 절강성(浙江省)에 있는 지명으로, 옛날에 구리 산지로 유명한 곳이었다.

3 전갱(錢鏗): 중국의 전설적 인물인 팽조(彭祖)를 가리킨다. 팽조의 본래 성명이 전갱(錢鏗)이어서 빌려 쓴 것이다. 전설에 따르면 팽조는 요임금의 신하로서 은나라 말년까지 생존하여 8백 살을 살았다고 한다.

4 자(子)와 모(母): 원래 자는 이자, 모는 원금을 가리키는 말이다. 자모가 돈의 이자와 원금을 가리키는 말로 쓰이게 된 데는 다음과 같은 전설이 있다. 청부(靑蚨)는 곤충의 일종으로 그 새끼는 크기가 아주 작다고 한다. 이 새끼를 잡으면 어미가 멀리 있건 가까이 있건 금방 날아온다. 그런데 어미의 피를 돈 81문에 바르고 새끼의 피를 돈 81문에 발라 시장에 가서 물건을 살 때 어미의 피를 바른 돈을 내거나 혹은 새끼의 피를 바른 돈을 내면 모두 다시 날아서 돌아왔다고 한다. 이에서 유래하여 청부는 돈의 별칭으로 쓰였으며 자모란 말도 이자와 원금을 가리키는 말이 되었다고 한다(간보(干寶), 『수신기(搜神記)』 권13).

5 구부환법(九府圜法): 주(周)나라 때의 화폐제도를 가리키는 말이다. 구부는 원래 재정을 관장하는 기구로, 대부(大府)·옥부(玉府)·내부(內府)·외부(外府)·천부(泉府)·천부(天府)·직내(職內)·직금(職金)·직폐(職幣)로 구성되었다. 이때 만들어진 화폐는 동그란 외형에 동그란 구멍을 뚫었으므로 이를 환전(圜錢, 環錢)이라 불렸으며, 이에 따라

이 그 혜택을 입었다.

왕망(王莽)이 한나라를 찬탈하자 백성들이 좋아하지 않았는데, 이름을 금도(金刀)[6]라 하는 자가 호를 백수진인(白水眞人)이라 하여 재력으로 천하에 군림하여 민심을 얻었다. 광무제(光武帝)[7]가 일어나자 천하가 모두 기뻐하여, '유(劉)'라는 글자를 파자하여 금도(金刀)라 하였으며, 남양(南陽)에 백수현(白水縣)이 있기 때문에 또한 광무제를 일컬어 백수진인이라고 하였다.

전금도(錢金刀)의 증손 전방(錢方)[8]은 진(晉)나라 말엽에 이권으로 천하를 농락하였다. 위로는 여러 왕으로부터 아래로는 백성에 이르기까지 온통 물밀 듯 몰려드는 현상이 일어났다. 석숭(石崇)·왕개(王愷)·왕융(王戎)[9] 같은 사람들은 더욱 그를 좋아하고 중하게 여겨 형님으로 일컬

그 제도를 환법(圜法)이라 일컬었다.

6 금도(金刀) : 고대의 화폐를 말한다. 금은 무게에 따라 화폐로 통용되었고, 춘추전국 시대 제(齊)·연(燕)·조(趙) 등의 나라에서는 각기 제정한 도(刀)를 화폐로 통용하였다. 여기서는 '유(劉)' 자의 형태가 卯·金·刀의 합으로 이루어져 있어서 유씨 성을 가리키는 말로 대용되기도 하는 점을 중의적으로 사용한 것이다.

7 광무제(光武帝) : 본명은 유수(劉秀)이고 남양(南陽) 사람이다. 왕망의 신(新)을 치고 후한(後漢)을 세울 때 일으킨 군대를 동마군(銅馬軍)이라고 일컬었다 한다. 그래서 광무제를 가리켜 동마제(銅馬帝)라고도 불렀다. 이 글에서 동(銅)이 돈과 관련 있기 때문에 광무제를 연계시킨 것이다.

8 전방(錢方) : 역대 화폐의 형태는 여러 가지 모양으로 제작이 되었는데, 환전(環錢)이라 하여 둥근 구멍이 뚫린 것도 있었고, 금도라 하여 칼 모양으로 생긴 것도 있었다. 남북조 무렵에 둥근 모양에 가운데 네모의 구멍이 뚫린 형태가 나왔다. 그래서 여기서 이름을 '방(方, 네모지다)'이라 한 것이다. 그리고 네모난 구멍이 뚫렸다는 뜻에서 공방이라 하였는데, 후세에 이 모양을 그대로 답습하여, 우리나라에서도 돈을 의인화한 작품으로 「공방전」이 있게 된 것이다.

9 석숭(石崇)·왕개(王愷)·왕융(王戎) : 석숭과 왕개는 동진(東晉) 시대 인물로서 역사상 거부(巨富)로 유명하다. 왕융은 죽림칠현의 한 사람인데, 재물을 좋아하여 무수한 돈을 쌓아 두고 밤새 계산하곤 하였다 한다.

었다. 그러자 전방이 이르기를 "무릇 천하 사람들이 존경하고 숭배하는 인물로 공자(孔子) 같은 분이 없다. 그런데 내가 사람들에게 받는 대우가 실로 공씨보다 못하지 않다. 그럼에도 지체는 높지 않은데, 이는 명과 실이 부합되지 않으니 옳지 않다."라고 하고서 자기의 성을 공씨로 바꾸었다.[10] 당시 박사 노포(魯褒)[11]는 한 편의 글을 지어 그를 기롱하였다. 하지만 사람들이 그를 더욱 좋아하여 전방의 위세는 이 때문에 쇠퇴하지 않았다.

그의 먼 후손 모(某)는 이름이 전하지 않는데 얼굴 양쪽이 붉고 점을 잘 쳐서 잘 맞추었다. 송나라 추밀부사(樞密副使) 적청(狄靑)[12]을 따라 농지고(儂智高)[13]를 정벌할 적에 신묘(神廟)에서 점을 쳤더니,

"당연히 크게 이겨 오랑캐 추장을 붙잡을 것이다."

라고 하였다. 장졸들이 이 말을 믿고 다투어 적진으로 달려가 농지고를 격파하였으며 그 공으로 적천후(赤泉侯)에 봉해졌다. 원·명 시대에 이르러 공씨는 중간에 대가 끊어졌고, 서출로서 '초(鈔)'[14]가 나와 능히 그

---

10 전방이 …… 바꾸었다 : 남북조 시대 이래 일반적으로 통용된 돈은 공방전(孔方錢)이었는데, 이 글에서는 '공(孔)'을 성으로 하여 공자와 연계시킨 것이다.

11 노포(魯褒) : 진(晉)나라 때의 은사로 자는 원도(元道)이며 하남성(河南省) 남양(南陽) 사람이다. 노포는 「전신론(錢神論)」을 지었는데, 사공공자(司空公子)와 기무선생(綦母先生)을 등장시켜 당시 돈을 숭상하던 세태를 풍자하였다. 이 글은 『진서(晉書)』, 「은일전(隱逸傳)」, '노포(魯褒)'에 실려 있다.

12 적청(狄靑) : 송나라 초의 인물이다. 자는 한신(漢臣)이며, 무예와 병법에 정통하였다. 출전할 때에 머리를 풀고 동면구(銅面具)를 착용하여 적군을 놀라게 했다고 한다. 『송사(宋史)』 권190에 그의 열전이 있다. 동면구를 착용했기 때문에 적청을 여기에 등장시킨 것이다.

13 농지고(儂智高) : 당나라가 망한 이후 혼란한 시대의 인물이다. 스스로 '남천국(南天國)'을 세우고 '인혜황제(仁惠皇帝)'가 되었으나 적청의 공격을 받아 멸망한 사실이 있다.

14 초(鈔) : 오늘날 지폐나 어음에 해당하는 것이다. 원대(元代)에 중통초(中統鈔)·지원초(至元鈔)·지정초(至正鈔) 등이, 명대(明代)에 대명보초(大明寶鈔) 등이 발행되었다.

선대의 업을 계승하여 천하에 중한 존재가 되었다.

공아도(孔阿賭)는 됨됨이가 동철(銅鐵)로 만들어진 데다 윤곽이 뚜렷하며 손에는 글자가 새겨져 있는데 '원보(元寶)'[15]라고 되어 있다. 아도가 태어나기 전에 화덕진군(火德眞君)과 선인안공(仙人安公)[16]이 그 집에 내려와서 『주기(注記)』 1권을 주었는데, 천하의 물화(物貨)며 보배와 기물·복식 등속의 명목이 모두 기록되어 있었고, 말미에 다음과 같은 게(偈)가 적혀 있었다.

역산(歷山)[17]의 영(英)과 관색(貫索)[18]의 정(精)이 풀무질하여 녹이는 가운데 변형이 일어나니 중심부는 모나고 외곽은 둥근 모양이다. 문무(文武)에 모두 재주가 없으면서, 홀로 이익의 실권을 독차지하고, 천하를 바삐 돌아다니며 만물을 얽어매니, 장차 사람의 목숨을 살리기도 하고 죽이기도 할 것이로다!

그가 장성하자 과연 **빼**어나고 특이했다. 기이한 술수를 배워 변환을 잘하며, 능히 혼백을 불러오기도 하고 귀신도 마음대로 부렸다. 매양 형체가 이지러지면 곧바로 화로 속에 들어가서 수련을 하였는데, 그러면

---

15 원보(元寶) : 당나라 고조(高祖) 때 주조한 동전을 말한다. 표면에 '개원통보(開元通寶)'라고 쓰여 있는데 이를 '개통원보(開通元寶)'로 잘못 읽은 데서 비롯된 명칭이다(『구당서(舊唐書)』, 「식화지(食貨志)」).

16 화덕진군(火德眞君)과 선인안공(仙人安公) : 화덕진군은 불의 신, 선인안공은 주야사(鑄冶師)를 일컫는데, 곧 구리를 녹여서 돈을 만드는 장인을 가리키는 것이다.

17 역산(歷山) : 지금의 중국 산동성(山東省)의 성도인 제남(濟南)의 교외(郊外)에 있는 산 이름이다. 우(禹)임금과 탕(湯)임금이 수재와 한재를 만났을 때 이곳의 철을 가져다가 돈을 주조하여 백성을 구제했다는 전설이 있다(『관자(管子)』, 「산권수(山權數)」).

18 관색(貫索) : 돈의 꿰미를 말한다.

몸이 전과 똑같이 좋아졌다. 일찍이 분신(分身)을 억만 개로 하였던 까닭에 천하에 흩어져 있는 무리들은 그 모습과 기능이 판에 박은 듯 똑같았다.

공아도는 온갖 재화가 때에 따라 값이 오르고 내리는 것을 두루 알아서, 시가(市價)를 공평하게 하여 교역을 이루도록 하였다. 무릇 사람들이 일상 생활을 하는 데 필요한 용구며, 사치하고 애호하는 물건에 이르기까지 구하고 싶은 마음이 있으면, 곧바로 구해지지 않는 것이 없었다. 제(齊)의 깁〔齊紈〕·촉(蜀)의 금〔蜀錦〕19과 화완(火浣)·동화(橦華)·갈월(葛越)20 등의 직물이며, 명주(明珠)·문서(文犀, 무소뿔)·대모(瑇瑁, 바다거북의 등껍데기)·취우(翠羽, 물총새의 깃털) 등의 진보며, 용안(龍眼)21·여지(荔枝)·감람(橄欖)·귤과 유자 등의 과실, 호박(琥珀)·유리(琉璃)·산호(珊瑚)·마노(瑪瑙) 및 피한(辟寒)의 금(金),22 징수(澄水)의 비단,23 성성이의 입술·표범의 태반24·구장(蒟醬)25·계두(桂蠹)26 및

---

19 제의 깁〔齊紈〕·촉의 금〔蜀錦〕: 깁은 희고 고운 명주〔白細絹〕로, 제(산동성)의 특산이기 때문에 제환이라고 일컬은 것이며, 금은 채색의 비단을 가리키는데 촉(사천성)의 특산이기 때문에 촉금이라고 한 것이다.

20 화완(火浣)·동화(橦華)·갈월(葛越): 화완은 염주(炎洲)의 화광수(火光獸)라는 쥐와 비슷하게 생긴 동물의 털로 짠 베라고 전해지는 것이다(『해내십주기(海內十洲記)』,「염주(炎洲)」). 동화는 서촉(西蜀)에서 나는 동나무의 꽃으로 짠 베이다(『문선(文選)』,「촉도부(蜀都賦)」). 갈월은 중국의 남방에서 생산되는 갈포의 일종이다.

21 용안(龍眼): 열대산 상록교목의 과실로, 그 살은 용안육(龍眼肉)이라 하여 약재로 사용한다.

22 피한(辟寒)의 금(金): 전설상의 금의 일종이다. 삼국 위나라 때 곤명국(昆明國)에서 진상한 수금조(嗽金鳥)가 금가루를 토해서 궁인들이 이것으로 비녀와 패물을 장식했다고 전한다. '피한'이라는 명칭의 유래는 수금조가 피한대(避寒臺)에 살았기 때문이라는 설과 새는 본디 추위를 두려워하지 않기 때문이라는 설이 있다(『술이기(述異記)』,『유양잡조(酉陽雜俎)』,「우편(羽篇)」).

23 징수(澄水)의 비단: 당나라 동창공주(同昌公主)가 더위를 피하기 위해 착용했다는 귀한

교(交)·광(廣)²⁷의 해산물〔鮭〕 등, 해외에 만 리나 떨어진 이역의 특산
물이 수레나 배로 줄줄이 운송되어 왔다.

　또 점대를 살피고 괘상(卦象)을 펼치는 것을 잘하여 사람의 화복길흉
과 성패에 대해서 능히 예언할 수 있었다. 아도는 남전(藍田)의 부윤백
(孚尹伯)²⁸과 고려(高麗)의 황공(黃公)²⁹과 주제(朱提)의 백생(白生)³⁰과
친구로 잘 지내며 서로 값어치가 오르고 내리고 하였다. 그러나 이 세
사람은 모두 자중자애하여 남을 가볍게 대하지 않았기 때문에 쓰이는
경우가 드물었다. 그러나 오직 아도는 굴러다니고 흘러다니는 것을 좋
아하여 귀한 사람과 천한 사람, 현명한 사람과 어리석은 사람을 구분하
지 않고 사귀고 왕래하며 모두의 환심을 얻었다. 이런 까닭에 천하의
경비나 군국의 공납(貢納) 징수로부터 백성들, 변방의 민족들, 개백정,
마의(馬醫), 품팔이꾼이며 거지에 이르기까지 먹고 입고 쓰는 일체를 모

비단이다. 밝고 얇아서 빛이 비칠 정도인데 그 가운데에 용(龍)의 침〔涎〕이 들어 있어서
무더위를 감소시킬 수 있다고 한다.

24　성성이의 …… 태반 : 팔진(八珍)에 든다. 팔진은 이 외에 용의 간〔龍肝〕·봉황의 골수
　〔鳳髓〕·잉어 꼬리〔鯉尾〕·물수리 구이〔鴞炙〕·곰 발바닥〔熊掌〕·수락선(酥酪蟬) 등
　이 있다.

25　구장(蒟醬) : 식물 이름이다. 파촉(巴蜀)에서 나며 신맛을 내는 조미료로 사용된다(『문선
　(文選)』, 「촉도부(蜀都賦)」, 『본초강목(本草綱目)』, 「구장(蒟醬)」).

26　계두(桂蠹) : 계수나무에 기생하는 벌레의 일종으로서 매우 귀한 식품이다.

27　교(交)·광(廣) : 지금의 광동·광서 지역을 범칭하는 말이다.

28　남전(藍田)의 부윤백(孚尹伯) : 남전은 지금의 섬서성(陝西省) 서안(西安) 가까이에 있는
　지명으로 옛부터 좋은 옥이 나는 곳으로 유명하다. 부윤백은 옥을 의인화해서 붙인 칭호로
　서, '부윤'은 옥의 성격을 가리킨 말인데, 옥을 군자의 덕성에 비유한 십덕(十德) 가운데
　하나로 '신(信)'에 해당한다(『예기(禮記)』, 「빙의(聘義)」).

29　고려(高麗)의 황공(黃公) : 금(金)을 가리키는 듯하나 출전은 확인되지 않는다.

30　주제(朱提)의 백생(白生) : 주제는 지금의 운남성(雲南省) 소통현(昭通縣)에 있는 산 이
　름으로, 예로부터 양질의 백은(白銀)이 나는 곳으로 유명하다. 백생은 은을 의인화한 표
　현이다.

두 아도에게 의지하게 되었다. 때문에 아도 홀로 천하의 일을 맡아서 그 권력을 독점하여, 사람들의 가난하고 부유하고 사치하고 검소한 생활과 귀하고 천하고 출세하고 몰락하는 등의 일을 한결같이 결정하게 되었다.

이 무렵 노나라 공자의 도는 이미 드러나지 않게 되어 천하의 인사들이 귀의할 곳이 없어 방황하고 뿔뿔이 흩어지자 아도는 이러한 때를 타서 일어났다. 이에 국내외의 횡목(橫目)[31]과 절름발이의 무리들까지 그를 사랑하고 흠모하지 않는 자가 없어, 그의 얼굴을 한번 대하는 것만으로도 다행으로 여겼다.

세상에서 일컫기를 아도는 능히 인류의 화복을 마음대로 하여, 그의 힘은 족히 산을 옮기고 바다를 움직일 수 있으며, 은혜는 족히 죽은 자를 살리고 뼈골에 살이 붙도록 한다고 하였다. 그런데 자주 권세를 부르고 뇌물을 통하며 시세를 나아가 좇아, 사이좋게 지내는 곳은 모두 부귀를 누리고 빛이 번쩍거리거나 탐욕스럽고 인색하며 염치없고 이익만 좋아하는 그런 무리들이었다. 강직하고 의리를 굳게 지키는 청빈한 선비들은 비록 어쩌다 찾아오거나 도움을 받더라도 끝끝내 그에 의존하지는 않았다.

또한 그의 성질이 돌아다니고 옮겨 다니기를 좋아하며, 뒤집거나 변동하기를 좋아하여, 사람과 사귐에 있어 한 번도 처음부터 끝까지 그대로 유지한 적이 없었다. 심지어는 하루 사이에도 몇 번이나 들고나고 뒤집히기도 하였다. 그가 머물고 환대를 받으면 반드시 크게 재앙을 일으켜서 종종 나라를 기울게 하고 집안을 망치는 데 이르러서야 떠나갔다.

---

31 횡목(橫目) : 사람을 가리킨다. 만물 중에서 오직 사람만이 눈이 가로로 생겼다 하여 사람을 가리키는 말로 쓰인다. "夫子無意於橫目之民乎? 願聞聖治." (『장자(莊子)』, 「천지(天地)」)

가는 곳마다 항시 사람의 마음을 유혹해서 어둡게 만들거나 탐욕에 빠지거나 교만과 사치에 방종하도록 하니, 일체의 다툼과 송사에 도적이 들고 부정행위에 빠지는 등, 온갖 변괴의 단초가 모두 아도로부터 시작되었다. 이런 까닭에 세상의 군자들은 그의 공적을 가상히 여기면서도 그의 품행을 좋지 않게 여겼다.

아도는 늘 다음과 같이 말했다.

"옛날 나의 선조께서 노나라 공자를 사모했던 까닭에 그 성을 모칭(冒稱)했던 것이다. 그런데 공자의 도는 오직 세상을 이롭게 하는 데 있다. 나 또한 그러하다. 나는 세상에 처해서 대개 하나로 꿰고 있다.[32] 내 어찌 마음을 따로 두어 무엇을 사랑하고 증오하며, 누구를 좋게 대하고 나쁘게 대하고 할 것인가? 나는 오직 무위(無爲)의 자세로 사람들을 따를 뿐인데, 어진 자는 나로 말미암아서 성공하고 불초한 자는 나로 말미암아서 실패하게 된다. 또한 차고 비고 성하고 쇠하고 흥하고 망하는 것은 하늘의 이치인데, 내가 거기에 관여하니, 내가 아니면 하늘의 이치를 볼 수 없다. 사람 중에는 어질고 불초한 자가 있는데, 다만 나는 살펴서 이롭게 쓸 따름이다. 도리어 해를 사들이는 자에 대해서는 내가 어찌 알 것인가?"

아도는 명예와 절조를 지킨다고 자부하지 않았지만, 역시 자기의 술법을 스스로 훌륭하다고 여기어 벼슬을 구하지도 않았다.

태사공은 다음과 같이 논평한다.

---

[32] 하나로 꿰고 있다 : 공자는 제자인 증자(曾子)에게 "내 도(道)는 하나로 꿰어져 있느니라〔一以貫之〕."라고 말한 바 있다(『논어』, 「이인(里仁)」). 여기서는 엽전과 같은 돈을 줄 하나로 꿰고 있는 것을 두고 쓴 표현이다.

전씨(錢氏)의 선조는 황탄한 신선술에서 나왔지만, 그 후손들이 크게 번창하였다. 전방(錢方)에 이르러 성을 공씨(孔氏)로 고치면서 드디어 대대로 천하에서 중히 여기는 바 되었다. 전씨 중에서 당나라 때의 전기(錢起)[33]는 시인으로 명성이 있었으며, 오대(五代) 때에 이르러 오월왕(吳越王) 전류(錢鏐)[34]가 나왔는데 4대에 걸쳐 나라를 전하다가 송나라에 귀의하였다. 전씨 자손 가운데 세상에 이름난 이들이 많았다.

경전에 이른바 '사물은 양쪽이 모두 거대할 수 없다[物莫能兩大].'[35] 라 한 것이 어찌 빈말이겠는가? 나는 아도의 사람됨을 논하기 좋아하는데, 천하의 요물이 될 수도 있고 천하의 기화(奇貨)가 될 수도 있다. 군자는 아도 때문에 몸을 일으킬 수 있으며 소인은 아도 때문에 본성을 잃기도 한다. 떠나면 쫓아가지 말고 오면 받아들여서, 아도에게 부림을 당하지 말고 아도를 부릴 것이로다. 공씨가 이른바 세상에 이롭다고 한

---

33 전기(錢起) : 당나라의 유명한 시인이다. 『전중문집(錢仲文集)』 10권이 전한다.
34 전류(錢鏐) : 자는 구미(具美), 당 말 오대의 인물이다. 당 말에 항주자사(杭州刺史)로 있다가 895년 나평국(羅平國) 황제를 자칭한 천창(荐昌)을 정벌하고 월주(越州)를 점령하여 그 지역의 절도사로 군림했으며, 후량(後梁) 원년(907)에는 오월국왕(吳越國王)이 되었다. 당과 후량에 공물을 바치며 해상무역의 실세를 장악하였다. 전류가 죽고 그의 아들 전원관(錢元瓘)을 거쳐 손자 전숙(錢俶)에 이르기까지 80여 년 동안 오월국왕을 세습해 오다가, 송나라 태종(太宗) 연간에 이르러 숙이 자기의 관할지 30주(州)를 모두 송나라에 바치고 등왕(鄧王)에 봉해졌다. 『구오대사(舊五代史)』 권133에 그의 열전이 있다.
35 사물은 …… 없다 : 『사기』, 「진기세가(陳杞世家)」의 다음 내용에 근거하여 『주역』, 「관괘(觀卦)」의 "六四, 觀國之光, 利, 用賓于王. 象曰 : 觀國之光, 尙賓也."에 대한 풀이로 많이 인용된다. 진왕 여공이 그 아들 전경중완(田敬仲完)의 장래를 점치자 '관(觀)' 괘가 '비(否)' 괘로 변하였는데, 그에 대한 풀이가 이러하다. "이는 나라의 광채를 보는 것이니 왕에게 큰 도움이 될 것입니다. 이 나라에 있지 아니하면 다른 나라에 있을 것입니다. 그 자신이 그렇게 되지 아니하면 그의 자손들이 그렇게 될 것입니다. 사물은 양쪽이 모두 거대할 수는 없는 법이니, 진나라가 쇠망해야 그가 비로소 창성해질 수 있을 것입니다." 사마천은 이 예언이 10대에 걸쳐 이루어졌다고 보았다.

말이 어찌 아도가 한 말과 같겠는가!

평어 한유(韓愈)의 「모영전(毛穎傳)」[36]은 천고에 독보적인 작품이다. 희작(戲作)으로 「공아도전(孔阿睹傳)」을 지어 이를 본뜬 것이다. 모영과 아도는 평소의 처신과 태도가 같지 않다. 「공아도전」은 문장 표현의 기복(起伏)과 변화가 괴이하고 황홀하여 한유에 크게 뒤지지 않은 듯하다.

평어 이 작품과 「모영전」은 전적으로 용문(龍門, 司馬遷)을 배운 것인데, 언사(偃師)[37]가 사람을 잘 표현하는 것과 같다. 그 살아 움직이는 듯 구부렸다 폈다 하는 모습이 참모습보다 더 그럴 듯하다. 또한 이 글을 「모영전」에 견주어 보면, 세도에 관계되는 바가 더욱 크다 하겠다.

---

36 한유(韓愈)의 모영전(毛穎傳) : 한유는 당나라의 문학가로서 당송팔대가의 한 사람이다. 자가 퇴지(退之)로 한퇴지로도 많이 일컬어졌다. 「모영전」은 붓을 의인화한 가전으로 『고문진보』 후집에도 수록되어 있다.
37 언사(偃師) : 주(周)나라 목왕(穆王) 때의 인물로, 인형을 잘 만든 것으로 유명하다. 그가 만든 목재 인형은 노래와 춤을 잘해서 마치 살아 있는 사람 같았다고 한다(『열자(列子)』, 「탕문(湯問)」).

이충무전[38]

李忠武傳

충무공(忠武公) 이순신(李舜臣, 1545~1598)은 본관이 덕수(德水)이다. 모친 변씨(卞氏, 草溪 卞守琳의 女)가 그를 잉태했을 때 조부 참판공(參判公) 이백록(李百祿)[39]이 꿈에 나타나 이르기를,

"이 아이는 귀인이 될 터이니 마땅히 이름을 순신(舜臣)이라고 지어라."

하였고, 태어나자 점을 치는 사람이 이르기를,

"50대에 들어서 무장으로 공적을 세울 것이다."

라고 말했다 한다.

어릴 적부터 항시 진을 치고 싸우는 병정놀이를 하였으며, 자라자 붓을 버리고 무예에 힘썼다. 기운쓰기며 말타기 활쏘기로 일세에 으뜸이었다. 정승 유성룡(柳成龍, 1542~1607)[40]과 한동네에 살아 서로 사이좋게 지냈던 관계로 드디어 그 추천에 힘입어서 건원보(乾原堡) 권관(權管)[41]이 되었다. 이때 호적(胡賊) 울지내(鬱只乃)를 유인해 죽였는데 병사(兵使) 김우서(金禹瑞)가 시기한 까닭으로 포상을 받지 못했다.[42] 조산(造山)

---

38 이충무전:『한중기문』에 따르면 을묘년(1855)에 지은 것이다.

39 이백록(李百祿) : 자는 성지(成之), 본관은 덕수이다. 1522년(중종 17)에 생원, 관직은 봉사(奉事)를 지냈다.

40 유성룡(柳成龍) : 조선 선조 때의 재상이다. 본관은 풍산(豊山), 자는 이견(而見), 호는 서애(西厓)이다. 이황의 문인으로, 대사헌·경상도관찰사 등을 거쳐 영의정을 지냈다. 임진왜란 때 이순신과 권율 같은 명장을 천거하였으며, 도학·문장·덕행·서예로 이름을 떨쳤다. 저서에『서애집』,『징비록』등이 있다.

41 건원보(乾原堡) 권관(權管) : 건원보는 함경도(咸鏡道) 경원도호부(慶源都護府) 소재의 보루이다. 권관은 변경(邊境)의 작은 진(鎭)에 둔 종9품 무관이다. 처음에는 그 능력의 유무를 가려 파견했으나 나중에는 아무 기준 없이 파견했으므로 군졸과 변경에 끼친 해가 많았다 한다.

만호(萬戶)로 녹둔도(鹿屯島)[43]에서 둔전을 하였는데 호적의 기습을 받자 홍전(紅氈)을 입은 자 몇 명을 사살하고 포로로 붙잡힌 60여 명을 빼앗아 돌아왔다. 병사 이일(李鎰, 1538~1601)[44]이 패전의 책임을 그에게 떠넘겨서 처형을 당하게 되었는데 스스로 해명하여 모면하게 되었다.[45]

그런데 그는 관직에 있을 적에 바르고 곧게 나아가 아부할 줄 몰랐으며, 남이 알아주기를 좋아하지 않았던 까닭에 지위가 현달하지 못했다. 이이(李珥, 1536~1584)가 이조판서로 있으면서 그를 한번 만나 보기를 원했는데 그는 거절하여,

"어찌 사적으로 전상(銓相, 이조판서)을 만나리오?"

---

42 이때 …… 못했다 : 『이충무공전서(李忠武公全書)』, 「연표(年表)」에 따르면 39세인 1583년(선조 16)에 함경도 건원보 권관에 임명되었고 이때 조정의 우환거리였던 울지내를 유인해 내어 죽였다고 한다.

43 녹둔도(鹿屯島) : 함경북도 선봉군(先鋒郡) 조산리(造山里)에서 약 4킬로미터 거리에 있는 섬이다. 만호(萬戶)는 무관직(武官職)의 하나로 조선 초기에 각 도(道)의 여러 진(鎭)에 딸린 종4품의 군직이다. 만호·부만호(副萬戶)·천호·백호 등이 있다가 점차 정리되었다.

44 이일(李鎰) : 조선 선조·광해군 때의 무장이다. 본관은 용인(龍仁), 자는 중경(重卿)이다. 1558년(명종 13) 무과에 급제하였다. 1587년 함경도북병사가 되어 이탕개(尼湯介)의 난을 평정하고, 녹도(鹿島)에 여진족이 침입하자 이듬해인 1588년 두만강을 건너 여진의 시전부락(時錢部落)을 소탕하여 가옥 2백여 동(棟)을 불사르고, 여진족 3백80여 명을 죽이는 전과를 올렸다. 1592년 4월에 왜란이 일어나자 경상도순변사가 되어 북상하는 왜적을 상주에서 맞아 싸우다가 크게 패배하고 충주로 후퇴하였다. 조정에서는 패주한 죄가 큰 것을 들어 처벌을 요청하는 신하가 있었으나, 경험이 많은 무장이라 하여 용서받았다. 저서로는 『증보제승방략(增補制勝方略)』이 있다. 시호는 장양(壯襄)이다.

45 패전의 …… 되었다 : 42세인 1586년(선조 19)에 조산보 명마만호가 되었고, 이듬해 8월 녹도의 둔전관을 겸하였다. 이 섬이 멀리 고립되어 있었기 때문에 절도사(節度使) 이일(李鎰)에게 군사를 더 파견해 주기를 청했으나 거절당했다. 적이 과연 군대를 몰고 와서 섬을 공격하였는데 순신은 적의 괴수를 쏘아 죽였다. 이일은 자신의 죄를 면하려고 공을 패한 것으로 무고하여 죽이려 하였으나, 조정에서는 파직시키고 백의종군하는 선에서 마무리했다.

라고 하며 찾아가지 않았다. 또 병조판서 김귀영(金貴榮, 1520~1593)이 자기 서녀(庶女)로 첩을 삼도록 하려 하였으나 그는,

"나는 처음 벼슬을 시작할 때부터 권귀(權貴)의 문하에 발을 들이려 하지 않았다."

라고 말하였다. 재상 유전(柳㙉, 1531~1589)[46]이 그가 좋은 전통(箭筒)을 가지고 있다는 말을 듣고 만나서 달라고 하자 그는 이렇게 말했다.

"이 물건이 비록 하찮은 것이지만 대감이 뇌물을 받았다는 말을 듣게 하고 싶지 않습니다."

유전은 부끄러워하면서도 감복하였다. 일찍이 스스로 다짐한 말이 있었다.

"대장부로 태어나 쓰임을 얻으면 목숨을 바칠 것이요, 쓰임을 얻지 못하면 전야로 돌아가 농사를 지을 것이다. 기어코 아첨을 하여 영예를 취할 수는 없다."

유성룡이 누차 진언하여 정읍현감(井邑縣監)으로부터 전라좌수사(全羅左水使)로 특진을 하였다.[47]

어떤 사람의 꿈에, 수천 수만의 사람들이 뿌리째 넘어가는 나무 아래에 앉았는데 한 사람이 그 나무를 넘어지지 않도록 받치고 있었다. 가까이 가서 보니 이순신이었다고 한다. 왜구가 곧 쳐들어올 것을 예상하여 미리 대비를 하는데 거북선을 발명하여 제작하고 앞바다에 쇠사슬을 설치하고 기다렸다. 선조 임진년(1592, 선조 25)에 왜적이 부산을 함락하자

---

46 유전(柳㙉) : 본관은 문화(文化), 자는 극후(克厚), 호는 우복(愚伏)이다. 1589년 영의정에 올랐다. 시호는 문정(文貞)이다.
47 유성룡이 …… 하였다 : 45세인 1589년(선조 22) 12월에 정읍현감에 임명되었고, 47세인 1591년(선조 24) 2월에 전라좌도수군절도사에 임명되었다..

그는 여러 막하의 장수들을 소집하고 구원할 대책을 의논하였다. 모두들 본도를 지키는 것이 마땅하며 직분을 넘어서 다른 지역으로 나가 싸우는 것은 불가하다고 주장하였다. 그러자 군관 송희립(宋希立)[48]이 나서서 말했다.

"적이 대규모로 쳐들어와서 치달으면 고립된 성에서 홀로 지켜 내기는 어렵소. 지금 나아가 싸워 다행히 승리를 한다면 적의 기세를 꺾고 우리의 사기가 높아질 것이라, 우리가 온전히 승리하게 될 것입니다. 불행히 싸우다가 적에게 죽는다 할지라도 충의(忠義)에 조금도 부끄러움이 없으리이다."

녹도만호 정운(鄭運, 1543~1592)[49]은 노기를 띠고 말했다.

"나라의 신하 된 자는 조국을 수호하는 것이 의리입니다. 어찌 앉아서 위태로운 꼴을 바라보기만 하고 구하러 나가지 않는단 말입니까?"

그는 크게 기뻐하며 명령을 내렸다.

"감히 출정하지 말자고 말하는 자는 참하리라."

---

48 송희립(宋希立) : 생몰년 미상. 본관은 여산(礪山), 자는 신중(信仲), 간(侃)의 6대손이며, 대립(大立)의 아우이다. 임진왜란이 일어나자 녹도만호(鹿島萬戶) 정운(鄭運)의 군관으로서 영남지역 원병파견을 주장하였고, 지도만호(智島萬戶)가 되어 형 대립과 함께 이순신의 휘하에서 활약했다. 1598년(선조 31) 노량해전에서 적에게 포위된 명나라의 제독 진린(陳璘)을 구출하였으며, 1601년 양산군수·다대포첨절제사(多大浦僉節制使)를 지내고, 전라좌도수군절도사가 되었다. 흥양(興陽, 지금의 전라남도 高興)의 세충사(世忠祠)에 제향되었다.

49 정운(鄭運) : 본관은 하동(河東), 자는 창진(昌辰), 영암 출신이다. 훈련참군 응정(應禎)의 아들이다. 1570년(선조 3) 28세로 무과에 급제하였고, 1591년 녹도만호(鹿島萬戶)가 되었다. 그 이듬해 임진왜란이 일어나자 이순신(李舜臣) 휘하에서 군관 송희립(宋希立)과 함께 결사적으로 출전할 것을 주장하였다. 옥포(玉浦)·당포(唐浦)·한산 등의 여러 해전에서 큰 공을 세우고, 마침내 9월의 부산포해전에서 우부장(右部將)으로 선봉에서 싸우다가 전사하였다. 시호는 충장(忠壯)이다.

이에 전선 24척을 결집하고 다 함께 맹세한 다음 진군하는데, 여도만
호(呂島萬戶) 황옥천(黃玉千)이 도망치려 하자 붙잡아 참하여 조리돌렸
다. 그리고 출정해서 왜적을 조우하여 적선 30여 척을 옥포에서 격파하
였다.

이때 서울이 함락되고 임금이 몽진(蒙塵)하였다는 소식을 듣고 통곡
을 하며 본영으로 돌아왔다. 그러다가 임금이 안전하게 계시다는 말을
듣고 떨쳐서 말하기를,

"우리 임금께서 살아 계시니 다시는 근심할 것이 없다."

그리고 곧 송여종(宋汝悰, 1553~1609)[50]을 파견하여 급히 승전보를 올
렸다. 당시 삼경(三京)이 모두 함락당하고 임금은 따라온 신하 수십 명
과 함께 의주에 머물러 있으면서 내부의 계책[51]을 의논하는 참이었다.
온 나라에 왜적들이 횡행하고 수령과 군관들은 바라만 보고도 도주하고
무너져서 중앙과 지방이 단절된 상태라 아무런 보고도 들어오지 않았
다. 군신들 모두 어찌할 바를 모르고 근심하며 당황하고 있던 차에 이순
신의 승전보가 들어오자 조정이 비로소 살아나는 기색이었다. 당시 사
람들이 이를 안평원(顔平原)[52]에 비견하였다.

---

50 송여종(宋汝悰) : 본관은 여산(礪山), 자는 언온(蘊)이다. 1592년(선조 25) 임진왜란이
일어나자 낙안군수(樂安郡守) 신호(申浩)의 막료로서 종군하였고, 전라좌수사 이순신(李
舜臣)을 따라 한산도 싸움에서 무공을 세웠다. 왕에게 올리는 이순신의 보고문을 가지고
밤새 적진 사이를 돌파하여 행재소(行在所)에 이른 공으로 술잔을 하사받고 녹도만호(鹿
島萬戶)에 임명되었다. 1594년 무과에 급제하고 1597년 원균(元均)의 휘하에 있다가 한산
도에서 패전하였지만, 이순신이 삼도수군통제사로 다시 기용되자 그의 휘하에서 여러
번 전공을 세웠다.

51 내부의 계책 : 중국으로 망명하는 것을 뜻한다.

52 안평원(顔平原) : 당나라 안진경(顔眞卿)을 가리킨다. 평원은 그의 봉호(封號)이며, 자는
청신(淸臣), 산동성(山東省) 낭야(琅邪) 임기(臨沂) 출생이다 노군개국공(魯郡開國公)에
봉해졌기 때문에 안노공(顔魯公)이라고도 불렸다. 북제(北齊)의 학자 안지추(顔之推)의

이순신은 군중에 있으면서 따로 저축한 양곡 5백 석을 두고 이렇게 말했다.

"주상께서 만약 요동으로 건너가신다면 나는 마땅히 바다를 건너가서 모셔와 나라의 회복을 도모하리라. 끝내 천명이 우리를 돕지 않는다면 군신이 함께 사직을 위해 죽는 것이 의리에 옳다."

어느 날 꿈에 한 백발 노인이 나타나서 이순신을 발로 차 깨우며,

"적군이 왔다."

라고 말하는 것이었다. 이순신은 즉시 군사를 거느리고 노량(露梁, 경남 남해군 설천면 노량리)으로 출동해서 적과 조우하였다. 사천(泗川, 경남 사천시) 지경까지 추격하여 적선 13척을 불태웠다. 그때 이순신은 탄환에 맞아 왼쪽 어깨에서 등쪽으로 몇 치 정도 박혀 피가 발꿈치까지 흘렀다. 그래도 계속 싸움을 지휘하여 그만두지 않았다.

적군을 격파한 다음 칼로 살갗을 째서 탄환을 **빼내도록** 하니 온 군중이 놀라지 않는 자 없었지만 이순신만은 평소와 다름없이 웃고 말하였다. 그는 매양 싸울 적마다 군사들에게 경계하여 이렇게 말하였다.

"오직 힘을 다해 적병을 죽이는 것으로 공을 삼을 것이요, 적의 수급을 베어 상을 받으려고 하다가 지체하여 실기(失機)하는 일이 없도록 하여라."

아군이 진군하여 당포(唐浦)에 이르렀을 때, 또 적선 20여 척과 조우하였다. 순천부사(順天府使) 권준(權俊)이 적장을 쏘아 죽이고 누선(樓船)[53]

5대손. 평원태수(平原太守)가 되었을 때 안록산(安祿山)의 반란을 맞았으며, 이때 그는 의병을 거느리고 조정을 위하여 싸웠다.

[53] 누선(樓船) : 층으로 되어 있는 배를 가리키는 말이다. 군선에서는 상층에 지휘관이 위치한다.

을 나포했다. 여러 편대들이 환호하며 다투어 진격하여 마침내 적을 섬멸하였다. 노획물 중에 금색의 둥근 부채가 있었는데, 글씨 10여 자가 씌어진 것으로 평수길(平秀吉, 도요토미 히데요시[豊臣秀吉])이 친히 자기 이름을 써서 하사한 것이었다.

날이 이미 정오에 가까웠는데, 군사들이 피곤하여 더 싸울 수 없는 상태였다. 이때 척후선(斥候船)이 적선이 오고 있다고 몇 번이나 보고를 해 왔으나, 군관들이 모두 겁을 내고 있었다. 이순신은 노하여,

"적이 오면 곧 싸울 것이어늘, 멀쩡한 군인들이 어찌 겁을 낸단 말인가?" 하고, 즉시 앞바다에 나포한 누선을 끌어 놓고 불을 지르니 그 배에 쌓여있던 화약이 일제히 폭발하여 적들이 두려운 마음에 주춤거리다가 퇴각하였다.

군중이 밤중에 놀라 동요하였으나 그는 움직이지 않고 태연히 자리에 누워 있으면서 사람을 시켜 요령(搖鈴)을 흔들어 진정시켰다. 이미 여러 차례 싸워 지친 까닭에 군사들의 마음이 허약해진 상태였는데, 마침 전라우수사(全羅右水使) 이억기(李億祺, 1561~1597)가 전선 25척을 거느리고 와서 전력을 보탰다.

이에 형세가 크게 떨쳐 고성(固城)의 당항포(唐項浦, 경남 고성군 회화면 당항리)까지 진격해 가서 적선 33척을 격파하고, 또 누선장(樓船將)을 참했다. 계속 추격하여 율포(栗浦, 경남 거제시 장목면 대금리)에 이르러 또 격파하니 적군은 멀리 도주하였다. 계속 수색을 하였으나 적선이 보이지 않아 본영으로 돌아와 주둔했다.

그리고 거짓 계초(啓草) 2부를 작성하여 거기에 "곧장 일본으로 쳐들어가려 한다."는 말을 써서 길 위에 떨어뜨려 놓아 적군으로 하여금 보도록 하였다.

7월에 들어와서 적군이 출현했다는 보고를 받고 진군하여 고성 견내

량(見乃梁, 경남 거제시 사등면 덕호리)에서 적군과 조우하였다. 이순신은 그곳의 바다가 비좁고 수심이 낮기 때문에 일부러 후퇴하며 적군을 유인, 한산도(閑山島, 경남 통영시 한산면) 넓은 바다에 이르러서 군대를 돌려 맹렬히 공격했다. 그 형세는 바람과 우레가 몰아치는 듯 바다와 산이 진동하여 적선 73척이 눈깜짝할 사이에 모두 침몰하였다. 무릇 왜군을 죽인 것이 만여 명에 이르렀으니 모두 바다에 빠져 물이 온통 벌겋게 된 지경이었다.

당초에 왜군이 모두 우리의 수군을 두려워하였는데, 평수가(平秀家, 다이라 히데이에)는 제가 대적하겠다고 자청하더니, 이때에 이르러 겨우 목숨만 건졌다. 평수가는 왜군의 명장으로 항시 선봉에 서서 우리의 삼경(三京)을 함락한 자였다. 이때부터 왜군들 사이에서 "한산 싸움에서 기가 죽지 않은 자가 없었다."라고 말들을 하였다.

안골포(安骨浦, 경남 진해시 소재)에서 적군이 철판으로 배를 싸고 젖은 솜으로 덮어 놓은 다음 군사를 나누어 해안을 점거하고 사수할 계책으로 나왔는데, 아군이 예봉을 타서 무찌르고 배 42척을 불태워 버렸다. 적군은 육지로 올라가 달아났다.

이순신은 부산이 적군의 근거가 되는 곳이라 빼앗으면 적을 무찌를 수 있다고 생각하여 군사를 거느리고 접근해 들어가니, 적군은 배를 버리고 산으로 올라가서 굳게 지키고 감히 나오지 못했다. 이때 정운(鄭運)이 탄환에 맞아 전사했다.

이순신은 이에 군대를 돌려 부산의 배후지로서 엄호하는 역할을 하는 웅천(熊川, 경남 진해시 소재)을 공격해서 쳐서 죽인 자가 매우 많았다. 그런데 적군 또한 장애물을 많이 설치하여 방어한 까닭에 아군은 깊이 들어갈 수 없었다.

이순신은 본영(곧 전라좌수영. 전라도 여수에 설치)이 호남에 치우쳐 있었기에 한산도로 진을 옮겼다. 이곳은 거제의 남쪽으로 호남으로 가는 길목의 요충이었다. 조정에서는 이순신을 삼도수군통제사(三道水軍統制使)로 임명하였는데, 통제영을 설치한 것은 이때부터 시작되었다.

이순신은 사람을 모집하여 둔전(屯田)을 경영하고 어염(魚鹽)·도야(陶冶) 등 다방면으로 수익사업을 일으켜서 군대의 쓰임이 부족하지 않게 하였다.

그는 군중에 있을 때 전부터 여악(女樂)을 베풀어 즐기지 않고, 잠자리에서도 갑옷을 벗지 않으며, 먹는 분량도 하루에 1되를 넘지 않도록 했다. 출전한 이래 늘 몸이 안 좋았지만 조금이라도 틈이 생기면 몸소 군관들을 거느리고 활쏘기 시합을 하거나 무예를 연마하였다.

명나라의 담(譚) 도독[54]이란 사람이 화친의 일로 웅천의 적진에 있으면서 편지를 보내,

"일본의 여러 장수들이 무장을 풀고 군대를 쉬게 하려 하니, 그대는 속히 본거지로 돌아가야 할 것이오."

라고 하였다. 이순신은 이렇게 회답하였다.

"연해의 땅이 모두 우리의 강토인데, 소위 본거지란 어디를 말하는 것이오?"

을미년(1595, 선조 28) 2월에 정승 이원익(李元翼, 1547~1634)이 도체찰사(都體察使)로 내려와서 군대를 시찰하였다. 이순신은 남몰래 청하기를,

"대감님께서 오셨는데 군사들 마음이 필시 호궤(犒饋)가 내릴 것을 기

---

54 담(譚) 도독 : 담종인(譚宗仁)을 이른다. 1592년 제독 이여송을 따라왔다. 심유경(沈惟敬)이 부산에 있는 왜적의 진영에서 나와 돌아가자 담종인이 1593년 12월에 유경과 교체되어 가서 청정(清正)의 진영 속에 오래도록 있으며 빠져나오지 못하다가 뒤에 계책을 써서 탈출하였다. 1596년 2월에 돌아갔다(『상촌고(象村稿)』, 「천조조사장신선후거래성명기자 임진지경자(天朝詔使將臣先後去來姓名記自壬辰至庚子)」).

대할 것입니다. 이 소망을 저버려서는 안 될 것입니다."
라고 하니, 이 정승이 말하였다.

"내가 준비해 가지고 온 것이 없는데 어찌할 것이오?"

"제가 대감을 위해 이미 마련해 두었습니다. 대감께서는 모름지기 명령 한 번만 내려 주십시오."

이 정승은 크게 기뻐하며 그대로 따랐다. 사졸들이 환호작약했다. 이정승은 이 때문에 칭찬을 아끼지 않았다.

당초에 원균(元均, ?~1597)은 경상우수사(慶尙右水使)로 있었다. 왜구가 침략해 오자 원균은 전선 73척을 모두 잃고 걸망포(傑望浦, 경남 통영시 소재)로 도망해 가서 숨어 있었다. 이순신은 원균이 이곳 바다의 수로에 익숙하기 때문에 맞이하여 함께 일을 도모하였다. 이순신이 통제사에 오르자 원균은 자신이 선배로서 지휘를 받는 것을 부끄럽게 여겼다. 이순신은 곡진하고 관대하게 대하였으나 원균은 방종하게 구는 것이 날로 심하여 명령을 따르지 않는 일이 많았다. 이순신이 자기의 직책을 바꾸어 달라고 계청(啓請)하였는데, 조정에서는 원균을 충청병사(忠淸兵使)로 임명했다. 원균은 원한이 뼛골에 사무쳐 밤낮으로 이순신을 중상(中傷)할 방도를 생각하였다.

병신년(1596, 선조 29) 겨울에 평행장(平行長, 고니시 유키나가〔小西行長〕)이 요시라(要時羅)를 보내서 반간계(反間計)[55]를 썼다.

"평행장이 청정(清正, 가토 기요마사〔加藤清正〕)과 사이가 좋지 않은데, 지금 청정이 일본에서 다시 나온다. 내 반드시 날짜를 알아서 그 배를 찾아 알려 주겠다. 귀국이 만약 통제사를 보내 그를 요격하면 귀국은 원

---

55 반간계(反間計) : 적의 첩자를 역이용해 적의 동정을 살피는 계책을 말한다.

수를 갚을 수 있고 평행장은 마음으로 좋아할 것이다."

그리고 여러 가지로 성의를 표시하여 유혹하였다. 조정에서는 요행히 좋은 수가 생기는가 하여 이순신에게 출정을 명하였다.

이순신은 왜놈들이 간계를 잘 써서 갔다가는 필시 저들의 계책에 빠지리라 생각하고 끝내 거부하고 가지 않았다. 이에 원균은 자꾸 나쁜 소문을 만들어 내어 모함하기를,

"이순신이 적을 방관하고 제 살길만 도모하여 기회를 놓치고 있다."

라고 하였다. 조정에서는 이에 이순신을 잡아다가 국문하라고 명하였다. 정승 이원익이 계문을 올려 그를 구하려 하였으나 뜻대로 되지 않았다. 이때에 길을 막고 통곡하며 이순신을 떠나보내는 자가 날마다 천여 명이었다. 정승 김명원(金命元, 1534~1602)과 정탁(鄭琢, 1526~1605)이 청원한 데 힘입어 죽음을 면하고 권율(權慄, 1537~1599) 원수 막하에서 백의종군(白衣從軍)을 하게 되었다.

원균이 대신 통제사가 되었는데 날마다 술을 마시고 풍악을 즐기며 장졸들은 돌보지 않았다. 장졸들 마음이 모두 노엽고 흐트러져서 왜적과 싸움에 대패했다. 마침내 전선과 군졸을 거의 다 잃고 그 자신도 죽임을 당했다.

왜적은 진군하여 두치강(豆雉江)[56]에 이르러 상륙해서 그대로 밀고 들어가 남원을 함락시키기에 이르렀다. 이에 조야가 크게 두려워하였는데, 정승 이항복(李恒福, 1556~1618)이,

"이번 실패는 이순신을 기용하지 않았기 때문이다. 원균은 실로 비뚤

---

56 두치강(豆雉江) : 섬진강을 이른다. 고려 초기에는 두치강으로 부르다가 고려 말부터 섬진강으로 불렸다. 두치는 '豆恥(恥)', '豆峙'로 쓰는데 '豆雉'로 표기한 사례는 여타 문헌에서 찾을 수 없다. 두치는 현재 전남 광양시 진상면(津上面) 섬거리(蟾居里)의 옛이름이다.

어지고 마음이 거짓되어 큰 임무를 맡을 수 없는 사람이다."
라고 하였다. 때마침 이순신은 모친상(1597년 4월)을 당하여 성복(成服) 중이었는데, 도원수의 명으로 진주에 내려가 흩어진 군사들을 모으고 있었다. 이에 조정은 다시 이순신을 통제사로 임명하였다.

정유년(1597, 선조 30) 8월에 이순신은 단기(單騎)로 달려 진도에 당도했다. 하나하나 수습해 놓고 보니 남은 전선이 겨우 12척이요, 무기와 군수물자도 거의 바닥난 상태였다. 전라좌수사 배설(裵楔)은 배를 버리고 육지로 올라가 피하자고 주장하였지만 이순신은 받아들이지 않았다.

배설이 배를 버리고 도망하자 이순신은 그를 잡아 죽일 것을 계청하였다. 조정은 아군의 형세가 워낙 잔약함을 우려한 나머지 군대를 이동하여 육지에서 싸우도록 명하였다. 이순신은 장계를 올렸다.

"적군이 호서·호남 지방에서 마음대로 횡행하지 못하는 것은 우리 수군이 저들의 진로를 막고 있기 때문입니다. 또한 자기들의 선박을 보호하느라 정박한 바닷가를 멀리 떠나지 못하고 있습니다. 지금 배를 버리고 육지에서 싸우려고 한다면 적군은 필시 뒤로 낭고(狼顧)의 우환[57]과 앞으로 양번(羊藩)의 우환[58]이 없어질 것입니다. 신에게는 전선이 아직 12척이 남아 있으니 필사적으로 맞서 싸운다면 해볼 수 있을 것입니다. 하늘의 영명하심에 힘입어 신이 만약 패하지 않는다면 적은 또한 감히 함부로 날뛰지 못할 것입니다. 만약 신에게 바다를 방어하도록 맡겨

---

57 낭고(狼顧)의 우환: 이리는 항상 뒤를 돌아보며 걱정한다는 뜻에서 나온 말이다. 후고(後顧)의 근심과 같은 뜻이다.

58 양번(羊藩)의 우환: 진퇴양난과 같은 말이다. '羊藩'은 '羝羊觸藩'의 준말로 숫양의 뿔이 울타리에 걸려 꼼짝 못한다는 뜻이다. 『주역』,「대장괘(大壯卦)」, '상륙(上六)'에 "숫양이 울타리를 들이받아 물러가지도 나아가지도 못한다〔羝羊觸藩, 不能退, 不能遂〕."고 나와 있다.

주시면 반드시 나라에 보답할 것입니다."

이때 적선이 바다를 가득 메우고 있었다. 이순신의 부대는 병졸이 천 명도 되지 못하였는데 대부분 부상을 당하고 굶주린 상태로 섬에 고립되어 있었다. 누가 봐도 위태롭고 어려웠다. 이순신이 눈물을 흘리며 군사들에게 필사의 의지를 보이고 맹세하니 모두들 감격하여 떨쳐 일어날 뜻을 보였다.

이순신은 해로통행첩(海路通行帖)을 만들어 피난하는 민간 선박들에게 쌀을 헌납하고 통행첩을 받아가도록 하였다. 처음에 피난선들은 모두 바닷길의 통행이 막힌 것을 걱정하였으나, 이때에 이르러 다투어 와서 통행첩을 받아가 열흘 사이에 군량곡 수만 석을 얻었다.

적군이 자주 군대를 보내 건드렸으나 그때마다 쳐서 물리쳤다. 어느 날 저녁 때 이순신은 군관들에게,

"오늘밤 달이 밝으니 적군이 필시 쳐들어올 것이다."

하고, 뿔피리를 불어 닻을 올리고 대기하였다. 이윽고 적선이 서쪽 언덕의 산 그림자 가운데로 슬그머니 접근하고 있었다. 적군이 가까이 오자 아군은 일제히 공격했다. 적군은 이미 방비를 하고 있는 줄 알고 물러갔다.

이순신은 군대를 돌려 우수영(右水營) 명량(鳴梁)[59] 바다에 이르러 적이 대규모로 진격해 오는 적을 조우했다. 이순신은 피란하는 민간 선박들을 먼 바다로 펼쳐 배열하여 응원하는 형세를 만들었다. 이순신은 오

---

59 명량(鳴梁) : 전남 해남군 화원반도(花源半島)와 진도(珍島) 사이에 있는 해협으로 울돌목이라고도 한다. 가장 좁은 부분의 너비는 293미터에 불과해서 물살이 매우 험하다. 임진왜란 때 이곳에서 충무공(忠武公)이 왜적을 크게 격파했는데, 명량대첩(鳴梁大捷)이라고 일컫는다. 지금 해협 위로는 해남과 진도를 연결하는 진도대교가 가설되어 있다.

직 12척의 병선을 이끌고 출전했는데 적군은 300여 척으로 아군의 선단을 수십 겹 에워쌌다.

우수사(右水使) 김억추(金億秋)와 중군장(中軍將) 김응함(金應諴)은 모두 1리 정도 거리에 물러나 있으면서 사태를 관망하며 진군하려 하지 않았다. 이순신은 배를 돌려 쫓아가서 그들을 처벌하고 싶었으나 적군이 그틈을 타서 들어오면 다시 정비할 겨를이 없겠기에, 장졸에게 죽음을 각오하고 싸우도록 독려했다. 이윽고 적군이 전력을 다해 쳐들어왔으나 우리를 이길 수 없었다. 김응함 등이 이때 비로소 조금 다가서 오는데, 거제현령(巨濟縣令) 안위(安衛, 1563~?)가 먼저 이르렀다. 이순신은 그 뱃전을 잡고 호령하기를,

"너는 적과 싸우기를 두려워하면서 군법은 두렵지 않느냐?"
라고 하니, 안위는 황급히 죽음을 무릅쓰고 적진으로 뛰어들었다. 또 이순신은 김응함을 불러,

"너는 중군으로 적군 앞에서 움츠려 물러서니 죄를 용서할 수 있겠느냐?"
라고 호통치니, 김응함이 공을 세워 속죄하기를 청하였다. 이때 여러 장수들이 잇달아 와서 부하를 통솔하여 싸움을 북돋았다.

싸움이 시작될 때 이속이나 병졸들이 두려워 하얗게 질렸으나 이순신은 홀로 더욱 기운을 떨쳐 독전하기를 서둘렀다. 마침 적장 마다시(馬多時)란 자가 화살에 맞아 바다에 떨어졌는데 항복한 왜군이 알려 주었다. 이순신은 갈고리로 꺼내도록 명하여 그 몸뚱이를 단칼에 베니 적군의 기세가 크게 꺾였다. 아군이 모두 함성을 올리며 공격하여 적선 30여 척을 격파하니 불에 타고 물에 빠져 죽은 자 헤아릴 수 없었다. 왜군은 이에 휩쓸려 무너지며 물러가고 말았다.

이때 피난하던 사람들이 높은 데 올라가 싸우는 광경을 바라보니, 적

군의 배 천여 척이 바다를 덮고 몰려와 아군의 배를 에워싸서 그 형세가 마치 산이 무너지는 듯하여 서로 붙들고 통곡하며 절망하였다. 이윽고 적군의 배가 점차 쫓겨 가고 아군의 배는 전과 같이 힘차게 날아가듯 적선을 쫓는 것을 보고 모두들 놀라며 환호하였고, 다투어 군량미를 바치며 승전을 축하하였다.

이 싸움이 끝나고 나서 이순신이 막하의 여러 장수들을 불러 보니, 모두들 무릎을 꿇고 눈물을 흘리며 감히 우러러보지도 못했다. 경리(經理) 양호(楊鎬)[60]는 홍단(紅緞)과 은자(銀子)를 보내 포상하며 말했다.

"근세에 이와 같은 대첩은 없었소이다."

이순신은 주둔하고 있는 곳이 조류가 험하고 고립된 지형이었으므로 당사도(唐笥島, 전남 신안군 암태면)로 진영을 옮겼다.

무술년(1598, 선조 31) 2월에 다시 고금도(古今島)로 옮겼는데, 고금도는 강진(康津) 고을의 남쪽에 있다. 백성들을 더 많이 모집해서 둔전(屯田)을 확대하는 한편, 때때로 사이를 엿보아 출병하여 적을 공격했는데, 이 때문에 적이 감히 호남 쪽 바다로 들어오지 못했다.

명군의 수군 도독 진린(陳璘)이 군사 5천 명을 인솔하고 호남 지방으로 내려왔다. 진린은 성격이 사납고 거세어 우리나라 장수나 관인이 여러 번 모욕을 당했다. 조정에서는 이순신을 위해 크게 걱정하였다. 진린이 당도하자 이순신은 술과 고기를 성대하게 마련하고 그의 장졸들에게 실컷 먹도록 하였는데 저들은 모두 기뻐하며 "과연 훌륭한 장군이로다." 라고 칭찬했다.

진린의 부하들 중에 약탈하는 일이 자주 발생하자 이순신은 군중에

---

60 양호(楊鎬 ?~1629) : 명나라 장수로 정유재란 때 부총병으로 우리나라에 나와 여러 가지 공적이 있었으나, 울산 도산성 전투에서 패했다.

명하여 모두들 막사를 철거하고 소지품을 가지고 배에서 내리도록 했다. 진린이 괴이하여 묻자, 이순신은 이렇게 대답했다.

"우리나라 군민(軍民)들이 천병(天兵)을 부모와 같이 생각하는데, 지금 마구 약탈을 당하고 보니 사졸들이 견디지 못하여 다른 섬으로 피해 가려 합니다. 저 순신은 장수로서 홀로 남아 있을 수 없기에 또한 함께 따라가고자 합니다."

진린이 크게 놀라서 만류하자 이순신이 말했다.

"천병이 우리를 약탈하는 경우 적절한 절차로 금지하도록 허락해 주면 좋겠습니다."

이에 진린은 허락하였다. 그 후로 명군이 범법을 하게 되면 이순신이 조사해서 처벌하니, 명군들은 자기들 도독보다도 이순신을 더 두려워하였다.

이순신은 운주당(運籌堂)에서 진 도독과 함께 술을 마시는데, 마침 명군의 천총(千摠)[61]이 와서 보고하기를,

"싸움에서 조선군은 왜군의 배 6척을 빼앗았는데, 우리 명군은 역풍을 맞아 싸우지 못했습니다."

하였다. 진 도독은 대노하여 그를 죽이려고 하였다. 이순신은 그의 마음을 알아차리고 말했다.

"노야(老爺)께서 여기 임하여 수군을 통솔하고 계시니, 우리 조선군의 승리는 곧 노야의 승리입니다. 명군이다 조선군이다 구분할 것이 있겠습니까?"

하고, 즉시 나포한 배를 명군에게 넘기도록 했다. 진린은 크게 기뻐하

---

61 천총(千摠) : 각 군영의 정3품 장관직(將官職)의 하나이다.

며, "고맙소."라고 말했다.

진린은 이순신이 군대를 통솔하는 것이 매우 엄하고 밝은 것을 보고 크게 감복한 나머지 매양 전투를 할 때면 우리 측 전함에 올라타 이순신의 절도(節度)를 받았다. 그리고 호칭을 꼭 '이야(李爺)'라고 하면서,

"공은 작은 나라의 인물이 아니오."

라고 하며, 중국에 와서 벼슬할 것을 자주 권하였다. 일찍이 우리 임금께,

"이순신은 경천위지(經天緯地)의 재주를 지니고 보천욕일(補天浴日)의 공을 세웠습니다."[62]

라고 말하기도 하였다. 또 황제에게 아뢰어 도독의 인장(印章)과 깃발, 칼 등 일곱 가지 하사품을 받게 했으니, 우리나라 사람은 이 일을 매우 영예스럽게 여겼다.

평행장이 수만의 군대를 집결, 순천(順天)의 예교(曳橋)에 주둔하여 성을 쌓고 지켰다. 이순신은 제독 유정(劉綎)과 약속하여 연합해서 공격하기로 하였다. 진린의 부대는 밤에 조수가 밀려들 때를 틈타 왜군을 공격하였는데, 유정은 군대를 출동시키지 않고 다만 북을 울려 응원만 했다. 진린은 육군이 이미 입성한 것으로 생각하고 배를 지휘하여 깊이 들어갔다. 야반에 이순신은 조수가 밀려나자 부대를 철수시켰다. 진린은 싸움에 팔려 돌아보지 않고 있었는데, 이윽고 명군의 선박 19척이 얕은 물에 걸려서 적군에 몰살을 당하게 되었다. 이순신은 가만히 앉아서 바라만 보고 있을 수 없다 생각하고 병선 7척을 보내 구원하도록 하면서,

---

62 경천위지(經天緯地)의 …… 세웠습니다 : 경천위지는 "하늘로 날줄을 삼고 땅으로 씨줄을 삼는다〔經之以天, 緯之以地〕."는 말에서 나온 것으로, 천하를 경영할 만한 탁월한 정치적 식견을 가지고 있다는 뜻이다(『국어(國語)』, 「주어(周語)」). 보천욕일은 여와(女媧)가 하늘이 터져 비가 새는데, 보수하여 새지않게 했고, 희화(羲和)가 감연(甘淵)에서 해를 목욕시켜 가뭄을 막았다는 신화에서 유래한 말이다(『열자』, 「탕문(湯問)」).

"너희들은 힘껏 싸워 자신을 방어만 할 것이요, 조수가 들어오면 즉시 귀환하라."

라고 주의를 주었다. 이와 같이 하여 전부 무사히 돌아올 수 있었다.

남해현령 유형(柳珩)이 거느린 대선이 이미 바닥에 걸려서 움직일 수 없었다. 이순신은 바라보고 발만 동동 굴렀는데, 유형은 작은 배를 큰 배의 선미에 달아매고 온 힘을 다해 끌어서 거꾸로 끌고 나왔다. 당시에 육군들은 수군이 힘을 다해 싸우는 것을 보고 모두들 날뛰며 나가서 싸우자고 했다. 평행장이 거처하는 집이 수군 대포의 공격을 세 번이나 당하자 왜적은 병사를 모두 모아 항전을 하였다.

적군의 포로로 잡혀 있던 사람이 탈출해서 달려와 도원수 권율에게,

"성의 서북 방면이 비어 있습니다."

라고 아뢰었다. 권 도원수와 이덕형(李德馨) 공이 유정에게 달려가 고하고, 이 틈을 타서 성을 함락시키자고 하였다. 그러나 유정은 고집을 세워 듣지 않으므로 진린이 분노하여 유정을 책망했다. 유정은 그래도 갑옷을 던지고 양식도 버리고 물러나서, 이 때문에 싸움에 이기지 못했다.

그때 마침 왜적의 우두머리 평수길(平秀吉)이 죽어서 평행장은 자기 나라로 돌아가려 하였다. 이순신과 진린은 여러 부대를 파견해서 저들의 귀로를 차단하여 몇 달을 지키고 있었다.

이순신은 장도(獐島, 전남 광양시 골약면)로 사람을 보내 쌓아 놓은 군량미를 불태워 버렸다. 평행장은 군량미가 떨어지고 형세가 곤궁해져 몰래 유정에게 뇌물을 바치고 서로 양식을 교환하였다. 또 한편 자주 사람을 보내 진린에게 뇌물을 바쳐서 진린 또한 저들이 돌아갈 길을 열어 주고자 하였는데, 이순신이 극력 반대하여 그만두었다. 평행장이 먼저 배 수십 척을 시험 삼아 출발시켰는데, 이순신은 맞아 싸워 전부 섬멸시켰다.

평행장은 별 대책이 없어 이에 진린에게 청하기를, 자기들의 여러 주둔지에 사람을 파견해서 같이 바다를 건너 돌아가겠다는 약속을 하겠다고 하니, 진린이 허락을 했다. 왜군의 배가 나간 다음에야 이순신은 이 사실을 알고 크게 놀라 말했다.

"이는 저들이 원군을 불러들여 협공을 하려는 계책이오. 우리는 여기에 그대로 앉아서 앞뒤로 적의 공격을 당할 수 없으니, 차라리 군대를 큰 바다로 이동시켜서 한번 결전을 하는 것만 같지 못합니다."

진린은 이순신의 말을 듣고 비로소 크게 놀라 자책했다. 유형이 급히 공격하여 적의 구원군을 섬멸하고 돌아와 곧장 해구(海口)를 차단하자고 청하니, 이순신은 그의 제안을 받아들였다.

왜군의 장수 의홍(義弘, 시마즈 요시히로(島津義弘), 1535~1619)과 남해의 적장 평조신(平調信)이 함께 구원을 하러 왔다.

이순신은 밤에 향불을 피우고 하늘에 빌며 목숨을 걸고 싸우겠다는 다짐을 했다. 문득 큰 별이 바다로 떨어져서 보는 이들이 이상하게 여겼다. 이순신의 부대가 앞서 나가고 진린의 부대가 뒤를 따라서 노량의 바다에서 적과 크게 싸웠다. 이순신은 삼두(三頭)의 횃불을 많이 만들도록 하여 풀로 엮은 떼배에 줄줄이 꽂아 놓고 바다에 배치해서 적진으로 접근했다. 적군은 모두 전함으로 생각하고 다투어 사격을 했다. 이순신은 저들이 그러느라 이미 지친 것을 탐지하고 이 틈을 타서 출격하여 적선 50여 척을 불태웠다. 적군이 두려워 감히 바다로 나가지 못하고 물러가 관음포(觀音浦, 경남 남해군 소재)로 들어가니, 아군이 그 입구를 막았다.

다음날 날이 밝자 적군은 빠져나갈 길이 없는 것을 보고 드디어 군사를 돌려 죽기 살기로 싸웠다. 적군이 이순신이 탄 배를 포위하면 진린이 돌진해 와서 구원해 주었으며, 적군이 또 진린이 탄 배를 포위하면 이순신이 떨치고 일어나 공격을 하니, 군사들은 너나없이 일당백이었다. 적군이 진린의 배로 육박해 들어가자 명군은 창으로 찔러, 바다에 떨어진 자가 천여 명이나 되었다.

드디어 불을 놓아 적선에 붙이니 바람이 급하고 불길이 사나워 순식간에 수백 척이 불에 탔다. 명나라 장수 등자룡(鄧子龍)은 나이가 일흔으로, 용사 2백 명을 거느리고 아군의 배로 올라타 함께 적군 앞으로 나아가 맹렬히 싸워 적을 무수히 죽였다. 이때 문득 다른 배가 화기(火器)를 잘못 던져 등자룡의 배로 들어가 그 배에 불이 붙었고, 적군은 이 형세를 틈타 공격해 들어왔다. 아군은 이것을 바라보고 왜군의 배에 불이 붙은 것으로 생각하고 다투어 나아가서 적의 대장을 쏘아 죽이니, 적군은 모두들 진린을 버려두고 구원하러 왔다. 이에 진린은 포위에서 벗어나 이순신과 더불어 호준포(虎蹲砲)[63]를 발사하여 연달아 적선을 격파했다.

싸움이 바야흐로 치열한 즈음 이순신이 탄환에 맞아 가슴을 관통해서 쓰러졌다.

"나의 죽음을 알리지 말라. 군사들의 마음이 동요해서는 안 된다."

그의 아들 회(薈)와 조카 완(莞)이 이 사실을 숨기고서 깃발을 휘둘러 싸움을 독려하였다. 송희립과 유형 또한 탄환에 맞아 쓰러졌다가 다시 일어나서 싸웠다.

해가 한낮이 되어서 적은 대패하고 2백여 척을 잃었다. 적장 의홍은 겨우 50척을 이끌고 도망을 쳤는데, 평행장은 그 틈을 타서 몰래 빠져나가 묘도(猫島, 전남 순천 소재)로 달아났다. 이 싸움에 왜적은 배 5백여 척을 잃었으며, 사망한 사졸이 헤아릴 수 없이 많아서 떠다니는 시체가

---

63 호준포(虎蹲砲) : 포의 일종으로 호랑이 모양처럼 생겨서 붙여진 말이다.

바다를 덮을 지경이었다.

그날 싸움이 끝나고 나서 진린은 이순신이 전사했다는 말을 듣고 스스로 땅에 세 번이나 몸을 던지며,

"누구와 더불어 큰 공을 세울 것인가?"

하며 가슴을 두드리며 한동안 통곡하였다. 명나라 병사들 또한 모두 슬퍼하여 고기를 입에 대지 않았다 한다. 우리나라 사람들은 그의 전사 소식에 항곡(巷哭)[64]을 하여 친척의 죽음과 같이 슬퍼하며 영구를 맞아 제를 드리는 것이 천 리에 끊어지지 않았다.

이순신은 자질이 영특하였으며 사람됨이 신중하고 빈틈이 없었다. 평소에는 단아한 선비처럼 보였으나 전장에 임하여 결단을 내림에 있어서는 기세가 가득 차 넘쳤다. 군대를 통솔함에 있어서는 엄정하되 함부로 사람을 죽이지 않았다. 군정이 아무리 번거롭고 문서가 산처럼 쌓여도 판결하는 것이 물 흐르는 듯했다. 척후병을 멀리까지 내보내고 경계와 호위를 엄히 하여 적병이 오면 반드시 먼저 알았다.

대략 경서와 사서를 널리 읽어 군정과 관련된 장계나 공문은 반드시 친히 썼는데 모두 정무(政務)에 꼭 맞았다. 공평하고 청렴하며 바르고 신칙하여 장수들과 사졸들이 그를 경외하면서도 사랑하였다. 그래서 전후 수십 번의 전투에서 패한 적이 없었던 것이다. 명량대첩 이후로 명성이 중국에 알려졌고 위세가 일본에 떨쳤다.

이순신이 전사할 때 나이가 쉰 넷이었다. 유성룡은 그의 죽음을 안타까워하며 그가 가슴속에 품은 바를 백에 하나도 다 펼치지 못했다고 하였다.

---

64 항곡(巷哭) : 사람들이 거리에 모여서 곡을 하는 것이다.

당초 왜군이 쳐들어왔을 때 60여만의 정예병이 수륙(水陸)으로 길을 나누어 진군하여 평양에서 만나기로 약속했다. 그런데 적의 수군이 결사적으로 나왔으나 한 치도 더 진군하지 못했던 까닭에, 적의 육군 또한 형세가 고립되어 감히 더 깊숙이 밀고 들어오지를 못했다.

이 때문에 서쪽으로 몽진을 간 우리 임금은 절박한 우환까지는 당하지 않아서 서서히 회복할 수 있었고, 호남과 호서가 이에 힘입어 적군의 침략을 면할 수 있었다. 군수 물자와 나라에 필요한 물건을 이에 힘입어 마련할 수 있어 마침내 적에게 짓밟힌 수치를 씻어 내고 종묘사직이 다시 안정을 얻게 되었으니 중흥의 공훈은 마땅히 이순신을 으뜸으로 꼽아야 할 것이다.

당시 육전으로는 곽재우(郭再祐) · 정기룡(鄭起龍) 등이 명장으로 일컬어졌으나 모두 힘껏 싸워 스스로 지켜 내었지 굉장한 공적을 세워 국운의 승패존망에 관련이 있었던 것은 아니다.

사후에 선무공신(宣武功臣)으로 책봉이 되고 여러 차례 증직이 되어 영의정에 이르렀으며 시호는 충무공(忠武公)이다. 명하여 노량에 사당을 세우도록 하고,[65] 임금께서 몸소 비문을 지었는데, 그 비에 '유명 수군도독 조선 모관 이순신지비(有明水軍都督朝鮮某官李舜臣之碑)'[66]라고 썼다.

명량은 진도의 벽파정(碧波亭) 상류에 있다. 육지와 바다 사이가 매

----

65 노량에 …… 하고 : 남해의 노량에 세워진 사당은 현종(顯宗) 4년 1663년에 '충렬(忠烈)'이라는 사액(賜額)을 받았으며, 왕명에 의해 송시열이 노량묘비문(露梁廟碑文)을 지었다.

66 유명 …… 이순신지비(有明 …… 李舜臣之碑) : 정조가 "有明水軍都督朝鮮國贈効忠仗義迪毅協力宣武功臣大匡輔國崇祿大夫議政府領議政兼領經筵弘文館藝文館春秋館觀象監事德豐府院君, 行正憲大夫全羅左道水軍節度使兼三道統制使諡忠武公李舜臣神道碑銘"이라는 신도비문을 지었다. 『이충무공전서(李忠武公全書)』 권수(卷首)와 『홍재전서(弘齋全書)』 권15에 실려 있다.

우 좁고 온통 석벽인데 물밑으로는 큰 바위가 옆으로 튀어나와서 파도가 쏟아붓는 듯 층층이 일었다. 이순신이 쇠사슬을 물길 아래 매어 놓으니, 적선들이 접근했다가 바로 걸려서 전복을 하였다. 명량의 승리는 비록 그의 탁월한 계략에 힘입은 바이지만 지리의 도움도 적지 않았다 하겠다.

한번은 이순신이 해남에 풀을 쌓아서 마치 식량을 쌓아 둔 것처럼 보이게 하고 군사를 잠복시켜 엿보도록 하였다. 적군이 바라보고 곧장 달려들어 습격을 하다가 암초에 걸려 오도가도 못했는데 이때 공격해서 섬멸했다.

또 한번은 바다에 큰 궤짝이 하나 떠 와서 건져내 보니 모두 금은보화가 담겨 있었다. 그리고 여러 날 지나서 또 궤짝 하나가 떠내려 왔다. 이순신은 열어 보지 못하도록 명하고 큰 톱으로 그 궤짝을 절단하니 붉은 피가 솟아 나왔는데, 궤짝을 다 톱질한 다음 열어 보니 자객 한 놈이 들어 있었다.

이순신은 어느 날 저물녘에 장사들에게 명하여 긴 낫으로 선체의 밑바닥을 훑어 내라고 하면서 떠들지 못하도록 금했는데 모두들 무슨 영문인지 알지 못했다. 밤이 깊어지자 왕왕 사람의 머리와 어깨가 낫에 걸려 나왔다. 여러 장교들이 깜짝 놀라 그 까닭을 물으니 이순신은 이렇게 말했다.

"아까 저녁 때 내가 앞바다를 바라보니 갈매기 떼가 문득 놀라서 날아오르더라. 그래서 적군이 우리 배로 잠수질하여 오는 줄을 알았다."

모두들 그의 귀신 같은 관찰력에 감탄하였다.

부인 방씨(方氏)는 보성(寶城)군수를 지낸 방진(方震)의 따님이다. 나이 열두 살에 불한당이 집에 들었을 때 방진은 다락에 올라가 적을 향해 화살을 쏘다가 화살이 떨어지자 급히 방 안에 둔 화살을 달라고 소리쳤다. 그러나 시비(侍婢)가 적과 내통해서 벌써 화살을 훔쳐 **빼돌렸다**. 이에 어린 딸이 곧 베짜는 데 쓰는 대[織隔竹] 한 묶음을 다락 위로 던져 시누대가 흩어지는 소리를 내며,

"화살이 모두 여기에 있습니다."

하였다. 도적들이 그대로 믿은 데다가 방진이 활을 잘 쏘는 것이 두려워 마침내 도망쳤다.

큰아들 이회(李薈)는 노량해전에서 공을 세웠다. 둘째아들 이예(李葂)는 강직하고 절개가 있었으니, 광해군이 은을 주고 그의 예쁜 여종을 억지로 사려 하자, 이예가 말하기를,

"여자를 바쳐 아부하려 하는 것은 죽을지언정 할 수 없다."

하였다. 그래서 끝내 **빼앗아** 갈 수 없었다. 막내아들 이면(李葂)은 정유재란 때 어머니를 모시고 아산(牙山) 본가에 있다가 적에게 죽임을 당하였다. 당시 이순신은 고금도에 진을 치고 있었는데 꿈에 막내아들이 슬프게 울며 원수를 갚아 달라고 청하는 것이었다. 그는 이상하게 여겨 새로 잡은 도적놈을 끌어내 전후의 사실을 심문하여 보니 과연 아들을 죽인 자였다. 그래서 그 자를 참하도록 명했다.

이순신의 막하에는 유형이 가장 용맹하고 충성스러운 장수였다. 이순신은 일찍이 정승 이덕형에게,

"충의와 담략이 놀라워 크게 쓸 인재입니다."

라고 그를 천거한 바 있다. 후에 이순신을 대신하여 통제사가 되었다.

그 밖에 이억기·송희립·정운·이순신(李純信)·배흥립(裵興立)·송여종 등도 모두 명장으로 일컬을 만했다. 원균이 통제사가 되었을 때 이억기가 이순신에게 편지를 보내 이렇게 말했다.

"그가 군무를 처리하는 것을 보니 법도에 어긋납니다. 싸움에 패하고야 말 것 같습니다. 저는 죽을 자리를 찾지 못하겠습니다."

과연 원균은 패전하고 이억기는 전사하였다. 정운은 부산에서 싸우다 죽었는데, 왜적들은 술을 들어 축배를 들며 기뻐했다고 한다.

왜적이 우리나라를 침략한 지 전후 7년 사이에 온 국토가 쓸어버린 듯 거의 남은 것이 없었으니 전쟁의 참혹함은 유사 이래 일찍이 없었던 일이다. 왜군의 보병은 수전에서는 익숙하지만 평지에서는 불리하였다. 그럼에도 용맹을 떨쳐 죽음을 두려워하지 않았고 무기의 성능이 훨씬 월등하였다. 이 때문에 명나라의 구원병이 세 번 출정하여 천하를 뒤흔들었음에도 끝내 전승을 하지 못했다. 그런데 이순신은 미천한 가운데 일어나 본디 명망과 위엄이 대단치 않았는데 수천 명의 오합지졸을 거느리고 수십만의 정예 군대를 맞아 싸우면 반드시 격파하여 거의 전함 한 척도 돌아가지 못하게 만들었던 것이다. 그 역량과 전략을 논하건대 신라의 김유신(金庾信), 고려의 강감찬(姜邯贊)과 병칭할 수 있겠다.

심장공은 다음과 같이 말한다.

"내가 충무공을 보니 다만 장수로서의 지략에만 능한 분이 아니다. 그는 관직에 있을 때 강직하고 법을 철저하게 지켰다. 그러나 원균을 받아주고 진린을 포섭한 것을 보면, 또한 도량이 넓고 변통을 아는 사람이 아니고는 어떻게 이렇게 할 수 있었겠는가? 이른바 문무를 겸비한 장상(將相)이라 하겠다.

나는 젊어서 『사기(史記)』를 즐겨 읽었는데 뛰어난 문장력을 훌륭하게 생각하였다. 거기에 실린 인물들을 보면 대개가 빼어나고 훌륭한 사람들로 후세로 와서는 이런 사람을 찾아보기 어렵다. 또한 후세에 이런 사람이 있다 하더라도, 자신을 웅대한 문장에 의탁해서 떨치지 못하고 파묻혀 드러나지 못하는가 하여 늘 스스로 한탄하였다. 참으로 사마천과 같은 작가를 얻어서 세상에 전해진다면 아마도 유감이 없을 것이다.

지금 충무공의 사적을 보니 어떠한가? 세상에서 전하는 말이 충무공은 원균에게 참소를 받았던 일을 미리 경계하고, 왜구가 물러간 뒤에 자신의 공이 높아 시기를 받아서 조진궁장(鳥盡弓藏)[67]이란 말의 표적이 될 것을 염려하였기 때문에, 적진에 뛰어들어 스스로 죽어서 자기 이름을 온전히 보존하고 자손들은 대대로 남긴 공훈(功勳)에 힘입어 지금까지도 끊이지 않는다고 하니, 참으로 슬픈 일이로다.

　　만약 안으로 참소하고 이간질하는 우환이 없었고 밖으로 책임을 전적으로 맡겨서 그 능력을 다 펼 수 있도록 하였다면, 그가 세운 공훈의 우뚝함은 천고에 빼어나 실로 헤아릴 수 없었을 것이다. 내가 지금 짓는 글이 어찌하여 여기에 그칠 뿐이겠는가? 비록 그러나 공과 내가 서로 만났으니 양쪽 다 모두에게 다행이라 할 수 있을 것이다."

67　조진궁장(鳥盡弓藏) : 나는 새를 다 쏘아 맞히면 활이 필요 없게 된다는 뜻으로, 천하를 평정한 뒤에 공신들이 버림받음을 비유적으로 이르는 말이다.

제문(祭文)

유하원(柳夏元)[1] 군을 위한 제문 계묘년(1843)

祭柳君夏元文 癸卯

슬프고 슬프도다! 하원(夏元)과 같은 사람이 이렇게 되었단 말인가? 나는 그대와 함께 하지 않은 행동이 없었고, 그대와 더불어 하지 않은 말이 없었거늘, 그대가 이미 이렇게 되었으니, 내 어찌해야 좋을꼬?

소나무가 시들면 측백나무가 슬퍼하며, 지초(芝草)가 불에 타면 혜초(蕙草)가 탄식한다 하더라.[2] 종자기(鍾子期)가 죽었으니 백아(伯牙)의 금(琴)을 누가 들어주랴? 영인(郢人)이 존재하지 않으니 장석(匠石)이 자귀를 휘두를 곳이 없도다.[3]

내가 그대와 더불어 노닌 지 십여 년 동안 서로 권면하며 마음으로 감복해서 도를 이루기에 힘썼더라. 충서(忠恕) 중용(中庸)에 거의 접근하여 그 나아감만 보았지 중지함은 보지 못했도다. 그런데 지금 그대가 중도에 일찍 세상을 떠나고 뒤를 이을 아들도 남기지 못하다니!

나의 십촌 되는 일가의 손녀가 어려서 부모를 여의고 고아가 되었기에 데려다 길러 마침 시집보낼 때가 되었으며, 재종숙이 후사가 없기에 천 리 밖에서 양자를 구해 데려와서 길렀더니, 그대가 돌아가시고 한

---

1 유하원(柳夏元) : 유영건(柳榮健)이다. 하원은 자이며, 다른 본에는 화원(華元)으로 되어 있다. 안성(安城)에 서재를 짓고 오은(鰲隱)이라 자호하였다.

2 소나무가 …… 하더라 : 육기(陸機)의 「탄서부(嘆逝賦)」에 나오는 "소나무가 무성하면 측백나무가 기뻐하고 지초가 불에 타면 혜초가 탄식하네(信松茂而栢悅, 嗟芝焚而蕙嘆)."라는 구절을 변용한 것이다.

3 영인(郢人)이 …… 없도다 : 『장자』, 「서무귀(徐无鬼)」에 나오는 고사이다. 장석은 자귀질을 잘하는 장인이어서 사람의 코 끝에 진흙을 발라 놓고 능히 그것을 자귀로 깎아 냈다. 그런데 누군가 그 재주를 다시 한번 시험해 보라고 하자 장석은 이 재주를 쓸 수 있는 영인 같은 사람이 지금은 존재하지 않으므로 다시 행할 수 없다고 말했다 한다.

달 남짓한 사이에 바로 이어서 요절을 하였다오.⁴ 나로서는 힘을 다해 선을 행하고자 하였는데, 선을 이루지도 못하고 도리어 참화(慘禍)를 당하였네. 이 선을 행하는 것도 명이 있어서 나에게는 본분 밖의 일이란 말인가?

우리들은 일찍이 이르기를 사람의 부귀빈천(富貴貧賤), 수명의 길고 짧음은 각기 정해진 분수가 있는바, 자기 스스로 힘써야 할 것은 오직 선행뿐이라고 하였다. 지금 이처럼 뜻밖의 일을 당했으니, 나와 그대가 나쁜 짓을 일삼아 이런 일을 당했던들 그래도 세상의 선하지 않은 일을 행하려는 사람들을 징계할 수 있을 터이다. 지금 악을 행하는 자들을 기분 좋게 만들고 선을 행하는 자들을 낙심하게 하다니 안타까울 따름이로다.

전부터 그대와 공자의 도를 밝히기로 기약하여, 그 뜻이 매우 굳세었지요. 그런데 뜻을 세우자 바로 중단되고 말았으니, 하늘이 마침내 우리 도를 망하게 하여 다시 행할 수 없도록 하는 것이 아닌가? 그대의 충실하고 돈독하고 근면함으로 미루어 성취함이 있을 것은 마땅한데 오히려 이와 같거늘, 하물며 나의 얕은 재주와 부족한 의지로 곤궁하고 우환이 겹친 가운데에서 견결히 홀로 견뎌 낼 수 있을 것인가? 게다가 정신과 기운이 이렇듯 꺾였으니, 또 어떻게 진전해 갈 것을 기대할 수 있으리오? 가령 진전해 간다 할지라도 어떻게 끝을 잘 맺기를 보장할 수 있으리오?

---

4 나의 …… 하였다오 : 원주(原註)에 "한 달 사이에 또 십촌 되는 일가의 손녀가 죽었고, 이듬해 4월 30일에는 6세 고아를 잃었다[居一月又喪十寸族孫兒, 明年四月三十日亡六歲獨兒]." 하였다. 본서의 『남정록』에 따르면, 6세 고아는 증조모와 조부를 광양 땅에서 반장(返葬)해 올 때 남해도(南海島)의 일갓집에서 양자로 데려온 것으로 되어 있다.

오호라! 도의 성패와 인간의 생사는 확실히 정해진 명이 있도다. 군자의 성패와 득실은 기수(氣數)에 달려 있는 바니 한 사람 한 가족과 관련되는 것은 아니로다. 진실로 내가 스스로 취한 것이 아닐진댄, 비록 만 번 불행을 당할지라도 또한 원통해할 것이 없도다. 오직 우리들의 깨달음이 빠르지 못했고, 다행히 깨달았을 때에는 벌써 액운을 만나서 그대는 이미 다시 돌아올 수 없는 경계를 넘어갔구료.

나 역시 고질병이 몸을 감싸고 있고 수염과 머리털이 희끗희끗해졌으니, 선행에 뜻을 두었어도 선을 행할 날이 부족하고, 능히 말을 할 줄은 알아도 실행은 하지 못하였도다. 허물과 앙화가 중첩되어 그 많은 죄가 하늘에 나열되어 있거늘 또 어찌 감히 적선(積善)의 복경(福慶)을 기대하며, 가혹한 벌을 원망하고 있으리오?

아, 슬프도다! 그대가 돌아가심에, 온 향중(鄕中)의 사람들은 누구나 슬퍼하며 탄식하고, 가까운 친구들은 그대를 위하여 슬퍼하고 안타까워하는도다. 무릇 오늘날 사람으로서는 이 정도에 이르기도 어렵다 하겠으나, 그대의 포부로 보면 여기에 그칠 것이 아니거늘, 어찌 족히 말할 것이 있으랴?

천인(天人)의 도는 오직 선을 제일로 삼으니, 이를 버리고선 다시 할 수 있는 것이 없다. 설령 선을 행하면 반드시 앙화를 입고, 악을 행하면 반드시 복을 받는다 하더라도, 최고의 사람은 그래도 악을 행하지 않고 선을 행할 터이지요. 선을 행한다고 반드시 복이 오고 악을 행한다고 반드시 앙화를 받는 것이 아니라 하더라도, 보통 사람은 차라리 선을 행할지언정 악은 행하지 않으리라. 만약 선을 행하면 반드시 복이 오고, 악을 행하면 반드시 앙화가 오는 줄 안다면 아무리 어리석은 사람이라도 악을 버리고 선으로 나갈 것이리라.

때문에 군자는 죽기로 지키고 후회하지 않나니, 나는 상실과 좌절로 인하여 조금이라도 꺾여서 그대를 저버리지 않을 터이라. 나는 외롭게 떨어져서 위축되어 지내느라 일찍이 다른 사람들과 더불어 사귀지 못했고, 오직 그대와 이야기를 나누었을 뿐이라. 지금 영결하는 마당에 회포를 말하였으되, 시속 사람들의 비방을 살까 두려워 말하고 싶은 대로 뜻을 다 털어놓지 못하였도다. 그래도 영령이 있으리니, 거의 헤아리심이 있으리라. 오호! 통재(慟哉)라. 상향(尙饗).

원주 한 달 사이에 또 십촌 되는 일가의 손녀가 죽었고, 이듬해 4월 30일에는 6세 고아를 잃었다.

2 질녀를 위한 제문

祭姪女文

모년 모월 모일에 백부 모는 삼가 너의 셋째 숙부 모[5]를 보내어 포(脯)와 과실을 마련하고 제문을 갖추어 세상을 하직한 조카 낭자(娘子) 청송(靑松) 심씨의 영전에 제사를 지낸다.

아아, 슬프도다! 너는 사덕(四德)[6]에 부족함이 없고 어려서부터 솜씨가 좋아, 집안에서 탈 잡힌 말이 없고, 이웃에서도 칭찬이 자자하였지. 시집을 가면 시집살이도 잘하여 끝내 허물이 없을 것으로 생각하였는데, 일이 필경에 그릇되어 시집간 지 반 년도 지나지 않아 죽음에 이르고 말다니!

아아, 슬프다! 며느리로서 친정 부모와 시부모를 섬김에 있어 친정 부모와 시부모가 비록 선하지 못하더라도 성심으로 바로잡아 착한 길로 인도하여 자기도 모르게 날로 마음씨가 고와지는 데 이르도록 하면, 이는 최선의 효이다. 어른의 뜻을 잘 받들어 은근히 부끄러움을 참고 아무쪼록 흠을 가려서 큰 잘못을 면하도록 하며, 은덕과 의리를 다치지 않게 하고 향리에서 비난을 당하지 않도록 한다면 이는 차선의 효가 될 수 있다.

시시비비를 따져서 날마다 다툼이 끊이지 않아 빙탄(氷炭)의 지경에

---

5 셋째 숙부 모 : 심대윤은 완륜(完倫)의 장자였으며 그 아우로 대재(大載)·의래(宜來)·대시(大時)·의돈(宜敦)·의규(宜逵)가 있었다. 이 중에 대재는 응륜(應倫)에게, 의래는 혜륜(惠倫)에게 출계(出系)하였다.

6 사덕(四德) : 부인이 갖추어야 할 네 가지 품성. 곧 착한 마음씨〔貞順〕, 고운 말씨〔辭令〕, 얌전한 솜씨〔婉娩〕, 깨끗한 맵시〔絲枲〕를 말한다(『주례(周禮)』, 「천관(天官)」, '구빈(九嬪)').

이르고 온갖 변괴가 생겨난다면, 이는 패역(悖逆)이 되어 순조롭지 못한 것이다. 패역이 되어 순조롭지 못한 행사는 노비나 짐승에게도 시행할 수 없겠거늘, 하물며 바로 손위 어른에 대해서랴! 이는 더없이 무도(無道)한 일이다. 부인은 곤도(坤道)[7]를 본받나니, 곤도는 한결같이 승순(承順)을 위주로 하는 법이다. 이 더욱 패역을 행할 수 없는 것이다.

사람의 목숨이 길고 짧은 것은 천명으로부터 부여받는 것이라, 정도를 따라 지켜서 주어진 수명을 다 누리고 온전히 돌아가는 것은 인간으로서의 대의(大義)라 하겠다. 충신이나 열부(烈婦)가 자기 몸을 스스로 던져 의를 이루는 것은, 불의(不義)가 자기 몸에 누를 끼치지 않도록 하기 위함이니, 이야말로 자기 몸을 사랑하는 자이다. 조급한 남자나 포악한 여자가 의리도 없고 까닭도 없이 스스로 자기 목숨을 끊는 행위는, 이야말로 자기 몸을 사랑하지 않는 자이다. 자기 몸을 사랑하지 않는데 어찌 일가친척을 생각하리오?

부모를 거역하는 것은 불효요, 하늘을 거역하는 것은 불의인데, 불효와 불의를 행하여 살아서 사람 노릇을 못하고 죽어서 불효·불의가 되면, 이를 무엇이라 이를 것인가? 비록 아무리 친정 부모나 시부모가 완악하고 어리석음이 매우 심하여 죽음으로 몰아넣더라도, 지붕을 이고 우물을 팔 때도 스스로 벗어날 방도를 생각했고, 큰 매는 피해야 한다[8]

---

7 곤도(坤道): 건도(乾道)가 하늘이 지닌 속성을 뜻하는 데에 대하여 곤도는 땅이 지닌 속성을 뜻한다. 건도는 강건함, 남성의 덕 등과 연관되고, 곤도는 유순함, 여성의 덕 등과 연관된다.

8 지붕을 …… 한다: 순임금의 고사이다. 순임금의 아버지는 몹시 완악하여 아들인 순에게 곳간 지붕을 수리하라고 올려 보내고는 곳간에 불을 지르고, 우물에 내려보내고는 우물을 메우는 등 여러 차례 아들을 죽이려 했으나 순은 그때마다 기지로 빠져나왔고 아버지를 원망하지 않았다. 한편 『공자가어(孔子家語)』 권8에 "순이 아버지를 섬김에 있어 작은 매는 맞고 큰 매는 피하였다〔舜之事父, 小杖則受, 大杖則走〕."라는 구절이 있다.

는 것이 옛 성현의 밝은 가르침이었다. 백기(伯奇)[9]는 강물에 빠져 죽었고 신생(申生)[10]은 목을 매어 죽었는데, 이를 불효로 보았다. 화평한 기색으로 웃고 이야기하는 것이 오히려 마땅하니, 안쓰러운 감정을 일으켜 마음을 돌리도록 한다거나, 계책을 세워 모면해서 의를 온전히 해야 할 것이다. 이는 효의 어려운 길이다.

만약에 불끈해서 겸손하고 순종하려 들지 않고 스스로 목숨 끊기를 아무렇지도 않은 듯이 하여, 그 어버이를 큰 악으로 밀어 넣으며, 살아서는 승순(承順)하는 사람이 되지 않고, 죽어서는 아름답지 못한 귀신이 된다면, 그 불효함이 극에 이르렀다 할 것이다. 선왕의 예법은 부모와 시부모가 자식 며느리를 기른다 하지 않고, 자식 며느리가 부모와 시부모를 섬긴다고 하였다. 섬기는 데 있어 승순하지 않으면, 그 죄는 자식 며느리에게 있는 것이다. 이런 까닭으로 삼천 가지 대벽(大辟)에서 불효를 으뜸으로 치며,[11] 자애에 대해서는 따로 조문이 없다. 무릇 효도를 하는 것은 매우 쉬우니, 승순을 하면 즐겁고 재앙이 없으며, 불효를 행하기는 매우 어려우니, 거역을 하면 우환이 날로 발생하기 때문이다. 원주 이는 부인의

---

9 백기(伯奇) : 주(周)나라 선왕(宣王) 때의 신하인 윤길보(尹吉甫)의 아들이다. 윤길보가 후처에게 빠져 백기를 미워하게 되었는데, 옷을 벗고 신발도 신지 않은 채 들판에서 서리를 밟고 수레를 끌도록 명령을 내렸으나, 백기는 아버지의 명령에 모두 순종하였다고 한다. 강물에 빠져 죽었다는 이야기는 『여씨잡설(呂氏雜說)』에 보인다.

10 신생(申生) : 춘추 시대 진(晉)나라 헌공(獻公)의 아들이다. 헌공의 후처로 들어온 여희(驪姬)가 신생에게 온갖 참소를 가하여 벌을 받게 되었다. 누군가 신생에게 자신의 무죄를 밝히라고 말하였으나, 신생은 "내가 무죄를 밝히면 여희가 필히 죄를 입게 될 것이다. 임금은 여희가 아니면 침식이 편안치 않을 터이니 이는 내가 바라는 바 아니다." 하고, 끝내 스스로 목을 매어 죽었다고 한다.

11 대벽(大辟)에서 …… 치며 : 대벽(大辟)은 오형(五刑) 가운데 하나로 사형을 뜻한다. 『효경(孝經)』에, "오형(五刑)에 속하는 죄가 삼천 가지이지만 그중에 불효보다 큰 죄는 없다〔五刑之屬三千, 而罪莫大於不孝〕."라는 구절이 있다.

도리를 말한 것이다. 장부의 효로 말할 것 같으면 실로 쉽지 않으니, 또한 오로지 승순만 해서는 안 되기 때문이다.

그런데 어찌하여 쉬운 길을 버리고 어려운 길을 취하며, 즐겁고 복됨을 버리고 앙화와 징벌을 취할 것인가? 사람의 백 가지 행실에 효가 으뜸이 되나니, 참으로 불효하다면 그 밖의 다른 것을 논할 것이 있겠는가? 사람이 세상에 처해서는 죽고 사는 것이 가장 큰 일인데, 죽음이 의를 얻지 못하면 그 밖의 다른 것은 물어볼 것이 있겠는가? 나는 지금 세상에서 이와 같은 무리들이 많은 것을 보고 매양 통탄하며 세상 사람들이 제대로 가르침을 받지 못함을 슬퍼하지 않은 적이 없었다.

나는 네가 죽은 이후로 입맛도 잃고 잠도 자지 못했다. 오래도록 까닭을 생각해 보았으나 그 실마리를 풀지 못하였다. 너는 어려서부터 계모를 섬기되 전혀 딴 말이 없었으며, 태어나면서부터 가난에 익숙했으나 성격이 능히 견뎠으며, 또한 말없이 조용하고 너그러워 속마음을 밖으로 드러내지 않고 오직 유순하면서 조심하고 부지런하였다. 네가 출가한 이후 들어 보니, 네 시아버지와 네 남편이 모두 너를 매우 사랑한다 하며, 네 시가의 이웃이나 일가들도 모두 입을 모아 칭찬을 한다는데, 지금 어찌하여 이렇듯 어긋난 행동을 했단 말이냐?

네가 출가하고 몇 달이 지나 사람을 보내 탐문해 보게 하였더니 돌아와서 이르기를 네가 흐느끼며 견디기 어렵다 하기로, 나는 크게 이상하게 여겨 "시집간 지 얼마 되지도 않았는데 어떻게 이런단 말인가? 어떻게 오래 견딜 수 있을까?" 하였다.

그리고 또 몇 달 후에 내가 가서 너를 보았더니 너는 눈물이 그렁그렁하였다. 너는 평소 눈에 눈물이 흔치 않았는데, 너에게 숨은 고통이 있어 표현하지 못하는구나 생각하였다. 그렇지만 나는 본디 여자에 대해 언사나 표정으로 너그럽게 대하지 않았으며, 또 아녀자의 사정을 들기 싫어했던 까닭에 끝까지 물어보질 않았다. 네 시아버지는 나에게 말씀하기를 네가 괴로움이 심하니 견디기 어렵다 하고, 나에게 청하기를 이번에 데리고 가고, 또 부탁하기를 네 시모가 알지 못하도록 하라고 하였다. 나는 시가에서 견디지 못하고 편의를 좇아 외가로 간다면, 이는 시가를 무시하고 시부모를 어기는 것으로, 예(禮)를 거스르고 도리에 어긋나는 일이니, 차라리 바른 도리를 지켜 죽는 것이 낫지 않겠는가 하여 굳이 거절하고 따르지 않았다.

그리고 또 몇 달이 지나 내가 너의 죽음을 들었는데, 처음에는 사인이 곽란(霍亂)으로 표현되어 있었다. 나는 의심이 나서 사람을 시켜 알아보도록 한 다음에야 네가 잘못 죽은 줄을 알게 되었다. 너의 시아버지가 나에게 편지를 보냈는데, 너에 대해서 사실에 지나칠 정도로 칭찬을 하며, 온전한 삶을 얻지 못함을 애통해하여, 슬퍼하고 안타까워함이 사람의 마음을 쓰리게 하였다. 네 남편 또한 네가 시집온 날부터 죽는 날까지 한 번도 거슬리는 말이나 어긋난 기색이나 게으르고 어지러운 용모를 대한 적이 없다고 하면서 몹시 슬퍼하고 안타까워하는 뜻으로 그리운 마음을 놓아둘 수 없다고 하였다.

슬프다! 나는 너의 어짊을 믿었기에 네가 잘못을 저지르리라고 생각하지 않았으며, 너의 시아버지와 남편이 너를 사랑함을 기대하여 네가 차마 못할 행동을 하리라 생각하지 않았다. 그리고 네가 괴롭고 지쳐 병에 걸릴까 걱정하였지만 너에게 이런 변고가 있을 줄 생각하지 못했다. 지금 네가 시아버지와 남편의 사랑을 돌아보지 않고, 부모의 심정을 생각지 않고, 이처럼 스스로 목숨을 끊다니 이것이 과연 사람의 정상적인 마음이겠느냐? 보통 사람으로서는 반드시 하지 않을 짓을 네가 했단 말이냐? 그 실정을 따져 보아도 이치를 알 수 없고, 의에 비추어 보아도 근거를 찾지 못하겠구나!

아아, 슬프다! 과연 내가 금방 일렀던 말을 어기고 말았단 말인가? 그런데 바야흐로 견디기 어려운 일들이 갖가지로 닥쳐서 아침저녁 사이에 목숨을 기약할 수 없고, 소천(所天)[12]에게 바라는 바도 이미 끊어졌으니, 사람이 목석이 아닌데 어찌하리오? 이 지경에 당해서는 실로 '치마 두른 사람'에게 의리로 책망하기 어려운 것이다. 그렇지만 너의 착한 성품에 우리 가문의 자녀로서 행실이 의리에 꼭 맞지 못해, 백 번 쏘아 백 번 맞추는 활솜씨로 한 발이 어긋났고, 아홉 길 쌓은 공적이 한 삼태기 더하지 않아서 이지러졌구나. 이 곧 나의 가르침이 지극하지 못해서 너로 하여금 막다른 곳에 이르도록 하였으며, 내가 너를 사랑함이 부족하여 너에게 화가 넘치도록 만들었기 때문인가! 지난날 내가 세상을 슬퍼했던 마음으로 지금 자신에 대해 슬퍼할 겨를도 없으니, 다시 더 무엇을 말하랴? 살아 있을 적에 가르침을 잃었으니, 이미 죽은 다음 슬퍼하고 아파한들 무엇하랴! 아아, 슬프다! 상향(尙饗).

원주 그 이듬해에 질녀의 시아버지가 나를 심방하였기로, 나는 "그 아이가 자결할 마음을 품을 때 불손한 언사가 없었는가?" 하고 물었더니,
"며늘아기가 우리 집에 시집온 이후로 죽는 날까지 털끝만큼도 다른 언행이 없었지요. 개가 앞에 오더라도 발로 밀어낼 뿐, 소리를 내서 꾸짖는 법이 한 번도 없었습니다. 매양 제 시어머니와 시누이가 질책하는 일이 있더라도, 한 마디도 스스로 변명하지 않고, 늘 부드러운 얼굴로 받아들였습니다. 천하에 어디 우리 며느리 같은 사람이 있겠습니까?"
하고 눈물이 나와 흐느낌을 이기지 못하는 것이었다. 그리고 그 이웃 사람들에게 알아보았더니,
"시댁의 일가친척과 마을 사람들이 모두가 신부를 극구 칭찬하며 시어머니와

---

12 소천(所天) : 남편을 가리킨다.

시누이의 행사를 비난하여, 이 때문에 시어머니와 시누이가 시기와 분노를 격발하여 마침내 원수처럼 보기에 이르렀답니다."

하고, 마을 어른들은 모두 마음 아파하며 도저히 일반적으로 생각할 수 없는 변고라고 하였다.

평어 한퇴지(韓退之, 韓愈)의 「제십이랑문(祭十二郞文)」[13] 이후로 이처럼 좋은 작품은 없다. 사실을 논한 것은 『국어(國語)』와 같고, 사실을 기록한 것은 「장탕전(張湯傳)」[14]과 같다.

---

13 제십이랑문(祭十二郞文) : 한유가 젊어서 죽은 친조카를 위해 지은 제문으로, 제문 중에서 명문으로 꼽힌다. 십이랑은 죽은 조카에 대한 호칭으로 성명이 한노성(韓老成)이었다. 이 글은 어릴 적부터의 여러 가지 일들이 망자를 앞에 두고 고백하는 것과 같은 방식으로 서술되어 있는데, 자책과 회한과 애통함이 잘 표출되었다. 40회에 걸쳐 '汝' 자를 사용하여 망자와 대화하는 듯한 필치가 돋보이며 실감이 강하다.

14 장탕전(張湯傳) : 『사기』, 「혹리열전(酷吏列傳)」에 수록된 「장탕전」을 가리킨다. 장탕(張湯, ?~기원전 115)은 한(漢)나라 때의 관리로 재임기간 동안 오수전(五銖錢)의 제조를 건의하고 소금과 철의 전매제를 지지하였으며 부유한 상인들을 엄히 제압하였다. 후일에 주매신(朱買臣) 등의 탄핵을 받아 자살하였다.

3

이원휘(李元暉)를 위한 제문 무진년(1868)

祭李元暉文 戊辰

나는 그대와 세호(世戶)[15]의 친함이 있고 편발(編髮)[16]의 옛정이 있고 도학의 사귐이 있고 취미의 맞음이 있도다. 우리 사이에서 세세한 것은 말할 것이 없거니와 심각한 것은 감히 말할 수 없구나. 말하지 않는 말이 말하는 것보다 더 슬프다는 것을 익히 알리라.

슬프다. 유하원(柳夏元)[17]이 죽음에 나는 글을 지어 제를 올려 스스로 저버리지 않을 것을 기약하노라. 지금 나는 늙었으니 기약한 말을 실천하기 어렵거늘 지금 또다시 기약할 수 있으랴! 천지의 큰 운화는 성쇠와 관계되니 한스러워할 것이 없도다. 아! 슬프다.

---

15 세호(世戶) : 세교(世交)와 같은 뜻으로 집안끼리 대대로 교유함을 말한다.
16 편발(編髮) : 머리를 땋았다는 뜻으로 어린 시절을 가리킨다. 즉 어린 시절부터 친구라는 의미이다.
17 유하원(柳夏元) : 본서 권1의 「유하원 군을 위한 제문〔祭柳君夏元文〕」 참조.

4 **정순안(鄭順安)[18]을 위한 제문**

祭鄭順安文

생전에 서로 알고 지내다가 죽으면 슬퍼하는 것은 사람의 일반적인 감정입니다. 생전에 아무런 은정(恩情)도 없었던 사람이 죽으면 특별히 슬픈 감정이 일어날 것이 없습니다.

그런데 옛날 사람들이 백 세대나 간격이 있음에도 탄식하며 안타깝게 여기는 경우가 있으니, 이는 산이 무너지매 종이 울고[山崩鐘鳴],[19] 지초가 타매 혜초가 탄식하는 격[芝焚蕙歎][20]으로 그 기가 통하여 서로 느끼기 때문에 그런 것입니다. 하물며 동시대에 태어나 같은 나라에 살면서 귀로 익숙하게 듣고 마음으로 부러워했던 분에 대해서야 말할 것이 있겠습니까?

저는 사람의 도리를 알게 된 이후로 하루라도 공의 덕행을 우러러보지 않은 적이 없었지만, 끝내 시골구석에서 고루하게 지내다 보니 한 번도 문하에 나아가 해타(咳唾)의 나머지 말씀[咳唾之餘][21]을 받들지 못했

---

18 정순안(鄭順安) : 순안은 평안도 지방의 고을 이름으로, 여기서는 그곳의 수령을 지낸 어떤 사람을 가리킨다. 내용으로 미루어 보아 선배 학자로서 훌륭한 인물이었던 듯한데, 구체적인 인적사항은 미상이다.

19 산이 …… 울고 : 사물이 서로 호응함을 이르는 말이다. 남송(南宋) 유경숙(劉敬叔)의 『이원(異苑)』에 "위나라 때 궁전 앞의 큰 종이 까닭도 없이 울리자 사람들이 모두 이상하게 생각하며 장화(張華)에게 그 이유를 물으니, 그가 이렇게 말하였다. '이는 촉군(蜀郡)의 동산(銅山)이 무너져 종이 그에 응하여 우는 것입니다.' 촉군에 그런 일이 있었는지를 알아보았더니 과연 장화의 말과 같았다."라는 내용이 보인다.

20 지초가 …… 격 : 뜻이 통하는 사람 혹은 같은 부류의 불행에 대해 함께 슬퍼하고 탄식한다는 의미이다. 진(晉) 육기(陸機)의 「탄서부(嘆逝賦)」에 "소나무가 무성함에 잣나무가 기뻐하고, 지초가 불에 탐에 혜초가 탄식한다[信松茂而柏悅, 嗟芝焚而蕙歎]."라는 내용이 있다.

습니다. 지금 저는 너무도 비통해서 이 눈물이 어디서 쏟아져 나오는지
도 모르겠습니다. 공이 돌아가시매 사림(士林)은 기색을 잃었고 온 나라
가 모두 슬픔에 잠겨서, 알든 모르든 간에 탄식하면서 눈물을 뿌리지 않
는 자가 없습니다.

제가 비통해하는 것은 까닭이 없지 않은데, 유독 일반 사람들보다 더
심한 것은 실로 제 자신의 감회가 크기 때문입니다.

아! 공은 물러남에 있어서 자기 몸만 깨끗한 척하지 않았고,[22] 나아감
에 있어서 구차히 얻으려고 하지 않았으니[23] 벼슬할 때 벼슬하고 물러
날 때 물러나는 중간을 취한 것은[可否之間][24] 가돈(嘉遯)의 의리[25]입니

---

21 해타(咳唾)의 나머지 말씀 : 어진 사람의 아름다운 시문을 가리키는 말이다. 『장자』, 「추수
(秋水)」에 나오는 "그대는 기침하면서 내뱉는 저 침을 보지 못하였는가? 큰 것은 주옥처럼,
작은 것은 안개처럼 뿜어져 나온다."라는 말에서 유래한 것이다.
22 자기 …… 않았고 : 『논어』, 「미자(微子)」에서 세상이 혼탁하다고 벼슬하지 않은 은자를
비판하면서, 공자는 결신난륜(潔身亂倫)이라는 표현을 쓴 적이 있다. 즉 일신의 고결함만
을 지키기 위하여 인간 세상의 윤리 질서를 혼란스럽게 만들었다는 뜻이다.
23 나아감에 …… 않았으니 : 『맹자』, 「고자 상(告子上)」에서 생(生)과 의(義)의 문제를 논하
며, "사는 것은 내가 하고자 하는 바이지만, 하고자 하는 바가 사는 것보다 더 큰 것이
있는 까닭에 구차히 얻으려고 하지 않는다."라는 말이 나온다. 생보다 의가 더 중요하다고
보았기에 맹자는 이렇게 말했다.
24 벼슬할 …… 것은 : 양웅(揚雄)의 『법언(法言)』에 나오는 말이다. 이중원(李仲元)이라는 사
람의 처신에 대해서 묻자 백이(伯夷)와 유하혜(柳下惠)의 중간이라고 대답하였다. 백이는
청렴을 지켜 조금이라도 불의한 자리에는 절대 나가지 않았던 반면에 유하혜는 부드러워
서 처신을 원만하게 한 인물이다.
25 가돈(嘉遯)의 의리 : '가돈'은 『주역』, 「돈괘(遯卦)」, '구오(九五)'에 나오는 말로, 멈추고
행할 때를 알아서 고상하게 은둔한다는 의미이다. "구오는 아름다운 은둔이니 바르게
하면 길하다[九五, 嘉遯, 貞, 吉]." 하였고, 『역전(易傳)』에 "구오는 중정(中正)이니 은둔
하기를 아름답게 한 자이다. 처함이 중정의 도를 얻어서 때에 맞게 멈추고 행함이 이른바
아름답다는 것이다. 그러므로 바르게 되어 길하다[九五, 中正, 遯之嘉美者也, 處得中正之
道, 時止時行, 乃所謂嘉美也, 故爲貞正而吉]."라고 하였다.

다. 경전과 역사서를 탐구하고 강론하여 손에서 책이 떠나지 않고 젊어서부터 나이들 때까지 잠시도 그만두지 않았으니 이는 호학(好學)의 지혜라고 하겠습니다. 형제가 한 집에 살면서도 집안에 아무런 잡음이 없었으니 제가(齊家)의 예(禮)라고 할 것이요, 후진들을 인도하여 가르치고 북돋기를 게을리하지 않았으니 애인(愛人)의 인(仁)이라고 할 수 있겠습니다.

곤궁하고 현달함에 마음을 쓰지 않고 비방과 칭찬에 기색이 변하지 않아서 홀로 우뚝 서 흔들리지 않았으니 이는 스스로 굳건히 지킨 용기가 있기 때문이요, 의관을 잘 가다듬어 바라보면 엄숙해 보이면서도 가까이 다가가면 온화하니 유덕(有德)한 자태라고 할 것이며, 위엄이 있으면서도 부드럽고 내용이 있으면서 형식을 갖추었으니 군자의 말씀이라고 할 수 있습니다.

슬프다! 궁벽한 처지에 어리석은 소견으로 공이 지니신 대도(大道)의 만의 하나라도 감히 헤아리고자 하니 실로 참람한 줄 알겠습니다.

그럼에도 특별히 치우친 혐의와 사적(私的)으로 좋아함이 없다면, 일컬어지는 말들은 만 사람의 입에서 자자하게 공적으로 전해지는 것에 불과한 것이니, 또한 다른 사람에게서 믿음을 얻을 수 있을 것입니다. 하지만 오직 행하기를 어떻게 하느냐에 달려 있으니 말만 앞세우면 부끄러울 따름입니다. 남들이 믿어 주는가 그렇지 않은가는 굳이 논할 것이 없습니다.

아! 공의 덕이 온 나라에 펼쳐지지 못하고 공적이 드러나지 못했으며, 기껏 주어진 벼슬이 하찮고 별 볼일 없는 자리라서 나라 사람들이 그 은택을 한 번도 입을 수 없었으니, 나라 사람들의 한탄이 끝이 있겠습니까?

저 자신 한번이라도 문하에 직접 나아가 이미 아는 것을 질정해 보고 아직 알지 못하는 것을 배우고자 하였으되, 이런 저의 소망도 끝내 이루지 못했습니다.

공 같은 분이 돌아가신 때에는 나라 사람들 모두 제사를 지내야 할 것이요, 저의 경우는 아무리 통곡하더라도 이상할 것이 없으니, 어찌 평소에 아무런 은정이 없다고 하여 그만둘 수 있겠습니까?

슬프다! 불행히도 타락한 세상에 태어나 아직 대인군자(大人君子)를 만나서 직접 가르침을 받지 못했습니다. 다행히도 공 같은 분이 계셨지만 또한 궁벽한 시골에 멀리 떨어져 있어 직접 뵙고 가르침을 받을 기회가 없었습니다. 이제는 영영 배울 곳이 없게 되었으니, 저 자신 안타까운 마음으로 홀로 외로이 남았습니다. 아! 이 또한 운명일까요.

의(擬)

　　상사기[1] 왕양명(王陽明)의 글을 개작한 것이다. 계묘년(1843)

　　象祠記 易王陽明, 癸卯

영박산(靈博山)[2]에 상(象)의 사당(祠堂)이 있는데, 그 주변에 거주하는
묘이(苗夷)[3]들이 모두 상을 신으로 모신다. 선위사(宣慰使)[4] 안군(安君)
이 저들의 요청을 받아들여 그 사당을 새로 짓고서 내게 기문(記文)을
청하기에 나는 이렇게 쓴다.

　　유비(有鼻)[5]의 사당은 당(唐)나라 사람이 일찌감치 헐어 버렸다. 상의
행실[6]로 말하면 자식으로서는 어버이에게 적(賊)이요, 아우로서는 형에

1　상사기 : 상(象)은 순(舜)의 이복동생으로서, 형을 모해한 악인형(惡人型)으로 후세에 전해
　　지는 인물이다. 상사(象祠)는 그를 모신 사당 이름이다. 이 글은 원주에서 언급한 대로
　　명(明)나라 왕수인(王守仁)이 지은 같은 제목의 글을 본떠서 지은 것이다.
2　영박산(靈博山) : 종래에는 이 산이 어디 있는지 분명히 밝혀지지 않았는데, 최근에 귀주성
　　(貴州省) 검서현(黔西縣)에 있는 것으로 알려졌다. 2004년 5월 31일자 필절일보(畢節日
　　報)에 실린 사굉증(史宏拯)의 「유영박산기(遊靈博山記)」에 의하면, 영박산은 오랫동안
　　운남성(雲南省) 혹은 호남성(湖南省)에 있었던 것으로 여겨졌으나 몇 년 전 검서현 현지
　　(縣誌)를 검토하던 중 검서현 동남쪽의 구룡산(九龍山)이 영박산인 것으로 확인되었다는
　　것이다. 1995년 검서현에서 왕양명 관련 학회가 열렸던바, 이때 그 사실을 인정하였다고
　　한다.
3　묘이(苗夷) : 중국 소수민족의 하나인 묘족(苗族)을 가리킨다. 이들은 귀주성(貴州省)을
　　중심으로 호남(湖南) · 사천(四川) · 광서(廣西) · 운남(雲南) 등지에 거주하고 있으며, 베
　　트남 · 라오스 · 타이 북부에도 분포한다.
4　선위사(宣慰使) : 군민(軍民) 사무와 군현의 관리를 맡은 관직인데, 명 · 청 대에 이르러서
　　는 토관(土官)의 세습직이 되었다.
5　유비(有鼻) : 옛 지명으로 유비(有庳) · 비허(鼻墟) · 비정(鼻亭)이라고도 한다. 지금의 호
　　남성(湖南省) 도현(道縣) 북쪽에 있었다. 이곳에 순임금이 자기 동생 상을 분봉하였던
　　바, 당나라 원화(元和) 연간에 도주자사(道州刺史) 설백고(薛伯高)에 의해 훼철되었다고
　　한다. 유종원(柳宗元), 「도주훼비정신기(道州毀鼻亭神記)」, 『유종원집(柳宗元集)』 권28
　　참조.
6　상의 행실 : 『사기』, 「오제본기(五帝本紀)」에 따르면, 상은 아버지 고수(瞽叟)와 모의하여

게 불손했다 하겠다. 당나라에서도 배척하였거늘 지금 그대로 존치하며, 유비에서도 훼철하였는데 이 땅에서는 새로 지었으니 어째서인가?

무릇 사람이 타인을 사랑함에 있어서는 확충하면 지붕 위의 까마귀에 까지 미친다[7] 하였거늘, 하물며 성인(聖人)의 아우에 있어서랴! 그런즉 여기에 제사를 지내는 것은 순(舜)을 위해서이지 상(象)을 위해서가 아니다.

나는 또 이렇게 생각한다. 상이 어질지 못했던 것은 처음의 일이었으니, 그가 끝내 순의 교화를 받아 바뀌지 않았을지 어찌 알겠는가. 순의 교화는 고수(瞽瞍)[8]를 진실한 사람이 되도록 만들었으며, 우빈(虞賓)[9]이 덕 있는 사람에게 양보하도록 만들었으며, 유묘(有苗)[10]가 스스로 오게 하는 데 이르렀다. 천하 사람 누구나 순의 마음으로 제 마음을 삼았거늘, 어찌 유독 그의 친동생만 끝내 감화를 받지 않았을 이치가 있겠는가?

또 못된 상이 유비 땅에 봉해진 것은 어째서인가? 무릇 분모열토(分茅裂土)[11]를 하면 사직(社稷)이 있고 인민이 있게 마련이다. 선왕(先王)이

여러 차례 순을 죽이고 그 재물을 취하려 하였으나 번번이 실패하였다고 한다. 이 일은 『맹자』, 「만장 상(萬章上)」에도 인용되어 있다.

7 사람이 …… 미친다 : 무왕(武王)이 은(殷)을 정벌하고 나서 강태공(姜太公)에게 은나라 포로들을 어떻게 처리해야 할지 묻자, 태공은 "신이 듣기로, 사람을 사랑하는 자는 그의 집 위 까마귀까지 겸애하고, 사람을 미워하는 자는 그의 집 담장까지 미워한다고 하였으니, 남김없이 모두 죽이는 것이 어떻겠습니까[臣聞愛其人者, 兼屋上之烏; 憎其人者, 惡其餘胥. 咸劉厥敵, 使靡有餘, 何如]?"라고 대답하였다(『설원(說苑)』 권5).

8 고수(瞽瞍) : 순임금의 아버지이다. 성품이 몹시 완악하여 순을 해치려고까지 하였으나 나중에는 잘못을 뉘우치고 아들과 화목하게 지냈다.

9 우빈(虞賓) : 순임금의 손님이라는 뜻으로 요(堯)임금의 아들 단주(丹朱)를 말한다. 맹자에 따르면 단주는 불초했기 때문에 왕위가 순에게 돌아갔다고 한다.

10 유묘(有苗) : 옛 부족의 이름으로 삼묘(三苗)라고도 한다. 위의 묘이(苗夷)를 가리킨다.

11 분모열토(分茅裂土) : 옛날 봉건제에서 땅을 분할해 주는 것을 가리킨다. 그 의식에서 띠풀[茅]과 함께 땅을 나누어 주는 의식을 행했기 때문에 생긴 말이다.

공덕을 중시한 까닭은 천하의 공도(公道)를 위해서이니 사사로이 할 수 있는 것이 아니다. 순은 자기의 아우를 사랑함에 있어서 지극히 공정한 방식으로 대처하여 은정(恩情)을 잃지 않도록 하는 것이 옳다. 어찌 토지와 인민을 사적으로 주어서 천하의 공도를 왜곡시킬 수 있겠는가?

맹자가 말씀하시기를 "천자가 관리를 파견하여 그 나라를 다스리도록 하였으니, 상은 마음대로 할 수 없었다."[12]라고 하였는데, 이는 더욱 그렇게 볼 수 없다. 한(漢)나라의 제왕(諸王)들에게는 모두 수상(守相)[13]이 있었으나 끝내 그들의 탐학을 금하지 못했으니, 원래 그럴 수밖에 없는 것이다. 상으로 말하자면 천자를 두려워하지 않고 천자의 사위를 죽이고 딸을 빼앗으려 하는 등 형제간에 차마 못할 짓을 한 자이거늘, 수리(守吏)[14]의 명령을 고분고분 따르며 감히 그곳의 신민(臣民)을 함부로 해치지 않을 것이라고 보장할 수 있겠는가? 이 점이 내가 꼭 그렇다고 말할 수 없는 이유이다.

주(周)나라 시대에는 제후에게 필히 명경(命卿)[15]을 두게 하였으니, 이는 봉건제도의 법이다. 순이 상을 봉할 때만 유독 그러했던 것은 아니다.

나는 순이 상을 봉한 사실에서 상이 마침내 교화를 받아 착하게 되었다는 것을 알 수 있다고 본다. 가령 상이 교화되지 않았는데 순이 의리의 옳고 그름을 생각하지 않고 다만 봉작으로 아우를 영화롭게 하였다면, 상의 나라는 응당 근기(近畿)의 좋은 지역에 두어 자주 만나 보기

---

12 천자가……없었다 : 『맹자』, 「만장 상」에 "상에 대해서는 그 나라에서 정사를 하지 못하게 하고, 천자가 관리로 하여금 그 나라를 다스리게 하고, 그 세금만을 받게 하였다〔象不得有爲於其國, 天子使吏治其國, 而納其貢稅焉〕." 하였다.

13 수상(守相) : 군국(郡國)의 정사(政事)를 주관하는 일을 맡은 관리이다.

14 수리(守吏) : 수위(守衛)의 일을 맡은 사람, 또는 관문을 지키는 사람이다.

15 명경(命卿) : 천자가 제후국에 임명한 고위 관리이다.

편하게 하였을 것이다. 그럼에도 멀리 떨어진 변방의 무덥고 장기(瘴氣)가 이는 땅에 둔 것은 무엇 때문이겠는가? 이미 공도에도 어긋날 뿐 아니라 사정에도 가깝지 않다. 그의 과오를 조장하면서 악행을 펼치도록 하는 처사를 한 것일까? 성인은 자기 아우에게 결코 하지 않았을 것임이 분명하다.

상이 교화되어 착한 사람이 된 다음에는 유비의 백성들에게 공덕을 세울 만했을 것이다. 유비의 백성들은 그를 받들어 임금으로 삼기를 원했으며, 상 또한 스스로 한번 시도하여 실적을 내려고 하였을 것이다. 그러므로 순이 그를 봉했던 것이다. 만약 상이 교화되지 않았다면 순은 그를 붙들고서 쉴새없이 가르치고 깨우쳤을 것이거늘, 어찌 머나먼 곳에 봉하는 일이 있었겠는가?

만약 상이 유비의 백성들에게 아무런 공덕도 없이 잔혹한 짓만 일삼았다면, 그곳의 백성들은 대대로 전하며 비방했을 것이다. 어찌 모셔 놓고 제사를 받들 리가 있겠는가? 그러므로 당나라 사람들이 그의 사당을 훼철했던 것은 상의 당초의 행실에 의거한 일이요, 지금 묘이들이 그의 사당을 세워 받드는 것은 상의 나중 행실을 따른 것이다.

공자가 이르기를 "옛날의 나쁜 행실을 따지지 않는다."[16] 하였으니, 나중의 처사를 긍정하고 당초의 악행을 추궁하지 않는 것이 옳다. 순이 상을 봉한 일이나 묘이들이 그의 사당을 세운 일이나 모두 마땅한 일이 아니겠는가? 상의 사당이 있는 것을 보면 순이 지극한 덕으로 마침내 불손한 아우를 감화시켰으며, 사적인 사랑으로 공도를 폐하지 않았다는 것을 알 수 있다. 이 사당을 훼철하지 않고 잘 보수하는 것은 순을 위한

---

16 옛날의 …… 않는다 : 『논어』, 「공야장(公冶長)」에 "백이와 숙제는 옛날의 잘못을 생각하지 않았기 때문에 원망하는 사람이 드물었다(伯夷叔齊, 不念舊惡, 怨是用希)." 하였다.

일이요, 상을 위한 일이 아니다.

평어 준마를 타고 천 길이나 되는 산비탈을 내려가면서 한가롭게 고삐를 잡고 채찍을 쓰지 않아도 바람을 좇고 그림자를 따돌리는 듯한데, 날아오르고 솟구치는 형세는 보이지 않고 오히려 이부자리 위에서 걷는 것 같다.

전국책을 본떠 지음¹⁷
擬戰國策

1.

【원문】 사마희(司馬喜)¹⁸가 조(趙)나라에 사신으로 간 걸음에 자신을 위해 중산(中山)¹⁹의 재상 자리를 구하였다. 공손홍(公孫弘)이 남모르게 그 사실을 알았다. 중산군(中山君)이 밖에 나가는데 사마희가 말을 몰고 공손홍이 임금을 모시고 탔다. 공손홍이 말했다.

"나라의 신하 된 자가 대국의 위엄을 끌어들여서 임금에게 재상 자리를 구한다면, 어떻게 하시겠습니까?"

"나는 그자의 고기를 다른 사람에게 나누어 주지도 않고 먹겠노라."

사마희는 웃으면서 말했다.

"무릇 대국의 위엄을 빌려서 자기 임금에게 재상 자리를 구하려 한다면 반드시 은밀히 하여 누설이 되지 않도록 하겠거늘, 임금님께선 무슨 수로 알아서 그자의 고기를 먹는단 말입니까? 그러니 임금님께서는 잘 살펴보옵소서."

---

17 전국책(戰國策)을 본떠 지음 : 의(擬)는 산문 문체의 하나로 원작을 모의하여 개작하거나 역사적 상황을 가정하여 짓는 글인데, 이 글은 『전국책』의 문체와 내용을 본떠 지은 것이다.

18 사마희(司馬喜) : 사마희(司馬熹)·사마희(司馬憙)·사마주(司馬賙)라고도 하는데 모두 동음자(同音字)의 가차(假借)이다. 본래 위국(衛國) 사람으로 중산(中山)에 와서 치열한 권력투쟁을 거쳐 여러 대에 걸쳐 대신으로 재임한 인물이다.

19 중산(中山) : 춘추 시대 말년에 선우(鮮虞) 사람들이 세운 나라로 지금의 하북성(河北省) 정현(定縣)·당현(唐縣) 일대에 걸쳐 있었다. 전성기에는 천승지국(千乘之國)으로 한때는 위(魏)·한(韓)·연(燕)·조(趙) 등과 함께 왕(王)으로 일컬었으나, 결국 조(趙)에게 멸망당하였다.

5리쯤 갔을 때, 사마희는 어쩔 줄 몰라하는 표정을 지으며 수레 손잡이[軾]에 머리를 조아리고 말했다.

"신이 죽을 죄를 지었습니다."

"무슨 일인가?"

"아까 공손홍이 근거 없는 말을 했는데, 임금께 신을 중상하는 줄 깨달았습니다."

"가자, 나도 그런 줄 안다."

얼마 지나지 않아 조나라 사신이 와서 사마희를 위해 재상 자리를 요구하였다. 임금이 공손홍을 몹시 의심하므로 공손홍은 망명해 달아날 수밖에 없었다.[20]

사마희는 조나라를 끼고 중산의 재상이 되려고 하였다. 공손홍이 이 사실을 얼핏 듣고 아직 자세히 확인하지 않은 상태에서 들어가 중산군에게 물었다.

"신이 듣자옵건대, 사마희가 자기 사인(舍人)[21]에게 '내 필시 곧 재상이 될 것이다.'라고 말하였다는데, 어찌하여 임금께서 그에게 재상 자리를 허락하신 것입니까?"

"과인은 그런 일이 없다."

중산군의 대답이었다.

이윽고 조나라 사신이 와서 사마희를 재상으로 삼아 주기를 요청하는

---

20 이상의 내용은 유향(劉向)의 『전국책(戰國策)』 권10, 「중산(中山)」에 나오는 한 장(章)이다. 바로 아래 대목은 심대윤이 이를 개작한 것이다.

21 사인(舍人) : 전국 및 한대(漢代) 초에 왕공귀인(王公貴人)의 좌우에 두던 근시(近侍) 벼슬이다. 가신(家臣)에 해당한다.

것이었다. 중산군은 사마희가 조나라를 끼고 재상 자리를 구한다고 생각하여 그를 추방하였다.

옛날 어떤 사람이 밤중에 재물을 크게 잃어버렸다. 사흘이 지나도록 아무에게도 알리지 않았는데, 한 사람이 찾아와서 재물을 잃어버린 일을 위로하는 것이었다. 마침내 그자를 잡아 추궁하였다.

"내가 재물을 잃어버린 다음 아무에게도 알리지 않아, 내가 재물 잃어버린 사실을 아는 사람이 세상에 없다. 네가 어떻게 알고서 왔단 말인가?"

이에 장물을 찾을 수 있었다.

이런 까닭으로 남의 은밀한 일을 자기 혼자만 아는 경우, 자신이 직접 이 사실을 증명할 수 없다. 남이 은밀히 한 일을 혼자 증언하고 남들은 알지 못하는 경우, 사람들은 필시 거짓 꾸며서 부풀려 무고하는 것으로 생각할 것이다. 같은 공손홍이지만 자기 홀로 사마희가 조나라를 불러들여 재상 자리를 구한다고 주장하면 도리어 의심을 사게 되며, 그 사실을 증명하지 않은 채 은밀히 임금에게 고하고 임금으로 하여금 스스로 살피도록 하면, 그 말이 행해지게 된다. 이것이 곧 종으로 횡으로 올렸다 내렸다 하며 변화를 부리는 술책이 아닌가? 또한 사마희가 조나라로 하여금 자기를 재상으로 삼아 주도록 하는데, 아무도 알지 못하고 공손홍 홀로 알고 있으며, 사마희의 태도를 보아도 아직 그것을 알지 못하는 것 같으면, 일이 필시 공손홍에게서 나온 것이다. 때문에 공손홍 홀로 남이 모르는 일을 말한 것으로 의심을 받았으며, 사마희는 알지 못한다는 이유로 면죄가 되었던 것이다. 공교하고 졸렬한 처사의 차이는 매우 은미하다 하겠다.

평어 기두(起頭, 글의 첫머리)와 살미(煞尾, 끝맺음)는 작자의 문법이라 하겠다.

2.

【 원문 】 연(燕)나라 소왕(昭王)이 소대(蘇代)[22]에게
"과인은 유세객(遊說客)의 허황한 말을 매우 좋아하지 않는다."
라고 말하니, 소대는 이렇게 대답했다.

"주(周)나라 땅에서 중매쟁이를 천하게 여기는 것은 이쪽저쪽을 다니며 좋은 말만 하기 때문입니다. 남자 집에 가서는 '여자가 아름답다'고 말하고, 여자 집에 가서는 '남자가 부유하다'고 말합니다. 그러나 주나라 풍속에 남자는 스스로 아내를 취할 수는 없으며, 또 처녀는 중매쟁이가 없으면 늙도록 시집가지 못합니다. 중매쟁이 없이 스스로를 팔려고 든다면, 늙어 죽도록 팔리지 않습니다. 사리에 맞고 어그러지지 않으며 팔리면서도 늙어 죽지 않으려면 오로지 중매쟁이에 의지할 수밖에 없습니다. 또 일은 권모(權謀)가 없으면 성립하지 못하고, 세력이 없으면 이루어지지 않습니다. 무릇 사람에게 앉아 있으면서 일을 이루도록 하는 것은 오로지 유세객뿐입니다."

왕이 "좋다."고 말하였다.

연나라 소왕이 소대에게,
"과인은 유세객의 허황한 말을 매우 좋아하지 않는다."
라고 말하니, 소대는 이렇게 대답했다.

"무릇 개는 자기 주인이 아니면 짖고, 자기 주인에게는 짖지 않기 때문에 사람이 기르는 것입니다. 만약에 개가 주인과 주인이 아닌 사람을 구분하지 않고 한결같이 짖는다면 때려죽이며, 주인이건 주인이 아니건

---

22 소대(蘇代): 전국 시대 합종책(合縱策)을 주장한 유세가인 소진(蘇秦)의 아우이다.

한결같이 짖지 않는다면 잡아먹을 것입니다. 무릇 임금을 정성으로 섬기는 것은 충절의 신하요, 외적을 권도(權道)로 방어하는 것은 패왕(覇王)의 좋은 참모입니다. 지금 전국(戰國)의 시대에 처하여 너나없이 변칙과 사술로 서로 다투며 지모와 술수로 서로 제압하려 하거늘, 대왕의 아래에서 일을 맡은 자들이 정말로 대왕과 진(秦)·초(楚)·한(韓)·제(齊)·조(趙)·위(魏)의 임금을 구분하지 않고 다 같이 어질고 미더운 마음으로 충성을 바친다면, 대왕은 어떻게 그의 도움을 얻을 수 있겠습니까? 이는 응당 잡아먹어야 할 개에 해당할 것입니다. 대왕과 진·초·한·제·조·위의 임금을 구분하지 않고 권모와 술수로 일을 한다면, 대왕은 어디에 마음을 맡기시겠습니까? 이는 응당 때려죽여야 할 개에 해당할 것입니다. 지금 신은 충성을 다하여 대왕을 받들되 권도를 써서 적을 제압하려 하니, 이는 개로 말하면 마땅해서 꼭 길러야 할 것입니다. 대왕께서 살펴 구분하지 않고 대뜸 '나는 허황한 말을 좋아하지 않는다.'고 하신다면, 신은 대왕을 위해 짖는 개가 없을까 걱정되니, 대왕은 누구와 함께 도적을 막아 내실지 모르겠습니다."

소왕이 말하기를

"좋은 말이다. 과인은 아직 듣지 못한 말이로다."
라고 하였다. 소대는 또 이렇게 말하였다.

"개는 짖기를 좋아하는 것이 아니고 괴상한 것을 보고 부득이해서 짖는 것이요, 신은 허황한 말을 좋아하는 것이 아니고 어려움을 보고 그만둘 수 없어 그런 것입니다. 때문에 개는 짖지 않을 수 없고 신은 허황한 말을 하지 않을 수 없습니다."

평어 뜻이 이르면 가고 뜻이 다하면 그쳤으니, 뜻이 좋아 글이 아름답고 뜻이 충분하여 전편이 원만하게 되었다. 그런 고로 성인(聖人)에게는 도 없는 도와 법 아닌 법과 가르침 아닌 가르침이 있다.

　황주죽루기를 개작함[23]

改黃州竹樓記

황강(黃岡)[24] 땅에는 대가 많다. 큰 것은 서까래만하여 주민들이 대를 쪼
개고 마디를 제거하여 기와나 이엉을 대신하여 지붕을 덮는다. 비용과
공력이 절감되기 때문이다.

나는 자성(子城)[25] 서북쪽 모퉁이에 두 칸의 조그만 누각을 짓고 대를
이용하여 지붕을 덮었다. 이 죽루(竹樓)는 강산의 좋은 경치를 마주하고
있어 때때로 올라가 놀았다. 기와에 견주면 검소하다 할 것이고 짚으로
이엉을 한 곳에 견주면 사치스럽다 할 것이니, 사치스럽지도 검소하지
도 않고 적당하다고 하겠다.

비 내릴 때에도 좋고, 눈이 뿌릴 때에도 좋고, 금(琴)을 탈 때에도 좋
고, 시를 읊을 때에도 좋고, 바둑을 둘 때에도 좋고, 투호놀이를 할 때에
도 좋다. 소리의 반향이 맑게 닿고 쟁그랑거리는 소리가 모두 자연의 운
치를 이루어, 사람들로 하여금 눈앞이 아득하고 마음이 황홀하여 정신
이 집중되고 마음이 깨어나게 하니 해곡(嶰谷)에 노닐며 영륜(伶倫)의
음률[26]을 듣는 듯하였다.

---

23 황주죽루기를 개작함 : 왕우칭(王禹偁, 954~1001)이 998년 황주(黃州)의 황강(黃岡) 현
　령으로 부임하여 지은 「황주죽루기(黃州竹樓記)」를 개작한 글이다. 왕우칭은 송(宋)나라
　제주(濟州) 거야(鉅野) 출신으로 자는 원지(元之)이다. 983년 진사가 되어 관직에 나갔
　는데 998년 실록(實錄) 편찬에 참여하여 직필(直筆)의 태도를 견지했으나 당시 재상의
　눈에 거슬려 황강 현령으로 좌천되었다. 문집으로 『소축집(小畜集)』을 남겼는데 「황주
　죽루기」는 『소축집』 권17에 실려 있다. 명문으로 인정받아 『고문진보(古文眞寶)』에도
　수록되었다.
24 황강(黃岡) : 지금 호북성(湖北省)에 있는 지명이다.
25 자성(子城) : 성곽의 제도에서 본성에 붙여 따로 쌓은 성을 가리키는 말이다.

내가 공무에서 벗어나 틈이 나면 학창의(鶴氅衣)²⁷를 걸치고 화양건(華陽巾)²⁸을 쓰고, 손에는 『주역(周易)』한 권을 들고 향을 피우며 조용히 앉으면, 세상 근심이 사라지고 마음이 아득해지면서 시야가 저절로 맑아진다. 푸른 언덕 안개 낀 물결에 대와 나무는 떨기를 이루고 구름 속의 새는 나타났다 사라져 속된 물건이라곤 하나도 끼어들지 않으니, 전에 보던 바와는 전혀 다른 풍경을 이루었다. 강산이 누각과 사람과 서로 흔연히 만나서 어울리니, 건물을 단청하여 꾸미거나 거창하게 만들어 기생들을 부르고 가무(歌舞)를 동원하여 즐거움을 삼는 것은 다시는 마음에 두지 않는다.

죽공(竹工)이 아뢰기를,

"대로 지붕을 이으면 겨우 십 년밖에 못 가는데 한 겹 더 이으면 이십 년 정도 가지요. 그래서 사람들이 대는 오래가지 못한다고 꺼려 하기도 합니다."

라고 하였다. 아! 나는 지도(至道)²⁹ 을미년(995)에 한림학사(翰林學士)로 있다가 저주(滁州)³⁰로 나왔고, 병신년(996)에는 광릉(廣陵)³¹으로 옮겼

---

26 해곡(嶰谷)에 …… 음률 : 해곡은 곤륜산 북쪽에 있다는 골짜기이다. 곤륜산은 중국인들의 신화적인 상상의 세계이다. 영륜은 중국 고대의 황제(黃帝) 때 음악을 맡았다는 전설적인 인물이다. 『한서(漢書)』, 「율력지(律歷志)」와 응소(應劭)의 『풍속통(風俗通)』, 「성음서(聲音序)」 등에 의하면, 옛날에 황제가 신하인 영륜에게 명령하여 이곳의 대나무로 12율(律)의 피리를 만들게 하였다고 한다.

27 학창의(鶴氅衣) : '창의'는 우리말로는 '창옷'으로, 선비가 겉에 착용하는 옷이다. 학창의는 옷의 가장자리를 검은 색으로 선을 둘렀기 때문에 그 모양이 두루미와 같다고 해서 붙은 이름이다.

28 화양건(華陽巾) : 도사(道士)나 은자들이 즐겨 썼던 두건이다.

29 지도(至道) : 송나라 2대 황제 태종(太宗)의 연호로 995년에서 997년까지이다.

30 저주(滁州) : 지금 안휘성(安徽省)에 속한 고을 이름이다.

31 광릉(廣陵) : 양주(揚州)의 별칭이다. 지금은 강소성(江蘇省)에 속해 있다.

으며, 정유년(997)에는 다시 서액(西掖)³²으로 들어갔다가, 무술년(998)에는 제안(齊安)³³에 임명을 받아 기해년(999)에 이 고을에 부임했다. 5년 사이에도 겨를이 없이 분주하여 일 년을 한 곳에서 머물러 있지 못했거늘 내년에는 또 어느 곳에 있을지 알 수 없다.

　사람들이 지붕을 대로 이은 누각을 좋아하지 않을까 걱정되거늘 어느 겨를에 그것이 쉽게 썩는다고 염려할 것이랴! 뒤에 오는 사람이 혹 나와 뜻이 같아 대로 지붕을 이게 되면 이는 지극히 쉬운 일이다. 모년 모월 모일에 쓴다.

---

32 서액(西掖) : 중서성(中書省)의 별칭이다.
33 제안(齊安) : 황강(黃岡)의 별칭이다.

4

국어³⁴를 본떠 지음 병오년(1846)
擬國語 丙午

진(晉) 여공(厲公)³⁵이 시해를 당하자 〔노(魯)나라〕 변경의 관리가 이 사
실을 보고하였다. 성공(成公)이 조정에 있다가

　"신하가 자기 임금을 시해한 것은 누구의 잘못인가?"
라고 물었다. 대부(大夫)들이 대답을 하지 못하자 이혁(里革)이 다음과
같이 아뢰었다.

　"이는 임금의 잘못입니다. 임금으로서 죽임을 당하는 데 이르렀으니,
대단히 임금답지 못한 것입니다. 임금으로서 임금답지 못했기 때문에
신하에게 죽임을 당했습니다. 만약에 임금다웠다면 신하가 어찌 죽일
수 있겠습니까?

　무릇 신하로서 임금을 시해한 데 이른 것은 매우 신하답지 못한 짓입
니다. 임금이란 신민을 거느리고 다스려 사악함을 바로하고 의로운 데
로 나아가도록 하는 존재입니다. 만약에 사악함을 따르고 의로움을 버
려 신하가 임금을 죽이더라도 백성들이 구하려고 하지 않는 데 이른다
면 장차 어디다 쓰겠습니까? 그의 허물이 크다 하겠습니다. 사건을 만든
원인은 임금에게 있고, 사건을 벌인 것은 신하의 손이니, 임금을 죽이도

---

34 국어(國語) : 주(周)나라 좌구명(左丘明)이 춘추 시대 각국의 사적과 언행을 모아 편찬한
　　책이다. 주어(周語) · 노어(魯語) · 제어(齊語) · 진어(晉語) · 정어(鄭語) · 초어(楚語) · 오
　　어(吳語) · 월어(越語) 등으로 구성되어 있다. 이 글은 「노어(魯語)」 중 '진나라 사람이
　　여공을 시해한 일〔晉人殺厲公〕'을 본떠 지은 것이다.
35 진(晉) 여공(厲公) : 진(晉)나라의 28대 임금이다. 이름은 수만(壽曼)이며, 부친 경공(景公)
　　의 뒤를 이어 즉위하였다. 그는 장려씨(匠麗氏)의 집에 가서 놀다가 난서(欒書)와 중항언
　　(中行偃)에게 붙잡혀 죽임을 당했다.

록 한 것은 임금이요, 임금을 죽인 것은 신하입니다. 잘못이 누구에게 있는가 묻는다면 임금의 잘못이 크고, 죄가 누구에게 있는가 묻는다면 신하의 죄가 무겁습니다.

무릇 임금이란 백성의 마음이니, 아름답고 흉악한 것이 모두 그로부터 나오고 온몸이 그를 따르는데 또 무슨 잘못이 있겠습니까? 탕(湯)임금은 걸(桀)을 추방했고 무왕(武王)은 주(紂)를 처단했는데, 한갓 임금답지 못할 뿐 아니라 또 해악을 끼쳐서 그 독이 백성에게 가득했습니다. 탕왕과 무왕은 하늘의 뜻에 따라 백성을 구하고 환란을 제거했으니, 이것이 곧 그분들이 성군(聖君)이 된 까닭입니다. 그 잘못과 죄는 모두 임금에게 있으며, 신하에게는 미치지 않습니다.

이런 까닭으로 선왕들은 자신의 몸을 바르게 하기에 힘써 남에게 해침을 당하지 않고, 자신의 덕을 부지런히 닦아서 힘을 가지고 다투지 않습니다. 임금이 잘못이 없다면 신하들은 분주히 의를 받들기에 겨를이 없을 것이거늘, 또 어찌 죄를 범할 수 있겠습니까?"

5 　　**소노천(蘇老泉)의 변간론[36]을 개작한 글**
易蘇老泉辨奸論

무릇 군자를 알아보기는 쉽고, 소인은 알아보기 어렵다. 저 소인들은 반
드시 인의(仁義)를 가탁하여 바탕을 든든히 하고, 기발한 논리와 두드러
진 행동으로 명예를 얻어, 버젓이 천하 사람들의 귀와 눈을 가리고 어둡
게 만든다. 그런 다음에 남몰래 역귀나 여우처럼 변신하는 술수로 차츰
저의 사욕을 채워가며, 이미 뜻을 얻어 제멋대로 할 수 있는 데 이르러
서는 제 본심을 드러내어 어떻게 할 수 없는 상태가 된다. 표리(表裏)와
시종(始終)이 한결같은 군자와는 같지 않은 것이다. 그런 까닭에 군자를
잘 알아보는 것으로는 '지인(知人)'이라 하기에 부족하며, 소인을 잘 알
아보아야만 '지인'이라 할 수 있다.

　전(傳)에 이르기를,

　"사람을 알고자 할진댄 하늘을 알지 않으면 안 된다."[37]

라고 하였다. 하늘을 아는 자는 이치를 아는 사람이요, 사람을 아는 자
는 인정(人情)을 아는 사람이다. 이치란 지극히 은미해도 반드시 그렇게
되며, 인정이란 지극히 은미해도 볼 수 있는 것이다. 오직 천하에 정통

36　소노천(蘇老泉)의 변간론 : 소노천은 북송(北宋)의 문인이자 당송팔대가(唐宋八大家)의
　　한 사람인 소순(蘇洵 : 1009~1066)으로, 노천은 호이다. 그는 늦은 나이에 학문에 힘써
　　당시 한림학사였던 구양수(歐陽修)가 그의 문장 22편을 조정에 상주하여 문명을 알리게
　　되었다. 아들 소식(蘇軾)·소철(蘇轍)과 함께 '삼소(三蘇)'로 일컬어진다. 저서에 『가우집
　　(嘉祐集)』 20권이 있다. 「변간론(辨奸論)」은 사람의 간교함을 분별하는 문제를 논한 글로
　　『가우집』 권9에 실려 있다.
37　사람을 …… 된다 : 『중용』 제20장에 나온다. 애공(哀公)이 정치에 관해 묻자 공자가 대답
　　한 말이다. "故君子不可以不脩身, 思脩身, 不可以不事親; 思事親, 不可以不知人; 思知人,
　　不可以不知天."

한 사람이라야 능히 은미한 데를 살피고 숨은 곳을 알아서, 백 가지 일을 시행해도 한 가지 잃어버리는 것이 없다.

옛날 산거원(山巨源)[38]이 왕연(王衍)[39]을 만나 본 다음에 말하기를,

"천하의 백성을 잘못되게 만들 자는 필시 이 사람일 것이다."[40]

라고 하였고, 곽분양(郭汾陽)[41]은 노기(盧杞)[42]를 만나 본 다음에 말하기를,

"이 사람이 뜻을 얻으면 나의 자손은 씨가 없어질 것이다."[43]

라고 하였다. 왕연의 사람됨은 풍모와 언론이 실로 세상을 속이고 이름을 훔칠 만하지만, 외양이 맑고 툭 트여 순리대로 나아가서 다투지 않으며, 간사하고 아첨을 바쳐 교활함이 남의 마음속까지 파고들 사람 같지 않았다. 노기로 말하면, 참으로 간사하고 아첨을 바쳐 교활함이 능히 남의 마음속까지 파고들 자이지만, 문학과 언변을 갖추지 못한 데다가 용

---

38 산거원(山巨源) : 죽림칠현(竹林七賢)의 한 사람이었던 산도(山濤, 205~283)를 말한다. 거원은 그의 자이다.

39 왕연(王衍, 256~311) : 진(晋)나라 사람으로 자는 이보(夷甫)이며, 벼슬은 상서령(尙書令)·태위(太尉)를 지냈다. 그는 늘 노장(老莊)에 대해 논하기를 좋아하였다고 한다.

40 천하의 …… 것이다 : 왕연이 젊은 시절 산도를 만난 적이 있는데, 산도가 한동안 감탄한 뒤 그를 전송하며, "어떤 여자가 이런 아이를 낳았는가. 하지만 천하의 백성을 그르칠 자는 필시 이 사람일 것이다〔何物老嫗, 生寧馨兒. 然誤天下蒼生者, 未必非此人也〕." 하였다(『진서(晋書)』, 「왕연전(王衍傳)」).

41 곽분양(郭汾陽) : 당(唐)나라 분양군왕(汾陽郡王) 곽자의(郭子儀)를 말한다.

42 노기(盧杞) : 당나라 덕종(德宗) 때 재상이 되어 전권을 휘둘렀던 인물이다. 모습은 못났으나 언변에 능하였다고 한다.

43 이 사람이 …… 것이다 : 곽자의가 병이 심해져 노기가 문안하러 오자, 곽자의는 병풍을 치도록 하였다. 집안사람들이 그 이유를 물으니, "저 사람이 겉은 누추하지만 속은 음험하니 너희들이 보면 반드시 비웃을 것이다. 만약 그가 훗날 정권을 잡게 된다면 나의 자손은 씨가 없어질 것이다〔彼外陋內險, 左右見必笑, 使后得權, 吾族无類矣〕." 하였다(『신당서(新唐書)』, 「노기전(盧杞傳)」).

모까지 추루(醜陋)해서 사람을 감동시키기에는 부족했다. 그럼에도 요행히 진(晉) 혜제(惠帝)와 당(唐) 덕종(德宗) 같은 혼암한 군주를 만나서 자기들의 계교를 이룰 수 있었던 것이다. 이를 통해 보건대, 저 두 분이 그 두 사람을 헤아린 데 있어서 필연이라고 할 수 없는 점이 있다. 그런데도 마침내 필연이 된 것은 실로 그 인정을 파악했고 그 이치를 잘 알았다고 하겠다.

지금 여기 한 사람이 있는데, 입으로 공자의 글을 외우고 몸으로 백이·숙제의 행실을 실행한다고 하면서, 박식(博識)과 변론(辯論)으로 설파하여 명예를 좋아하고 뜻을 얻지 못한 사람들을 불러들인다. 그리하여 이론을 꾸며 내고 제멋대로 품평하여 안연(顔淵)과 맹가(孟軻)가 다시 출현한 것처럼 비치도록 하지만, 은밀히 남을 해치고 험악한 짓을 일삼아 실로 보통 사람의 인정과는 다르다. 이는 그야말로 왕연과 노기를 합쳐서 한 사람으로 만든 꼴이다. 훗날 천하에 화를 끼쳐 온통 휩쓸리게 하지 않겠는가!

무릇 얼굴에 때가 끼면 씻는 것을 잊지 않고, 옷이 더러우면 빠는 것을 잊지 않으니, 이는 인간의 지극히 정상적인 인정이다. 지금에 있어서는 그렇지 않고, 비천한 자의 옷을 입고 개·돼지의 음식을 먹고 머리를 풀어헤치고 얼굴은 수척해 가지고 시서(詩書)를 논하니, 인정에 가깝지 않은 것이다. 인정에 가깝지 않은 자, 크게 간특하지 않은 경우가 드물다. 관중(管仲)이 수조(竪刁)·역아(易牙)·개방(開方)⁴⁴에 대해 논한 것

---

44 수조(竪刁)·역아(易牙)·개방(開方) : 춘추 시대 제(齊)나라 환공(桓公)의 측근으로 간신으로 일컬어졌던 사람들이다. 수조는 스스로 거세하여 태감이 되었고, 역아는 자신의 아들을 죽여서 음식을 만들어 환공에게 바쳤으며, 위나라의 귀족이었던 개방은 자신의 신분을 버리고 제나라로 와서 벼슬하였다.

이 그것이다.

무릇 왕연과 노기, 둘 중 한 사람으로도 나라를 망치고야 말 것임을 단정할 수 있는데, 하물며 양자를 겸비하고 있으면서 더욱더 지나친 경우에야 말할 것 있겠는가? 아무리 현명한 임금과 어진 재상이 있다 하더라도 장차 등용하여 일을 맡길 것이니 정권을 잡게 되면 곧 나라에 큰 화를 끼칠 것은 확실히 의심할 바 없다. 이 또한 이치상 반드시 그렇게 되고야 말 것이다.

무릇 공자께서도 "외모로 사람을 취함에 자우(子羽)에서 실수하였고, 언변으로 사람을 취함에 재아(宰我)에서 실수하였다."⁴⁵고 말씀하셨다. 행동과 사업만 가지고 판단하면 표리(表裏)와 시종(始終)이 같지 않은 경우가 있으니, 오직 인정과 이치를 따져야 거의 맞게 될 것이다.

슬프다! 나의 말이 맞지 않는다면 천하에 다행한 일이겠지만, 불행히도 맞는다면 어찌 슬프지 않으리오!

원주 소노천(蘇老泉, 蘇洵)의 「변간론(辨奸論)」은 그 식견의 깊이와 의론(議論)의 정당함이 팔대가(八大家) 가운데서도 찾아볼 수 없는 것이다. 그런데 문사(文辭)가 미치지 못한 점을 안타깝게 여겨 경솔하게도 고쳐 보았으니, 다투어 자신이 잘났다고 내세우려는 것이 아니라 대개 부득이한 바가 있어서이다.

---

45 외모로 …… 실수하였다 : 자우(子羽)는 공자의 제자 담대멸명(澹臺滅明)의 자이며, 재아(宰我)는 공자의 제자인 재여(宰予)이다. 담대멸명은 외모가 매우 못생겼으며 재아는 언변이 뛰어났는데, 공자는 일찍이 "내가 언변으로 사람을 취함에 재여에서 실수하였고, 외모로 사람을 취함에 자우(子羽)에서 실수하였다[吾以言取人, 失之宰予; 以貌取人, 失之子羽]."라고 하였다(『사기』, 「중니제자열전(仲尼弟子列傳)」).

6 장문부[46]를 본떠 지음

擬長門賦

원주 사마장경(司馬長卿)[47]의 「장문부(長門賦)」는 고금의 빼어난 곡조라 할 것이다. 내가 마음속으로 이 글을 흠모한 까닭에 모의(模擬)하여 지어 보았으나, 말을 곱게 꾸미는 데 힘을 쏟은 데다 기운이 약하고 번거롭기까지 하니, 원작에 한참 미치지 못한다.

미인이 호젓하게 지내고 있음에
단계(丹桂)[48]의 꽃과 나무 어울려 있네.
윤택하고 화려하여 시들지 않는데
좋은 봄날을 맞아 버려졌구나.
은총이 저 달과 같음을 깨닫겠으니
동쪽에서 가득 찼다가 홀연 서쪽으로 지는구나.
여자의 운명이 기박함을 원망하여
어긋남이 쌓여서 산과 같구나.

---

46 장문부(長門賦) : 이 작품의 서문에 따르면, 이 작품은 한 무제의 총애를 잃고 장문궁(長門宮)으로 쫓겨난 진황후(陳皇后)를 위해 지은 것이라 한다. 진황후는 당시 문장가로 이름 높은 사마상여를 불러들여 이 글을 짓도록 하였는데, 황제가 이 글을 보고 마음을 돌려 다시 진황후를 가까이했다고 한다. 그 내용을 살펴보면, 임금의 총애를 잃은 여인의 입장에서 유폐된 궁궐에서 시름하는 정경, 밤을 지새우며 임금을 기다리는 모습 등을 형상화하였는데, 대체적인 줄거리는 「의장문부」와 유사하다.

47 사마장경(司馬長卿) : 사마상여(司馬相如, ?~기원전 117)를 말한다. 자는 장경(長卿)으로 촉군(蜀郡) 성도(成都) 사람이다. 전한(前漢)을 대표하는 사부(辭賦) 작가이다. 「자허부(子虛賦)」, 「상림부(上林賦)」를 지어 무제(武帝)의 칭찬을 받고 벼슬에 나아가 효문원령(孝文園令)을 지냈다. 과부로 있었던 탁문군(卓文君)을 「봉구황(鳳求凰)」이라는 노래로 유혹하여 결혼한 이야기는 유명하다.

48 단계(丹桂) : 계수나무의 일종으로, 과거에 급제한 것을 비유한다.

● 백운 심대윤의 백운집

어찌하여 하늘의 넓고 큰 덕으로

한번 웃으며 어리석음을 어여삐 여기지 않으시는가?

난채(蘭茝)⁴⁹를 연약하다 싫어하여

기쁨을 얻기에 충분치 않다 할 것인가?

연 줄기의 가느다란 실⁵⁰을 믿어

님을 그리는 마음을 길이 매어 두고 싶건만,

전날의 뜻이 어긋남을 슬퍼하노니

어떻게 엎질러진 술잔에 술을 다시 담으리오?

오로지 한마음으로 님을 향하니

사랑의 정은 곡진하여 옮겨 갈 줄 모르누나.

혼은 아득히 따라가더라도

육신은 고요함 속에 홀로 남아 있구나.

생각은 두루 미쳐 다시 시작되어

어지러이 분분하여 찾아갈 수 없더라.

정신은 아득하여 몽롱하니

대낮이 밤중인양 어두컴컴하여라.

난대(蘭臺)⁵¹에 올라 둘러봄에

마음은 걷잡을 수 없이 날아오르고,

근심이 쌓인 채로 경물을 바라보니

---

49 난채(蘭茝) : 난초와 채초로, 향기롭고 고결한 존재를 비유한다.
50 연 줄기의 가느다란 실[藕絲] : 연 줄기를 잘라 보면 가느다란 섬유질이 있다. 이와 관련하
     여 '우단사련(藕斷絲連)'이라는 성어가 있는데, 이는 연 줄기가 잘린다 해도 그 실은 이어
     진다는 뜻으로, 이별을 당한 아내가 남편을 그리워하는 마음을 비유한다.
51 난대(蘭臺) : 전한 시대 궁정의 누대이다. 여기에 도서를 비치하여 궁정도서관의 역할을
     하기도 했다.

쓸쓸함이 극에 달해 제 모습 잃었구나.
구름이 침침하여 비가 곧 내릴 듯
바람은 우수수 먼지를 일으키누나.
나무들이 우거져 빛을 가림에
새들도 슬피 울어 사람을 애닯게 하네.
애달픔이 뼛골에 사무치고 정신에 맺혀
홀연히 깊은 골짝을 홀로 가는 듯하여라.
저 하늘 끝의 미앙궁(未央宮)52을 바라보니
불어오는 바람에 선악(仙樂) 소리 들려오네.
아름다운 자태로 가까이 모시어
님과 함께하는 지극한 낙을 상상해 보노라.
곡방(曲房)53으로 돌아와 몸을 가다듬나니
향그러운 난택(蘭澤)으로 머리 감아 향기 그윽하네.
유황(流黃)의 옷54을 입고 명월주(明月珠)를 차니
취교(翠翹)55로 꾸민 윤택한 머리 구름 같아라.
그 옛날 넘쳐나던 사랑을 생각하며
어가(御駕)가 요행히 다가오심을 기대하노라.
예법을 좇아서 시를 배우며
재계하고 기다리느라 세월이 늦어지네.

---

52 미앙궁(未央宮): 전한 시대의 궁정 이름이다. 무제가 이곳에 거처하였다.
53 곡방(曲房): 내실(內室) 또는 밀실(密室)을 가리킨다.
54 유황(流黃)의 옷: 유황은 갈황색(褐黃色)의 물품을 가리키는데, 특히 비단[絹]을 가리키기도 한다.
55 취교(翠翹): 중국 고대 부인들의 머리장식의 하나이다. 모양이 마치 취조(翠鳥) 꼬리의 긴 깃과 같다고 하여 이렇게 부른다.

혼은 꿈속인 양 어렴풋한데
옥음(玉音)의 여전(臚傳)[56]이 황홀하여라.
신발을 끌고 일어나 맞이해 보니
숲속의 새 소리 나를 속였는가?
낙심하여 우두커니 서성거리고
눈물만 흘러내려 옷을 적시네.
벌레의 슬픈 울음 사람을 애달프게 하니
바람은 쌀쌀하고 밤은 깊어라.
밝은 달의 맑은 빛을 잡아서
나의 환한 단심을 비추리라.
쌓인 먼지를 털고 금(琴)을 타니
마음이 격앙하여 변조(變調)로 나오는구나.
마음에 맺힌 회포 풀어내고
흐르는 바람에 부쳐 님의 곁에 울리고자.
소리는 격렬하여 어울리지 못하고
기운은 울적하여 슬픔만 더하도다.
날아가는 기러기 울며 짝을 부르는데
밤은 쌀쌀하여 서리가 내리려네.
은하수가 궁궐을 감도는데
뭇 별들의 싸늘한 빛을 바라보노라.
술을 따라 마시며 님을 잊고자 해도
비단 이불을 밀치고 잠 못 이루네.

---

56 여전(臚傳) : 황제의 조지(詔旨)를 전해 주는 것을 말한다.

스스로 허물을 헤아리며 마음 아파하고
홀로 병침(丙枕)[57]에서 뒤척이다가,
옷자락을 걷고 일어나 서성거리며
무언가 구하는 듯 새벽까지 잠 못 이루네.
연못의 연꽃은 시들어 가고
산자락의 국화는 꽃이 피어나누나.
계절의 풍광을 둘러보며 실의에 빠지다가
꽃이 지고 잎이 떨어지는 변화에 깨닫노라.
살이 썩고 뼈가 삭아도 정은 끊을 수 없어
원하옵나니 내생(來生)에 인연이 이어지기를.

---

57 병침(丙枕) : 병야(丙夜, 밤 11시~새벽 1시), 즉 깊은 밤의 잠자리를 가리킨다.

　　왕개보의 추명대를 의작함[58]
擬王介甫推命對

오리처사(吳里處士)는 점을 잘 쳐서 사람의 귀천화복(貴賤禍福)을 부절
(符節) 맞추듯 잘 알아맞혔다. 어떤 사람이 나를 보고 그에게 물어보라
고 권했지만 나는 거절하였다. 후에 또 요청하므로 나는 다음과 같이
말했다.

　무릇 어질고 어질지 못한 것은 나 스스로 알 수 있는 바이거니와, 귀
천(貴賤)은 시운(時運)에 관계되는데 물어보아 무엇하겠소? 내가 참으로
어질지 못하다면 가난하고 천한 것이 마땅하다 하겠으니, 혹시라도 부
귀를 얻게 되면 이는 재앙이요 복이 아닐 것이오. 꺾어지고 넘어지는 재
앙이 있지 않으면 죽임을 당하는 치욕이 떨어질 터이니, 무슨 소원이라
고 물어볼 것이 있겠소? 내 참으로 어질다면 경상(卿相)의 지위와 만종
(萬鍾)의 녹(祿)이 내 소유가 되는 것이 당연하겠지만 혹시 가난하고 천
하다면 때를 만나지 못한 때문일 것이오. 나의 재주와 역량이 기회를 엿
보고 틈을 타서 한때의 부귀를 얻을 수 있더라도 나는 수치스럽게 여겨
그렇게 하지 않을 것이오. 부귀는 내가 저절로 가지는 바요, 빈천은 내

---

58 왕개보의 추명대를 의작함: 왕개보는 북송(北宋)의 정치가이자 문학가인 왕안석(王安石,
1021~1086)으로, 개보는 그의 자이다. 그는 당시 정치를 혁신하기 위해 신법(新法)을
만들어 시행하였는데, 북송에서는 이를 둘러싸고 왕안석을 지지하는 쪽과 반대하는 쪽의
대립이 오랜 기간 그치지 않았다. 「추명대(推命對)」는 『임천문집(臨川文集)』 권70에 실려
있는 글이다. 이 글에서 왕안석은 본디 하늘의 명은 어진이가 어질지 못한 자를 다스리도
록 하는 것이며, 이를 행하는 것은 사람에게 달려 있다고 보았다. 천도(天道)와 인도(人道)
가 하나로 합해진 시대에는 이것이 제대로 실행되고, 어그러진 시대에는 그 반대가 되며,
합하고 어그러진 것이 반반이면 어진 이와 어질지 못한 자가 반반씩 섞이게 된다. 그러므
로 인의(仁義)로 자기 자신을 닦고 허탄한 점술에 현혹되지 말라고 권고하였다.

스스로 편안히 여기는 바라 하겠소. 모두 나 자신이 스스로 하기에 달린 것이니 새삼스레 물어볼 것이 있겠소?

무릇 어질고 어질지 못한 것은 나에게 달려 있어 힘써 할 수 있는 것이요, 시운은 밖에 있어 내가 어찌할 수 없는 것이오. 나는 나에게 달려 있는 것을 힘쓸 줄 알 따름이니, 밖에 있는 것을 내가 어찌 미리 알려고 하겠소? 나는 세상 사람들이 자신에게 달려 있는 바를 힘쓰려고 생각하지 않고, 단지 밖에 있는 바에 대해 묻기를 좋아하는 것을 한결같이 괴이하게 여긴다오. 이는 농부가 밭갈이를 하지 않고 수확을 바라고, 장사치가 상품을 갖추지 않고 값을 받으려고 하는 것과 같소. 이러고도 어찌 얻는 바가 있겠소? 설령 요행으로 얻는 것이 있다 하더라도 내가 앞서 말했던 재앙이지 복이 아니라오. 이런 까닭에 군자는 그 얻음과 얻지 못함이 나에게 있어서 진실로 한결같으며, 기뻐할 수 있는 것도 진실로 한결같소. 스스로 자기 내면의 충족을 구하고 일찍이 밖으로 부러워하지 않거늘, 어찌 점치는 사람에게 물어보는 것을 좋아하겠소?

평어 왕개보보다 몇십 배나 빼어나다.

병중에 무료하여 소노천(蘇老泉)의 상전추밀서[59]를
재미 삼아 바꾸어 씀

病中無聊戲改蘇老泉上田樞密書

하늘이 성현을 내심이 어찌 이다지 드문 것입니까? 아껴서 인색하게 구
는 것은 하늘이 어질지 못한 때문이라고 말합니다. 대개 하늘이 자주 성
현을 낼 수 없기 때문입니다. 그 맑고 깨끗한 정기[精靈純淑之氣]가 반
드시 왕성하게 축적된 연후에 발현해서 사람이 되는데, 백 년 천 년에
한 번 나올까 말까 하는 것입니다. 그 어려움이 이와 같은즉, 성현을 냄
이 우연이 아님은 분명합니다. 내가 요행히 그것을 얻었다면 하늘이 나
에게 부여한 책임이 지극히 두텁거늘, 내가 이를 방치하고 쓰지 않는다
면 이를 이름하여 '하늘을 버린다[棄天]'라 할 것입니다. 스스로 아첨하
여 총애를 구하고, 자신을 굽혀서 세상에 영합한다면 하늘로부터 중책
을 부여받고서 스스로 이와 같이 가볍게 군다면 이는 이름하여 '하늘을
더럽힌다[褻天]'라 할 것입니다. 이 두 가지는 죄가 나에게 있는 것입니
다. 하늘이 이 사람을 내심이 우연이 아니니 장차 그를 써서 세상을 바
로잡으려는 뜻이거늘, 억눌러서 쓰지 않는다면 이는 이름하여 '하늘을
거역한다[逆天]'라 할 것입니다. 하늘을 거역하는 것은 사람을 쓰는 자

---

59 상전추밀서(上田樞密書) : 전추밀(田樞密)에게 올린 편지로, 전추밀은 추밀원부사 전황
(田況, 1005~1063)을 가리킨다. 이 글을 지은 소순(蘇洵, 1009~1066)은 지금의 사천성(四
川省) 성도(成都) 부근의 미산현(眉山縣) 사람으로 소식의 아버지이다. 그는 젊은 시절에
학문을 하지 않고 호협하게 놀다가 늦게야 글을 읽어 문학으로 대성하였다. 그리하여
자기 자신이 지은 글을 당시 중앙의 요직에 있으면서 명망이 높았던 전황과 구양수(歐陽
修)에게 보냈는데, 이는 당(唐)나라 이래 문인들의 관행으로서 자기의 존재를 알리는 의미
를 갖는다.

의 죄입니다.

비유해서 말하건대, 장사치가 만금의 상품을 제때에 팔지 않아 마침내 창고에서 썩고 훼손되게 만들면, 이는 하늘을 버리는 것입니다. 스스로 아끼지 않고 싸게 팔아넘겨 좋은 옥과 기와 조각을 뒤섞어 같은 값으로 팔면, 이는 하늘을 더럽히는 것입니다. 억눌러서 팔지 못하게 하고 마침내 버려지게 하면, 이는 하늘을 거역하는 것입니다. 하늘을 버리고 하늘을 더럽히는 것은 내가 스스로 훼손하는 것이요, 하늘을 거역하는 것은 남을 훼손하는 것이니, 죄의 경중은 말하지 않아도 알 수 있습니다.

옛날에 공자·맹자께서 벼슬에 나아가고 물러감을 예(禮)로써 함에 한 자를 구부려 여덟 자를 펴지 않으며[60] 도를 굽혀서 복을 구하지 않았던 것은, 감히 하늘을 더럽힐 수 없었기 때문입니다. 도가 세상에 행해지지 못할 줄 이미 알면서도 편히 앉아 있을 겨를이 없이 두루 돌아다니기를 마지않았던 것은, 감히 하늘을 버릴 수 없었기 때문입니다. 내가 하늘에 죄를 짓지 않는다면 나의 할 일을 다한 것입니다. 만약에 나를 쓰지 않아 빈궁한 가운데 죽는다면 나의 죄가 아니니 내가 장차 어찌하겠습니까? 대개 성현의 마음 씀은 이와 같을 따름입니다.

나는 홀로 당시 열국의 군주들이 감히 하늘을 거역하고도 죄를 두려워하지 않았던 점을 괴이하게 여깁니다. 참으로 공자·맹자께서 당시에 한 번이라도 등용되었다면 천하의 인민들은 너나없이 그 은택을 입었을 것이요, 백 대에 걸쳐 군주들은 모두 본받았을 것입니다. 하늘이 성현을

---

60 한 자를 …… 않으며[不枉尺而直尋] : '척(尺)'은 한 자이고, '심(尋)'은 여덟 자이니, 약간 도리에 어긋나거나 손해 보는 일을 하면서 더 큰 것을 얻기를 도모한다는 뜻이다(『맹자』, 「등문공하(滕文公下)」).

내심이 저와 같이 어렵고, 그들에게 책임을 지움이 이와 같이 무겁거늘, 나라를 맡아 다스리는 자들은 그들을 억제하여 쓰지 않아 곤궁한 채 죽음을 벗어나지 못해 천하의 인민들로 하여금 그 은택을 받을 수 없고, 백 대의 군주들로 하여금 본받을 데가 없게 만들었습니다. 슬프다! 저들이 어질지 못함은 극에 달했다 이를 것입니다.

지금 이 부족한 소순(蘇洵)이 어찌 감히 스스로 성현에 견줄 수 있겠습니까? 그렇지만 스스로 돌아보아 의문이 생기되 풀리지 않는 바 있습니다. 소순은 문학에 힘을 쓴 지 오래입니다. 그 마음은 툭 트여서 상통함이 있는 것 같고, 그 정신은 무르녹아 통달함이 있는 듯합니다. 바야흐로 구상을 할 때면 누군가 생각을 일으켜 주는 것 같고, 드러내서 글로 씀에 이르러는 누군가 글쓰기를 도와주는 것 같습니다.

그 결과가 지금에 쓰이고 후세에 전해질지 여부는 스스로 알지 못하겠되, 또한 한 마디나마 도(道)에 가까운 것이 없겠습니까? 무릇 천하의 사람들 치고 누군들 한 마디나마 도에 가까운 말을 하고 싶지 않으리오마는 대부분은 끝내 얻지 못합니다. 군왕(君王)과 공경(公卿)의 존귀, 의돈(猗頓)과 도주공(陶朱公)[61]의 부유는 그 힘이 족히 사람을 죽이고 살리고 잘살고 못살게 할 수 있겠지만, 한 마디나마 도에 가까운 말을 구하자면 종신토록 얻지 못할 것입니다. 천하의 사람들이 모두 하고자 해도 얻지를 못하고, 권력과 부귀로 구해도 얻지를 못하는데, 유독 저 자신에게 있으니 이는 우연이 아닌가 싶기도 합니다.

---

61 의돈(猗頓)과 도주공(陶朱公) : 중국 고대의 부자로 유명한 인물이다. 도주공은 월(越)나라 재상 범려(范蠡)이다. 범려는 월나라 임금 구천(句踐)을 도와 큰 공을 이룬 다음 구천의 사람됨이 어려움은 같이할 수 있어도 부귀는 같이 누릴 수 없다 하고 망명하여 이름을 도주공으로 바꾸고 큰 부를 이루었다. 의돈은 본래 가난한 농군으로 굶주림을 면치 못하는 처지였는데, 도주공의 충고를 받아서 부자가 되었다.

저는 일찍이 논하기를, 학사들은 오활하여 실정에 절실하지 못하고, 간리(幹吏)⁶²들은 교활하여 대도(大道)에 통하지 못하는데, 이 양자를 겸비하여 빠짐이 없는 이는 오직 가의(賈誼)라고 말했습니다. 애석하게도 지금 세상에는 이런 사람을 볼 수 없습니다.

저번에 집사(執事)를 익주(益州)에서 만나 뵈었을 당시에 보여 드렸던 글들은 깊지 못하고 좁아서 족히 볼만한 것이 못 되는데, 그 후 몇 년 사이에 물러나 산야(山野)에 있으면서 문장에 힘을 크게 쏟았습니다. 붓을 달려 향하는 곳마다 뜻대로 되지 않음이 없으니, 오늘의 글은 어제의 글이 아닙니다. 집사의 명성은 천하에 가득 찼으니, 천하의 선비들이 쓰이고 쓰이지 못하고는 집사에게 달려 있습니다. 이에 감히 「심세(審勢)」, 「심적(審敵)」 두 편의 책문(策文)과 「권서(權書)」 열 편을 바치오니, 평소에 지은 문장은 길이 멀어 많이 올리지 못합니다. 「홍범론(洪範論)」과 「사론(史論)」 등 열 편은 근래 구양공(歐陽公, 歐陽修)에게 바쳤는데, 제 생각에 집사와는 아침저녁으로 상종하며 천하의 일을 의론하실 터이오니, 이 글들 또한 집사의 앞에 펼쳐볼 수 있을 것입니다. 이 글들을 접해 보시면, 그 가운데 담긴 바를 이해할 수 있을 것입니다.

저 소순은 산전(山田) 일경(一頃)이 있어 족히 먹고살 수 있으며, 배운 바 성인의 도로 족히 스스로 늙어 갈 수 있습니다. 제가 비록 부족한 사람이나, 곤궁과 춥고 배고픔 때문에 꼬리를 흔들어 동정을 구하는 짓은 결코 하지 않을 것입니다. 그렇지만 하늘이 주신 바가 우연치 않다고 여겨, 감히 하늘을 더럽히고 하늘을 버려 죄를 자초하지 못합니다.

---

62 간리(幹吏) : 업무를 관장하는 아전을 말한다. 하급 관리로서 행정실무를 담당하였다.

쓰임을 얻을까 얻지 못할까 여부는 저로서 감히 알 수 있는 바가 아닙니다.

평어 문장이 평평한 모래에 느릿느릿 흐르는 물과 같아서, 바위에 부딪치고 바람에 흔들려 용솟음치는 것은 없지만 맑고 투명하면서 깊숙하며 서서히 감돌아 저절로 무궁한 변화가 있으니, 이것이 바로 문장의 가장 어려운 점이다.

9 나는 왕안석(王安石)이 지은 독맹상군전[63]이 간결하면서도
전절(轉折)이 절묘함을 좋아하여 재미 삼아 이 작품을
본떠 지었다

余愛王半山讀孟嘗君傳文簡而折緊，戲擬之而效

맹상군(孟嘗君)은 계명구도(鷄鳴狗盜)의 힘으로 막강한 진(秦)나라의 손
아귀에서 탈출할 수 있었다.

계명구도는 선비[士]가 부끄러워하는 바이다.

그런데 맹상군은 인재를 길러 많게는 삼천 명에 이르렀으되, 계명구
도만큼 크게 덕을 미친 자들은 없었다.

삼천 명에 이르는 인재들의 재주와 책략이 어찌 모두 계명구도에 미
치지 못했겠는가!

저들은 모두 시도(市道)[64]로 진퇴를 했기 때문에 위기의 상황에서 계
명구도처럼 힘을 발할 수 없었던 것이다.

그렇다면 선비의 절의(節義)는 도리어 계명구도의 무리만도 못하단
말인가!

대개 맹상군이 선비를 대접한 것이 계명구도와 동등했다. 이것이 계

---

63 독맹상군전(讀孟嘗君傳) : 왕안석의 글로, 『사기(史記)』에 실려 있는 「맹상군전」을 논평하
는 내용이다. 90자밖에 되지 않으나 논리가 명쾌하여 명작으로 손꼽혔다. 맹상군은 제(齊)
나라의 귀족으로, 문하에 많은 인재를 양성했다. 진(秦)나라에 사신으로 갔다가 붙잡혀
나올 수 없는 처지에 놓였는데 호백구(狐白裘)를 몰래 훔쳐 뇌물로 바치고 일단 풀려났으
며, 성문을 빠져나올 때에는 닭의 울음소리를 낼 수 있는 자가 있어 문을 열도록 해서
탈출하게 되었다. 계명구도란 맹상군의 문객 중에서 닭의 울음소리를 내고 호백구를 훔친
자를 지칭한다.
64 시도(市道) : 시장에서 물건을 사고팔 때처럼 인간관계를 형성한다는 뜻이다. 의리(義理)
로 사귀는 것에 대비되는 말이다.

명구도는 은혜에 감복하고 선비들은 감복하지 못했던 까닭이다. 진실로 삼천 선비들로 하여금 모두 저마다 감복하여 분발하도록 하였다면, 어찌 계명구도의 공에 그칠 것인가!

평어 무릇 글이 일곱 번 꺾이면서 아홉 번 계명구도(鷄鳴狗盜)를 썼지만 번거롭고 무기력함을 느낄 수 없다.

전편이 자못 길기 때문에 다시 한 편을 지었다
前篇頗長, 故復作一首

맹상군은 능히 계명구도와 같은 천한 무리들이 자기들의 보잘것없는 재주로 공을 이룰 수 있도록 하고, 삼천의 선비들은 별다른 공적을 세우지 못하게 하였다. 능히 사람의 재주를 다하도록 했다 하겠지만 선비를 얻었다고는 말할 수 없다. 사람의 재주를 다하도록 함으로 해서 선비를 얻지 못한 것이 더욱 드러났으며, 선비를 얻지 못한 것으로 해서 계명구도의 공이 더욱 드러났다. 계명구도가 공적을 독차지했으니, 선비를 얻지 못한 것은 당연하다 하겠다.

> **평어** 전편이 76자에 불과한데 능히 터럭만큼 미세한 속에 광궁(廣宮)·대유(大囿)[65]를 집어넣었다고 할 수 있다.

---

65 광궁(廣宮)·대유(大囿) : 넓은 집, 큰 동산. 모두 광대한 공간을 뜻하는 말이다.

증남풍(曾南豊)의 의황현학기를 본떠 지음[66]

擬曾南豊宜黃縣學記

옛날 학자는 오늘의 학자와 외형은 같지만 내실은 다르며, 오늘의 선비는 옛날 선비와 모습은 비슷하지만 행적은 다르다.

옛날 사람들은 아들을 낳으면 어린아이 때부터 바르게 길러서, 좋지 않은 색과 나쁜 소리나 비루하고 포악한 일은 눈과 귀에 닿지 않게 하며, 괴벽하고 황탄하거나 구차스럽고 고식적인 행위를 자기 몸으로 행하지 않도록 하며, 방자하고 나태한 기운을 자기의 용모에 나타나게 하지 않으며, 남을 해치고 사욕을 부리는 마음이 자기의 심술에서 자라나도록 하지 않았다.

차츰 지각과 식견이 생기게 되면, 그에 따라 여러 가지 사람의 도리를 가르쳤다. 어른 앞에서 몸가짐을 조심하고 청소를 하거나 대답을 하고 나아가고 물러가는 등의 태도로 어른을 섬기는 방도를 가르치며, 남녀간에는 그릇을 같이 쓰거나 자리를 함께하지 않는 것으로 남녀유별을 가르치며, 출입과 음식은 반드시 어른 뒤에 하며, 남을 감추고 제가 잘났다고 내세우지 않는 것으로 겸양의 도리를 가르친다. 그리고 일찍 일어나서 밤늦게까지 주어진 공부를 수행하는 것으로 부지런함을 가르치

---

66 증남풍(曾南豊)의 …… 지음 : 증남풍은 북송(北宋)의 문학가로서 당송팔대가(唐宋八大家)의 한 사람인 증공(曾鞏, 1019~1083)이다. 자는 자고(子固)이며 남풍(南豊, 강소성의 지명)이 그의 고향이기 때문에 남풍선생(南豊先生)이라고도 한다. 저서로는 『원풍유고(元豊類藁)』와 『금석록(金石錄)』이 있다. 「의황현학기」는 증공이 31세에 지은 것으로, 의황현에서 학교를 중수한 사실에 붙여 지은 글이다. 의황현은 강소성 무주(撫州) 임천(臨川)에 속한 고을 이름이다. 여기서 증공은 훌륭한 정치의 기반이 되는 인재 양성과 이를 위한 학교의 설치 및 교육의 중요성을 논하였다. 이 글은 「묵지기(墨池記)」와 함께 그의 대표작으로 꼽힌다.

며, 하지 않는 바가 있는 것으로 염치를 가르치고, 취하지 않는 바가 있는 것으로 의리(義理)를 가르쳤다.

그 다음 스승에게 나아가게 되면, 곡례(曲禮)를 가르쳐서 인정(人情)에 통달하여 사물의 이치에 밝도록 하며, 예를 가르쳐서 친친(親親)과 존현(尊賢)의 구분이 있음을 알도록 하며, 음악을 가르쳐서 가려보아 사회생활을 할 수 있도록 하며, 역사를 가르쳐서 선왕들의 훌륭한 가르침과 정법(政法), 지난날의 잘잘못을 알도록 한다. 문사(文辭)를 가르쳐서 자기의 뜻을 더 펼 수 있도록 하며, 법도와 율령을 가르쳐서 통치를 확대하며, 활쏘기와 말타기를 가르쳐서 위기에 대응하며, 역상(易象)과 홍범(洪範)[67]을 가르쳐서 천인(天人)의 도리와 화복(禍福)의 원인을 궁구하며, 율력(律曆)과 상수(象數)[68] 및 성상(星相)[69]·의학(醫學)·점복(占卜)을 가르쳐서 그 기예를 두루 통하게 하였던 것이다.

무릇 그들이 배운 바는 모두 인사(人事)와 물정(物情)에 절실한 것이었기 때문에 채택하여 쓸 수 있었다. 안신(安身)과 이용(利用)과 제민(濟民)과 치세(治世)의 방도에 들어가지 않는 것은 일찍이 관심을 두지 않았다. 그러므로 그 대요는 충서(忠恕)[70]와 중용(中庸)으로 체(體)를 삼고

---

67 역상(易象)과 홍범(洪範) : 역상은 역의 괘(卦)에 나타나는 상(象)을 말한다. 홍범은 천하를 다스리는 대법(大法)으로, 은나라 기자가 주나라 무왕에게 전해 주었다고 한다. 『상서』에 「홍범편」이 있다.

68 상수(象數) : 역(易)의 괘(卦)에 나타난 형상과 변화를 말한다.

69 성상(星相) : 점성술을 말한다.

70 충서(忠恕) : 충(忠)은 자기 자신의 할 바를 극진히 한다는 뜻이고, 서(恕)는 자기를 미루어 남에게 미친다는 뜻으로, 충서는 곧 유가(儒家)의 최고 가치인 인(仁)을 행하는 자세를 가리킨다. 일찍이 공자는 자신의 도를 하나로 요약할 수 있다고 하자 증자는 이를 '충서'라 하였다. "子曰 : '參乎! 吾道一以貫之.' 曾子曰, '唯.' 子出, 門人問曰, '何謂也?' 曾子曰, '夫子之道, 忠恕而已矣.'"(『논어』, 「이인(里仁)」) 결국 충서는 인을 이룩하기 위한 실천 과정으로, 곧 충은 수기(修己)이며 서는 치인(治人)이 된다.

언행(言行)과 사업(事業)으로 용(用)을 삼았던 것이다. 무릇 수기치인(修己治人)과 안신보민(安身保民)은 서로 다른 도가 아니었다.

이런 까닭에 배우면 반드시 알 수 있도록 하며, 알면 반드시 말로 표현할 수 있도록 하며, 말하면 반드시 행할 수 있도록 하며, 행하면 반드시 다른 사람들이 본받을 만하도록 하여 공허한 글이 되지 않도록 하였다. 천하의 선비들은 각기 재목에 따라서 성취하여 모두 조정에 서서 정사를 맡게 되었다. 자기 자신에 있어서는 몸이 잘 수양되도록 하며 집에 있어서는 집안이 화목하게 되며, 국정을 맡게 되면 나라를 잘 다스리게 되며, 천하를 담당하게 되면 천하를 평화롭게 할 수 있었다. 하(夏)·은(殷)·주(周) 삼대(三代)의 정치가 훌륭하게 이루어지고 풍속이 아름답게 되었던 까닭은 모두 여기에 근본했던 때문이다.

지금 가르치고 기르는 방법은 하나같이 이와는 반대이다. 어려서는 버릇없이 제멋대로 놓아두어 자라면 교만하고 게으르게 만든다. 그 부형과 스승이나 어른들이 권면하는 바와 동학들과 함께 익히는 바는 장구(章句)·전주(箋注)의 같고 다름과 의장(儀章)·명물(名物)의 많고 적음, 절하고 무릎 꿇고 오르고 내려가는 절차, 문사(文詞)와 운율(韻律)의 격식에 지나지 않을 뿐이다.

이른바 대유(大儒)·명사(名士)라 일컬어지는 자들은 천지 사이의 구체적 물상 바깥으로 생각을 달리고, 사물의 이해(利害)와 닿지 않는 표면에서 높이 담론하여, 붓을 바람처럼 휘갈기고 변설을 파도처럼 쏟아내며, 책상에 팔을 괴고 사방을 둘러보면서 스스로 천하의 최고라고 자부한다.

그런데 실상은 조와 콩의 대소도 구분하지 못하고, 하나 둘 셋 넷의 많고 적음도 알지 못하며, 인정(人情)과 사리(事理)에 대해 물으면 캄캄하고 흐리멍덩할 뿐이다. 무거운 짐을 지고 멀리 가는 데는 여윈 소만도 못하고, 시간을 알려 주고 집을 지키는 데는 닭과 개만도 못하며, 이해를 가려 나가고 피하는 데는 벌레만도 못하고, 무성함을 좋아하고 시들어 감을 싫어함에는 초목만도 못하다. 천리를 위배하고 인정을 외면하여 쓸데없는 데로 나가, 어수룩한 세상에 헛된 이름을 훔쳐서 날로 화망(禍亡)의 지경으로 달려가면서도 스스로 좋은 계책이라 생각하여 깨닫지 못하고 있다.

아! 타고난 본성을 잃음이 극심하도다! 학문이 사람을 재목으로 키우지 못할 뿐 아니라 도리어 훼손하고 있다. 후세에 이르러 치도(治道)가 드러나지 않고 혼란과 패망이 이어진 것은 대체로 이 때문이라 하겠다.

옛날의 박학은 천시(天時)·인사(人事)의 관계와 변화의 이치를 잘 아는 것이었는데, 지금의 박학이란 패관소설(稗官小說)의 허탄하고 괴이한 글을 잘 기억하는 것을 가리킨다. 옛날의 어질고 능한 자는 공덕(功德)으로 평가를 받았는데, 지금의 어질고 능한 자란 말을 잘하는 것으로 취택(取擇)이 된다. 옛날에 힘써 실천한 것은 사업(事業)에 있었는데, 지금 힘써 행하는 것이란 지치도록 글을 외는 것이다. 옛날 앎이라 하는 것은 능히 행하는 것을 일렀거니와, 지금 앎이란 능히 말로 표현하는 것만 가리키고 있다. 옛날에 일을 논하는 자들은 실제에 근거하여 정명(正名)을 추구하였는데, 지금 일을 논하는 자들은 실제를 버리고 글만 취하고 있다. 옛날에 선악을 논하는 데는 그 성패로 증명했거니와, 지금 선악을 논하는 데는 흥망을 따지지 않는다. 옛날의 말과 행실은 돌아보아도 허물이 없었는데, 지금의 말과 행실은 어긋나서 기준을 세울 수 없다.

슬프다! 지금의 학문을 하면서 옛날 선비처럼 되고자 한다면, 이는 북쪽으로 방향을 잡고 남쪽 초(楚)나라로 가겠다는 것과 마찬가지이며, 지금의 선비로서 옛날 선왕(先王)의 훌륭한 정치에 도달하고자 한다면, 이는 모래를 삶아서 밥을 짓는 것과 마찬가지이다.

혹자는 이르기를 옛날과 지금 사람의 재목이 같지 않기 때문이요, 오로지 학문하는 방법의 잘못만은 아니라고 한다. 이는 사리에 맞는 말이 아니다. 무릇 천지 사이에 해와 달과 별, 산천초목, 금수와 어류, 곤충을 두고 말하더라도 지금이 옛날만 못하다고 할 수 없거늘, 어찌 오직 사람만 옛날에 미치지 못할 것인가?

지금 같은 밭에 곡식을 심는 자 있어, 갈고 기심매어 가꿈에 하나는 그 방법을 제대로 다하고 하나는 방법을 잘못하고 보면, 그 결실의 좋고 나쁜 것이 현저히 달라질 터이다. 그러고는 곡식이 종자가 다르다고 말하지만 곡식의 종자가 달라서가 아니요, 그 방도가 다르기 때문이다. 무릇 학술이 다름을 깨닫지 못하고 사람의 재목이 미치지 못하는 탓으로 돌린다면 이와 무엇이 다르겠는가?

무주(撫州) 의황현(宜黃縣)은 전에 학교가 없었다. 황우(皇祐) 원년(元年, 1049)에 이상(李詳) 군이 이 고을의 수령으로 부임하여 생각하기를, 다스리는 근본은 교화보다 중요한 것이 없고 교화의 근본은 학교에 있다고 여겼다. 이에 자재를 모으고 기금을 마련하여 학교를 설립한 다음, 서적을 갖추고 고을의 학생을 모집하여 강학을 시작하였다. 그러고 나서 나에게 글을 청하였다. 그래서 나는 이와 같이 말한다.

"고금의 학술이 서로 다른데, 천하의 공부하는 자로 하여금 지금의 제도를 버리고 옛날의 바른 길로 돌아가도록 하는 것은 의황으로부터 시작될 것이다. 만약 관습에 빠져 헤어나지 못한 채 매몰되어 아무 실적이 없다면, 비록 학교가 있다 하더라도 나는 학교가 없다고 말할 것이다."

평어 사람의 재질을 탓한 것이 아니라 가르치는 방도를 탓하고 있다. 말이 심히 뼈아프지만 해될 것은 없다.

12 왕반산⁷¹의 원과를 본떠 지음
擬王半山原過

옛사람은 남에게 허물이 없기를 요구하지 않고 허물을 고치는 것을 훌륭하게 여겼다.

사람이 태어나서부터 장대하고, 태어나서부터 건장하고, 태어나서부터 하루에 백 리를 걷고, 힘이 천 균(鈞)을 들 수 있는 자는 없다. 사람이 태어나서부터 성인의 품성을 가지고 있고, 태어나서부터 능히 말을 하고, 태어나서부터 천하의 일과 만물의 실정을 두루 아는 자는 없다. 반드시 보살핌을 받고 점점 자란 뒤에야 장대하게 되며, 누차 깨닫고 누차 고친 뒤에야 성인의 품성을 얻을 수 있다. 장대함은 처음부터 있었던 것이 아니라 보살핌을 받고 점점 자라난 결과요, 성인의 경지는 처음부터 도달했던 것이 아니라 누차 깨닫고 누차 고친 결과이다. 사람은 원래 장대하게 될 수 있는 이치와 성인의 경지에 도달할 수 있는 본성을 지니고 있다. 그런데 보살펴 자라도록 하고 깨우쳐 고칠 줄을 모른다면 끝내 거기에 도달할 수 없다.

지금 어떤 사람이 처음에는 착하지 않다가 능히 뉘우치고 고칠 줄 알아서 진작 착한 마음씨를 회복하였다. 거기에 대해 지적하기를,

"이는 전부터 행하던 바와 다를 것이 없다. 지금 고친 것은 그의 본심이 아니다."

---

71 왕반산(王半山) : 왕안석(王安石, 1021~1086)을 말한다. 반산은 호이다. 왕안석은 북송(北宋)의 정치가로 자는 개보(介甫)이며 강서성(江西省) 임천(臨川) 사람이다. 당송팔대가의 한 사람으로서, 인종(仁宗) 때 만언서(萬言書)를 올려 변법(變法)을 주장하고 신종(神宗) 때 신법(新法)을 시행하여 광범위한 개혁을 시도하였다. 저서에 『임천집(臨川集)』 등이 있다.

라고 말을 한다. 또 한편으로 이미 장대한 사람을 두고서 말하기를,

"나는 그가 처음에 벌거숭이에 배냇털이 돋아 있고, 젖비린내 나는 입으로 우는 모습을 보았는데, 지금은 하루에 백 리를 걷고 힘이 천 균을 들 수 있으니, 타고난 것이 아니다."

라고 한다. 또 이미 성인의 경지에 오른 사람을 보고 말하기를,

"나는 그가 처음에 몽매하여 아무것도 몰라 오관(五官)도 분간하지 못하던 모습을 보았는데, 지금은 천하의 사태와 만물의 실정을 두루 아니, 이는 타고난 본성이 아니다."

라고 한다.

무릇 장대함은 사람의 형체가 완성된 것이요, 성(聖)이란 사람의 덕이 완성된 것이다. 그 시초를 두고 말하는 것은 아직 이루어지지 못한 단계일 뿐이니, 거기에 근거하여 지적하는 것은 참으로 옳지 않다. 경전에 이르기를,

"사람은 누군들 허물이 없을 것인가? 허물을 능히 고친다면 선함이 이보다 더 클 수 없다."[72]

라고 하였다. 다만 여러 번 실패하고도 깨닫지 못하고, 깨닫고도 뉘우치지 않고, 뉘우치고도 끊지 못한다면 끝내 어찌할 수 없다. 말을 해도 부끄러워할 줄 모르고, 부끄러워해도 고치지 않고, 고치고도 다시 하는 자는 어찌할 수 없다. 나이가 사십에 이르러서도 고치지 않고, 오십에 이르러서도 고치지 않는 자는 그 또한 끝내 자기의 허물을 끝까지 가지고 갈 것이다.

평어 이 또한 빼어난 글인데, 다만 날카로움이 조금 드러난 결점이 있다.

---

72 사람은 …… 없다 : 춘추 시대 진(晉)나라 사계(士季)가 영공(靈公)에게 한 말이다『춘추좌씨전(春秋左氏傳)』 선공(宣公) 2년).

초옥에 대해 간언한 글을 의작함[73]

擬諫楚獄書

한(漢)나라 명제(明帝) 영평(永平) 13년에 어떤 자가 초왕(楚王) 유영(劉英)이 방사(方士)[74]를 신봉하고 초사(醮祀)[75]를 드리며, 도서와 금귀(金龜), 옥각(玉刻) 등을 만들어서 왕평(王平)·안충(顔忠) 등과 더불어 반역을 도모한다고 밀고하였다. 황제는 크게 노하여 초왕을 폐위하여 단양(丹楊)으로 유배 보내고, 직접 관리를 보내 안충과 왕평을 조사해 다스렸는데, 여기에 연루된 자가 여러 제후 이하 수천 인에 이르렀다.

황제의 성질이 본디 지나치게 급하고 가혹한데다 진노했던 까닭에, 걸려든 이들은 대부분 벗어나질 못했다. 조정의 신하들은 두려워 떨며 감히 나서서 그 억울함을 말하지 못하였고, 옥사가 일어나 해가 바뀔 때까지 얽히고 설켜 걸려드는 일이 그치지 않았다.

상서랑(尚書郎) 약숭(藥崧)[76]이 황제를 모신 자리에서 조용히 아뢰기를,

"천지는 생육하는 이치가 있기 때문에 만물이 번식하게 되고, 인도는 화복의 결과를 초래하기 때문에 임금은 세상을 다스림에 있어 덕으로 근본을 삼고, 형법은 그 다음입니다."

---

73 초옥에 …… 의작함 : 한나라 명제(明帝) 때인 영평 13년(70), 연광(燕廣)이 초왕(楚王) 유영(劉英) 및 어양왕(漁陽王) 유평(劉平), 안충(顔忠) 등이 도서(圖書)를 지어내어 역모를 꾸민다고 밀고하자 이에 연루되어 큰 옥사가 일어났는데 이를 초옥이라고 일컬었다. 이에 관한 사실은 『후한서(後漢書)』, 「초왕유영전(楚王劉英傳)」에 보인다. 이 글은 당시의 실존 인물인 약숭(藥崧)의 입을 빌어 이 사건에 대해 명제에게 간언하는 형식으로 지은 것이다.

74 방사(方士) : 장생불사를 추구하는 사람, 도교에서 신선술을 닦는 자를 일컫는다.

75 초사(醮祀) : 신선(神仙) 및 일월성신(日月星辰)에 드리는 제사이다.

76 약숭(藥崧) : 하내(河內) 사람으로 명제 때 남양태수(南陽太守)를 지냈다.

하니, 황제가 물었다.

"선왕이 형벌을 쓰는 법은 어떠했던가?"

이에 약숭은 다음과 같이 아뢰었다.

"선왕의 형정(刑政)은 큰 뜻이 살리기를 구하며, 죽이기를 구하는 것이 아니었습니다. 중간에 있는 자가 간악하여 백성을 해친 나머지 위의 덕화(威儀德化)가 가로막혀 아래로 흐르지 못하는 경우, 형법을 설정해서 방지하는 것입니다. 형벌이란 덕의 쓰임이니 본디 백성을 복되게 하려는 것이요, 위에서 위엄을 세워 아랫사람들을 해치려는 것이 아닙니다.

『주역(周易)』의 서합괘(噬嗑卦)[77]는 옥사를 다스리는 도리를 해명한 내용인데, 초구(初九)에 이르기를 "발에 족쇄를 채우고 발뒤꿈치를 없앤다[屨校滅趾]."[78] 하였으니, 그 죄과가 심각하지 않은 경우는 첫머리에서 강력히 절단하여 다시 행하지 않도록 한다는 것입니다. 사건이 비록 크더라도 정상이 가볍고, 중지해서 다시 범하지 않을 자는 감형하여 너그럽게 해 주지만, 사건이 비록 작더라도 정상이 무거우며 다시 범하여 그만두지 않는 자는 엄하게 다스렸습니다. 혹은 상복(上服)을 가하고 혹은 하복(下服)을 행하는데,[79] 오로지 다시 범할 수 없도록 하는 데 있을 뿐입니다.

---

77 서합괘(噬嗑卦) : 『역전(易傳)』에, "서합괘는 천하를 다스리는 중요한 방법이니, 천하의 간격을 제거하는 것은 형벌을 쓰는 데 달려 있다. 그러므로 이 괘는 형벌을 쓰는 것을 뜻으로 삼는다." 하였다.

78 발에 …… 없앤다 : 『주역』, 「서합괘」, '초구(初九)'의 효사(爻辭)이다. 발에 차꼬를 채워 발꿈치를 상하게 한다는 뜻으로, 죄가 작아 형벌이 가벼움을 이른다.

79 상복(上服)을 …… 행하는데 : 상복은 죄인의 얼굴에 자자(刺字)하는 묵형(墨刑)이나 코를 베는 의형(劓刑)을 가리키며, 하복은 궁형(宮刑)이나 월형(刖刑)을 가리킨다.

서합괘의 상구(上九)에 '형틀을 메게 하고 귀를 자른다.'⁸⁰라고 하였으니, 형벌은 보고 들은 데에 미치며, 보지 못하고 듣지 못한 데에는 미치지 않는다는 뜻입니다. 뭇사람이 보고 들었는데도 실출(失出)⁸¹하여 놓아주면 법이 무너져서 징계가 되지 않으며, 뭇사람이 보고 듣지 못한 바임에도 고문을 가하여 집어넣으면 천하 사람들이 의심하고 두려워할 것입니다. 이런 까닭에 드러나는 형적(形迹)을 신중히 살피며, 은미한 데서 임의로 찾으려 해서는 안 됩니다. 『예기(禮記)』에 이르기를 '의도는 있으되 실증이 없으면 취급하지 않는다.'⁸²라고 하였으니, 형적은 뭇사람이 보고 듣는 바요, 은미한 것은 위에서 임의로 추측하는 것입니다. 옛날에는 사람을 저자에서 처형할 적에 뭇사람과 더불어 함께 하였습니다. 『맹자(孟子)』에 이르기를, '나라 사람들이 모두 죽여야 하다고 한 연후에 죽인다.'⁸³라고 하였으니, 많은 사람들의 의견을 들어 보지 않고 제 마음대로 처리하면, 형정이 잘못되는 원인이 됩니다.

『춘추』의 법은 단초의 미미한 상태에 대해서는 엄하게 다스리고, 쌓여서 극에 다다른 상태는 너그럽게 다스린다 하였습니다. 죄가 작고 일이 미세한 데서 마침내 큰 앙화에 이르게 되며, 사람들이 쉽게 감염되어 깨닫지 못함이 무엇 때문이겠습니까? 정상(情狀)이 가볍게 넘겨져서 크게 이상히 여기지 않는 때문입니다. 죄악이 크고 극에 다다라서 뭇사람이 다 함께 혐오하는 경우는 누구나 놀라워하며 침을 뱉고 머리를 돌리

---

80 형틀을 …… 자른다 : 『주역』, 「서합괘」, '상구(上九)'의 효사이다. 죄악이 커서 무거운 형벌을 받음을 뜻한다.
81 실출(失出) : 중죄인에게 가벼운 형벌을 내리거나, 형벌을 내려야 하는데 내리지 않는 경우를 말한다.
82 의도는 …… 않는다 : 『예기』, 「왕제(王制)」에 보인다.
83 나라 …… 죽인다 : 『맹자』, 「양혜왕 하(梁惠王下)」에 보인다.

고 달아날 터이니, 어찌 본받을 자가 있겠습니까? 그런 까닭에 『주역』과 『춘추』에서 처음부터 끝까지 관대하게 처리하고 엄격하게 처리하는 의리가 한결같은 것입니다.

무릇 대역(大逆)을 꾸미는 자는 본디 그럴 만한 사람이 있으니, 형벌로 금할 수 있는 것이 아니요, 또한 보통 사람이 능히 행할 수 있는 것도 아닙니다. 주(周) 여왕(厲王)의 감시[84]와 진(秦) 이세(二世)의 잔혹함[85]으로도 천하의 반역을 중지시킬 수 없었습니다. 윗사람에게 저항하려고 뜻을 품어 실패하고 성공하고에 요행수를 바라는 자가 어찌 형벌을 두려워하겠습니까. 준엄한 형벌은 반역을 징계하는 데 부족하며, 다만 양민이 원한이 쌓인 나머지 난에 휩쓸리도록 할 따름입니다. 이런 까닭에 반역이 관용과 인정(仁政)을 베푸는 나라에서 일어나면 따라붙는 무리가 적어 실패하기 쉽고 포악과 잔혹이 횡행하는 세상에서는 따르는 무리가 많아 성공하기 쉽습니다.

『서경』에 이르기를 '그중에 우두머리는 죽이고 추종자들은 다스리지 않는다.'[86] 하였으니, 이는 선왕이 반역을 징치(懲治)하는 법이었습니다. 지금 한 사람이 모반을 하였는데 끌어넣기를 마지않아 선량한 선비와 백성들에게까지 미쳐 모두들 숨을 죽이고 두려워하여 사람들이 제 목숨

---

84 주(周) 여왕(厲王)의 감시 : 주 여왕은 무도하여 포악하고 사치하며 교만하였다. 주변에서 조언을 해도 무시하고 자신을 비방하는 자들을 엄하게 다스려, 결국에는 백성들이 반란을 일으켜 왕을 공격하였다. 그래서 쫓겨나게 되었다.

85 진(秦) 이세(二世)의 잔혹함 : 진 이세는 진(秦) 시황(始皇)의 아들 호해(胡亥)이다. 이세의 학정과 이때 실권을 장악한 환관 조고(趙高)의 전횡으로 당시 백성들은 심한 고통에 시달렸다. 이 당시 처형된 자들이 매우 많았으며, 민심 또한 흉흉하였다. 궁전 건축과 장성 축조 등으로 착취와 압박을 자행하다 결국 진승과 오광의 반란이 일어났고, 그 도화선으로 유방과 항우에게 진은 멸망당했다.

86 그중에 …… 않는다 : 『서경』, 「윤정(胤征)」에 보인다.

을 보전하지 못하거늘, 천하에 다른 뜻을 품은 자가 있어 불러들여 따르도록 하지 않을 줄 어찌 알겠습니까? 죽임을 당하게 될 자들은 모두 어질고 착하여 무고한 사람입니다. 정작 죄가 두렵고 원한을 품은 자들은 곧 떠나서 난에 가담할 것이니, 이야말로 절조가 있는 신하들을 스스로 죽여 없애고 반역의 무리들을 일으켜 세우는 것입니다. 때문에 신은 옳지 않다고 생각합니다."

황제는 "타당한 말이다." 하고 얼굴을 가다듬었다.

약숭은 자리를 옮겨 재배하고 다시 아뢰었다.

"『주역(周易)』에서 풍괘(豊卦)는 옥사(獄事)를 판단하는 도리를 밝힌 내용이니,[87] 질책하고 문죄하는 데에는 엄격히 하되 형벌을 가하는 데는 관대히 해야 한다는 것입니다. 무릇 죄과가 있는 자에 대해 엄하게 꾸짖어 장차 형벌을 가할 것같이 하다가 마침내 관용을 베풀면 감복하게 되고 징계도 될 것이라 은혜와 위엄이 아울러 서게 됩니다. 「주고(酒誥)」를 보면 무왕(武王)이 술에 빠진 은(殷)나라 사람들을 꾸짖어 경계해 말하기를 '(술을 무리 지어 퍼마시는 자들은) 몽땅 잡아 와라. 내가 죽일 것이다.'[88] 하였으며, 마지막에 가서는 '죽일 것까지는 없다. 우선 그들을 가르칠 것이다.'[89] 하였습니다. 신은 어리석어 성인의 뜻을 잘 알지 못합니다만, 폐하께서 법을 쓰는 것은 『서경』과 『주역』의 도리보다도 뜻이 깊다고 하겠으니 감히 재배하고 경하드리옵니다."

황제는 기쁜 마음이 일어나 화기가 천지에 가득하였다. 이튿날 황제

---

87 풍괘(豊卦)는 …… 내용이니 : 『주역』, 「풍괘(豊卦)」의 상전(象傳)에, "군자가 보고서 여러 정사를 밝히되 옥사를 과감히 결단하지 않는다〔君子以, 折獄致刑〕." 하였다.
88 무왕(武王)이 …… 것이다 : 『서경』, 「주고(酒誥)」에 보인다.
89 죽일 …… 것이다 : 위와 같은 곳에 보인다.

가 낙양으로 행차하여 옥사를 처리하고 갇혀 있던 무리들을 석방하니, 초옥(楚獄)이 종결되었다.

약승은 황제가 옳은 소리를 들을 수 있지만 가려져 중도를 잃은 줄 알았던 까닭에, 그의 마음속을 풀어서 총명을 되살렸으므로 진언한 말이 쉽게 행해진 것이다. 이것이 신하의 간언하는 법이다.

14 봉건론, 유종원의 글을 본떠 지음[90]
封建論擬柳州

상고에 성인(聖人)이 기준이 되는 법을 세움에 천지(天地)를 살펴 본받고 만물(萬物)에서 취하여 형상을 삼고 인정(人情)에 근본하며 사리(事理)를 따라서 전법(典法)을 만들어 후세에 드리웠다. 제멋대로 사적인 의도를 발휘하여 술책과 기교를 꾸민 것이 아니었다. 이런 까닭으로 그 제도는 백 대의 왕이 바뀌도록 뜯어고칠 수 없는 것이어서 바꾸면 필시 어지러워졌다.

봉건제는 황제(黃帝)로부터 은(殷) · 주(周)에 이르는 수천 년 사이에 비록 때에 따라 묘(苗) · 호(扈) · 선(姺) · 비(邳) · 서(徐) · 엄(奄) 따위와 같이 반란을 일으킨 나라도 있었으나,[91] 그 힘쓰는 바는 문덕(文德)을 닦아서 가까이 오는 자들을 감복시키고 무공(武功)을 떨쳐서 제압을 하는 데 있을 따름이었다. 끝내 바꾸고 버리지 않았던 까닭은 어디에 있는가? 이치상 버릴 수 없는 이유가 있었기 때문이다.

인류의 시초에는 등급이나 존비(尊卑)가 있지 않았다. 덕이 있는 자가 출현하면서 그의 힘으로 생존을 누리고 은혜를 입음에 따라 백성들이 다투어 귀의하여 그를 떠받들게 되었다. 그 덕이 천하를 보전할 수 있는

---

90 봉건론 …… 지음 : 원래 유종원(柳宗元)이 지은 「봉건론(封建論)」이 있는데 걸작으로, 이름 높고 사상사적으로 중요한 내용이다. 이 글은 유종원의 「봉건론」을 모의한 것임에도 봉건제에 대한 기본 관건이 유종원과 다르다.

91 비록 …… 있었으나 : 중국 역사상에 반기를 들었던 부류들의 이름이다. 『춘추좌씨전』 소공(昭公) 원년에 난을 일으켰던 존재로, "우(虞)나라 때에는 삼묘(三苗)가 있었고, 하(夏)나라에는 관(觀)과 호(扈)가 있었고, 상(商)나라 때에는 선(姺)과 비(邳)가 있었고, 주(周)나라에는 서(徐)와 엄(奄)이 있었다〔虞有三苗, 夏有觀扈, 商有姺邳, 周有徐奄〕."는 말이 나온다.

자는 제왕이 되며, 점차로 등위를 낮추어 한 나라를 보전할 수 있거나 한 주(州), 한 현(縣)을 보전할 수 있는 자들은 후백(侯伯) 혹은 주목(州牧)이 되었던 것이다.

공이 만물에 미친 자는 그 복록이 자손에게 흘러갔으며 덕이 사람을 감동시킨 자는 그를 구가(謳歌)하는 소리가 자손에게까지 들렸다. 이에 귀천의 등급이 발생하여 봉건제가 창건되었다. 이는 자연스러운 이치여서 성인이 폐기할 수 없는 것이었다.

우(禹)가 치수(治水)할 때에 홍수가 범람하여 중국이 온통 폐허로 바뀌고 인류가 거의 소멸하여 후백(侯伯)도 없는 상태였다. 치수를 하여 물과 땅이 제자리를 찾음에 드디어 군현제로 가지 않고 다시 오장(五長)[92]을 회복하였다. 한(漢)나라 때 주보언(主父偃)이 「추은책(推恩策)」[93]을 올려서 제후들의 땅을 나누고 삭감해서 스스로 소진하도록 하였다. 성인의 지모가 주보언보다 못하지 않은 것은 분명한 사실이니, 봉건제를 버리지 않았던 것은 힘이 부족하거나 지모가 미치지 않았던 것이 아니다.

봉건제는 하늘의 이치이다. 우러러 천문을 관측해 보면 제후들의 자리는 황제의 자리 옆에 있으며, 굽어서 지리를 살펴보면 백 리마다 풍토가 다르고 산천도 구분이 있다. 『주역』에 이르기를, "선왕은 만국을 세우고 제후를 친근히 한다."[94]고 하였으니, 하늘을 받들고 이치에 따름이

---

92 오장(五長): 다섯 지방의 방백(方伯)을 가리킨다. 『서경』, 「익직(益稷)」에 "밖으로 사해에 이르기까지 모두 오장을 세운다〔外薄四海, 咸建五長〕."는 말이 나온다.

93 「추은책(推恩策)」: 한나라 무제(武帝) 때 주보언(主父偃)이 제후들의 세력을 약화시키기 위한 계책으로서 올린 글이다.

94 선왕은 …… 한다: 『주역』, 「비괘(比卦)」에 나오는 말이다. "地上有水, 比, 先王以建萬國, 親諸侯."

이와 같았다. 후세에 봉건제를 폐지하여 안정을 구한 자들은 사사로운 힘이 천도를 이길 수 없는 것임을 알 수 있으니, 역사에 드러난 사실로 증명할 수 있다.

봉건제를 시행하여 잘 다스려진 역사가 있었다. 오제(五帝)에 걸쳐 이어받고 하·은·주 삼대(三代)에 걸쳐 수정·보완했으니, 모두 땅을 나누어 분모(分茅)⁹⁵를 하여 하늘의 별들이 반짝반짝 나열된 형국이었다. 이 시대에는 제후들이 각기 자기 나라를 제집처럼 생각하고 백성들을 자식처럼 여겨서 왕화(王化)를 널리 펴는 데 힘쓰고 죄책이 두려워 조심했다. 치적의 훌륭함은 후세의 미칠 바 아니었다. 이는 실로 봉건제의 장점에 기인한 것이었다.

주(周)나라가 쇠약해져서 왕실이 미약하여 자립하기 어려웠다. 그래도 진(晉)나라·정(鄭)나라가 있어 오패(五伯)⁹⁶가 서로 보호함에 힘입어 밖으로는 징벌을 하거나 방어를 하였으며, 안으로는 울타리가 되어 안정을 취하도록 했다. 뿌리와 가지가 서로 어울리고 지탱하여 위태롭다가도 다시 안정을 회복하고, 망했다가도 다시 일어날 수 있었던 것이다. 아래로 난왕(赧王)⁹⁷ 때에 이르러서는 강등하여 서인(庶人)이 된 일도 있었고, 보기(寶器)⁹⁸를 진(秦)나라로 실어 갔으며 궁묘가 비어 천하에 주

---

95 분모(分茅) : 천자가 제후를 봉해 주는 것을 가리키는 말이다. 제후를 봉할 때 흰 띠풀[白茅]로 흙을 싸서 봉을 받는 사람에게 주는 관행이 있었다. 이는 토지와 권력을 나누어 주는 것을 상징한다.
96 오패(五伯) : 춘추 시대 여러 제후들 가운데 패권을 행사한 다섯 제후를 가리킨다(伯=霸). 제(齊) 환공(桓公), 진(晉) 문공(文公), 진(秦) 목공(穆公), 송(宋) 양공(襄公), 오왕(吳王) 부차(夫差)이다. 후일에는 뒤의 셋 대신에 초(楚) 장왕(莊王), 오왕(吳王) 합려(闔閭), 월왕(越王) 구천(勾踐) 등을 손꼽기도 했다.
97 난왕(赧王) : 동주 시대 마지막 왕으로 진(秦)나라에 항복하였다.
98 보기(寶器) : 우임금 때 천하의 동을 수합하여 구정(九鼎)을 만들었다고 하는데, 이것이

인이 없는 것이 40여 년이나 되었으되 그 빈자리에 감히 도전하는 자가 없었다. 시황제 때에 이르러 열국이 다 망한 다음에야 칭제(稱帝)를 하였으니, 이는 봉건제가 그렇게 되도록 한 것이 아니겠는가?

진(秦)나라가 천하를 차지하게 됨에 사지(私智)⁹⁹만 믿고 천도(天道)에 어두워서 국토를 쪼개어 군현(郡縣)을 삼고, 제후를 폐지하고 수령을 두었다. 그리고 온 세상이 자기의 주먹 안으로 들어와 만세토록 변함이 없으리라고 생각하였으나, 몇 년이 지나지 않아 와해되고 어란(魚爛)의 사태가 일어나 멸망하여 존재하지 않게 되었다. 이는 제도가 잘못된 결과이다. 한(漢)나라가 흥기함에 이르러서는 진나라의 일을 경계하고 주나라를 부러워하여 천하를 과분(瓜分)¹⁰⁰해서 자제를 세우고 공신을 봉하여 견아(犬牙)의 형세¹⁰¹를 이루도록 하였다. 그리하여 중앙에서 여씨(呂氏)의 반란¹⁰²이 일어나자 초(楚)와 대(代)의 지원을 받아 제압을 하였으며, 지방에서 오(吳)·초(楚)가 반기를 들자 제(齊)와 양(梁)에 위임하여 방어하였다. 분봉을 하고 작위를 주는 이점은 실로 적다 할 수 없다.

봉건제를 채택하였음에도 나라가 어지러워진 경우도 있었다. 주(周)나라 말엽에 정치는 쇠퇴하고 도는 땅에 떨어져, 잘하고 잘못한 성과를

중국 국토의 상징물이 되었다. 서주(西周)가 망하고 1년 뒤에 진(秦)나라가 구정을 수도 함양으로 옮겼다.

99 사지(私智) : 천도에 상대되는 말이다. 천도가 정당하고 공변된 도리를 가리키는 데 대해서 사지는 사적인 이해에 따르는 술책을 뜻한다.

100 과분(瓜分) : 오이를 쪼개듯 나누어진다는 뜻으로, 분할하는 형세를 가리키는 말이다.

101 견아(犬牙)의 형세 : 개의 이빨처럼 엇물린 상태를 말한다. 방어 시에 상호 협력 보완하거나 지형지세를 이용하는 것을 가리켜 견아의 형세라고 한다.

102 여씨(呂氏)의 반란 : 여씨는 한나라 고조(高祖)의 황후인 여씨 일족을 가리킨다. 고조가 죽자 권력을 잡고 있던 여씨들이 반란을 일으켰는데, 주발(周勃)과 진평(陳平) 등이 초(楚)와 대(代)의 제후들과 협력하여 이 반란을 수습했다.

가리지 못하고, 축출하고 정벌하는 위엄이 떨치지 못하매, 조회하러 오는 제후를 나가서 맞는 사례[103]가 생겼으며, 거짓으로 봉화를 올려 구원병이 오도록 속이는 일도 있었다.[104] 이에 제후들이 예를 버리고 이(利)를 숭상하여 사나운 자는 겁쟁이를 취하고 강한 자는 약한 자를 침략하며 군부(君父)의 위엄을 능멸하여 큰 혼란이 계속해서 일어났다. 그리하여 진나라로 하여금 조삼모사의 술수를 부려서 끝없는 욕망을 채우도록 한 것이다. 그렇지만 이대(二代)[105]의 제도는 주나라와 비슷하였으되 끝내 육국(六國)의 난과 같은 것은 있지 않았다. 이를 통해서 보건대, 주나라의 폐단은 정치에 원인이 있었던 것이지 제도에 원인이 있었던 것은 아니다.

한나라가 분봉함에 있어서 큰 것은 수십 개의 성이 연이어져 구리 광산과 염전의 이익과 강력한 군대와 험난한 요새가 모두 그 영내에 있었다. 때문에 교만과 사치가 버릇처럼 되었고, 위세와 권력을 믿어 한 마디라도 마음에 들지 않으면 버럭 성을 내어 눈을 부릅뜨고 대드는 등 포악한 행동을 부추겼던 것이다. 이야말로 미대부도(尾大不掉)[106]라 할

---

103 제후를 …… 사례 : 천자는 당에서 내려가 제후를 영접하지 않는다는 것이 예법이었으나 동주(東周)의 마지막 천자인 난왕(赧王)이 이런 사례를 만들었다.
104 거짓으로 …… 있었다 : 서주(西周) 유왕(幽王) 때의 일이다. 유왕이 포사(褒姒)라는 여자를 총애했는데, 그녀가 좀처럼 웃지 않아 거짓으로 봉홧불을 올려 제후들을 불렀다. 제후들이 허탕친 모습을 보고 포사가 웃었는데, 이후로 실제 전쟁이 일어나 봉홧불을 올려도 제후들이 구원하지 않았다 한다.
105 이대(二代) : 하·은·주 삼대에서 주나라를 제외한 하·은 양대를 가리키는 듯하다. 하·은은 봉건제를 쓴 점에 있어서는 주나라와 마찬가지였으나 주나라처럼 육국이 발호한 사태는 역사상에 있지 않았다.
106 미대부도(尾大不掉) : 꼬리가 커지면 움직이기 어렵다는 말로, 아래쪽의 세력이 강성해지면 위에서 통제하기 어려움을 가리킨다. "末大必折, 尾大不掉."(『춘추좌씨전』 소공(昭公) 11년)

것이다. 그 과오는 당시 제도에 있었지 봉건제에 있었던 것은 아니다.

오등급[107]의 제도는 사람이 오장(五腸)을 갖춘 것과 같다. 생극승제(生克承制)[108]로 순환하여 다함이 없어서, 장부의 어느 하나가 지나치게 성하면 나머지 네 장부는 그 때문에 모두 병들게 된다. 병을 잘 다스리는 자는 지나친 것을 잘 살펴서 그 기(氣)를 빼앗아 균형을 이루도록 하여 병이 저절로 없어지게 한다. 제후가 서로 다투어 병탄해서 점차 강대해지면 지나치게 강성한 우환이 발생한다. 그래도 제약을 가하여 빼앗는 조처를 취하지 않는다면, 차츰 고질적으로 비대한 상태가 되어 백 가지 증세가 쌓여 원기를 회복할 수 없는 지경에 이를 터이다. 주나라가 치폐하게 된 까닭이 그것이다.

선왕의 법은 도성이 1백 치(雉)[109]를 넘지 않았으며, 후방(侯方)이 1동(同)[110]을 넘지 않았고, 산림(山林)과 천수(川藪)는 봉토에 포함되지 않았다. 그러니 봉토가 군현에 미치지 못할 정도였다. 실제로 공적에 보상을 한다거나 추방하고 기용하는 데 있어 군현제보다도 편리하여, 그 형세가 족히 서로 지원할 수 있도록 했을 뿐이다. 지금 그 제도의 과오는 천하의 권력이 임금에게 집중될 수 없게 하였으니, 가생(賈生)[111]이 이른바 '지금 큰 종양이 들었다.' 한 것이 곧 한나라의 적폐였던 것이다.

봉건제를 폐지하고 군현을 설치한 경우도 있었으니 진나라가 그러하

---

107 오등급 : 봉건제에서 공(公)·후(侯)·백(伯)·자(子)·남(男)의 등급을 가리킨다.
108 생극승제(生克承制) : '생극(生克)'은 오행(五行)이 상생상극(相生相克)하는 것을 가리키며, '승제(承制)'는 오행이 상생상극하는 변화가 이어짐을 가리킨다.
109 치(雉) : 성벽의 둘레와 높이를 계산하는 단위로 1치는 길이 3발[丈], 높이 1발이다.
110 동(同) : 땅의 넓이를 계산하는 단위로 1동은 사방 1백 리이다.
111 가생(賈生) : 가의(賈誼, 기원전 200~기원전 168)를 말한다. 한나라 문제(文帝) 때의 인물로, 제후들이 강성한 상태의 심각성을 몸에 치유할 수 없는 종양이 발생한 것으로 비유한 바 있다.

다. 시황제가 승기를 잡는 책략을 세우고 효산(崤山)과 함곡(函谷)의 요새를 등에 지고서 육국을 병탄하여 마침내 제업을 이루었던 것이다. 그런데 그 몸이 죽고 위세가 사라지기도 전에 호해(胡亥)가 가혹한 정사를 한번 펴자 몇 달도 지나지 않아 필부(匹夫)가 대택(大澤)에서 아우성을 치고 환관이 조정에서 횡행하여 하루아침에 무너지고 말았다.[112] 비록 아무리 자영(子嬰)과 같은 훌륭한 계승자가 있었다 하더라도 숙손소자(叔孫昭子)에게 부끄럽지 않을 따름이었고, 다시는 회복할 수 없었다.

옛날에 하(夏)나라에는 태강(太康)이 있었고, 상(商)나라에는 무을(武乙)이 있었으며, 주(周)나라에는 유왕(幽王)과 여왕(厲王)이 있었다. 그밖에 정사를 그르치고 도를 잃은 임금이 계속해서 나왔지만, 종사(宗社)는 그대로 안정되었다. 무릇 호해의 학정이 지난 시대의 군주보다 심했던 것이 아니요, 강토의 광대함이나 군대의 강성함이 앞 시대보다 못하지 않았다. 그럼에도 이렇듯 빨리 망한 것은 무엇 때문인가? 진나라의 고립된 형세가 전의 서로 지탱하고 보조하는 관계를 이루었던 경우와 달랐기 때문이다. 진나라를 계승하여 제도를 정하는 경우, 비록 백 세에 이르더라도 모두 이러할 것이다.

이런 까닭으로 순우월(淳于越)은 보필의 구원이 없는 것으로 진나라가 반드시 위태로울 것을 알았고, 송창(宋昌)은 반석과도 같은 종실이 있는 것으로 한나라를 동요하게 하지 않을 것으로 헤아렸으며, 유향(劉向)은 종실이 고단한 것을 보고 왕씨가 일어날 사태를 우려하였고, 조경(曹冏)은 자제들이 비천한 것을 살펴보고 권세가 길지 못할 것을 알아차

---

112 필부(匹夫)가 …… 말았다 : 진(秦)나라를 무너뜨리는 도화선이 된 진승(陳勝)의 봉기는 기현(蘄縣)의 대택향(大澤鄕)에서 시작되었고, 시황제 사후에 권력을 잡아 정치를 어지럽게 한 자가 바로 환관(宦官) 출신의 조고(趙高)였다.

렸다.[113] 이 모두 명철하여 사리에 통달한 인물이 앞서서 예측한 것이 하나같이 메아리가 울리듯 병부가 합하듯 한 것이니, 결코 우연히 맞춘 것이 아니었다. 그러므로 천도를 상고하고 선왕의 법전을 살펴보며, 흥망의 자취를 종관하고 식견이 있고 현철한 인사의 말씀에 질정해 보더라도 봉건제를 뜯어고쳐서 세상을 다스릴 수 없는 것이 명백하다.

면류관을 쓰고 화불(華紱)을 차고 옥궤(玉几)에 기대어 천하의 가장 높은 위치에 있으면, 천하 사람 누구라도 그 앞에 부복(俯伏)하고 기어다니며 명령을 받들게 된다. 사람이 이런 위치에 있으면 교만해지고 넘쳐서 백성을 학대하지 않을 자 얼마나 될까. 선왕은 이 점을 우려했던 까닭에 안으로 보필(輔弼)하고 간쟁(諫爭)하는 관리를 두어 바로잡도록 하였으며, 한편으로 그 권한이 가벼워져서 지탱하기 어려울까 염려하여 밖으로 후목방백(侯牧方伯)의 자리를 두어 서로 견지하게 하였던 것이다. 유왕(幽王)·여왕(厲王)의 학정이 안에서 일어난다 할지라도 그 해독이 기내(畿內) 천 리에 그치고, 신하는 간쟁을 하고 제후는 구원을 하게 된다. 묘(苗)·호(扈)[114]와 같은 악행이 밖에서 일어나더라도 그 화는

---

113 순우월(淳于越)은 …… 알아차렸다 : 순우월은 진 시황 때 박사(博士) 중 한 사람. 진 시황이 천하를 통일한 뒤 궁궐에서 잔치를 베풀었을 때, 그는 군현제에 반대하고 봉건제로 돌아갈 것을 주장하였다(『사기』, 「진시황본기(秦始皇本紀)」). 송창은 한 문제가 대왕(代王)이었을 때부터 따르던 신하이다. 주발(周勃)과 진평(陳平) 등이 여씨(呂氏)들을 몰아내고, 새로운 황제로 대왕을 받들기 위해 사자를 보냈을 때 다른 신하들은 모두 가지 말고 사태를 관망할 것을 권하였으나, 송창만은 한(漢)나라는 종실의 인물들이 분봉(分封)을 받아 견아지세(犬牙之勢)를 이루고 있어 '반석지종(盤石之宗)'이라 할 만하니 의심하지 말고 가서 즉위하라고 권하였다(『한서』, 「문제기(文帝紀)」). 조경은 위(魏)나라 사람으로 종실의 자제들은 재능이 있음에도 크게 기용되지 못하고 지방관들에게 너무 많은 권력이 집중되어 있음을 우려하였다(『문헌통고(文獻通考)』 권259).

114 묘(苗)·호(扈) : 묘는 순(舜)에게 복종하지 않아서 토벌을 당한 나라이고, 호는 하(夏)나라에 복종하지 않아서 토벌을 당한 나라다.

봉토 백 리에 국한될 것이니, 천자는 그를 추방하고 방백은 그를 정벌하게 된다. 그 해독이 경내에 그치고 밖으로 뻗어 나가지 못하게 하며, 그의 화란이 봉토의 안에 머무르고 경내를 벗어나지 않게 될 터이니, 백성을 근심하는 생각이 깊다 하겠다. 때문에 전국 시대로 내려와서 폐해가 극도에 달했어도 백성들은 종종 안도하여 후세와 같이 온통 쪼개지고 흩어지는 일이 없었다.

후세의 제왕들은 권위가 나누어지는 것을 싫어하고 반역의 맹아가 되는 것을 우려한 나머지 억조의 민생을 한 사람에게 맡기고, 만 리의 강역을 휩쓸어 한 영역의 판도에 잡아넣었다. 이 때문에 악이 그 한 사람의 마음속에서 싹트면 만백성이 그 재앙을 받게 되고, 정치가 제왕의 통치 질서에서 잘못되면 온 천하가 함께 망하게 된다. 이미 번한(藩翰)[115]의 구원이 없어, 보상(輔相)의 힘만으로 바로잡기에는 부족하니, 멸망하는 데 직행할 따름이다. 아! 슬프지 않은가?

군자가 위에 오르고 소인이 아래에 있는 것은 이치의 근본이다. 그렇지만 무도가 극에 이르면 항시 이와 반대가 된다. 선왕은 천하를 통치함에 그 영향이 만국에 미친다. 그렇게 되면 천하의 덕 있는 자는 천자의 조정에 있지 않으면 제후의 조정에 있게 될 것이다. 백성 가운데 준수한 자들은 천자의 조정에 등용이 되든가 아니면 제후의 나라에서 쓰여지게 된다. 이에 백성들은 폭력을 등지고 인정(仁政)을 베푸는 데로 향하여 덕을 따라 옮겨 가게 될 것이다. 걸(桀)·주(紂)가 학정을 펴면 탕(湯)·무(武)의 성덕이 대신 일어나며 이윤(伊尹)·여상(呂尙)과 같은 인물들이 아울러 보필이 되어 발란반정(撥亂反正)[116]을 해서 천하를 도탄의 가

---

115 번한(藩翰) : 여기서는 중앙의 왕실을 보좌하는 지방의 제후들을 가리킨다.
116 발란반정(撥亂反正) : 어지러움을 다스려서 바른 데로 돌린다는 뜻으로, 난세(亂世)의

운데에서 구했던 것이다. 불행히도 후세의 자손 중에 걸·주와 같은 자가 나오는 경우라도 탕·무가 일어나 바로잡고 구원하는 것을 다행으로 여기게 되니, 이 또한 우왕이나 탕왕의 본뜻이다.

성인은 천리(天理)의 지공(至公)에 근거해서 법을 세우며, 천하를 사물(私物)로 여기지 않았다. 때문에 덕이 있으면 나아가 천자가 되고 덕이 없으면 물러나되 제후의 지위를 잃지 않았다. 대개 후세에 개변(改變)을 일삼은 자들처럼 계통을 전복시키고 제사를 단절시키는 일이 없었다.

전국 시대에 이르러 무질서가 극에 이르렀다. 그러나 제후 중에 오패(五伯)가 서로 연이어서 정치를 하고 이웃 나라와 사이좋게 지내고 백성들을 보호하였으며, 관중(管仲)·안영(晏嬰)·조무(趙武)·공손교(公孫僑) 등은 모두 나라의 그릇이 되었고, 중니(仲尼)·맹가(孟軻) 및 70의 문도들이 그 신분은 비록 낮았으되 천승(千乘) 제후와 항례(抗禮)를 하여 빈사(賓師)의 지위를 얻고 인의(仁義)를 천명하고 백성들 또한 이에 힘입을 수 있었다.

후세에 이르러 선비들이 어두운 시대를 만나는 경우, 암혈(巖穴)[117]에 은거할 뿐이었다. 때때로 어질고 훌륭한 인물이 그 시대에 태어났다 하더라도 모두 엎드려 드러나지 못했고, 백성들은 학정에 시달려도 호소할 데가 없으니, 더욱더 혼란스럽고 무너져서 군도(群盜)로 바뀌어 서로 치고 빼앗는 등 천하의 사람들이 거의 인간성을 상실하게 되어 버린 상태가 종종 있었다. 진·한 이래로 난세가 된 원인은 바로 여기에 있었다.

혼란한 국면을 수습하고, 치세(治世)를 여는 것을 말하며, 줄여서 '반정(反正)'이라고 한다.
117 암혈(巖穴) : 본래는 산골짝을 가리키는 말이었는데, 세상을 등진 은사(隱士)들이 이곳에 숨어 사는 경우가 많았으므로 은사(隱士)를 가리키기도 한다.

상대(上代)의 왕들이 세우는 계책은 천하에 공변됨〔公〕을 추구하고 자신의 이로움을 도모하지 않았는데도 이로움이 저절로 이르렀으며, 자기 자손에게 복이 미치기를 구하지 않았는데도 복이 저절로 찾아왔다.

후세의 왕들이 세우는 계책은 자기 한 몸의 사사로움〔私〕을 추구하고 이로움을 도모하여 복을 구하였는데 필경에 얻지도 못하고 대체로 멸망이 더 빨리 왔다.

그러므로 안정되게 다스리는 법술로는 봉건제보다 적절한 것이 없으며, 봉건제는 삼대의 시대보다 좋았던 적이 없다. 봉건제는 다른 것이 아니요, 목사(牧史)·수령들이 그 자리에 오래도록 근무하고 계승하여 일하도록 하는 것이다. 오래도록 근무하게 하면 마음이 안정되어 흔들리지 않고, 계승하여 일하도록 하면 업무에 전문이 되어 정통할 수 있으니, 이 점이 잘 다스려지는 까닭이다.

이렇게 되면 선왕이 가르치던 바가 모두 행해지고, 군신부자의 윤리가 펼쳐지며, 예악과 상벌의 제도가 갖추어지고, 농업과 공업·상업의 이익이 모두 얻어지며, 그 밖의 후생과 안전을 위한 도구가 남김없이 마련될 것이다. 어찌 백 대의 사이에 임금과 신하가 된 자가 잘 다스려지기를 원치 않았으리오마는 그 다스려지는 이치가 옛날과 가까워지지 않는 것은 봉건제가 폐지되었기 때문이다. 진실로 봉건제를 회복하면 선왕의 다스림을 곧바로 기대할 수 있을 것이다.

평어 이 글은 마치 고리 위에 용을 새긴 것 같다. 꿈틀꿈틀한 모양을 극히 생동하게 새겨서, 머리와 꼬리가 서로 닿아 있다. 이 글은 취택하여 왕자(王者)의 법으로 삼을 만하다.

○ 뜻이 바르고 문사가 웅장하니 유종원(柳宗元)보다 윗길이라고 볼 수 있지 않을까.

15 창릉(昌陵) 역사(役事)에 대해 간언한 글[118]
諫昌陵書

원주 유향(劉向)의 글을 본떠 지은 것이다. 증자(曾子)는 이르기를, "상례(喪禮)를 신중히 하고 조상을 추모하면 백성의 덕이 순후한 데로 돌아갈 것이다."[119]라고 했다.

신은 듣자옵건대, 자기 어버이를 사랑하는 자는 은정이 예절을 넘지 않도록 하며, 자기 몸을 중히 여기는 자는 욕망이 법도를 어긋나지 않게 해야 한다고 하였습니다. 예절을 넘어서고 법도를 어긋나게 하면서 어지럽게 되지 않는 일은 일찍이 없었습니다.

생을 마치는 것은 사람의 큰 변고이며, 장사를 지내는 것은 예절 중에서 매우 신중하게 해야 할 바입니다.

사람이 죽으면 혼백은 떠나가고 시신만 남아 다시는 아무 감각도 생각도 없습니다. 아무리 여우나 이리가 살을 물어뜯고 개미가 피부에 달라붙더라도 해가 될 것이 없으며, 아무리 수의(壽衣)와 관을 훌륭하게 갖추고 예절에 따라 곡을 하고 제물을 바치더라도 득이 될 것은 없습니다.

그러나 효자의 마음은 그렇다 하더라도 차마 지나칠 수 없는 터이기에, 성인은 이 정서에 근거해서 장례의 절차와 제사의 예절을 마련하였던 것입니다. 그 은정과 사랑의 마음을 길러 주어 풍속을 잘 교화하여,

---

118 창릉(昌陵) …… 글: 창릉은 서한(西漢) 성제(成帝)의 능이다. 성제는 자기의 능의 장소를 처음에 연릉(延陵)으로 잡아서 공사를 진행하다가 바꾸어 창릉(昌陵)에 공사를 벌였는데, 완성을 보지 못하고 또다시 연릉으로 옮겼다. 이 연릉이 지나치게 사치스러웠으므로 유향이 이에 대해 간하는 상소를 올렸다. 제목은 「간기창릉서(諫起昌陵書)」로 후세에 전해졌는데, 심대윤이 이 글의 근본 취지를 살리면서 개작한 것이다.
119 상례를 …… 것이다: 『논어』, 「학이(學而)」에 나오는 말이다.

백성들로 하여금 죽은 사람에 대해서 후하게 해 주니 산 사람에게도 박하게 할 수 없음을 알도록 하기 위해서입니다. 그러므로 장사와 제사의 예법은 죽은 자를 잘해 주기 위해서가 아니요, 본디 산 사람을 위해서 제정한 것입니다. 진심을 다하며 후생(厚生)에 힘쓰는 것은 예의 지극함이라 하겠습니다.

예의범절에 미치지 못하는 것을 검소라 합니다. 검소하기를 그치지 않아 해골을 드러내고 시신을 가리지 못하게 되면 인정을 상하게 됩니다. 반면에 지나친 경우를 사치라 합니다. 사치하기를 그치지 않아 기교를 부리고 재물을 소진하면 삶을 해치게 됩니다. 삶을 해치는 것은 예의 본뜻이 아닙니다. 그런 까닭에 공자는 예는 사치스럽기보다는 차라리 검소하게 할 것이요, 상(喪)은 능숙하게 하기보다는 차라리 애달프게 할 것이라는 가르침[120]이 있었다. 또한 빨리 가난해지고 빨리 썩어야 할 것이라는 역설(逆說)[121]이 있었던 것입니다. 대개 사람을 양육하는 것으로 도리어 해를 끼치게 하지 않으려는 뜻입니다. 이런 까닭에 장사와 제사의 예법은 차라리 박하게 하다가 잘못이 생길지언정, 후하게 하다가 지

---

120 공자는 …… 가르침 : 임방이 예에 대해서 묻자 공자가 말하기를 '중요한 질문이다! 예는 사치스럽게 하기보다는 차라리 검소하게 해야 할 것이요, 상은 세련되게 하기보다는 차라리 슬퍼하는 뜻이 나타나도록 해야 할 것이.'라고 하였다. "林放問禮之本, 子曰 : '大哉問! 禮與其奢也寧儉, 喪與其易也寧戚.'"(『논어』, 「팔일(八佾)」)

121 빨리 …… 역설(逆說) : 『예기』, 「단궁(檀弓)」에 나오는 말이다. 송(宋)나라의 환사마(桓司馬)라는 사람이 석곽(石槨)을 사치스럽게 만들어 3년이 지나도 완성을 하지 못하자 공자는 이를 두고 "이렇듯 사치스럽게 한다면 죽어서 빨리 썩는 것만 같지 못하다."고 말하였다 한다. "有子問於曾子曰 : '問喪於夫子乎?' 曰 : '聞之矣, 喪欲速貧, 死欲速朽.' 有子曰 : '是非君子之言也.' 曾子曰 : '參也聞諸夫子也.' 有子又曰 : '是非君子之言也.' 曾子曰 : '參也與子游聞之.' 有子曰 : '然. 然則夫子有爲言之也.' 曾子以斯言告於子游, 子游曰 : '甚哉有子之言似夫子也. 昔者夫子居於宋, 見桓司馬自爲石槨, 三年而不成, 夫子曰 : 若是其靡也, 死不如速朽之愈也. 死之欲速朽, 爲桓司馬言之也.'"

나치게 되는 잘못은 없어야 할 것입니다.

요(堯)임금은 제음(濟陰)[122]에 장사 지냈는데, 나무를 파서 관을 만들고 칡넝쿨 따위로 상여줄을 만들었으며, 땅속 깊이까지 파지 않았고, 흙을 덮는 것도 냄새가 나지 않게 할 정도였습니다. 우(禹)임금은 회계(會稽)에 장사 지냈는데, 염을 하고 갈대로 관을 만들었으며, 수목(樹木)을 원 상태 그대로 두었습니다.[123] 순(舜)임금 같은 신하가 있고, 계(啓)[124] 같은 아들이 있는데, 임금과 어버이에게 혹시라도 박하게 할 수 있었겠습니까? 진실로 예에 편하였기 때문입니다. 주(周)나라가 흥기함에 미쳐서 의례가 잘 갖추어진바, 그러고부터 묘지 구역을 봉분하게 되었는데, 그 제도는 간소하였습니다. 견거(遣車)[125]·명기(明器)[126] 등속은 대략 갖추기는 하되 완비하지는 않으니, 이는 참으로 죽은 이를 보내는 도리를 다하면서도 살아가는 사람들의 쓰임에 폐해를 주지 않으려고 한 것입니다.

화원(華元)[127]이 송(宋) 문공(文公)을 장사 지낼 적에 후장(厚葬)을 해

---

122 제음(濟陰) : 지금의 산동성(山東省) 하택(荷澤)에 해당한다.
123 우(禹)임금은 …… 두었습니다 : 회계(會稽)는 지금 중국 소흥(紹興)의 옛 이름이다. 유향의 상소에 "禹葬會稽, 不改其列."이 보인다. 『한서』의 주석에는 "鄭氏曰 : '不改樹木百物之列也.' 如淳曰 : '列, 隴也. 墨子曰, 禹葬會稽之山, 旣葬, 收餘壤其上, 壟若參耕之畝則止矣.' 晉灼曰 : '列, 肆也. 淮南子云, 舜葬蒼梧, 不變其肆. 言不煩於民也.' 師古曰 : '鄭說是也, 淮南所云不變其肆, 肆者故也. 言山川田畝皆如故耳, 非別義也. 晋氏失之.'"라 하였다.
124 계(啓) : 우임금의 아들로 왕위를 계승하였다.
125 견거(遣車) : 옛날 묘제에서 희생으로 바치는 것들을 담는 수레를 가리킨다.
126 명기(明器) : 옛날 묘제에서 부장품으로 들어가는 것들을 가리키는 말이다.
127 화원(華元) : 춘추 시대 송(宋)나라의 신하 이름이다. 송나라 문공이 죽었을 때 장사를 매우 사치스럽게 하여 후장의 시초가 된 것으로 『춘추좌씨전』에 기록되어 있다. 이 일을 주도한 인물이 화원·악거라고 한다. 그래서 당시 군자들은 이 일을 두고 화원과 악거에 대해 신하답지 못한 짓을 했다고 평하였다(『춘추좌씨전』 성공(成公) 2년).

서 군자는 그를 두고 신하답지 못하다 하였습니다. 진(秦) 시황(始皇)은 천하의 힘을 다 기울여서 여산(驪山)[128]을 만들었고, 2세가 이를 계승하여 고치지 않았기 때문에 진나라는 망하게 되었으며, 몇 년 사이에 먼저 난병(亂兵)에 의해 도굴을 당했고, 뒤에 목동에 의해 불에 타는 일을 당했습니다. 그런즉 진 시황 같은 자는 자신을 중하게 여기지 않았고, 호해(胡亥) 같은 자는 자기 어버이를 사랑하지 않았다고 말할 수 있습니다.

장사를 검박하게 지내기로는 요임금 같은 경우가 없었고, 사치스럽게 지내기로는 진 시황 같은 경우가 없었는데, 이 양자의 화복과 득실을 따져 보면 결국 어떠합니까? 우리 효문제(孝文帝)께서는 초연히 멀리 내다보고 깊이 대체(大體)에 통달하시어 가의(賈誼)와 장석지(張釋之)[129]의 진언을 받아들여 검박하게 장사를 지내 봉분을 산처럼 일으키지 않았고, 제기는 질그릇을 사용하셨답니다. 일부러 검약을 꾸민 것이 아니요 진실로 인정과 예의를 참작해서 성왕(聖王)의 법도에 맞게 하였으니, 그 자손이 되는 제왕들은 의당 이를 본받아야 할 것입니다.

폐하께서 즉위하심에 절약과 검소를 몸소 실천하사 당초 능침을 영건하실 적에는 제도를 간소하게 잡으므로, 신은 효문제의 아름다움을 필시 폐하에게서 다시 보게 될 것이라고 생각하였습니다. 그런데 창릉으로 옮기게 되자 낮은 지역을 높게 만들고 흙을 쌓아 산을 만들며, 백성의 분묘를 모두 파서 이장하도록 한 것이 만 기(基)를 헤아리고, 딸린

---

128 여산(驪山) : 지금 중국 서안에 있는 지명이다. 이 지역에 진 시황의 능이 있으며 진 시황의 능을 수호하는 병마용갱도 이 지역에서 발굴되었다.

129 가의(賈誼)와 장석지(張釋之) : 가의는 전한(前漢)의 문신·학자로 문제(文帝)의 총애를 받다가 장사왕(長沙王)의 태부(太傅)로 좌천되었다. 장석지는 전한 문제·경제(景帝) 때의 문신으로 법을 엄히 지키고 죄인을 공평하게 다스려서 칭송을 받았다. 꿇어앉아 처사(處士) 왕생(王生)의 대님을 매어 줌으로써 인품이 더욱 돋보였다는 일화가 전한다.

읍을 건설하는 데 공사비가 백만이 넘게 들었습니다. 그러다 보니 위에서 살아 있는 자들이 수심에 잠기며, 아래에서 죽은 자들이 한탄을 하니, 원한의 기운이 가득 차고 음양이 뒤집혀서 기근이 잇달아 사람들이 온통 굶어 죽고 떠돌아서 화가 천하에 넘칠 지경입니다.

신은 현명하고 통달한 폐하께서 필시 생령(生靈)들을 못살게 하고 재물을 헛되이 소비하여 만대에 무익한 일을 하지 않을 것으로 확실히 알고 있습니다. 이와 같이 하시는 까닭은 오직 효자의 마음이 진정을 다하도록 하는 것을 차마 못하게 할 수 없어서일 것입니다. 그렇지만 신은 후세의 논하는 자들이 장차 진나라를 망친 일과 싸잡아서 말하게 될 것을 두려워합니다.

또한 장사와 제사를 지내는 일은 살아 있는 사람들의 정이요 신하와 자식된 사람의 임무이지, 자기 스스로 할 바는 아닙니다. 자기 자신이 한다면 이는 살아 있는 사람들이 은공을 모름을 보여 주고, 신하와 자식된 사람들이 슬퍼하는 마음이 없음을 드러내는 꼴입니다. 이야말로 예를 제정하고 풍속을 교화하는 뜻이 아닙니다. 지금 비록 검약을 몸소 실행하여 천하에 모범을 보이지는 못할지언정 어찌 다시 선왕의 예를 무너뜨리고 훌륭한 조상의 법도를 어기면서 아래로 전복된 수레의 궤적을 따라서 천하의 비웃음을 살 것입니까?

엎드려 바라옵건대 폐하께서는 멀리 고례(古禮)를 살피시고 가까이 조상들의 유훈을 본받으며, 진나라의 멸망한 사적을 경계로 삼으신다면, 복록이 무궁할 터이요 백성들의 풍속이 순후한 데로 돌아올 것입니다.

진 문공이 원성을 지키는 일을 물은 데 대해 논함[130] 유종원의
글을 본떠 지음

晋文公問守原論 擬柳州

진 문공이 시인(寺人) 발제(勃鞮)에게 원성(原城)을 지키는 문제를 물어
조최(趙衰)를 얻었다. 조최는 진나라의 어진 대부이다.

　의논하는 자는 문공이 분명히 잘못 물은 것이지만, 조최를 얻어서 잘
못되지 않았다고 한다. 나는 조최를 얻었기 때문에 잘못된 일을 확대시
켰다고 생각한다.

　무릇 원성을 지키는 일은 진나라의 큰 정사요, 사람에게 벼슬을 내리
는 일은 임금의 큰 권한이며, 어진 이를 등용하는 일은 재상의 큰 직분
이다. 지금 궁형을 당한 사람이 한 번에 세 가지 큰일을 처리하였으니
그 또한 진나라 임금의 나라에는 사람이 없다고 할 것이다. 앞서 발제가
천거한 사람이 적합한 인물이 아니었다면 그 폐해가 커서 원성을 상실
하였을 것이다. 비록 원성을 상실할지라도 진 문공의 패권은 그대로 유
지되었을 터이니, 이를 두고 큰 손실이라고 할 것은 없다. 지금 한 번에
세 가지 큰일을 처리하였으니, 현인을 해치고 나라에 화를 끼치는 단서
가 반드시 여기서부터 비롯된 것이다.

130　진 문공이 …… 논함 : 원성(原城)은 지명으로 지금 산서성(山西省) 심수(心水)에 있다.
　　주(周) 양왕(襄王)이 진 문공에게 양번(陽樊)·온(溫)·찬모(攢茅) 등과 함께 빌려준 땅
　　이었는데, 진 문공은 원성을 지키는 데 난점이 있어 환관인 발제(勃鞮)에게 적임자를
　　천거하도록 하였다. 그래서 발제는 조최를 천거하였던바, 조최는 능력이 있고 어진 인물
　　이었다. 이 역사적 사실에 대해서 유종원이 「진문공문수원의(晉文公問守原議)」라는 제
　　목으로 논한 글이 있는데, 심대윤이 유종원의 이 글을 개작하는 형식으로 비판한 것이다.
　　"晋侯問守原於寺人勃鞮. 對曰 : '昔, 趙衰, 以壺飧從徑, 餒而弗食. 故使處原.'"(『춘추좌씨
　　전』 희공(僖公) 25년)

천하의 큰 우환은 법을 어겨서 실패하는 데 있는 것이 아니라 항상 도를 어겨서 이익을 보는 데 있다. 이는 무엇 때문인가? 법을 어겨서 실패하는 경우는 사람들이 모두 그 잘못을 분명히 알기 때문에 다시 하려는 자가 없다. 도를 어겨서 이익을 보는 경우에는 탐욕에 눈이 어둡고 요행을 바라는 사람들이 으레 줄지어 나올 것이다. 그러므로 그 화는 더욱 깊다.

진 문공이 벼슬을 내릴 때 호언(狐偃)[131]이나 서신(胥臣)[132] 같은 외정(外庭)[133]의 현자에게 자문하지 않고 환관과 의논하였으니 이는 심하게 도에 어긋나는 것이다. 그런데 천거하여 합당한 사람을 얻었다면 도리어 호언이나 서신 같은 외정의 인사에게 물어 살피고 조사해서 복잡한 절차를 거쳐 그럴듯한 사람을 얻는 편보다 일단 좋다고 말할 수 있다. 하지만 임금이 환관을 믿고 총애하게 되면 아무리 영명하다고 해도 본받을까 두려운데 하물며 어두운 군주라면 더 말할 것이 있겠는가?

옛날의 환관은 궁액(宮掖)[134]에서 심부름하는 노예요, 영항(永巷)[135]에

---

131 호언(狐偃) : 자가 자범(子犯)으로 구범(舅犯)이라고도 일컬어졌다. 진 문공이 19년 동안 망명 생활을 하였는데, 그동안 보필을 잘하였고 진나라를 부강시키는 데 크게 기여한 인물이다.

132 서신(胥臣) : 구계(臼季)를 말한다. 자는 계자(季子)이며 진나라의 어진 대부로 알려진 인물이다. 사행길에 기주(冀州)를 지나다가 기결(冀缺)이라는 사람이 밭에서 김을 매고 있으면서도 아내와 서로 공경하기를 손님 대하듯 하는 것을 보고 훌륭한 사람이라 판단하고 문공에게 천거하여 중용하도록 한 일이 있다.

133 외정(外庭) : 내정(內庭)의 상대되는 말이다. 내정은 궁정 내의 일을 가리키는 데 대해서 외정은 국정 전반에 관련된 공적 영역이다.

134 궁액(宮掖) : 궁중의 별칭이다. 옛날 궁중의 일을 관장하는 기관을 액정서(掖庭署)라고 일컬었으므로 궁액이라는 말이 쓰이게 되었다.

135 영항(永巷) : 역시 궁중의 별칭이다. 궁중 안의 긴 길을 뜻하였으며, 궁정을 관리하는 관서 이름으로도 쓰였다.

서 소제나 하는 무리였다. 편협한 성격에 비루한 습성을 지녀 공정한 사람은 아주 적고 간사한 무리가 많았다. 또한 임금과 가까이 지내어 그 앞에서 간사하게 놀기 쉬운 까닭에 선왕은 그들을 국사에 참여하지 못하게 하였으니, 후세에 우환을 미칠까 깊이 걱정했기 때문이다. 제(齊)나라 환공(桓公)이 처음 삼수(三竪)[136]를 기용하면서 마침내 대란을 초래하였는데, 또다시 진 문공이 환관의 말을 들어 땅을 잃게 되었다면 천하 후세의 군주들은 환관을 신임하지 않으며 반드시 실패한다는 것을 알게 될 것이다. 불행히도 환관을 기용하여 좋은 결과를 얻었으니 천하 후세의 군주들은 환관을 신임하여 권력을 맡기려는 자들이 반드시 이를 증거로 삼았다. 후세에 환관의 화가 끊이지 않고 일어나게 된 것은 진 문공으로부터 길이 열렸다고 하겠다.

조고(趙高)[137]의 등장이나 십상시(十常侍)의 난[138]은 의당 진나라 경공(景公)과 여공(厲公) 사이에서 일어났어야 했다고 나는 생각한다. 그렇게 되지 않았던 것은 요행일 뿐이다.

진 문공과 같은 어진 임금도 한번 일이 환관과 관련되자 작게는 한 고을을 잃게 되고 크게는 재앙의 문을 열었는데, 하물며 후세의 어두운 군주들이 능력은 문공에 미치지 못하면서 그 일을 본받는 데 있어서랴? 어찌 어지러워 망하는 데 이르지 않겠는가?

---

136 삼수(三竪) : 제나라 환공(桓公)의 총애를 받던 세 명의 내시로, 역아(易牙)·개방(開方)·수조(竪刁)를 가리킨다.
137 조고(趙高) : 진(秦)나라 말엽의 권신이다. 원래 진 시황(始皇)을 모시던 환관이었는데, 시황 사후에 이사와 함께 권력을 장악하였다가 나중에 이사를 제거하고 자신이 승상이 된 인물이다.
138 십상시(十常侍)의 난 : 동한(東漢) 영제(靈帝) 때의 사건이다. 상시(常侍)는 환관의 관직명인데, 장양(張讓)·조충(趙忠) 등 12명의 상시가 궁중 내부에서 반란을 일으킨 일이 있었다. 이 때문에 한나라는 쇠망의 길로 들어갔다.

17 건문제에게 연을 평정하는 계책을 올림[139]

進建文平燕策

원주 건문제(建文帝)가 즉위하자 존속(尊屬)의 제후왕들이 많은 군사를 거느리고 있어 위협을 받게 됨을 우려하였다. 제태(齊泰)[140]와 황자징(黃子澄)[141]이 건의하기를, 제후왕들은 분상(奔喪)을 하지 말도록 조칙을 내리고 그 지방의 관리와 백성들은 모두 조정의 명을 따르며, 친왕(親王)에게 죄가 있으면 그 나라를 곧 없애도록 하자고 하였다. 또 장병(張昺)과 사귀(謝貴)[142]

---

139 건문제에게 …… 올림 : 원래 작자가 쓴 제목은 아래에 나오는 문장이며, 저본의 목차에는 '진건문평연책'으로 나와 있다. 건문(建文)은 명나라 2대 황제인 혜제(惠帝) 주윤문(朱允炆, 1377~1402)의 연호이다. 혜제는 주원장(朱元璋)의 손자로서 태자였던 아버지가 일찍 죽어 태조 사후에 황위를 승계하였다. 그러나 숙부인 연왕(燕王) 주체(朱棣, 1360~1424)의 공격을 받아 패하고 황위에서 쫓겨나게 되었다. 이에 건문제는 자살을 하였는데, 일설에는 중이 되어 종적을 감추었다고 한다. 연왕 주체는 황위에 올라 연호를 영락(永樂)으로 바꾸고 수도를 남경에서 북경으로 옮겼다. 시호는 성조(成祖)이다. 이 글은 건문제가 황위에서 밀려나기 전 단계의 일을 다룬 내용이다.

140 제태(齊泰, ?~1402) : 초명(初名)은 덕(德)이다. 태조로부터 두터운 신임을 받아 태(泰)라는 이름을 하사받았다. 건문제 때 병부상서(兵部尙書)로 승진되어, 황자징(黃子澄)과 함께 지방의 제후들을 칠 것을 은밀히 건의하였다. '정난(靖難)'의 변(變) 때에도 병사를 일으켜 토벌할 것을 건의하였다. 연왕이 수도에 진입했을 때 붙잡혔는데, 자신의 뜻을 굽히지 않고서 죽었다.

141 황자징(黃子澄, 1350~1402) : 이름은 식(湜)이며, 자로써 행세하였다. 홍무(洪武) 18년(1385) 회시(會試)에 장원으로 급제하여 편수(編修)에 제수되고 수찬(修撰)으로 승진되었다. 건문제 때 한림학사(翰林學士)를 겸임하라는 명을 받았는데, 당시 국정에 대해 제태(齊泰)와 함께 같은 의견을 건의하였다. 연왕이 수도에 진입했을 때 붙잡혔는데, 자신의 뜻을 굽히지 않고서 죽었다.

142 장병(張昺, ?~1399)과 사귀(謝貴, ?~1399) : 장병은 북평포정사(北平布政使)로 임명된 인물이고, 사귀는 북평도지휘사사(北平都指揮使司)로 임명된 인물이다. 연왕을 감시하도록 하기 위해 연왕이 주재한 지방의 행정권과 군사권을 맡긴 것이다. 이때 연왕은 위태로운 시국을 모면하고자 거짓 병을 핑계로 오랫동안 출입을 하지 않고 있었는데, 장병과 사귀는 연왕이 반란할 뜻이 있음을 탐지하고서 군사를 북평성(북경)의 구문(九門)

의(擬) ● 575

등을 파견하여 연왕부(燕王府)를 사찰하도록 하였는데, 연왕(燕王)이 이러한 사정을 알고 앞서 나아가 계책을 써 장병과 사귀를 유인해 구금하고, 마침내 군사를 일으켜 반란을 도모했다.

건문제 원년에 연왕은 군대를 일으켜 반기를 들고 '정난(靖難)'을 표방하였다. 곧바로 구문(九門)을 공격해서 함락시킨 다음, 북으로 장흥후(長興候) 경병문(耿炳文)[143]을 공격해 죽이고 드디어 군대를 돌려 남쪽으로 진격하였다. 이에 병부상서(兵部尚書) 제태와 태상경(太常卿) 황자징이 작위를 빼앗고 명부에서 삭제할 것을 아뢰었으며, 이경륭(李景隆)[144]을 임명하여 황제의 명을 받들고 토벌하도록 하였다. 그리고 "이는 명분을 바로잡는 것이다."라고 일컬었다. 이에 형산처사(衡山處士) 욱질자(郁邪子)[145]라는 인물이 황제의 부름을 받고 남경에 와서 한어사(韓御史)의

에 배치하여 연왕을 사로잡고자 하였다. 그러나 장병 휘하의 창고관리였던 이우직(李友直)의 밀고에 의하여 기밀이 누설되고, 오히려 장병과 사귀는 연왕에게 사로잡혀 죽임을 당하고 말았다. 연왕은 기세를 몰아 구문에 배치되어 있던 군대를 격파하였다.

143 장흥후(長興候) 경병문(耿炳文) : 어려서부터 주원장(朱元璋)을 따랐던 무장으로 장흥후는 봉호이다. 이 당시에는 65세의 노장이었는데, 반란을 일으킨 연왕을 토벌하는 대장군이 되어 진정(眞定, 지금의 하북성(河北省) 정정현(正定縣))에 주둔하였으나, 전투에서 패하였다. 본문에서는 전사한 것으로 되어 있으나 연왕이 황제의 자리에 오르자 자살하였다고 전한다.

144 이경륭(李景隆) : 명나라 초기의 인물이다 경병문을 대신하여 연왕 토벌의 임무를 맡았는데, 그는 본래 군무에 어두운 인물인데다 노련한 장수들을 쓰지 않아 대패하고 말았다. 연왕의 군대가 남경에 다다랐을 때 성문을 열고 항복하고 공신으로 작위를 받기까지 했다고 한다.

145 욱질자(郁邪子) : 『명사(明史)』에 욱질자라는 인물은 보이지 않는다. 전후의 내용으로 미루어 심대윤이 이 글을 지으면서 만들어 낸 가공의 인물로 생각된다. 그런데 그를 머물도록 했다는 한어사는 한욱(韓郁)으로, 건문제에게 연왕에 대한 회유책을 올렸던 실제 인물이다(『명사』, 「한욱전(韓郁傳)」). 따라서 형산처사 욱질자가 건문제에게 글을 올렸다는 가공적인 설정은 한욱의 실제 사적에 근거해서 지어낸 것으로 볼 수 있다.

처소에 머물러 있었는데, 이 사실을 알고 기회를 틈타 알현하여 다음과 같이 아뢰었다.

　신이 듣건대 연왕이 군대를 일으켜 반기를 들었는데 논의하는 자들의 주장이 매우 과격하다고 합니다. 신은 폐하께서 실책을 할까 두려워 감히 알현하기를 청하지 않을 수 없습니다.

　무릇 연왕은 선제(先帝)의 사랑하는 아들이요 폐하의 존속이거늘 지금 병력을 믿고 난을 일으켰으니, 이야말로 강상(綱常)의 큰 변고입니다. 그러니 일반적인 반역자와 같이 취급하여 곧바로 군사를 보내 주벌할 일은 아닙니다. 반드시 완곡하게 조정하여 신중히 조처해야만 적절함을 얻을 수 있을 것이요, 또다시 빌미를 제공하는 것은 옳지 않습니다. 신은 먼저 오초칠국(吳楚七國)의 일[146]을 말씀드리고 나서 천천히 연왕의 문제를 언급하고자 하니, 폐하께서 유념해 주시길 바랍니다.

　한(漢)의 제후왕들은 모두 나라가 부강하고 땅이 넓은 데다 총애를 듬뿍 받고 귀하게 자라 그 형세가 교만하고 원망하는 마음을 갖기 쉬웠습니다. 그러나 문제(文帝)가 예로써 대하고 은덕을 베풀었던 까닭에, 군신의 관계가 끝까지 지켜져서 다른 문제가 없었습니다. 경제(景帝)가 즉위하자 소견이 좁은 조조(鼂錯)[147]가 일의 대체(大體)를 알지 못하고

146　오초칠국(吳楚七國)의 일 : 한나라 경제(景帝) 때에 오(吳)가 중심이 되어 7개 제후국이 중앙정부에 반기를 들었던 사건이다. 이 내용은 본서 '제발(題跋)'의 「조조전후제(鼂錯傳 後題)」에서 자세히 거론되었다.

147　조조(鼂錯, ?~기원전 154) : 한나라 문제(文帝) 때 태자사인(太子舍人) 등을 역임하였고, 재변(才辯)의 덕으로 경제(景帝)가 서자 더욱 총애를 받아 어사대부(御史大夫)로 승진하였으나, 경제에게 진언하여 제후들의 세력을 억제하기 위해 그 봉지(封地)를 삭감하려 하다가 오초칠국(吳楚七國)의 난(亂)이 일어나자 그 희생으로 도리어 참형(斬刑)을 당했다.

오로지 술수만 써서 제후왕들의 권한을 침해하고 군현의 영토를 삭감하여, 상하가 서로 의심하고 두려워하며 저마다 반역의 마음을 품도록 만들었으니, 이는 그들로 하여금 난을 일으키도록 몰아세운 꼴입니다. 만약 경제가 태종(太宗)[148]과 같이 관대하고 어진 태도를 잃지 않았다면 오초의 화란이 그 지경까지 이르지는 않았을 것입니다.

또한 당시에 처음부터 모반의 뜻을 품은 자는 오나라뿐이었습니다. 그가 반역할 생김새를 지녔던 데다[149] 재앙을 일으키려는 마음을 지닌 터라 끝내 은정과 의리를 지킬 수 없어서 어느 날 아침에 자기도 모르게 들고 일어났으나, 그 나머지 여러 나라들은 어찌 좋아라고 함께 반역의 무리가 되었겠으며 헤아릴 수 없는 위험에 빠져들어 무엇을 얻으려 했겠습니까? 그러므로 칠국의 반란은 실로 조조가 충동해서 일어나도록 만든 것이라 할 수 있습니다. 신은 일찍이 논하건대 동시(東市)에서 처단한 일은 지나친 조처라 할 수 없고, 다만 원사(袁絲)의 계책[150]을 따른 것이 옳지 않았다고 봅니다.

지금 폐하는 연세가 젊으신 데다 즉위한 지 얼마 되지 않습니다. 제태(齊泰)와 황자징(黃子澄)이 선제(先帝)의 유교(遺敎)를 받들어 정치를 보좌하고 있거늘, 폐하를 덕의로 권면하며 제후들과의 관계를 친밀하게 하고 불안히 여기는 자들을 편안하게 위무하지 못했습니다. 도리어 좁

---

148 태종(太宗) : 한 문제의 묘호(廟號)이다.
149 그가 …… 지녔던 데다 : 여기서 오왕(吳王)은 한 고조의 조카 '유비(劉濞)'를 가리킨다. 『사기』, 「오왕비열전(吳王濞列傳)」에 따르면 한 고조가 유비를 불러 관상을 보고, "너는 반역할 생김새를 지니고 있구나."라고 말했다고 한다. 반역할 생김새란 여기에 근거한 말이다.
150 동시(東市)에서 …… 계책 : 동시는 한나라 수도였던 장안(長安)에서 사형을 집행하던 곳을 가리킨다. 조조(鼂錯)는 동시에서 사형을 당하였는데, 실상 이는 평소부터 조조를 미워하던 원앙(袁盎, 자는 絲)이 참소해서 만든 일이었다.

은 소견과 성급한 성미로 시기하고 가혹하게 대하여, 성단(城旦)¹⁵¹으로 종사하게 함으로써 몇 달 사이에 오국(五國)의 왕¹⁵²을 주벌하고 그 도읍을 무너뜨리고 그 후손이 끊어지도록 하였습니다. 또 연부(燕府)에 사람을 파견해서 몰래 과실을 탐문하여 번번이 연왕에게 문서를 보내 책망하고 있습니다. 게다가 친동생이 응징을 당하는 화를 입고 의구심이 쌓인 터라 드디어 분노하여 거병한 것입니다. 폐하께서 천하를 맡아 있으면서도 숙부 하나를 용납하지 못해 골육간에 참혹한 화가 일어나도록 한 것은 제태와 황자징입니다. 조조의 죄도 이 정도에 이르지는 않았습니다.

연왕은 선제(先帝, 명 태조)의 사랑하는 아들이요 폐하께는 존속입니다. 평소 거만한 데다 영웅의 기질에 용감하고 사납기까지 하여 선제와 꼭 닮았으니, 자신의 역량을 자부해서 분수에 넘치는 야망을 품은 지 오래되었습니다. 다만 조정에서 틈을 보이지 않은 까닭에 거사하지 못했을 따름입니다. 지금 제태와 황자징이 폐하로 하여금 친왕들에게 잔혹하게 군다는 말을 듣도록 하여 연왕에게 구실을 만들어 주어 자신의 군대를 움직일 수 있도록 한 것입니다.

선제께서 남옥(藍玉)¹⁵³을 처벌해 죽일 적에 그 동조 세력 2만 명을

---

151 성단(城旦) : 형벌의 일종으로, 성을 쌓는 노역에 4년 동안 종사토록 하는 것이다.
152 오국(五國)의 왕 : 명나라가 세워지면서 제후국으로 분봉된 다섯 나라의 왕으로, 대왕(代王) · 상왕(湘王) · 주왕(周王) · 초왕(楚王) · 촉왕(蜀王)을 가리킨다. 모두 명 태조 주원장의 아들들이다.
153 남옥(藍玉) : 명(明)나라 초기의 무장(武將)이다. 군공(軍功)이 높아 홍무(洪武) 12년 (1379)에 영창후(永昌候)에 봉해졌으며, 1387년에는 원나라의 항복한 장수로서 반기를 들었던 나하추(納哈出)를 정벌하고 이듬해에는 원의 황제 탈고첩목아(脫古帖木兒)를 공격하였다. 그러나 자신의 무공을 내세운 거만하고 방자한 행동 때문에 모반죄로 체포되어 처형되었는데, 그에 연좌된 자가 2만 명에 이르렀다. 이를 '남옥의 옥(獄)'이라고 한다.

끝까지 몰아붙여서 하나도 죽음을 면치 못하였습니다. 연의 장수와 병졸들은 모두 이 사실을 보고 들은 터라 필시 죽음을 면할 수 없으리라는 것을 잘 알고 있습니다. 연 땅은 전대 왕조의 수도로서 강력한 병사가 주둔한 곳입니다. 그 백성들도 용맹하고 싸움에 능숙하니, 용감하고 사나운 군주가 필사적인 장수를 임명하고 싸움을 잘하는 병사를 이끌어 악을 제거한다는 명분을 앞세워 성을 내 포효한다면 그 예봉을 당할 수 없을 것입니다.

폐하는 나이가 젊으시고 즉위한 지 얼마 되지 않아 백성들이 아직 따르지 않고 있습니다. 그런데 선조 때의 노련한 신하와 유능한 장수들은 다 세상을 떠났으며, 게다가 믿고 쓰는 자들은 대부분 귀족의 자제들이라 경험이 거의 없으니, 신은 양쪽 군대의 형세가 부딪치고 보면 바위에 계란을 치는 것처럼 위태롭지 않을까 우려됩니다.

돌아보건대 지금 조정은 태평하게 깊이 생각하지 않고 연왕의 작위를 빼앗고 명부(名簿)에서 삭제하여 죄를 성토하려 듭니다. 이는 기름을 부어 불을 끄는 것과 같아 그 기운을 더욱 격렬하게 하고 분노를 더할 것이니, 신은 적이 우려스럽습니다. 지금 천하의 존망은 단 한 번 결행하는 데 달려 있습니다. 오직 제태와 황자징의 머리를 베어 보내 연왕에게 급히 사과하고, 또한 조서를 내려 다음과 같이 용서하는 것이 좋을 듯합니다.

"제가 숙부에게 죄를 얻어 칼날을 서로 겨누는 데까지 이른 것은 모두 숙부와 저 사이에 무슨 까닭이 있어서가 아닙니다. 실로 간신들이 중간에서 교묘하게 일을 꾸며, 점차 꺼리고 미워하는 감정의 틈이 생겼기 때문입니다. 저는 나이가 어려 살피지 못하고 숙부를 병사(兵事)에 관한 일로 수고롭게 했으니, 삼가 제태와 황자징의 머리를 베어 숙부께 사죄하고 죄줄 것을 청합니다. 숙부 또한 장옥(張玉)·주능(朱能)·요광효(姚廣孝)·곽자(郭資)[154]를 죽여 저의 원한을 없애 주소서.

이제 숙부 이하로 군인과 백성들에 이르기까지 모두 지난 일의 앙금을 풀고 함께 새롭게 시작했으면 하니, 감히 용서할 수 없는 자들은 저 네 역적일 따름입니다. 숙부는 선제의 어진 아들이요 저는 선제의 나약한 손자이니, 천하를 숙부께 양보한들 안 될 것이 무엇이겠습니까? 지금 저는 실로 부자간에 나라를 두고 다투었다[155]는 소문을 차마 들을 수 없으니, 숙부께서 만일 하고 싶으시다면 제가 곧 양보하겠습니다. 숙부는 명만 내리옵소서."

이와 같이 한다면 연왕은 그들이 명분으로 삼았던 바를 잃어버려 맹렬한 기세가 이내 사라질 것이요, 그 장수와 병졸들은 죽지 않음을 기뻐할 것입니다. 또한 그들 스스로 이치에 어긋난 줄을 알아서 마음속으로 부끄러워할 것이니, 이것이 이른바 싸우지 않고 적병을 굴복시킨다는 것[156]입니다. 연왕이 만약에 스스로 순리를 거스른 줄을 알고서 즉시 네

---

154 장옥(張玉) …… 곽자(郭資) : 연왕의 심복들이다. 장옥은 연왕의 도지휘첨사(都指揮僉事)로서 군공을 많이 세웠으며, 동창(東昌)의 전투에서 연왕을 구원하다가 전사하였다. 주능은 연왕의 장수들 가운데 나이가 어렸으나, 장옥이 전사한 뒤 연왕 군대를 통솔하였고, 후에 성국공(成國公)에 봉해졌다. 요광효는 음양(陰陽) 술수(術數)에 능했던 승려로 연왕의 책사(策士) 역할을 하였다. 곽자는 건문제에 의해 북평좌포정사(北平左布政使)에 임명되었으나 연왕에게 투항하여 연군의 군량미 보급을 담당하였고, 후에 호부상서(戶部尙書)에 올랐다.

155 부자간에 …… 다투었다 : 이들 사이의 관계는 엄밀히 말하면 숙질간이지만 부자간이라고 표현한 것이다.

156 이것이 …… 굴복시킨다는 것 : 『손자(孫子)』, 「모공(謀攻)」에 "백 번 싸워 백 번 이기는 것이 능사가 아니요, 싸우지 않고 적을 굴복시키는 것이 잘한 일 중에 가장 잘한 것이다〔百戰百勝, 非善之善者也, 不戰而屈人之兵, 善之善者也〕."라고 하였다.

역적의 머리를 베어 바치고 군대를 해산시켜 번국(藩國)으로 돌아간다
면, 폐하는 처음과 같이 대하기만 하면 될 것입니다. 만약 싸움을 그만
두기로 했는데도 네 역적을 옹호하며 즉시 처형하지 않는다면, 폐하께
서는 천천히 대군을 보내 취하십시오. 연왕은 끝내 네 역적 때문에 천자
의 군대에 저항하지 못할 것이며, 비록 저항하고 싶더라도 그 밑의 장수
들이 명령을 따르지 않을 것입니다. 무릇 저 네 역적은 연왕의 날개이
니, 저들을 제거하지 않으면 난은 그치지 않을 것입니다. 저들을 제거하
고 나면 연왕이 누구와 더불어 난을 일으키겠습니까? 폐하는 근심이 없
게 될 것입니다.

　만약 기세등등하고 무도하게도 혼란한 틈을 타 쳐들어오기를 그치지
않는다면, 철현(鐵鉉)과 평안(平安)[157] 등 북방의 여러 장수들에게 조칙
을 내려 각각 병졸들을 위무하고 성곽을 보수하여 성문을 닫고 견고히
지키면서 연왕의 군대가 공격해 올 경우 승기를 타고 추격하더라도 성
밖으로 3백 보를 넘어서지 말게 하십시오. 그리고 천하의 정예병을 남
김없이 선발하고 장수를 파견하여 요충지를 나누어 지키며 형세에 따라
서로 지원해 주면서 승기를 타고 추격을 하더라도 군영 밖으로 9백 보
이상을 넘어서지 말게 하십시오. 이를 어기는 자는 모두 법으로 논해야
할 것입니다.

---

157 철현(鐵鉉)과 평안(平安) : 명나라 건문제 편의 장수들로서 연왕 군대에 대항한 인물들이
　　 다. 철현은 건문제 때 산동포정사 참정(山東布政司參政)을 맡아 이경륭의 군대에 보급을
　　 차질 없이 수행하였는데, 이경륭의 군대가 패하자 군사들을 수습하여 제남(濟南)에서
　　 연왕의 군대에 굴하지 않고 맞섰다. 이 일로 병부상서(兵部尙書)에 제수되었다. 평안은
　　 산동도지휘(山東都指揮)로서 이경륭 군대의 선봉장이 되어 백구하(白溝河)에서 연왕을
　　 거의 사로잡을 뻔하기도 하였으며, 철현의 군사들이 제남에서 포위를 당하였을 때는
　　 철현을 도와 제남을 끝까지 지켜 내었다.

연왕의 병사를 생포하게 되면 모두 상을 후하게 주어 돌려보내고, 다음과 같이 포고해야 할 것입니다. "골육지간에 싸우고 있으니 이기면 이길수록 참혹하기만 하다. 한(漢) 경제(景帝)가 깊숙이 진입하여 많이 죽이도록 하고,[158] 양(梁) 원제(元帝)가 몸소 군대의 위엄을 극진히 했던 일[159]을 짐은 결코 취하지 않을 것이다. 여러 장수들은 성루를 신중하게 잘 지키기만 할 뿐이요, 적의 머리를 베어 오는 공을 세우려 하지 말라. 오직 장옥(張玉) 등 네 역적을 붙잡는 자에게만은 문폐(文幣) 3백 필과 보초(寶鈔) 1만 정(錠)을 상으로 주고 제후로 봉하겠노라. 연왕 이하로 군대에 소속된 관리에 이르기까지는 짐이 전에 이미 사면령을 내린 바 있거니와, 다만 능히 죄를 뉘우치고 스스로 새 사람이 된다면 모두 특별히 대우할 것이다."

또 자주 조서를 내려 연왕을 위로하고 일깨워 줘야 할 것입니다. 이와 같이 한다면 연왕의 병사는 싸우고 싶어도 싸우지 못하고 성을 공격해도 이기지 못해, 오랫동안 힘만 쓰고 공이 없을 것입니다. 반드시 또 원망이 일어나 안으로 혼란에 빠질 것이요 우리 군대는 분노가 쌓이고 날카로운 기세를 축적하여 용기백배하게 될 것입니다. 연왕이 끝내 뉘우치지 않는다면 그때 가서 여러 병사들에게 맹세를 하고 한번 떨쳐 일어난다면

---

158 한(漢) 경제(景帝)가 …… 하고 : 한나라 경제가 오초칠국의 난을 진압할 때 내린 조서에서 "반란군을 치는 자들은 적진으로 깊이 들어가 많이 죽이는 자를 상주겠노라〔擊反虜者, 深入多殺, 爲功〕."라고 하였다.

159 양(梁) 원제(元帝)가 …… 일 : 남조(南朝) 양(梁)의 원제(元帝)는 본래 상동왕(湘東王)이었는데 그의 참군(參軍) 왕승변(王僧辯)이 후경(侯景)의 반란을 진압하는 과정에서 다른 왕자들을 죽이고 황위에 올랐다. 왕승변이 출정하기에 앞서 상동왕에게 "제가 적을 토벌하게 되면 왕께서는 만복을 누리시게 될 터인데, 어떤 예를 베푸시겠습니까〔平賊之後, 嗣君萬福, 未審何以爲禮〕?"라고 묻자, 상동왕은 "여섯 문 안에 스스로 군대의 위엄을 극진히 하겠다〔六門之內, 自極兵威〕."고 말하였다.

연은 칠 것도 없이 절로 무너질 것입니다. 이는 병법에서 '아군은 분노를 일으키게 하고 적병은 태만하게 만든다.'[160]는 전술이요, 『춘추(春秋)』에서 말한 '난을 다스리고 무리를 토벌하는' 법입니다.

하지만 사면하는 조칙이 연왕에게 전해졌는데도 연왕이 믿지 않는다면, 다섯 왕의 원통함을 풀어 주어 살아 있는 자는 나라를 회복시켜 주고, 죽은 자는 후사(後嗣)를 세워 주시길 바랍니다. 아울러 연왕의 문제로 인해 죄를 얻은 자들도 석방하여 그들의 관직을 회복시켜 주되, 연나라의 문무관원 이상에 대해서는 관작 2급을 내려 주며, 그중 중앙에 올라와서 벼슬하고 싶은 자가 있으면 3품직을 제수하고 서울에 살 집도 하사해야 할 것입니다. 그리고 연왕을 올바른 법으로 잘 인도하는 자에 대해서는 작위와 상을 내려서 그 마음을 굳게 해야 행할 수 있을 것입니다. 폐하께서 진실로 신의 제언을 채용하신다면 처음부터 끝까지 두터운 은덕을 잃지 않고 사직도 위태롭지 않을 것입니다. 만약 두 신하의 머리를 아껴 우물쭈물 결단을 내리지 못하신다면 의롭지 않다는 소문을 들을 것이며 화란도 예측할 수 없을 것입니다. 원하옵건대 폐하는 빨리 결단을 내려, 종묘사직을 두 신하보다 가볍게 여기는 일이 없도록 하소서.

건문제는 나약하여 끝내 이 제언을 채용하지 못했다. 그로부터 4년 후에 연왕의 군대가 금천문(金川門)[161]으로 진입하자, 건문제는 스스로

---

160 아군은 …… 만든다 : 『춘추좌씨전』 환공(桓公) 8년에 나오는 말이다. "항복했다가 초나라가 우리나라를 용서하지 않거든, 그때 싸우소서. 그것은 우리 군대를 분노케 하고 적군을 태만하게 하는 것이옵니다[下之弗許而後戰, 所以怒我而怠寇也]."라고 하였다.
161 금천문(金川門) : 당시 명나라의 수도였던 남경(南京)의 북문(北門)이다.

분신하여 자살했으며, 욱질처사는 은거하여 생을 어떻게 마쳤는지 알
수 없었다.

　나는 『명사(明史)』를 읽다가 건문제의 실책에 깊이 개탄하고 분통이
나 이 글을 지었다. 처음에는 '처사(處士)가 연자녕(練子寧)[162]의 집에 머
물러 있으면서'라고 썼는데, 이튿날 또 읽다가 어사(御史) 한욱(韓郁)이
임금께 글을 올려 국사를 논했다는 데 이르자 우연히 내가 가탁한 처사
와 이름이 같았으니, 또한 하나의 기이한 일이었다. 이로 인하여 연자녕
을 한어사(韓御史)로 고쳤다. 한욱의 상소는 다음과 같다.

　"여러 친왕들은 태조(太祖)의 아들이요 강황제(康皇帝)[163]의 형제이
　며 폐하의 숙부입니다. 하늘에 계시는 두 선제의 영령(英靈)이 자기 아
　우와 아들이 살육당하는 것을 보고 마음이 편안하겠습니까? 형편없는
　유자들의 편견과 의심이 너무 지나쳐 주왕(周王)은 폐위되었고, 상왕
　(湘王)은 분신자살하였고, 대왕(代王)은 구금을 당하였으며, 제왕(齊王)
　은 또 고발을 당하였으니, 이것이 크게 자극하여 반란을 일으키도록
　한 것입니다. 혈육간에도 스스로를 지키지 못하는데, 어느 누가 폐하를
　가까이하겠습니까?

---

162 연자녕(練子寧, ?~1402) : 연안(練安)을 말한다. 자녕은 자이다. 이경륭의 군대가 패배하
　　였을 때 어사대부의 신분으로 이경륭을 주벌할 것을 주청하였으나 받아들여지지 않자
　　크게 곡을 하며 차라리 자신을 죽여 달라고 요청하였다. 연왕이 즉위하게 되었을 때
　　연왕에게 굴복하지 않고 죽임을 당하였다.
163 강황제(康皇帝) : 건문제의 부친인 주표(朱標)를 말한다. 주원장의 장자였으나 병으로
　　일찍 죽어 황위에 오르지 못하였다. 건문제 때 효강황제(孝康皇帝)에 추존되었으며 묘호
　　는 흥종(興宗)이다.

이제 연왕이 군대를 일으킨 지도 두 달이 되었습니다. 앞뒤로 동원한 군대가 50여만 명에 이르렀으나 한 사람도 잡아들이지 못하였으니, 이 나라에 지략이 있는 신하가 있다고 말할 수 있겠습니까? 임금계서 우려하심이 바야흐로 깊거늘 집정자들은 으스대며 잘난 척만 하고 있으니, 다가올 화를 예측할 수 없습니다. 지금은 오로지 대왕(代王)의 구금을 풀어 주고, 상왕(湘王)의 묘에 흙을 북돋워 주고, 주왕(周王)에게 왕위를 돌려주고, 초왕(楚王)과 촉왕(蜀王)을 맞아들여 각각 세자에게 명하여 편지를 가지고 가서 연왕에게 전쟁을 멈추고 번방을 지키도록 권하게 해야 합니다."

건문제는 이 건의를 받아들이지 않았고 한욱은 그 뒤로 생을 어떻게 마쳤는지 알 수 없었다. 아! 그 당시 국사를 논한 인물들은 제태·황자징·방효유(方孝孺)[164]·연자녕 등과 같이 옹색하게 한 테두리 안에 갇혀 있는 자들뿐이요, 대체(大體)를 아는 자가 없었다. 유독 한욱만은 특출하게도 견해가 이에 이르렀으니, 분명히 남들보다 크게 뛰어난 점이 있는 자였다. 그러나 한욱의 상소는 제태와 황자징이 의론을 내세우던 초반이 아니라 연왕의 군대가 반란을 일으킨 뒤에야 올려졌으니, 어찌해서 그렇게 늦었단 말인가? 한욱이 시종일관 드러내 말하지 못하여, 비록 은밀한 상소가 있었으나 채택이 되지 못했던 것이 아닐까? 그렇지

---

164 방효유(方孝孺, 1357~1402) : 자는 희직(希直)·희고(希古), 호는 손지(遜志)이다. 학자로서 이름이 높았다. 1402년 연왕이 황위(皇位)를 찬탈한 뒤, 스스로 고대 주나라의 성왕(成王)을 도왔던 주공(周公)을 자처하며 즉위의 조(詔)를 방효유에게 기초하도록 명하였다. 그러자 그는 분노하여 "성왕이 어디에 있는가?" 물으며 붓을 땅에 내던져 끝내 책형(磔刑)을 당하였고, 그에 연좌되어 8백여 명이 또한 죽음을 당하였다. 저술에 『손지재집(遜志齋集)』 24권과, 『방정학문집(方正學文集)』 7권이 전한다.

않다면 한욱이 당시 조정에 있지 않고 낮은 신분이라 논의에 참여하지 못했던 것 같다. 모두 알 수 없지만, 연왕의 군대가 반란을 일으켜 재앙의 위기가 임박하자 한욱은 이에 감히 공개적으로 말하였다. 만약 그때 건문제가 한번 크게 깨달아 그의 말을 들었다면, 한욱은 응당 제태와 황자징을 처단하고 연왕의 죄를 사면하는 것과 같은 기묘한 계책이 있어, 아군은 분노케 하고 적병은 태만하게 만든다는 전술과 반란을 다스리고 무리를 토벌하는 법을 차근차근 진행할 수 있었을 것이다. 한욱의 상소는 단지 조금 제시해 보았을 뿐이다.

애석하도다, 건문제의 어리석음이여! 한욱이 연왕을 돕는다고 의심하여 그 말을 받아들이지 않았으니, 한욱이 자기 몸을 지키기 위해 스스로 숨은 것도 대도(大道)에 합치된다고 하겠다. 그러고 보면 나의 이 글은 한욱이 마음속으로 생각한 일을 말한 데 불과할 뿐이니, 천 년이 지났어도 소견은 대략 같구나. 아, 기이하도다! 한욱과 같은 인물은 옛날의 이른바 명철군자(明哲君子)[165]라 할 것이다.

---

165 명철군자(明哲君子): 난세에 처해서 명철하게 자기 몸을 지킨 사람이라는 뜻이다. 『시경』, 「증민(蒸民)」에 "현명하고 또 밝아서 그 몸을 붙들어, 온종일 쉬지 않고 한 임금만 섬기누나[旣明且哲, 以保其身. 夙夜匪解, 以事一人]."라고 하였다.

18

상앙을 위해 진 혜왕에게 올린 자명서

爲商鞅上秦惠王自明書

『전국책(戰國策)』에 다음과 같은 말이 있다. "혹자가 상군(商君)을 혜왕
(惠王)에게 참소하기를 '대신(大臣)의 권세가 지나치게 무거우면 나라
가 위태롭고, 좌우의 측근이 지나치게 친밀하면 몸이 위태롭다 하는데,
진(秦)나라 사람들은 상군의 법만 있는 줄 알고, 대왕의 법이 있는지
알지 못하고 있습니다. 이는 상군이 도리어 주군이 되고 대왕은 신하
가 된 셈입니다. 실로 대왕의 원수이니 곧 도모하셔야 합니다.'라고 하
여, 혜왕은 상군을 마차에 매달아 사지를 찢어 죽였다. 그래도 진나라
사람들은 그를 동정하지 않았다."[166]

신이 듣자옵건대, 군주는 필부(匹夫)를 원수로 삼지 않으며, 귀하게
여기는 바는 공(功)에 대해서는 기억을 하고 원한에 대해서는 잊는 것이
라 하였습니다.

무릇 만승(萬乘)의 군주로서 아래로 필부를 원수로 삼으면, 수하의 많
은 사람들은 의구심을 가져 보답하려고 하지 않을 것이며, 공은 잊어버
리고 원한을 되새긴다면 능력 있는 신하들이 뿔뿔이 흩어질 것입니다.

---

166 혹자가 …… 않았다 : 상군(商君)은 상앙(商鞅)을 가리킨다. 상앙은 전국 시대 위(衛)나라
의 공자로, 진(秦) 효공(孝公)을 도와서 법령을 제정하였고, 정전(井田)을 폐지하고 부세
(賦稅)체제를 정비하였다. 그러나 법을 너무 가혹하게 하다가 혜왕(惠王)의 미움을 받아
거열형(車裂刑)을 당했다. 문집으로 『상자(商子)』 5권이 있다. 이 이야기는 『전국책(戰
國策)』, 「진책(秦策)」에 나온다. 관련 원문은 다음과 같다. "人說惠王曰, '大臣太重者國
危, 左右太親者身危. 今秦婦人嬰兒, 皆言商君之法, 莫言大王之法. 是商君反爲主, 太王
更爲臣也. 且夫商君固大王仇讎也, 願大王圖之.' 商君歸還, 惠王車裂之, 而秦人不憐."

그런 까닭에 제(齊)나라 환공(桓公)은 관중(管仲)이 자신의 대구(帶鉤)
를 활로 쏘아 맞춘 원수를 갚으려 하지 않고 등용하여 마침내 오패(五
覇)의 으뜸이 되었으며,[167] 진(晉)나라 문공(文公)은 발제(勃鞮)가 자신의
옷소매를 벤 원한을 생각하지 않고 만나 보았기 때문에 궁궐이 불타 죽
을 뻔한 위기를 넘기게 되었습니다.[168] 이 두 군주는 지극히 공명하고
포용력을 가져 굽힌 바는 얼마 안 되지만 펼친 바는 매우 컸습니다. 신
하는 한결같이 법을 받들어 원한은 자기 몸에 그치도록 하고 이로움은
나라에 돌리도록 하는 것이 충절(忠節)이라 한 이 말을 신은 항시 명심
하였습니다. 적이 죄가 없기만을 바랐는데, 지금 뜻하지 않게 크게 어긋
나게 되었습니다.

　　지난날 진(秦)나라는 서융(西戎) 지역에 치우쳐 있어 중국(中國)으로
부터 배척을 받아 업신여김을 자주 당했습니다. 선왕께서는 분통한 마
음을 참지 못하시고, 신이 더불어 공을 이룰 만하다 하여 미천한 사람
[簦屩][169] 가운데서 뽑아 나라를 맡기시되 의심하지 않았습니다.[170] 무

---

167 제(齊)나라 …… 되었으며 : 관중(管仲)이 제나라 환공(桓公)에게 화살을 쏘았으나 환공이
　　원한을 기억하지 않고 그를 등용한 일을 가리킨다. 제나라의 두 왕자인 규(糾)와 소백(小
　　白)이 왕위 계승권을 놓고 다투게 되자, 관중은 규를 지지하여 소백에게 활을 쏘았는데,
　　소백은 대구(帶鉤)에 화살을 맞아 죽음을 면하고 후일 환공이 되었다. 소백은 관중을
　　잡아 죽이려고 하였으나, 포숙(鮑叔)의 건의를 받아들여 관중을 중용함으로써 제나라가
　　패국이 되는 기틀을 이루었다.
168 진(晉)나라 …… 되었습니다 : 진나라 문공(文公)은 이름이 중이(重耳)로, 나라가 어지러
　　워 오랫동안 망명생활을 하였다. 발제(勃鞮)는 중이를 제거할 목적으로 밀파된 자객이었
　　는데, 칼로 중이를 찌르려 하다가 실패하고 옷소매만 잘랐다. 이에 중이는 잘려진 옷소매
　　를 보관한 채 발제에 대한 원한을 잊지 않다가, 후일 19년의 망명 끝에 귀국하여 문공이
　　되었다. 중이를 죽이기 위한 음모로 궁중에 불이 일어났는데, 이때 발제가 미리 이 음모를
　　귀띔해 주어 중이는 죽음을 면할 수 있게 되었다.
169 미천한 사람 : 등(簦)은 지금의 우산과 같은 삿갓의 일종이고 갹(屩)은 짚신이다. 미천한
　　사람을 의미한다. 『사기』, 「범저채택열전(范雎蔡澤列傳)」에 "우경은 짚신을 신고 우산을

릇 일을 전적으로 맡기고 성과에 대한 책임을 지우는 것은 밝은 결단이
요, 법을 개혁하여 치세를 도모하는 것은 지혜의 징표입니다. 그런 까닭
으로 수십 년 사이에 부국강병(富國强兵)을 이루어 안으로는 도적이 없
고 밖으로는 외적의 침입이 없었습니다.[171] 드디어 천하를 웅시(雄視)하
고 제후들을 굴복하도록 하였으니, 탕(湯)·무(武) 이래로 선왕(先王)과
같은 공적을 이룬 이는 없었습니다.

 신으로 말하면 인심의 변화를 잘 따라 나라 사람들의 칭찬을 사들여
서 일신을 편하게 하지 못했습니다. 그리고 오직 선왕의 지우(知遇)를
받은 은혜에 감격하고 부탁하신 뜻을 받들어, 법을 지킴에 흔들리지 않
고 신상필벌(信賞必罰)의 자세로 나갔던 것입니다. 요컨대 국가에 이롭
고 백성들에게 편하게 하고자 함이었으니, 뭇사람들의 원한이 저 한 몸
에 모이고 비방이 쌓여 뼈를 녹일 지경이 되어도 돌보지 않았습니다.

   짊어진 채 조나라 왕을 한번 만났는데 백벽(白璧) 한 쌍과 황금 백 일(鎰)을 하사받았습니
   다〔夫虞卿躡屩檐簦, 一見趙王, 賜白璧一雙, 黃金百鎰〕.” 하였다.
170 나라를 …… 않았습니다 : 위(衛)나라의 공자 공손앙(公孫鞅, 商鞅)은 위(魏)나라의 공숙
   좌(公淑座)를 섬기다가 진(秦) 효공(孝公)이 현자(賢者)를 구함에 효공의 근시(近侍) 경
   감(景監)을 통해 여러 차례 알현하였다. 처음에는 효공의 신임을 얻지 못하였으나 패도
   (覇道)와 강국책(强國策)을 제시하고 신임을 얻은 뒤 효공을 설득하여 법령을 고치게
   하고, 이에 반대하는 감룡(甘龍)과 두지(杜摯) 등 신하들과 논쟁을 벌여 설복시킨 뒤
   좌서장(左庶長)이 되어 법을 개정하였다. 개정 법률을 공포할 때의 이야기가 유명한
   '사목지신(徙木之信)'이다(『사기』, 「상군열전(商君列傳)」).
171 그런 …… 없었습니다 : 처음 진(秦)나라의 백성들은 상앙이 제정한 새로운 법에 불만이
   많았다. 마침 태자가 법을 어겼는데, 상앙은 '법이 통행되지 못함은 위에서부터 어기기
   때문이다.'라고 한 뒤 태자부(太子傅) 공자 건(虔)을 처형하고 태사(太師) 공손고(公孫賈)
   를 경형(黥刑)에 처하니, 다음날부터 백성들은 법을 잘 지키게 되었다. 10년 뒤에는 백성
   들도 만족하여 떨어진 물건을 줍지 않고 도적은 사라졌으며 생활이 넉넉해지고 전쟁엔
   용감하게 나서게 되었다. 이에 과거 불만을 표하던 이들이 새 법을 칭송하게 되니, 상앙은
   이러한 사람들을 '교화를 어지럽히는 무리'라 하여 변방으로 옮겨 버렸고, 이후 백성들은
   법에 대해 논하지 않게 되었다(『사기』, 「상군열전」).

때문에 형벌을 씀에 저군(儲君)[172]의 사부(師傅)에게까지 피하지 않았으니, 실로 법을 확실히 세워 선왕의 사심이 없는 실태를 드러내어 저군의 만세(萬歲)의 기틀을 열고자 함이었습니다. 어찌 후일에 자신에게 화가 돌아올 줄을 알았겠습니까?[173] 참으로 만 번 죽음으로 선왕의 은택을 갚겠다는 뜻이요, 적이 대왕의 밝으심이 필시 원한을 잊고 공을 기억하사 제 환공·진 문공의 행적을 좇을 것으로 기대하였던 것입니다.

옛날 오자서(伍子胥)[174]는 합려(闔閭)에게 기용되어 다섯 번 싸워 초나라의 수도인 영(郢)에 들어갔고, 오(吳)가 비로소 강대국이 되어 상국(上國)[175]에 과시할 수 있었습니다. 그런데 부차(夫差)는 참소하는 말을 믿어 오자서의 시체를 강에 던져 용동(甬東)의 액운을 만나게 하였습니다.[176] 악의(樂毅)는 연(燕) 소왕(昭王)에게 지우(知遇)를 받아 제(齊)나

---

172 저군(儲君) : 왕세자를 가리키는 말이다.
173 어찌 …… 알았겠습니까 : 효공(孝公)이 죽고 태자(惠王)가 즉위하자 공자 건(虔)의 무리가 상앙의 모반을 밀고하였다. 이에 상앙이 도망쳤으나 함곡관(函谷關)의 여관에서 숙박을 거부당하였고, 위(魏)로 갔지만 진(秦)으로 돌려보내졌다. 이에 다시 상읍(商邑)으로 도망쳐 군사를 이끌고 정(鄭)으로 갔는데 추격해 온 진나라 군대에게 죽임을 당하였다. 혜왕은 상앙의 시체를 거열형(車裂刑)에 처한 뒤 '상앙과 같은 모반자가 되지 말라'고 경고하고 일족을 멸하였다(『사기』, 「상군열전」).
174 오자서(伍子胥) : 합려(闔閭)를 도와 패업을 이루게 한 인물이다. 그는 원래 초나라 출신으로 자기 아버지가 억울하게 죽임을 당하자 오나라로 망명하여 오나라의 군대를 거느리고 초나라의 수도인 영을 함락하여 원수를 갚았다. 그런데 합려의 아들인 부차가 왕위에 오르자 참소하는 말을 듣고 오자서를 자살해 죽도록 하였다.
175 상국(上國) : 춘추 시대에 오(吳)나 월(越)이 변방지역인 데 대해서 중원의 국가를 지칭하는 말이다.
176 그런데 …… 하였습니다 : 용(甬)은 지금 절강성(浙江省) 영파(寧波) 지역이다. 월(越) 구천(句踐)의 공격으로 부차가 포로가 되었는데, 구천이 불쌍히 여겨 '용동(甬東)에 둘 테니 백여 집의 왕 노릇을 하며 살라.'고 하였다. 이에 부차는 '늙어서 왕을 섬길 수 없다.'고 말한 뒤, 얼굴을 가리고 오자서를 볼 낯이 없다며 자살하였다. 두예는 용동(甬東)이 회계(會稽) 구장현(勾章縣) 동쪽 바다의 섬이라 하였는데, 절강성(浙江省) 정해현(定海縣)

라 70여 성을 격파하고 보기(寶器)들을 빼앗아 와서 자기 나라의 수치를 씻었습니다. 그런데 연나라 혜왕(惠王)은 사적인 혐의로 악의를 추방하여 마침내 기겁(騎劫)의 패배를 당하게 되었습니다.[177] 이는 무엇 때문입니까? 선군이 키우던 개나 말, 의복이나 기물까지도 효자로서는 의당 받들어 애중하여야 할 것이어늘, 하물며 신임하던 신하에게 형벌을 내리고 치욕을 가하여 하늘에 계신 선군의 영령을 마음 아프게 한단 말입니까? 상서롭지 못함이 이보다 더할 수 있겠습니까? 이런 까닭에 크게는 나라를 망하게 하고 작게는 실패를 보는 일이 며칠 기다릴 것도 없을 것입니다.

지금 신이 대왕을 섬기는 데 있어서는 뜻이 선왕 때와 변함이 없고, 행동은 지난 시절부터 결점이 없었습니다. 그럼에도 법을 어지럽게 하고 죄를 범하는 무리들이 신을 뼈에 사무치도록 원망하여 죄로 얽고 틈을 만들어 마침내 벗어날 수 없도록 하여 법관의 심의를 받게 되었습니다. 신은 대왕께서 선왕께서 신을 거두어 주었던 뜻을 헤아려 주지 못한 나머지 드디어 끝내 효의 도리를 해치게 될까 두렵습니다. 무릇 '대신(大臣)의 권세가 지나치게 무거우면 나라가 위태롭다.'고 말하는 까닭은 백성들의 호감을 사서 사당(私黨)을 심어 놓기 때문입니다. 때문에 『춘추』에 임금을 시해한 자를 백으로 헤아리는데, 모두 대신으로서 민심을

동북쪽 주산도(舟山島)라고도 한다.

177 악의(樂毅)는 …… 되었습니다 : 악의는 전국 시대 인물로 연나라 소왕에게 중용되었다. 연나라는 제나라와 인접해 있었는데, 항상 제의 위세에 눌린 상태였다. 악의는 집정하자 제나라를 공격하여 수도 임치(臨菑)까지 함락시키고, 5년 동안 공략해서 70여 성을 함락시켰다. 그런데 연나라에서 소왕이 죽고 그 아들 혜왕이 즉위하자 악의를 소환하고 기겁(騎劫)을 다시 장군으로 파견하였다. 기겁은 제나라 군대에 대패하여 점령한 70여 성을 전부 다시 빼앗겼다.

얻은 자들입니다. 지금 신은 단지 법 때문에 무거운 존재가 되었으니, 실은 원한이 집중되는 곳이라 설령 신이 반란을 도모하려 한들 누가 편을 들겠습니까?

무릇 나라에 법 때문에 무거운 존재가 된 신하가 있으면 사직(社稷)에 이로움이 될 것입니다. 신은 이런 죄목을 얻어 죽는다 하더라도 오히려 영광일 것입니다.

그렇지만 진(秦)나라의 여러 신하들이 신의 일로 경계를 삼아 장차 모두들 굽실거리고 잘 보이려고만 들며, 대왕의 나랏일을 돌보지 않을까 걱정이 됩니다.

신은 본디 멀리 떨어진 미천한 무리인데, 선왕께서 다행히도 신의 계책을 쓰시어 끝내 진나라에 약간의 도움을 주게 되었습니다. 지금 신은 죽더라도 애석해할 것이 없습니다.

그러나 대왕께서 공(功)을 무시하고 원한을 기억한다는 말을 듣고, 선왕의 유신(遺臣)을 젓 담아[菹醢]¹⁷⁸ 천하에 나쁜 이름을 듣고, 선왕의 훌륭한 업적을 추락시켰다는 말을 듣도록 할 수 없어, 입을 다물고 죽음으로 나아가지 못합니다. 이에 감히 죽음을 무릅쓰고 아뢰오니, 오직 대왕께서는 유의하사 살펴주옵소서.

---

178 젓 담아[菹醢] : 저온은 사람을 죽여 젓을 담는 벌로 사형에 처하는 것을 말한다. 『초사(楚辭)』, 「이소(離騷)」에 "后辛之菹醢兮, 殷宗用而不長."이란 구절이 있다.

19

한천자를 위해서 조나라를 회유하여 합종을 깨는 데는
무안군이 장의만 못하다는 점을 논함[179]

為寒泉子論說趙破從武安君不如張儀

『전국책(戰國策)』에 다음과 같은 말이 있다. "진왕(秦王)이 백기(白起)[180]
를 보내어 조나라를 회유하고자 하면서 한천자(寒泉子)에게 물었다. 한
천자는 진(秦)나라의 처사이다. 한천자가 '성을 공략하고 읍을 함락하기
위해서는 무안자(武安子)를 보내야 할 터이지만, 우리나라와 우호관계를
맺기 위해 제후에게 사신으로 보낼 경우에는 객경(客卿)[181] 장의(張儀)[182]
를 보내야 할 것입니다.'라고 말했다."

한천자는 이렇게 아뢰었다.

---

179 한천자를 …… 논함 : 『전국책』, 「진책(秦策)」에 나오는 내용을 기초로 삼아 한 편의 글
을 만든 것이다. 한천자(寒泉子)라는 인물은 『전국책』에서 진나라 처사라고만 나와 있
고 다른 인적사항은 미상이다. 『전국책』의 원문은 이러하다. "秦惠王謂寒泉子曰 : '蘇秦
欺寡人, 欲以一人之智反覆東山之君, 從以欺秦. 趙固負其衆, 故先使蘇秦以幣帛約乎諸
侯, 諸侯不可一, 猶連雞之不能俱止於棲之明矣. 寡人忿然含怒日久, 吾欲使武安子起往
喩意焉.' 寒泉子曰 : '不可. 夫攻城墮邑, 請使武安子; 善我國家, 使諸侯, 請使客卿張儀.'
秦惠王曰 : '敬受命.'"
180 백기(白起 ?~기원전 257) : 진(秦)나라의 명장이다. 조(趙)나라와 싸움에 대승하고 조나
라 군사 40만을 생매장한 것으로 유명하다. 후에 참소를 받아 자결해 죽었다. 무안군(武
安君)에 봉해져서 여기서 무안자(武安子)로 일컫게 된 것이다.
181 객경(客卿) : 경은 장관급에 해당하는 벼슬아치의 호칭이다. 객경은 외국에서 초빙해
온 인물을 경으로 대우한다는 뜻에서 붙여진 명칭이다. 특히 진나라에서 이 제도를 활용
하여 다른 나라의 훌륭한 인재들을 불러들여 기용하였다.
182 장의(張儀) : 전국 시대 인물이다. 원래 위(魏)나라 출신으로 소진(蘇秦)과 함께 귀곡(鬼
谷)선생 문하에서 수학하였으며, 소진이 진나라에 6국이 공동 대응하는 합종책을 주장한
데 대해서 장의는 진나라를 중심으로 하는 연횡책(連橫策)을 제출한 것으로 유명하다.

"옛날 초(楚)나라 문왕(文王)이 장차 수(隨)를 치려고 하는데, 수인(隨人)들은 환원(轘轅)[183]의 요새를 막으려고 생각하고 있었습니다. 초나라 왕은 수인들이 먼저 환원의 요새를 막을까 염려하여 웅률저비(熊率且比)를 수에 사신으로 보냈습니다. 웅률저비는 소사(少師)[184]에게 은밀히 말하였습니다. '신은 초나라를 좋아하지 않으니, 이번 초나라 군대가 공을 이루지 못하는 것을 다행으로 여깁니다. 그대는 먼저 환원의 요새를 꼭 차단하도록 하시오.' 하고, 좋은 말이 끄는 마차와 한 쌍의 백벽(白璧)을 뇌물로 바쳤습니다. 이에 수나라의 임금과 신하들이 서로 논의하되, '웅률저비는 초나라의 모주(謀主)요, 임금의 총애하는 신하이다. 지금 까닭 없이 우리에게 계책을 가르쳐 준단 말인가? 더구나 백벽과 좋은 말을 뇌물로 쓰면서 말이다. 이는 틀림없이 속임수로 우리를 유인하는 것이다.' 하고 의심하며 결정을 내리지 못했습니다. 초나라 왕이 경기병으로 질주하여 환원의 요새를 통과한 뒤에야 수나라 군대가 당도해서, 마침내 초에게 패하고 말았습니다. 그러므로 장가들려고 하는 자는 여자 쪽에서 중매자를 구할 것이요, 기술을 파는 자는 소원한 쪽에서 명성을 빌려야 할 것입니다. 왜냐하면 나와 가깝다는 혐의가 없어 쉽사리 남에게 믿음을 얻을 수 있기 때문입니다.

무릇 무안자는 진나라의 명신이요, 임금의 신임을 받는다고 제후들에게 알려져 있습니다. 지금 그를 조나라에 보내 설득하려 한다면 필시 의심하여 따르려 하지 않을 것입니다. 무안자는 사람됨이 강하고 남에게 지기를 싫어하며 뜻을 지킴이 굳세고도 날카롭습니다. 지금 사신으로

---

183 환원(轘轅) : 지금 중국 하남성(河南省)의 동남쪽에 있는 지명이다.
184 소사(少師) : 중국 고대의 관직명이다. 주나라 때 설치하였으며, 태사(太師) 다음가는 관직이다.

갔다가 공을 세우지 못하고 빈손으로 돌아오게 되면 복명(復命)하기 부
끄럽고 분노를 터트릴 곳이 없을 터이라, 장차 기세를 올릴 것인즉 조나
라는 필시 두려워하여 방비를 할 것이니, 합종이 더욱더 공고하게 됩니
다. 아무래도 무안자는 군사를 거느리고 적을 제압하는 데 빼어나지만
조나라에 사신으로 보내는 것은 적당하지 않으며, 그만두지 않는다면
장의가 있습니다.

장의는 진나라에 있어서는 손님으로 새로 들어와서 일을 맡은 적이
없기 때문에 제후들의 염두에 들어 있지 않습니다. 그는 변설에 특장이
있으며 진나라에서 자신을 인정받고 싶어하니, 필시 대왕을 위해 자기
능력을 다 바칠 것입니다. 그만두지 않는다면 장의를 써야 할 것입니다.
무안자가 사신으로 갔다가 이루지 못하면, 천하에 진나라의 속셈만 드
러낼 것입니다. 천하로 하여금 진나라가 합종을 두려워하여 감히 진출
하지 못하는 것을 알리는 것이니, 더욱더 제후들에게 유리한 계책을 얻
게 되는 것입니다. 장의를 사신으로 보내는 것만 못합니다. 설령 그가
공을 세우지 못한다 하더라도 진나라에 해가 되지 않을 것입니다. 이는
용인술(用人術)로 헤아리지 않을 수 없는 것이니, 대왕께서는 깊이 헤아
려 주옵소서."

이에 장의를 파견하였는데, 장의는 과연 다섯 나라를 끌고 돌아왔다.

진진¹⁸⁵을 위하여 초왕에게 장의의 말을 믿지 말도록
회유함

爲陳軫說楚王勿信張儀之言

『전국책(戰國策)』의 본문은 이러하다.

제나라는 초나라를 위해 진나라를 치고 곡옥(曲沃)¹⁸⁶을 취하였다.
진나라는 제나라를 치려고 하면서 초나라가 구원할 것을 두려워하여
장의를 보내 초왕이 제왕과 국교를 단절하면 응당 상오(商於)¹⁸⁷의 땅
을 바치겠다고 말하니, 초왕은 그 말을 따르기로 하였다. 이에 진진은
장의의 말을 듣지 말라고 초왕에게 간하였다. 진나라는 몰래 사신을 제
나라에 보내 타협이 이루어졌다. 초나라는 진나라에 받기로 한 땅을 요
청하였으나 거절당하고 말았다. 초나라는 노하여 진나라를 공격하였으
나 남전(藍田)¹⁸⁸에서 패하였다. 제나라도 초나라를 쳤다.¹⁸⁹

진나라는 제나라를 치려고 하였다. 제나라와 초나라가 우호관계에
있어 진 혜왕은 우려하였다. 이에 장의가 초왕을 만나 보고 상오의 땅
6백 리를 바치겠다고 하면서 제와 단교를 요청하니, 초왕은 응낙하였

---

185 진진(陳軫) : 전국 시대 진(秦)나라 사람으로 장의(張儀)와 함께 진(秦) 혜왕(惠王)을
섬겨 많은 공을 세웠으나 장의에 밀려 초나라로 망명하였다.
186 곡옥(曲沃) : 현재 산서성(山西省) 문희현(聞喜縣) 동쪽에 있는 지명이다. 본래 진(晉)에
속해 있었던 땅인데 제(齊)와 진(秦) 사이에서 소속이 바뀌었다.
187 상오(商於) : 현재 하남성(河南省) 석천현(淅川縣) 서쪽에 있는 지명으로 진(秦)나라 땅
이었다.
188 남전(藍田) : 현재 섬서성(陝西省) 서안현(西安縣) 동남쪽에 있던 지명으로, 진(秦)나라
땅이었다.
189 이상의 내용은 『전국책』, 「진책(秦策)」에 보인다. 원문은 더 긴데 축약한 것이다.

다. 그리고 신하들에게 땅을 얻을 것이라고 자랑하자 모두들 경하하였다. 진진은 뒤에 초왕을 보고 홀로 경하하지 않으면서 말했다. "진나라가 대왕을 중시하는 까닭은 제나라가 있기 때문입니다. 지금 땅을 얻지 못한 상태에서 먼저 제나라와 절교를 하면 이는 초나라를 고립시키는 것입니다. 진나라가 어찌 고립된 나라를 중시할 것입니까? 북쪽으로 제나라와 단교하면 서쪽으로 진나라와의 관계에서 우환이 생길 것입니다. 신은 땅을 얻지도 못하면서 두 나라 군대의 침략을 받을까 두렵습니다." 원주 이상은 『전국책』 본문의 대략이다.

초왕은 "장의는 필시 과인을 속이지 않을 것이오. 과인은 이미 응낙을 하였소. 족하는 지나치게 근심하지 마오."라고 말하였다. 이에 진진은 초왕을 다음과 같이 회유하였다.

"무릇 변화가 많은 것은 일의 기미(機微)이고 헤아리기 어려운 것은 사람의 꾀입니다. 그러므로 일을 잘 도모하는 자는 항상 여지를 남겨 두며, 어찌할 도리가 없는 길로 나가지 않습니다. 이 때문에 변화에 대응하여 막히지 않는 것입니다. 나무를 깎아 인형을 만드는 자는 처음에 귀와 코는 크게 잡아 놓고 입과 눈은 작게 잡아둡니다. 이는 비록 조그만 일이지만 큰 일을 비유할 수 있습니다. 지금 대왕께서는 일의 기미를 살피지 않으시고 사람의 꾀를 헤아리지도 않고 여지를 남기지 않으면서 어찌할 도리가 없는 길로 나가려고 하시니, 신은 적이 근심이 됩니다.

설령 참으로 장의란 사람이 신의는 미생(尾生)과 같고 자신이 승낙한 말에 책임을 지는 것은 계로(季路)[190]와 같다 하더라도 2천 리의 제나라를 6백 리 땅과 바꾸려는 것은 확실히 이익을 가져올 수 없는 것입니다.

---

190 계로(季路) : 공자의 제자 자로(子路)를 말한다. 『논어』, 「안연(顏淵)」에 "자로는 승낙을 묵힌 적이 없었다〔子路無宿諾〕."라고 하였다.

만일에 변고가 생기는 경우 어떻게 대응할지 알 수 없습니다. 북쪽으로 제나라 사신과 단절하면 서쪽으로 진나라 쪽에서 우환이 발생할 것입니다. 신은 대왕의 계책이 막다른 경우에 도달할 때에 가서는 서제불급(噬臍不及)[191]이 될까 걱정됩니다. 지금 전국(戰國)의 시대에 처해서 원수들 사이에서 일을 도모하자면 내가 남을 저버릴지언정 남이 나를 저버리게 하지 말 것이라, 실로 사술(邪術)이라도 꺼려서는 안 됩니다. 지금 대왕을 위한 계책은 겉으로는 제나라와의 국교를 단절하는 척하고 속으로는 친하게 지내면서 진나라의 마음을 사는 것만 같지 못합니다.

신은 청하옵건대 제나라와 국교를 단절한다고 하면서 한편으로 제나라에 사신을 파견하되 장의가 와서 말한 내용을 알려 줍니다. 그래서 제나라 왕과 은밀히 약속을 하되 초나라와 안으로는 친밀한 관계를 갖고 밖으로 거짓 단절한 척하여, 진나라에 순응하면서 안으로는 도모해야 할 것입니다. 진나라가 만약 초나라와 연대해서 제나라를 치게 되면, 제나라는 자기 병력을 동원하여 막을 것이니 초나라는 진나라의 허점을 노려 공격합니다. 만약 제나라를 끌어들여 초나라를 공격해 오는 경우, 초나라는 그 목을 누르고 제나라는 그 배를 때립니다. 이와 같이 하면 진나라가 망할 것은 필연적입니다.

무릇 진은 호랑이 같은 나라로 전부터 천하의 원수입니다. 대왕께서 참으로 막강한 구적(寇賊)을 제거하여 천하를 위해 복수하신다면 제후들이 서로 이끌고 와서 초나라에 조회할 것입니다. 제나라와 국교를 단

---

191 서제불급(噬臍不及) : 배꼽을 물어뜯어도 어쩔 수 없다는 말이다. 사향노루는 사람에게 잡히게 되면 배꼽에 사향(麝香)이 들어 있기 때문에 잡히는 것이라고 후회하면서 자신의 배꼽을 물어뜯는다고 한다. 일이 잘못된 뒤에는 후회해도 소용없다는 의미로 『춘추좌씨전』 장공(莊公) 6년에 나온다.

절하지 않으면서 진나라 땅을 얻을 수 있으며, 비록 땅을 얻지 못한다 할지라도 진나라에 대해서 뜻을 펼 수 있을 터이니 또한 걱정될 것이 없습니다. 이야말로 대왕의 계책은 막힘이 없으면서 만전의 길로 나가는 것입니다.

무릇 여우와 토끼도 굴을 팔 적이면 필시 두 구멍을 만들어 불의의 사태에 대비합니다. 지금 대왕께서 다른 계책이 없이 오로지 적국 쪽 사람의 말을 믿는다면 하루아침에 속임을 당하여 천하에 웃음거리가 되지 않겠습니까?"

진왕에게 진진의 두 마리 호랑이가 싸우는 비유를 들어
말한 것을 들어주지 말라고 청한 글[192]

請秦王勿聽陳軫兩虎之說

『전국책(戰國策)』의 본문은 아래와 같다.

초나라가 제나라와 국교를 단절하자 제나라는 군대를 동원하여 초나
라를 쳤다. 진진은 초(楚) 회왕(懷王)에게 "땅을 떼어 동쪽으로 제나라
와 화해하고 서쪽으로 진나라와 우호를 맺는 것만 못하다."라고 아뢰었
다. 진진이 사신으로 진나라에 가자 진(秦) 혜왕(惠王)이 말하였다. "그
대는 진나라 사람인데다 과인과도 교분이 있다. 지금 제나라와 초나라
가 서로 싸우는 중인데, 혹자는 구원하라 원주 제나라를 도와주라는 말이
다. 하고 혹자는 구원하지 말라고 한다. 그대는 그대의 주군에게 충성을
다하면서 또 과인을 위해서도 조언을 해달라."

이에 진진은 장석(莊舃)이 월(越)나라 소리를 한 일[193]을 이야기하고
이어서 변장자(卞莊子)가 호랑이를 잡은 술책[194]을 아뢴 뒤, "제나라는
반드시 패할 것이요 초나라는 필시 지칠 터이니 대왕께서는 이때 군대

---

192 진왕에게 …… 글 : 이 내용은 『전국책』, 「진책(秦策)」에 나오며 『사기』, 「장의열전(張儀列
傳)」에도 보인다. 진진은 전국 시대 연횡책을 주장했던 책사의 한 사람이다. 원래 진(秦)나
라 혜왕(惠王)을 섬겼으나 모함을 받아 초나라로 망명했다. 『전국책』의 내용을 거의
그대로 정리한 것인데 부분적으로 표현이 다른 곳이 있다.
193 장석(莊舃)이 …… 일 : 장석은 춘추전국 시대 월나라 사람인데 초나라로 가서 벼슬을
하여 집규(執珪)가 되었다. 그가 병이 들었을 때 초나라 임금이 고향을 생각하는가 알아보기
위해 살펴보도록 했더니 장석은 월나라 소리를 하더라는 이야기가 전한다.
194 변장자(卞莊子)가 …… 술책 : 춘추 시대 노나라 사람이다. 호랑이 두 마리가 소를 잡아먹
으려고 다투는데 그대로 두고 보다가 한 놈은 싸움에 져서 죽고 한 놈은 상처를 입은
것을 칼로 찔러 죽였다. 이에 변장자는 호랑이 두 마리를 잡았다는 명성을 얻었다. 『사기』,
「장의열전」에 나온다.

를 동원하여 구원하는 척하십시오. 그러면 제나라를 구했다는 명분을 얻으면서 초나라를 쳤다는 비난도 면할 것입니다."라고 하였다.

공손연(公孫衍)[195]은 말했다.

"대왕께서는 초나라에서 온 사신이 옛날 인연이 있다 하여 그의 계책을 듣고자 하시지만 이는 잘못이라 생각합니다. 진진은 이미 진나라에서 기용되지 못하자 달아나 초나라로 갔으며, 초나라에서 기용되자 초나라를 위해서 사신으로 온 사람입니다. 결코 지우(知遇)를 받은 군주를 잊어버리고 아무런 은택을 받지 못한 임금에게 충성을 바치지는 않을 것입니다.

당인(棠釰)을 이웃 나라에서 가져다 사용하면 한(韓)나라 사람을 죽이는 데에 이용될 것이며, 자기 집에서 기르던 개도 다른 집에서 길러지면 옛 주인을 향해 짖는 법입니다. 인연이 있다는 것은 믿을 만한 것이 못된다는 점을 알 수 있습니다. 만약 인연이 있어서 믿을 수 있었다면, 오자서(伍子胥)는 초나라 평왕(平王)의 시체에 채찍질을 하지 않았을 것이요, 상군(商君)은 위앙(魏卬)[196]의 머리를 베지 않았을 것입니다.

밖에서 온 사신(使臣)의 제언을 그대로 따르는 것은 실로 진나라에 계책이 없음을 드러내면서 적국의 계교에 팔리는 것일 뿐이니, 도적을

---

195 공손연(公孫衍) : 전국 시대 종횡가의 한 사람이다. 원래 위나라 사람으로 제(齊)·연(燕)·조(趙) 세 나라의 재상을 겸하였고 장의가 사망한 뒤에 진나라의 재상이 되었다. 여기에 공손연의 말로 나오는 대목은 전국책이나 사기에 보이지 않는데 심대윤이 공손연에 가탁하여 쓴 것으로 추정된다.
196 위앙(魏卬) : 전국 시대 위나라 사람이다. 진나라와 화친을 하고자 진나라 장군 상군과 조약을 맺기로 했는데, 그 자리에서 상군이 위앙(魏卬)을 사로잡고 위나라 군대를 대패시켰다. 이 일이 있기 전 위앙의 부하가 위앙에게 상군과 만나는 것은 위험하다고 경고를 하였으나, 위앙은 과거에 자신이 상군에게 은혜를 베푼 일이 있으니 자신을 헤치지 않을 것이라고 말한 바 있다.

불러와 집을 지키라 하고 이리를 풀어 주어 양을 돌보게 하는 것과 무엇이 다르겠습니까? 그러한즉 그의 말을 뒤집어 보아 속셈을 알아내고 그의 계책을 이용해서 우리의 계책을 이루어야 할 것입니다.

지금 초나라가 동쪽의 제나라에게 공격을 당하는데 진나라가 협공할 것을 두려워하는 까닭에 일부러 대왕께 정성을 바치는 척하여 진나라 군대에 대한 근심을 덜고 오직 제나라에만 전력을 기울이고자 하는 것입니다.

저 제나라가 초나라를 공격하는 것은 진나라의 도움을 믿기 때문입니다. 이번 싸움에서 초나라가 진다면 영토를 떼어 주며 제나라에 화친을 구하겠지만, 제나라가 패한다면 초나라에 굴복할 것입니다. 제나라가 진나라를 믿을 수 없다고 생각하면 필시 초나라와 가까워지고 진나라를 원망할 것이니, 이렇게 되면 대왕께서는 가만 앉아서 동맹국을 잃고 초나라와 연대를 맺게 해 주는 셈입니다. 두 나라가 연합한다면 초나라는 더욱 강성해질 텐데 어떻게 진나라가 공격할 수 있겠습니까? 또 제나라는 망하지 않고 초나라도 피폐해지지 않을 것이니, 어찌 두 마리 호랑이가 싸우는 것에 비유할 수 있겠습니까? 이로써 본다면 객의 말이 거짓임을 알 수 있습니다.

이제 청하옵건대 객의 제언을 들어주는 척하고 후하게 대접하소서. 초나라로 하여금 북쪽에 대한 근심을 하지 않게 해 주면 초나라는 전군을 동쪽으로 보내어 싸울 것입니다. 우리는 사신을 보내어 제나라와 조약을 맺되, 초나라를 반으로 나누어 가질 것을 허용하여 초나라의 화친 요구를 들어주지 말게 한 뒤, 예기치 못한 틈을 타 은밀히 군사를 출동시키면 초나라에 대한 우리의 뜻을 이룰 수 있습니다. 무릇 초나라는 우리의 강력한 적인데 마침 빈틈이 생긴 이 기회를 놓쳐서는 안 됩니다. 원하옵건대 대왕은 밝게 헤아리시어 신속하게 결행하시옵소서."

22 제왕을 위하여 구정을 운송할 계책을 제출함
爲齊王畵致鼎之計

『전국책』 본문은 아래와 같다.

진(秦)나라가 주(周)나라를 침략하여 구정(九鼎)[197]을 요구하였다. 안율(顏率)[198]이 제(齊)나라에 구원을 청하면서 구정을 바치겠다고 하자, 제(齊)나라 민왕(閔王)은 군대를 동원하여 주(周)를 구원하였다.

진나라 군대가 물러간 다음, 안율은 다시 제나라에 가서 왕을 알현하고는 "임금님께서는 어느 길을 따라서 구정을 제나라까지 가지고 가겠습니까?"라고 물었다. 민왕은 "양(梁)[199]이나 초(楚)나라에게 청하여 길을 빌릴까 합니다." 하였다.

안율이 말하였다. "양나라나 초나라의 임금과 신하들이 구정을 얻고자 계획한 지 오래입니다. 구정이 양이나 초 땅으로 들어가면 필시 가져올 수 없을 것입니다. 게다가 구정의 무게는 하나당 9만 명씩 도합 81만 명을 동원해야만 움직일 수 있는데, 제반 보조 인원 또한 그만큼 필요합니다. 임금께서는 어느 길을 이용해서 구정을 가지고 오시겠습

---

197 구정(九鼎) : 하(夏)나라의 우왕(禹王)이 당시 중국의 전역을 뜻하는 구주(九州)에서 거두어들인 청동으로 만들었다는 아홉 개의 정(鼎)이다. 정(鼎)은 세 발 달린 솥으로 청동기 시대에 사용하던 도구이다. 여기서 구정은 중국 천하를 상징하는 물건으로, 하(夏)·은(殷)·주(周)에 걸쳐 천자의 나라에 전해졌다고 한다. 천자국인 주(周)의 힘이 쇠약해지자 진(秦)과 초(楚)가 그것을 빼앗으려 한 일이 있었으며, 훗날 진나라가 동주(東周)를 멸망시키고 구정을 옮겨 올 때 구정 중 하나가 날아가 사수(泗水, 『수경주(水經註)』에 의하면 서주(徐州) 인근의 팽성(彭城)임)에 빠졌다는 이야기가 전한다(『사기』, 「진본기(秦本紀)」).

198 안율(顏率) : 주(周)나라 사람으로 동주(東周)의 혜공(惠公)을 섬기던 인물이다.

199 양(梁) : 전국 시대 위(魏)나라의 별칭이다. 혜왕(惠王) 때 수도를 안읍(安邑)에서 대량(大梁)으로 옮겨 양(梁)으로 불리기도 하였다.

니까? 운반할 길을 속히 정해 주시옵소서. 폐읍(敝邑)은 구정을 옮겨 놓고 기다리겠습니다." 민왕은 할 말이 없었다.[200]

제왕이 조회에서 여러 신하들에게 말하였다.

"지난번 진(秦)이 주(周)를 침략할 적에 안율이라는 사람이 찾아와서 과인에게 구정을 대가로 구원을 요청하기에, 과인이 그 요청에 응했소. 진나라 군대가 물러나자 안율이 다시 왔는데, 구정을 가지고 올 도리가 없다고 말하면서 양(梁)과 초(楚)의 길은 빌리기 불편하고 게다가 구정이 워낙 무거워 옮겨 오기 어렵다고 말했소. 과인이 뭐라고 답을 하지 못했는데, 여러 대부들은 무슨 대책을 세워 보시오."

공손룡(公孫龍)[201]이 다음과 같이 아뢰었다.

"이는 안율이 대왕을 속인 것입니다. 신이 듣건대 구정이란 하늘을 섬기는 기물(器物)이며 천명을 받는 보배이니, 단순히 귀중한 보물 정도에 그치는 것이 아닙니다. 제후들이 누구나 가지고 싶어했지만 끝끝내 차지하지 못하였습니다. 대개 정(鼎) 하나의 무게는 9만 명을 동원해야 움직일 수 있는데, 제와 주의 거리는 수천 리나 되며 중간에 산과 강, 계곡으로 막혀 있으니, 신의 생각으로는 적어도 백만의 군사들이 반 년 간 힘을 쏟아야만 가능할 것입니다. 제나라의 국력을 총동원하더라도 감당하기 어렵거늘, 더구나 온 천하가 차지하고 싶어하는 보물을 가지고 헤아릴 수 없이 험난한 길을 통과해야 하는 데 있어서야 더 말할 것

---

200 이상의 내용은 『전국책』, 「동주(東周)」에 나오는 내용을 요약하여 제시한 것이다.
201 공손룡(公孫龍) : 자는 자병(子秉), 전국 시대 조(趙)나라 출신, 제자백가(諸子百家)의 한 사람으로 명가(名家)의 대표적 인물이다. '백마비마론(白馬非馬論)'과 '견백동이(堅白同異)'라는 이론을 제시한 것으로 유명하다.

이 있겠습니까? 신은 이 때문에 안율이 대왕께서 어쩔 도리가 없을 것이라 생각하여 일부러 구정을 빙자하여 진나라 군대를 물리쳤다는 것을 알았습니다."

제왕이 말하였다.

"그런가? 주(周)의 구정을 끝내 얻을 수 없다면, 나는 그저 속기만 했단 말이오?"

"그렇지만 신은 대왕께서 구정을 얻도록 해보겠습니다. 신은 대왕의 명을 받들어 서쪽으로 가서 양왕(梁王)을 보고 이렇게 말할 것입니다. '과인이 진나라의 침략을 막아 주나라를 보존시켜 주니 주나라가 구정으로 과인에게 보답을 하였습니다. 그러나 과인은 길이 멀고 비용이 많이 들어 가져올 도리가 없으며, 또한 쓸모없는 기물(器物) 때문에 온 나라의 힘을 기울이고 싶지도 않습니다. 그래서 그냥 두고자 하니 주나라는 그대로 가지고 있어서 제나라의 도움에 보답을 하지 않은 것처럼 되고, 또 제나라가 마치 속임을 당한 것처럼 되는 것도 싫습니다. 과인은 이를 축수의 의미로 바쳐 대왕과 길이 우호의 관계를 맺고자 합니다.' 이렇게 하면 양(梁)의 임금은 힘을 들이지 않고 귀중한 보물을 얻고 또 큰 나라와 우호 관계를 맺는 것을 기뻐하여, 필시 거절하지 않고 따를 것입니다.

신이 또 당부하여 말하기를 '주나라의 세객(說客)이 와서, 제나라가 구정을 가지고 양나라에 화를 전가시키는 것이니 양나라는 제나라 때문에 천하의 군대들이 침략할 것이라고 유세할 것입니다. 그렇지만 제와 양이 연합하여 하나가 되면 근심하지 않아도 될 것이니 원컨대 대왕께서는 유세객의 말을 듣지 마옵소서.'라고 하면 양왕은 분명히 그대로 따를 것입니다.

그런 연후에 대왕께서 주나라에 사신을 보내어 이렇게 고합니다. '양왕(梁王)도 과인이 구정을 옮겨 가기를 원하니, 주나라는 그것을 내어 주십시오.'라고 하면, 주나라는 이미 대왕께 구정을 허락했던 터인지라 구정을 주지 않을 수 없을 것입니다. 양나라는 주나라의 영토와 땅이 인접해 있으므로 9만 명이 아홉 번 정도 오가는 정도의 수고만 하면 구정은 양나라로 옮겨 오게 될 것입니다.

그런 다음 은밀히 진(秦)과 초(楚)에 사신을 파견하여 이렇게 권유하십시오. '양나라 임금이 처음에는 과인을 위해 구정을 옮겨 준다고 했는데 그러다가 결국은 차지해 버렸습니다. 만약 대국이 군사를 일으켜 양나라를 압박하는데 폐읍이 구원하지 않으면, 구정은 분명 대국으로 들어가고 과인 또한 원한을 씻을 수 있습니다.'

그러고 나서 또 유세객을 양나라에 보내어 이간질을 시킵니다. '진과 초 양국이 모두 양나라를 쳐서 구정을 빼앗고자 하니, 양나라가 망하지 않는다면 구정은 틀림없이 빼앗기게 될 것입니다. 차라리 구정을 양나라 동쪽 국경으로 옮겨 놓은 다음 천하에 공포하기를 '제나라를 위해 구정을 운반했을 뿐이니 제나라로 보낼 것이다.'라고 하면, 진·초의 군사적 압박을 풀고 구정 또한 빼앗기지 않을 수 있습니다.' 이렇게 말하면 양군은 두 나라를 두려워하여 반드시 구정을 옮길 것이 분명합니다.

이때 다시 진·초 양국에 사신을 보내어 '구정은 여전히 양나라 땅에 있으니, 제나라로 보낸다고 선언한 것은 거짓말입니다.'라고 하면, 두 나라는 크게 노하여 양나라를 칠 것이요 양나라는 필시 제나라에 구원을 요청할 것입니다. 대왕께서 곧바로 군사를 거느리고 양나라 동쪽 국경으로 들어가 구정을 가지고 돌아오면서, '구정이 양나라 땅에 있기 때문에 화를 불러들이고 있다. 과인이 양나라를 위하여 구정을 맡아두겠다.'라고 하십시오. 그러면 진·초 두 나라는 구정을 잃었다는 것을 깨닫고 군대를 돌이킬 것이요, 양나라는 두 나라의 침입을 면하게 되니, 또한 제나라에 대해서 크게 원망하지는 않을 것입니다.

이 계책을 쓰면 대왕께서 별다른 수고를 기울이지 않아도 구정이 마침내 제나라에 들어오게 됩니다. 신 한 사람의 몸으로 세 치의 혀를 놀린 효과가 백만 군사로 반년 동안 들인 공보다 낫다 할 것입니다."

제 왕이 "좋다." 하고, 그의 계책대로 하여 구정을 얻었다. 제나라가 망하자 구정이 사수(泗水)에 침몰되었는데, 진 시황제가 찾고자 하였으나 얻지 못했다고 한다.[202]

---

202 제나라가 …… 한다 : 진 시황 때 사수에 빠진 구정 중 하나가 나타났다 하여 수천 명을 동원해서 정(鼎)을 찾으려 하였으나 찾지 못했다는 기록이 전한다(『수경주(水經註)』, 「사수(泗水)」).

23 **송나라 악비가 화친을 중지하도록 청한 표를 본떠 지음**
擬宋岳飛請寢和議表

엎드려 생각하옵건대 황도(黃圖)²⁰³를 여산(廬山)에 채우고 봉시(封豕)²⁰⁴
에 병탄을 당하자 자대(紫垇)²⁰⁵는 삭막(溯漠)²⁰⁶에 연이어졌고, 뿔난
말²⁰⁷처럼 기약할 수 없기에 이르렀습니다.

장릉(長陵)²⁰⁸의 한 줌 흙도 남지 않았으니 신령과 인간이 함께 분노
하는 바요, 영무(靈武)²⁰⁹가 만 리에 서로 바라봄에 왕업(王業)이 지탱하
기 어렵게 되었습니다.

이 어찌 아무 일 없이 편안하게 지낼 때입니까? 통곡하며 눈물을 흘
리지 않을 수 없겠습니다.

천지에 맹세하노니 임금님의 큰 원수를 갚기로 기약하고 조국의 산천
에 피를 마시고 결의하여 우리 영토를 다시 회복하기를 바랐습니다. 우
리와 오랑캐들은 양립할 수 없으니 강남(江南)은 더 이상 오운지향(五雲
之鄕)²¹⁰이 될 수 없으며, 주도(周道)²¹¹를 다시 창성케 하려면 하북(河北)

---

203 황도(黃圖) : 황도(皇圖)라고도 한다. 중국 고대에는 선왕의 치적을 그려서 후대 왕이
　　모범으로 삼도록 하였는데, 이를 황도라고 하였다.
204 봉시(封豕) : 큰 돼지를 말한다. '봉시장사(封豕長蛇)'라 하여 탐욕스러운 악인을 비유하
　　는 말이 있다.
205 자대(紫垇) : 자궁(紫宮)이라고도 한다. 제왕이 사는 곳이다.
206 삭막(溯漠) : 중국 북방의 사막지대를 가리킨다.
207 뿔난 말[角馬] : 말에 뿔이 난다는 것은 있을 수 없는 일이므로 절대 일어날 수 없는
　　사태를 비유한 말이다. 『태현경(太玄經)』 권3에 "소는 뿔이 없고 말에 뿔이 난다는 것은
　　고금에 없는 일이다[童牛角馬, 不今不古]."라고 하였다.
208 장릉(長陵) : 한 고조의 능으로 지금 중국의 섬서성 서안 근교에 있다.
209 영무(靈武) : 당나라 영무군(靈武郡)으로, 현종(玄宗)이 안록산의 난에 쫓기어 촉(蜀)으
　　로 들어가면서 이곳에 있는 태자에게 전위하였다.

을 버려두고는 하루도 편안할 수 없습니다.

적과는 오직 싸움이 있을 뿐이니 침과(枕戈)²¹²의 의리를 잊을 수 있 겠습니까. 어찌 화친을 논한단 말입니까. 복철(覆轍)의 경계는 어디다 두었단 말입니까. 오랑캐에게 무릎을 꿇고 무슨 낯으로 선제를 뵈올 것입니까. 백성들에게는 낯가죽이 두꺼울 수 있다 해도 참으로 외부 사람에게 알려지게 할 수는 없습니다. 삼가 천벌을 행하면 오직 집사(執事)의 안항(顔行)²¹³을 범할 것이로되 아직 인륜이 남아 있어 후세의 비판을 면할 수 없을 것입니다.

오직 거룩하신 폐하께서는 백육(百六)²¹⁴의 액운에 즈음하여 보위에 오르셨습니다. 천일(千一)²¹⁵의 흥성한 기회를 열어 일월이 다시 밝아지게 되면 어찌 주나라 선왕(宣王), 한나라 광무제(光武帝)²¹⁶의 업적에 미치지 못할 것입니까. 천지의 질서를 다시 세움에 탕(湯)·무(武)의 치세와 같은 성대를 기약할 수 있을 것입니다.

엎드려 바라옵건대 과감히 의심을 품지 않고 의리로 매진하면 구세지수(九世之讎)²¹⁷도 갚게 될 터이니, 춘추대의는 잊혀지지 않을 것입니다.

---

210 오운지향(五雲之鄕) : 신선이 사는 곳으로 오운향(五雲鄕)이라고도 한다.
211 주도(周道) : 주나라가 나라를 다스리던 방법이다. 후세의 가장 바른 도리로 일컬어졌다.
212 침과(枕戈) : 항상 복수의 의지를 잃지 않고 전쟁을 대비한다는 뜻이다.
213 안항(顔行) : 본디 군대의 대오 중 앞줄을 말하는데, 상대방의 앞을 의미한다.
214 백육(百六) : 백육회(百六會)를 말한다. 106년마다 있는 액운(厄運)이나 재액을 당할 운수를 뜻한다.
215 천일(千一) : 천재일우의 준말로 천 년에 한 번 만나는 좋은 기회라는 뜻이다.
216 주나라 …… 광무제(光武帝) : 주 선왕은 동주를 다시 일으켜 세웠고, 한나라의 광무제는 왕망에게 빼앗긴 나라를 다시 회복했다.
217 구세지수(九世之讎) : 아홉 대에 걸친 원수라는 뜻이다. 춘추 시대 제(齊)나라 애공(哀公)이 기후(紀侯)에게 무고를 당하여 주(周)나라 천자(天子)에게 삶아 죽이는 형벌을 당하였는데, 아홉 대가 지나 양공(襄公)에 이르러 비로소 기나라를 멸망시킴으로써 복수하였다.

백 년의 오랑캐를 제거하고 나면 바람과 우레의 위엄이 떨칠 것입니다.

임금님께서 영험을 이루사 우리의 승리의 책략을 세우심에 당해서 신이 비록 재주가 부족하고 적이 강성하여 터럭만큼도 하늘을 보완하는 능력은 없으나 군주가 욕을 당하면 신은 목숨을 바친다 하였으니 맹세코 간뇌도지(肝腦塗地)의 충성을 다 바치겠습니다.

季子廟記 擬茅鹿門

옛날 이름을 떨친 인물로 참으로 천하와 국가를 신짝처럼 보아 털끝만
큼이라도 누가 될 것 같으면 취하지 않았던 경우로는 허유(許由)·오태
백(吳泰伯)²¹⁹·백이(伯夷)·조자장(曹子藏)²²⁰·연릉계자(延陵季子)²²¹

---

218 계자묘기 : 춘추 시대 인물인 계찰(季札), 즉 계자의 사당에 대해 쓴 기문이다. 원래
    명(明)의 모곤(茅坤, 1512~1601)이 지은 「계자묘기(季子廟記)」가 있는데, 이 글을 모의
    해서 쓴 것이다. 모곤은 당송고문을 중시한 산문가로서 우리나라에서 그가 편찬한 『당송
    팔대가문초(唐宋八大家文鈔)』가 널리 읽혀진 바 있다. 모곤은 계자의 사당이 있는 단도
    현(丹徒縣, 중국 강소성 소재)의 지방관으로 부임했을 때 이 글을 지었다. 계자라는 인물
    은 오나라의 왕자로 태어나 왕위 계승권을 스스로 양보하여 현인으로 평가를 받았으며,
    당시 중국 중심부의 선진 문물을 배우는 데 적극적인 태도를 보였다.
219 오태백(吳泰伯) : 주(周)나라 태왕(太王)의 큰아들이다. 태왕, 즉 고공단보(古公亶父)에
    게는 오태백 이외에 중옹(仲雍)과 계력(季歷) 두 아들이 더 있었다. 고공단보는 주나라를
    크게 일으켜 세울 뜻이 있었다. 그런데 고공단보가 보기에 계력의 아들인 창(昌)이 그럴
    만한 역량이 있는 것으로 판단이 되었다. 그래서 일단 후계자를 계력으로 삼고 싶어하였
    다. 이런 뜻을 알아차린 큰아들 오태백과 둘째 아들 중옹은 일부러 망명을 하여 당시에는
    야만 지역인 형만(荊蠻, 지금 중국의 강소성 지역)으로 들어가 그들의 풍습을 따라 문신
    을 하고 숨어서 지냈다 한다. 오태백은 후일에 오나라의 시조로 봉해졌다. 그리고 계력의
    아들인 창이 주나라의 문왕(文王)이다(『사기』, 「오태백세가(吳太白世家)」).
220 조자장(曹子藏) : 춘추 시대 조(曹)나라 선공(宣公)의 서자로 이름은 흔시(欣時)이다.
    선공이 진(秦)나라를 공격하다가 사(師) 땅에서 죽고 말았다. 당시 조나라에는 태자가
    있었지만 선공의 또 다른 서자였던 부추(負芻)가 태자를 죽이고 왕위에 올랐다. 당시
    자장은 선공의 상여를 맞이하는 역할을 맡고 있었는데 부추의 반역을 막지 못하였다.
    후에 제후들이 부추(成公)의 부당함을 성토하며 자장을 조나라의 새로운 왕으로 세우려
    고 하였으나 자장은 이에 응하지 않았다.
221 연릉계자(延陵季子) : 오태백의 후예로 오왕(吳王) 수몽(壽夢)의 아들이다. 수몽은 계찰
    에게 왕위를 전하고자 하였으나 계찰은 사양하였다. 계찰의 형 제번(諸樊)도 계찰에게
    왕위를 사양하려 하였으나 계찰은 듣지 않았다. 제번이 죽자 계찰의 다른 형 여제(餘祭)
    가 즉위하였고, 여제가 죽자 여제의 아우 이매(夷昧)가 즉위하였고, 이매가 죽자 다시

몇 사람에 지나지 않으니, 어찌 그리도 드물었던 것인가!

세상 사람들을 보면 얼마간의 돈과 사소한 지위를 노리다가 얻지 못하면 금방 실망하게 된다. 그럼에도 저 몇 사람은 백관(百官)과 국고(國庫)의 부(富)와 문물칭호(文物稱號)의 은택을 마음에 조금도 담아 두지 않았다. 그 지조와 행심의 빼어남은 도저히 미칠 수 없으니, 내 어찌 저들에 대해서 무슨 이론을 제기하겠는가? 하지만 저들이 처한 바에는 쉽고 어려움이 있었는데, 내가 정말 마음으로 감복하여 무릎을 치는 인물로는 계자(季子)를 들지 않을 수 없다.

허유에 대한 사적은 경전(經典)이나 사서(史書)에 보이지 않고, 유독 장주(莊周)가 칭송하였다. 장주의 책은 실로 황당하여 믿기 어렵다. 생각건대 허유는 방외(方外)[222]의 인사로 마음대로 자유롭게 행동하며 깨끗한 이름을 좋아하는 사람이었을 것이다.

조자장(曹子藏) 같은 사람은 첩실의 아들로 군부(君父)가 계승하도록 명한 바 아닌데 제후들이 끌어내서 그 나라에 세우려고 하였다. 임금의 혈통이지만 죽이고 자리를 빼앗은 혐의가 있다. 그가 스스로 원하여 절의를 지킨 것은 확실하지만 오태백이나 백이, 계자의 경우와 나란히 볼 수는 없다.

그런데 오태백이나 백이의 경우로 말하면, 중국의 밝고 거룩한 시대에 태어나 듣고 체험한 바가 겸손하고 양보하는 것을 미덕으로 여기던

계찰이 왕위를 이어받을 차례가 되었지만, 계찰은 도망을 가서 받지 않았다. 결국 이매의 아들 요(僚)가 즉위하자 제번의 아들인 공자 광(光)이 전저(專諸)를 시켜 요를 죽이고 스스로 왕위에 오르니 그가 곧 합려(闔閭)이다. 계찰은 합려를 왕으로 인정하면서도 요의 무덤에서 곡을 하였다.

222 방외(方外) : 세상의 법도 밖이라는 뜻으로 예속에 구애받지 않고 자유롭게 행동하는 사람을 지칭할 때 쓴다.

요(堯)임금이나 순(舜)임금, 우(禹)임금 시절과 멀리 떨어지지 않았다. 가정의 법도와 스승의 가르침을 아침저녁 배우고 익혀 본디 존양(存養)²²³한 바가 매우 독실하였기 때문에 아무리 형만(荊蠻)에서 문신을 하고 백이처럼 서산(西山)에서 고사리를 캐어 먹는다 해도 후회하지 않았으니 당연한 결과라 하겠다.

춘추 시대를 당하여 인의(仁義)의 도(道)가 희미하게 되고 이욕(利慾)을 좇는 마음이 성해졌으며 겸손하고 양보하는 기풍이 줄어들고 싸우고 빼앗는 풍조가 확산되었다. 신하가 임금을 쫓아내고, 자식이 아비를 죽이고, 잘난 자가 못난 자의 재산을 빼앗고, 강자가 약자를 능멸하는 일이 줄줄이 이어졌다. 더구나 중국에 전해지던 선왕의 예악제도를 한 번도 경험해 보지 못했음에도 머리를 묶고 풀로 몸을 가리는 야만적인 상태를 단절하고 특출하게 수천 년에 한두 명 볼까 말까한 어려운 일을 넉넉히 해낸 것이다. 이로 보아 계자 홀로 어려운 일을 행했다고 하겠다.

또한 오태백이나 백이는 엄연히 부형(父兄)이 있어 계승하기를 바라지 않았던 터이지만 계자로 말하면 그의 부형이 못내 마음을 써서 후계자로 세우려고 하였다. 그럼에도 끝내 그의 우뚝한 절조와 특출난 행동을 제어하지 못했으니 앞의 사람들보다도 훨씬 훌륭하다 하겠다.

비록 그러하나 성인의 도(道)는 다른 것이 아니다. 요컨대 지공무사(至公無私)일 뿐이다. 숙제(叔齊)의 현명함이 백이보다 낫지 못한데 그 아비가 장자를 폐하고 어린 아들을 세우려 하였으니 이는 사애(私愛)에서 나온 일이다. 때문에 숙제는 뒤돌아보지 않고 달아났던 것이다. 태백의 아들은 문왕(文王)보다 못해서 고공단보(古公亶父)가 계력(季歷)을 세

---

223 존양(存養) : 존심양성(存心養性)의 준말로, 하늘로부터 부여받은 양심을 온전히 보존한다는 뜻이다.

워 창(昌)이 계승할 수 있도록 하였으니 이는 공심(公心)에서 나온 일이다. 때문에 계력이 그대로 따르고 거스르지 않았다. 이 두 가지 사례는 서로 다르지만 도(道)를 행함에 있어서는 마찬가지라고 하겠다.

제번(諸樊)은 아비의 유명(遺命)을 따라 형종제급(兄終弟及)[224]의 의리를 내세워 차례로 계자에게 자리를 물려주려고 하였다. 그 마음을 되짚어 보건대 지공무사(至公無私)를 충분히 상상해 볼 수 있다. 자제된 사람으로서는 의당 부형의 미덕을 좇아서 위로 종묘사직의 복록을 두텁게 하고, 아래로 조야(朝野)의 바람에 부응(副應)해야 할 것이다. 그런데 어찌 계자는 나라를 사양하는 것으로 이름 내기를 좋아하는 것처럼 했단 말인가?

무릇 공도(公道)가 있는 바를 돌아보지 않고 곧장 자기 이름만 고결하게 가지려 하는 자는 초야의 필부(匹夫)의 뜻이다. 계자는 태백이나 백이보다 행실이 높거늘, 뜻은 필부보다 낮단 말인가? 어찌 이다지 한 사람의 몸으로 현격히 다를 수 있단 말인가? 대개 계자는 세상의 염치가 땅에 떨어지는 것을 우려한 나머지 당시의 인심을 바로 세우고 후세에 잘못 흘러가는 것을 막고자 하는 생각이 있었다.

논하는 자들은 계자가 절의에 통한 자인데도 조자장의 의리를 인용하였다[225] 하여 이 때문에 허물을 삼기도 한다. 그런데 만약 계자 스스로 절의에 통하였다고 자부했다면 후세에 사심으로 고결하다는 이름을 훔치려는 자들이 의탁해 구실로 삼았을 것이다. 이른바 요(堯)임금이 순(舜)에게 선양하는 것을 빙자하고, 탕(湯)임금이 걸(桀)을 추방한 것을

---

224 형종제급(兄終弟及) : 왕위 계승에 있어서 형이 죽으면 그 동생이 뒤를 잇는 것을 말한다. 고대에는 이러한 왕위 계승의 방법도 있었다.

225 계자가 …… 인용하였다 : 계찰은 왕위를 사양하는 자신의 생각을 피력하면서 조자장의 고사를 원용한 바 있다(『사기』, 「오태백세가」).

본뜨는 행위와 같았을 것이다. 계자는 오직 이를 두려워했던 것이다. 그러므로 홀로 도리를 어겨서 절의를 굳게 지켰으니 쇠퇴해 가는 세상에 대처하는 도는 부득불 이러하지 않을 수 없는 것이다. 앞서 계자로 하여금 선왕의 시대에 태어나도록 했다면 또한 계력이 행했던 바와 어찌 달랐을 것인가? 나는 적이 계자가 때를 만나지 못한 것을 슬퍼한다.

계자묘(廟)는 예로부터 단도(丹徒)²²⁶에 있었는데 제사를 관(官)에서 관장하지 않고 민간에서 세시복랍(歲時伏臘)²²⁷에 풍년을 빌고 기복을 해 왔을 따름이다. 향대부(鄕大夫) 오공(吳公)이 유사(有司)에게 청하여 툭 트인 땅을 택해 새로 이건(移建)하였다. 대개 그 고을 사대부들이나 그 지역을 통과하다가 참배하는 사람들로 하여금 우러러보고 공경하는 마음을 일으키도록 하려는 것이다.

오호라, 계자 이후로 수천 년 동안에 천하 국가를 사양했다는 말을 다시는 듣지 못했다. 시대가 내려올수록 못해졌음을 알겠거니와 계자와 같은 인물은 의당 공자(孔子)와 더불어 승룡(乘龍)²²⁸을 하고 은례(殷禮)²²⁹를 함께 하여 절의를 배양(培養)하고 염치를 가다듬도록 하는 근본으로 삼아야 할 것이다. 지금 돌아보건대 이 변방의 땅에서 제사를 받도록 하고 있으니 나는 이에 거듭 감개하는 마음이 일어난다. 오공의 뜻이 더없이 가상하기에 드디어 이 기문을 쓴다.

---

226 단도(丹徒) : 지금의 강소성(江蘇省) 진강시(鎭江市) 동남쪽의 옛 지명이다.
227 세시복랍(歲時伏臘) : 설·삼복(三伏)·섣달을 가리키는 말로, 이들은 명절로 생각하여 그때마다 각기 축제를 벌였다.
228 승룡(乘龍) : '용을 타고 하늘로 올라간다'는 뜻으로 제왕의 죽음을 뜻하는 말이다.
229 은례(殷禮) : 성대한 예, 또는 '은나라 예'라는 뜻이 있다. 여기서는 후자의 의미로 쓴 것으로 추정된다. 『예기』, 「단궁(檀弓)」에 따르면, 공자가 죽기 7일 전에 은(殷)나라 법식에 맞추어 상례를 치르는 꿈을 꾸고는 자신의 죽음을 예감하였다고 한다. 공자는 스스로를 은나라 사람으로 생각하였다.

남정록(南征錄)

증조모님 제문
祭曾祖母文

모월 모일 출후(出後, 양자 갔다는 의미) 증손 모는 삼가 주과를 받들어
올리고 글을 지어 현생 증조비(顯生曾祖妣, 현은 제문에 쓰는 관용어, 생은
생가 쪽이라는 의미) 경주 이씨(慶州李氏)의 영구(靈柩)에 고하나이다.

　우리 증조부께서는 이름과 행실이 한 세상의 으뜸이셨으며, 성품이
꼿꼿하고 올곧아 바른 말씀으로 충성을 다하셨습니다. 하지만 매서운
불길이 산을 태우니 누가 그 기세를 막겠습니까? 큰 나무가 뿌리째로
뽑힘에 알은 깨지고 집은 무너졌습니다.

　이때에 당하여 증조모께서는 법에 따라 남쪽 변방으로 귀양 가셨습니
다. 어린 아들을 데려가셨으니 철모르는 다섯 살이었습니다. 그 고을 현
령이 핍박하여 관아의 뜰에서 점고를 받는데 차마 욕을 당할 수 없어
조용히 자결하셨습니다. 때는 을해년(1755)이요 팔월이라. 의(義)를 지
켜 엄정하게 행동하셨으니 군자의 짝이라 할 만합니다.

　하늘의 이치는 사람이 모르게 정해지는 것이라 후손이 끊이지 않아,
할아비와 아비가 훌륭한 덕을 계승하여 어려운 세상을 헤쳐 나갔습니
다. 불초(不肖)에 이르러서도 태만하거나 포기하지 않아 80여 년 만에
비로소 반장(返葬)을 할 수 있게 되었습니다. 험난한 천 리를 돌아가려
면 길이 멀고 시일이 오래 걸릴 터이니, 두려워하지도 마시고 놀라지도
마시고 처음부터 끝까지 보우(保佑)하소서.

　흠향하시옵소서.

2 조부님 제문

祭祖父文

모년 모월 모일에 출후 손자 모(某)가 삼가 술과 과일을 제물로 바치며 현생조고(顯生祖考) 학생부군(學生府君)께 자세히 고하나이다.

을해년(1755)에 큰 화가 하늘까지 넘쳐서, 죽이고 베어질 때 곧은 나무가 먼저 당했습니다. 그때 공은 겨우 다섯 살로 어머니를 따라 남쪽으로 유배 왔다가 바로 어머니의 상을 당했으니 세상에 살아남기를 기대할 수 있으리까. '길고 아름다운 쑥'[1]의 고통을 겪어 피눈물 흘리며 울부짖으니, 실낱 같은 목숨이 생사의 갈림길에 섰습니다. 떠돌이로 넘어지고 엎어지고 외로운 그림자 천도(天道)가 있지 않으면 성장하길 어찌 기대할 수 있으리오! 소헌(素軒)[2]의 후손과 하늘이 내신 인연으로 배필이 되었으니, 자손이 이에 힘입어 섬 구석의 백성이 되는 것을 면하였습니다.

공은 기억력이 탁월하시어 자질과 뜻이 일찍 이루어져, 책 반 권을 배우다가 문리(文理)가 열리셨다지요. 백가(百家)를 망라하고 천고(千古)를 통달하셨으나, 저술할 생각은 하지 않으시고 고요히 생각하여 오묘

---

1 길고 아름다운 쑥〔蓼莪〕: 본래 『시경』, 「소아(小雅)」의 편명으로, 부모 잃은 사람의 애통함을 읊은 작품이다. 그 첫 장(章)에서 "길고 긴 아름다운 쑥인 줄 알았더니, 아름다운 쑥이 아니라 다북쑥이로다. 슬프고 슬픈지고 부모님이시여, 나를 낳느라 힘드셨도다〔蓼蓼者莪, 匪莪伊蒿. 哀哀父母, 生我劬勞〕."라 하였다.
2 소헌(素軒): 조태구(趙泰耉, 1660~1723)를 가리킨다. 자는 덕수(德叟), 본관은 양주(楊州), 숙종 때 우의정을 지낸 사석(師錫)의 아들로 태어났다. 소헌(素軒)은 그의 호이며, 소론(少論)을 대표하는 대신의 한 사람이다. 경종 즉위 뒤 우의정에 올랐으며, 최석항(崔錫恒) 등과 함께 노론이 주장한 왕세제의 대리청정을 환수시켰다. 영조가 즉위한 뒤에는 신임사화의 원흉으로 지목되어 관직이 삭탈되었다.

한 이치를 깨달으셨습니다. 몸을 삼가고 법을 지켜 규범(規範)을 따라가고, 마음을 편히 가져 천명에 순종하기를 마치 본래 그러한 듯하셨습니다. 외물(外物)에 흔들리지 않고, 곧고 길하게 본분을 지켜, 충신독경(忠信篤敬)하여 오랑캐의 땅에 가더라도 그들을 감화시킬 만하였습니다. 먼저 이곳의 섬사람들을 감복시켜 그들이 한결같이 존경하였지만, 하늘이 화를 내린 것을 후회하지 않으시어 끝내 머나먼 땅에서 돌아가시고 말았지요. 할아버지가 누리지 못한 보답은 우리 후손이 받게 될 것입니다.

비로소 반장(返葬)을 주관함에 천 리 머나먼 길에, 일은 크고 힘은 약해 마음이 쓰이고 애가 타서 글을 지어 고하오니, 피눈물이 흐릅니다.

손자로서 할아버지를 서술함에 감히 말을 과장하지 못합니다. 그 대략을 서술하오니 신령께 질정하옵니다. 흠향하시옵소서.

3 **대고모님 제문**

祭大姑母文

모년 모월 모일에 종손 모(某)는 삼가 술과 과일을 제물로 바치며 현대 고모(顯大姑母) 처자(妻子) 청송 심씨(靑松沈氏)의 영전에 고하나이다.

옛날 을해년(1755)에 하늘이 우리 가문에 화를 내렸을 때, 고모할머님께서는 비녀를 꽂을 나이[3]도 못 되었건만 연좌죄에 걸려 사천(泗川)으로 귀양 가게 되었습니다. 어떤 분이 미리 자결하여 스스로 욕을 당함이 없게 하라고 권하자, 대고모님께서는 이렇게 말씀하셨다지요.

"군부(君父)의 말씀은 따라야 하며 거역해선 안 됩니다. 성상께서 내린 죄를 어찌 감히 원망하여 복종하지 않을 수 있겠습니까? 지금 엄한 견책을 받고 미리 자결한다면, 이는 임금님의 명을 거스르고 우리 아버님께서 임금을 섬긴 법도를 어기는 것입니다."

꾹 참고 길을 떠나 갖은 고생 끝에 천 리 길을 가서, 귀양지에 도착한 다음 날 고을에서 공문을 올리자 마침내 자결하셨습니다.

오호라! 의리를 지킨 대고모님의 처신은 대인의 절조를 품으신 것이니 천하 신자(臣子)들의 모범이 될 것입니다. 어찌 한낱 규방의 정절에 그치겠습니까? 또한 우리 증조부께서 도의(道義)로 집안을 가르치신 것을 볼 수 있습니다. 곧다는 이름을 사려는 변변치 못한 자들은 강직한 듯이 과격하게 대응하여, 하늘의 위엄[天威, 임금을 말함]이 바로 앞에 있는데도 방자하게 입에서 나오는 대로 말합니다. 임금님을 옳지 않다 하고 저만 잘났다고 하는 무리들이 우리 대고모님의 풍모를 듣는다면

---

3 비녀를 꽂을 나이: 옛날에 여자는 열다섯 살에 비녀를 꽂았다. "女子十有五年而笄."(『예기(禮記)』, 「내칙(內則)」)

부끄러운 줄 알 것입니다. 온화하기 옥과 같고 맑고 깨끗하기 꽃봉오리 같아, 그 빛이 천추에 비추어 해와 별과 같이 환할 것입니다. 사람이 누군들 죽지 않겠습니까? 대고모님이야말로 영예롭다 하겠습니다. 유골을 수습하여 반장(返葬)하기 위해 상여에 싣고 떠남에, 눈물을 흘리며 말씀을 올려 길이 혼령을 위로하옵니다. 흠향하시옵소서.

모년 모월 모일에 종자(從子) 모(某)는 현중부(顯仲父)·현계부(顯季父)
학생부군(學生府君)의 영전에 삼가 아뢰나이다.

을해년(1755)에 우리 가문이 혹독한 화를 당한 이후로, 숙부님 여러
형제분들이 모두 젊은 나이에 세상을 떠나셨고 가문 안에서도 요절한
사람이 셀 수 없는 지경입니다. 외손 쪽으로도 번창하지 못하였으니 이
는 가문의 운세가 불행했다 하겠습니다. 어찌 이것이 다 장돈(章惇)[5]이
한 짓이라고 하겠습니까?

우리 두 숙부님은 불운한 때를 만나 모두 젊은 나이에 세상을 버려
자손도 두지 못하고 천 리 밖 남쪽 바닷가의 땅에 묻히셨으니, 정리(情
理)로 헤아려 보면 비참하다 할 것이지만 이치로 헤아려 보면 운명이라
할 것입니다.

또 우리 종증고(從曾考) 양위(兩位)분 모두 후사가 없으신 데다, 백부
도 아직 입후(立後)를 못했으니 두 숙부만 유감이 있다 하겠습니까?

증조모와 조부와 고모할머님께서는 모두 죄에 연좌되어 이 땅에 오시
게 되었으니, 의리상 해골이나마 선영으로 돌아가시는 것이 중요한 일
이기 때문에 이에 힘을 다하여 반장(返葬)하려고 합니다. 두 숙부님으로
말하면 자연히 평인(平人)이 되었으니, 어느 곳의 산인들 장사 지낼 수

---

4 두 숙부님 : 청송 심씨 족보상에서 확인해 보면 심대윤의 생가 숙부로 용륜(容倫)과 능륜
(能倫)이 나온다.
5 장돈(章惇) : 북송 시대에 사마광(司馬光)을 비롯한 구법당(舊法黨) 인사들을 간당(奸黨)
으로 몰아 축출하는 데 앞장 선 채경(蔡京) 등 인물을 가리킨다. 여기서는 증조부를 몰아서
죽게 만든 노론 측 인사들을 빗대어 말한 것이다.

없겠으며, 혼은 어딘들 못 가겠습니까. 어찌 꼭 선영에 돌아가 묻혀야 할 것입니까. 묘지기와 제위전 및 무덤 앞의 송죽(松竹)은 그대로 남겨 두어 춘추의 향사(享祀)를 받들도록 하여 아무쪼록 폐하지 않게 하겠습니다.

오호라, 인간사는 실로 알 수 없는 바가 있습니다. 참으로 우리 조카들로 하여금 삼가 하늘의 위엄을 조심하여 조상들의 전통을 떨어뜨리지 않고 이미 끊어진 문호를 다시 일으켜 세운다면 산천이 아무리 멀리 가로막혀 있다 하더라도 계속 잘 수호할 수 있겠거니와, 만약에 천리를 어기고 혼미하여 정신을 못 차린 채 게으름에 빠지고 방탕하면 저절로 멸망하게 될 것입니다. 아무리 고향에 집이 있고 선산이 있다 하더라도 이내 곧 잡초가 우거진 곳이 될 것입니다. 천도는 믿을 수 있으되 인사는 기필하기 어렵습니다. 두 숙부님은 오늘 이처럼 외롭게 떨어진 것을 슬퍼하지 마시고, 오직 훗날 황폐하게 될 것을 걱정하옵소서. 이 조카에게 반장하지 못하였다고 죄를 묻지 마옵시고 오직 문호를 다시 세우는 일로 책임을 지우소서.

말은 다했으되 뜻은 다하지 못했으니 오직 영령의 너그러움으로 헤아려 받아 주옵소서. 흠향하시옵소서.

정광국(鄭光國)에게 답한 서(序)

答鄭光國序

신축년(1841) 시월 갑신일에 나는 증조모와 조부 그리고 고모할머니를
이장하는 일 때문에 남쪽 지방으로 먼 길을 떠났다.

나는 타고난 체질이 허약해서 걸어가기 어려웠으나 말과 마부를 데려
갈 수 없어 옷가지를 짊어지고 노자를 허리에 차고서 짚신에 감발을 하
고 초라하게 길에 올라 쓸쓸히 원행(遠行)을 시작한 것이다.

이때에 나와 친하게 지내는 여러 벗들은 너나없이 고생스러운 걸음에
탄식을 하며 눈물로 전송을 하였다. 오직 정광국(鄭光國) 군은 출발하는
날 저녁에 조도(祖道)[6]의 잔치를 벌이고 또 글을 지어 나에게 주었다.
그 글에서 내가 자못 감여술(堪輿術)[7]에 밝은 까닭으로 세속의 무리들이
내가 화복설(禍福說)에 빠져서 이런 일을 벌인다고 생각할까 걱정한 나
머지 거듭 변론하여 내가 계획한 일이 진실한 효성에서 나온 것이요, 술
수에 의거하여 복을 바라는 일이 아님을 밝혔다. 아! 정광국이 나를 사
랑함이 참으로 두텁고 나를 생각해 주는 것이 실로 깊다.

그런데 대장부로서 몸을 바로 세우고 의를 행함에 당해서는 응당 천
리로 법을 삼고 성현으로 스승을 삼으며 지난 역사로 증거를 삼되, 오직

---

6 조도(祖道) : 먼 길을 떠나는 자를 위하여 제를 올리고 전별하는 행사이다. 이때 가까운
   친지들이 따라와서 석별의 정을 나누기도 하였다. 『사기』, 「오제본기(五帝本紀)」에 부친
   사마정(司馬貞)의 색은(索隱)에, "황제(黃帝)의 원비(元妃)이자 서릉씨(西陵氏)의 딸인 누
   조(嫘祖)가 멀리 여행하기를 좋아하다가 도중에서 죽었다. 후인들이 행로신으로 받들어
   제사를 지냈다."고 하는 구절이 있다.
7 감여술(堪輿術) : 풍수설의 별칭으로, 지세를 살펴 집터나 묘지를 잡는 것이다. '감(堪)'은
   높은 곳을 '여(輿)'는 낮은 곳을 의미한다.

'한 마음〔一心〕'으로 권술(權術)[8]을 삼아서 자세히 살펴 옳은 것을 택하여 확고히 지키며 허튼소리나 함부로 하는 의론에 흔들려서 나가거나 물러서지 않는다면 바람직하다 할 것이다.

참으로 스스로 반성하여 옳다고 확신하면 아무리 천하를 들어 방해하더라도 거기에 굽히지 않으며, 참으로 스스로 반성하여 옳지 않다고 확신하면 아무리 천하를 들어 칭찬하더라도 그 때문에 따르지 않을 것이다. 남들의 방해나 칭찬이나 다 나로서는 허망한 것이므로 그 때문에 기뻐하고 근심할 것이 없다. 이야말로 고인이 홀로 우뚝 서 두려워하지 않아 능히 다른 사람보다 크게 빼어날 수 있는 이유이다.[9]

무릇 얼음과 숯불은 구태여 말하지 않더라도 차고 더운 것이 저절로 분명하다. 이는 각기 그 실상이 있기 때문이다. 지금 사람들이 과연 알찬 행실이 있다면 비록 한때 어지럽게 떠드는 말이 일어난다 할지라도 끝내는 저절로 잠잠해질 터인데 어찌 야단스럽게 입술과 혀를 놀려서 스스로 변명한다고 나설 일이랴? 지금 정군이 나를 헤아리는 것이 어찌 그리 깊지 못하단 말인가? 어찌 나를 대장부로서 기대하지 않는단 말인가?

혹자는 이르기를,

"그렇다면 군자는 홀로 외롭게 서서 자기 뜻을 행하면 그만이란 말인가?"

라고 한다. 나는 이렇게 답변한다.

"아까 내가 말했던 바는 오직 의를 행함에 옳고 그르고 취하고 버리

---

8 권술(權術) : 권도와 같은 말이다. 방법은 정도가 아니라도 목적이 정당함을 가리키는 말이다.
9 홀로 …… 이유이다 : 『주역』, 「대과괘(大過卦)」에, "군자는 이에 따라 홀로 서 두려워하지 않고 세상에 은둔해서도 고민하지 않는다〔君子以獨立不懼, 遯世無悶〕."라는 말이 나온다.

는 데 대해서만 논했을 뿐이다. 만약에 일을 맡아 행하고자 한다면 응당 기미와 변화에 대응하고 여러 가지 계책을 용납해야 할 것이다. 비유컨대 큰 강물은 지세를 따라서 흐름을 제어하며 음양(陰陽)은 천시를 따라 절후(節侯)를 펼쳐야만 만사가 이루어질 수 있다. 저 혼자서 푯대를 세우고 사람들로 하여금 그림자처럼 따르게 해서는 될 수 없는 것이다. 안으로 의리를 확고히 세우고 밖으로 일을 행함에 있어 실로 동일하지 않을 수 있다."

원래 서(序)에 답하는 법은 없다고 하지만 증처(贈處)[10]의 예가 있으니 서에 답을 해도 괜찮을 것이다. 또한 정광국이 나에게 표한 뜻에 느낀 바 있기에 나는 묵묵히 있을 수 없어 이 글을 짓는다.

---

10 증처(贈處) : 친구간에 서로 작별할 때 충고하고 격려하는 취지에서 주고받는 말이다. 『예기』, 「단궁 하(檀弓下)」에, "자로가 노나라를 떠날 때 안연에게 이르기를, '나에게 무엇을 줄[贈] 것이오?' …… 또한 안연이 자로에게 이르기를, '무엇으로 나에게 대할[處] 것이오?' 하였다〔子路去魯, 謂顏淵曰 : '何以贈我?' …… 顏淵謂子路曰 : '何以處我?'〕."라는 구절이 있다. 이후 증처(贈處)는 붕우가 이별할 때 서로 격려의 말을 해 주는 것을 의미한다.

6 섬에 귀양온 이들을 조문하는 글

弔島囚文

신축년(1841) 겨울에 나는 남쪽으로 내려가 남해도에서 그곳의 노인들에게 풍속과 고사를 물어 듣게 되었다. 대체로 이곳의 호적에 실려 있는 백성과 고기잡이하며 사는 무리들 중에는 현달한 관인이나 명문으로서 죄를 짓고 유배를 온 이들의 자제나 후예들이 적지 않았다. 나는 더러 그들의 사정에 대해서 물어보고 얼굴을 찌푸리며 마음 아파하곤 했다. 아버지나 삼촌, 형의 죄에 연루되어 귀양 오게 된 자가 열에 여덟아홉이나 되었다.

아, 슬프도다! 옛날의 성왕들은 벌이 자손에게 미치지 않았고 원망이 후예에게까지 닿지 않았다. 그렇기 때문에 아비 고수(瞽叟)가 완악했으되 그 아들 순(舜)이 제위에 올랐고, 곤(鯀)이 처형을 당했으되 그 아들 우(禹)를 발탁하였던 것이다.

지금 어린아이나 부녀자들, 무고한 뭇사람들이 불행히 엎어진 둥지, 파손된 집 같은 문중에서 태어나 알이 깨지고 자식을 잃는 재앙을 만났으니 이야말로 인인군자(仁人君子)라면 의당 연민해야 할 일이다. 더구나 살육을 당한 그들의 아버지나 삼촌, 형들이 모두 꼭 죽어야 할 죄를 지었다고 할 수 없으니, 그 가운데에는 원통하고 지나친 경우가 적어도 열에 한두 건은 있었을 것이다. 당쟁이 일어난 중년 이래로 말하면 복을 누린 자 반드시 군자라 할 수 없고, 화를 입은 자 반드시 소인이라 할 수 없다.

가령 충의에 뜻을 품고 나라를 위해 절조를 끝까지 지킨 나머지 자신의 몸을 온전히 하고 처자를 보존하는 사적인 문제를 생각하지 못하여 자신은 형틀에 매이고 일가친척들이 숨거나 흩어지고 사랑하는 아들과

딸이 황량한 변경이나 외진 바닷가의 구석에서 줄줄이 죽어 가도 아무
도 거들떠보지 않는 실정이다. 오호라, 참으로 슬프도다! 실로 조문을
하지 않을 수 없기에 글을 지어 위로하노라. 조문하는 끝은 이러하다.

나 말을 타고 멀리 길을 떠나
쓸쓸하고 근심스런 행색으로 남으로 향해 가서
노를 저어 양후(陽侯)[11]를 타고
부평초 같은 외진 섬에 닿았도다.
두루 살펴보며 눈길을 돌리다가
고삐를 붙잡고 놀랐더라
헤아릴 수 없는 깊은 바다로 둘러싸인 데
칼날처럼 서슬 퍼런 봉우리로 막혀 있는 곳

구모(颶母)[12]는 무서운 바람을 불러오고
파신(波神)[13]은 성난 물결을 일으키누나.
기(夔)가 부르짖고 허(魖)도 소리치며[14]

---

11 양후(陽侯) : 고대 전설에 보이는 파도의 신으로, 파도를 의미하기도 한다. 태고 시대에
   복희씨가 거느렸다는 여섯 명의 신 중의 하나이다. "武王伐紂, 渡於孟津, 陽侯之波, 逆流
   而擊."(『회남자(淮南子)』,「남명훈(覽冥訓)」)
12 구모(颶母) : 폭풍이 닥치기에 앞서 생기는 구름이나 햇무리이다. 이를 신처럼 의인화
   시킨 것이기도 하다.
13 파신(波神) : 수신(水神)이다. 유우석(劉禹錫)의 「가객사(賈客詞)」에 "복을 빌며 파신에
   게 기도하고 재물을 시주하여 신기루에 노닌다〔邀福禱波神, 施財遊化城〕."라는 구절이
   있다.
14 기(夔)가 …… 소리치며 : 기(夔)·허(魖)는 모두 전설에 등장하는 신령한 존재이다. 기는
   용과 비슷하여 뿔이 있고 비늘이 해와 달처럼 반짝이는데, 이것이 나타나면 가뭄이 든다고
   한다. 허는 물귀신의 일종이다.

악어는 물어뜯으려 하고 고래는 삼키려는구나.
구름은 음침하여 걷히지 않고
하늘은 어둑어둑 빛을 잃었구나
신기루의 조화에 놀라고
물여우[15]가 쏜 모래에 맞을까 무서워라.

자욱한 안개 낮에도 어두컴컴
부슬부슬 내리는 비 겨울에 쌓이는데
마을을 둘러싼 것은 갈대밭이요
인가를 가리는 것은 대숲이라.
바다에서 고기잡이로 살아가니
꼴이 사람 같지 않고 귀신 형상이라.
말소리도 뭐라고 지껄이는지
마음을 열어 놓아도 친하기 어렵구나.
실로 환경이 좋지 않아 풍속도 누추하니
사람 살 곳이 아닌 듯하여라.
큰 죄를 저질러 쫓겨나지 않을진대
누가 이곳에 와서 살려 하겠는가.

재앙에 걸린 연유 따져 봄에

---

15 물여우[狐沙] : 물여우는 자라의 모습인데 다리는 셋이고, 입김을 쏘아 사람을 해친다고
한다. 날개가 있어 날고, 눈은 없으나 귀는 매우 밝다. 입안에 활과 같은 것이 가로로
걸쳐 있는데, 사람의 소리를 들으면 숨기운을 화살처럼 뿜는다. 물이나 모래를 머금어
사람에게 쏘는데[含沙射人], 이것을 맞으면 곧 종기가 나게 되며[中卽發瘡], 그림자에
맞은 사람도 병이 나게 된다.

세상의 일은 복잡다단하여라.
흉악한 무리며 간활한 신하들이
몰래 남을 해칠 마음을 품어
분수에 넘치는 오정(五鼎)[16]의 부귀를 누리다가
왕망의 머리가 되고 동탁의 몸뚱이가 되었도다.[17]
가문이 고염(鹽鹽)[18]과 권병(權柄)을 차지하니
기세등등 공도(公道)를 벗어나 참람하고 사치하여
상등의 수레를 타고 거들먹거리며
백관들 그 밑에서 굽신거리고

사물은 가득 차 넘치는 것을 경계한다 했고
귀신이 안에서 노리고 있다네.
참소하고 아첨하는 소인배들
꿀처럼 달콤한 말에 듣기 좋게 울리는 입술
보상과 이익을 탐내 다투면서
겉으로는 살살 웃고 속으로는 저주를 일삼으니
온갖 계책으로 갈등을 일으키며
남의 조그만 허물을 들추어 먼지 털듯 하누나.

---

16 오정(五鼎) : 고대에 귀족들의 사치스러운 식생활을 표현한 말이다. 정(鼎)은 청동기로
만든 취사 용구이다. 정 다섯을 놓고 식생활을 한다고 해서 고대 귀족들의 사치스러운
생활을 표현한 말이다.
17 왕망의 …… 되었도다 : 왕망은 서한 시대의 권신으로서 제위를 찬탈하였는데, 후에 머리가
잘리는 형을 받았다. 동탁은 동한 말엽의 권신으로 횡포를 부리다가 죽임을 당하여 몸뚱이
가 거리에 버려졌다.
18 고염(鹽鹽) : 내륙의 염호에서 생산된 소금을 가리킨다. 옛날 의돈(猗頓)이란 사람이 고염
으로 부자가 되었다는 말이 있다. 경제적 특권을 가리킴.

당쟁을 일삼는 무리들 한쪽에 치우쳐서
갑이야 을이야 하고 다투니
시비가 공정치 못하고
오로지 파당만 지어
서로 상대를 쳐서 없애기를
대대로 그만두지 않는구나.

또한 공평하고 충성스런 군자가 있어
곧은 행동 바른 언론으로
제 몸 생각지 않고 나라에 바쳐
임금을 섬기기에 힘을 다하고
궁전의 난간을 붙들고 머리를 찧는가 하면
수리처럼 우뚝 서고 봉황처럼 홀로 울더라.[19]
대하(大廈)를 나무 하나로 지탱할 수 없으며
고명(高明)은 여덟 기둥으로 받쳐야 하리.[20]

상옹(桑癰)[21]이며 물여우가 어지럽게 날뛰는데
때로는 참소가 몰래 서서히 먹혀드니

---

19 수리처럼 …… 울더라 : '수리처럼 우뚝 서고'는 원문이 '屹鶚立'인데 '악(鶚)'은 무리에서
빼어나 우뚝한 모습을 비유한 말이다. '봉황처럼 울더라'는 원문이 '鳳鳴'인데, '봉'은 전설
적인 새로 오동이 아니면 깃들지 않는다 하여 어진 인재를 비유하는 말로 쓰인다.
20 고명(高明)은 …… 하리 : 여기서 고명은 높고 큰 건물을 말한다. 높고 큰 건물을 여덟
기둥[八柱]으로 지탱한다는 뜻은 국가의 위급한 상황을 보좌하는 훌륭한 인물을 비유
한다.
21 상옹(桑癰) : 상옹은 벌레가 뽕나무를 파먹어 병든 부분을 말한다. 윗사람에게 아첨하여
나라에 해를 끼치는 소인을 비유한 말이다.

단심의 충성을 품고 목숨을 다하여
아홉 번 죽어도 더욱 굳세더라.
그대들 행한 길은 서로 다르되
형벌을 받음에는 같은 죄목이라
그대들의 처자식과 아우 누이들이
다 같이 화망에 걸려들고 말았다네.

젊은 나이에 빼어난 재주로
우뚝히 규장(圭璋)[22]을 들고 섰음에
삼가 시례(詩禮)로서 모범이 되고
문장으로 찬란히 빛나더라.
몸은 비단에 싸이고
입은 고량진미도 싫증내고
화려한 집에서 빈객들을 맞아 연회를 벌이며
안락을 누리고 즐겨 끝이 없었도다.

홀연히 천 길의 낭떠러지로 떨어져
일가는 살육을 당하고 자신은 귀양을 떠나네
어룡(魚龍)이 아닌데도 바다를 건너
남쪽 하늘 아래서 도깨비나 막는 일을 하는구나.[23]

---

22 규장(圭璋) : 옥으로 만든 용구이다. 옛날 벼슬아치가 손에 들었던 홀 종류인데, 주로
임금 측근의 문신들을 표시했던 것이다.
23 남쪽······ 하는구나 : 옛날 순임금이 사흉(四凶)을 변방으로 보내 도깨비를 막는 일을 하게
했다는 설이 있다(『춘추좌씨전』 문공(文公) 18년).

절해고도라서 저절로 감옥이 되고
귀문(鬼門)으로 들어가 돌아올 길이 없도다
일찍이 사람의 종류에 끼지 못하고
뱀들과 뒤섞여서 무리를 지었도다.
정신은 놀라서 날아가 버렸고
몰골은 초췌하여 신음하는구나.

하늘은 어둡고 어두워 날이 언제 샐지
구중궁궐은 가로막혀 깊고 멀기만 하네
살다가 원한의 죽임을 당함에
까마귀와 솔개가 장사를 지내는데
파리들이 와서 조문을 하는도다.
구천에서도 원한을 삼키고 있으니
천고에 어디다 호소하리오

귀여운 딸 어진 아내
여자의 도리 규방의 범절 잘 지켜
오반(五飯)²⁴을 정히 차려 올리고
사덕(四德)을 갖추어 스스로 단속하며
일생토록 받들어 모시어
애오라지 해로하여 어김이 없기를

---

24 오반(五飯) : 하루에 차리는 다섯 차례의 식사로, 아침·점심·저녁과 두 번의 간식을 말한다. 유향의 『열녀전』에서 맹모(孟母)는 부인의 예절로 하루 다섯 번의 먹거리를 잘 만들고, 술이나 장을 담그고, 시부모 봉양하고, 의복짓는 일을 꼽았다.

부모(傳姆)²⁵를 좇아 가르침을 따르고
고사(瞽史)²⁶의 말을 들어 시를 외워
마음은 주남(周南)을 숭앙하고
행실은 백희(伯姬)²⁷를 본받더니
단현(斷絃)²⁸의 고통을 당하고
창황히 귀양길에 오르니
차라리 영영 눈을 감았으면 좋았을걸
아전들의 놀림거리 되는구나.

험난한 길에 넘어지고 자빠지고
마음은 찢어지고 그림자는 외로워라.
피눈물이 대〔竹〕를 물들이니
원한의 기운은 서릿발처럼 날리누나.
옥이 깨지고 난초가 꺾이니
의리로 보아 구차히 살 것이 아니로다.
바람은 참담하게 물결을 울리고
저녁 달은 차갑게 쓸쓸하여라.

---

25 부모(傳姆): 고대에 귀족 집안의 자녀를 가르치던 노년의 여인.
26 고사(瞽史): 음악과 역사에 대한 지식을 갖추고 교육을 담당한 사람이다(『주례(周禮)』,
   「추관(秋官)」, '대행인(大行人)').
27 백희(伯姬): 춘추 시대 노(魯) 선공(宣公)의 딸로 송공공(宋共公)의 부인이 되었다. 대궐
   에 화재가 일어나서 사람들이 피하라고 하였으나 "부인의 의리는 보부(保傅)와 함께하지
   않으면 밤에 당을 내려가지 않는다〔婦人之義, 保傅不俱, 夜不下堂〕." 하고 그대로 있다가
   죽었다. 보부는 궁중에서 보육을 맡은 관원이다.
28 단현(斷絃): 부부의 사이가 좋은 것을 거문고와 비파에 비유하여 금슬이라 하는데, 현이
   끊어졌다고 함은 배필을 잃은 것을 의미한다.

초가집은 저문 비에 갇혀 있고
원통히 죽은 귀신이 흐느끼누나.
푸른 신나무 저문 연기에 어두운데
객지에 떠도는 혼을 부르지 못하는가.

포대기에 싸인 어린 아기
젖먹이 고아가
울고불고 소리쳐도
누가 춥고 배고픈 정경을 돌보랴!
열 사람은 쓰러지고 겨우 하나 살아남으니
생존한 자 얼마나 되랴!
더벅머리로 울상이 되어
남의 집 문전에서 밥을 비누나.
포구의 아낙을 어머니라 부르며
고조부 증조부를 물어봐도 알지 못하네.
꽃다운 가지는 변해서 액만(液構)[29]이 되었고
양반집의 후손으로 섬놈이 되다니!

때때로 북풍이 불어오면
깜짝 놀라서 바라보더라.

---

29 액만(液構) : 재질이 좋지 않고 쓸모없는 것을 가리키는 말이다. 『장자』, 「인간세(人間世)」
에서 산목은 쓸모없는 나무라 하면서 "그것으로 배를 만들면 가라앉고, 관곽을 만들면
쉽게 썩고, 그릇을 만들면 곧 부서지고, 문틀을 만들면 액만이 된다."고 하였다. "散木也,
以爲舟則沈, 以爲棺槨則速腐, 以爲器則速毁, 以爲門戶則液構."

비록 살아 있다 해도 죽은 거나 마찬가지
쌓은 공덕 사라져 남은 것이 없도다.
네가 잘못을 저지른 까닭이 아니니
너를 보고 무엇을 탓하리오!

아리따운 처자로
규방에 고이 자란 몸
아침저녁으로 예법을 배우고
문밖도 나가 보지 못했거니
예절 가르침을 따라 스스로를 지켜
우아하고 어여쁜 숙녀로다.
매화의 열매가 떨어짐을 원망하며[30]
도요(桃夭)[31]의 결혼 날을 기다리더니
요지(瑤池)의 선녀가 귀양을 가게 되어
은도(鄞都)의 귀옥(鬼獄)[32]으로 떨어지다니

황(凰)은 봉(鳳)이 아니고는 어찌 짝을 지으랴!
참으로 죽는 것이 영예요 사는 것이 치욕이라.
여린 마음에 자결하니

---

30 매화의 …… 원망하며 : 여자가 결혼이 늦어짐을 탄식한 말이다(『시경(詩經)』, 「소남(召南)」,
  '표유매(摽有梅)').
31 도요(桃夭) : 복숭아 꽃이 화려하고 아름다움을 표현한 말이다. 여자가 결혼하는 것을
  비유한다(『시경』, 「주남(周南)」, '도요(桃夭)').
32 은도(鄞都)의 귀옥(鬼獄) : 은도는 춘추 시대 월(越)나라의 고을 이름이며, 귀옥은 지옥을
  말한다. 여기서는 먼 변방을 비유한 것이다.

애달프다, 구슬이 깨지고 꽃이 떨어지누나.
슬픈 바람 일어나고 잔나비도 울어 대니
흐느끼는 소리는 여운이 가시지 않네
동청수(冬靑樹) 꽃이 피고 달이 환한데
피를 머금은 원한의 새[33]로 변했구나.

환패(環珮)[34]는 혼이 돌아감에 끊어지고
요초(瑤草)는 숲속에서 생겨나누나.
이 혼은 갈 곳 없이 외롭기만 하니
황혼에 어느 누가 제사라도 지내 주랴!
피어나지 못한 그 아름다움 청산의 꽃으로 들어가
천 년이 가도록 핏자국이 생생하여라.

오호라, 나는 알지 못하겠노라.
무슨 까닭으로 이런 극도의 지경에까지 이르렀는지
하늘에 물어볼 수도 없고
이치로 설명할 수도 없구나
가까운 데로 가서 비유를 찾아
생각나는 대로 말해 보리라.

---

33 원한의 새[冤禽] : 정위(精衛)새를 말한다. 염제(炎帝)의 딸이 동해바다에 빠진 뒤 새가
되었다. 이 새가 정위(精衛)인데 서산(西山)의 나무와 돌을 물어다가 동해를 메우려고
한다는 것이다. 후세에 원한이 있어 갚고자 하는 것을 비유하는 말로 쓰인다. "昔炎帝女,
溺死東海中, 化爲精衛 … 一名冤禽."(임방(任昉), 『술이기(述异記)』)
34 환패(環珮) : 둥근 옥의 일종인데, 환(環)이 환(還)과 음이 같으므로 임금이 신하를 부를
때 쓰기도 하였다.

나무 위에 있으면 떨어지기 쉽고
배를 타면 물에 빠지기 쉽다네
저 부귀와 권세로 휘날리게 되면
또한 화가 밀려드는 문이 되기도 하지
계극(棨戟)과 부월(斧鉞)은 서로 가까우며
타는 불과 끓는 솥도 이웃에 있는 셈이로다.[35]
하물며 이 명예와 이익은
뭇사람들이 서로 취하려고 다투는 바요
귀신도 시기하는 것이라.

주공(周公)·공자(孔子) 같은 성덕(聖德)
장량(張良)·진평(陳平) 같은 재주
백리해(百里奚)·숙손통(叔孫通)[36] 같은 술책
순우곤(淳于髡)·동방삭(東方朔)[37]의 언변이 없고는
전복되는 재앙 면하기 어려울 것이로다
이제 알았노라, 명철보신(明哲保身)은
군자의 중요한 일임을

---

35 계극(棨戟)과 …… 셈이로다 : 극(戟)은 의장(儀仗)의 일종이고 부월(斧鉞)은 병기(兵器) 혹은 형벌이나 살육을 지칭하며, 이정(彝鼎)은 제사 때 쓰이는 솥〔鼎〕이나 술동이〔尊〕· 술잔〔罍〕 등이고 탕확(湯鑊)은 죄인을 삶아 죽이는 형벌이다.

36 백리해(百里奚)·숙손통(叔孫通) : 백리해는 본디 우(虞)나라의 대부였으나 우나라가 진 (晉)나라에 멸망할 것을 알고 떠나서 진(秦)나라 목공(穆公)을 섬겨 재상이 되었다. 숙손통 은 한(漢) 고조(高祖)의 신하로 예악을 제정한 인물이다.

37 순우곤(淳于髡)·동방삭(東方朔) : 순우곤은 전국 시대 제(齊)나라의 명재상으로 정사를 돌보지 않는 위왕(威王)을 3년 동안 날지 않는 새에 비유하여 깨우쳤다. 동방삭은 한(漢)나 라 사람으로 무제의 사치한 습관을 직간하였으며, 사부(辭賦)에도 뛰어났다.

복을 후손에게 남겨 주는 것은
어질고 지혜로운 자의 끼친 덕이라
슬프다! 벼슬의 바다는 험난하기만 하니
비단을 함정에 덮어 놓은 것 같아라.
벌레가 불을 보고 모여들 듯
사람들 미혹하여 깨달을 줄 모르는구나
자기 자신을 헤아리지 못하고 몰려드니
부판(負蝂)³⁸ 같은 벌레나 임강(臨江)의 사슴³⁹과
다름이 없어라.

둥근 구멍에 사각 자루를 박으려는 것처럼
행동이 세상과 맞지를 않는도다.
얻는다고 해 보았자 눈 흘김을 채울 만큼도 되지 않고
잃는 것은 언덕보다도 많아라.
애오라지 글을 지어 조문하노니
눈물이 그렁그렁 흐르네.
저 멀리 예로부터 그러하였으니
어찌 홀로 탄식만 하리오!

---

38 부판(負蝂) : 부판(蝜蝂)·부판(負版)이라고도 한다. 벌레의 일종이다. 이 벌레는 등에
　무엇을 짊어지기를 좋아하고 높은 곳을 좋아하여 힘을 다해 올라간다는 이야기가 있다.
　유종원(柳宗元)의 「부판전(蝜蝂傳)」에 보인다.
39 임강(臨江)의 사슴 : 유종원의 우언적 작품에 「임강지미(臨江之麋)」라는 글이 있다. 임강
　의 어떤 사람이 사냥을 나갔다가 어린 사슴을 잡아 왔다. 집에서 기르는 개들이 그 사슴
　새끼를 해치려고 하였으나 차츰 가까워져서 친하게 지내게 되었다. 후에 이 사슴이 밖에
　나갔을 때 남의 집 개를 보고 친구로 생각하여 가까이 갔다가 그 개들에게 죽임을 당했다
　는 이야기이다.

글을 마치며 이렇게 읊노라

천도는 미묘하기 그지 없으니

일기(一氣)[40]가 운동 변화하여

팽조(彭祖)와 상자(殤子)[41]는 수명이 나란하고

백이(伯夷)와 도척(盜跖)도 다 같이 흙으로 돌아가

인생은 한바탕의 덧없는 꿈이러니

모든 것이 허무하고 진실은 찾을 수 없네.

그만두자, 나는 얻고 잃음에 있어

무엇이 흉하고 무엇이 길한 걸 알 수 없는 걸.

또 어찌 족히 분별을 할 것이리오?

만약 지하에서 앎이 있다면

의당 툭 트여 얼음처럼 풀릴 것이로다.[42]

---

40 일기(一氣) : 혼돈(混沌)의 기운으로, 천지만물을 구성하는 본원(本原)을 말한다. "彼方且與造物者爲人, 而遊乎天地之一氣."(『장자』, 「대종사(大宗師)」)

41 팽조(彭祖)와 상자(殤子) : 팽조(彭祖)는 장수를 상징하는 전설적인 인물이며, 상자(殤子)는 어려서 죽었다는 전설적인 인물이다(『장자』, 「제물론(齊物論)」).

42 얼음처럼 풀릴 것이로다[冰釋] : 얼음이 녹아 사라지듯이 의문이나 오해 등이 완전히 사라지는 것을 비유하는 말이다.

7 유금산기

遊錦山記

나는 소싯적부터 금산(錦山)이 남쪽 지역의 명승이라는 말을 들었으나
성격이 유람하기를 좋아하지 않는 데다 그곳이 워낙 멀고 외져서 내려
갈 기회가 없었다.

신축년(1841) 10월에 나는 일이 있어 남쪽으로 내려갔다가 남해도 바
닷가에 반 년 가까이 지체하게 되었다. 그러다 보니 울적한 증세가 생겨
서 마음에 번뇌가 가득 차 한 달이 되도록 낫지 않았다. 그래서 광릉(廣
陵)에서 파도를 구경했던 고사[43]처럼 나의 가슴 속을 한번 씻어 내면 나
을 것 같은 생각이 들었다.

드디어 이듬해 임인년 정월 하순에 삼촌과 함께 금산으로 놀러 갔다.
길을 나서서 금동(金洞)의 이군(李君) 집에 들르니, 이군이 소주를 대접
하여 수십 잔을 마신 다음 작별하고 떠났다. 그리고 몇 리를 가다가 취
해서 길 옆에 넘어졌다. 깨어나 보니 삼촌은 어디로 갔는지 알 수 없었
다. 날이 저물어 하생(河生)의 집에 투숙하였다.

그 이튿날 용문(龍門)의 강옹(姜翁) 집에 들렀는데 강옹 부자는 내가
당도할 것이라는 말을 듣고 5리 밖까지 마중을 나와서 들르게 된 것이

---

43 광릉(廣陵)에서 …… 고사 : 광릉은 지금 중국 강소성(江蘇省) 양주(楊州)의 옛 이름이다.
이곳은 양자강(楊子江)의 하류에 해당하는데 연중에 일정한 시기가 되면 바다에서 파도가
밀려 올라와 장관을 이루었다고 한다. 한(漢)나라 문인 매승(枚乘)이 지은 「칠발(七發)」에
서 초(楚) 태자(太子)가 병을 치유하기 위해 공후(公侯) 및 여러 친구들과 함께 파도가
쳐오는 것을 구경하러 광릉의 곡강(曲江)으로 간다는 말이 나온다. 광릉에서 파도를 구경
했던 고사란 이를 가리킨다. "客曰 : 將以八月之望, 與諸侯遠方交遊兄弟, 並往觀濤于廣陵
之曲江."

다. 자리에 앉은 지 얼마 되지 않아 삼촌 및 금동의 이군, 난현(蘭縣)의 이생(李生)이 차례차례 들어왔다.

그리하여 술을 짊어지고 함께 길을 나섰는데 정상에 오르기 전에 석양의 그림자가 깔려서 미륵암(彌勒菴)에 투숙하게 되었다. 미륵암은 두어 칸의 초가지붕이 바위와 구름 사이에 홀로 우뚝 선 것인데 솔바람이 가늘게 들려오고 새소리가 사방으로 퍼져서 속세에 대한 생각이 저절로 잦아들고 진성(眞性)이 발현되는 것 같았다. 두세 명 노승이 우리를 맞아 대접을 하는데 소채는 향긋하고 샘물은 달아서 비로소 부귀는 한적함만 못하고 기름진 고기가 담박한 음식에 한참 미치지 못함을 알았다.

그 다음날 승려 한 사람이 삿갓에 장삼을 입고 나대(蘿帶)를 하고 석장을 들고 앞장서 우리 일행을 안내하여 구경할 만한 곳을 안내하였다. 부소암(扶蘇巖)에서 시작하여 동쪽으로 홍문(虹門)에 이르니 가운데가 텅 빈 바위가 둥글게 대문을 이루어 몇 길 되는 깃발이 통과할 수 있어 보였다. 남쪽으로 바라보니 세존도(世尊島)가 바다 가운데 우뚝 서 있는데 위로는 붙어 있고 아래로는 열려 있어 돛배가 지나다닐 만하였다. 정히 이곳의 홍문과 대(對)를 이룬 형국이라 이야말로 가장 기이하다 할 것이다.

홍문에서 다시 비스듬히 꺾어 올라가니 용굴(龍窟)에 닿았다. 큰 바위가 깎아지른 듯 산을 등지고 서 있고 바위 아래로 동굴이 있는데 구불구불 깊고 캄캄하여 들어갈 수 없었다. 중이 석장으로 그곳을 두드리니 텅 하는 소리가 산골짜기에 온통 메아리쳤다. 또 서쪽으로 수백 보를 올라가니 좌선대(坐禪臺)가 나왔다. 좌선대는 높다란 바위가 천 척이나 구름 사이로 솟아 있는데 중이 바위를 타고 꼭대기에 올라서 석장을 세우고 우뚝이 서 있었다. 나와 일행들은 너나없이 오싹 겁이 나서 모골이 송연하였는데, 바라보니 중은 바야흐로 소리 높여 범패를 외우는 것이었다.

그 기세는 거침없고 소리가 멀리 울렸다. 저야말로 무생(無生)[44]을 배우는 자가 아닐까.

거기서 위로 올라가니 산은 더욱 험준하고 바위는 더욱 굉장해 보였다. 소위 화암봉(華巖峰)[45]·제석봉(帝釋峰)·일월봉(日月峰)·대장봉(大壯峰)으로 이름한 봉우리들이 어지럽게 솟아 있었다. 바위 모양이 신선이나 부처와도 같고 마소나 조류와도 같은데 혹은 싸우는 듯 혹은 놀란 듯 일어선 듯 엎드린 듯 모여 둘러싼 것도 같고 뿔뿔이 흩어진 것도 같고 공중으로 솟아오르고 물을 마시고 하는 등 괴이한 만 가지 형상을 이루 다 열거할 수 없을 지경이었다. 바다 밑의 불상 이야기나, 서불(徐市)이 지나가다 바위에 이름을 남겼다는 전설, 장사가 갓신을 벗어 놓았다는 이야기, 단정(丹鼎)의 감로(甘露) 이야기 등 황당하고 부황스런 말에 이르게 되면 대개 군자가 말하지 않는 바라 기록하지 않는다.

정상에 올라 돌계단을 쓸고 봉수대 위에 나란히 앉았다. 시원스레 멀리 사방을 둘러보니 툭 트여 끝이 없는데 아득히 구름과 물 사이로 눈길을 돌리며 광막한 우주의 바깥으로 정신이 유영하는 듯했다. 심회가 툭 트이고 기상이 오롯이 맑아져서 유연히 조화옹과 더불어 짝을 이루어 만물의 위로 날아올랐다.

남쪽으로 시퍼런 바다를 바라보니 끝이 보이지 않는데 위아래로 하늘과 혼연히 한 색이다. 저 바다는 만물을 포용하고 있으면서 낮은 데 처하여 가장 커질 수 있으니 이야말로 군자의 도량이 아닐까!

동쪽으로 대마도가 멀지 않아 보일 듯 말 듯한데 은쟁반 위의 한 점에 불과한 땅의 하찮은 무리들이 접역(鰈域)[46]의 7년 전쟁을 일으켰으니

---

44 무생(無生) : 불교에서 불생(不生)·불멸(不滅)을 이르는 말이다.
45 화암봉(華巖峰) : 지금은 '화엄봉'으로 불리고 있다.

전갈 꼬리의 독침을 소홀히 상대할 수 있으랴!

노량의 사당(충무공의 사당)과 마애비(磨崖碑)[47]가 왼쪽 오른쪽으로 내려다보였다. 개연히 이오(伊吾)에서 명검(鳴劍)한 뜻[48]이 느껴졌다. 이충무공(李忠武公, 李舜臣)과 진도독(陳都督, 陳璘)의 공훈은 칭송하지 않을 수 없는 것이다.

나는 술을 따르고 시를 지어 실컷 마시며 즐겁게 읊었다. 주변을 둘러보며 한참을 배회하다가 서로 바라보며 껄껄 웃고 이렇게 말했다.

"지금 우리들이 이 산의 정상에 한번 올라 내려다보니 인간 세상은 개미나 하루살이, 이 따위가 먼지와 연기 사이에 서식하여 바삐 움직이는 것과 다름이 없다. 만약에 진짜 신선이 저 하늘 높이 앉아 우리들이 한동안 즐거워하는 양을 굽어본다면 어떻다고 말할 것인가."

산 아래쪽으로 돌에 이름을 새겨 놓은 것이 많았다. 지금은 모두들 어떤 사람의 이름인지 전혀 알 수가 없다. 유독 주신재(周愼齋, 周世鵬)가 써서 새겨 놓았다는 '유홍문상금산(由虹門上錦山, 홍문을 통과해서 금산에 오르다)'이라는 여섯 글자는 이름과 호를 밝히지 않았으되 지금까지 세상에 주신재의 글씨라는 사실이 전해져 흠모를 받고 있다.

아, 인간의 이름이 후세에 잊혀지지 않는 것이 이와 같은가! 지금 우리 대여섯 사람이 우연히 함께 이 산을 유람하였는데 뒷날 흔적도 없이

---

46 접역(鰈域) : 동방의 지역이라는 의미로 곧 우리나라를 가리킨다.

47 마애비(磨崖碑) : 장량상동정마애비(張良相東征磨崖碑)를 가리킨다. 정유재란 때 노량에서 왜군을 대파한 사실을 기념하여 명나라 장수 장량상이 바위에 새긴 글이다. 마애비는 자연석에 새긴 비석을 말한다.

48 이오(伊吾)에서 명검(鳴劍)한 뜻 : 이오(伊吾)는 중국 북쪽 변경으로 흉노가 지배하던 지역의 명칭이다. 후한(後漢)의 마무(馬武)라는 사람이 칼을 퉁기면서 이오의 북쪽으로 진격하겠다는 뜻을 보였다 한다(『후한서』, 「마무열전(馬武列傳)」).

사라져 전하지 않을 것인가! 이 또한 알 수 없다. 혹시라도 명성과 도덕을 수립하여 능히 산과 바다처럼 길이 존재하고 영구히 이름이 빛나게 될까?

말은 뜻을 다 나타낼 수 없고 즐거움은 끝까지 누릴 수 없다. 드디어 내려와서 보리암(菩提菴)에서 쉬었다. 산의 동쪽으로 내려와서 골짝을 둘러보며 시내를 따라 20리를 내려오니 양쪽으로 산이 깎아지른 듯 협곡을 이루어 담을 쌓은 골목이나 회랑처럼 되어서 큰 소나무가 해를 가려 햇빛이 가늘게 새어 들어왔다. 다래넝쿨 등속이며 떨기나무들이 서로 뒤엉켜 있어 길이 덮이고 얽혀서 어디로 빠져나갈지 알 수 없었다.

다만 들리나니, 물소리가 점점 가까워져서 거문고나 축 같은 현악기를 울리는 것 같았다. 마음이 그윽해지고 정신이 고요해져 갑자기 속세에 대한 뜻이 사라지고 천진(天眞)이 고스란히 살아나는 것 같았다.

나는 먼저 금산의 정상에 올라서 사방의 광막함을 둘러보았을 뿐이더니, 이곳에 와서 정신을 거두어들인 연후에 나는 비로소 천하의 아름다움을 모두 다 보았다고 하겠다. 유자후(柳子厚, 柳宗元)의 이른바 심오함과 광활함이 나에게 다 모였다 할 것이니 오늘 나는 이에 흔연히 웃으며 흐뭇이 즐거워하노라. 문득 마음에 쌓인 병이 내 몸을 떠나 스스로 일생의 지극한 유람을 했다고 생각하였다.

아, 이 산이 비단 금(錦)이라는 글자를 차지하여 남방의 승지로 일컬어진 것은 당연하다 하겠다. 그러나 서울의 번화한 곳에 있지 않고 외딴 섬의 궁벽한 곳에 있어 세력 있는 고관이나 귀공자가 와서 노는 경우는 한 번도 없다. 와서 노닌 자들은 귀양 온 외로운 신하, 곤궁한 떠돌이 아니면 죄를 짓고 쫓겨 온 사람 및 세상에 뜻을 얻지 못한 자에 지나지 않는다. 이 산 자체로 보더라도 스스로 자기를 위하는 것이 매우 졸렬하여 나와 유사한 바가 있다. 내가 이 산과 더불어 깊이 잘 어울리는 것 또한 마땅하지 않은가. 그러나 이 산은 실로 암석이나 계곡이 기이하거나 빼어나서 사람의 눈을 놀랍고 어리둥절하게 하여 세상의 괴이함을 좋아하는 마음에 합당하지 않으니, 설령 서울에 있다 하더라도 필시 귀하게 여겨지지 않을 것이다. 서울의 고관들 또한 바쁘게 돌아다니고 골몰하여 산수의 낙에 마음을 쓸 겨를이 없거늘, 그 누가 찾아와서 노닐 것인가. 가령 와서 노닌다 하더라도 어느 누가 참다운 취미를 분간해 낼 수 있으리오.

오직 이 산은 바닷속의 섬 가운데 있어 삐쩍 마르고 근심 걱정에 울적한 사람이 간혹 올라가서 심회를 풀어 놓아 유유자적하면 세상에 대한 욕망이 끊어질 것이다. 오로지 산수간에 마음을 붙인 까닭에 종종 한가롭고 툭 트인 취흥이 깊어질 터이니 문득 유람의 즐거움을 느끼는 것이 이보다 나은 곳이 없다. 이 금산이 홀로 아름다운 이름을 차지하여 국중에 알려지게 된 것은 대개 이 때문이다.

어진 자는 부족함이 있는 자에게 덕을 베푸는 까닭에 은혜가 더욱 깊어지며, 지혜로운 자는 여유가 있는 집에는 팔지 않기 때문에 값이 더욱 높아진다. 나는 이에 어질고 지혜로운 법을 얻었도다. 청송(靑松) 심 모(沈某)는 쓰다.

● 유금산시
　　游錦山詩

절정에 바위 치솟아
산은 한층 더 높아라.
기운은 바다를 삼켜 광활하고
생각은 노을 속으로 들어가 응결되누나.

계절은 삼양(三陽)의 괘(卦)⁴⁹를 만나도
응달의 돌계단 얼음이 밟히네.
세상 밖으로 한없이 찾아가는데
수염 붉은 중이 앞장을 섰네.
석문은 은빛 무지개처럼
바위에 떨어지는 물 옥구슬 드리운 듯
검은 학은 구름 사이에서 춤추고
사슴이 길 앞에서 뛰누나.
머리를 돌려 인간 세상 바라보매
자욱히 연무로 가려졌네.
만고에 성패는 덧없거늘
파리처럼 분주하게 쫓아다니는가.
봉래산은 바라봐도 보이지 않으니
황당하여 믿기 어려워라.
오래 살거나 일찍 죽거나 저마다 운명이거늘
구름수레⁵⁰ 무슨 수로 탈 수 있으랴!
피비린내 물결치는 옛 전쟁터에
그 옛날 왜적의 병선 기세를 올리더니
한 손으로 일어나 싸워 무찌르니
동국에 응양장⁵¹이 있었도다.

---

49 삼양(三陽)의 괘(卦) : 봄이 돌아왔음을 뜻하는 말이다. 삼양의 괘란 『주역』에서 '지천태 (地天泰)'를 가리킨다. 이는 아래쪽에 양괘가 놓이고 위쪽에 음괘가 놓이는 형상인데 양기 운이 땅 밑에서 일어나고 있음을 의미한다고 한다.

50 구름수레[雲車] : 한나라 무제(武帝)가 방사(方士) 문성(文成)의 말에 따라 신명과 소통하 기 위해 구름으로 꾸민 수레를 만들었다고 한다.

천추에 광휘를 떨쳐

그 빛남은 초승달 떠오르는 듯하였어라.

사람으로 태어나 불후의 이름을 얻은 자

예로부터 몇몇이나 있었던가?

어찌 스스로 노력하지 않으랴

줄줄이 파묻히고 사라질 뿐이로다.

평생 고달팠던 마음과 뜻

여기 오름에 문득 날아오를 듯하네!

태초의 기운[52]을 타고 노니니

조물주와 짝을 한 듯싶어라.

술잔 들어 우주 공간을 둘러보니

창주(滄洲)[53]에 기세 늠름하여라.

공자님 배우기는 나의 소원하는 바라[54]

나를 관중에 견주다니 어찌 그럴 수 있으랴[55]

바다는 깊어 끝이 없고

산은 높아 영구히 무너지지 않거늘

---

51 응양장 : 강태공을 가리키는 말이다. 강태공은 무왕을 도와 은나라를 정벌하고 주나라를 세웠다. 『시경』, 「대아(大雅)」, '대명(大明)'에, "태사(太師) 상보(尙父)는 마치 매가 나는 듯하여, 저 무왕을 도와 상나라를 정벌하였네[維師尙父, 時維鷹揚, 涼彼武王, 肆伐大商]." 라는 구절이 있다. 여기서는 이순신을 비유하였다.

52 태초의 기운[灝氣] : 천하에 가득 찬 맑은 기운을 말한다.

53 창주(滄洲) : 은자가 사는 곳을 뜻하는 표현이다.

54 공자님 …… 바라 : 『맹자』, 「공손추 상(公孫丑上)」에 나오는 말이다. 맹자가 자신은 공자를 배워서 학문에 힘쓰는 것이 소원이라고 말하였다. "乃所願, 則學孔子也."

55 나를 …… 있으랴 : 『맹자』, 「공손추 상」에서 따온 말이다. 공손추가 맹자에게 제나라의 요직을 맡는다면 관중(管仲)과 안자(晏子)의 공을 인정하겠느냐고 묻자 맹자는 "너는 나를 어찌 이들과 비교하느냐[爾何曾比予於是]."라고 하였다.

날마다 달마다 힘써 나아감에
자나깨나 언제고 전전긍긍 힘을 다하리
이런 식으로 길이 존재하기를 구한다면
죽백(竹帛)[56]에 이름이 오를 수 있으리라.
무실(務實)하면 꽃도 필히 무성하리니
등불에 기름을 더하는 것 같아라
어찌 비석을 물 속에 잠겨 두고[57]
계곡이 구릉으로 바뀔까 걱정한 걸 본받으리오!

평어 우주에 떨치는 기운과 만고를 능가하는 의지로 마침내 독실하고 근면
하며 조심하고 두려워하여 무실(務實)로 돌아가 헛된 이름을 돌아보지 않았
도다.

---

56 죽백(竹帛) : 역사의 기록을 의미하는 말이다(『사기』, 「효문본기(孝文本紀)」).

57 어찌 …… 잠겨 두고 : 진(晉)나라 두예(杜預)의 고사이다. 두예는 자신의 공을 새긴 비
두 개를 만들어 하나는 지상에 세우고 하나는 강물에 넣어 두어 후세에 산천이 변할
때를 대비했다고 한다.

8 시

詩

● 인주원(仁周院)⁵⁸에서 사돈 어른 박공과 작별하며
仁周院別朴査丈

집을 멀리 떠난 나를 생각하여
함께 금양(錦陽)⁵⁹까지 오셨네요
공의 무거운 의기에 감격하여
작별하면서 술잔을 자꾸 기울이오.

● 금강을 건너며
渡錦江

남쪽으로 금강을 건너려니
서글피 이별의 시름 생겨나네
우주는 무한하여 끝이 없거늘
장부는 원유(遠遊)를 일삼노라.

---

58 인주원(仁周院) : 당시의 여정으로 보아 인제원(仁濟院)을 가리키는 듯하다. 공주목(公州牧) 북쪽 52리에 있다.
59 금양(錦陽) : 금강 북쪽을 가리키는 말이다.

● 궁원(弓院)⁶⁰을 지나며
　過弓院

산은 틀어올린 머리, 물은 미인의 눈썹
길을 가다가 궁원(弓院)에서 초승달을 읊노라
봄꽃이 다 지도록 소식이 오지 않거늘
그저 시골 노파 따라 주는 술잔을 기울이네.

● 노성⁶¹
　魯城

아득히 넓은 들판이 먼 하늘과 맞닿았는데
산빛은 밝고 아름다워 한양보다 좋구나
그저 탄탄대로 따라 편하게 가다 보니
이 몸이 타향에 있는 줄 느끼지 못하겠네.

● 여산⁶²
　礪山

나에게 구름을 가르는 칼이 있건만
십 년 동안 한 번도 갈지 않았네
높은 산을 하늘이 숫돌로 삼아
금강의 물결로 씻는 건가.

---

60 궁원(弓院) : 『신증동국여지승람』에 따르면, 공주목(公州牧) 북쪽 40리에 있다.
61 노성(魯城) : 지금 충청남도 논산에 소속된 고을 이름.
62 여산(礪山) : 지금 전라북도 익산에 소속된 지명. '礪'가 숫돌을 뜻하는 글자이기에 '높은
　　산을 하늘이 숫돌로 삼아'라고 한 것이다.

● 남원 관왕묘⁶³
　南原關公廟

한때 조만(曹瞞)⁶⁴에게 머리를 굽혔으되
나는 이 일을 좋게 보노라.
권도(權道)로서 바른 길을 얻었으니
대의는 일월처럼 빛나도다
어찌 소장부처럼
변통 없이 절개를 지키다 말리오
이 사당의 모습 표피(豹皮)를 남겼으니
영명한 광채 늠름하여라
구천에서 다시 공을 모셔온다면
나는 공과 함께 가리로다.

● 여러 달 병 끝에 기운이 회복되지 않고 객고가 속에 가득하여
　풀어내 읊다
　病餘連月神氣未復, 客苦滿腔, 吟以自叙

천 리 길에 어머님을 떠나

---

63 남원 관왕묘 : 원문의 관공묘는 관왕묘·관제묘라고도 하며 관우를 모신 사당이다. 우리
나라에는 임진왜란 때 명나라 장수가 주둔하면서 세워지게 되었다. 남원 관왕묘는 1599
년 무렵 명나라 도독 유정(劉綎)이 세웠다. 총부중군(摠府中軍) 이신방(李新芳), 총부천
총(摠府千摠) 장표(蔣表), 총부천부(摠府千夫) 모승선(毛承先)을 배향하였다(『연려실기
술 별집(燃藜室記述別集)』권4, 「사전전고(祀典典故)」). 현재 전북 남원시 왕정동 51에
있으며 시도유형문화재 22호로 지정되어 있다.
64 조만(曹瞞) : 조조(曹操)를 말한다. 조조의 아명이 아만(阿瞞)이기 때문에 이렇게 말한
것이다.

해를 넘기도록 섬에서 지내자니
타관에서 달을 보니 반갑고
바닷가라 바람 많아 괴롭다
병을 앓아 껍데기만 남았는데
나그네 시름 몸을 돌보지 못하네
평생 재앙과 허물이 무거우매
감히 하늘을 원망하지 못하오.

● 어버이를 그리워하여. 육언시
　憶親 六言

산마루의 구름을 바라보니 봄도 다했거늘
외로운 길손 돌아갈 마음에 무거워라
강남 천 리에 풀빛도 푸르른데
자고새 울음 안개 사이에 그치네.

● 두 아우를 그리워하여
　憶諸弟

한 상에서 밥을 먹고 한 자리에서 잠자고
어찌 하룬들 떨어진 적 있으랴
해를 넘기며 외로운 섬에 머물렀으니
서로 만나 보지 못하는 형의 시름 아우의 슬픔일러라.

● 꿈속에 머리맡의 항아리에서 소리를 듣고 처마 물소린가 하여
　깜짝 놀라 일어나 살펴보니 소리가 그쳤다
　夢中聞床頭甕聲, 以爲簷雨, 驚起視之則已矣

　항아리 속에서 술이 괴느라 가는 음률처럼
　세상에 병생(餠笙)[65]이 있는 줄 이제 알았도다
　오경에 몽롱한 꿈에서 깨어나
　처마 앞의 밤비 소리를 잘못 들었다오.

● 시름을 풀다
　遣悶

　남쪽으로 천 리 길 내려온 것은 위선(爲先)의 계책이요
　멀리 여행하기 좋아해서가 아니라오
　견우성 북두성 분야[66]라 해가 더욱 가까우니
　납평(臘平)[67]의 날씨가 가을철 비슷하네
　바다는 봉래산이 가까워 기이하기도 하고

----

65 병생(餠笙) : 술동이에서 술이 발효되는 소리를 말한다. 소식(蘇軾)의 시에 보인다. "경진
　년 8월 28일, 유기중(劉幾仲)이 동파(東坡)를 전별하며 술을 마셨다. 술잔 속에서 생황과
　통소 소리가 나는데 마치 아득히 하늘에서 들려오는 듯하였다. 억양 반복이 대략 음절에
　맞았다. 천천히 살펴보니 두 개의 술동이에서 나는 것이었는데 물과 불이 조화를 이루어
　자연히 나는 소리였으며, 한 식경이 지나서야 그쳤다. 앉아 있던 손님들이 놀라 감탄하며
　전에 없던 일이라 하면서 병생시를 지어 기록하기를 청하였다[庚辰八月二十八日, 劉幾仲
　餞飮東坡, 中觴聞笙簫聲, 杳杳若在雲霄間, 抑揚往返, 粗中音節, 徐而察之, 則出於雙餠,
　水火相得, 自然吟嘯, 蓋食頃乃已, 坐客驚歎, 得未曾有 請作餠笙詩記之]."
66 견우성 북두성 분야 : 본디 중국의 오월(吳越) 지방을 말하나, 여기서는 남해를 뜻하는
　듯하다.
67 납평(臘平) : 동지(冬至) 뒤의 셋째 미일(未日)을 가리키는 말.

구름은 구리 기둥[68]에 닿아 온통 시름을 머금었소
대 사이로 밝은 달 반갑기 그지없어
술 마시고 바라보며 취흥을 붙이누나.

● 노량진을 건너며
渡露梁津

노량진 나루를 건너서
일을 시작하려니 마음이 끊어질 듯
통곡을 하자 해도 실로 안 될 일이라
오직 눈물이 피를 이루네요
높은 하늘 아득하여 호소하기 어려운데
단심의 충의 신원하지 못하였소
상수(湘水)로 쫓겨온 분[69] 위해 조문하는 이 없어도
초사(楚詞)는 강 달에 가득 차네요
외로운 이 후손이 북쪽에서 내려오니
슬픈 바람 숲에서 갈라지네.

---

68 구리 기둥 : 후한(後漢)의 복파장군(伏波將軍) 마원(馬援)이 교지국(交趾國)을 정벌한 뒤 두 개의 구리 기둥을 세워 한(漢)나라와 남방 외국의 경계선을 표시하였다(『후한서』, 「마원열전(馬援列傳)」).
69 상수(湘水)로 쫓겨온 분 : 굴원을 가리킴. 상수는 동정호(洞庭湖)의 명칭인데 이곳에 굴원이 추방되어 왔다.

● 회포를 풀다
　自遣

　　하늘 끝에 외로운 등불 벗해 꿈을 꾸노니
　　시름의 실타래 어찌 능히 가닥을 잡으리
　　조심하는 마음은 새로 시집간 여자처럼
　　몸이 지루하기는 좌선하는 중 같아라
　　시끄러운 남쪽 사람들의 말투 때까치 소리처럼
　　사납고 거친 풍속 누가 매를 길들이랴
　　정신이 뱃속에 충만한 데 힘입어
　　어려운 일을 당할 적마다 뜻이 더욱 굳어지오.

● 노량 이충무공 사당
　露梁李忠武祠

　　충렬사 아래로 성난 파도 몰리는데
　　위로 우뚝한 봉우리 연이었고
　　태청(太淸)의 누각은 아스라하여 하늘 벽에 닿아
　　푸른 대와 소나무는 만고에 생생한 기운
　　온 산에 뾰족뾰족한 바위 무장한 병사가 둘러선 듯
　　바람이 파도를 때려 북이 울린다.
　　장군의 공적이 천지에 가득 차서
　　갯가의 사내나 아낙들도 이야기하네
　　지금까지 일편단심의 충성 그 영령으로
　　땅에서 솟아오른 탁룡(籜龍)은 눈 속에 푸르러라.
　　평생에 자부한 바 가볍지 않으니

하늘이 이 몸을 낳으심이 우연이 아니거늘
희끗한 머리의 포의로 쓸쓸히 눈물을 짓다니
이날 여기 다다라 심경이 날아오르려 하네
장검 한 자루 얻어 남방을 평정하고
지난날의 치욕을 씻어 우리 임금님께 보답하리.

● **눈을 읊다**
  詠雪

큰 눈이 내려 한 자쯤 쌓이자 한 줌 크기의 대가 온통 땅에 쓰러졌다.
이윽고 눈이 개이고 바람이 불자 전처럼 일어나서 별 탈이 없었다. 남
방 사람들이 이르기를 여러 날 큰 눈이 내리면 대가 많이 죽는다고 했
다. 여휘지[70]의 시에 "대나무는 긴 몸이 쓰러짐에 곽색(郭索, 게)이 추
위에 떠는 듯하다."라고 하였으니 대개 이런 일을 알고 쓴 것이다. 사
람이 술에 취하면 뼈가 유연해져 수레에서 떨어져도 다치지 않는 것처
럼, 대나무는 눈을 맞으면 능히 부러지는 것을 면하고 다시 일어날 수
있다.

고요한 밤 소소히 댓잎에 눈 뿌리는 소리
천 그루 하얗게 핀 꽃 창문에 비쳐 밝구나
만 가지 줄지어 절하니 참으로 군자의 모습이요

---

70 여휘지(呂徽之) : 원말명초(元末明初)의 은사(隱士)이다. 만산(萬山)의 은자로서 시명(詩
  名)을 떨쳤다. 동향 사람인 도종의(陶宗儀)가 지은 『남촌철경록(南村輟耕錄)』에 그에 대
  한 일화가 소개되어 있다.

한 줄기 우뚝 일어서니 객경(客卿)[71]과 방불하네
이 광경 마음을 깨우니 병든 몸 소생하고
산천은 눈앞에 어른어른 향수를 달래도다
남방이라 눈 구경 못하다가 이제 처음 보니
천도(天道)는 인사를 따라 순서대로 가누나.

● 제야의 회포
   除夜有懷

1.

사람들 저마다 수세(守歲)[72]를 하는데
홀로 여관에서 달게 잠자노라
바라노니, 꿈에 고향으로 돌아가
북당(北堂)의 어머님께 축수의 절 드렸으면.

2.

타향에서 묵은해를 보내니
외로운 길손 마음이 어떻겠소!
집으로 가고 싶은 마음 어찌 없으리오
마음 써 해야 할 일이 많네요.

---

71 객경(客卿) : 춘추전국 시대에 외국인으로서 높은 관직에 임명된 사람을 말한다.
72 수세(守歲) : 섣달 그믐날에 잠을 자지 않고 밤을 새는 풍속이다. 만약 잠을 자면 눈썹이
   희어진다고 한다.

3.

누구 하나 이야기 나눌 사람 없으니
술이 있어도 기쁜 줄 모르겠네
남아의 큰 뜻 나이 들어감을 슬퍼하노니
밤중에 일어나 탄식하노라.

● 금산에 노닐다
　　遊錦山

바다는 하늘과 경계를 짓고
산은 물로 인해 높아지누나
흥겹게 정상에 올랐다가
석양에 절문을 두드리네.

● 녹두산[73]
　　鹿頭山

해질 무렵 사립문에 기대어
멀리 녹두산을 바라보노라
산 빛을 좋아해서가 아니요
돌아가는 길이 저 사이에 있어서라네.

---

[73] 녹두산 : 남해에 있는 산 이름이다. 『신증동국여지승람』에 따르면 현 북쪽 23리에 있다.

● 섬진강에서 묵으며

宿蟾江

1.

일엽편주 강가의 늙은이
매일 강으로 나아가네
강물은 유유히 흘러가는데
늙은이 마음은 담담해라.

2.

강가에 꽃이 피고 강물이 흐르는데
종일토록 느릿느릿 배를 젓네
저물면 강가에 가서 자니
강물이 맑아 좋아서라네.

3.

산 위엔 외로운 구름이 피어나고
산 아래 세 사람이 가누나
마음의 기약을 묻는다면
한바탕 바람 되어 우주를 맑게 하는 것이라오.

9 후기[74]
後記

신축년(1841) 시월 초나흘에 나는 남쪽으로 길을 나섰다. 옷가지를 싸서 등에 짊어지고 감발을 하고서 산 넘고 물 건너 어렵게 길을 걸었다. 길을 묻고 나루를 찾느라 지체되어 그달 16일에 남해도(南海島)의 토촌(兎村)에 당도하였다.

그 하루 전에 서숙(庶叔)이 길에서 염병에 걸려, 도착하자 바로 앓아 누우셨다. 닷새 만에 비로소 땀을 흘렸으나 원기가 크게 손상되어 거의 양기(陽氣)가 다 소실될 지경에 이르렀는데 독삼탕(獨蔘湯)을 복용하고서 겨우 위경을 벗어났다. 그러나 정신이 어지러워 지각이 전혀 없는 상태가 며칠이 지나서야 그쳤으며 허기 증세도 이어졌다. 십이월 초에 이르러는 나아졌다 심해졌다를 반복하여 문밖을 못 나간 지 만 사십 일이 지났다. 이에 죽력(竹瀝) 몇 사발을 복용하여 증세가 크게 나아졌다. 비로소 광양(光陽)의 입암(立嵒)으로 가서 성묘를 하고 토촌으로 돌아왔다.

해가 지나자 병세는 전보다 호전되었으나 어떤 때는 낫다가도 어떤 때는 심해져서 끝내 완전히 회복되지 않았다. 임인년(1842) 정월 열엿새에 삼동(三洞)으로 가서 종매(從妹)를 만나 이틀을 묵고 돌아왔다. 그믐에는 금산(錦山)을 유람하고 사흘 만에 돌아왔다. 이월 스무나흘에는 광양으로 건너가서 파묘(破墓)를 하고 토촌으로 돌아왔다.

이월 그믐께에 삼동으로 가서 집안 어른을 뵈었다. 내 팔촌형 맹빈씨

---

74 후기 : 이 글은 본디 제목이 없으나 『남정록』의 후기에 해당하므로 임의로 이렇게 제목을 붙였다.

(孟賓氏)[75]는 후사가 없어, 그 사세(四世)의 사당이 의탁할 곳이 없었다. 기장(機張) 족조(族祖)의 학식과 행실로 제사가 끊겨서는 안 되는데, 그 지친(至親)은 오직 좨주(祭酒) 댁과 우리 집밖에 없는데 모두 가난하고 힘이 없으니 후사를 세워 집안을 이어 나갈 가망이 없어 신주를 매안(埋安)[76]하자는 의론이 나온 지 오래되었다. 나는 차마 그렇게 하지 못하고 가만히 양자를 찾았으나, 같은 마을에 사는 친족들은 모두 우리 증조와 조부 항렬이 많았고, 서울에 사는 현달한 집안에서는 선뜻 양자로 주려는 사람이 없었다.

지금 남해 사는 친족의 세 아들을 보니, 그 막내가 사람됨이 비범하고 다 같이 13대조 사인공(舍人公)의 후손이어서 소원한 일가가 아니며, 또 그 조부대에 비로소 남쪽 땅에 유락(流落)하여 시골토박이가 아니기에 내 마음에 딱 들어맞았다. 다만 그 항렬이 맹빈씨에게는 형제 항렬이 되어 오래도록 망설이다가, 마침내 차양(次養)[77]의 경우를 따라 맹빈씨의 막내 동생으로 입양하였다. 나는 대가 끊어진 것을 잇는 데에 마음이 급해 비록 천천히 정하자는 의론도 있었으나 돌아볼 겨를이 없었다. 다행인 것은 말을 꺼내자마자 그 집안에서 내 말을 믿어 의심하지 않고 마침내 허락해 준 일이다. 그 아이는 겨우 열 살이지만 능히 부모형제를 떠나 나를 쫓아 천 리 길을 따라왔으니, 이 또한 큰일은 하늘이 정해

---

75 맹빈씨(孟賓氏) : 맹빈은 이름이 대관(大觀)으로 그의 조부는 열지(說之)인데, 열지를 기장 족조라고 표현한 것은 그가 심악의 조카로서 연좌되어 기장(機張)으로 유배되었기 때문이다.

76 매안(埋安) : 신주를 땅에 묻는 것을 가리키는 말이다. 대개 신주를 그 무덤 앞에 묻는다. 제사 지내는 것이 끝나거나 제사를 지낼 수 없는 경우에 신주를 땅에 묻는 것을 가리킨다.

77 차양(次養) : 같은 항렬의 사람을 임시로 데려와서 그 사람이 낳은 아들을 후사로 정하는 것을 가리킨다.

준다는 것이 아닌가 싶었다.

3월 9일에 서숙과 함께 광양 읍내로 나와서 떠날 준비를 했다. 16일에 관을 꺼내니 증조모와 대고모의 산소는 모두 88년이 되었으나 유골이 안온해 보였으며, 염을 할 때 쓴 천금(天衾)이 그대로 형체를 분간할수 있었다. 조부의 산소는 스물한 해가 되었는데, 관목은 흔적도 없었으나 안을 걷어 보니 지낸 지 몇 년 지나지 않은 듯 수의와 천금이 떨어지지 않았다. 오후에 비단과 홑이불과 베를 사용하여 염을 새로 하여 묶고 백지를 채웠다. 17일에 입관하였는데, 백지로 빈 곳을 채웠고, 칠성판(七星板)은 구멍이 없어 출회(秫灰)와 장지(壯紙)를 쓰지 않고 가는 끈으로 안을 묶었으며, 상여는 검은색 종이를 위에 바르고 검은 베로 첨장(簷帳)과 휘장(揮帳)을 하고, 색종이로 유소(流蘇)를 만들어 종이끈으로 둘레에 묶었으며, 흰 면으로 네모난 휘장을 덮고 푸른 베로 대나무 시렁위에 얹었다. 아이는 대나무 가마에 담아 싣고 그 형이 따라왔다.

22일에 출발하여 섬진강을 건넜는데, 동행한 사람은 서삼촌과 용성서삼촌, 흠아(欽兒)와 그 형인 국언(國彦), 광양의 권생(權生) 및 상여꾼여섯 명과 고용한 마부까지 모두 열세 명이었다. 증조모 모녀의 유해는한 상여에 모셨다. 24일에 남원을 지났고 25일에 전주에서 묵었는데 비가 내려 한나절 지체되었으며, 28일에 금강(錦江)을 건넜다.

4월 1일 집에 도착하였으니, 이것이 남정(南征)한 일기이다.

내 성미가 본디 글을 지어 이름을 날리는 것을 좋아하지 않아 지은시문을 남에게 보여 준 적이 없다. 지금 이 제문은 선조들의 행적을 서술하였으니, 인멸되어 전하지 않아서는 안 되겠기에, 인하여 여행 중에얻은 시문 약간 편을 붙여 한 권으로 만들고 책 이름을 『남정록(南征錄)』이라 하였다. 자손에게 남겨서, 선조의 뜻을 알고 이를 이어받을 것을생각하게 하려는 것이다.

원문부

사부(辭賦) | 시(詩) | 서(書) | 서(序) | 기(記) | 설(說) | 제발(題跋) | 논변(論辨) |

문대(問對) | 잡저(雜著) | 전(傳) | 제문(祭文) | 의(擬) | 남정록(南征錄)

사 부(辭賦)

1 秋蟲賦

癸卯之歲, 八月之夕. 積雨初收, 玉宇寥廓. 皓月生於東嶺, 凉風起於西陸. 烟霏
露白, 雲斂天碧. 賞風景之幽靜, 感氣運之斡遷, 擧盃援琴, 彈宣父之操, 詠碩人
之篇. 陶然而樂, 喟然而歎. 于時蟲語齊起, 聲殷秋草. 始繞林而長號, 俄入室而
悲訴.[1] 切切似怨, 喞喞如惱. 皷首奮翅, 低昂達曉. 晴天佳月, 未同幽人之歡.
冷露凄風, 秖切自家之苦. 維爾微物之無知, 何肯翹之賦形. 得意而靜, 不平則
鳴. 旣昧安吉之道, 徒懷悲咤之情. 續秋蟬之遺響, 异春鳥之和聲. 泣怨女之獨
宿, 淚志士之孤吟. 中凄切而感人, 比絲竹之哀音. 念爾恨之孰誰, 故非機務之
關心. 獨無羽毛之御寒, 不堪秋氣之先侵. 陰陽迭運, 寒暑代謝. 盖凝冽之有時,
何可長夫炎夏. 旣無衣又無室, 寃號寒於中夜. 自作計之不良, 獨鬱悒亦則耶.
於是愀然不悅, 停觴遠矚. 離立彷徨, 却坐太息. 余幸屋居而火食, 蔑飢寒之逼
迫. 一死生而順序, 又無徂年之悼惜. 樂天而素位, 絶貧賤之憂戚. 猗中立而自
娛, 王天下之不易. 求人道而得道, 又何爲此永懷. 人獨靈於萬物, 參天地爲三

---

1 訴: 저본에는 '訢'으로 되어 있으나 문맥을 고려하여 바로잡았다.

才. 禀天命而有職, 貴隨分而成務. 苟曠官而素餐, 乃不祥而爲咎. 士付任之特重, 在善世而明道. 皇錫予之獨多, 懷連城之奇寶. 哀世俗之昏闇, 若寒蛩之宵征. 昧利害之實事, 騖夸毗之虛名. 爭先趣於攫窣, 迷不悟而終身. 夫何幽逕而窘步, 長戚戚以尤人. 孰先覺而牖民, 躋八域於黃唐. 鬱素志之未展, 撫霜鋩而周章. 指孔聖以爲正, 亦載贄而邅邅. 耿夙霄而憂懼, 恐職分之有闕. 雖知汚隆之有命, 猶慷慨而激烈. 聆秋鳴而增感, 步中庭而咿嚘. 嗟微蟲之蠢蠕, 不與人而同憂. 爾自鳴爾之不幸, 我乃悲世之多虞. 羌同調而殊科, 胡爲乎入余之室而助余之吁.

評語 萬珠繁轉金盤滑, 獨繭促繰鐵車輕.

評語 識見高而文力遵.

2 蒼蠅賦

原註 歐陽公之作, 旣多俗韻, 其使事練句, 又乏騷人之風骨, 竊以爲不可, 故病中戲爲易之.

嗟夫天旣厚此民生, 胡侵害之多端? 豺貙虎之噉噬, 幸遠跡於深山. 蝮與蠆之毒螫, 在藪澤焉逢旃. 蚤蝨之竦癢, 蚊虻之嘬砭. 雖近憂之切膚, 可驅除焉奚嫌? 惟此蒼蠅之爲患, 自聖智而無奈. 其形至微, 爲害甚大. 其類寔繁, 殺不可勝. 出於糞溷, 化而飛騰. 醜穢可嘔, 情狀可憎. 若乃搖頭轉目, 捩掌紐股. 點白璧而成寃, 混黃鷄而濫曉. 貿亂黑白, 顚倒是非. 診積矢而發譏, 占集鼻而識微. 比讒人之交亂, 詠止藩於『毛詩』. 爾其穢茵, 藥污衣冠. 沈溺酒漿, 狼藉盃盤. 錦衣不可更服, 珍羞不可復餐. 況其遺種爛燧, 敗壞淋漓. 揮暫去而旋集, 撲雖滅而不悲. 旣罔畏又無恥, 偸營營以貪冒. 至夫鑽紙透簾, 着人鼻口. 嘬肉吮液, 穿裳入袖. 煩玉塵[2]以拂揮, 喪儀容於泥塑. 臨硯吸墨, 移污書籍. 往復聚散, 縱

---

2 塵: 저본에는 '塵'으로 되어 있으나 문맥을 고려하여 바로잡았다.

橫交織. 君子無以爲禮, 學者無以硏書. 貫歷數其辜戾, 固百擧而無譽. 附驥尾而致遠, 乃因人而非渠. 宰予晝寢, 承嚴譴於夫子. 邊生午夢, 貽諷嘲於門人. 賴爾之擾, 警其怠昏. 求可恕於莫恕, 在萬誅而一寬. 嗚呼大鈞播物, 理無偏完. 有陽必有陰, 有賢必有奸. 寧能使天下盡仁獸瑞禽, 而無有妖孼者耶? 豈其疾之已甚? 唯我御之有術, 吾姑忍而在汝. 不狎不激, 庶無大敗. 以就余之所欲, 待其天地旣肅自然無迹.

참고 구양수, 「憎蒼蠅賦」

蒼蠅蒼蠅, 吾嗟爾之爲生. 旣無蜂蠆之毒尾, 又無蚊蝱之利嘴. 幸不爲人之畏, 胡不爲人之喜. 爾形至眇, 爾欲易盈. 盂盂殘瀝, 砧几餘腥. 所希秒忽, 過卽難勝. 苦何求而不足, 乃終日而營營. 逐氣尋香, 無處不到. 頃刻而集, 誰相告報. 其在物也雖微, 其爲害也至要.

若乃華榱廣厦, 珍簟方牀. 炎風之燠, 夏日之長. 神昏氣蹙, 流汗成漿. 委四肢而莫擧, 眊兩目其萍洋. 維高枕之一覺, 冀煩歊之蹔忘. 念於爾而何負, 乃於吾而見殃. 尋頭撲面, 入袖穿裳. 或集眉端, 或沈眼眶. 目欲瞑而復警, 臂已痺而猶攘. 於此之時, 孔子何由見周公於髣髴, 莊生安得與蝴蝶而飛揚. 徒使蒼頭丫髻, 巨扇揮颺. 或頭垂而腕脫, 或立寐而顚䐶, 此其爲害者一也.

又如峻宇高堂, 嘉賓上客. 沽酒市脯, 鋪筵設席. 聊娛一日之餘閑, 奈爾衆多之莫敵. 或集器皿, 或屯几格. 或醉醇酎, 因之沒溺. 或投熱羹, 遂喪其魄. 諒雖死而不悔, 亦可戒夫貪得. 尤忌赤頭, 號爲景迹. 一有霑汚, 人皆不食. 奈何引類呼朋, 搖頭鼓翼. 聚散倏忽, 往來絡繹. 方其賓主獻酬, 衣冠儼飾. 使吾揮手頓足, 改容失色. 於此之時, 王衍何暇於淸談, 賈誼堪爲之太息, 此其爲害者二也. 又如醯醢之品, 醬臡之制. 及時月而收藏, 謹餠罌之固濟. 乃梁力以攻鑽, 極百端而窺覬. 至於大胾肥牲, 嘉殽美味. 蓋藏稍露而鑄隙, 守者或時而假寐. 纔少怠於防嚴, 已輒遺其種類. 莫不養息番滋, 淋漓敗壞. 使親朋卒至, 素爾以無歡. 藏獲懷憂, 因之而得罪, 此其爲害者三也. 是皆大者, 餘悉難名. 嗚呼止棘之時, 垂之戴經. 於此見詩人之博物, 比興之爲精. 宜乎以爾刺讒人之亂國, 誠可嫉而可憎.

3 　霜蟬賦

維爾之蟬蛻羽化, 吸風飮露. 吟嘯乎夕陽流水, 翔翥乎繁陰茂樹. 響嘹喨而滿空, 形綺麗而雕鏤. 爲一世之所艶羨, 詞人騷客爭獻頌而騰口. 今皆往事, 不足道也. 時維九月之初, 天又雨今日明日. 雨止則且霜, 霜則爾無有矣. 朝者東邱子負杖躚屧, 步於庭之缺. 念志業之悠長, 感秋氣之激切. 適有一蟬, 抱庭柯之曲節. 形貌憔悴, 羽翼摧折. 而振金商之餘韻, 音調愈烈. 駭響者以謂其有加前日, 見形者悲其時過[3]而將歇. 噫乎吁哉, 時氣流運. 物因之以虧盈, 況爾昧善建之不拔. 但居高而虛聲, 復奚恃而久生. 終與蠅貪蚊毒寒螿之悲鳴, 同歸於掃跡滅形. 原夫盈天地而化醇, 含陰陽而搆精. 爾爲物之瑣, 人爲物之靈. 無金石之貞質, 稟水火之神明. 是宜有無形而立不動而行, 揚聲垂耀並兩儀而不傾. 豈如爾之孤潔淸聲, 僅成一晌之名. 視彼蠅蚊寒螿之貪毒悲鳴, 差有間矣. 及其旣終, 又何班也. 余蘊精而不息, 爾修襮而罹患. 焉異道而同謀, 恐忠諫之靦顔. 自提耳之罔聞, 非仁心之有慳. 攬菊英而傲霜, 御桑盃而潑寒. 因時而樂, 隨處而安. 閱萬劫之灰塵歸然獨存, 可是泰山之日觀. 凶年不到於朱公之家, 崇厲不倚於和緩之欄. 嗟嗞乎, 獨有爾之永嘆.

4 　反招隱

若有人兮山之幽夐, 終古而無儔. 執心兮玉質, 炯雙眸兮若流. 耳若帖雪, 鼻若懸壺. 齒若編貝, 唇若含珠. 鬱靑霜之奇氣, 襲芳澤於蘭膚. 皇錫余之淑姿, 汩忘餐而修姱. 繪慶雲而爲繡, 織流霞而爲紗. 佩明月之玄珠, 擷瑤臺之瓊華. 帶駭鷄之琳犀, 服秋蓮之霜光. 糜松花以爲粮, 挹流泉以爲漿. 广澗楹而爲宮, 闢巖扃而川觀. 朝出遊兮長松落落, 暮來歸兮桂樹團團. 雲溶溶兮奇變, 鶴噯噯兮淸戾. 蘭芝秀兮卉木榮芳, 酷烈之終歲. 山風擧兮蕙帷弄, 素魄之初波. 招洪涯兮邀浮丘, 飮沆瀣兮餌朝霞. 鬼神呵護兮夜叉守關, 謐靜處兮思無邪. 中天地而鵠立, 周九域而凝精. 混三才而爲一, 圍萬品於化城. 怨年歲之易徂, 恐美人之無情. 碧雲秋兮日暮, 憺將愀兮延佇. 時晻曖其不分, 喟衆物之易所. 寒飮氷兮暑拊火, 指龍爲蛇虎爲鼠. 侯審鑿而正柄, 善威鳳之高擧. 莫我知兮可奈何, 退將復脩吾初服. 瞻白雲而怡情, 濯淸流而寢石. 澹偃蹇而相羊, 山中樂兮無殃. 晦白日之光景, 韜靑霞之奇章. 士貴隨時而澄濁, 何必懷乎黃唐. 惟斯時之難諧, 聊浮遊而自娛. 夫惟不義而都富與貴, 譬貪淫於穿窬. 挾腐鼠以餌鴟, 夫豈舍瑯玕與醴泉. 龍文藏匣兮隨和韞櫝, 思贈君兮隔遠川. 步山椒而騁望, 夕霧漲而迷天中. 紆軫以結轖, 涕淋浪而獨還. 密靚粧而自貞, 願俟荃之悔心. 千禩兮萬齡, 天日兮照臨.

시(詩)

1　**무술년**(1838)

● 宿鳥嶺

天寒東嶺曉, 殘夢續難成. 村屋鷄相引, 山窓月半明. 撥爐存宿火, 欹枕聒泉聲.
安得盈尊酒, 細傾慰客情.

● 無酒吟

從古幾多寂寞賢, 笑他醒石在平泉. 自來眞一天然白, 長醉春風霽月邊.

● 次惺翁梅花韻

排寒侵雪滿枝頭, 肯數菊花霜後秋. 月下淡粧傾赤縣, 尊前疎影入靑州. 芳魂定
是佳人骨, 淸操還宜處士儔. 幽恨却隨春意動, 巡簷索笑不成遊.

● 次惺翁臘平韻

挾策忘時序, 淸詩報臘平. 律窮春有信, 晦盡月生明. 風帶梅花氣, 雪抽萱草萌.
閑將堵上白, 活火試新烹

- 次惺翁立春韻

和風吹律斗貞寅, 積雪全消頓覺春. 眼看園林都變舊, 物隨人意宛如新. 菜根常咬還甘口, 竹葉初醅試入脣. 可待暑來寒自往, 何勞詩句強驅貧.

原註 有作詩送貧之言故云.

- 次除夕韻

壯志居然日月催, 年光三十四番回. 陰寒斷送邪魔去, 陽氣忻迎君子來. 瓦甌煎茗兼文武, 瓷甕拈醪正醱醅. 窮歲自除何用守, 新春入戶向東開.

  - 泰卿次除夕韻

  無那光陰似矢催, 起看斗杓向東回. 宵燈未繼窮年晷, 春意潛隨曙色來. 盤中靑菜新滋味, 尊裏紅醪舊醱醅. 北堂和樂添康健, 凍雪初消萱葉開.

- 與和元同飮

傾取囊錢勸酒傾, 丈夫心事皎然明. 貧之一字非堪道, 快意當前豈顧名.

2 기해년(1839)

- 次惺翁元日韻

子夜分將兩段翻, 天行無息有貞元. 東隅賓日先春氣, 南斗臨筵祝壽尊. 卦遇三陽乾道泰, 德冠四序雨施繁. 終年歡樂長如此, 今日算來第一番.

- 洗兒

祖宗遺蔭百年深, 掌上珍珠抵萬金. 愚魯公卿非所願, 但敎憂樂似翁心.

  - 益卿次

  弄璋屬晩顒望深, 忻愛豈惟抵萬金. 積善之家餘慶有, 一陽初復見天心.

• 次惺翁見寄

誠動天神與地祇, 萱堂潛禱得男宜. 鳳毛殊絶非凡物, 犀角豊盈有俊姿. 常恨紫
荊無結實, 更悲喬木少分枝. 百年積德今方驗, 不在堪輿巧中奇.

　• 原韻 惺翁

　惟若心德感神祇, 報應生男理亦宜. 熊夢元符彌月震, 麟兒特秀嵬天姿. 休
　祥果驗名山蔭, 茀祿方新寶樹枝. 餘慶古家斯莫大, 中心慰悅賀神奇.

• 扶餘懷古

江山明似畵, 返景墜殘霞. 往事尋孤寺, 興亡問落花. 釣龍春水闊, 却月暮烟斜.
回首羅王國, 千秋共一嗟.

• 鍾川有感

庇陽憶舊遊, 淚滴海西樓. 風舶來天上, 烟花匝地頭. 江山猶古意, 杖屐伴春愁.
整頓人間事, 暮年隨白鷗.

• 訪李君稚祥

春深花氣暖, 澗道尙餘寒. 佳句驚神助, 幽愁得酒寬. 逢人多冷眼, 行路久凋顔.
幸托金蘭契, 長庚配月殘.

• 有懷 讀中庸

好學精誠發, 頻宵夢孔公. 知天思不惑, 悟道樂無窮. 庭草滋時雨, 澗流信惠風.
大哉穹壤內, 龍德正當中.

3　　경자년(1840)

• 喜雨

九年憂歲旱, 三日喜春霖. 天地開生色, 街衢斷苦吟. 豊凶關國運, 暘雨似人心.

擊壤歌周頌, 和風動遠林.

● 次韻酬元暉

春風斗酒會, 明日片雲散. 從容信魚樂, 踽促傷驥絆. 百里非爲別, 感激心緖亂. 贈君以靈犀, 報我靑玉案. 回首望層雲, 古道悵無伴. 斗水西江遠, 涸鱗逼炎暵. 恒河期同濟, 萬里到彼岸.

● 漫吟

十載頷顱見二毛, 屢逢磨折氣逾豪. 好書讀盡精神大, 活譜傳來手法高. 每乞舖錢沽薄酒, 特從鄰社弄柔毫. 匣中寶劍龍光透, 夜半常聞風雨號.

4 신축년(1841)

● 醉起偶吟却簡隣朋

醉眠初罷倚庭柯, 晴夜沈沈幽事多. 風亞香烟雕碧篆, 月浮花影碎金波. 芳隣亦解銜盃致, 聖世相和擊壤歌. 十載飢愁幸豊樂, 當時不飮奈君何.

● 新美洞, 與宋曾若同賦

夤緣松逕傍山溪, 行訪仙源興不迷. 滿地落花芳艸合, 幽禽多意何人啼. 滿空山翠濕人衣, 白石靑溪一逕微. 此地相逢誠匪偶, 知君淸意世間稀.

● 濯髮前溪

濯髮西亭月滿川, 水淸沙白斂洲烟. 還將餘興尋溪曳, 酤取新醪不用錢.

● 訪夏元

谷口烟霞別有天, 桑麻十里覆平川. 吾儕耕釣皆君賜, 幸遇人間快活年.

● 哭惠伯

卜居東嶺屬靑春, 十載林園好主人. 今日君身翻作客, 烟霞悽愴送風輪.

● 秋夜有懷

景色沈沈興獨深, 江山瀟灑散幽襟. 秋風未解英雄恨, 夜月空懸怨女心. 白酒靑苔酬好節, 丹楓黃菊耐孤吟. 讀書萬卷知何事, 剩得霜華兩鬢侵.

● 秋望

秋光凝遠眺, 夕照復交輝. 澄瑩透肥骨, 暢吟逸興飛. 野逈黃雲淨, 水淸紫錦肥. 俯仰信所適, 悠然見天機. 所以君子心, 曾不滯纖微. 吾道諒斯在, 百年識同歸.

5 　임인년(1842) 7월

● 病中偶吟

偶得烟霞疾, 經年臥草堂. 入骨驚秋氣, 擧頭望月光. 戰勝心更怯, 髮短意何長. 聞道嗟年晚, 百千倍自彊.

6 　계묘년(1843)

● 元朝

餞舊迎新豈偶然, 文章漸進逐行年. 祥光日出扶桑外, 和氣春生曲檻前. 脚踏平安皆實地, 心存悠久有全天. 耽從鄰社酬盃酒, 澤馬那憐未着鞭.

● 苦熱

數間茅屋坐深甄, 大冶紅爐氣鼓騰. 耐可良金經鍛鍊, 怪來寒士變炎蒸. 火雲燒樹翻飛鳥, 汗雨沾衣集汗蠅. 高論風生淸四座, 仙方何必餌玄氷.

● 詠梅, 次光國

障上畫圖障裡花, 寒楂虛影對橫斜. 莫將嬌艶還相妬, 且道他家卽自家.
雕氷爲藥雪爲花, 蜂蝶不來孤影斜. 羞與羣芳爭艶色, 歲寒偏托玉人家.
寒雪堆邊獨發花, 尊前含笑一枝斜. 問言何處來春色, 自是陽和在俺家.
鼻祖羣芳第一花, 韶光先占雪中斜. 香魂細逐東風散, 幾處芬華富貴家.

● 次鄭光之

玉骨氷心擒藻花, 春光點綴參尖斜. 詠梅餘韻回將頌, 淸操幽芳是一家.
人生因果似風花, 溷厠芳茵撩亂斜. 唯有雪梅知此意, 媚春不到東皇家.

　● 原韻 光之
　殿百花開冠百花, 雪天佳色駐年斜. 誰將獨秀貞孤質, 肯向爭妍嫉妬家.

7 갑진년(1844)

● 喪兒 四月三十日

老母哭堂妻仆地, 庭蘭摧折珠沈水. 一句了語世無雙, 兩鬢如絲喪獨子.
不敢尤人更怨天, 空堂收淚數殃愆. 凄凉暮境悲身世, 此去那堪未死年.

● 六月 夜雲月

入雲月行速, 出雲月行遲. 遲速只在雲, 應匪與月期. 聊以持問月, 月亦未自知.
雲行月亦行, 試去看磨蟻. 磨蟻非此理, 眼眩視自疑. 譬如乘舟子, 但見岸花移.

● 遊兩西　八月初二日發行 九月二十二日乃歸

布襪芒鞋輿有餘, 壯遊空憶子長書. 尋山靈運時將晚, 乞食淵明計亦疎. 吏似耽
耽當谷虎, 民如呷呷入罾魚. 可憐關海名都會, 千里蕭然磬室虛.

● 練光亭

此地繁華敵杭州, 飛空危閣枕江流. 迥臨大野平看掌, 環立羣峯盡點頭. 漁火影沈殘月曉, 鴈行聲斷暮雲秋. 蕭條千載懷神聖, 賴有樓臺慰客愁.

● 平壤懷古

古城秋色遠, 感舊淚盈襟. 萬井方區正, 八條敎化深. 江山猶往昔, 世俗乃如今. 衣褐懷經濟, 百年獨有心.

● 箕子廟

松杉多古色, 遺廟倚層城. 舊俗因前聖, 斯文有後生. 千秋空往躅, 三歎自傷情. 願獻治平策, 無由到玉京.

● 善竹橋

城月映顏色, 溪流激恨聲. 古來皆有死, 公獨至今生. 碧血千年化, 丹心一片明. 成仁存實理, 非爲好其名.

8 　을사년(1845)

● 家貧無以養. 兄弟共作木盤, 賣之以爲朝夕之具. 三春閉門疾作, 未暇遊賞花柳, 感而作二首.

情怯崎嶇世路難, 弟昆疾作供親歡. 文章經業懸高閣, 勤力生涯骪小盤. 春夢已曾迷宦海, 秋懷多爲老林巒. 古之甯武今君子, 能知而愚莫測端.

行年四十事多難, 隨分安時獨自歡. 宮陛未陳文仲策, 澗阿還考碩人盤. 烟磯魚鳥閑春水, 巖扃雲霞閉古巒. 家政亦爲經世務, 不遑遊賞豈無端.

　　原註　余所作木盤記, 以周詩碩人考盤謂爲盤匠, 故及之.

● 送仲弟泰卿之黃澗伐盤材 幷序

造盤, 須用大木徑一抱二圍以上, 木性堅而滑, 軟而紉, 乃爲良. 泰卿與鄰居張生, 行三百餘里, 入黃澗之物閑山中, 斬木編荻, 爲窟室而廬焉. 躬執爨, 佐以鹽醬而食之. 去人家二十里, 杳然處乎林薄巖谷之中, 禽獸之聲四合, 人烟迥絕, 晝則就陰而引鋸, 夜則燃松而斲之. 盤材成, 則雇丁擔以送之家. 余與益卿在家, 伐柳木爲瓣與足. 因感泰卿之賢, 能刻苦乃爾. 輒作一篇, 以爲射鉤巾車之不忘焉爾.

家貧養老母, 苦無擔石儲. 賣盤供滫瀡, 不負聖賢書. 入山三百里, 屢經虎豹廬.
辛勤伐盤材, 踰月未歸歟. 念弟勞遠役, 兄豈獨逸居. 終日事斤斲, 筋力不敢餘.
守分甘丘壑, 百年謝簪裾. 旣無濟物功, 食力宜勤渠. 時運適不偶, 作計未爲疎.
爲善且無愧, 安用求時譽.

● 次淵明東方有一士韻
東方有一士, 適道神獨完. 身被大布衣, 頂戴切雲冠. 讀書守窮廬, 髭髮已頹顔.
韞櫝藏奇寶, 城府閉重關. 不笑亦不語, 莫能知其端. 黃鐘讓瓦缶, 鴻鵠未可彈.
已厭雞爭食, 曆逝羞孤鸞. 隱顯豈遺世, 隨時存炎寒.

● 偶吟自慰
去年喪童烏, 膝下更無兒. 雖以理自遣, 榮獨心苦悲. 玄天幽且遠, 無乃吾道非.
天運方逆行, 陰長陽氣衰. 善類多殄瘁, 淫夫忻得時. 一心慕至仁, 明道以自期.
幽闇與顚沛, 堅持未肯移. 烈烈大冬中, 一樹獨靑枝. 風雪所交侵, 那得不葳蕤.
着根苟深固, 可以及春滋. 努力且自强, 向前不復疑. 天道甚神明, 豈云終無知.
若乃大氣數, 天亦不能爲. 君子不怨天, 深知其無私.

● 有山訟. 往佳谷, 待地主之躬臨決處. 數日無事, 獨坐閑甚. 偶吟以寄意.
時乙巳四月近晦也
待事還無事, 獨坐靜機心. 散步陟林皐, 愛此嘉木陰. 俯臨春池瀾, 魚鳥競浮沈.
雲霞生衣袖, 流風滌塵襟. 如此豈不好, 但爲世情深. 身名未有立, 鐵杵終成針.
安能遽自棄, 塊然處山林. 此心久已定, 不受物累侵. 隨處獲至樂, 俯仰齊古今.

人生貴自適, 何事復沈吟.

● 感懷

故人心如玉, 新人顏如花. 故人工織緞, 新人工織紗. 花不保歲寒, 只可媚繁華.
紗以宜炎熱, 未堪風雪遮. 西鄰逐故婦, 掩淚入東家. 東家忻得之, 西鄰亦自誇.
西鄰日衰替, 東家日增加. 人情每厭舊, 厭舊終成瑕. 人情每好新, 好新久還嗟.
人舊器惟新, 尙書聖謨嘉. 世俗重古器, 舊人反棄遐. 咄咄難重陳, 且種東陵瓜.

● 酬元暉見寄

散樗幸免棟樑材, 犧象靑黃乃木災. 塵外風情隨處愜, 山中雲物引人來. 半生功
業書千卷, 終日經綸酒一盃. 翰苑良朋同此意, 獨將襟抱向余開.

● 扇題

稟性迷闇, 言與行違. 爲謙七年, 矜傲不除. 識淺量狹, 猶是小夫.

● 扇題. 甲辰年喪兒後

祇聳天罰, 內省多疚. 洗心刮腸, 畏威時保.

● 夜聞鄰屋哭兒

鄰家有夫妻, 中年生一雛. 啼笑俱可愛, 珍若千金珠. 得病竟不救, 夜半聞悲呼.
驚起罷酣眠, 攬衣遶壁趍. 涕淚無從出, 汍瀾霑衣襦. 同情相感觸, 摧慟理不殊.
草花各有實, 禽鳥亦反餔. 經術書滿家, 傳業無遺孤. 天運苟如此, 自古有延吳.
豁然散情懷, 不用更嗟吁.

● 桂陽三從族兄忌日. 撫事蠱傷, 悲不自勝, 因題詩以遣懷. 詩成而增悲

先子年十四, 自南入京城. 養爲皇考後, 依託惟族兄. 敎導而婚娶, 實有父母恩.
同居十九年, 門庭無間言. 分異亦鄰近, 來往若一家. 兒曹共嬉遊, 撫摩無等差.

先子歲南觀, 秋往每春返. 吾輩從兄學, 提誨盡誠惻. 兄歿纔踰年, 嗣胤又繼逝.
孀孤無所依, 仲弟留爲計. 孀婦尋亦亡, 家業並無餘. 幼孤只男女, 持來敎養渠.
艱辛八年歎, 領顧僅得全. 欣然成丱角, 婚嫁覓佳緣. 嗟嗟頃歲秋, 一時俱夭闕.
墳墓缺掃灑, 廟宇無奠輟. 七月初十日, 是兄棄世辰. 撫念溢悲憤, 掩抑涕沾巾.
自傷百無狀, 恩義兩孤負. 不能存一孤, 忍使絶吾手. 精靈縱無責, 面目那可顯.
百年永傷懷, 九原憖相見. 悠悠生死境, 此恨無絶期. 木石好冥頑, 人生苦有知.

● 七月十三日夜

忡忡惱炎熱, 脉脉望新凉. 急雨催秋意, 歸雲放月光. 作勞憐瘦骨, 乏飮耐枯腸.
淸景蘇人氣, 今宵引興長.

9 신해년(1851)

● 秋日有懷偶成. 轉韻三十二, 以示二三同志 辛亥

光風下蒼旻, 秋色上平陸. 野水淸我心, 山籟酣笙筑. 怡然忘俗憂, 事事幽意足.
玉宇正蕭灑, 萬里無際碧. 故人如明月, 淸光照幽獨. 綈袍雖未溫, 著以陽春和.
鳴鶴在樹陰, 蓬麻自成科.

> **評語** 樂與人同.

良辰如飛鳥, 俛仰忽已過. 分陰良足惜, 拳拳故非他.

> **評語** 勉進不已.

園中有古木, 宣父植其根. 上條參穹昊, 中幹含混元. 冥冥二千年, 霜雪一何繁.
皇運回春序, 沃葉滋碧痕. 瑞花結珍實, 馨香盈乾坤.

> **評語** 言治運將反也.

梨栗雖盈筐, 細瑣不足論. 一餐百憂消, 再餐心懽愉. 久之通神明, 壽與天地俱.
智能侔造化, 力能轉寰區. 所求無不足, 福祥日委輸. 欲以遺世人, 嗜好久已殊.
但爲知味鮮, 食性爾亦吾.

> **評語** 志不忘世而猶可爲也.

情願與君子, 努力騁長途. 同濟同胞溺, 回步向康衢. 人生貴立善, 所以異禽獸.

評語 此以下自勉而勉人, 且以憂世以終篇也.

不能自表列, 形軀非爾有. 爲人所驅筴, 食肉而寢皮. 紛而趨穽堅, 得得揚鬚眉.

評語 汩於名利.

黜者乃絶世, 蛭蟥以自爲. 偸生處塗泥, 長負百年期.

評語 絶迹世外.

登高俯眺望, 爲之心愴悲. 懷寶未能施, 獨樂意如何.

評語 樂中有憂, 其憂亦樂也.

天命知有數, 黽勉且安居.

評語 達則兼濟天下, 窮則獨善其身. 樂天知命而安土敦仁也.

서(書)

1 與元暉論文書 乙巳

元暉足下, 文章道喪七百年矣. 其間非無一二名世者, 而所謂鐵中錚錚者也, 西漢之神髓, 唐宋之風骨, 卽寥寥無傳矣. 夫文章之於大道, 一小數耳. 猶且難得如此, 況敢望其繼紹孔氏之緒, 使大道復明於世耶? 此僕所以耿耿而不已者也. 足下辱書及文, 以爲文以傳道自期, 以僕之從事也先, 故詢以得失, 欲望僕之指敎, 僕不敢當不敢當, 然因子而起感矣.

蓋自有文章以來, 六經之文至矣, 不可尙也. 春秋戰國之間, 先王之禮敎旣替, 士之所尙, 止於文詞言辯而已, 然越不過『左傳』・『國語』・『戰國策』及『莊』・『騷』數子書耳. 世之操觚者, 皆祖之. 西漢之作, 號爲大盛, 而亦唯兩司馬及子雲爲眞. 其餘劉向・淮南子・鄒陽・枚乘, 可謂善矣, 而未至者也. 在東漢, 則孟堅可矣, 而直齷齪局促耳, 不足畏也. 下而張衡・崔駰・蔡邕之徒, 又不及遠甚. 唐宋之際名文詞者, 不可勝數, 而韓退之爲上, 柳子厚・歐陽永叔次之, 蘇子瞻又次之, 王安石・蘇明允・曾鞏其善者而未至也. 其後則繭然衰矣. 上下數千載之間, 雕篆虫魚, 摹寫月露, 白首屹屹, 希望立言而自列者何限, 而率皆慫悷孤骸, 萎薾而不振, 可謂難矣, 而不唯作之爲難, 知之亦難.

自茅順甫唐順之諸人, 稱以能知文・好評論, 然亦多糊塗瞽說耳. 退之自云"工

業垂成, 然後知古書之正僞黑白", 子雲有言, "後世有楊子雲好之", 盖非子雲不
能知子雲也, 能作之然後能知之, 能知之者, 必能作之者, 不能作之而自謂知之
者妄也. 旣不能作之, 則無以知之, 不能知之, 則又無以作之, 此其所以爲難也.
雖然亦有何難哉! 特不得其門而見其方耳. 若得其門而見其方, 則誠易易也.

夫文非異, 卽言也. 善言者之言也, 約而盡, 簡而明, 旨深而條暢, 辭華而氣定,
繹然聯綴, 如藕絲之引; 灕然順注, 如瓶水之瀉; 汪洋旁肆, 而不失主意, 如繁星
之拱斗; 捭闔萬變, 而不違正法, 如四時之錯行; 天然湊泊, 不見穿鑿, 容態閒舒,
音節宏亮, 雜以嘻笑諧謔·歌詠諷謠, 使聽之者, 娓娓而不倦, 津津而有味. 其
次亦能道情寫景, 要無滯澁陳腐舐犢毛瑣塵陋之失, 此謂能言者也. 文之善否,
亦猶是矣.

世之爲文者, 異於是, 支離冗瑣以爲博, 屈折縈繞以爲巧, 隱晦險僻以爲奇, 漁獵
塗竄以爲能, 駢儷黃白以爲文, 筋骨痿脆, 脉理不屬. 讀之, 不可曉, 曉之, 不足
賞, 此如市童馬卒之强爲咕咕而情思淺近者也.

夫文果將何以用哉? 盖欲明其意, 載其言, 達於遠而傳於久也. 苟言不足以喩其
意, 文不足以盡其言, 則徒張皇無爲也. 足下亦能言矣, 卽爲文如其言, 則善矣.
僕之所以告足下爲文之方, 外乎此而無有也.

僕之用力於此者, 殆三十餘年矣. 誠鹵莽不足道, 然信筆縱墨, 馨控頓挫, 投之
而往, 自以無所沾滯, 然未嘗敢向人說道. 韓退之生於中華, 遭盛唐文明之時,
創爲古文, 尙未免爲怪笑排擯, 況僕之所處乎! 亦嘗察其所謂鴻儒碩士者, 而試
出之, 則驟讀如飄風, 已卽卷而置之, 更無可否論說. 邈乎其精神不相屬, 曾無
着意省覽者, 雖欲求其怪笑排擯, 亦不可得矣. 僕坐是益窮, 近日學爲盤匠以供
菽水. 僕平生未嘗以稽古之力, 得食濁酒一盃, 今日有所入, 得免於寒飢, 工匠
之優於文學多矣. 力文學數十年, 卒乃得工匠, 其爲失所甚矣.

然僕之於文章, 乃其餘事耳. 本不欲以是爲名也, 猶有尊於是者在, 此僕所以樂
而不憂, 不患人之不知也. 然抑又有可憂者, 聖道之不明久矣.

俗日壞而昏亂, 幾近於夷狄禽獸, 終將相殘而歸盡. 譬如善醫者獨有良方, 而遭
癘疫之時, 坐視人死, 而不爲之療治焉, 此僕之罪也. 然身處窮困之中, 言不見
信, 又不見知, 雖欲爲之, 亦末如之何矣.

雖然君子塞于今, 必伸於後. 夫當世與後世, 於我固無親疎厚薄矣. 苟使得吾道, 以保其父兄子弟, 國安而家和, 則一吾之德也, 又何擇於當世與後世哉!

蓋其急於當世者, 欲於其躬親見之云爾. 然吾之道, 建諸天地而不悖, 質諸鬼神而無疑, 又何必躬試之, 然後乃爲快哉! 夫傳其道以詔後世, 非文莫可, 此乃僕今日之事也.

如足下, 年富力强, 固當竭力躬行, 建立功德, 敎育英俊, 大行於當時, 則弟子誦其言而傳於內, 太史紀其績而著於外, 豈可專心於文詞之末, 而冀自傳於後耶? 子曰: "行有餘力, 則以學文." 以足下之才, 可以餘力而能之矣. 僕既壯足下之志, 故推而進之, 欲足下之先質後文, 終必充其言, 惟望强力毋怠, 以副眷眷之誠. 不宣.

> **評語** 此較柳子厚「論文書」, 豈不高一等乎?

2 答友人書 甲子

允白. 來書, 以僕之曾祖, 直道至行, 繩尺謹嚴, 孝友文章, 名於一世. 居官涖職, 號稱神明, 男女異路於尙州, 倭不便旋於東萊, 民蟄鷄狗於江華. 正言直行, 計不顧存亡, 磊磊軒天地, 昭昭如日月, 時論比之於程叔子. 而高明之家, 鬼瞰其室, 名德太盛, 爲人所猜, 斯其招禍之由也.

攷其平生事蹟, 無毫毛可摘而以謫者. 雖喪元而不負其友者, 豈肯後其君親哉? 時之所以搆罪者, 乃所以明其高義也. 此事辨白甚易, 而至今百年, 公議不出, 前世之所未有者, 而亦由於爲子孫者, 太過於守分謹拙, 未嘗一鳴其寃也. 雖知執事之平生所操執, 在於修身俟命, 確然自守而無一分僥倖求望之心, 然祖先之事, 不可不爲也. 今逢公道在上, 恩澤下流, 可謂千載一時也. 何爲寂然不動, 猶守前日之常規邪?

嘻噫, 君之以是規僕, 常理固也. 知友之爲此說者, 非獨君爾. 然僕亦中有所自將也, 試爲君一鳴可乎?

吾曾祖名行冠絶一時, 平生行無一毫黭黮不明者. 奴隷亦知其淸直, 國人皆以

爲無罪, 而至今百餘年, 尙未蒙昭雪. 今當需澤洋溢之時, 諸罪人之有子孫者,
莫不奔走經營, 惟恐見漏. 而吾獨伏而俟命, 知友之人, 皆以爲咎. 然吾豈無心
於祖先之事而然邪! 愚意則自有所見.

今玆伸雪之事, 恩自上施, 非由下起也. 罪之輕重, 不必分疏, 而特憐其累世罪
名, 終宇宙而無限極. 故大降無前之恩澤於初元之政, 使一域之中, 枯朽之物,
亦被雨露, 俾無一民之向隅於雍熙之世, 抱枯於春和之時也. 「周誥」之降爾命,
『春秋』之肆大眚, 漢唐之大赦天下是已.

若因自下鳴寃而得之, 則是恩不自上而事自下起也. 若自訴無罪者得之, 不自
訴無罪者不得之, 是得之與不得, 在下而不在於上也. 罪之有無, 罪之輕重, 審
覈酌處, 此自政法之常經, 自開闢以來至今, 固已行之者也. 在于今日, 又何復
爲之乎? 蓋自有邪論以來, 互相排軋, 互相翻覆, 罪無定名, 法無定案, 子孫之有
力者, 終得脫空, 子孫之無力者, 不能自拔.

蓋朝家今日之擧, 不在於循蹈常例, 而特降前古所無非常之典. 凡在黨議者, 悉
爲蕩滌, 下消累百年寃沴之氣, 上爲國家邀福, 以開永昌之運也. 凡據刑典而言
者, 此乃守常之論也. 非知非常變化之權也. 非知今玆之擧, 出於尋常萬萬者也.
於斯之時, 吾豈敢自鳴於其間, 取上之大德而自有之乎? 又豈敢自白曾祖之有
罪無罪, 以非常之典, 反爲常事乎? 此僕所以伏而俟命, 不敢出而鳴寃者也.

且夫事有涉於疑似之跡, 然後乃有辨釋也. 如吾曾祖, 譬若秋水之無滓, 皓然無
毫髮可疑之事, 雖欲辨白, 當執何事而爲言哉? 惟在皇天之鑑臨耳. 此僕所以伏
以俟命, 不敢出而鳴寃者也.

示願以此意, 轉達於宰相, 以明草茅之微悃. 惟以天澤均被於蘭艾, 消積寃之氣,
以崇社稷之洪福, 是爲至願, 而不以自己之獨得拔脫爲幸. 然蟄伏鄕曲, 無階可
緣, 奈何奈何? 不宣.

3 答書

僕生三代之後, 不敢正言直行也. 凡與人言及看人文字, 有不合於私心者, 常黙

然若痴若啞, 未常敢論辨爭執. 其僅免大害於道, 大敗於事者, 則輒言佳, 以司馬德操爲之師. 此非僕之隱中而吝於忠告也. 見見其言未及耳而氣已怫於色, 無益於忠而自遺之患, 故不敢辨也. 又以國武子之盡言, 爲之戒.

今東介子於僕, 未嘗一面接辭, 而診念其一言之或違於道, 幸垂斥敎, 重惜其無罪而招謗, 爲之辨明, 成就之勤, 忠厚之至, 不自意古人之道復見於今而親於其身得之也. 僕猶以舊意時世遇之, 含糊而不言, 則是孤負聖人失人之訓, 終無石父知己之伸, 其去道也遠矣. 雖萬被謗舌, 吾將不顧而一正言之也. 何則? 吾惟直吾道耳, 彼之信吾與否, 吾何知哉?

原註 此泛論也, 非向於東介子也, 故曰彼曰吾耳.

僕在他人, 其有親厚於僕如東介子之爲者, 則將以此道相待矣. 何況東介子之所抱負操執, 出於流俗萬萬等哉! 僕未識李北海之面, 願交韓荊之心, 切矣. 常恨無因以納契, 今幸得蒙先施, 安得不傾困倒廘, 仰首一鳴於伯樂之前乎? 輒以「辨難」一通及「東邱自解」, 獻于東介子, 東介子以爲如何也?

原註 「東邱自解」已書於『北左集』, 故不疊於此.

4 八子百選批評往鄭君稚亨書

某白. 古之詞人, 每有傷別之作, 僕常笑之, 謂其强爲戀戀, 而非其至情也. 僕行年五十, 未嘗知別離之爲可悲也. 自分携以來, 意緒恨恨, 茫若有失, 乃知別離之所爲苦者, 爲其人之難得也. 人愈難得, 而別愈苦, 盖僕平生未曾見難得之人, 故不悲耳. 然僕與君相得, 非其兒女子戀嫪之情, 又何足云?

『八子』批評, 旣承固託, 不敢卒辭. 窃恐時人親見子雲容貌風采, 不足以上人, 而怪其吳楚之僭王. 僕覃思數旬, 做出謔笑嗔罵, 小而如屋, 大而如山耳. 其自爲計則狂矣, 其[1]爲人謀則忠矣, 安知不爲後世文人笈笥中希珍也? 且夫聞筑而竊言, 觀斲而縮手者, 必能賞音而運斤也. 未有盲者而談文章, 矮人而詫步趍者也. 后夔之後, 復有師曠, 工倕之末, 繼以輪班, 來者如今, 後生可畏, 孔隻豈虛語哉!

僕聞黃河清於千一, 賢人興於五百, 今道喪者二千年, 文衰者八百歲. 若謂末流無若魚, 下世無覺民, 豈其然乎? 言之不謙, 恃惠子之知我也.

積潦收霽, 暑退凉生, 清風時至, 蟬聲益暢, 撫綠琴於中堂, 延素月於南榮, 磅礴偃仰於瓜牛之中. 几席整潔, 縹黃滿前, 尙友古人, 與相酬酌, 家人不煩以有無, 時俗不關以是非, 反觀其心, 悠然而虛, 淵然而無際, 融然而不動不靜, 擧凡天下之樂莫我若也. 時引滿大白, 自賞無功之功, 撰述小序, 自頌無德之德.

人間何世, 好事我自爲之, 笑罵從人笑罵耳. 言至于此, 恨不握手大噱也. 某白. 不宣.

庚戌月日.

> **原註** 周公以後道不行, 故曰二千年.

5   答東介子辨斬曲几文辨 壬戌

竊觀東介子所論曲直有形無形之說, 善矣. 而亦僕「曲几辨」之註疏也.

僕之文意, 大略以爲君子以直道用曲, 小人以曲道用直. 君子以直用曲而就直, 小人去曲沽直而就曲. 道者無形者也, 用者有形與名者也. 凡爲人者, 當謹辨於道而不可拘於用也. 若以有形與名求之, 則君子或用曲, 小人或用直, 未可辨也. 若以無形而觀之, 則君子恒直, 小人恒曲矣.

東介子之論, 亦僕之此意也. 反覆究覽, 未見其有異也. 末云: "柳子之「斬几」, 非拙於用曲者." 乃反僕之意, 而亦自反其始語也.

夫以曲几之便於用, 而惡其形名而斬之, 不幾於去曲而沽直者乎? 是可謂知用曲之道乎? 夫惟君子善用曲. 是故能包含萬類而兼濟天下. 小人不知用曲, 故其尤者, 去曲沽直, 其下者, 以身配曲而專行曲. 去曲而沽直者, 有形直而無形曲

---

1 其: 저본에는 없으나 『한중수필』에 의거하여 보충하였다.

也; 以身配曲而專行曲者, 有形無形皆曲也. 是二者, 一皆小人, 而去曲沽直者, 爲尤甚者也, 難知而易信, 難斥而易用, 故常爲天下之深禍. 以身配曲而專行曲者, 人所洞見, 而斥之甚易, 未足爲大患也.

東介子惟知有行曲之小人, 而不知有用直之大小人乎? 東介子旣曰: "當求於無形, 而不當求於有形." 又曰: "惡其曲形曲名而去之可也." 非自反始語而何哉? 然則僕將何從焉? 求於無形而可乎, 求於有形而可乎? 若僕則惟問几之便用與否, 而不求於其形名之曲直也.

夫天下皆曰跖, 不眩於其名, 而察其實, 有可用則用之; 天下皆曰聖, 不懾於其勢而察其實, 可去則去之; 天下皆曰賤, 察其實, 有可尙則尙之; 天下皆曰貴, 察其實, 有可鄙則鄙之.

親見所行如跖, 不拘於其形而察其實, 有可用則用之; 親見其所行如聖, 不惑於其迹而察其實, 有可去則去之; 親見其地位甚賤, 察其實[2], 有可尙則尙之; 親見其地位甚貴, 察其實, 有可鄙則鄙之.

僕生於三代之後, 雖未敢訟言直行, 其心所存者則如此, 自以爲可或幸鮮敗也. 僕之文, 只就「斬曲几」上一節立論耳. 柳子之爲君子爲小人, 固不在是也. 然柳子永貞之人也, 以韓退之之親愛柳子, 尙不能揜其惡, 著『順宗實錄』, 直書其王叔文之姦邪. 陽城唐之賢也, 而於其逐也, 柳子與書學生, 陽扶而陰排. 呂溫唐之懲也, 而柳子爲其祭文, 極筆贊頌, 夷攷其本末, 未見其正直也. 自有柳子以來, 至今論者, 亦未有以正直許之者也. 東介子獨稱其正直君子, 豈其別有所見乎? 僕迷劣, 求其說而未得焉. 異日若獲挾冊以造於門, 可以承誨矣. 僕生於三代之後, 未嘗敢正言直論, 今東介子, 以桐魚撞鍾, 不得不一鳴也.

生世不分愚與賢, 鴻荒以後視如前. 花落葉落都無意, 惟有根株億萬年.

原註　和東介詩.

---

2 實: 저본에는 '地位'로 되어 있으나 문맥을 고려하여 바로잡았다.

6　代四相子孫鳴冤書 甲子

古人有言: "天地四時, 尚有消息, 而況人乎?" 隆寒之餘, 繼以陽春; 枯旱之後, 必有雨澤, 蓋未有陰慘而不舒, 陽屈而不伸者也.

某祖某·某祖某, 至今未蒙昭雪, 鬼神幽冤, 子孫痼廢. 今值聖明之世, 幸見太平之化, 周公之篤棐, 方勤三吐以求遺士; 阿衡之專美, 惟恐一夫[3]不獲其所. 幽蟄潛蛟, 莫不忻舞, 腐草枯骨, 皆含生意. 而日月不照於覆盆之下, 霜雪長在於洪鑪之間, 地下有億萬年不貸之鬼, 世上多百千代永棄之人, 悠悠蒼天, 曷其有極?

天地殺物, 已復抽萌; 父母怒子, 旋卽撫背. 是以聖王之用法, 有罪則治之, 已治則釋之, 未嘗終怒而不解, 但威而無恩也. 平生之罪, 不及於旣骨; 祖先之罰, 不濫於後嗣. 以刑法治人, 而不以治鬼, 加之有罪, 而不累及於無罪. 何況以公正之心, 遭時命之不幸者, 豈可同之叛逆之科乎? 則叛逆者, 又何加罪焉?

伏願以造化之心爲心, 以先王之法爲法, 使阿鼻之鬼, 化爲陽春之民, 枯朽之物, 亦當蒸出芝菌, 以圖結草之報. 千萬泣祝.

7　上大德相公書[4]

粤有謙虛冲和篤厚敬讓大德相公, 始仕於宋元豊中, 爲東都尹, 固執行一意, 好爲峻潔淸. 其客有遺書戒之曰:

竊仰足下之高義, 欲竭愚忠效至計, 而未達盛意之所要歸, 遲回而不敢者有年矣. 伏惟足下之聰明弘達, 時無與比, 而僕之眷厚受恩獨深, 若僕不於足下焉言之, 則忠告之道, 永絶於斯世, 不免爲負恩忘義也, 此僕之所不忍出也. 奮筆感激, 不覺涕泣之橫集也.

3　夫 : 저본에는 '矢'로 되어 있으나 문맥을 고려하여 바로잡았다.
4　上大德相公書 : 『한중수필』에는 '客抵大德相公書'로 되어 있다.

僕雖固陋無聞, 亦嘗深求乎天人之際, 歷觀往古之成敗當今之得失, 養叔之楊葉百中, 比於臣乘, 未知操弓持矢者也.

夫天道有禍福, 人道有利害, 地道有是非. 三極之道, 一致也, 無分. 固未有是而不利, 利而不福; 非而不害, 害而不禍者也. 己之與人, 一致而無分. 未有害己而能利人, 害人而能利己; 利己而害人, 利人而害己者也. 國與民與身, 一致而無分. 未有利國而害民, 害民而利國; 亦未有害國與民而身不害, 利身而國與民不利者也.

能者, 用其中而不偏於一, 故出一言而四面俱悅, 行一事而四面俱便. 是以天地神人應之, 福祿無窮焉. 不能者, 知一而不知二, 知近而不知遠, 知小而不知大, 知前而不知後, 出一言而三面俱傷, 行一事而三面俱敗, 三面敗傷[5], 其一面亦不得獨全. 是以天地神人違之, 殃禍不絶焉.

善言天者, 驗之於人; 善知人者, 察之於身; 善爲身者, 省之於心. 夫心不能和平, 能厚其身者, 未之有也. 不能厚其身, 而能利於人身者, 未之有也. 不能利於人, 而能順於天者, 未之有也. 故曰一致而無分也.

今足下之淸, 氷蘗之操也; 足下之直, 繩矢之準也; 足下之明, 離婁之察也; 足下之堅, 墨子之守也; 足下之高, 絶壁之峻也; 足下之剛, 折膠之威也. 僕聞大淸不必淸, 故洋海納衆汚; 大直不必直, 故道路逶迤行; 大明不察, 故日月不曲照; 至高不峻, 故泰山多附阜; 至堅不塞, 故金石氣滋潤; 至剛能柔, 故吳干不缺折, 竊以爲過矣.

夫不能知天, 驗之於人. 闔境之民, 悅乎怨乎? 德澤流洽, 人安而家給乎? 刑罰日行, 政擾而民殘乎? 府中之吏·門下之隷, 輸情効誠愛服如父子乎? 情意隔絶掩蔽欺罔如異類乎? 卽此而天之悅怒可知矣.

不能知人, 察之於身. 逸樂乎, 勞戚乎? 能潤其家, 而霑其所愛乎, 不能乎? 巨室朝僚, 心悅服愛敬, 而流譽日聞乎, 將反脣而竊笑乎? 親鄰知舊, 胥歡欣矜恃而

---

5 行一事而三面俱敗, 三面敗傷: 저본에는 '三面敗傷, 行一事而三面俱敗, 三面敗傷'으로 되어 있으나 『한중수필』에 의거하여 앞의 '三面敗傷'을 연문으로 보아 삭제하였다.

相賀乎? 抑撫膺而痛惜嗟嘆乎? 孤立無親, 人與爲敵, 而獨自賢者, 果仁乎? 天下無事則已, 有事則寧不危乎? 卽此而人之向背可知矣.

不知其身, 省之於心. 冲和坦蕩, 泰然夷然悠然恬然而已乎? 十纏九惱, 一惻三愴, 晝宵怦怦, 若急絃之將絶乎? 卽此而身之善否可知矣, 所謂'視其一隅, 三隅可知'也. 不然欲聞諸人而知之, 則不可知矣.

有愛而不知言, 有憚而不敢言, 有詔而不欲言, 有疎而不肯言, 雖欲聞諸人, 不可得矣. 言而莫不和唱, 行而莫不稱頌, 自信益堅, 自愼益懈, 而或有正言讜議於其間, 則耳拂[6]而心逆, 以爲是妄焉而外之. 又其言者, 亦鮮中其要而切於理, 習熟其不足聽, 故雖幸有妙論, 而亦不見察. 自古以來, 亡國敗家之相屬而[7]不悟者, 未嘗不坐是者也.

『易』曰: "豊其屋, 蔀其室, 窺其戶, 闃其無人, 凶." 象曰: "'豊其屋', 天際翔也; '闃其無人', 自藏也." 言明察之人, 如居屋之上, 而蔽其下, 耀於虛遠, 而暗於切近, 情志不交于人, 隔絶而獨高也, 如是則凶矣.

天不可欺也, 民不可誣也, 神不可斁也, 理不可遷也, 聖人言不可侮也. 此事易知, 昭然甚明. 況其兆已成, 足以見之邪?

夫積善累葉, 興立甚難, 果行自用, 全安未易, 靜言思之, 心寒骨竦. 夫時變而事異, 位移而功殊, 是故歸名閭巷, 非廊廟之用也, 沾沾自善, 非兼濟之術也. 是以淸水之政, 不能以治全蜀, 斬縣之法, 卒以敗天下. 何者? 用之所處不同也. 由是言之, 不可信其小處之宜而執拗於大處也, 不可恃前日之得而一切於今日也.

僕聞沙出於岸, 流必頮之, 木秀於林, 風必摧之, 名高者實喪, 行僻者衆怨, 偏執者不和, 違時者不祥. 是故君子獨立而衆從之, 違衆而人悅服, 剛毅而和於俗, 廉潔而不累人. 獨立而衆從之, 行其所同好也; 違衆而人悅服, 爲其所同利也; 剛毅而和於俗, 守義而得中也; 廉潔而不累人, 不察察而明人之汚也.

蓋未有背時而立功, 害衆而全名者也. 背時而立功, 斸氷而種禾也, 害衆而全名,

---

6 拂 : 저본에는 '彿'로 되어 있으나 『한중수필』에 의거하여 바로잡았다.
7 而 : 저본에는 없으나 『한중수필』에 의거하여 보충하였다.

去皮而存毛也. 若曰: "衆無知也, 何恤乎? 世汚濁也, 何傷乎?" 其反(音翻)乃大謬也. 人不與人爲類而誰與爲類乎? 夫民無知而至神, 汚濁而至明, 不可慢也. 人性一也, 喪人之性, 則亦喪己之性也. 天人一也, 違人之情, 則亦違天之情矣. 君子敬愼恭畏, 惟恐失天下之心. 是以善與人同, 與人同, 則與天同矣. 自古及今, 未或有喪性違天而能保其功名也. 『詩』云: "上帝臨汝, 無貳爾心." 此之謂也. 僕雖至愚, 豈不知逆旨進言, 無賞而有罪, 緘默順意, 安便而無事? 然不能但已者, 豈自爲謀哉? 惟足下憐其至誠, 而恕其狂愚焉.

相公覽書大悟, 於是改玉易轍, 去岣險之逕, 反平夷之路, 功德幷崇, 福祿永終. 是故聖人大改過, 而貴納諫, 君子之言, 忠而婉, 信而有徵, 直而不傷, 故聽之者不疑也.

評語 如子龍鎗首不離敵將之身, 非正刺其胸則必反刺其背. 全篇無一句題外閑話.

8 與李生論交道書

朋友之道, 古之所重, 而今之世何狎而輕也? 夫人生所講磨資益 · 進就德業者, 特是師與友而已. 師之道尊而嚴, 不可數也. 群居終日, 反覆辨論, 切切諰諰, 責善規過, 榮達相引, 禍患相救, 居則同學而交修, 出則同道而共濟者, 朋友是也. 師特大綱而已, 至於纖悉條目, 浸漬開益, 朋友之力居多. 故『易』訓斷金, 『詩』詠攻玉. 此其所以得與君臣父子同列爲五倫者也. 君臣父子兄弟夫婦, 或有時而不可得, 則有命焉. 惟朋友不然, 顧吾之信義足以得人, 則不患無友也. 鳥獸尚有群, 人之生於世, 尤不可一日無者, 朋友之謂也. 其相資之厚 · 相須之殷, 有若此者矣.

今之交契, 異於是, 博奕飮酒, 羣聚談噱以爲歡, 財利位勢, 分邮傾軋以爲誼. 知其面而不知其心, 論其地而不論其人, 好隨而惡規, 市利而背義. 三損之訓不明, 五交之譏並興, 交道之喪, 於斯極矣! 昔韓退之痛師道之不行, 爲「說」以明之, 其言甚切, 而終亦無補. 然當時有以柳易播, 不負臨賀者, 則師道雖廢而友道尚存也. 然觀其所序「董邵南序」·「與李翺書」, 未嘗不以交道之敝爲悲焉.

近世性理乖而聖道堙, 箋注繁而經義晦, 郿論起而公議絶, 士禍荐而交分索. 見有勸善規失者, 則指笑以爲不達時體, 尺布斗粟之分, 視爲異事. 今欲如韓子之時, 尙不可得也, 況望責善許死如古之道邪! 嗚呼! 師道旣不可復, 而友道又廢. 士之處於今, 雖欲開發成就其德性, 固無從而得焉, 則其材志之闒茸·風俗之頹弊, 又何怪乎? 此僕所以每念而長嘆者也.

竊不自知迷劣, 思有以振起之, 與人交必以敬信爲貴, 終始爲勉, 所聞於道, 必以告人, 見其窮窘禍患, 戚然若己當之也. 嗚呼! 退之不能全之於其一尙存之時, 而今欲捄之於兩廢之後, 其亦不量甚矣! 雖然使僕言行粗立, 而同志者漸多, 則又安知其終無少補也哉!

昨見足下之書, 慨然以交道之陵替爲憂, 思復古之道. 噫! 何其似僕之志也! 僕旣妄以斯道自任, 幸得足下之相助, 自今僕深有望於足下矣. 夫師友一也, 德同爲友, 道尊爲師. 足下年少, 志度已如此, 安知非僕今日之友而他日之師邪? 然則師友之道, 庶幾自足下復之耳. 唯當力行以充實之, 終副眷眷之望, 幸甚幸甚.

9 **答李生論道書**

某白元暉足下. 昨者奉書及文, 辱賜還答, 文義浩汗, 三四讀, 茫然不能通其旨要. 如僕之固陋無似, 何敢爲之同異邪? 然顧其中有一二可復者, 聊復妄言, 以請質言焉.

足下大意, 以爲固執不變, 謹黙無他. 凡方技術數之類, 皆非君子之所當爲, 隻言跬步, 一切檢束, 以求合於道. 誠用此爲守, 是局促偏隘, 自傷其性者也, 以爲曲學之繩繩尺尺, 以求名者耳. 若夫大人之行, 優游廣大, 以蹈乎中庸, 豈其束縛之牽制之若操駃豚然哉? 是故太上變化之, 其次流通之, 最下執拗之.

道之本, 出乎天. 聖人者, 天而已矣. 天之道, 變化而無不有焉, 運用而無不能焉. 蕩蕩乎不以一善爲名, 沈沈乎不以一理爲常. 故能至於無窮之化·不測之神, 聖人唯是肖焉.

是以道無常形, 中正而已矣; 德無常師, 主善而已矣; 事業無常法, 行可而已矣. 審乎輕重之權, 明乎利害之分, 攬之不盈握, 舒之彌六合, 應物而時中, 草野可, 岩廟可, 卽抱關司畜亦可, 隨所處而盡其道, 忠恕以貫之, 誠明以持之, 變化以通之. 夫不可以淺之量也.

今足下號曰: "吾一意率性而不知其他." 夫格物致知, 以至於天下平而萬物遂者, 皆聖人所以率性之道也. 故天下之物, 皆吾之物也, 天下之事, 皆吾之事也. 其於萬物之理, 萬事之情, 有所未達, 則不能以成天下之務. 是故有不言而無不知, 有不行而無不能, 此之謂窮理盡性者也. 外事物, 類世務, 而惟性是率云爾者, 不幾於抱名而無實者乎?

且夫涓流合而爲河, 土壤積而成岳. 故天地不能獨當, 而萬物之萃也; 王者不能獨尊, 兆民之聚也; 聖人不能獨大, 衆善之會也. 故天地無棄物, 王者無棄人, 聖人無棄能. 聖人非能有異於人也, 唯其善取衆人之能而合用之, 故能成大業也. 夫禮樂·刑政·儀章·名物·度數·音律·射御·筭書·醫藥·卜筮·工技·天官·地誌·陰陽·星相之術, 其於大道萬分之一也, 然苟去是則道不能獨行, 故就其一物一藝之微末, 皆不能無於天下也. 曾子曰: "君子無所不用其極." 故古之君子以天下自任者, 或有所不暇能焉, 未嘗非之而不爲, 棄之而不用也.

孔子曰: "君子多乎哉? 不多也." 然自其丹萍·商羊·壁經·畢月所以據術奇中者, 亦可謂多矣. 及其述『易』·『春秋』, 未嘗不以先見爲智, 知機爲神, 至於見鬼負塗之象·天災物妖之應, 未嘗不明證而謹志之也. 然則術藝固不可少也明矣. 其所以云云者, 蓋爲沈滯庸材之人, 遺道之本, 而獨溺於萬分之末也. 若有聰明睿智, 足以餘力及此者, 何爲不可乎哉?

夫大丈夫推其上事以讓人, 姑取其第二第三而自足焉, 可恥也. 不量其材力之所及, 驟務高遠, 而卒於無成者, 可悲也. 己則不能, 而苟爲大言, 以謂不足爲者, 可笑也. 聖人之於天下也, 固無不足爲者, 亦無不當爲者, 在爲之如何耳. 故士之有志者, 去斯三過, 然後乃可與言聖人之道也.

足下天姿珪璋特秀, 僕之期望者, 固不在於少可矣. 竊恐足下年少氣銳, 自執太堅, 自處太辟, 都以絶俗爲高, 不衷於大道. 略陳鄙朴, 以效區區之誠, 亦唯留意焉. 不宣.

10　答仲弟問祭書

孟子曰: "粢盛不備, 器用不具, 君子不以祭." 祭者時饗之謂也, 非謂忌祭也. 忌
祭者喪之餘也. 孔子曰: "喪與其易也, 寧戚." 忌祭者, 畧於禮而主於情也. 然孔
子又曰: "祭之以禮." 祭者所以爲禮也, 非爲神明醉飽之謀也.

參以酌之, 忌日不可以禮之少不備而遂不祭也, 亦不可以全不成樣而苟簡祭也.
今以一肉一菜, 尙不得辦, 則寧已不祭矣. 惟在親忌, 則逮事之日不遠, 哀慕之
心尤切, 至情所屬, 有何暇文餙而爲禮也? 『記』曰: "父郞[8]不容." 莊周曰: "履人
之足者, 謝之, 大親則已矣." 私情亟切, 固無外貌, 故具飯羹數器, 以祭親忌,
吾謂考之情禮而不悖也. 若薄於他祭, 而獨厚於親, 則誠有豐昵之嫌也. 今以全
不成樣之故, 不祀祖先, 而以私情之故, 菲薄祭親, 恐無不可也.

11　答仲弟問容貌書

整衣冠, 尊瞻視, 簡語笑, 繩趨矩步, 斬然有儀, 肅然有威, 儼然人望而畏之, 非
不尊嚴若神矣. 然下憚而不親, 此在平安無事之時, 可以鎭服人民, 不萌其邪心
也. 懽笑慢戲, 寬簡而不事邊幅, 坦蕩而不設畦畛, 忻然能盡人之情, 雖若褻狎
可侮矣, 可以得力而濟難, 此在危亂之時御衆之容也.

平安之日, 法寬而政惠, 懼其流於弛慢, 故務爲矜莊以臨之, 使其敬己而樂化.
危亂之時, 法嚴而令信, 爲其近於無恩, 故務爲寬和以接之, 使其畏法而愛己.
惟其容貌行事, 相爲循環, 濟其寬猛. 故其下, 憚而親, 狎而整也. 若或一之, 不
慢而殘耳. 是故, 所貴隨時而適宜焉而已矣.

8　郞: 『예기』에는 '黨'으로 되어 있다.

12 與朴文蒝書

歐文完璧, 而衣食亂於心, 未暇專一. 然每當客去事閑之際, 輒抽一卷, 擇其可喜者, 朗讀四五過, 已卽手卷倚枕, 究其立意使事之淺深, 徃徃神會, 不覺栩然, 而睡味亦復. 清絶和暢, 絶無曩日之滯志亂慮, 此亦一奇特事也. 自以爲天下之至樂, 無以易焉. 但可恨者, 獨無蘇子美一大白, 時時浮之, 以助快活也. 然使弟得忘其憂悶, 而獲其至樂, 皆兄莫大之賜也. 顧無以仰報. 欲望旣賜之, 而又賜之, 只切愧歎. 曾·王二集中, 更爲惠借如何?

13 與柳君夏元書

某頓首柳君足下. 僕素以怯懦庸陋, 承先人緒業, 生而不識耕種販粥奇巧之事, 專精於文學, 不遑外慕, 于玆有年矣. 頃者稍壯, 見家力漸以旁落, 伏念兩親垂老, 而兄弟未成, 恐無以相養以保存. 時方寢卧, 忽念此事, 卽攝衣遶壁, 達朝不寐. 遂決入邑之計, 僑居寄食, 備嘗甘苦, 而爭利於屠賈之伍.

僕所以自投於糞土汙穢之中, 以受人之恥侮而不顧者, 冀得錙銖之贏, 以及一日菽水之歡. 而精誠未孚, 罪惡已積, 區區之心, 竟未及遂, 而中遭巨創. 當先人在時, 飢寒勞倦, 靡所不至, 而終襄, 又不能成禮. 僕旣負通天之罪, 抱窮宙之痛, 磨頂至踵, 不足以泄冤. 所以不能斷脰決胸, 以從於地下者, 爲老母存耳. 遂用禽視獸息, 悍然至今. 嗟乎, 嗟乎! 尙忍言哉!

向者僕賴父母之恩, 不知財利之所出, 以此營産, 敗自其所耳. 然僕入邑時, 貲不滿二萬. 而家累大小十餘口, 皆仰給無他歧, 隨遭荐飢, 重以喪故疾疫. 然計其殖, 亦且數倍, 而費用無餘. 諺所謂多錢善賈者, 豈非信歟. 僕旣以徒玷名行, 而計無所成. 老母在堂, 兄弟滿室, 而剝膚赤立, 恤恤乎浸胥及溺, 懲前慮後, 無所不極. 每一念至, 不覺寒粟遍體, 隨復烘熱, 如遭呼吸也.

僕聞古之君子, 有辱身汙行而爲貧者. 故抱關賤職也, 執鞭辱行也, 尙以爲之. 然廉潔之士, 飢不受嗟來之食, 渴[9]不飮盜泉之水. 是二者, 孰賢而孰否邪? 且僕雖疲駑, 亦嘗側聞君子之操行矣, 性復峻潔狹隘, 不耐苟得. 自家任事以來三年,鹽粥糟糠不充[10], 盛寒無衣, 通昔呻吟. 然不以是爲戚者, 亦有所自守也.

今僕不得已計有所出, 則有大不堪者, 三焉. 寧潔身守命, 死以全節, 則又有大不忍者, 三焉, 何也? 瀟灑之不供, 如前所云云, 一不忍也; 先王考當家門禍變之餘, 崎嶇蜒海之中, 賴天之靈, 不絶如縷, 以至于不肖而窮困不保, 以絶先人之世, 二不忍也; 曾王妣王考, 兩世不及葬, 白骨未收, 死而無所付託, 三不忍也. 家素詩禮篤論高行, 爲士大夫所矜式, 而忽從奴隷之所恥, 以添辱祖先, 誠無面復見當世之士, 其不堪一也. 僕素好窮理之學, 不事章句之業, 古今理亂得失之大要, 賢哲修身行道之大方, 無不經意[11], 下至法律陰陽術數之書, 可以裨補治敎者, 俱通其畧. 夫士幼而學之, 蓋欲長而行之, 今失志就辱, 名實皆喪, 其所不堪二也. 性本高尙, 而使之屛息側步, 以受人之驅策, 與巫醫爭能, 其不堪三也. 嗟乎! 足下將奈何於僕哉! 將前慮後, 欲左顧右, 何去何從, 孰吉孰凶?

昔顏淵簞食, 仲由縕袍, 曾子七日不食, 原憲肘見踵決, 然皆得聖人而爲之師, 名行旣立, 數有師友之餽遺, 雖時有窮乏, 猶未至於死也. 其个然廉潔, 不亦宜哉. 如僕之死而莫救者, 又何可竝邪? 若夫父母兄弟凍餓不得救, 疾病不得視, 婚嫁失時, 祭祀闕享, 與禽獸同行, 而顧好爲高世之論, 自以爲安貧樂道者, 僕以爲非人情奸慝也. 足下以爲然邪否乎?

曩者, 或以僕之多方乎技術而窮困滋甚, 慮其衒術以求食以累身名者. 僕笑答以爲: "若然則幸矣. 吾今困[12]如此, 而且不爲, 自度不必死必不爲. 若必死而爲之以免死, 亦猶愈於必死, 豈非幸邪?" 此雖一時之戲言, 然今僕旣已濱於必死矣. 僕聞智士之行, 貴能參酌輕重而取舍之, 未必固執直行而無變通也. 故曰: 君子貞而不諒, 恒其德凶, 以禮之輕與食之重, 奚啻食重.

是故伊尹負鼎與俎, 呂尙賣販鼓刀, 百里飯牛, 公孫牧豕, 君平下簾於蜀都, 季主

---

9 渴: 저본에는 '濁'으로 되어 있으나 『한중수필』에 의거하여 바로잡았다.
10 充: 저본에는 '克'으로 되어 있으나 문맥을 고려하여 바로잡았다.
11 意: 저본에는 '章'으로 되어 있으나 『한중수필』에 의거하여 바로잡았다.
12 困: 저본에는 '困而'로 되어 있으나 『한중수필』에 의거하여 '而'를 연문으로 보아 삭제하였다.

別著於漢市, 長卿滌器, 淵明乞食, 韓康賣藥而爲生, 徐孺磨鏡以自給, 君公儈牛, 桃椎賣履. 伊・呂聖人也, 其餘數子者, 亦皆瑰偉卓犖傑出之士, 過僕數人[13], 猶未足以相當. 然尙不能以潔身安貧, 其涉世如此其汙辱也, 何況僕之不得已邪? 故鮑焦抱木殭死, 君子不以爲節, 尾生守橋待斃, 君子不以爲信. 誠以小節小信, 大道之不取也.

事固有不得兼致而並美. 故王陽不能爲忠臣, 王尊不能爲孝子. 今以僕爲智者而不爲介士, 則足下以爲可邪否乎? 夫君子之過也, 如日月之食焉, 其更也不久. 管夷吾受辱於檻車, 卒以伯齊; 荀罃扶服入橐, 終爲晉卿; 范叔折脅拉齒, 後遂相秦; 陳平爲人分肉, 爲漢相國; 稽康煆爐, 其子爲晉名臣; 古弼門卒, 立節元魏; 李勣始爲盜賊, 佐命唐宗; 王禹偁以磨麵爲生, 顯名宋朝. 其他蟬蛻於汙辱之中, 能自湔雪前恥, 以垂令名者, 不可勝紀. 然此皆奇偉有志之人, 其才足以輔成之耳. 若僕之淟涊闒茸者, 一墮泥塗之中, 正自墮志耳, 寧復望其自新哉? 雖然今僕誠有數金之資, 甘旨粗供, 返葬已畢, 而兄弟稍有凍餓之備, 僅以無死, 則雖萬鍾之卿相, 終不以一毫負累而取之. 此難與俗人言也, 唯足下知此心耳. 僕之言, 豈不信乎?

子胥吹簫行乞, 君子韙其剛戾忍垢, 季布髡鉗爲奴, 時論多其摧剛爲柔. 此二子者, 素所樹立, 有以取信天下, 固結其心而不疑. 故躬操下流之行, 而名益顯也. 如僕, 人直以爲志卑行賤, 自就下耳, 尙何稱譽之有哉? 然假使僕, 直守節以斃, 人亦誰復見信? 今以名義未立, 言行不表, 而慷慨攘臂, 欲自同於古昔廉節之人, 亦已難矣. 董生有言: "皇皇求利者, 庶人之事也." 僕乃今信之.

噫! 白璧橫棄, 瓦礫爭光, 鸞鳳捿於枳棘, 荃蕙化而爲茅. 莫不變化而失性, 孰能保其廉貞? 且士, 舉世而不高, 安得以自高, 舉世而賤, 安得以不賤? 故君子, 得時則一龍一虎, 失時則爲蛇爲鼠. 今僕之辱, 不亦宜乎? 雖然視彼蠅營狗苟・奴顏婢膝, 以謀食者, 或有問乎榮辱之分, 必有能辨之者. 僕今者蹈坎在前, 後有猛虎, 昏霧四塞, 莫適所道. 足下忠厚近古, 與今之貪常循跡而附論者不同, 相

13 人 : 전후 문맥으로 살펴보아 '等'의 오기로 추정된다.

知又悉, 幸垂一言之誨, 指南迷方, 如何如何?

● 附夏元答書

足下不以僕孤陋無狀, 辱以可否之問, 僕請以詹尹之對三閭者, 仰對耳. 嗟乎! 當今之世, 誰如少卿者? 足下之窮困也! 夫道無常經, 士無常行, 隨時處中, 莫不令名, 子何患焉? 云云.

서(序)

1 懶菊齋序

戚叔南公, 自號爲懶菊齋. 余嘗請其義, 曰: “今夫百卉, 皆早花而晚實, 故能成實焉. 而菊也, 九秋於始英, 未及有實, 而風霜交侵, 爲其懶而失時之甚也. 吾不能早立名華, 晚而無成就之實, 霜雪盖頭, 而身世寒冷, 適有類於菊, 故云爾.”

余俛而笑, 仰而言曰: 夫菊非眞懶者也. 惟其所欲爲者, 特異於凡草, 不以凡卉之所榮而爲榮, 故不能速成而遲遲耳. 若其迎寒含蘂, 凌霜吐芬, 獨於萎謝凋零之時, 能爲衆卉之所不能爲, 芳艶特絶, 而香氣彌久. 評花者, 推以爲絶品, 而比之於隱君子, 始闇而終章, 盖未有以其無實而爲嫌者也. 其無實者, 乃天不假時耳, 非菊之罪也. 與夫牧丹芍藥之得時而然且無實者, 不同也.

夫堯·舜·禹·湯·文·武·周公, 花而成實者也; 孔·顏·曾·孟, 花而不實者也; 其餘後世之樹立功名以自表列者, 譬如澗谷園圃細草雜菜之紛披瑣碎, 雖有花實而槩不足貴焉. 孔·顏·曾·孟, 唯不屑爲是, 而志在遠大, 然遭時霸冬, 未能成實, 然其流芳餘馥, 至于萬世而不歇, 此固天地之奇麗珍花特出者也. 其實之成否, 係乎時者, 所不論也.

菊之爲華, 雖不得與是竝列, 而亦其徒也. 視彼細草雜花之僅能成實而不足貴者, 截然有間矣. 又無牧丹芍藥之得時而無實之誚, 則何傷乎其懶也. 昔陶令愛菊, 而芳名流傳, 余竊喜公之能有晚節, 故於是乎序.

2 四尙堂文集序

馬遷有言: "不附青雲之士, 名湮滅而不稱." 其所謂青雲之士者, 盖指孔子, 而孔子不可復得, 抑其次之. 言行立於當時, 爲人所取信, 獲其一言之重, 可以顯揚幽隱・引拔滯塞者, 可謂青雲之士者, 而若斯者, 亦不世. 有世之欲以功業自表者, 旣難遇之, 雖幸遇之, 附接末光, 獲其吹噓者, 盖已鮮矣. 然所貴乎青雲之士者, 爲能不沒人之善也. 如有卓犖實行而不蒙其宣發, 則斯不足爲青雲之士也已. 若誠青雲之士, 則決不然也. 爲士者, 唯當患其行之未實, 不當患其難遇青雲之士而附之也.

唯我四尙堂李公, 能以少敵衆, 摧敗强寇, 厥有茂績, 文藻爾雅, 篇章可讀, 實唯文武全才, 而忠孝廉儉, 自其天性. 以余觀公, 若無能出其右者, 而迄未大顯於世, 豈其百年之間, 絶無所謂青雲之士者, 莫爲之先後耶? 抑其顯晦通塞, 固有時焉, 不獨係乎人也? 要之, 如公功行, 終必揚聲宇宙, 垂耀無窮無疑也. 青雲之士, 永無其人則已, 一或有之, 則必不遺公而沒實也. 余非青雲之士, 而瞻公之像, 讀公之書, 慨然興感, 有不可但已, 輒爲序其文集. 始以不遇青雲之士惜公, 而卒以實行之有時炳然必公也.

3 送鄭穉亨序 庚戌

賢不肖俱有疾. 不肖者之患, 常隨俗同汚, 風靡波頹, 不能振拔而自立; 賢者之患, 在於自高而鄙人, 矜傲肆行, 而不諧於世, 直孤立而已矣. 是二者, 高下有間矣. 然而能爲其上事焉, 睥睨上風, 俯視蟻蠓蟲蛆之紛營蠢動於脚跟之下, 固宜其心之侈大, 而自不能覺也.

今有樹於此, 獨能花實於大冬嚴寒, 未免爲風雪之所侵刻. 夫以侈大之心, 而困於侵刻之患, 不其難矣哉! 故君子雖其所甚陋而踈外者, 不敢狎焉, 不敢忽焉. 常恐吾之精神造次焉不能相屬而失其心. 夫如是, 故能免於向所云二者之疾也. 鄭君稱亨, 從余遊數年特變, 其質美而才優, 可與入於君子之域. 今其去也, 尤不能釋於懷. 稱亨固必無不肖者之疾, 而猶恐有賢者之患, 輒以一言相勉, 且有諷焉.

余山澤之畸人也, 無能於實, 而不求乎名. 有問者, 何不曰: "其爲人也, 好飮酒, 善戲謔, 粗解於書, 而放言妄行云爾." 此所以愛我者也. 若乃過爲稱揚, 以駭俗人之聽聞, 而起猜賊之端, 奈何哉? 且以前所稱爲君贈, 以吾後所稱爲我處.

4 南谷鄭丈人六十一壽並序 壬子

君子齡爲壽, 小人齡爲賊. 唯君子有壽, 而小人無壽也.

小人憂戚傷性, 奔汩忙迫, 重以纏惱禍患, 忽忽無一日之暇. 雖得百年, 猶頃刻也. 君子優遊和樂, 舒遲閑曠, 綽綽有永日之懽, 其一年如百歲也. 惟君子有齡, 而小人無齡也.

自古及今, 齡而壽者, 幾人? 如公可謂齡矣, 可謂壽矣. 允猥蒙獎拔, 竊喜公之有齡, 而願公之壽, 至於無疆也. 故輒獻五言詩一篇, 歌之以侑觴焉. 詩云:

"君子一歲活, 可敵衆百年. 若得年滿百, 便是萬壽延. 詩人祝無疆, 辭意豈苟然? 戚汲光陰促, 舒泰日月綿. 所以善頌禱, 必在於是焉. 瑤桃與鶴壽, 唾哉誕妄傳. 公已六十餘, 壽星照華筵. 宅心恢有地, 行己不愧天. 文酒足餘懽, 風流暎先賢. 鼻端常栩栩, 眉間黃氣連. 世人皆紛忙, 而公獨翩翩. 遲日照靈臺, 春景駐丹田. 況復康且健, 上壽可求焉. 獻頌無愧辭, 金石永世鐫. 公其無不足, 但願酒如泉."

姜君季行, 扁其室曰五無, 且自序其義曰: 吾於[1]仁義禮智信五者, 皆無之, 是以云爾, 因使人徵余爲序.

夫五性者, 所稟於天而具其端, 養之得正, 則爲德者也. 患在於養之不得其正, 而不可曰無之也. 余知姜君之意, 固在於言之表也. 老聃之言曰: "天地聖人不仁", 若正聽之, 則糞土也. 猶龍者, 豈汚至於此邪?

余與姜君, 未嘗有承顔之素, 不知爲何狀人. 然聞其有聲於湖海之間, 決非暴絶其天性而以不人自處者也. 盖其[2]意, 果將與老聃一致也.

周之季世, 天下之人, 以煦霑慈惠爲仁, 而不知天地聖人之大仁, 天下之所謂仁者, 非聖人之仁也. 聖人之仁; 天下謂之不仁也. 闇濁之俗, 未可與正辨, 故反語之曰: "天地聖人不仁", 以明世之所謂仁非仁也. 聖人之仁, 異乎世之所謂仁也. 因其所知而矯其失, 亦敎誨之一術也. 後世之言仁義禮智者, 莫不自以爲得其眞也. 然行之數千百年, 世日降, 俗日敗, 亂日滋, 禍日甚, 迄未聞藉其儒術, 以濟一物・安一民, 況望先王之治乎?

夫器之利者, 古用之而便, 今用之而便; 才之能者, 治世亦行, 亂世亦行, 何乃措之三代以上而治, 措之三代以下而亂歟? 道誠一也, 何其措之異效邪? 無乃其所謂道而其所謂仁義禮智信者, 非先王之仁義禮智信歟?

彼有恒言, 以自解之曰: "世不用也." 然道學之流行, 如風之起於一方, 而遍於寰區, 雖一物, 無不被其變化而榮悴者也. 帝王興於其中, 公卿百執事興於其中, 世之道學果眞, 則雖欲不治, 不可得矣; 世之道學果僞, 則雖欲不亂, 不可得矣. 又安在上之用我與否邪? 君子之法, 施於民, 爲百世隆替, 其在位與在鄕, 一也. 噫! 世之所謂道者, 果非聖人之道也, 無疑矣. 世之人, 終不自悟, 騁於虛空, 而自以爲有.

今姜君, 超然獨覺, 知其有之爲無, 知其無之爲有, 而其無之爲有, 可因以知之

1　於: 저본에 評語로 '吾下恐脫於字'라고 나와 있다.
2　其: 저본에는 '具'로 되어 있으나 문맥을 고려하여 바로잡았다.

矣. 世之無而曰有, 姜君知其爲眞無也; 姜君之有而曰無, 余亦知其眞有也. 吾
非斯人與, 其誰與? 生於下世, 所恃而不懼者, 得姜君以爲援也.

6 　看羊錄後序

余讀睡隱姜公『看羊錄』, 未嘗不悶其苦心, 而惜其量小也. 大丈夫旣而委節事
君, 當宗社傾危, 不能瞑目, 出力以効尺寸之功. 及乎倉皇被虜, 家屬盡死, 當此
之時, 萬死不足以塞責, 苟不能生而立効湔恥, 可藉以還報君父, 則輾身瀛海之
表, 自其分耳. 何必急於逃還, 禽伏獸脫, 以爲立節而已邪?
昔慕容翰取宇文, 長孫晟聞突厥. 當其賊魁旣亡, 將帥相圖, 士卒疲於爭戰, 農
夫困於聚斂, 誠能浮沈取合, 獲其肺肝, 而乘其隙, 可以復國家萬世不雪之讐, 震
動天下耳目, 設令中道敗露, 支解萬段, 亦可以無恨矣. 惜乎! 公之不及此也!
然觀公所指畫, 着着中窾, 國家卒用其下策, 東邊無烟塵之警, 三百年于玆矣.
向令國家盡用公謀, 日本之地, 可盡而有, 未可知也. 公在困厄顚沛之中, 處心
積慮, 終能爲國家樹長畫. 嗚呼! 其過人者歟!

7 　諸公會飮詩序

酣飮而暢詠, 所以爲樂也. 然而酒之流, 至於生禍; 詩之弊, 或以招謗. 是故, 昔
人有中酒而顧色, 下筆而擇言者. 是將猜嫌戒懼之不暇, 則其爲歡者詎幾, 而殆
不勝其憂也.
今席上諸公, 謹厚溫克, 皆爲大圭之無瑕, 寧有向者之憂? 而顧此狂疎坦率, 暗
於察色愼言之道, 其以獲戾宜矣. 然所以得放情自若, 不存顧後之慮者, 惟恃諸
公雅量曠達, 加以愛好無間, 應得容恕耳. 然則昔人詩酒之樂, 莫如今日諸公,
而諸公之樂, 又莫余若也. 於是乎不可以無言, 輒爲序云.

世所稱隱遯, 亦有古今之異焉. 古之隱者, 果於遺世, 韜光晦跡, 唯恐有聞, 沒身
而不顯. 後之隱者, 或有托爲拔身之階, 號爲山林, 而名動天下者也. 盖混跡而
逃名者, 常在澤藪屠市之中, 躬執鄙賤而自汙, 務爲人之不可知焉已矣. 托名而
求聞者, 必爲高論特行, 設爲不官, 而以道義養望, 務爲人之可知焉已矣. 是二
者, 名同而實異也.

余友柳君夏元, 築室於白城之鰲山, 額其所居齋曰鰲隱, 而求言於余. 余未知夏
元之隱, 何居焉從事者也. 夏元從余遊十餘年矣, 其聯榻講說, 所心悅誠服眷眷
而不已者, 獨在乎孔夫子忠恕中庸之道. 余之所以勸勉, 夏元之所以服膺, 未嘗
須臾不在於此也. 夫爲君子者, 必能修齊而治平, 利澤加於當時, 聲名垂於後世,
然後爲能不負其所學也.

且余觀夏元, 曾未有逃世匿名之志爾. 然則夏元, 其爲今之隱, 而不爲古之隱乎!
然忠恕中庸之道, 至平而易而近, 不過凡人之所當行而已, 未有卓犖特行, 可指
而稱道者. 以夫子之聖, 尙有無所成名之譏, 世莫我知之歎. 矧以夏元之僅及中
材, 學問未至, 而厠於峻節奇論, 高騖以自衒之世, 宜無過而問之名者. 然則天
下之沈淪, 莫能若也. 夏元其果爲古之隱, 而不爲今之隱歟!

噫! 古之君子者, 將以求達也, 乃今爲君子者, 將以求隱也. 雖然君子之道, 闇然
而日章, 在家必達, 在邦必達, 盖未有實行而名不稱焉者也. 誠令夏元力行其道,
至死而不變, 則其終得祿位, 有所施爲, 未可知也, 孰能掩其令聞令望乎哉?

於戲! 余知夏元之爲隱, 異乎古之隱, 而其求名, 亦異乎今之隱也. 其隱也, 時之
適然, 非其自願也, 其名也, 實之所生, 非其求知也. 君子之道, 在乎成己而成物
而已. 其時命之通塞隱顯, 固不論也. 子曰: "君子依乎中庸, 遁世不見知而無悶
已矣哉!" 夏元乎吾無間然也已矣. 余非立言之君子, 而重違夏元之請, 姑述吾兩
人所常言行者, 以復焉.

　　鷹峰序

余友姜君惠伯, 因其所居山而自號曰鷹峰, 要余爲序.

余引「月令」之鷹化爲鳩, 以明學之可以變化氣質, 竊附勸勉之意, 姜君甚悅其言, 銘之座右而固請益焉.

余行郡邑, 見山之矗立之特高者, 多以鷹峰名之. 故嘗詢其義, 或曰, 以其似鷹之突然決起而衝霄也. 或曰, 因鷹之所止而命之耳. 夫居高瞭則鳥獸不能逃其形, 翼風下擊則勢險而氣壓. 故鷹之止也, 必擇是山而據之焉云爾.

夫鷹之良者, 明足以察千里之毫, 力足以搏九霄之鵬, 才足以稱百中之能. 立秋而祭鳥, 乘殺氣而獻其功, 仲春而化鳩, 隨陽和而順其令. 及其去飆風而就條鏃, 辭雲霄而下臂韝, 承意伺色, 唯人所嗾, 其俯仰變化, 類有智者之所爲也.

夫鷹最號剛決, 然以其材可用, 而順時而後動, 得地而後擊, 又能摧剛忍詬, 以馴若於人. 有是四者, 故能保其剛決, 而免乎彈射烹割之患也. 盖未有一於剛, 而終能不缺不折者矣.

今君聰明有斷, 無懦弱昏屛之過, 可謂有其材矣. 惜其處籠樊之地, 遭垂翼之時, 有太剛好勝之心, 而無屈己下人之量, 此非所以崇德享福之道也. 可以人之智而不如鳥乎!

「洪範」曰: "强不[3]友剛克." 『法言』曰: "於義也剛." 盖君子剛於克己, 而柔於治人, 强於行義, 而弱於爭利, 苟非至剛, 不能以袪邪固志. 是以君子之用剛也, 唯斯二者而已. 其餘則雖有剬割强幹之材, 得時據勝之勢, 未嘗專以剛戾處之也. 故孔子曰: "吾行三軍, 則必也懼而好謀." 曾子曰: "自反縮, 雖千萬人吾往矣." 敬愼以勝敵, 直己以屈人, 君子之剛也.

君子好剛, 則袪邪固志而可也, 敬愼直己而可也, 則唯恐其好剛之不至耳, 豈有患哉! 若乃以剛忍之性, 行決烈之志, 終取摧折之禍者, 其可得謂之剛也哉邪!

余嘉姜君之剛而能服於義, 伸言居剛之道, 以復之焉.

3　不: 저본에는 '不及'으로 되어 있으나 『한중수필』에 의거하여 '及'을 연문으로 보아 삭제하였다.

10 又

君子之學, 可以變化氣質. 余嘗疑之曰: "氣之邪正, 質之淸濁, 人之所稟受生成
而定者也, 烏可移也?" 及讀「月令」至"鷹化爲鳩", 然後知學之可以化人也.
夫鷹之爲鳥, 鉤嘴[4]銛爪, 愁胡之目, 長鍛之翮, 以鷙悍決殺爲性者也, 而陽和布
氣, 則化而爲鳩. 鳩, 禽之翩翩可憐者也.
夫以鷹鳩之異類, 陽氣一煦, 尙足以變化, 況乎道學之熏炙涵泳積久漸化者, 深
於陽氣之一煦, 而以人變人, 固無甚難者矣. 由是言之, 學力苟足, 雖使盜跖爲
堯舜可也. 故君子患學之不力, 不患氣質之難變. 夫所謂學者無他, 力捄其性情
之偏而致中和焉而已矣.
余友姜君惠伯, 築室於白城之東山, 卽其名而扁其室曰鷹峰, 請余言爲序, 姜君
雅有聰慧穎悟之姿, 而常嫌其過剛慓輕, 動輒妄發. 及年稍壯, 漸能去其牙角而
近於和柔, 此亦鷹之爲鳩已.
於乎! 姜君可謂因學而能變其氣質者也, 余故引「月令」以發明之, 欲使世之自暴
棄者, 以吾姜君爲解焉. 且推而進之曰: "誠令姜君力學而不已, 自此而爲威鳳爲
搏鵬不難也. 今之姜君, 豈昔之姜君, 後之姜君, 豈今之姜君而已也哉!"

---

4 嘴: 저본에는 '觜'로 되어 있으나 문맥을 고려하여 바로잡았다.

기(記)

---

1 治木盤記 乙巳

往年, 余仲弟泰卿與益卿, 奉母夫人, 居于安城之佳谷. 時值荐荒, 無以爲養, 適
有統營之匠者, 僦居里中, 業木盤焉. 泰卿間往見之, 歸與益卿依其制樣而造作,
易米菽以供親. 明年歲則豊熟, 母夫人還就于余, 二君亦輟其工而讀書焉.

旣而余昆季年齒加長, 百計而不一遂, 益厭世路之艱險, 意不欲酬接物情, 而念
親老家貧, 貴其力作而治生. 乃相與謀曰: "君子, 窮則可以爲鄙汚, 而不可爲不
義. 今我無財不可商, 無田不可農, 而木盤賤工也, 然作於室中, 無干於人, 其諸
農商之暴露夏畦, 奔走隴斷, 爲較勝焉."

於是, 泰卿置其妻孥於佳谷, 身從余于邑, 及益卿聚居一室而興工役. 泰卿爲最
善, 而益卿次之, 余未能者, 而從傍坐, 擇其易者而助之工. 筋力雖勞勤而心閒,
無事, 輒討論經史, 講求精義.

天地人物之所以存, 古今治亂之所以致, 時俗之情態俯仰, 事理之端緒倚伏, 下
至百方技藝, 海外異聞, 凡可以繕益神智, 起發心靈者, 出入橫縱, 變化而無窮,
雜以詼諧滑稽, 助其懽笑, 欣然樂而忘其疲. 母夫人亦爲之喜悅, 買糟而縮醨,
日飮之以爲常.

余曰: "隱居而遂志, 竭力以養親, 賢乎哉! 賢矣則奚傷乎其汙辱也? 吾平生未嘗

勞心費力有毫髮濟物之功, 而穀腹絲身者, 四十年矣. 恒戚戚忸怩, 自以爲天地間一穿窬耳, 得從二君而爲是役, 吾心少安而無愧. 夫事無巨細, 其貴自盡而食功一也."

益卿曰: "物之貴賤無常, 時貴則貴, 時賤則賤. 士者古之所貴而今之所賤也, 又安知匠者之不爲今之所賤而後之所貴耶? 且士與匠, 俱爲今之所賤, 而我兼爲之. 物賤極則反貴, 又何戚焉?"

泰卿曰: "『詩』云'考槃在澗, 碩人之寬', 釋之者曰, '考, 擊也. 槃, 樂器也.' 然考之爲擊, 不見於他書, 而槃乃匜牟之屬, 所以進水與饌耳, 非可擊拊而和聲者也. 考, 工之成也, 『春秋』之'考宮'・『周官』之'考工'是也. 此皆周之季世, 亦有隱遁, 而以治槃爲業, 如吾兄弟者, 而不害爲碩人, 安在其賤也? 吾不知今之所謂貴之爲貴也, 又焉知其所謂賤之爲賤乎哉?"

於是粲然相視而笑, 遂記之以遺後之人.

凡攻槃之器, 三十餘事, 利鈍之用殊焉. 每一槃, 直錢六七十, 計一日之工, 可得百錢之贏, 而勤惰之效異焉.

2 ■ 一間亭記

> **原註** 「一間」二首, 爲元暉出也. 此篇命曰: '循法蹈矩', 下篇命曰: '縱法適意', 是故爲二首以示焉耳.

大凡物各有其宜, 懸鶉不可以佩玉, 文軒不可以載鹽. 雖甚貴寶, 苟用之不當其宜, 則或不如瓦礫屎溺之收其效也.

蓋遊觀之樂, 有二道焉. 在乎蘇・杭繁華之地, 人物之所聚, 舟車之所湊, 壓高山, 臨大江, 騁矚於浩茫之外, 極意乎奇壯之觀. 富貴遊冶之子, 豪俠意氣之徒, 群聚宴謔, 盃肴綺錯, 歌管雷轟, 分韻賦詩, 呼盧投壺, 晝罄其歡, 夜繼以月, 則宜層臺華構, 映空矗雲, 流丹若霞, 吐焰成輝, 要爲極其豪奢而不爲病也.

在乎邱園寂寞之濱, 翳林薄, 擁泉石, 仰視雲鳥之出沒, 俯聽溪磵之潺湲. 而清高幽靜之士, 脫畧物累, 頤養天眞, 手卷倚枕, 逍遙閒適, 彈琴吹嘯, 曲有雅致,則宜茅亭竹樓, 蕭然幽寂, 牽蘿補屋, 挿松爲籬, 要爲極其淸儉而不可陋也.

若病其豪奢而間以淸儉之事, 陋其淸儉而雜以豪奢之具, 則乃爲失其所宜而無足稱也. 隨其地, 因其人, 而不失其宜, 非通於方者, 不能也.

利仁於湖南諸郵, 寂陋而薄. 安君承列, 爲其丞, 官閒無事, 乃作小亭于屛山之隈, 扁其額曰一間, 蓋卽其實而名之也.

余昔道過利仁, 而其時曾不知有一間之事, 不得至而一覽焉, 獨見其地幽而境寂, 蓋淸儉之宜者也. 余未知安君之爲何狀人, 而觀其安於小官, 優遊自得, 能辨一間之樂而不失地之宜, 可因而想見其淸高幽靜之意也.

世之飾遊觀之所者, 擧務華煥宏鉅, 而未有如一間之至素者也. 是以得於豪奢而失於淸儉, 所謂遊觀之有二道者, 廢其一而無聞焉.

今安君亦豈不欲其亭榭之華美, 而特知其所處之異宜, 獨能隨地與時而盡遊觀之道, 豈眞所謂通於方者非耶? 若以岳陽滕閣之瑰瑋與夫一間之蕭索, 則雖甚懸絶, 而其爲各得其宜而全其樂, 則固相上下而不讓矣. 一間之遊, 正宜於我輩, 余思從安君而一登焉. 故以記先.

一間又一首

利仁郵之寂薄者, 而丞官之寂卑者也. 而安君承列爲之, 樂其務閒多暇, 視其意, 顧夷然自足也. 嘗作小亭于山隈, 卽以一間命之, 時至而遊焉. 有笑之者曰: "凡臺亭之崇飾遊覽者, 必高壯華麗, 然後可觀也. 何乃爲是蕭索者也?" 安君笑而不答.

余妄以意解之曰: "夫物未有定質者也. 夸而張之, 則毫茫大於泰山, 尺箠高於岑樓; 約而精之, 則四海一區也, 寰宇一間也. 亦安知滕岳之侈而一間之儉乎哉? 且夫天下之物, 唯至大無敵, 亦唯至小無敵, 以無敵敵無敵, 可以爲敵. 以一間之至儉, 敵滕岳之至侈, 固不相讓矣.

且安君處郵之薄・居丞之卑, 而遊於一間之大於蝸而小於斗, 是豈以外物之豊悴, 橈其中而損其樂耶? 古之人有簞瓢而樂, 帶索而歌者, 今安君之甘分知足,不苟願乎紛華而厭其寒素者, 可謂得其遺意也.

夫至奢常患易失, 而至儉不可更減, 誠令安君以儉易侈, 當必不爲也. 多欲則窮侈而不足, 少欲則居約而有餘. 安君之心, 亦不自知其儉之爲儉也."

笑之者旣去, 輒書其言以爲記.

4 　延安黃堂重修記

近世宰邑者, 大抵有三患焉. 法以六朞若三朞爲斷, 然不能一依其限, 換易陞遷, 往來迎送, 殆無閑[1]歲, 席不暇暖, 類爲一切之計, 而無固志, 一也. 徵科多端, 獄訟繁劇, 重以大府簿帖, 驛使勞饗, 鞅掌倥傯, 心勞口應, 念不他及, 二也. 百口之養, 賓客之奉, 吉凶宴會之所費, 俸廩不足以供給, 恒苦其貧乏, 懷憂在心, 三也.

夫以苟且姑息之志, 汨沒於煩碎之務, 而有豐賄之計, 其神情固未暇及於民也, 求其有治績難矣. 是故欲知吏之殿最者, 不必問其政事之如何, 惟問其有三患與無而可得矣.

蓋能免於苟且者, 必其超然於寵辱之外, 不以得失撓其中, 當官盡職, 一心爲公, 而無私貳者也. 能免於汨沒者, 必其才足以撥煩剸劇, 而明斷合宜, 政淸事省者也. 能免於貧乏者, 必其廉儉知足, 不爲侈奢靡費, 賄遺求合者也. 若是而不問可知爲良吏也.

鄭侯渨延安之翌年, 歲比不登, 而所云三患者, 又加甚焉, 而視侯獨裕如也. 府堂傾圮不可居, 前人未遑理焉, 乃鳩材召工, 捐廩以足之, 易而新其屋, 工不告勞, 役不擾民, 以迄于成, 會州之老而落焉. 有起而拜且言者曰:

"是非政也, 而可以觀政. 侯之居官盡心, 無日爾一日之志, 因是而可知矣. 政淸無事, 綽有餘暇, 因是而可知矣. 廉儉少慾, 財力贍足, 因是而可知矣. 侯之惠政美績之在民者, 固不可枚數也. 是非政也, 而可以觀政也. 州民之望其翼然而瞻

1　閑: 저본에는 없으나 『한중수필』에 의거하여 보충하였다.

懷詠歌者, 將如甘棠之爲召伯所舍也. 朝廷知我民之慕侯也, 庶幾少留而惠之, 俾侯之治化益成而政務益閒, 則單父之琴臺·蜀郡之學舍, 將次第而繼興也, 不亦盛矣哉? 不亦休矣哉?"

鄭侯樂民之安己也, 使來請記于余. 余因州老之言, 續以記之, 且道夫三患之爲患, 以爲涖民者之戒焉.

原註 古法當稱君, 而時宜不然, 故稱侯.

5 延安飛鳳書院重修記 代延安太守作

曾子曰: "尊其所聞則高明矣." 子思曰: "尊德性."

夫身之所貴者, 莫貴乎德性; 行之所尙者, 莫尙乎所聞. 內尊其德性而身修矣, 外尊其所聞而行善矣, 根滋而衆條暢, 君尊而一國化. 德性者, 身之根也; 所聞者, 行之君也. 知尊其尊以修己則安, 知尊其所尊以敎人則格. 是故爲政之本在敎化, 敎化之本在知尊其所尊, 知尊其尊, 其本又在於人也.

俗吏之患, 常在乎圖政而不本於敎化而不知尊其所尊. 其所以終世仡仡而治理不著者, 正坐於是也. 誠欲移風易俗, 躋天下於仁義之域, 比隆於皇王之盛, 必知曾子·子思之言然後可也. 余雖非其人, 不敢不勉焉.

延安府城北, 舊有飛鳳書院, 以祠朱文公, 而我東文憲[2]崔公·寒暄金公·栗谷李公·牛溪成公·玄石朴公五先生配食焉. 蓋我東學士所聞於道者, 莫詳於文公, 而五先生皆玆土之人所嘗矜式者也.

余來涖玆府, 而屬院宇頹圮, 士民之瞻望者益怠, 而肄業者不至. 夫欲尊其所聞, 則宜莫如文公若五先生, 而禮敬疏懶如此, 不敬其人, 而況服其言乎?

士人文載璜, 慨然奮發, 克輔成余, 釀財鳩工, 易其堂宇而葺之. 於是乎士民莫不知所敬慕而興起焉. 若文君者, 可謂知尊其所聞也已.

---

2 憲: 저본에는 '獻'으로 되어 있으나 문맥을 고려하여 바로잡았다.

雖然, 徒知外尊其所聞而不知內尊其德性, 則虛而無實也. 夫二者, 相須而成者也, 知尊其德性而不知尊其所聞, 無以擴充其性, 知尊其所聞而不知尊其德性, 無以篤行其聞, 如此則虛而無實也. 其所謂知尊其所尊者, 果可謂知尊其所尊乎邪?

惟余與文君, 不宜有是過也; 非獨余與文君而已, 吾州之人, 皆不宜有是過也; 非獨吾州之人而已, 舉天下之人, 皆不宜有是過也. 輒書其言以爲記.

> **評語** 尊其所聞, 本指言也, 非指人也. 今欲人與言一之, 說發甚難, 而只此一日盡之矣. 筆端非有龍象大力神, 何以至此?

> **評語** 立論高而結構密.

6 泛湖亭記 乙卯. 此擬周世作

建六楹于舟上而結搆之, 覆之以茅, 浮之於密州之南川, 名之曰泛湖亭. 作之者舊矣, 而太守世爲之主, 每暇日, 載棋酒, 設妓樂, 乘流上下, 浮游於塵埃之外, 酣暢於烟雨之中, 洛陽之行窩, 苕溪之泛宅, 是其遺意也.

密州號稱名勝, 宏麗繁華, 則嶺南樓爲南州之冠, 邃奧幽寂, 則舞鳳菴在邑居之近, 其餘緣江百里之間, 凡可觀可喜者, 不少而多. 惟斯亭, 貫衆美而管領焉. 夫樓亭臺榭之觀, 觀止於其所觀而已. 惟斯亭之觀, 隨輿而移, 應接無窮, 是以獨免於興盡樂極而悲哀從之也.

歲丙午, 家君涖政玆州, 修亭而葺之. 甲寅, 季父復繼涖焉, 凡爲政悉遵家君之舊績, 州民便之, 復修亭而葺之, 携府僚以宴, 微風徐動, 棹珠如碎, 几席不移, 兩岸自改, 地神山靈, 悉出技能, 鱗次獻納, 故往新來, 供我歡娛, 譬如觀場傳奇漫延, 魚龍百戲每出新, 故其樂無窮也.

客有中酒而言者曰: "樂哉, 斯遊! 我侯之爲政, 亦猶是乎! 居安而顧畏乎民嵒, 亭之屋居而臨水也. 不遺遠近, 亭之周覽也; 淸如冰蘖, 亭之絶塵也; 行令於流水之源, 順民好惡, 亭之乘風隨流而行也; 不擇人而惟善是用, 不擇事而惟利是興, 亭之不專一觀而隨處取勝也; 虛己而取諸人, 小大之善, 無不畢舉, 亭之不自觀其觀而以衆觀爲觀也. 侯之樂斯亭也, 厥有旨哉, 而民之樂侯之政, 亦猶侯之樂斯亭也. 惟其亭之觀, 不出於百里之限者, 由爲太守之亭也. 侯之政, 不達於一國之民者, 由不居宰相之位也. 於是乎重爲侯與亭, 惜之也."

基生再拜謝曰: "客言實錄也. 請書之以爲記."

7 **取斯亭記**

夫君子之道, 仁而已矣. 出則推恩及物而博施濟衆; 處則敎育人材而成就之, 樂而不憂. 堯舜文武, 出而博施者也; 孔孟顔曾, 處而不憂者也. 是二者, 仁之成德也. 醒醉翁, 卜築於仁川之君子山下, 名其亭曰'取斯'. 蓋取邑之號與山之名, 而寓其意也. 翁之意, 其有慕於君子歟!

宓子賤學於孔子, 而當是時魯國未有復以師道知名者, 惟孔子而已. 蓋孔子所稱魯君子者, 孔子自謂也. 在孔子之世, 四海學士大夫之欲求仁者, 皆取斯於孔子矣. 今翁思孔子, 而不可見, 獨取山之空名而寓慕焉.

余未知翁之奚取於山哉? 豈其傷時之無君子, 欲聞仁義之說而不可得, 舉目圜瞻不見其人, 而惟見其山, 特以寄意而深慨者歟. 將如世之虛華之徒, 飾僞而混眞, 假名而爲眩者歟. 君子不以無人, 必天下先實而後名, 由前則誣人, 由後則自欺, 余知翁之不爲是也.

孔子曰: "仁者樂山." 『易』之取象, 以艮爲險. 蓋以山之觸石而興雲, 膚寸而徧雨, 有似乎君子及物之仁, 樂養材而不求用, 有似乎君子不憂之仁. 然則翁之意, 豈在於斯乎. 於此焉可見翁求仁之志, 老而彌篤, 使翁得遇孔子而親炙之, 其所成立, 當不在宓子之下, 而惜其不及. 雖未能卒成其德, 然坐其亭而瞻其山, 因其名而求其義, 庶幾有得於仁之方而知所以自勉矣.

今翁旣不能得位而任世, 以著其及物之效, 顧以蒼顔白髮, 混蹟於耕樵之伍, 簞瓢自足, 琴書自娛, 陶然爲樂, 而未有不堪之色. 蓋翁之所勉者, 方在於不憂而成仁也. 然後知翁之所謂'取斯'者, 終有實得於君子爲能不負山之名, 果不爲誣人與自欺也. 考槃飮水, 樂只君子, 使翁之可諼, 有山在彼. 某記.

설(說)

1 柳君名字說

柳君榮健叩余曰, 吾從子遊八九年, 知聖人之道大且至也. 雖欲竭力從之, 常患頹墮而不振, 委靡而不立, 進勉一寸, 退輒數步, 强作一日, 息以終年, 殆吾性裂滅, 吾力痿弱, 而不足爲歟. 願子有以易吾名, 使得顧名思義, 以自力焉, 庶幾有得乎?

余辭之固, 而請益强, 於是改其名曰'榮健', 字曰'夏元'. 健, 乾之性情也, 夏, 乾之時也, 元, 乾之德也. 有其德而應乎時而主乎健, 然後乃能與天同道, 天之道, 卽聖人之道也. 夫健矣而無其德, 則殆乎孜孜爲不善, 惟日不足者也. 有德而違其時, 則猶不可尙也.

柳君移席言曰, "若乾之時之位, 旣聞命矣. 請問何如可以爲健乎?"

曰, 健也者, 誠也勤也强也大也. 誠則勤矣, 勤則彊矣, 彊則大矣. 故力不足者, 非力不足也, 誠不足也. 誠也者, 非所以勉强而致之耳. 如好好色, 嗜美食, 不勸而自趍, 不勉而自力, 唯其利之也. 天地之心, 主利而去害, 人物之性, 好利而惡害, 聖人之道, 非戕賊其性而爲仁義也. 仁義, 乃所以利之也.

凡人之於食色財位, 則汲汲皇皇, 極慮畢力而不讓焉. 至於道德仁義, 則廢然弛然而不進曰, '力不足也', 非力不足, 誠不足也. 誠不足者, 以其不見道德仁義之利也. 苟不心服其利, 意何由誠乎?

夫仁義公正, 與物同利者, 天之美利也. 貪鄙陰私, 損人益己者, 人之慾利也. 美利者, 利之利者也, 慾利者, 非利之利者也. 人之生也, 不能自利, 必須人以後利. 須人以利, 而欲專有之, 其所爲利者易窮, 而害從以隨之矣.

我魚也, 人水也; 我鳥也, 人風也; 水竭風濟, 乃無魚鳥. 且以一人之智, 與天下爭利, 利不可得而禍不可勝. 是故與人同利, 利乃可得. 道德仁義, 固所以與人同利者也, 非所以瘠我而肥人也. 善養畜者, 餒其肉; 善養禾者, 豊其食; 善利物者, 得其民; 民所歸者, 神所福也. 審乎此, 而美利之與慾利之其爲多寡, 可知也. 苟知之, 自好之, 以其性之也. 故能誠勤自足, 彊大自至, 而乃合乎乾之健. 子曰, "吾未見好德而力不足者也." 夫五伯與盜跖, 亦知仁義之爲利也, 而或替假而不遂, 有或施于其徒而不及天下者, 何也? 以其知之不明, 好之不至, 故其守之不固, 施之未博也. 彼知仁義之爲利, 而不知固守博施則利益厚, 蓋見利之末而昧其本者也.

今夏元之於道也, 無乃有所未知其利者歟? 抑猶有知之, 而不明其本者也. 若能明審乎美惡之分, 以知仁義之本利而順其性之所好, 則斯健至矣. 柳君請書以自省, 余自知僭越, 而姑從之焉.

問: 健以誠勤彊大爲訓者, 何謂也?

曰: 誠, 精一不雜也, 勤, 運行不息也, 彊, 流通不閼也, 大, 包貫不遺也. 不雜, 純也, 不息, 恒也, 不閼, 無敵也, 不遺, 無外也. 四者, 天之行也.

誠者唯其利之也者, 何謂也?

曰: 誠者, 剛自外來而爲主於內者也. 由其心悅好之而誠生焉, 乃能攝心以進之. 誠之爲物, 無根着而有氣力, 搏之無形, 尋之無端, 雖有巧力, 無所施也. 苟其心見之不利, 不可以悅也. 不悅, 則雖使强作, 其意終不襯着, 强作之與不襯着, 非誠也. 苟其心見之利, 則悅矣. 悅則無外慕, 不勉而自誠也. 故曰, 惟其利之也.

天地之心, 主利而去害, 何謂也?

曰: 天地之心, 好生而已, 好生, 利之至也. 故復之改過就善, 乃去害趍利也, 而曰'其見天地之心乎!' 在乾則曰'乾始能以美利利天下, 不言所利', 言天之氣化也. 在坤則直曰'主利', 言地之形成也. 天生而地成者, 主利而去害也.

人物之性, 好利而惡害, 何謂也?

曰: 性也者, 天之命也, 好生而惡死, 好得而惡喪, 好成而惡敗, 好安而惡危. 故曰, '好利而惡害'. 此物與我, 所同得也. 唯其能好利而惡害, 故謂之善爾, 推其好利惡害之心, 以及於物, 謂之忠恕, 則率性之謂道者也.

堯桀之性同, 故君子小人之道, 其本出乎其性而主於好利一也. 君子所推施者, 周而遠, 小人其所推及者, 偏以狹. 周而遠, 則爲明爲善, 偏以狹, 則爲暗爲惡, 此其所以分也. 專利, 則無利. 故雖以小人好專之心, 亦不得不推及, 特於其鄰而止耳.

先以魚鳥風水, 喩人我者, 何謂也?

曰: 魚不可以脫於淵, 鳥不可以出於風, 言相得無間, 而爲生之資, 不可乖離也. 後以養畜與禾, 喩利民者, 何謂也? 曰, 凡在五穀六畜, 謹視之而不憚勞者, 求利之殖也. 粟帛泉貨, 儲畜而節用, 圖利之久也. 至於妻子私屬, 亦能推恩而後求報, 此愚夫孺子之所及知也. 而獨於民乎, 則不養而徑取之, 不畜而竭求之, 是非知類者也.

仁義之非以瘠我而肥人者, 何謂也? 曰: 夫損己而利物者, 而害已奢非人之情也. 未有非人情而爲道者也, 亦未有非道而爲仁義者也. 彼以煦煦[1]爲仁, 硜硜爲義, 苛刻拘束, 煩瑣齷齪者, 外不足以利物, 而自內損, 外以虛名高人, 而內受實禍, 大道之賊也. 不足以利物, 而得虛名, 故爲天下高明者所小, 自損而受實禍, 天下之人, 貌順其名, 而情實不願焉. 凡使仁義不明於天下, 若此類爲之也.

己本也, 人末也, 己體也, 人用也, 未有枉己而能直人, 損己而能利人者也. 故事之小條目, 多有彼此不得兩利者. 故事之小條目多, 有彼此不得兩利者,[2] 聖人審其利害之輕重, 舍輕而取重. 是以亦有損己以利人之時, 亦有損人以益己之時. 然要其歸, 不越乎仁義之本意, 此乃復卦之出入無疾, 反復其道也.

聖人之權也, 自其大頭腦打得大算盤通計之, 則一是與物同利而已. 未嘗損人

---

1 煦煦: 저본에는 '煦煦'로 되어 있으나 『한중수필』에 의거하여 바로잡았다.
2 故事之小條目多, 有彼此不得兩利者: 저본에는 없으나 『한중수필』에 의거하여 보충하였다.

以益己也, 亦未嘗損己以益人也. 聖人之正也, 非正道不立, 非權道不行, 權者所以爲正者也. 先天順生而統後天, 後天逆克而成先天, 正道之先天也, 權道之後天也. 大德不易方, 小德流通也.

見利之末而昧其本者, 何謂也? 曰, 非獨五伯與盜跖爲然也, 天下之人, 莫不皆然. 或慕仁義之名譽, 或懼不仁之咎禍, 强作之, 而非眞好之者. 彼見仁義之虛文, 而不知仁義之實利. 彼見不仁義之爲禍, 而不知仁義之爲福. 故曰, '見其末而昧其本也'. 若此[3]者, 其勢不掩飾而自衒, 則必怠惰而自棄, 天下萬世, 小人之病根, 只在於此也.

柳君旣卒業, 作而曰, "子其知道矣哉!" 曰, "惡惡! 否否. 所謂知道云者, 篤行而得中焉爾, 非謂苟能言而已也. 如其好學而尋思, 似或有之焉已矣."

醒醉翁說

夫醉矣無醒矣, 醒矣無醉矣, 醒與醉之相反也, 終不可得而兼並者也. 異哉! 翁之所以爲號也. 盖翁之天賦, 固有異焉, 其面右頳而左晳, 右似醉而左似醒, 人之居翁之右者, 見以爲之醉, 居翁之左者, 見以爲之醒. 顧見者然耳. 而翁之心固茫然, 不知何者爲醉, 何者爲醒也. 此翁所以兼而爲名而無不可也. 翁之面, 旣無能辨其醒醉, 而翁之意, 尤有不可知者.

夫千里而求無名指之信, 百金而買不龜手之方, 人之常情也. 今容貌之病, 非特一手一指之微, 而不求所以去之, 乃反喜而自號, 豈莊周所謂外形骸者邪? 且夫陶陶而醉, 有似乎和, 兀兀而醒, 有似乎淸, 推類求之, 則柳下惠伯夷是已. 翁早業科場, 屢進屢黜, 怡然無違忤之色, 此惠之流也. 晩逃山林, 離羣索居, 个然有不緇之節, 此夷之風也.

由此觀之, 則非獨翁面兼有醒醉也, 亦翁之道, 並存醒醉而不舛者也. 然人初不知翁之爲醒爲醉, 則又安能辨其爲夷爲惠也? 翁之初不知何醒何醉, 則又安能

---

3 此: 저본에는 없으나 『한중수필』에 의거하여 보충하였다.

辨其何夷何惠也? 噫嘻悲夫! 如翁者, 誠不可得以妄稱而意量也. 盖翁之所爲者, 翁猶不能自知, 而人亦卒莫能爲翁知之者也. 余未識翁, 而聞翁之風, 心竊樂之, 故遂爲之說而贈之.

제발(題跋)

1 伍子胥傳後題

傳曰: "父不受誅, 子復讎可也." 君子不以私傷義, 若無罪而得誅, 其義可以復矣. 如罪當則雖父子之親, 不敢爲私郤而滅義. 伍員之復楚幾矣. 然平王已亡, 復之無所, 敵怨不在後嗣, 斯其鞭尸也歟? 事雖不中, 君子恕其情焉. 若員臣事楚王, 嘗尊顯矣, 亦不可以爲父而賊於君.

2 漢列侯世家後題

古者, 諸侯有罪誅死, 必求其子弟姪之賢者而立之. 不以子孫之戾, 而廢其先世. 漢之列侯有罪, 輒除其國, 非義刑也, 乃利其土地耳, 何以異於殺人奪貨, 行盜賊事耶? 致使藩翰殘破, 及至新莽篡位, 厥角稽首, 從風而靡, 豈不悲哉? 呂后之世, 假令無盤石之宗, 産・祿豈顧不爲王莽耶?

3 　題貨殖傳後

原註　余讀「貨殖傳」, 竊有感於當世, 故題其後如左.

食貨者, 人之所恃而生養之原也, 豈顧不重哉! 然爭訟·姦慝·禍敗之端, 恒由此而起. 是故君子處之以義, 守之以分, 不爲唯財利之是務, 夫豈餘力而讓財哉? 顧惡其悖而入則悖而出耳. 且夫貨之所殖者, 多自奸利汚辱下流之處, 惟棄禮義·無廉恥, 椎埋俯仰者乃能焉, 淸士不爲也.

夫人物與貨財, 世爲輕重. 世治, 則急於賢才, 苟賢矣, 富貴·榮名在其中. 故人物重而貨財輕, 士不羞貧, 而患不肖焉. 世昏, 則事以賄成, 而騖於財利. 富則氣焰動人, 所求而遂, 時有隨·夷, 不見采焉. 故人物輕而財貨重, 士恥貧而不顧行. 觀其輕重, 世之治亂著矣. 是故明王之爲天下, 必使貴人而賤貨, 則廉恥生. 「貨殖傳」之作, 其當漢之中衰歟! 於乎! 獨行君子, 豈其流於衰世之俗, 以爲利勢之滑其中而虧其行義耶?

4 　鼂錯傳後題

余嘗著論建文齊黃事, 略言鼂錯之罪矣. 景帝初立, 錯爲信臣, 不思廣主德惠, 以附安天下, 乃用申商亡秦之餘術, 專事苛刻, 侵削骨肉, 驟歐之以致亂, 幾亡社稷, 罪固當族. 方七國之起, 以誅錯爲名, 附義晉陽之甲, 向無袁絲之計, 漢吳之勝敗, 未可知也.

錯已誅, 然吳兵不罷, 卽失其所以爲名, 乃賊耳. 雖吳將士, 無所出, 其暴厲之氣, 索然竭矣. 夫氣奮則力一, 氣竭則心離, 民之情也. 蓋擧事無名, 名爲作賊而成者, 未之有也. 不然, 以吳楚之衆, 尚存初起奮勃之銳氣, 則梁丈尺之城, 亞夫培塿之垣, 顧可必其堅守而不破耶? 余故曰, ‘向無袁絲之計, 漢吳之勝敗, 未可知也.’ 由是言之, 鄧公之論, 不亦過哉!

或曰: “吳爲反謀, 終不可已, 反遲禍大, 如何?” 曰: 吳反謀久矣, 以文帝恩厚, 反而無名, 故不敢發. 景帝而修之, 吳王老矣, 可以猶豫而得其死. 如是而不可, 則

遣吏掩捕之, 吳王卒迫失計, 無以拒命. 衡山淮南, 皆爲反謀不淺, 然一吏就縛,
莫不稽首服誅, 此亦往事之明驗也. 設令拒命奮起, 反者獨吳耳, 寧有七國合謀
哉! 無已則遣將襲取, 及僞遊雲夢, 俱可便宜行之耳. 計不爲此, 顧乃激之使反,
何哉! 侵刻諸侯, 激之使合謀, 何哉! 甚矣! 小人之不知大體也. 其爲禍, 曷可勝
哉! 建文不誅齊黃, 卒以亡國, 悲夫!

『史記』, 「鼂錯列傳」

鼂錯者, 潁川人也. 學申商刑名於軹張恢先所. 與雒陽宋孟及劉禮同師 以文學
爲太常掌故.

錯爲人陗直刻深, 孝文帝時, 天下無治尚書者. 獨聞濟南伏生故秦博士, 治尚書,
年九十餘, 老不可徵. 乃詔太常, 使人往受之, 太常遣錯, 受尚書伏生所. 還, 因
上便宜事, 以書稱說. 詔以爲太子舍人, 門大夫, 家令. 以其辯得幸太子, 太子家
號曰智囊. 數上書孝文時, 言削諸侯事, 及法令可更定者, 書數十上. 孝文不聽,
然奇其材, 遷爲中大夫. 當是時, 太子善錯計策, 袁盎諸大功臣多不好錯.

景帝卽位, 以錯爲內史. 錯常數請閒言事, 輒聽. 寵幸傾九卿, 法令多所更定. 丞
相申屠嘉, 心弗便, 力未有以傷. 內史府居太上廟壖中, 門東出不便. 錯乃穿兩
門南出, 鑿廟壖垣. 丞相嘉聞大怒, 欲因此過爲奏請誅錯. 錯聞之, 卽夜請閒, 其
爲上言之. 丞相奏事, 因言錯擅鑿廟垣爲門, 請下廷尉誅. 上曰: "此非廟垣, 乃
壖中垣, 不致於法." 丞相謝. 罷朝, 怒謂長史曰: "吾當先斬以聞, 乃先請爲兒所
賣, 固誤." 丞相遂發病死, 錯以此愈貴.

遷爲御史大夫, 請諸侯之罪過, 削其地, 收其枝郡. 奏上, 上令公卿列侯宗室集
議, 莫敢難. 獨竇嬰爭之, 由此與錯有郤. 錯所更令三十章, 諸侯皆諠譁, 疾鼂
錯. 錯父聞之, 從潁川來謂錯曰: "上初卽位, 公爲政用事, 侵削諸侯, 別疏人骨
肉, 人口議多怨公者, 何也?" 鼂錯曰: "固也. 不如此, 天子不尊, 宗廟不安." 錯
父曰: "劉氏安矣, 而鼂氏危矣. 吾去公歸矣." 遂飮藥死, 曰: "吾不忍見禍及吾
身." 死十餘日, 吳楚七國果反, 以誅錯爲名, 及竇嬰袁盎進說, 上令鼂錯衣朝衣
斬東市.

鼂錯已死, 謁者僕射鄧公爲校尉, 擊吳楚軍, 爲將. 還, 上書言軍事, 謁見上, 上
問曰: "道軍所來, 聞鼂錯死, 吳楚罷不?" 鄧公曰: "吳王爲反數十年矣. 發怒削
地, 以誅錯爲名, 其意非在錯也. 且臣恐天下之士噤口不敢復言也." 上曰: "何
哉?" 鄧公曰: "夫鼂錯患諸侯彊大不可制, 故請削地, 以尊京師, 萬世之利也. 計

畫始行, 卒受大戮, 內杜忠臣之口, 外爲諸侯報仇, 臣竊爲陛下不取也." 於是,
景帝默然, 良久曰: "公言善. 吾亦恨之." 乃拜鄧公爲城陽中尉.

鄧公, 成固人也, 多奇計. 建元中, 上招賢良, 公卿言鄧公. 時鄧公免, 起家爲九
卿. 一年復謝病免歸. 其子章, 以修黃老言, 顯於諸公間.

太史公曰: 袁盎雖不好學, 亦善傅會. 仁心爲質, 引義忼慨. 遭孝文初立, 資適逢
世. 時以變易, 及吳楚一說, 說雖行哉, 然復不遂. 好聲矜賢, 竟以名敗. 鼂錯爲
家令時, 數言事不用. 後擅權, 多所變更. 諸侯發難, 不急匡救, 欲報私讐, 反以
亡軀. 語曰, '變古亂常, 不死則亡.' 豈錯等謂邪.

5 余讀錢謙益文集, 懼其佞言亂德, 輒表其尤悖於道者而辨焉

「嚮言」曰: "人主不可以學儒者之學." 辨曰: "因性爲道, 道一也, 修道爲敎, 敎一
也, 服敎爲學, 學一也. 其有不一者, 乃異端也, 人之學, 豈有異乎哉! 君子者,
有目之稱, 而亦稱於在下而有是德者, 在乾之九二人臣也, 而曰君德也. 上下之
學, 豈有異乎哉! 余懼鄙儒之亡人國也."

6 讀佔畢齋集有感而作 癸亥

天下有道, 則以法誅罪, 天下無道, 則以暴除惡, 天之道也.

賢者在上, 不肖在下, 無辜多而有罪少, 權制在乎賢者, 足以勝姦, 則以法誅罪.
上昏不明而下無中庸之德, 俗僞行僻而無法以勝之, 則以暴除惡.

惡者何也? 行之甚過不及, 一歸於惡也. 天道福中而禍不中, 甚不中者多不可勝,
則天乃假手於暴而大降夷滅焉.

博辨峻行而不中者, 非遇暴上, 則誅不行, 虛僞偏僻成俗, 非遇暴亂, 則殄滅不
盡. 天非不仁, 可殺者衆而世無法以勝之, 則不得不假手於暴以勝之. 又非天之
有心而爲此也, 人之行事, 各以類召而自取耳.

坑於長平於秦皇, 殲於睢水, 劓於楚獄, 禍於東漢, 夷於永嘉於河陰於白馬, 殄於
靖亂, 魝於春秋以來, 戰鬪魚肉, 糜滅於赤眉·黃巢·自成·獻忠之蹂躪, 以毒

藥攻痼疾, 以烈火燔惡草, 天之以暴除惡, 是其理也.

惡者何也? 間有淸濁之殊行, 而其足以亡身而敗人, 無以異焉, 則一謂之惡也. 夫亡身者必敗人, 敗人者必亡身, 未有二致也. 夫人殺, 非人殺也, 乃天殺也; 天殺, 非天殺也, 乃自殺也. 誠能爲不死不亡之道者, 天何以殺之? 天之所不殺, 人安得以殺之? 必其自取, 然後天應之, 人隨之, 成其事耳.

登高而墜, 入水而沈, 其高下有間, 而其死之不善一也. 亡身而敗人, 其淸濁有間, 而其爲惡一也. 其遇時處位之不幸特甚, 而才不足以自拔, 與其苟免而傷義, 寧死而成仁. 捐輕於鴻毛終必有死之身, 而全名與利, 是故謂之義. 爲法於百世, 效則之者, 皆能遇不幸特甚而全名利, 是故謂之仁. 其義當而成仁, 其訓具於經傳, 學之則可以不失矣.

所捐輕於鴻毛, 所全重於泰山, 固與亡身而敗人者殊絶. 是謂死而不死, 若龍逢 · 比干 · 仇牧 · 季路者是已. 聖人之所取許, 人民之所瞻仰, 天地鬼神之所憐恤. 然亦爲不幸而不爲可願, 所以自取於不幸者, 猶有所未盡善也. 其處義以死則善矣, 而其平生猶有所未盡善, 不免於可死, 故至於不幸也. 若死而不當於義者, 乃亡身敗人而爲惡者也.

惡者何也? 殺己之父, 甚於殺人之父, 殺己之身, 甚於殺人之身. 死而喪其名利, 是謂亡身, 累及於親戚, 而效則之者, 皆喪其名利而湛其親戚, 是謂敗人. 死而當於義, 所捐者小, 所取者大, 故謂之善也, 然猶爲不願. 死而失於義, 喪其大全而無所可取, 此其所以爲惡也.

夫殺身成仁, 聖人善其能成仁, 非善其殺身也. 殺身而違於仁, 不善之大者也. 『春秋』之法, 大夫殺而有可死之故者書名, 仇牧書名. 子曰: "若由也, 不得其死然", "由之瑟, 奚爲於某之門", 顔淵謂子路曰: "力猛於德而得其死者, 鮮矣" 子曰: "見危授命", 聞衛亂曰: "由也其死矣", 盖許之也. 固已許其授命於平日, 而短其有可死之道也. 據此而龍逢 · 比干以餘諸人可知也. 推此而凡死於刑死於難者, 亦可知也.

聖人之敎人, 惟欲趨福違禍, 遠死而全生. 授命成仁, 乃不幸之善也, 非平生之善也. 可以許之而不可以望之也. 『易』云[1]: "過涉滅頂, 凶", 『詩』云: "旣明且哲, 以保其身", 『記』曰: "國無道, 其黙足以容", 子曰: "邦無道, 免於刑戮", 子思曰:

"無死亡焉", 子曰: "身體髮膚, 受之父母, 不敢毀傷", "敬身爲大", 樂正子春曰: "父母全而生之, 子全而歸之", 曾子曰: "啓予手, 啓予足, 吾知免夫", 言人之遠死 而全生也. 行父母之遺體, 而陷於死亡, 是以陷其父母也. 人固有一死, 死而得 義, 小損而大全, 則輕於鴻毛, 何則? 不幸而至此不死, 則殃愈甚也. 苟不至於不 幸, 則死傷之重而大也如此, 不仁於其身而能仁於人者, 未之有也.

太上全中, 其次近於中, 最下遠於中. 全中者, 參天地而長存, 近²於中者, 亦能 福慶延世, 免於危禍, 遠於中者, 麗於百殃.

子曰: "其如予何", 老聃曰: "無死地". 雖殺身成仁者, 亦未有盡乎中也, 其餘則皆 甚不中者也.

自周後道喪以來, 死亡日滋而合於義者尠矣. 然而前者不悟, 後者不悔, 結轍而 相仍, 望塵而益驟, 視赴死亡, 如得嗜甘. 異哉, 豈其人情惡生而樂死也?

嗚呼嘻噫, 余知之矣. 人皆有好利好名之天性, 而淸正者過於名, 汙邪者過於利, 溺於所見而不知大道實理. 見利是矣, 寧死亡而不悔, 見名是矣, 寧死亡而不悟. 所大欲蔽於前而不肯顧也. 擧世罝之而固不爲名, 故不顧也. 顚躓患難而擧世 譽之, 故不顧也. 當局者容有迷溺, 而擧世譽之何也? 由其殺者常暴, 見殺者與 之爲水火, 反於暴則爲賢而無罪耳. 由其殺於暴故, 自以爲賢而無罪, 世從而譽 之, 而不悟其自取於可死之道也.

凡殺於暴刑於暴亂者, 非暴之能殺人, 乃其自取於可死之道, 而天假手於暴以誅 之也. 非死於法者獨爲不善而死於暴者爲善也.

夫自以爲賢而無罪, 此乃累世禍敗之符, 亡滅之譜也. 嗚呼嘻噫, 余其授汝以長 生之藥, 又戒汝以必死之途, 庶幾其違而就之.

爾愬愬恭畏, 慥慥謹篤, 造次忽微, 不敢違於中, 東亦中, 南亦中, 北亦中, 西亦 中, 中亦中, 此長生之藥也. 琭琭察察, 每上於人, 謂之過, 滑滑冉冉, 志趍於下, 謂之不及, 惝惝曠曠, 貼於一邊, 謂之偏側, 此必死之途也. 今雖言如此, 理微而

---

1 云: 저본에는 '之'로 되어 있으나 문맥을 고려하여 바로잡았다.
2 近: 저본에는 없으나 문맥을 고려하여 보충하였다.

義精, 不可單辭盡也. 其訓備於經傳, 學之則可以知之矣.

7 讀明史論人才不係時運

治化之汚隆, 係乎人才之興壞, 人才之興壞, 存乎世主之抑揚.

夫人材者, 故非天生而地產也, 君上之所作也. 君上之用人也, 每患知之不明, 旣知之, 又患求之不得則已矣, 未或能知作之有道也.

用之, 不能盡其材; 知之, 不能盡其人; 作之, 不能盡其道. 執銓而臨之曰: "天下無才, 氣運之衰, 時世之降也." 是未爲知理也夫.

天下之良金, 未嘗乏也, 而非工則不能製刀釖, 歐冶其善者也; 天下之美材, 未嘗盡也, 而非匠不能造輪輿, 扁石其善者也; 天下之人氣, 未嘗少也, 而非時主不能成材器, 先王其善者也. 故時主者, 人材之工匠, 而先王者, 歐冶之與扁石也. 鑄之不能通其妙, 斲之不能傳其巧, 以爲天下無良金與美材也. 其可乎哉?

盖人主之作材, 譬猶陶鈞之化物, 惟其所爲耳. 上好學而庠序之教不倦, 則經明行修之士出焉; 上勤政而考課之典不失, 則疏通能幹之士出焉; 尙文采而謹於辭令, 則黼黻華國之士出焉; 右武勇而信於功賞, 則干城敵愾之士出焉; 好直惡佞, 聞過能改, 則犯顔廷爭之士出焉; 厲恥崇信, 待以恩禮, 則伏節死難之士出焉.

六事修而盡得其道, 又濟之以明德, 則聖佐賢輔, 遍於都野, 有不可勝用矣. 六事弛而俱失其道, 又益之以昏暴, 則貪邪讒佞, 充[3]於朝廷, 有不可勝去矣. 當此之時, 天下非無聰[4]明叡智特出之姿, 而不唯不能作之, 又且毁之, 皆將化爲奸黠[5], 或溺於異端而不出焉.

如此而欲得人材, 亦猶濁其源而求其流之清也, 吾未見其可也. 是故欲得人而善治者, 必先作[6]之; 旣作之, 在知之; 旣知之, 在用之. 三者備而堯舜之治, 可幾

---

3 充: 저본에는 '克'으로 되어 있으나 『한중수필』에 의거하여 바로잡았다.
4 聰: 저본에는 '聽'으로 되어 있으나 『한중수필』에 의거하여 바로잡았다.
5 黠: 저본에는 '黜'로 되어 있으나 『한중수필』에 의거하여 바로잡았다.
6 作: 저본에는 없으나 『한중수필』에 의거하여 보충하였다.

而及也. 堯舜之治無他, 能是三者而已. 雖然, 何以明其必然也? 由明而明之也.
夫漢唐宋之天下, 亦三代以上之天下也, 明之天下, 亦漢唐宋之天下也. 人民不
爲加少, 歷年不爲加促. 漢唐宋之人物, 雖不及三代, 而亦未嘗乏絶也. 至明則
僅數四人外, 蔑蔑無聞, 何其異也哉? 非獨如此而已. 建文之明, 則洪武之明也.
永樂以下之明, 則建文之明也. 人品之不相及, 又何縣絶也? 豈眞數十年之間而
氣運之盛衰, 時世之昇降, 亦有不同者耶? 吾謂決不然.
太祖之誅藍玉也, 功勳糜爛而折衝之材盡焉, 文皇之逐建文也, 氣節燔夷而忠烈
之風息焉. 天下之人, 憚於立功, 而懲於守義, 明之人物, 所以不及於漢唐宋, 而
洪武永樂之復相懸殊者, 職由此也. 然則向吾所謂‘人材之興壞, 存乎世主之抑
揚’者, 觀於此而足以證之矣. 噫, 得吾說者之於爲邦也, 其庶矣[7]乎!

8　兩漢文批評後題

凡文之利病居可知矣. 夫語寡而旨博, 言約而意盡, 所稱者切近而所包者深遠,
君子之言也. 文簡而意深, 詞少而言多, 所陳者緊要而所喩者明暢, 作者之文也.
若繁星之麗天而拱于北辰也, 如八音五聲之皦如而諧一也, 若江河之涵濡而不
露也, 如岳峀之突起而相聯也, 若風雨雷霆之驟至而不見其用力也, 斯其善者
也.
凡古人已道之人所常言, 衆皆知之者, 是謂陳言. 陳言不去則痴, 無味而不可讀.
語不着題, 不能正轡按道, 而左右散步, 多爲駢拇贅疣附枝者, 是謂荒言. 荒言
不去則冗, 旨晦而不可知.
凡行文之法, 意一而詞異, 以異而就其同. 辭不相異而文重疊者, 是謂複言. 複
言不去則煩, 煩則可厭. 凡行文之法, 如搆廈屋施材當其宜然後成, 先後失其序,
聯綴失其次者, 是謂亂言, 亂言不去則蕪, 蕪則穢.
影則短而體則長, 客則略而主則詳, 文之節制也. 長短易所, 詳略失位者, 是謂

7　矣: 저본에는 없으나 『한중수필』에 의거하여 보충하였다.

隱言, 隱言不去則澁. 謹規矩繩尺於咽喉要塞之地, 縱轡橫鶩於閒曠之野, 文之奇正也. 肆而無法局而不放者, 是謂劣言, 劣言不去則鄙. 援譬不槪, 字句不精, 讀之而眼不開者, 是謂俗言, 俗言不去則陋. 合而不能離, 離而不能合, 絶而不能屬, 屬而不能絶者, 是謂稊言, 稊言不去則餒. **原註** 無氣也.

稗說纖細, 近乎婦妾之言者, 是謂瑣言. 迂濶不投幾, 殆若病風狂叫者, 是謂浪言. 理不當而强聒, 是謂妄言. 不立主張而信筆, 往而不返, 是謂湯言. 此凡文章之患也.

夫天下之理, 莫不反之而後成, 三極之道然也. 是故文始於有法而反於無法然後成, 始於奇崛而反於平穩然後善, 始於峭角而反於渾圓然後至, 始於捷急而反於整暇然後得矣. 若乃琱飾黃白以爲文者, 文哉文哉.

논변(論辨)

1 辯學

余爲文以祭柳君夏元曰: "欲與子共爲孔夫子忠恕中庸之道, 恨未能有行而旋遭遏絶." 固意俗子之駭怪, 而余與夏元平日所言行者, 大都止此. 於其訣也, 不可以不言.

已而見余文者, 果皆反脣盧胡而笑, 其甚者怫然動於辭色曰: "是果學孔子者耶?" 余聞之曰: 吁! 是不可以不辯也. 辯之者, 非唯自解其嘲, 而亦以解世之惑也, 庶幾有瘳乎!

夫孔子之道無他, 忠恕中庸而已矣. 忠恕中庸者無他, 人道而已矣, 非孔子所自設爲神奇也. 自有天有人, 而有是道耳. 是故忠恕中庸者, 固人人之所常行者也. 雖尫瘠·庸丏·馬醫·狗屠之流, 一日爲人, 則不得不一日由是道. 無是道, 則無人矣. 非其鬼神·異物出世間者然後, 乃能爲此也. 孔子特其盡善者也, 非有異於人也. 果有異於人, 則不可用於人之世矣, 則奚以爲孔子哉! 『易』曰: "蒙以亨行, 時中也." 夫時中者, 大聖人之極致, 而以之責於蒙何則? 人之道止於是, 則雖蒙之所學, 不容有他矣. 凡爲人者, 當自胎髮黃口, 望孔子而力趨, 至於老死而後已, 若衆水之注海, 可也. 余與夏元, 固願學孔子而未能者也, 亦豈有不可哉!

嗚呼! 今之人槩以孔子爲非人之所可學, 而置之分外, 一有願學者, 則輒羣噪而笑之. 異哉! 人而不可以學孔子爲人道, 則是將效桀跖而爲禽獸行也. 人有呼己爲牛馬犬豕, 則必且勃然怒而反詬焉. 今乃甘自處以禽獸, 而不敢以人道自望, 其爲暴棄也甚矣! 己則以禽獸自待, 而笑人之爲人道, 多見其狂惑也.

古之君子, 所論議可否者, 必其所嘗講習明辯者也. 今也不辨忠恕中庸之爲何事, 而開口妄言以爲非人所知, 是亦盲者之訾文章, 聾者之毁韶英也. 乃聾盲之所不知, 而固人之所知也, 豈宜以其所不知, 而議人之所知乎哉! 古之論人者, 聽其言而觀其行; 今也不知人之所言行者爲何事而輒加詆毁. 旣其所不知, 則其妄爲訾毁也, 或宜乃亦己之所終身日行之者, 而不知爲何事, 知怪於人而不知己之亦是也. 斯眞所謂醉生夢死者歟!

今夫人於其妻子, 皆能通其情而推恩焉, 此忠恕之道也. 一衣一食, 亦必中節, 然後乃能無事, 此中庸之道也. 忠恕中庸, 在乎日用事物, 至平而近, 而不在乎高遠難行. 高遠難行者, 非忠恕中庸之道也. 凡人之行, 要不外乎斯道, 由己則日行之而不知, 由人則指笑而嘲棄. 不知則不勉, 嘲棄則不勸. 此乃所以世益衰道益微, 亡國敗家相屬而不絶也.

然此非凡今人士之罪也, 其所從來者遠矣. 蓋由於經義晦而不可知, 不可知, 則見其截然壁立而不敢躋攀, 道日遠而人益汚, 聖日高而世益卑. 告之以聖道, 則莫不恂然驚駭, 逡巡而却走.

嗚呼! 其亦末如之何也, 已矣! 夫士尙志, 立志旣高, 然後可以進就之爾, 謂宜遑遑仡仡以不如孔子爲憂. 今乃自投於糞溷汚濁之中, 圍之以墻壁, 覆之以烟霧, 日入於昏昧危亡, 而徒嗚嗚然動其咮. 士君子苟畏其咮, 而不敢學孔子, 則是猶畏蟣蝨蚊蚋, 而不敢爲人也.

有志者但當固執力行, 而不以沮毁動心. 時擇其可語者, 而徐喩之, 使世人皆知聖人之不異於人, 而忠恕中庸之爲常道, 則庶乎其漸進矣. 凡成德如孔子, 然後乃爲盡人之道而無憾也. 學孔子而卒不可及, 然得寸則吾之寸也, 得尺則吾之尺也. 以其卒不可及而遂廢不學, 此無以異於五采八珍之卒不可極, 而並廢其視食也, 是之謂賊其性. 余見其自悲之不暇, 又何暇笑人哉!

嗚呼! 小子得吾說而謹存之, 庶得爲人之方, 而知所以自勉矣.

三言嗚呼者, 傷時之無術也, 三言庶幾者, 不以無道必天下, 而猶冀其可變矣.

2 辨柳宗元斬曲几文 甲辰

聖人之用物也, 惟審其利害, 而不問其曲直, 直而害於事則舍之, 曲而利於用則取之. 夫物有直有曲, 天之氣有屈旋, 地之形有盤繞, 人之狀有傴僂, 理有回互, 道有委蛇, 星奎而月彎, 山紆水洄, 風回電掣, 鳥獸輪翼而隈蹄, 草木句芒而樛枝, 皆不免於曲.

若曲而必不可用, 則室無隅, 車無輪, 磬不可以爲樂, 屈鞠俯伏不可以爲禮, 耒鎌不爲農器, 蛾眉不足以充後陳, 象鼻不足以駕玉輅, 八疊之屛, 不能隱蔽, 回文之繡, 不得裁製. 折畫非書, 摺卷非冊, 折旋非步, 回腸非人, 蘭亭之水, 不可以流觴, 武夷之山, 不足以卜居, 若此而不失者鮮矣.

是故曲木爲弓, 曲金爲鉤, 曲房而寢, 曲檻而居, 曲牆而衛, 曲城而固, 曲突而防火, 曲蓋而障日, 曲池而遊賞, 曲巷而通行, 曲腰而臥, 曲肱而枕. 夫然後能盡萬物之情, 而得其用矣. 且夫子樂枕曲肱, 而今柳子厚乃惡憑曲几而斬之, 其可謂拙於用曲也已.

夫人之所惡於曲者, 惡其曲學以阿世, 曲道以趨利, 曲理以爭訟, 曲意以諂勢, 曲法以樹黨, 曲徑以招權, 曲行以釣譽, 曲說以飾非也. 此則以曲悖於理, 害於事, 亡國禍民而乃已, 在所必當去之者也.

若曲而不悖於理, 害於事, 顧可以利用, 則不可不取也. 若必用曲而後, 乃得以成功, 不用則否, 則又不得不用也. 夫直之不可用於用曲之處也, 亦猶曲之不可用於用直之時, 惟用之當其宜而已也.

今几之曲者, 未有悖於理, 害於事, 而顧可以便用. 又其承肘腰, 接脢臆, 必曲而後可也, 奈之何去之哉? 且夫奸邪陰曲之類, 多外爲正直, 以自沽於時, 然後內陰售其曲. 故用人者, 見其直而不見其曲, 未嘗不以直用而終以曲敗.

今若曰: "吾惟直之取, 惟曲之去." 而不審其利害, 則奸邪陰曲之徒, 將衰然幷進, 而大直之士, 壅隔於上聞矣. 若是則其所以取直而去曲者, 適所以樹曲屛直也,吾未見其得也.

夫直之爲善而曲之爲不善, 天下之通道也. 君子者直之徒也, 小人者曲之類也.
然直亦或有時乎害事, 而曲亦或有時乎利用, 唯審其利害, 而取舍之當其宜, 不
眩於其形名, 然後乃可以得其直之實, 而亦不失曲之用矣. 世之用人與物者, 不
爲先設畦畛於其心而立其準的, 專事分別而彼此之, 則庶乎其可也.

<h3>3　顔子不貳過論</h3>

子語顔淵之好學, 曰:"不貳過." 釋者曰:"謂能改其過, 而不復行也."
夫能改其過, 而不復行, 可謂難矣. 然此在古之聰明彊力者, 尙多能之, 如箴詩
書, 佩弦韋, 終身不聽樂之類是已, 不足以是貴亞聖也.
且夫過而不能改, 改而不能終, 此『易』所謂頻復厲者也. 自中材之所恥, 而顔子
之不爲是, 何足以稱之哉? 夫以[1]聞一知十之才, 偶或有眚, 宜其推此以反其三
隅, 旁達乎百他事, 而不復爲過焉爾, 不獨改其一事, 而不復焉而已也.
若過而祇改其事而不復焉而已, 不能推類於他事, 而預防其非僻, 則人之事甚
繁, 而費其百年之間, 爲過者必多矣. 當不能事事而無失, 是終不可得爲無過之
人矣. 顔子而若是, 則何以爲顔子也. 以是知不貳之非謂其能改而不復也.
蓋貳之訓義, 不可作再與復與又也, 乃附因而分麗之辭. 旣有幹而又生枝, 旣主
此而又爲他之意也. 考諸經籍, 臣事君而有異心曰貳, 君之太子曰貳, 篡在尊傍
曰貳, 物相配而爲副曰貳, 皆附因而分麗之意, 未有訓爲再與復與又者也. 韓愈
曰:"顔子之過, 微萌於心術隱忽之中, 則隨卽去之, 而不貳之於言行也." 言行之
於心術, 附因而分麗者也. 斯可謂得貳之訓, 而其言則非是. 『易』稱顔子有過, 未
嘗復行, 則其有過於言行, 可證也. 且雖孔子, 安能不因言行, 而獨知顔淵之心,
有過與改之與否而云云耶. 余曰: 不貳過者, 蓋言一事之過, 而不貳之於他事也.
凡人之過, 其事則萬不同, 而其所以過, 則其根有五, 懦弱也・暴悍也・貪慾

1　之不爲是, 何足以稱之哉, 夫以 : 저본에는 없으나『한중수필』에 의거하여 보충하였다.

也・奸詐也・愚迷也. 是五者, 余所謂人心之四象, 而爲過之根者也. 夫人之改
過者, 知改其事, 而不知去其所以過之根, 其事雖改, 而其所以過之根, 尙存. 故
事遠則忘, 忘則再作也. 其或有聰明彊力者, 乃能不忘而不再作, 然亦恒因其類
而發於他事. 子云: "人之過也, 各於其黨." 是也. 旣改于此, 而又發於他, 其過之
所因者同, 而所爲事者不同, 有附因而分麗之義, 此之謂貳也.

夫顔子之所以能不貳過者, 惟去其所以過之根而已也. 根於懦弱, 斯去其懦弱
焉已矣, 根於暴悍, 斯去其暴悍焉已矣, 根於貪慾奸詐愚迷, 斯去其貪慾奸詐愚
迷焉已矣. 然則顔子之過, 終身不過五事而盡去之焉, 永無再作與貳發之患矣.
況顔子稟淸純冲和之質, 不當備有五心之蔽, 而雖或有一二, 亦不如衆人之深痼
也. 故能弱齡而成其德, 此夫子所以亟稱其好學, 而過之不再作易, 不貳發難,
惟顔子能之, 而人之所不能也. 故獨擧而美之爾.

夫聖人之過與衆異. 聖人之過, 如日月之障於外, 其明未嘗息也, 衆人之過, 如
果菰之痔於內, 其心則受病也. 是故其爲過於事也雖同, 而其黨則特異焉. 惟其
過旣異, 而又其改之之有術, 獨能去其根而不貳焉, 此其所以終至於無過, 而爲
聖人者也. 聖之所以爲聖, 衆之所以爲衆, 職由於此矣. 後之君子, 有能不貳其
過, 如吾顔子然後, 乃可謂之好學也已矣夫.

4 駁許魯齋論士之進退行藏

許衡「與竇先生書」, 言其不敢自任天下之事, 曰: "天下之一治一亂, 有大數焉,
非人力之所可爲. 治亂之所從來者, 有漸, 不可以一人一世之所能變也. 古之聰
明睿知者, 唯能察其時勢而進退焉, 是爲知命."

噫! 鄙儒之一言, 而爲百世之禍也. 孔子曰: "天下有道, 丘不與易也." 唯其無道,
故吾亟易之耳. 譬如人方在水火陷穽之中, 故吾狂奔疾走盡力以救之耳. 若其
居廣廈・被錦・食玉, 飽而眠者, 吾何救之爲哉! 是故孔孟之遑遑, 正以天下之
極亂也. 未聞爲其亂而遂棄去不爲也. 孔子曰: "德之流行, 速於置郵而傳命."
"如有用我者, 朞月而已可也." 未聞其猝難變也.

夫所貴乎聖賢者, 爲其危而能安, 亂而能治也. 若乃世治則進而享其利, 世亂則退而避其勞, 趨時俯仰, 巧於自便, 而竊虛名於天下者, 此穿窬之尤者也. 聰明睿知者然乎哉! 居則以孔孟自處而曰"不我用也", 旣得用矣, 乃曰"治亂有命也", 曰"亂不可猝變也." 信斯言也, 則治亂專係乎命, 而不關於人, 堯舜不足貴也. 命之治也, 桀紂不可罪也, 命之亂也, 不肖者免於咎戾, 而賢者不爲之有無, 是果近於理耶!

夫才與時與位之謂命, 三極之道也. 盡其才而有所不得, 乃曰命, 其才能盡善而猶有所不得, 乃可責命. 唯孔子然後, 乃可言治亂之有命, 不及孔子者, 當自責其才之不能盡善, 不可言命. 夫不能眞善而輒言命者, 妄也, 諉之命而初不肯爲者, 妄之尤妄者也.

三代以後, 號爲大儒而得君者, 惟衡一人耳. 此數千載而幸遇也, 乃又巧於自便, 而妄諉之於命, 不能爲有無於治亂之數, 而徒竊天下之虛名. 其中之無有, 而外爲大言以欺世, 可知矣. 己則不能, 而又誘天下之後世之人, 使不勉任事. 若爾而天下之亂, 無時而復治也.

於乎! 鄙儒之一言而禍世也若是夫! 自衡之後, 至今五六百年, 號稱賢士者, 皆效衡之巧於自便, 竊其名譽爵位, 以榮其身·高其門, 而不任職事之責, 自以爲得計, 而天下之亂不可望其復治. 若果賢者, 必不忍爲此態也, 是非賢者也, 乃似賢者也. 於乎! 世之無賢者, 而多似賢者也.

> **原註** 我國之學, 儒必兼隱者也. 有稱學士者, 例隱逸徵辟之法召之, 學士例不
> 敢出, 或有爵至宰相, 而未嘗出山林者, 號爲山林宰相.

5　辨東征二士錄

「東征二士錄」, 其所載皆非實錄也. 是我國事也, 盖壬辰倭兵之酷, 我之所未嘗有也. 稗史所記故老所傳, 昭昭如目前事, 宜無不得實, 可以傳信也.

倭帥平行長據平壤, 兵部尙書石星遣沈惟敬, 入倭軍議封貢約和. 行長喜而信之, 提督李如松乘機掩擊之. 行長蒼皇據城以戰, 提督卽麾兵附西門, 用紅夷砲

急攻之, 城中草木廬舍皆焚, 天地震動. 提督馬蹶墮水中, 而鼓益急. 於是, 士皆
奮怒肉薄登城, 參將駱尙志, 挺身先升. 倭兵靡入子城, 平壤外廓大而固, 子城
小不足守. 我大夫柳成龍策倭且走, 請夜引兵邀之. 提督不聽, 是夜倭果走.
「錄」云, 倭已走, 而如松引兵入空城, 割朝鮮死人首, 以奏捷者, 妄也.
始倭將淸正有妹, 善占筮, 戒曰, "遇松而敗." 以故凡城邑之以松爲名, 及山之大
有松者, 皆不入焉. 是以松都, 爲倭兵往來之衝, 然未嘗被兵.
「錄」云, 如松攻開城, 收倭戈幟者, 妄也.
行長旣敗平壤, 退走六百里, 保守京城, 淸正亦引兵相合. 提督進兵至松都, 聞
先鋒査大受敗倭於惠陰嶺, 卽以家丁五百馳赴之. 後軍未及到, 而倭伏兵於碧
蹄驛以邀之, 提督僅以身免. 然倭帥亦懲於平壤之敗, 卷兵蹂嶺而走, 京城遂復.
「錄」云, 朝鮮人紿云倭遁及大石橋戰事, 皆妄也.
行長之與惟敬約和也, 要以公主下降・割朝鮮地及封王數事. 倭兵旬日之間, 長
駈二千里, 深入他竟, 力疲心孤, 所謂强弩之末勢也. 又近上國, 不敢輕進, 而淸
正在北地未會, 別將之四出略地者, 未盡安集, 其舟師十萬, 未達西海. 是以姑
幸大國之議和, 要以難行之事, 以得遷延時月, 欲以息養其力, 俟其水陸畢合, 然
後觀釁厹發, 以乘上國之無備也. 倭之本謀, 欲得朝鮮土地, 與上國接壤, 而覬
覦神器耳. 此其意不在尙主封王, 明矣. 且朝鮮且破, 彼肯以數千里之土地人衆,
易一女子一空爵耶?
及其惟敬再往, 李宗[2]城往使也, 果辱天子之命, 而和事竟敗, 石星・惟敬俱坐
誅. 大凡自古臨敵主和者, 未有不墮敵腹中者也. 向無李提督平壤一捷, 事未可
知也.
「錄」云, 馮仲纓・金相二奇士爲贊劃袁黃幕賓, 從經略宋應昌駐遼. 二士之言
曰, '倭之請封可信, 東事可竣, 而如松必乘時襲擊, 以敗和事', 袁黃善之, 數如松
以襲降敗和之罪. 且'私遣仲纓入淸正軍講和', 誠欲和惟急戰. 急戰而和可成,
不戰而倡和, 怠戰士之心, 而得敵人之計者, 錯矣. 且急和者, 必其受兵而困者

────────────────────────────

2 宗: 저본에는 '完'으로 되어 있으나 『선조실록』에 의거하여 바로잡았다.

也, 迫人而力有餘者, 未嘗急和. 方倭之精銳數十萬, 橫馳千里, 前無橫陣, 兵不留行, 其目中已無朝鮮, 久矣. 又新破祖承訓, 不搖指爪而覆其軍, 意輕上國, 亦有何困而急和耶.

倡和議於是時者, 殆於肉中無血者也. 及其和事終敗, 而猶自是其前議, 歸咎於力戰之將, 此小人之尤無狀者也. 以余觀之, 所謂二士者, 其爲人亦可知矣.「錄」又云, 金相少學奇術於異僧, 試呪人立死. 然則何不一呪殺倭金之兵而坐視其陸梁耶? 噫! 其虛誕甚矣.

楊元之覆軍於南原也, 三千之騎, 無一免者, 及讀『皇明世法』, 乃曰, 濟扶餘江, 有怪龍起風浪, 一軍皆沒云. 於乎! 罔上而逃罪, 有如楊元者, 欲自奇其主和, 而掩壯士出萬死力戰之功, 有如二士者, 信金相誕妄之言, 而籍之於書, 有如錢虞山者, 明之爲天下, 亦可知矣.

夫君子聽言, 以心而不以耳; 觀書, 以神而不以目. 是故, 能不眩於眞僞. 若夫信其耳目而已, 不知參之以心會之以神, 不亦殆哉!

評語 馬遷復生, 能有他否?

評語 敍事似馬遷, 而平暢過之

6 朋黨論

朋黨之名, 自古而有之, 其源不同, 而爲禍之大小淺深, 隨之以異焉.

有數奸人, 乘君之昏, 繆結黨比, 讒害一二忠良之異己者, 古今之所時有也. 罪在乎君闇不明, 此其禍小而淺者也.

其分國成羣, 競相角逐, 在古無之, 而自東漢始. 邪正淸濁, 旗鼓相當, 終至邪勝正·濁勝淸, 東漢·宋元祐·熙豊是也. 兩皆貪權復怨, 而互相傾軋, 唐之牛·李是也. 兩皆淸流而內相攻擊, 宋之蜀·洛·朔是也. 時之士類, 自爲一群, 未有敵對而不免於人之猜妬, 明之東林是也. 常由於士大夫好名峻節以爭勝, 而上不能堅別是非, 此其禍大而深者也.

君子讓而不爭, 公而無偏, 是將以天下爲一身, 而以四海爲黨也, 豈有私朋哉? 賢者慕之, 不肖者服焉, 豈有衆敵哉?

由是言之, 凡在黨籍者, 其猶在君子之後乎. 而其子孫世守而勿失, 各是其父祖而攻彼之父祖, 醜詆而不已. 此其之父祖, 果是而是之邪? 子孫而以父祖爭勝於人, 非美事也. 夫賢而自賢, 則亡其賢, 自賢其父祖, 非所以賢之也. 果非而是之邪? 先王之禮, 名其父祖爲幽厲, 孝子慈孫, 不能揜其惡, 『春秋』爲父諱而亦不沒其實, 不敢爲私黨以滅天地之公義也. 人無是非之心, 非人也; 知而飾非, 誣其親也. 吾聞率德以盖愆也, 未聞誣親而爲孝也. 無益於親之實, 而重喪己之義, 將焉用之.

彼其之父祖, 果非而非之邪? 臨人之子弟, 訾其旣骨之親, 言雖善, 不免爲悖行也. 況皆宗廟社稷之先大夫, 嘗爲君之貳守者也? 居是邦而非之, 此爲陋宗祐而卑其君矣, 罪孰大焉? 果是而非之邪? 則是備前所稱諸惡, 而尤爲凶險絕理, 禽喙而獸嘷者也. 聽其言而勃然應之者, 是與禽獸爭辨也, 與禽獸爭辨者, 是亦禽獸也. 『傳』曰:"敵惠 原註 我有惠於人, 不責之於其子也. · 敵怨, 原註 人有怨於我, 不報之於其子也. 不在後嗣." 若世讎而不已, 則是膠結益甚, 以竟天也. 天下之人, 積疊成讎, 互相魚肉, 非盡人類, 則不止也. 且方其同朝之時, 爭名歟, 爭義歟, 爭利歟, 爭權歟. 夫其小人之常也. 及乎其人已亡, 其事已過, 至於數十百年之久, 而持之不置, 口無直言, 心無公道, 交相敵而不悟, 亦獨何哉?

夫以漢·唐·宋·明之前事而觀之, 朋黨之禍, 在家而家必滅, 在國而國必亡, 可無懼哉? 今爲之, 而能移易祖先善惡之實則可也, 能直其身善其行則可矣, 有關於己之權利得失則可矣. 然若夫君子猶且不爲, 何況俱不可得, 而徒取禽獸之歸·亡滅之禍! 此何人哉?

夫天下之大道, 莫善於和同, 莫不善於乖異. 天下之事, 未嘗不因和同而成, 乖異而毀者也; 天下之人, 未嘗不因和同而致福, 乖異而致禍者也. 嗚呼! 爲吾徒者, 寧不鑑於其源而愼於其始, 以防他日之萌, 觀於其弊而謹於其後, 以消今日之患哉? 不然, 予有所大懼也.

原註 君子小人之分, 公利之判也. 獨善專利, 其爲小人一也. 東漢以來黨禍,皆由於是也. 不公則有偏黨, 必然之理也. 凡善卽利也, 非二致也, 名亦利也, 非二致. 專取善則不善, 專取利則不利, 專取名則虛名也. 專於己謂之私, 同於人謂之公. 公私之分, 君子小人之判也. 賢者, 專其善, 不賢者, 專其利, 朋黨之所以起也. 若孔子之道復明, 則雖欲一得朋黨, 不可得矣, 若天下有事, 則其禍必相吞盡. 故曰: “予有所大懼也.”

7　驗實篇

夫理者, 所以必然之故也. 爲必然則必爲然, 爲不必然則必爲不然, 此理之定也, 此天地之所以爲天地也. 若爲必然而不必然, 爲不必然而不必不然, 則是無理也, 無理則無天地矣.

凡爲善者, 天應之以福, 人歸之以利, 非天人之有私愛也, 彼之所爲者, 自可必福利也; 爲不善者, 天應之以禍, 人歸之以害, 非天人之有私憎也, 彼之所爲者, 自可必禍害也. 是故善者必興之道也, 不善者必亡之道也. 其興者, 必爲善者也; 其亡者, 必爲不善者也. 不必興者, 不謂之善; 不必亡者, 不謂之不善也. 若善而不必興, 不善而不必亡, 是寒不寒, 熱不熱, 方不方, 圓不圓也, 是無理也, 無理則無天地也.

夫欲知工之巧拙, 視其制器之美惡焉而已矣; 欲知馬之良善, 視其得途之多寡焉而已矣. 是故古之論人者, 必驗於其實. 以人之信服者衆少, 知其德之汚隆; 以天之福祿者厚薄, 知其道之善否. 名雖高, 人不信服則乃非實德也; 行雖眞, 天不福祿則乃非善道也.

君子有其道德, 而或其命 **原註** 時位也. 之不幸特深, 殺身成仁如比干 · 季路 · 仇牧則有之. 然亦由其智力猶有所不及也, 不可謂盡善者也. 固未有君子而擯於世俗, 陷於辜辟, 夷其支體, 而滅其嗣續者也. 故春秋以上之君子, 見人之行, 而決其禍福, 若符契也. 以余觀數千歲, 其有行之少近於道者, 未嘗不身享其福而子孫繁昌者也, 其反於道者, 亦未嘗不身罹其殃而子孫滅絶者也. 天人之理, 昭然甚明, 焉可誣也?

自秦漢以來, 天人之道乖戾而不合, 世之賢者不恒福, 不賢者不必殃. 於是天下之論者, 始疑而不定曰: "天與人, 異其好惡也." 其甚者曰: "人之君子, 天之小人; 天之君子, 人之小人." 於是乎爲善者無所勸, 爲惡者無所憚. 天下之行者, 始任性而趨, 放情而馳.

賢者殉名, 不賢者殉利, 計不避排斥亡滅而爲之也. 賢者曰: "吾爲善也, 雖敗亡而不悔", 曰: "善則善矣", 不賢者曰: "吾爲利也, 雖敗亡而不悔", 曰: "利則利矣." 賢者曰: "命也, 古之人亦有是矣.", 不賢者曰: "命也. 賢者亦不免矣." 雖興而不爲善, 雖亡而不爲不善, 是寒不寒, 熱不熱, 方不方, 圓不圓也, 是自誣而滅天人之理者也. 不善而至於亡滅而可謂之善, 則何往而不善乎? 不利而至於亡滅而可謂之利, 則何居而非利乎?

殺己親之爲惡, 重於殺人親; 滅其身之爲罪, 大於滅人身. 戮及先父母之遺體, 連累於子孫宗族, 以滅祖先無窮之世. 夫忍於其身而不忍於他人, 忍於其父祖而不忍於他人者, 未之有也. 天下之不善, 孰有過於此者乎? 天下之不利, 孰有過於此者乎? 然而曰'善則善矣, 利則利矣.' 天下之人, 日往而不反, 上下數千歲之中, 無能悟而言之者, 可不大哀乎哉! 夫好生而惡死, 願福而諱禍, 生人之性也, 其心一惑, 顚倒至此, 遂喪其性, 豈不大哀乎哉!

蓋其患在於眩其名而不驗於其實, 見其一偏而不察於全體. 故惑於疑似, 亂於眞假, 其所謂善者, 非善也, 所謂利者, 非利也. 夫人之初生, 噢咻而求食, 此好利之始也. 及其孩提有識, 見譽則喜, 此好名之端也. 是稟於天, 非學而得之者也, 亦非可以人力去之者也.

舉天下之所欲, 可與之同濟也, 不可以獨取者也. 同濟者公也, 獨取者私也. 夫不能與人爲善而獨取者, 虛名也, 非實名也, 不能與人爲利而獨取者, 偏利也, 非全利也. 人必怨而天必怒, 此謂必亡之道, 其同濟者, 必興之道也. 必亡之道者, 不善也, 必興之道者, 善也. 嗚呼! 世之欲興而無亡者, 於我乎取之哉!

原註 吾不可隱天地之理, 不救萬世之禍, 故不得不言. 若吾曾祖, 橫被他人之累, 雖未免初年之禍, 而殆必有後也, 與世云云者, 蓋有間矣. 然則余之此文, 無不諱其祖之嫌也.

善惡一本論

天下之物, 無二本者也. 天下無惡人, 善而已矣; 天下無惡事, 善而已矣. 善之過
不及者爲惡, 善惡一本也. 食色, 人之所恃以生養者也, 不及則無以生養, 過則
失其生養. 無以生養與失其生養, 其本出於生養也. 故惡非良惡也, 善之過不及
是也; 小人非良小人也, 君子之過不及是也.

其無過不及者, 天下之善道也, 命之曰中庸. 老子曰: "出生入死", 言取生多則入
於死也. 唯老子知善惡之一本, 然獨言過之患而不言不及之害, 何也? 其道固以
少欲爲主, 務在抑損以遠於過之患, 而不知夫不及之害也. 蓋異乎聖人之中庸
者矣. 然而亦知力過人, 自不至於甚不及, 所以後世之似其道者, 皆能安利其身
而延其子孫也. 然僅僅無大振作耳. 雖然, 抑可謂中庸之次矣. 過此以往, 未之
或善也.

天下之事, 善與利而已矣, 善與利, 非二致也. 善則必利, 利則必善, 未有善而不
利, 利而不善者也. 善而不利, 非善也; 利而不善, 則非利也. 世之爲善者曰: "善
善也, 利非善也." 爲利者曰: "利利也, 善非利也." 爲善而務過其利, 爲利而不及
於善, 其清濁有間矣, 而其爲過不及一也, 其爲惡一也. 其爲人之所喪 · 鬼神之
所殃, 一也. 其患在於不知善與利之一致 · 善與惡之一本也. 天下之惡, 未有不
本於善而成者也, 無良然者也. 夫善與利之有過不及者, 以其私於一己也. 若公
於人, 則求其過不及, 不可得也.

夫公於人者, 固無不及也. 雖善盖萬古利盡四海, 未有過之患也. 此謂中庸至善
之德也. 嗚呼! 此之不爲而顧彼之久行, 亦獨何哉?

> **原註** 中庸之道, 通天下之情, 一施於物我, 所以無不及亦無過也. 噫! 欲以妙
> 道喩之聾盲之俗, 亦難乎其措辭也. 特發其端, 使其自思而得之耳.

9　食戒

飲食者, 利之本也, 利者, 生養之源也. 【原註】 色者, 食之妃也, 名者, 利之子也, 故不
別表列也.

人之所欲, 莫大大焉; 天之所寶, 莫重重焉, 盈乎天地之間者, 惟其是乎! 無飲食
則無利, 無利則無生養, 無生養則無萬物, 無萬物則無天地矣.

人之所同欲, 不可以獨得也, 獨得則人必爭; 天之所愛寶, 不可以偏多也, 偏多則
天必刑.

是故利不公, 則不可以久存; 食不節, 則不可以長得. 公其利者, 乃所以存利也;
節其食者, 乃所以得食也.

凡人之生死興亡, 非二事. 以此生者以此死, 其食之謂乎? 以是興者以是亡, 其
利之謂乎? 是故不可不求, 亦不可不戒也.

人之生也, 未嘗持之而來; 之死也, 又未嘗持之而去. 本非己有, 暫借於天地而
取之人世耳. 裁足自給可也, 安用餘積哉? 其積之在人與積之在己, 不爲己有,
一也.

誠吾所爲者, 順乎天而合乎人, 則天恒借之, 而人恒與之, 何患不得哉? 逆乎天
而違乎人, 則雖積之盡天下, 不能一朝有也, 又何賴焉?

是知以廚庫爲廚庫, 不若以天下爲廚庫. 故利不可以不公於人, 食不可以不節
於己.

食者, 利之本而民之命也, 尤切於人, 而天之所尤惜者也. 是故歷觀前世飲食窮
侈不惜餘福者, 必覆滅之暴也.

夫飲食之不節, 其患有十. 糜費財物無限, 極盡天下而不給, 猶江海實漏巵, 霜
雪沃焦釜, 一也. 食無美惡, 同爲人命, 揀擇取舍, 大無福氣, 二也. 食無定味,
飢則甘而飫則苦. 藜藿者之藜藿, 膏粱者之膏粱, 其適口同耳. 無益於味, 而徒
爲糜敝, 三也.

口味生於心, 心安則甘, 心不足則不甘. 慾心無限, 愈不足而愈不甘, 四也. 口
味隨食而遷. 常食糟糠者, 莫甘於糟糠, 一得粱肉, 而方知糟糠之惡. 粱肉稍久,
又得少味, 窮奢不已, 味亦轉薄, 五也. 少壯而極肥甘, 病老無以加, 不可調養,

六也.

膏膩芍藥, 熏塞氣血, 脆筋腐腸, 動生疾病, 七也. 自奉旣厚, 澤不沾人, 羊羹覆國, 黿烹弑君, 乾餱微憾, 招禍如山, 八也. 積案盈卓, 綺列阜堆, 飮不盡盃, 餐不下箸, 戮力營辦[3], 徒爲奴隷之飫喙, 九也. 口腹哺餟, 喪其廉恥, 爲人所賤, 十也. 夫食無美惡, 下咽則充腹, 一也; 口無貴賤, 晚食則當肉, 一也. 故君子之治心, 必自食色始, 不爲食色之累其心, 然後乃可與有議也.

『詩』云: "豈其食魚, 必河之魴. 豈其娶妻, 必齊之姜." 余未嘗不復而誦之, 賞其知道也. 嗚呼! 凡今之人, 何莫學夫詩哉!

10　權說

權者, 異經之經也. 有行之權, 有事之權.

行之權者, 經云小德是也. 道有正有權, 正者大綱也, 權者小目也, 正者方箱也. 權者圜輪也. 大節不可不方, 小節不可不圜, 不方則不立, 不圜則不行. 君子立不易方, 至死不變, 正之謂也. 同乎流俗, 合乎汚世, 大類鄕原, 權之謂也.

正而至於敦化活動而無乾貼之意者, 正[4]極似權也; 權而至於川流條分而無遷變之態者, 權極似正也. 乃聖人德也, 此權之配正而行者也. 所常行於平日, 然用之於小而不用於大也, 蓋變通而順勢者也.

事之權者, 經云權是也. 遇時命之不幸特甚, 審其事勢, 而權其輕重, 以合於大義, 如湯武之放伐·文王之納賂圖免是也. 此權之特行, 而亦不失於正者也. 必其危難無可奈何, 然後行之, 而用之於大, 不用之於小也, 蓋非常以幹命者也. 行之權者, 在『易』恒是也, 人皆可行者也; 事之權者, 大過是也, 惟聖人乃可爲者也. 二者同爲異經之經, 而其爲用不同也. 小水之流行, 縈回百折, 而僅乃得若江河之大, 則千里一曲焉. 衆人多巧, 聖人無巧, 非無巧也, 乃巧之至也. 二者同

---

3 辦: 저본에는 '辨'으로 되어 있으나 『한중수필』에 의거하여 바로잡았다.
4 正: 저본에는 '止'로 되어 있으나 『한중수필』에 의거하여 바로잡았다.

爲用權, 而其力量不同也.

夫權者, 不可不用而用者也, 非勸 **原註** 悅[5]而趨之曰勸. 爲之者也. 所以御小人, 而非所以待君子也; 所以治難事, 而非所以處易地也. 是故恒少用之於治世, 而多用之於亂世. 子曰: "可與適道, 未可與權." 其難也如此. 嗚呼! 士君子不幸生於亂世者, 不可不用權, 而其難也如此. 不得大人君子而熟講之, 其何以知之哉? 不知, 其何以應世哉, 其何以保身哉? 是故貴夫學也.

11 風俗論

凡俗之所自來者, 其本有二焉. 流俗本乎上, 風俗本乎下. 本乎上者, 君爲之主, 本乎下者, 士爲之主. 君之敎化, 如水之自上而漸于下, 故曰流俗. 士之道術, 如風之發乎一方而達乎遠近, 故曰風俗. 觀乎流俗, 知其君之敎化之隆衰也, 察乎風俗, 知其士之道術之眞僞也.

夫俗之成壞, 非可以歲月致也. 士之道術苟明, 而風俗洵美, 則雖時有庸君昏上, 不能卒敗壞之, 而復遇中材之主, 則決然反於正, 往往加之以明王, 又益躋之焉. 三五之隆, 更歷累千百載而不替者, 職由於此也. 由是觀之, 風俗之所係, 大於流俗也.

士之道術不明, 而風俗頹惡, 則賢人無從而出, 明王無從而興. 秦漢以後, 數千百載, 直寥寥無聞者, 職由於此也. 由是觀之, 風俗又爲流俗之本也. 爲士者, 不亦任重而責大乎哉? 後世之爲士者, 汨沒於章句之學, 齷齪於浮細之行而止耳. 未或有明其道術, 以變化風俗, 著夫善世之效者, 又從而迷溺而不反, 競逐於影響而不已. 悲夫!

天地有三孔, 道之自出不外是焉. 聖釋老三敎是也. 世之言道術者, 非聖則老, 非老則釋. 聖道一變而爲楊墨, 再變而爲申韓, 三變而爲章句儒生矣. 老道則戰國秦漢之士, 槪多行之者, 而至於淸談弊矣. 佛道最後出而獨盛至今, 而爲害特

---

5 悅: 저본에는 '挽'으로 되어 있으나 『한중수필』에 의거하여 바로잡았다.

深. 及於西學, 而人世之淪喪不久矣. 凡天下之色目層出而至不可勝數, 而要爲三教之支流餘裔一也.

盖庸人之情, 以熟見爲目, 習聞爲耳, 循常爲心, 塗說爲口, 積習成俗. 已爲數千載之久, 雖時自名家互相觝斥, 要其歸未嘗不一致者也. 嗚呼! 風俗之沈痼晦盲, 至于今日, 而可謂極矣. 求其特立自守, 不爲染習淪胥者, 而一不可得. 況望其變化以善俗邪? 雖然, 天地循環, 時極而反. 大略自黃帝至周爲治世者, 二千餘年矣. 春秋至今爲暗俗者, 亦二千餘年矣. 考其時而察其氣數, 殆將有興者乎. 宋之末年, 日月五星聚軫, 而自元至今中國之爲一統者, 六百年矣. 盖近古所未有也, 往年五星復聚於壁[6], 是其兆也.

夫大道之將隱, 而因兵革分爭而壞之. 然後聖人風流餘俗乃墜. 春秋迄戰國四百年中, 天下無統, 列國吞噬大亂, 天下之士, 爭爲韜略狙詐辯說縱橫之術, 而未暇留意於先聖之學. 更歷年, 古學士之口口相傳者, 寢久而益失, 先聖之遺經微言, 隱沒散亡而不一存. 其存者, 亦無能通其旨者矣. 是故以三五之隆, 繼之以孔子之聖, 然其風流[7]餘俗, 終墜而不振者, 因兵革分爭之久而壞之也. 道之將隱, 天下分爭, 道之將行, 天下一統, 一統之久而不裂者, 道之將顯也. 士之生於斯時者, 幸逢可爲之會矣, 其可以不勉乎哉.

夫化俗之術, 原註 此言士之化[8]俗也. 若夫上之化俗以廉恥道之, 則民從之. 禁之以威刑而不可也, 懸之以慶賞而不可也. 唯明天地聖人之道, 以鼓動之, 如風之感物而不見其跡, 然後靡然化之矣. 立標號招, 使俗從我而不可也, 麾旗先馳, 以身導俗而不可也. 唯君子隨俗而反經, 與之同濟而無跡, 然後得矣.

余嘗從童奴而行, 遇國馬之貢者, 馬千百匹騰馳而走, 童子之隨而觀者千百人, 皆奔馳而去. 童奴見人之皆馳去, 則意以爲馳去之是也, 忽起而馳隨之. 余懼其失也. 亦馳而從之, 顧而見余之馳而從之, 則愈自馳去之是也, 馳去而不止. 俟其力倦而怠. 然後呼而止之而止. 噫! 世之競逐於影響者, 其不爲童奴也, 鮮矣.

---

6 壁 : 저본에는 '璧'으로 되어 있으나 문맥을 고려하여 바로잡았다.
7 風流 : 저본에는 '流風'으로 되어 있으나 『한중수필』에 의거하여 바로잡았다.
8 化 : 저본에는 없으나 『한중수필』에 의거하여 보충하였다.

君子之欲止其馳者, 亦猶余之馳而從之而呼之焉而已矣.

原註 天下之言道術者, 聽其言, 則各立門戶, 而攷其行事, 則同歸一致也. 譬
如入京師者四五人, 各以其道行, 而互相笑彼之失道而信己之得道也. 及其至,
同坐於佛氏室矣. 所以各信其別立門戶, 而不悟其同歸者, 由去其事實而徒爲虛
言, 而未嘗措之於事實. 故自不覺其同異也. 若以其言措之事爲, 則無所可爲者,
同歸於虛寂釋氏之道也. 去事實而虛言, 自晉淸談始. 其後爲士者, 皆無能爲於
事實者也. 天下之亂, 亦甚於前矣.

12 人道

原註 已上七篇, 爲救世發之, 故篇終多言嗚呼也.

夫人之道者無他, 捨禍害而就福利焉而已矣. 學也者無他, 欲明其利害禍福之
故而趣避焉而已矣. 君子者無他, 明於福利禍害之故, 而善爲趣避焉而已矣. 曰
善道・曰悖道・曰吉德・曰凶德[9]・曰君子・曰小人者無他, 福利禍害之致焉而
已矣. 天人之道, 禍福利害之外, 無他事也. 欲求天人之道於禍福利害之外者,
譬如虛嚼而望飽, 去裘而求溫, 吾見其終身虛言而無實得也.
今夫人迫於飢寒, 則知乞於人矣, 有疾病小故, 則不遠千里, 懷糈而問於醫卜矣.
至於人道禍福利害之大端, 則恥問於人, 不肯就有道而正焉. 此所謂養其一指
而忘其全體, 知其目前而昧其終世者也. 且夫巫卜星相之善者, 能知禍福利害
之將然, 而不知其所以然, 則不知所以趣避也. 問之與否, 固無損益於禍福利害
之實. 然人爭問之, 而獨於君子, 則不知問焉. 是好談肉而不知食, 好問病而不
飲藥者也.
子曰: "君子有三畏, 畏天命, 畏大人, 畏聖人之言." 天命, 順之則昌, 逆之則亡,
大人之所是者成, 所否者敗, 聖人之言, 從之則吉, 違之則凶, 故畏之也. 今之人,

---

9 曰吉德・曰凶德: 『한중수필』에는 '曰吉道・曰凶道'로 되어 있다.

何其樂禍害惡福利而不畏夫三畏也? 夫草木好榮而惡悴, 禽獸懼禍而趣利, 何乃人之不如也? 以人之靈而昏冥如此者, 患在於不學也. 人未有生而聖者也, 必資學而知之. 傳曰: "人生於三, 事之如一." 夫師之所以竝於君父者, 爲能明禍福利害之故, 而使之趣避也. 非父不生, 非君不食, 〔原註〕 此言爲人臣者也. 非師不存, 故重之如一也. 嗚呼! 今之師者, 師哉師哉? 今之學者, 學哉學哉?

13　本過

古之君子, 樂其面而言己之過, 惡其背而揚人之惡, 則不肖者, 從而化之, 見人之過, 好面言恥背論. 於是天下從而爲俗, 見人之面言己過, 內或不悅, 不敢形於外. 見人之背論人慝, 輒群斥而顯討之. 終身面言, 有忠告之善, 而無觸怒之患. 偶一背論, 輒受讒賊之名, 而爲衆所同棄. 是故天下之人, 皆得聞其過, 而讒諂誣諛之端, 無從而生矣. 欲爲奸慝者, 懼人之面言於衆中而不敢也. 〔原註〕 凡過已成不可改悔者, 君子不言也. 此亦善俗之大端也.

今之君子, 則反其道, 使天下之俗, 好背論而重面言. 忠告之道絶, 讒諂之行繁, 欲善者, 無所得聞其過, 而奸慝之計售矣. 夫以上知之材, 不聞其過, 則猶有所蔽. 況以世俗之人, 無所得聞其失, 其昏闇愚濁也, 不亦宜乎.

夫小人之情, 不知善惡是非之爲利害禍福之實也. 故好隱揜而惡人知, 常文飾以遂之, 而怒人之言. 不知人之知之與不知言之與不言, 爲己之利害禍福之實, 固自若也. 不知幸人知之而幸言之, 已幸改之, 而得去害就利, 轉禍爲福也.

愚人之情, 不知內省而自見, 終日行而昏冥摘埴, 得之而不知其善而致之也. 敗而不知其惡而速之也. 及聞人之明言, 以爲己之善惡, 若從其口中出也. 故喜怒爲用, 不知人之言與不言, 己之善惡之實, 固自若也. 不知幸得己之實, 可悟而改之也.

悍人之情, 見人之謗己而失其實, 怫然起而辨之, 不知拒諫之辭色, 使己不得復聞過也. 夫我無善而人譽之者, 吾之禍也. 我善而人謗之者, 又何害焉. 我三旬不食, 而人謂之備極八珍, 則我無所得食, 非禍而何哉. 我極備八珍, 而人謂之三旬不食, 則人將爭遺食矣, 何害之有.

夫小人與愚人與悍人, 三者之行不絶, 而古之善俗不可得而復見之矣. 然其本在於好名而遺實, 競逐於影響而不見形聲之眞也. 苟明乎其利害禍福之實, 則皆將樂聞其過也. 知聞過之爲福利, 不聞之爲禍害也.

凡人莫不暗於自見而明於知人, 何則? 己之所爲, 其損益在人, 故不知, 人之所爲, 其損益在己, 則必知之**10**也. 是故以銅爲鑑者, 可以知其形之有垢汚而去之也; 以人爲鑑者, 可以知其行之有不善而改之也. 故君子之有過也, 如日月之食焉, 懸而示之, 惟恐人之不知也. 君子之**11**求諫也, 如瀛海之畜焉, 虛而受之. 惟恐人之不言也.

悉天下之耳目心知, 以輔吾之善而去吾之不善, 雖欲不明不可得矣. 雖欲不善不可得矣. 斯其所以爲聖也. 嗚呼! 世之欲厚其福利遠其禍害, 以善其身・化其俗, 而希夫聖賢者, 安可以不用吾言哉.

> **原註** 人數以過告予, 足明吾之賢也. 人無以過告予, 足明吾之不肖也. 人數以過告予, 足證吾之將興也. 人無以過告予,**12** 足證吾之將亡也. 不肖之至其父兄長者亦不告其過, 譬如瞽之無相, 倀倀獨行, 其不顚躓者, 幾希矣.

14　始終難易論

始與終孰難? 吾不得以質言也, 終與始孰易? 吾又不得以質言也. 夫有始之獨難, 而終則易易者焉, 有始與終之難, 正等而無分者焉, 亦有始之難固難, 而終之難爲尤難者焉, 何也? 唯其人品之高下者, 有所不同焉耳.

上智之於事也, 明計之於始, 而順成之於其終, 思不越其畔, 譬如破竹之迎刃. 『書』云: "愼終于始", 『易』云: "作事謀始." 獨言始而不言終者, 既愼之於其始,

---

10 之 : 저본에는 없으나 『한중수필』에 의거하여 보충하였다.
11 之 : 저본에는 없으나 『한중수필』에 의거하여 보충하였다.
12 足證吾之將興也. 人無以過告予 : 저본에는 없으나 『한중수필』에 의거하여 보충하였다.

則無復勉其終. 故始則難而終則易者, 上智是已.

中材之人, 所謀於始者, 或中或不中, 旣難其始, 而亦未敢易其終.『傳』曰:"善始善終", 兩勉之辭也. 故始亦難而終亦難者, 中材是已.

下品之情, 恒先敬而後慢, 先勤而後倦, 先愼而後驕, 先銳而後怠. 惟知其始之爲難, 而弛然不復慮其終. 夫當難而不以爲難, 難必及之, 是其難之中又生難焉.『詩』云:"靡不有初, 鮮克有終", 此言末事之特難也. 故始之難而終尤難者, 下品是已.

故上智之於終始, 一難而已矣, 中材有二焉, 下品則三之. 一難者, 有得而無失, 二難者, 有得而有失, 三難者, 有失而無得.

是故, 始難而終易乎? 曰諾. 焉不可也? 終難而始易乎? 曰諾. 焉不可也? 始與終之皆難而皆易乎? 曰諾. 焉不可也? 視其人品之上下而異其說而已矣.

15 論范雎遠交近攻之非

臣聞伯王之君, 服近而威遠, 附弱而抑强. 服近, 則緩急易以得力, 而有扞衛之利. 附弱, 則威德可以竝施, 而無强逼之患. 故能橫制天下而無敵者, 用此道也.

今者, 似聞客有進王以遠交近攻之術, 親齊趙而謀韓魏. 夫齊·趙天下之强國, 而韓·魏者中國之屋脊也. 夫騎屋脊者, 左顧則左, 右顧則右. 今秦親韓·魏, 以攻齊·趙, 則是爲我扞蔽, 而爲彼益敵也. 若攻韓·魏, 韓·魏必懼, 而合於齊·趙, 此自去其蔽, 而樹敵於隣也.

夫以齊·趙之强, 又得韓·魏之助, 足以餘力, 而爭衡於秦矣. 寧肯納其孤秦之交, 而絶韓·魏, 以去屛益敵, 而自就孤單哉? 且韓·魏旣合於齊·趙, 則固不可復圖也.

臣見遠不可交, 近不可攻, 而適受兵於天下也. 假令得齊·趙之力, 以滅韓·魏, 又恐徒肥强敵, 而有危逼之患也.

今爲大王計, 不如厚結於韓·魏, 以北攻燕·代, 東伐齊·趙. 獲城則秦取其半, 韓·魏分其一, 韓·魏德秦之親己而利於得地, 必無猜忌之心, 而悉力攻闘. 夫以秦之强, 得韓·魏, 以爲兩翼, 則可以漸收燕·代, 而齊·趙爲之次矣.
議者, 將疑韓·魏之侵强而難制. 然韓·魏之所得地, 不過當秦之半, 而兵罷於
外, 力竭於內矣. 又秦地周匝其境, 無異在於封域之中, 雖名利之, 其實疲之, 雖
名資之, 其實圍之. 內可用其假道滅虢之計, 而外可四面集而攻拔之也. 是猶藉
鷹犬之力, 以取狐兔, 狐兔旣盡, 則從而烹之矣. 此與齊·趙之難交而且危逼,
利相什佰也. 如此, 則可以用事於天下, 而伯王之業成矣.

16 安貧論

古者君子之操行也, 必以安貧固窮爲難. 夫諱貧窮而願富貴, 民之所性之也, 雖
君子異乎哉! 盖仲尼示執鞭之意, 季路發傷哉之歎. 且夫人所以博問切思, 篤學
而勤行, 庶幾君子之域者, 其意皆有求於彼也. 必若坐是而貧且窮邪? 其孰肯也?
盖仲尼示執鞭之意, 季路發傷哉之歎, 可見其情, 非惡彼而樂此也.
夫以伊·呂之才之德, 尙不免割烹賣販之汙, 用之天下則有餘, 而不足於資身.
彼各有其時, 當其貧窮之時, 雖百計求免而不得, 及其富貴時至, 可坐而致也.
無容强力於其間, 則吾且安而俟之耳.
且夫勤耕而俟秋, 農夫之利也; 治蚕而禦寒, 工女之事也; 藏具而待時, 君子之智
也. 夫學識辨博者, 富貴之具也. 若貧而不能安, 窮而不能固, 則物欲劫其外, 憂
悶滑其中, 彼將急於營求, 而不遑於學問, 是猶不蚕而求帛, 不耕而求粟, 無其具
而望其功者也. 故君子不患貧窮之不免, 而患德業之不修, 其安之云爾者, 非謂
貧之可耽也, 其固之云爾者, 非謂窮之可樂也. 盖欲絶其外慕之心, 而專精於進
修也. 學業旣足然後, 可以乘時而有成, 故其安貧者, 乃所以善求富也, 其固窮
者, 乃所以善求達也.
夫天道損而益, 故將朝者, 必有夜, 將春者, 必有冬. 物性戕賊而後成, 故不罹翦
翳之災, 不能成棟梁之材, 不受琢磨之苦,[13] 不能成瑚璉之器. 人情困而後得, 激

---

13 苦 : 저본에는 '若'으로 되어 있으나 『한중수필』에 의거하여 바로잡았다.

而能奮, 故匪經變, 不足以長智, 匪居約, 不足以固志. 故富貴生於貧窮, 勳業成於困辱, 此亦必至之時也. 有能於貧窮之中, 苦心篤志, 德器旣就, 而長坎壈者, 余盖未之見聞也. 故君子忘其飢寒困厄, 而樂修其具, 是以不失其時, 小人以憂戚傷性, 而不暇自修, 時至而無以應, 終於無成而已. 故曰[14]計倪之七策, 張驚之萬選, 非善求榮利者也. 唯安貧固窮者, 可以當之. 耕也, 餒在其中, 學也, 祿在其中者, 其是之謂歟!

17 齊物論篇論

世故块軋膠葛, 互爲根柢, 橫生枝葉, 端末相纏而莫能尋其緖, 頭角迭出而莫能執其形, 辨於利害, 審於取舍, 難矣. 夷險繡錯, 吉凶同域, 向東而西按釰, 指南而北彎弧, 不迷於趨避向背者, 鮮矣. 得失輸贏[15], 過去則空, 是非榮辱, 隨時而遷, 千變萬轉, 不足控搏, 吾何執? 無所可執矣.

而一世之人, 逐波奔汩, 隨風飄颣, 迷方競走, 出入夢幻, 不自知其所以然, 而人亦莫知其故.

其言也, 似春鳥秋蟲之號也; 其行也, 似轉蓬飛絮之旋也. 不能自有其心, 而感於天地之流氣, 以動如此, 而雖曰天下無人可也.

其不悟者, 堋埴妄行而沒世焉已矣. 其有超然獨覺者, 不勝其憂患而見其難爲也. 求之於古人之陳跡, 則若眞若虛; 驗之於當世之情態, 則似妄似實, 屢疑之而莫適其名.

捨筏迷津, 蹚蟑數驚, 而不敢進. 思欲脫然自蛻, 遺絶世累, 高浮雲霄之外, 然又無可爲者. 漫浪矣話, 偸取度年, 如斯而已矣.

且夫闒茸儱侗之品, 遇事而不敢爲, 爲而不善, 則棄去而自殄. 匪伊爲好也, 智不能辦耳; 匪閒是求也, 不堪其苦耳. 天授民之職以勞, 而人情閒無事, 則憂獨

---

14 日 : 저본에는 '日'로 되어 있으나 『한중수필』에 의거하여 바로잡았다.
15 贏 : 저본에는 '贏'으로 되어 있으나 문맥을 고려하여 바로잡았다.

원문부 : 논변(論辨) ● 753

不見?

夫鸕鶿之窺魚乎終日, 而立於蘆汀, 兩眼注於水底. 見之者莫不艷羨曰: "眞天下之閒也, 是其無機心者乎!" 而其實則志存乎得魚, 而以不得而閒爲憂者也. 若幸而得魚, 則又眞天下之忙也. 若是者, 果無機心乎! 乃其情則求忙不得而不能去閒也. 其動乎天機者若此, 而天下之情可知也.

巧者勞而拙者逸, 非拙優於巧也. 由是闒茸之得閒, 亦猶鸕鶿也. 竣事而得閒則樂, 求事不得而閒則憂. 曠天職而抛其生, 等活形於髑髏, 寂靈性於死灰, 未亡而亡, 非滅而滅. 若是者, 圖免乎世之汩也, 而愈益其憂, 庸有瘳乎!

夫生子不育, 器服中毀, 戚然疚心, 爲其有用而不得其用也. 若夫物之無用, 則不愛其決折矣. 人而喪人之用, 不可謂之人也. 觚不觚, 人不人, 觚哉觚哉, 人哉人哉! 異哉, 莊生之爲是也! 闒茸無能也, 鸕鶿無知也. 乃今以高明之才, 懷有用之寶, 焚梓毀璞, 自棄於荒癈之野 · 沈冥之域, 與彼無以異一轍而同歸, 何歟? 惟其超然獨覺, 見世之難爲, 而不勝其憂患. 然故不得不自放於世外而求全也. 旣又惡其闒茸同歸, 則肆其唇吻而虛自高大, 侮弄今古, 剽剝聖賢. 要其指, 賤功業而貴無事, 輕天下而重一身, 計欲自爲地也. 以求震耀於愚俗, 而掩己之不足, 蘄乎而留名與迹於宇宙爾. 然亦自嫌於遁情而詭辭也. 惚悅兮, 若左若右, 軒輊兮, 一抑一揚. 辭無體要, 論無定理. 使不知者, 足以眩驥而寶其書; 使知之者, 足以尋繹而明其志, 是其苦心者也.

凡物不得其平則鳴, 凡人喜笑怒罵歈哭, 更出橫發而無常者, 必有鬱於中, 不得其正也. 不幸遇時世艱險特甚, 自量才不足, 以蒙難而沈淪以求全, 放言而見志, 其可悲也. 而後世之背實趨虛, 憚勞而耽逸, 欺世盜名者, 聞其風而慕之, 託以爲鼻祖. 東漢之高士, 西晉之淸談, 有自來矣, 浸漬漸染, 入人肝肺.

其建鼓立幟, 自稱躬聖道闢異端者, 猶未脫於套中, 號於天下曰: "莊書, 邪說也, 聖人之罪人也." 而其實行, 則踵武連串, 而猶夫一也, 遺事務 · 尙虛言, 圖功業者爲猥鄙, 好屛閒者爲雅量. 私立題品, 互相夸張, 無實而花, 無事而名. 時非不遇, 事有可爲, 而不肯動心出力共濟. 傾覆之舟於洪濤之中, 天下由是大亂, 而生人之類, 殆矣.

下者, 竭力以趨生業; 上者, 殫智以立功德. 天下之心, 一於濟物利人, 而後天下治而民安樂矣. 自春秋以上, 寧有君子焉, 不若此而若彼者乎! 誤天下者, 莊生也. 非莊生誤天下也, 誤天下者託於莊生耳. 若莊生有辭焉. 不幸遭天地之厄, 會燔先聖之書, 坑誦法之士, 嚴挾書之律, 重偶語之罪. 轉目者鑿, 搖手者斷, 掉舌者滅, 擧足者族. 時之所尙, 惟獨律令刑法, 而無他道焉. 卓犖奇偉之士, 負不世之氣, 抱縱橫捭闔之才, 縶而不展, 鬱而不伸, 有不失性而發狂者乎!

齊得喪榮辱, 以平其心; 曠然遠覩乎衆物之表, 以寬其懷; 借古嘲今, 以攄其菀; 夢幻人世, 瞬息宇宙, 以消其氣; 詭言虛說, 以寓其意; 時有正論, 以見其志. 然卒以一偏一曲自居, 以悲其窮響以聲, 形與影競走也, 其亦自量之審矣. 進不能有濟於世, 退求全性遠害, 是殆賢者也. 本不以道德自信, 而垂詔於來, 玆也何與於天下哉! 莊生無罪於天下也.

雖然觀其爲人, 乃六國之遺士也, 未聞於君子之大方乎! 夫受氣與形於天地父母, 以有人之用, 助成天地之功, 能述父母之事, 以全其用, 人之道也. 不用而蔑棄之, 命曰逆天, 命曰忘親.

且夫匠人, 憚其製造之難而掊其材; 農夫苦其耕耘之勞而沒其田. 詑諸人曰: "我則無事矣." 無事則然矣, 將有事矣, 飢餓死亡之事至矣. 又詑諸人曰: "我無憂矣. 等飢飽·齊存亡." 無憂則然矣, 信無憂矣. 明而身滅種絶, 幽而鬼神消歇, 雖欲憂之, 無憂之者矣. 且其言强也, 無事而不憂, 飢寒而不患, 亡滅而不戚, 凡有血氣知覺者, 所不能也. 安能同人於木石哉!

設或有能之者, 此乃怪異不祥之人也. 以得爲不得, 以成爲不成, 以生爲不生, 以存爲不存, 以有知爲無知, 以有用爲無用. 自有天地以來至于今, 得矣, 成矣, 生矣, 存矣, 有知矣, 有用矣, 一朝而喪之, 返於無始, 如此而果可謂之善乎? 如此而果可謂之善也, 則天下之敗亡者, 皆善矣, 而不敗不亡者, 皆不善矣. 不幾乎萬物盡而天地息耶!

種而不穫, 不如勿種; 器而不用, 不如無器. 是天地不始而萬物不生也而謂之可, 可乎哉! 且其勞苦艱難, 非所可憚也.

夫氣不運則滯, 形不動則廢. 是故流水不腐, 戶樞不蠹. 昔之有嗇於用形者, 封其左眼而閉之, 以備右眼之衰也. 旣而啓之, 則其昏也, 同於無目. 行年八十, 壹以右眼之衰也, 視而終焉. 繫其左手而不用, 以備右手之痿也. 旣而解之, 則其解之也, 與繫之同. 壹以右手之痿也, 用而死焉.

身之氣血, 注於用而離於不用故, 所以然也. 形之敝也有時, 利在於用, 害在於不用, 不可不用也. 神之存也無窮, 用之則長爲我有, 不用則復歸於天, 不可不用也.

凡人之所以憚於勞苦艱難者, 爲不忍於一時也. 何乃不憚於窮饑亡滅, 而憚於勞苦艱難; 不忍於一時, 而忍於窮宙耶! 自以爲外形骸忘死生, 而又奚恤於形骸之勞苦艱難耶! 終將腐爛而已, 之又何足愛而不用乎! 何況榮顯安樂在於勞苦艱難之中; 困辱衰亡, 隨於怠荒逸遊之後. 秦人以冒死百戰, 視爲鼓瑟作樂, 管仲以宴安比之酖毒. 夫以怠荒逸遊, 而願於榮顯安樂, 是猶却行而求前, 北面而之楚也. 噫, 嗚乎! 世路, 誠難險而不平也. 世情, 誠叵測而不直也; 世運, 誠幹遷而不定也; 世道, 誠分裂而不純也. 世事誠難爲也, 而又不可不爲也.

嘗竊有恨焉. 焉恨人之不如蛭,[16] 恨道之不如掌. 人, 內有五臟六腑十二經脉, 外有九竅百體, 持之以骨, 束之以筋, 盪之以血, 裹之以肉, 纏之以十萬八千絲絡, 泄之以十萬八千毛孔. 升降向背, 機巧萬端, 生克制化, 妙理無窮, 軒皇不能盡, 兪跗鬼臾之所不能達也. 是故易病而難醫, 多夭而少壽.

夫道之玄微互回也, 亦着是已. 是故愚者昧昧, 智者惝惝. 若夫蛭其形, 空空然如韋袋之無表裏焉而已, 無病難死, 曝爲薨偹, 而得水則蘇, 掌人皆有之而莫不見也. 使人如蛭, 使道如掌, 豈有違哉! 然而終不可得也. 世事誠爲也, 而終不可不爲也. 雖欲不爲, 而亦終不能不爲也.

凡物稟乎氣以生, 感乎氣以動. 其言也, 吹之也; 其行也, 鼓之也. 比竹也, 傀儡也, 有待而然也, 而非自己也. 爲爲也適然, 爲不爲也適然, 適然在此, 爲之待彼. 爲與不爲, 皆非自己也, 氣使之然也. 爲亦不爲也, 不爲亦爲也, 爲與不爲, 皆爲也. 雖欲不爲, 而終不能不爲也. 是固無心以自主, 無力以自立者歟! 是歟非歟, 善歟惡歟, 得歟喪歟, 成歟敗歟. 髣髴如一夢, 非其夢者, 有心以主之也, 爲與不爲, 皆夢也. 是非善惡得喪成敗, 皆夢也, 是未得乎天人之正者也. 醒然而覺, 穆

---

16 蛭: 저본에는 '蜓'로 되어 있으나 문맥을 고려하여 바로잡았다.

Error

756 ● 백운 심대윤의 백운집

然而正者, 其惟君子乎!

未嘗以心動乎氣, 而氣隨之; 未嘗以情役乎物, 而物歸之. 與天下同得, 而不私
於利; 與衆人同行, 而不專於名. 其動也靜, 其雜也一. 以人治人, 以物成物. 不
自形而體萬物, 不自用而用天地, 混然若造化之無迹也. 其行止語黙, 惟意所欲,
而天地鬼神不違焉.

投之所如, 往莫不否應而後志. 是故能參天地而並立命, 曰: 配天. 天地能生成
物而不能用之, 能生成人而不能敎之安之. 助天地之生成而能用之敎之安之者,
人也. 故曰: 人者, 天地之心也.

是故盡人之道而得其正者, 謂之配天也. 若然者, 富貴也, 窮困也, 患難也, 夷狄
也, 無所入而不自得, 無所處而不自樂, 豈憚於勞苦艱難哉! 豈戚於遭遇不幸哉!
仁者不憂, 智者不惑, 勇者不懼, 樂天知命而止於至善焉而矣.

문대(問對)

1 對問

門人或問曰: "夫子之文孰若?"

曰: "吾不能自知也. 嘗論以爲歐陽修之文, 師韓而友柳也, 吾竊不自量焉."

曰: "夫子之文奚若?"

曰: "非敢自以爲能也. 若夫言簡而機深, 典雅而整暇, 若赤手搏龍虎, 而氣息不熱, 若江河之瀉龍門, 觸砥柱馳騁乎三峽瞿唐之險, 而未嘗見波濤之涌起也. 千街萬巷, 縱橫交疊, 而不迷其正路也, 能斲[1]冥山之枝, 接南海之樹, 而天然爲一也, 能令枯骨生豐肥, 以糞壤爲黃金也, 能以一轡牽馬千羣, 而以策驅羊萬頭也. 如以端委佩玉正色立朝, 而不問可知爲君子也. 此余之所長, 而不肯讓於古人者也."

曰: "夫子之文則善矣. 弟子未嘗見夫子之出以示人, 羣居而談笑, 未嘗及文章, 何不求知也? 古之能文之士, 莫不悶當世之不見知, 介然不釋於心也, 夫子不然乎哉?"

---

1 斲 : 저본에는 '斵'으로 되어 있으나 『한중수필』에 의거하여 바로잡았다.

曰: "唯然也. 夫鯈鯢之浮游乎溝渠之上, 掉尾容裔, 儵眇往來, 人皆見而知之矣. 鸒鴞之翺翔乎蓬蒿之間, 掠塵決起, 隨風上下, 人皆見而知之矣. 若乃神龍潛處乎重淵之下, 大鵬搏擊於靑冥之上者, 豈能見而知之哉? 夫文衆知之則不奇, 奇則衆不知, 務爲人之所不可知, 而欲以求知也惑矣.

夫狗不以善吠爲良, 人不以善言爲賢. 故古之君子, 言之不出也. 所貴乎君子者, 爲其道足以濟民而除難也, 非以其能博辯宏詞也. 儀秦之徒, 非不優於文辭而不免乎亂人者, 其文辭爲之累也. 由是言之, 文之奇者, 固不可見知於人, 而其見知與否, 本不足爲吾之輕重也, 又何求知焉?

夫文章者, 不過君子之一小數耳. 苟可以達其意而止矣. 不欲務爲高奇, 以求其自名, 君子而以文章爲名, 可羞之甚也. 六經傳記之書, 不傳作者主名. 古之君子, 不欲以文章求名也如此. 後之文士, 未有格言奇論, 而其短章隻紙, 無不謹署其名字, 以求自表於世, 其亦可笑也已.

余旣廢于時, 無所事事, 平生多餘閑之暇. 而性不喜博奕音樂, 每寂然獨處, 罕有賓友之過逢, 時以文墨自嬉, 以爲消遣閑悶, 差賢於博奕耳. 然常縱意自適也, 亦未嘗專精極慮, 以求瑰琦, 而自然瑰琦者, 蓋其天性也.

孔子曰: "有德者, 必有言; 有言者, 未必有德." 是二者, 未知夫余之所居, 而余實有所盡力焉. 以其萬分之餘而爲文者也, 且子欲以吾萬分之餘, 比諸博奕之類者, 而爲吾名也耶? 以其不可知而不知焉, 可以無恨於人矣. 以其不足求知而不求知焉, 可以無悶於我也. 子幸爲我之圖, 姑舍是而他規.

評語 大雅之文, 固當如是. 議論是前人所不到.

2 問學對

或問曰: "孔子曰: '在家必達, 在邦必達', '學也, 祿在其中', 聖人其欺余哉? 何今之不然也? 豈有說歟? 願聞之."

曰: "然, 有是說焉. 夫學也者, 學爲人道也. 凡爲人者, 莫可以不學, 學者非異物也. 今擧一國而號爲學士者, 數不信指, 可謂已尠甚矣. 其有志於學者, 必先爲繩趨矩步, 尸坐徐言, 修飾儀節邊幅, 懸自表異於衆人蒼頭, 赤幟而特立也. 世亦視之爲異類, 外爲貌敬而內實恥之, 至以相訾謷, 目爲腐臭. 士大夫之子若弟, 莫有及其門而稱先生弟子者也. 居是名者, 非其充入於徵辟而不得自拔者, 則乃其鄕曲微賤愚陋, 不識世情之人耳. 此爲一.

夫學士善世而顯名, 隱者遺俗而晦迹, 彼其趣相反耳, 非可以得幷者也. 今爲學士者, 輒稱隱逸, 召之而不敢至, 爵之而不敢出, 終身廢棄, 未獲鉛刀之一試, 其所學者何事, 而果將以何用邪? 世之婦孺走卒, 皆知學士之必不用於事, 雖學士亦自知必不用於事, 永爲天地之一棄物. 假令其中蘊抱周孔之才德亦已矣, 空洞無腸不辨菽麥亦已矣. 沈溺於異端邪術害政斁倫之學亦已矣. 此爲二.

夫學士之情, 亦可以見之矣. 蓋謂其俗之鄙汚, 不可與同行也, 故自賢而明之也. 謂其君之無道, 不能以用我也, 故可卷而懷之也. 夫汚其俗而求合乎俗, 醜其君而求用於君, 難矣. 汚人者, 人亦汚之, 醜人者, 人亦醜之, 學士之不達, 不亦宜乎! 自賢則近於要名, 不用則易以欺世. 自知不用, 而然且爲之者, 非欲欺世盜名而何哉? 君臣, 天地之大義, 人之大倫也. 廢大義, 亂大倫, 喪其實用而苟取錙銖之虛名, 此其歸何等哉? 爲其君之所棄, 世之所訕, 不亦宜乎?

嗚呼! 古之學者, 將以爲實也, 今之學者, 將以爲名也; 古之學者, 將以求用也, 今之學者, 將以求廢也; 古之學者, 將以善俗也, 今之學者, 將以汚俗也; 古之學者, 將以致君也, 今之學者, 將以醜君也.

雖然, 其所以致此者, 有原有本, 蓋由其學識空疎. 切欲行之而實無可用者, 搜其閣而傾其笈, 惟獨有數卷儀文之書耳. 其所知者止此, 則不得不行之也, 而不知儀文之外, 有實學也. 出而在位, 則幸不得一有所濟, 徒陷於誅辟之禍. 故不得不退也, 而不知實學之措用不如是也. 其心初非欲汚俗而自賢然, 然則然矣, 初非欲醜君而自廢然, 然則然矣. 由是論之, 向使其得用, 亦無所可用矣.

夫人之所爲者, 非人之所爲也, 乃天之所爲也. 用之者天也, 廢之者天也, 非天之有心而爲之也. 人必自取而後, 天隨之也, 蓋未有非其自取而橫逆至者也.

或曰: "進取事爲者, 志恥於學, 學者不得實用, 古之道其不可復明於今乎? 不學則無以爲人, 學之害又如此. 人之類, 將若之何? 此在君子之惻然隱恫者也. 微子於斁而望之, 懷寶迷邦, 可謂仁乎?"

曰: "世之人亦見學者無用, 故不肯學耳. 人之恥於學, 乃學者之罪也. 使學者而有實, 則將靡然自趣之矣. 此在學者而不在余. 誠令學者聞若說也, 幡然改悔, 而不恥下問則可矣. 若獲[2]名樂禍而恥過遂非, 則其亦末如之徑何也. 余奚以知之哉!"

> **原註** 余年齒旣長矣. 時不可坐待價而不求售也. 然見俗之與己背也, 不敢往進, 頓轡而徘徊焉. 故著此篇, 冀爲膏肓[3]之俗, 頂門針耳.

3 　問禮對 壬子

或問: "今之學士, 雖燕居, 必深衣冠帶而危坐, 禮歟?"

曰: 禮也者, 不失其等殺而適其時宜者也. 管仲難爲上, 晏子難爲下, 爲其侵其等殺而失其時宜也. 夫上而爲下, 下而爲上, 悖亂之道也; 寒而衣葛, 暑而衣裘, 死亡之祟也. 此禮之所禁, 而禮云禮云乎哉!

且夫深衣冠帶而危坐, 承祭見賓之容也. 若藝居而爲之, 承祭見賓, 又何以加焉? 則是以承祭見賓之服而藝居也, 以藝居之容而承祭見賓也. 以承祭見賓之服而[4]藝居, 梏; 以藝居之容而承祭見賓, 慢也. 梏與慢, 不亦遠於禮乎?

夫子居不容, 藝裘短右袂, 不容則異於容之時矣, 藝則異於不藝之時矣. 裘而短袂, 不可加以盛服也. 若盛服, 則又無所用其短袂也. 齋必有明衣, 布, 雖致齊, 猶未服盛服也, 其藝居, 可知矣.

齊王使人覘孟子, 而孟子自言無以異乎人, 則其不盛容而自別, 可知矣. 君子雖寒, 不衣祭服, 疾風迅雷, 必變衣服, 冠而坐, 則不變之時, 不衣冠, 可知矣.

吾聞務其華者, 鮮其實; 飾其外者, 亡其中. 今也不肯用力於古聖賢之實學, 務立德業, 而獨其修飾外貌, 則絶遠過之, 以求自表異於衆人而釣虛名. 此夫子所

---

2 獲: 저본에는 '護'로 되어 있으나 『한중수필』에 의거하여 바로잡았다.
3 肓: 저본에는 '盲'으로 되어 있으나 문맥을 고려하여 바로잡았다.
4 而: 저본에는 없으나 『한중수필』에 의거하여 보충하였다.

謂色厲色莊而譬之於穿窬者也, 不亦可恥之甚哉!

天反時爲災, 地反物爲妖, 人反常爲殃. 燕居則就其安便, 修敬則變更容貌, 人之常情也. 今而反之, 修敬則慢, 慢則不可行; 自居則楛, 楛則不得動.

見長亦是也, 見少亦是也, 見尊亦是也, 見卑亦是也, 是不知貴賤上下也. 故曰慢而不可行.

拘而束之, 貼而乾之, 雖生而僵也, 未死而尸也, 是非生人之道也, 故曰楛而不得動.

盖『洪範傳』所謂'服妖'乎, '貌之不恭'乎! 不可行, 不得動, 殆將必爲廢疾痼癃之棄人也, 學士其長廢於世乎? 其爲天下殃也, 孰大於是? 人情惡異而妬前, 獨爲人之所不爲, 天下之人貌敬而心憚, 顯推而陰憎. 雖在親戚, 亦不安之, 其何以自容於世邪?

蘧伯玉恥獨爲君子. 夫多飾苟節細行, 以自高於世, 而明父兄族黨之不能也, 天下之汚行也, 非謙道也. 君子以爲不恭, 彼其計驚駭鄉曲愚夫之耳目, 苟取咫尺之虛譽, 以自快於面前, 而不衷於大道, 終至於身殃而殘天下, 此固小人之本態也.

余觀於是, 未嘗不痛而悲之也. 凡可[5]獨己行之, 而不可天下行之者, 非天下之通道也. 非天下之通道者, 非人之道也. 君子務行天下之通道, 不敢有餘, 亦不敢不足, 故萬歲可繼也.

今使人君不脫袞冕而處, 大夫不脫端委而處, 士農工賈不脫衣冠而處, 決不可得矣. 必將妨廢衆務, 耗費財力, 而怠困不克, 其非天下之通道也, 明矣.

『禮』有息焉遊焉之訓, 而張而不弛, 文武之不能也. 堯舜與人同而已, 異於人, 則非人之道也. 未有非人道而爲禮者也. 禮也者, 善與人同者也, 非異於人者也.

原註 或曰: "經言'莊[6]以涖之.' 及'整其衣冠, 尊其瞻視.' 何也?" 答曰: "凡經傳所言莊者, 卽北宮文子所稱威儀, 是也. 凡人之可見於外者, 皆是也. 非獨衣冠

---

5 可: 저본에는 없으나 『한중수필』에 의거하여 보충하였다.
6 莊: 저본에는 '莊者'로 되어 있으나 『한중수필』에 의거하여 바로잡았다.

瞻視容貌而已.

威儀, 居官臨民之時, 及承祭見賓之用也, 非設於燕居者也. 然凡威儀者, 亦隨事隨時而不同也. 衣冠亦隨事隨時而不同, 各當其時, 得其宜, 則謂之有威儀也. 違其時, 失其宜, 則謂之無威儀也. 起居從便, 亦不至於袒裼裸裎, 無暴慢鄙倍之氣者, 燕居中威儀也. 盛服整容, 而亦不至於拘束峻傲, 有安舒和泰之意者, 修敬中威儀也."

評語 悍詞明辯, 足破腐儒之惑.

4 先己後人對

客難鄙人曰: "夫先己而後人, 人之至情也. 其先人而後己者, 非大姦飾行, 則乃殉名喪性者也. 君子善其身而可矣, 何急化人, 利其身而可矣, 何急濟民? 旣己爲己矣, 而有餘力, 乃可以及人也. 有餘力而不及人, 不仁也, 後己而先人, 不情也. 不情者天禍之, 不仁者人害之, 其爲不善, 一也.

今子貧困不立, 上無以孝養, 下無以修人事, 兄弟妻孥滿室而飢不得食, 寒不得衣, 躬執農器而每患不贍, 不可謂善其身矣, 不可謂利其身矣.

身廢世外, 時値蔑學, 無位於朝, 不聽於人. 又抱痼疾, 談詒終日, 其於餘力遠矣, 而不知自計, 視其志, 未嘗一日忘天下, 見其隔閡而不通, 欲言而不敢發, 欲趍而不敢進. 然蒿目盱衡睠顧而不已, 何揭揭也? 『詩』云, '我躬不閱, 況恤其他', 吾子寧可以少己邪與. 其非人情也?"

鄙人喟然, 仰而歎, 色戚然不愉者久之, 對曰: "有是哉! 子之言也. 然抑亦知其二, 而未知其一者歟! 夫先己而後人者, 施之序也. 人我無二事者, 天之理也. 用天之理, 施之有序, 是謂之得道. 夫十人同行, 而一人失道, 九人共其害, 十人同濟, 而一人覆舟, 九人共其敗. 天下同道也, 四海同舟也. 人皆不善, 身何以獨善, 人皆不利, 己何以獨利?

大道旣隱, 天下之人, 迷其方向, 昧昧而趍, 蠢蠢而居, 怒則相劇, 喜則相煦, 徑情肆行, 高者出著天, 汚者入黃泉, 偏而不中, 散而無統, 其異於夷狄禽獸者幾希矣. 君子所與處者, 皆是也, 行而遇者, 皆是也. 禽獸不可與爲羣. 夫離親絶物而獨往, 鬼道也, 立幟建鼓而自賢, 凶德也. 生斯世也, 不可不爲斯世也. 委曲而從之, 彌縫而全之, 苦心而致之, 不敢正言直邃而顯其迹, 安在其獨善也? 且不能以人善, 斯不善矣, 烏可謂之善歟? 是故善世者, 乃所以善其身也.

大道旣隱, 天下之人, 迷其方向, 昧昧而趨, 蠢蠢而居, 首觸網罟, 足蹈機穽, 赤子入井, 夜蟲就火, 弱之肉, 强之食[7], 寰宇之中, 爲屠羊之肆. 君子念此, 心骨苦痛. 禽獸諱傷其類, 何況不保其父兄子弟邪? 見得則羣起而相牙, 勢衰則下石而挺走, 於斯世也, 非爲惡則無所得利, 而君子醜之焉. 安在其獨利歟? 且夫生人之利, 在於濟物, 不能濟物, 安所取利歟? 是故利物者, 乃所以利其己也.

今僕有善心而未有善行, 僅免其身而不保其他. 其爲善微矣, 其爲利狹矣. 其困窮抑塞, 不亦宜乎? 夫不與天下爭名, 則惟與天下爲善, 不與天下爭利, 則惟[8]與天下同濟. 爲善與利者, 不取之於人, 則無他道矣. 固未有獨善而善, 獨利而利者也. 善爲農者, 不擇田而勤力, 善取福者, 不擇人而施德. 僕所以竭力畢慮, 志不忘天下者, 爲是之故也.

且子過矣. 有不忘天下者, 豈忘其親哉, 豈忘其身哉? 此豈與先人而後己者哉? 僕聞, 爲之也難者, 其得之也大, 致之也遲者, 其有之也久. 蟭螟棲於蚊睫, 大鵬翔於雲衢, 蜉蝣以一日爲世, 冥靈以千歲爲春, 大小之別, 度量之懸也, 豈相與之謀哉?"

客莞爾而笑, 行歌而去曰: "混一物我兮, 八極周兮. 春耕之勤兮, 萬寶秋兮. 功侔造化兮, 澤溢流兮. 樂只且兮, 夫何憂兮?"

原註 自孔氏旣遠, 賢者遺世而獨善, 不賢者私己以專利, 其爲天下之賊,[9] 一也. 二人者之所爲不同, 而其背公行私同, 欺天誣人同. 凡亡國敗家者, 其本皆由於此, 輒著一篇以明之焉. 凡善則利也, 非二致也. 隨善之及人而利生焉. 害人之謂惡, 利人之謂善, 善之不可獨爲也, 猶惡之不可獨爲也. 獨爲而不害於人者, 非惡也, 獨爲而不利於人者, 非善也.

---

7 弱之肉, 强之食 : 저본에는 없으나 『한중수필』에 의거하여 보충하였다.
8 則惟 : 저본에는 '惟與'로 되어 있으나 『한중수필』에 의거하여 바로잡았다.
9 賊 : 저본에는 '敗'로 되어 있으나 『한중수필』에 의거하여 바로잡았다.

「東方」·「先己」二篇, 是作者以上文章, 馬韓諸人, 皆不及也.

5 東方對

客難鄙人曰: "東方左海之陋國也. 蓋未有生于此而能法施於天下者也. 松栢不植於培塿, 虯龍不興於沮洳. 子奮然以善世自任, 欲反唐虞之盛於數千載陵夷之下, 何不知處也. 今世士大夫, 以學爲恥而諱言乎道, 一或幸有之, 則輒以隱遯目之, 終身痼廢, 復峻背師之律, 傾陷而入之. 經籍不過爲童子句讀之工, 場屋釘餤之資耳.

夫行人之所恥, 而處世之所諱, 巽語則笑, 正言則怒. 於以窮塞廢棄之人, 重嬰憂懼貧病, 爲時之所背趍, 而祈喩於盲心瑱耳之徒, 此神聖之所難也. 吾見子之窮年歲而頟頟, 忘寢廢食, 銳意前趍, 而計不旋踵. 然無友於國, 無隣於德, 蒼白交頭而迄未見效, 蓬蒿塞門, 凍餓滿室. 夫不能康濟一身, 而欲望化人, 殆於無成, 子盍回慮焉."

鄙人囅然而笑, 怡然而對曰: "子之所詔者, 特其常之然耳. 且子欲聞非常之然乎? 夫東方, 於天爲元, 於人爲仁, 於時爲春. 元者萬化之原也, 仁者萬善之長也, 春者萬物之始也. 故其人天性馴良, 異於三方之外. 夫繼中國之帝王而起者, 必在於北方, 苟有繼中國之聖人而興者, 必在於東方, 一也. 以四夷之荒, 而獨得箕子爲君, 其遺風餘敎, 至今而未泯, 號稱小中華. 分枝於正幹, 幹衰而枝暢, 二也. 天下之國, 莫不薙髮胡服, 而獨守先王之冠帶文物, 陽氣傳一脈, 天意曉然可見, 三也. 孔子有浮海居夷之歎, 四荒之國, 何處不可往, 而獨於東方重爲之致意者, 蓋知大道之復行, 自此而始也. 聖人之言, 決非徒然, 四也.

夫花葉於春, 蓓蕾在秋, 日出於卯, 鷄鳴於丑. 大道之晦明, 其端兆於累千載之前, 非遽然而然者也. 故明者必先知之. 士君子幸生於是邦, 顧恃其陋, 而果自暴棄, 斯其所以爲陋也. 無是, 何**10**陋之有. 誠令環東土數千里之人士, 皆如僕之

---

10 何 : 저본에는 '可'로 되어 있으나 『한중수필』에 의거하여 바로잡았다.

好學, 則安知不有超群拔萃者出于其間者邪. 僕之材性鄙闇, 不足以上達, 然所以仡仡若此者, 將欲爲一國之倡, 以成東方之休美, 使天下萬世, 永有所取法也. 僕聞疲夫奮前, 三軍隨之, 塞兎決圍, 百獸趍之, 君子山立, 四海風靡. 僕雖駑下, 獨不能爲之倡邪. 豈其以一時之沈翳而易其志哉.

夫理之所必至者, 天不能違焉. 士患其不適用耳, 誠適用, 天必任之, 人不舍之矣. 此必至之理也. 夫象犀珠翠之産, 必在於窮山絶海幽險之域, 人跡之所不到, 然戮力以致之, 不憚於顚溺死亡者, 爲其有用也. 況君子之爲寶, 過於象犀珠翠也遠矣. 寧獨以其所處之窮絶而舍之邪. 僕之所處, 可謂難矣. 然以僕之終能有成與否, 聊以明其適用之必用也."

客懼然而駭, 欿然而自喪, 再拜而前曰: "弟子乃今聞非常之然, 請執鞭持帶, 竭力以從."

> **原註** 凡人多以所處之地, 爲之進退曰, "左海陋國也. 雖善何爲; 吾門品賤[11]也, 雖善何爲; 吾廢族也, 雖善何爲; 時不貴士也, 雖善何爲. 果於暴棄而不肯勉强, 此必亡之術也. 君子無入而不自得. 今允之所處偏, 人所稱四者. 然不以是少沮者, 庶乎其知命也. 輒著東方一篇, 以明其餘三者, 亦皆不出於此也. 世之君子何不聽之哉.

> **評語** 語多超拔而間構綜密, 故是神品.[12]

---

11 品賤 : 저본에는 '賤品'으로 되어 있으나 『한중수필』에 의거하여 바로잡았다.
12 語多超拔而間構綜密, 故是神品 : 『한중수필』에는 보이지 않는다.

잡저(雜著)

1   水小蟲 乙巳

余遊於池上, 有水小虫. 白而羸者, 無爪牙鱗甲以備魚鼈之吞噬, 卽取蘆管朽蓬
之寸斷者, 處其中而粘其身以爲甲. 蘆管朽蓬不可得, 則以身粘細沙, 膠而爲室.
行則出其頭足, 累累而動. 有物來, 則倏然而入, 寂然而止, 但見蘆蓬沙片之自
行而止耳. 余異之, 取而剖視之則然也.

噫! 小虫之知而知於人遠矣. 世之人, 類多不量己之器局, 而夸張其才諝, 衒耀
其文章, 唯恐人之不見知. 見知則必受其難而任其弊, 殫精鞫慮, 圜顧周防, 而
卒免於讒猜之患 · 誅夷之禍者, 盖已鮮矣. 視彼小蟲之自知其無爪牙鱗甲之備,
而藏於蘆沙, 以免於吞噬之患者, 爲何如哉!

唯君子則異於是. 以德爲鱗甲而天下莫能傷, 以義爲爪牙而天下莫不服, 以中
和謙庸爲蘆沙而天下莫能窺其跡. 藏於不藏, 爲於無爲, 是以功遂而身安, 不求
知於人而人自知, 不求尊於人而人自尊. 噫! 微斯人, 吾誰與歸?

2   敍菊

余所居齋庭除, 有菊眞黃淡紅二種. 余愛賞特甚, 客來則邀就其下, 沽酒而飮之.

旣而, 嘆曰: "是我臭味也, 余何以不愛哉? 且菊當爲花品第一, 世所稱名花, 皆莫
及焉. 春夏之際, 百花爭榮, 莫不欣欣自私而幸其得時, 唯菊翳然雜乎蓬艾之間,
而不見異焉, 恥與之爭艷而競媚, 其可貴一也. 嚴霜降而百卉凋零, 開花獨盛,
特操自立, 不爲隨時榮悴, 其可貴二也. 百花蹔榮, 俄頃委謝, 而彌久不衰, 終無
脫落, 其可貴三也. 泛酒煮饌, 香味奇絶, 華而有實用, 其可貴四也. 而其事適類
於君子. 盖菊花之君子, 而君子人之菊也. 菊一年之菊, 而君子萬世之菊也. 君
子之所成就者, 愈遲而愈久, 則其始之異於蓬艾者無有也, 人之不知也, 宜矣.
又何怪乎?

凡物速成, 則苦窳而易毁, 遲就, 則堅牢而且美. 凡人畧其少時而重其晚節, 所
以菊與君子之獨爲貴也. 苟非立志堅確, 不爲一時利害之所牽撓[1], 則不能也.
余於草木, 則見菊, 而於人, 則未之見焉. 豈以人而反不如草木耶. 盖有之矣, 特
未之知也已矣夫!"

3 詛瘧文 戊申九月

君子詛乎? 『詩』云: "出此三物, 以詛爾斯." 鄭詛潁叔, 秦詛亞駝. 晏子云: "姑尤
以西, 聊攝以東, 無不詛." 寧以全齊而無君子者耶? 然則君子亦詛也. 唯君子也,
故可詛. 若小人則自數之不暇, 又奚詛焉? 神其聽之哉?

余秋而遘病, 其狀特異, 二日, 間一日作, 不忒其期. 寒若下氷, 熱若齏火, 頭如
觸柱, 肢如鍼刺, 血氣燸爍, 神識眩瞀, 肉消骨瘦, 委頓床褥, 其名曰痎瘧. 非食
非蠱, 鬼厲是祟, 二堅幷作, 水火互至, 鍼石不效, 符呪無功. 吾聞愷悌君子, 神
明扶持, 善業旣積, 天理陰隲, 豈可使醜悖淫昏之鬼, 妄作威於君子人耶?

余少而篤學, 壯而力行, 抑塞而不慍, 勞劇而無怨. 天地神祇, 鑑臨在上, 其可質
也. 雖小子之事天, 何以不免焉? 且老母在堂, 而家無儋石, 躬疾作以給養, 一日
不力, 菽水隨闕. 家口數十, 仰而爲命, 病一身而一家病矣. 嗚呼! 其毒虐惜矣.

---

1 撓: 저본에는 '橃'로 되어 있으나 문맥을 고려하여 바로잡았다.

寧不詛焉? 詛曰:

東方之神兮, 頭角崢嶸而突兀. 馮豊隆兮, 騰膠葛燁. 飛電以霹碎兮, 燔身而齎骨. 南方之神兮, 脩喙千尺. 鼓烈焰而奮擊兮, 啄鬼如粟. 西方之神兮, 鉅牙而鉤爪. 御獰風而爨羸兮, 咆哮以闞虓, 一食千鬼猶未飽. 北方之神兮. 穹甲脩鱗. 慘以幽酆都無間兮, 萬鬼是囚雜遝.[2] 叫梟驪以霧集兮, 伻蚩尤焉先予. 吾令麗譙俶戒兮, 期內外之齊擧. 被服仁義以爲甲兮, 至剛氣以爲兵. 唯精一之中堅兮, 列敬興而啓征. 妙猲[3]運而不測兮, 儼中立而揚靈. 紛合勢以特[4]角兮, 若海立而山傾. 雖爾癃之銅首而石肚兮, 鼓洪鑪以燎毛. 粉骨爲糜兮, 煎血爲膏. 拉摧滅而無跡兮, 永絶根以瘳民. 洞覽相夫情狀兮, 一似蠱政害賢之憸人. 盍縮胸以自竄兮, 及殃辟而靡悔. 皇剡剡而佑予兮, 詎邪魔之能害. 譬太陽之薄蝕兮, 終懸燭於四海.

潤色元暉病喩

『易』曰: "龍蛇之蟄, 以存身也." 然霜露旣降, 嚴氣始至, 蟄蟲之伏於窟穴巖石墻壁之間者, 塊然若尸, 絶其飮食呼吸之氣, 能不病乎? 病而不至於死, 顧反長生焉, 爲其能伏於秋冬而發於春夏, 隨天地之氣而屈伸焉. 故病而不至於死, 顧反長生焉.
余病喘, 發則有氣結于胸中而漲于肺, 脅息欲絶, 或勺飮不入口. 數旬, 其視凜然若不得須臾無死, 而蓋如是者十餘年. 然形不衰, 神不減, 而氣力不損, 怪而問諸醫, 醫不能知. 豈以恒愈於春夏而作於秋冬, 有似乎龍蛇之蟄, 順天地之氣而屈伸焉者故耶? 在『易』豫之萃曰"貞疾, 恒不死", 以豫之能順時而動也.
噫! 余之始也, 必有逆於天地之氣, 故以得病焉. 旣得病焉, 然以能順於天地之

---

2 遝: 저본에는 '還'으로 되어 있으나 『한중수필』에 의거하여 바로잡았다.
3 猲: 『한중수필』에는 '獨'으로 되어 있다.
4 特: 『한중수필』에는 '犄'로 되어 있다.

氣, 故得不死焉. 夫春夏者, 陽氣之宣發者也; 秋冬者, 陽氣之斂閉者也. 非獨一歲之有春夏秋冬也, 雖一日之間‧一食之頃, 亦有焉. 苟能隨順而適其動靜, 則養生之宗也.

惟君子之涉世, 亦有類於是. 夫時可以進而有爲者, 春夏也; 時可以退而自存者, 秋冬也. 苟能進退不失乎其時, 則處環堵, 食藜藿, 被藍縷, 而不爲之病, 若死灰之有時焉復然, 若寒木之有時焉復榮. 故邦無道則免於刑[5]戮, 而邦有道則不廢焉, 無覆滅之殃, 而有榮顯之福, 此所以譬之於龍蛇之順時以蟄而得乎長生者也. 若其動靜行息, 每每逆於時氣者, 不病則死, 不敗而亡. 悲夫!

余不能謹之於始以得病, 然因而悟養生焉, 又得君子之道焉. 世固有不幸而得幸, 因禍而爲福者耶. 遂藉之以自警, 且屬夫世之動息不時, 以喪生與亡身者也.

5 自警文

天下萬世之治亂存乎士. 夫天下之衣食出乎農, 器用贍乎工, 財賄通乎商. 士獨安坐而無事, 不與農工商賈之奔汨勞力者, 爲其任天下萬世之治亂之責也. 夫王侯臣工, 自士而興, 民俗之服習染化, 由士而成. 士之道術苟明, 則治隆於上而俗美於下, 不明則反是.

士猶井也. 汲水於井, 上以供郊時宗廟社稷之大祭及君賓宴饗之用, 下爲萬民之飲食. 其汲水之美惡淸濁, 係乎井. 井渫則食之者神淸液潤, 和樂愉愉, 壽考康寧. 井渾則食之者煩醒嘔哇, 咳嗽唾血, 痰痞氣逆, 呻囈夭折. 甚矣, 士之任重而責大也!

今之爲士者不然. 問其業則曰: "章句程式也"; 問其事則曰: "飮食談噱博賽也"; 問其道術則曰: "我無有也"; 問其政法所以齊家治國之方則曰: "不知也"; 問其生産則曰: "資之於農工商也"; 問其財之所出則曰: "乞之於族黨親知之爲守吏者也."

---

5 刑: 저본에는 '形'으로 되어 있으나 『논어』,「공야장(公冶長)」에 의거하여 바로잡았다.

奔走干請文書行關節, 招權撓法以得賄也. 陰糾小民之曖昧, 鍛鍊而納之於罪, 己乃顯出之以得謝, 及縛箠, 强假貸不還也. 此其獪猾有力而號爲傑出者也. 下於此, 則甘言詔笑, 扣頭搖尾, 卑疵孅趍, 以諛說人而沾其殘飯賸粒也. 不耕而食, 不織而衣, 不工商而器⁶用財貨, 行鄙悖而處榮貴, 爲天下之蠹鼠而恬不知怪. 噫! 其喪性情無廉恥, 可謂極矣.

世竊笑之曰: "天下安用士?" 爲士者亦自顧而笑曰: "士無用於天下." 世旣以無用必士, 而士亦以無用自必. 於乎! 士之爲士, 豈端然哉? 夫任天下萬世治亂之責焉, 而廢其職喪其道, 以亡人之國而敗民之俗, 讞其罪, 有不可勝殺矣.

余嘗試以天道論之曰: "鮮實而務華, 無勞而享利, 鬼神之所甚惡也, 刑禍之所必加也." 又嘗以人事言之曰: "迂腐而不通物情, 一也; 性生貴而蔑人, 二也; 浮露辯華, 虛浪無信義, 三也; 外飾細節苛束, 民不親附, 四也; 筋骨柔腝, 不耐寒暑飢渴暴風露, 五也; 不解事, 無技藝, 百無用, 六也; 素積怨於民, 民將反之, 七也." 余懼其一朝而殘滅也.

悲夫! 今夫圓冠方屨, 坐於菩茅之下, 群居而私議者, 皆曰: "噫! 君也. 噫! 相與百執事也. 噫! 守令牧使⁷也! 天下之治亂, 非我之所知也, 我無罪也." 於乎! 其果無罪也耶? 其果不知罪也耶? 罪不可勝殺, 而又益之以不知罪, 將若之何哉? 是余之所甚懼而悲者也. 故書之以自警, 後之爲士者, 可以鑑焉.

> **評語** 文非不佳, 而語意慘刻文深, 決非大君子之言也. 特爲世道之故, 不得不言, 言之不得不如是. 然久而心怛怛不寧也.

6 占夢

甲寅之歲, 六月之夕, 夢有神號余曰: "利害." 遂去不竟言. 覺而自占, 曰大吉.

---

6 器 : 저본에는 '哭'으로 되어 있으나 문맥을 고려하여 바로잡았다.
7 使 : 저본에는 '史'로 되어 있으나 문맥을 고려하여 바로잡았다.

夫天道未有純利而無害而吉者也, 亦未有全害而無利而凶[8]者也. 純利而無害者, 後必有全害也, 全害而無利者亡. 是故足願盈・欲極樂, 將亡之候[9]也. 天有陰陽・寒暑・昏明相錯而行; 地有高下・廣狹・夷險相參而列, 是其萬世而無窮也. 利者一時也, 害者一時也, 利害者, 萬世而無窮也, 所以歌於斯・哭於斯, 爲古之善禱也. 君子時害則害而不失利, 時利則利而不忘害. 是以能竝兩而立也. 神其有意於余乎, 故曰大吉.

客有爲余釋之曰: "非獨利害之偏而有灾也, 又有內外之辨焉. 世之室廬輿服照日, 酒食若流, 勢焰輝赫, 電燭而雷震, 然六親不和, 心性相離, 日趨於機穽而不悟, 此外利而內害也. 君子雖窮困・抑塞・擯棄而仁義培其根, 德讓厚其基, 眞元滋其源, 譬之如秋木之摵落而津液凝於腹, 此外害而內利也. 得時而不盡其欲, 失時而[10]不喪所守, 使其利害之不偏, 而害常在外, 利常在內, 利爲之主, 害爲之客. 是以害不能爲害, 而利恒爲利也. 夫子殆內利而外害者乎! 故神曰利害, 若夫內害而外利, 則曰害利, 不曰利害也." 余再拜曰: "神之貺我也大矣, 子之任我也重矣. 願書諸策以毋忘力行, 庶免神羞而信子言矣."

評語 洗發前語, 引接後論, 是一篇關鎖, 而便自天然無痕.

7　又一首, 爲周世出

昔者夢有神人立於東戶之外, 向余而疾號曰: "利害." 因闇然而沒. 寤而論之曰: "余行年四十有九, 平生所經歷風霜鹾鹽, 指不勝擧. 蓋展眉而笑者, 寡矣. 鬢雪成堆, 而又病沈痼, 身無妻子之養, 生業日匱, 自知其以命之窮也死矣. 害則有之矣, 利則無有, 神何祥也."

客有坐而言者曰: "夫子雖窮困平生, 而無惡於人, 是非不及, 而抱書自娛, 身安

8　凶: 저본에는 '吉'로 되어 있으나 문맥을 고려하여 바로잡았다.
9　候: 저본에는 '侯'로 되어 있으나 문맥을 고려하여 바로잡았다.
10　而: 저본에는 없으나 문맥을 고려하여 추가하였다.

而心和, 視其色, 常陶如也. 視世之富貴醉飽, 而貪得患失, 其心身未嘗一日無
事者, 亦已遠矣. 若打大算盤, 乘除加折, 則夫子之所得所喪, 蓋參半也. 豈神所
謂利害者非邪?"

有人笑曰: "此未足爲夫子利者也. 夫子雖窮困平生, 而治必將法, 施於後世, 名
與天壤相敝也. 與世之不過多得一椀飯‧一盤肉, 而焂然泯沒, 無異於草木禽獸
者, 何如哉? 此乃君子之大利, 而凡人之所不得有也. 神之意, 蓋不以一時之富
貴爲利, 而萬世之令名爲利也."

復有一人笑之曰: "楚雖失而齊亦未爲得也. 此自夫子之所固有, 又何待於神告
之爲乎? 夫非其道而福, 天將殃之也, 無其故而困, 天將昌之也. 夫子之道, 不宜
困窮, 而困窮者, 非終困窮也, 殆天之將任以難事, 而先爲之動心忍性也. 夫神
告以來, 不追已往, 示其微兆, 不重已彰, 蓋以事之難也. 故曰利害. 神之意, 亶
在於是乎!"

余亦從而笑之曰: "三子之言, 皆有意者, 而抑未切於情也. 夫利害者, 人道也.
余平生言利害, 而未能施也, 豈神之許我以成人而勉之行歟? 神者象成, 東方者
陽發而始春也, 立於戶外者, 欲其出也, 疾呼者, 警之而覺者也. 吾惟知行人道
而已, 神亦以人道勉我而已, 又何三子之紛紛以得喪爲解也? 莊周有夢中占夢
之說, 三子之占夢, 是猶夢矣, 而余獨大覺者也." 於是余與三子, 皆譁然而笑, 遂
書之以爲占夢驗.

8 　釋筮

沈允, 行年四十有九, 身益窮, 名益困, 世益艱, 命益夔. 於是伏而深惟曰: "吾行
非邪, 神何爲害之? 人何爲背之? 吾行非邪, 何爲至於斯?" 乃從里中先生求卜焉.
先生曰: "子何問者? 將卜之人乎, 將卜之天乎?" 對曰: "夫天道之福善禍淫, 吾明
知之矣. 人理之過則禍而不及則害, 虛則喪而實則得, 吾熟講之矣. 惟不自知吾
行之中乎否邪, 吾不卜之人卜之天, 而其卜之吾乎!"
先生茫然驚而自失謝曰: "僕誠不能知事矣. 子行之中乎否邪; 是在子而不在他,

子其自卜之哉! 又何問焉? 僕誠不能知事矣."

"雖然先生, 試爲我卜之."

先生乃執筵而揖允曰: "子將何以命之?"

允曰: "盖未聞標直而影曲, 步濶而迹促者也. 是故有其實者, 必得其用, 問其中者, 必審其功. 以吾之終能有成與否, 吾以是卜之吾也. 果吾中耶, 必能有成也, 若是無成, 是吾不中也. 吾以是卜之吾也."

先生曰: "唯敬聞命矣."

乃以『周易』筮之, 遇震之貞悔曰: "震亨. 震來虩虩, 笑言啞啞, 震驚百里, 不喪匕鬯. 震來虩虩, 恐致福也, 笑言啞啞, 後有則也. 震驚百里, 驚遠而懼邇也, 出可以守宗廟社稷, 以爲祭主也."

先生曰: "體其吉而罔害. 震雷也, 艮山也, 坎水也, 离火也. 雷在山, 聲勢盛壯, 水上火, 萬物畢養, 故曰震驚百里, 不喪匕鬯. 是將爲天下之尸祝, 而揚聲於無極也, 成孰大焉? 子其殆必有成乎! 抑猶有難焉? 矢[11]不激則不遠, 氣不薄則不振, 是以陽春發而風迅, 陰極衰而龍戰, 故曰震來虩虩, 笑言啞啞. 夫大物不可並也, 並必爭, 震爲龍, 艮爲虎, 變化莫如龍, 威武莫如虎, 龍虎鳴, 百獸驚, 玆謂難也. 抑子勉之, 以子之有成, 卜子之中也. 始難者時也, 又何戚焉?"

允曰: "然. 以吾有成, 卜吾之中也. 始難者時也, 又何戚焉? 吾[12]雖不敏, 請竭力固執之矣."

9 　伯夷傳新解

【原文】　夫學者載籍極博, 猶考信於六藝. 『詩』·『書』雖缺, 然虞夏之文可知也.

【新解】　虞夏之事所考信者, 惟有六藝之文也.

---

11 矢: 저본에는 '失'로 되어 있으나 문맥을 고려하여 바로잡았다.
12 吾: 저본에는 '吾性'으로 되어 있으나 『한중수필』에 의거하여 '性'을 연문으로 보아 삭제하였다.

【原文】 堯將遜位, 讓於虞舜. 舜禹之間, 岳牧咸薦, 乃試之於位, 典職數十年, 功用旣興. 然後授政. 示¹³天下重器, 王者大統傳天下, 若斯之難也.

　　新解　虞傳天下, 其爲愼¹⁴重如此, 則必不肯偶傳於非人. 其所授者, 必聖人如舜禹者也.

【原文】 而說者曰: "堯讓天下於許由, 許由不授, 恥之逃隱. 及夏之時, 有卞隨務光者." 此何以稱焉? 太史公曰: "余登箕山, 其上, 盖有許由塚云."

　　新解　疑而信之也. 有其塚則有其人, 有其人則果有其事耳. 然則由光之爲賢聖可知, 而不顯見籍於詩書之文. 世固有高行, 而名不稱焉者也. 不獨富貴之有命, 而名之顯晦, 亦有偶不偶也.

【原文】 孔子序列古之仁聖賢人, 如吳太伯伯夷之倫詳矣. 余以所聞由·光義至高, 其文辭不少槪見, 何哉!

　　新解　夏之文尙矣, 容有踈漏, 而至如孔子所論列古人, 而折中者, 詳悉備矣, 而亦不及由光焉. 由光之不偶, 重爲之深慨也.

【原文】 孔子¹⁵曰: "伯夷叔齊, 不念舊惡, 怨是用希." "求仁得仁, 又何怨乎?"

　　新解　引此以明賢人之雖窮困顚沛而無怨也.

【原文】 余悲伯夷之意, 睹軼詩可異焉. 其傳曰: "伯夷·叔齊, 孤竹君之二子也. 父欲立叔齊, 及父卒, 叔齊讓伯夷. 伯夷曰: '父命也.' 遂逃去. 叔齊亦不肯立而逃之. 國人立其仲子. 於是, 伯夷叔齊聞西伯昌善養老, '盍往歸焉!' 及至, 西伯卒, 武王載木主號爲文王, 東伐紂. 伯夷叔齊叩馬而諫曰: '父死不葬, 爰及干戈,

---

13 示 : 저본에는 '示示'로 되어 있으나 『한중수필』에 의거하여 '示' 1자를 연문으로 보아 삭제하였다.
14 愼 : 저본에는 없으나 『한중수필』에 의거하여 보충하였다.
15 子 : 저본에는 없으나 『한중수필』에 의거하여 보충하였다.

원문부 : 잡저(雜著) ● 775

可謂孝乎? 以臣弑君, 可謂仁乎?' 左右欲兵之. 太公曰: '此義人也.' 扶而去之. 武王已平殷亂, 天下宗周, 而伯夷叔齊恥之, 義不食周粟, 隱於首陽山, 采薇而食之. 及餓且死, 作歌, 其辭曰: '登彼西山兮, 採其薇矣. 以暴易暴兮, 不知其非矣. 神農・虞・夏, 忽焉沒兮, 我安適歸矣. 于嗟徂[16]兮, 命之衰矣.' 遂餓死於首陽山." 由此觀之, 怨邪非邪?

> **新解** 疑而斷之辭也. 以伯夷之介, 古固無有, 然其在窮困顚沛, 猶未免介然用其中. 然則其非無意於富貴, 樂處顚踣也, 亦甚明矣. 然則富貴之於人, 固可謂重矣.

【原文】 或曰: "天道無親, 常與善人."[17] 若伯夷・叔齊, 可謂善人者非邪? 積善潔行如此[18]而餓死. 且七十子之徒, 仲尼獨薦顏淵爲好學, 然回也屢空, 糟糠不厭, 而卒蚤夭. 天之報施善人, 其何如哉? 盜跖日殺不辜, 肝人之肉, 暴戾恣睢, 聚黨數千人, 橫行天下, 竟以壽終. 是遵何德哉? 此其尤大彰明較著者也. 若至近世, 操行不軌, 專犯忌諱, 而終身逸樂, 富貴累世不絶. 或擇地而蹈之, 時然後出言, 行不由徑, 非公正不發憤, 而遇禍灾者, 不可勝數也. 余甚惑焉, 儻所謂天道, 是邪非邪?

> **新解** 疑而未定辭也. 富貴重矣, 若言士之修行者, 志在於求富貴也. 又有不然者. 稽之天道, 終已蒼茫不可知. 彼賢者之不爲福利也, 決矣. 旣不惡福利而樂窮窘, 又不求福利而去窮窘. 不知其志將何以爲之也哉.

【原文】 子曰: "道不同, 不相爲謀", 亦各從其志也. 故曰: "富貴如可求, 雖執鞭之士, 吾亦爲之, 如不可求, 從吾所好."

> **新解** 吾固有所大欲者, 顧不得與富貴幷也, 如楊鶴焉. 故吾舍魚取熊.

---

16 徂: 『사기(史記)』, 「백이열전(伯夷列傳)」에는 '徂'로 되어 있다.
17 天道無親, 常與善人 : 저본에는 '天道無常, 親與善人'으로 되어 있으나 『사기』, 「백이열전」에 의거하여 바로잡았다. 해당 구절은 『도덕경(道德經)』 제79장에서 인용한 것이다.
18 積善潔行如此: 『사기』에는 '積仁絜行如此'라고 되어 있다.

【原文】 歲寒然後, 知松柏之後凋, 擧世混濁, 淸士乃見.

【新解】 吾之所欲者, 非惟富貴之不可得幷而已也. 或至於窮躓顚頓, 然後吾之所欲者, 顧反益得焉.

【原文】 豈以其重若彼, 其輕若此哉!

【新解】 夫以伯夷之介, 猶未釋然, 富貴之可爲重如彼. 今觀夫子之志, 脫然舍之之輕如此, 豈以是哉?

【原文】 君子疾沒世而名不稱焉. 賈子曰: "貪夫殉財, 烈士殉名,[19] 夸夫[20]死權, 衆庶馮生."

【新解】 吾之所欲者, 乃名節也, 吾固不以易富貴也. 是故雖至於窮困禍殃滅死, 而不悔焉. 此其所以能無怨也. 君子所好, 與衆人不[21]同也. 子所稱求仁得仁, 又何怨乎者, 如此也.

【原文】 同明相照, 同類相求, 雲從龍, 風從虎, 聖人作而萬物覩.

【新解】 吾平生所成就愛惜者, 惟名節也. 而名節之顯[22]晦, 亦由偶不偶,[23] 世必有聖人如孔子然後, 乃可以得其宣揚耳.

【原文】 伯夷·叔齊雖賢, 得夫子而名益彰, 顔子雖篤學, 附驥尾而行益顯. 巖穴之士, 趨舍有時若此, 類名堙滅而不稱, 悲夫!

【新解】 旣幸遇孔子, 然乃又有不及如由光者, 所爲深歎也.

---

19 貪夫殉財, 烈士殉名 : 『한중수필』에는 '貪夫徇財, 烈士徇名'으로 되어 있다.
20 夸夫 : 가의(賈誼)의 『복조부(鵩鳥賦)』에는 '者'로 되어 있다.
21 不 : 저본에는 없으나 『한중수필』에 의거하여 보충하였다.
22 顯 : 저본에는 '敗'로 되어 있으나 문맥을 고려하여 바로잡았다.
23 不偶 : 저본에는 없으나 『한중수필』에 의거하여 보충하였다.

【原文】 閭巷之人, 欲砥行立名者, 非附靑雲之士, 烏²⁴能施于後世哉?

[新解] 行如由光, 尙以不顯, 何況閭巷砥行者乎? 不有所附, 其何能立? 靑雲之士, 盖指如孔子者也. 馬遷自以史述, 克發潛德之幽光, 隱然自擬於孔子也.

[原註] 此文之旨, 自漢以來至今, 學士大夫之所同尙也. 然若古之君子非此說也. 夫名亦利也. 殉利與殉名, 其爲喪性一也, 而名爲甚焉. 夫君子安身利用, 博施濟物, 而名與利自至焉. 固異夫小人之爲虛名而亡其身, 耽私利而賊於人矣.

不能濟物澤民於外, 又不能養其父母兄弟厚族恤姻於內. 旣不能爲有無於天下, 而坐談仁義, 養望窮廬, 虛名高於一世者, 吾所謂虛名也. 不與天下同其利, 損人害物, 而惟私己之是務者, 乃吾所謂私利也. 安民而我自安, 利民而我自利, 與天下萬世同其利者, 吾所謂君子安身利用, 而名與利自至焉者也.

李耳深藏若虛, 盛德容貌若愚, 顔子有若無實若虛, 雖以夫子之聖, 觀於『論語』所記, 言行起居飮食, 未有異於衆人. 君子不欲異於人而求聞也如此. 若夫修飾衣冠, 峻言高行, 自潔其身而特異於衆人, 以自處於雲霄之上而明人之汙, 渭其已而涇其世者, 在家必聞, 在邦必聞, 其爲功名干譽可矣.

求其實則, 終不能澤一民而濟一物, 及其父母妻子尙未免凍餓, 此率天下而出於無用, 大道之賊也. 其爲非人情逆天理甚矣²⁵, 若殉利者, 固小人之常事也. 故曰, 殉名與殉利, 其爲喪性一也, 而名爲甚. 其虛名無實²⁶者, 雖能驚駭一時以取名高, 而天下之人²⁷貌敬, 而心不附, 屢憎於人, 而怒²⁸於神, 孤立於天下, 其不覆亡²⁹也幸矣. 在『易』剝以言辯高於天下是已. 若君子與人同其利, 而行爲可繼, 優游自適, 不爲苟難, 善與人同. 故天下之人心誠悅服, 卽可與爲事業矣. 是故無昭昭之跡赫赫之行, 能同於天下, 而用天下, 成其德業, 利盡天下, 而名冠終古矣. 此之³⁰不爲, 而顧彼之久行, 亦獨何哉? 不其悲乎?

---

24 烏:『사기』에는 '惡'로 되어 있다.
25 矣: 저본에는 없으나 『한중수필』에 의거하여 보충하였다.
26 實: 저본에는 '賓'으로 되어 있으나 『한중수필』에 의거하여 바로잡았다.
27 人: 저본에는 '且'로 되어 있으나 『한중수필』에 의거하여 바로잡았다.
28 怒: 저본에는 '怨'으로 되어 있으나 『한중수필』에 의거하여 바로잡았다.
29 亡: 저본에는 '之'로 되어 있으나 『한중수필』에 의거하여 바로잡았다.
30 之: 저본에는 '反'으로 되어 있으나 『한중수필』에 의거하여 바로잡았다.

10 南鄰媼

南鄰媼, 買狗於西鄰, 約錢九十, 歸與東鄰姬, 殺而分其半. 紿之曰: "吾以百錢買之矣. 姬當五十以償我." 傾之, 跡頗露, 南鄰媼恐, 乃以百錢酬西鄰, 實其言. 於是, 兩家各五十錢, 而西鄰獨贏十焉.

噫! 其所謂巧黠者, 不過害於人·害於己, 而使坐而收其利者, 屬之他, 亦獨何哉? 世之暴君讒臣, 罪惡既稔, 時俗所謂聖賢者, 從而擠之, 號於天下曰, "爲民除害." 以爲功德. 暴亂不作, 勳業無以自立, 彼所以殘民禍躬, 而爲人驅利者, 適與南隣無異也.

向令彼得聞南隣之事, 亦必嗤笑欲唾, 而自行其事, 則又有甚焉. 吁! 可怪歟! 且南鄰之害, 五錢而止耳, 何傷焉? 若讒暴之禍, 或至於誅夷滅絕, 在人則五錢之害, 猶足嘲棄, 而由己則赤族之殃, 亦無憂傷. 此謂知其類乎否邪? 余自見南鄰終始, 有感於世道, 傳其事, 以爲邪憸傲倖者警焉.

11 送西神文

煥兮花敷, 瑟兮玉成. 惟疢之美, 唯神之靈. 彼瘰與癘, 非其品彙. 肆作禍祟, 亦神所醜. 竊不知神, 號位鄉閭. 俗稱西神, 其義何居? 江南是出, 巫言不經. 粵自中古, 自西來東. 凡民有兒, 小大靡遺. 一更不再, 流行以時. 斑脹膿爛, 不失其序. 疏密隨宜, 媸妍易所. 虛者以實, 脆者以堅. 筋骨成强, 形氣始全. 夫西屬秋, 司成萬物. 凄切剝傷, 乃收其實. 以病成人, 蓋其一理. 號神以西, 非誣而已. 一元之運, 過午望申. 維神司令, 歲功是因. 或云疾疹, 世衰滋繁. 不識氣運, 噫其瞽言. 呱呱迷兒, 亦蒙大惠. 不瘢不災, 神骨蟬蛻. 竊聞四序, 成功者去. 齋明盛服, 謹備酒糈. 不敢留滯, 祖筵陳辭. 風馬雲車, 倏忽莫追. 肺腑銘感, 終世不忘. 庶神鑑衷, 享此一觴.

12   **東邱子自解**

東邱子不知其姓與名, 嘗居於郡城之東邱, 因以自號, 而人亦以是稱之云. 東邱子非隱者也, 而性偶儻, 不苟合於時, 不肯立標幟齷齪自喜. 以故世無能知之者, 知之者獨以其能術數稱. 東邱子少負材學, 長益通方, 多能而寡過. 然行年三十, 窮困不立, 常日以一文錢易豆腐, 糟療飢, 盛寒積雪, 短布不掩脛, 視其色裕如也. 顧好學益甚, 泊然若將終身焉.

他日其客過之, 及門而有瓠瓜焉. 莞爾而戲曰:“使其腹皖其澤, 胡爲乎繫而不食?”東邱子揖而入, 曰:“吁! 有是乎! 子徒以瓠瓜之不食爲憂, 不知其與人而無所求. 且余非瓠瓜之不可食者儔也. 比如萬石之舟, 汎乎滄海之流, 用之可以濟風濤而載沈浮, 若其不用, 津吏之羞也, 舟何尤焉?”

客曰:“非謂此也. 蓋聞有有其道而不得行, 未聞有有其實而無其名. 夫名實之相隨也, 亦猶影之於形, 鍾之於聲, 曷見照形而無影, 撞鍾而不鳴者乎!『易』曰: ‘君子困而亨’, 以言名之不可傾也. 故仲尼厄而道益明, 孟氏擯而言爲經. 今夫子刻志苦心, 纂玄鉤深, 傍搜幽尋, 引古證今, 韞玉於玄圃之岑, 鳩材於鄧侯之林,[31] 恒焚膏而惜陰, 獨隱几而沈吟, 夫子之學, 可謂誠矣. 原本道德, 覽於無極, 潭思洞識, 鑽堅夷塞, 兩儀殊軌而同軸, 三敎並駈而異躅, 究羣聖之制作, 措施可以化俗, 夫子之道, 可謂明矣.

文章以明達條暢爲宗, 不以篆刻藻繪爲功. 苟可以盡吾意, 何必巨麗以爭雄? 苟可以明事情, 何必硏削以費工? 夫子之於文, 可謂能矣. 璿璣堪輿陰陽五行之書, 按式考圖, 貫穿扶踈, 夫子之於術數, 可謂精矣. 窮躓不能變其志, 毀譽不能動其意, 恭儉和易, 崇信輕利, 夫子之於行, 可謂貞矣. 正以執一, 權以用物, 仁柔義剛, 用圓體方, 不察察而白, 不滑滑而混, 達於事勢, 應物無滯, 夫子之於爲人, 可謂成矣.

然不能以康濟天下之畧而持門戶, 富國足食之術而治園圃, 豚魚可孚而信不及於姻親, 蠻夷可化而行未顯於鄉隣. 門巷塞榛, 甑釜生塵, 歎令名之難期, 須富

---

31 林 : 저본에는 없으나『한중수필』에 의거하여 보충하였다.

貴而何時? 吾見夫子之老死窮廬而莫之知也. 固有聲大而響微, 若斯者邪? 意者夫子之行義, 或有遺歟?"

東邱子啞然仰而笑, 俯而唶曰: "居! 吾語汝. 若夫通邑大都負城之地, 朽枅尺箠臃腫離奇之木, 皆可以値高價, 爲萬乘器. 荒林絶陬, 人跡之不至, 龍鱗霜皮千章之奇材, 顚委而不致者, 所處之異也. 冬爐而夏扇, 翻覆貴賤者, 時之變也. 渴則飮而飢則餔, 寒火附而熱風趍, 所須者殊也. 聯區之杏, 一衰一盛, 比邑之井, 或渫或罄, 孰有心愛憎, 而遭遇之不等, 各有命也.

吉凶相隨, 迭盈而虧, 善與慶期, 禍與殃罹, 理之必至, 而或不可者, 無妄之時也. 君子審其所處, 識時應世, 知命而容與, 然猶或不免於齟齬, 故識者不以名達取人, 智者不以沮毀易神, 今子獨安得以聲譽之不伸, 疑予之未醇?

昔者中國爭强, 虞故多方, 得士者昌, 失士者亡, 生王之頭, 曾不若死士之丘, 是以萬乘之君, 或夢弼而徵圖, 或擁彗而先驅, 或望門而迎趍, 或同榻而拂鬚. 於是布衣巖穴之士, 鼓掌奮眉, 揚光吐奇, 電燭雲馳, 有朝爲俘虜而夕爲帝師, 有飾虛名而竊濫吹.

方今國家受命啓治五百年于玆矣, 環海爲池, 連山爲陣, 邊境無牧馬之虜, 閭里少犬吠之盜, 承守成法, 畫一治襲, 制以準石, 規以繩墨, 反經者見斥, 變章者得辟, 童子守之以有餘, 又何用夫蒲輪與安車? 是以今之選士之路, 止於詩賦決科, 取其雕餝之多聲律之和而已. 雖使伊‧呂當之而奈何? 且夫蠅附驥而行益遠, 士得友而名益顯. 行義旣修, 而令聞未播, 朋友之過也.

方今束脩道缺, 麗澤義絶, 奔競爲哲, 隴斷爲傑, 守道爲拙, 安貧爲劣, 射馬賭廬, 朋醉號.[32] 勢合則䶂兔爲徒, 財盡則親戚爲奴. 文體俳優, 餂釘竄塗, 岌冠橫經, 木偶之形, 長拱徐行, 謂之周程.[33] 聞人有行, 反唇慘悵, 聞人有謗, 掀肩神王, 尤好輕蔑人才, 視若糞灰, 不究其蘊, 而輒言其非材, 貶[34]題一出而萬口如雷. 嗚呼! 士之生斯時也, 欲望道德之光‧名聲之揚, 不已荒乎? 矧余生於不齒之門,

---

32 朋醉號 : 여기에 글자 한 자가 누락된 듯하다.
33 周程 : 저본에는 '程周'로 되어 있으나 『한중수필』에 의거하여 바로잡았다.
34 貶 : 저본에는 '砭'으로 되어 있으나 『한중수필』에 의거하여 바로잡았다.

重以貧困, 不存衆人之所共唾罵而遠辟, 惟恐餘波之爲累, 內無强近, 外乏郎援.
夫處崎嶇之地, 而守背時之道, 抱不須之具, 宜其懖矣. 假令孔孟易地而居, 未
知何如, 烏能抗禮萬乘, 身當賓師之稱哉! 由是淸靜寂寞, 與道消息, 修身俟命,
庶得中正, 又安能飢骸彳亍而望理外之福哉!

且大丈夫見用, 則朱紱華轂, 致君安民, 固其素也. 不遇則枯頂黃馘, 伏死窮巷,
亦其所也. 區區名譽, 又何足慕焉? 且子欲聞聖人之至道乎? 夫天地本虛, 萬物
本無, 一氣屈伸而造化權輿, 善惡同根, 吉凶一源, 榮辱共門, 死生幷存, 块圠紛
錯, 莫知其極, 夷滅不足以爲戮, 榮達不足以爲得.

試論剖判而還, 自始至今凡幾年? 生而死於其中者凡幾人? 贏歟輸歟? 愚歟賢
歟? 自今觀之, 莫不蕩然泯然而無傳, 後之視前, 當亦復然. 又未知推而上之, 凡
更幾闔闢, 從以往者復當有幾槀篇邪? 以蜉蝣稊米之身, 眇然處乎其間, 諦視宇
宙之事, 忽忽無足爲者耳. 雖然一爲陰陽之所鼓吹, 終不得以自已也.

釋迦之空寂圓明, 玄元之因循寧靜, 漆園之猖狂妄行, 皆達於變化之情, 然幾乎
詭僻而不得道之平也. 唯聖人之道, 盡吾性而已, 盡吾性而天下萬物之性, 皆得
其正, 吾豈勉强而伋私智哉! 天以吾爲人類矣. 姑順其所命而修人道可也, 用之
則行, 舍之則藏, 不違乎中庸而已, 視凡外物之變, 皆不足以汩其中也. 今余亦
何患乎處世之不容 · 名聞之不通歟? 且夫幽蘭不以無人而不芳, 明月不以幽隱
而晦光, 何則? 出乎性者, 固不可以利害得喪而易其常也."

言未卒, 客瞠眼吐舌, 惘然自失, 逡巡再拜, 斂袵而對曰: "弟子未聞聖人之要妙,
幸蒙夫子不以不肖而詔之, 夫子之不寶, 赤子之悄也, 夫子則何少焉?"

13 東邱自解 壬戌

周人諱名, 作字以號之, 後又諱字而作號, 則非古也. 僕患時世士大夫, 紛紛更
立號名, 每於書詠之尾, 署字而不署號.

僕年二十八, 卜居安邑之東里, 知友歸之書尺者, 例當以東里侍坐題面. 而東里
乃僕曾祖號也, 爲是嫌焉, 故易以東邱, 自草坪李元暉始之.

盖『莊子』有邱里之文, 經傳亦多邱里之通用. 邱者里之阜也, 里者邱之居也, 居必依於阜, 阜必近於里, 此元暉以邱易里之意也. 其後轉相傚倣, 不獨爲書尺之題面, 而亦多臨前呼之者, 僕不能止之, 而非敢自安也.

自古以號稱者, 皆名賢傑士, 如僕闒茸, 免於爾汝幸矣, 何敢自作別號, 厠於名賢傑士之列哉. 況以僕之後生小子, 而稱之爲先生, 則又其失實甚矣.

僕平生所甚惡者, 虛名耳. 豈其自知不賢而圖竊賢者之名稱乎. 豈其在人則患之, 而在己則爲之乎.

後生而稱爲先生, 移居西里久矣, 而猶稱東邱, 皆時人之失實也, 非僕之所自爲也, 亦非所敢安也. 至謂欲比擬孔子, 故自稱東邱云云者, 此姦賊好搆陷誣人之類爲之耳. 本不足置辨者也. 苟有見知者, 幸勿以此相疑, 亦望勿以別號及先生相號也.

假令僕能粗立名行, 實有可尙, 來世之人, 稱號及先生, 容或可也. 在當世儕流, 而稱之, 則非其實也. 謂狗爲龍, 狗豈爲龍, 並與狗而兩亡之耳. 三代以降, 名實舛戾, 而虛僞相蒙, 衆亂之本, 恒由於是.

僕每念而長歎, 不意今日身自爲之而不免也.

生世不分愚與賢, 鴻荒以後視如前. 花開花落都無意, 惟有根株億萬年.
和東介詩.

14　責雨師文

九圍之大, 萬物之繁, 凡資膏澤而遂者, 莫不仰閤下之浸潤生殖, 而閤下之所欲其豊悴榮枯, 莫不響從而影隨, 上帝之所以付任者至重, 而閤下之所以報効者至勤也.

今乃淫雨積潦, 汨田疇·壞廬舍, 禾果惡而菜茹毛, 殣殍蔽野, 嗟怨載路, 于玆三年矣. 顧悍然罔念聞, 往而不已. 蒙竊惑焉, 何閤下之老眊悖戾而不知節也.

嘗聞陰陽之說曰: "水旱之道, 在人而已. 群陰駕陽而爲水, 亢陽蔑陰而爲旱. 人事之感沴氣運, 若呼谷中." 蒙則不以爲信果然者. 堯之水, 湯之旱, 時有何沴而致灾邪? 是可以見感召者不在此, 而主司者存乎彼也. 夫既爲主司而荒擾其紀, 上負付任之衷, 下缺顒望之心, 不已顏乎? 閤下於是乎無所逃其責矣.

若曰: "我視人之失德亂政, 或先兆而示戒, 或餘烈而追殃." 是桀之戒, 常移於堯舜之世, 紂之殃, 恒遷於文武之時, 移戒則爲惡者不懲, 遷殃則爲善者是懼, 若是而尚可謂之可乎?

當今聖神繼承, 政理綜核, 前無歉德, 後無咎徵, 而致淫霖. 若是者, 又何說邪? 且百姓何罪焉? 進退無一可據矣. 且費而不惠, 勞而市怨, 拙於自謀而禍之大者也. 今閤下省費息勞, 自就節安, 然後可以轉禍爲福, 何苦而不爲也?

盖聞天地待人而成三才 ; 鬼神待人而判幽明. 故天地非人, 無以著化育之功 ; 鬼神非人, 無以歆苾芬之享. 今嘉禾悴而蕭艾榮, 人民困而魚鼈橫, 浸以及於淪胥, 而閤下晏然不以爲意. 無乃雍遏上化而殄其享, 以自底於悔邪?

聖人大改過, 賢者善補闕, 誠能幡然改玉, 懲前之失, 徼後之福, 節其旱潦. 雖成康之屢豊, 春秋之大有, 亦在閤下之何如耳. 宣上化於已雍, 拯民命於既溺, 此不獨塞職保享, 而抑將功烈著而頌聲作矣. 惟願閤下聽蒙之愚, 留意自新. 無以職事諉人而徒以巧說文過焉.

전(傳)

1 孔阿賭傳

孔阿賭者, 吳人也. 其先曰銅, 生於豫章山中, 姓錢氏. 夏殷時有錢鏗, 學長生之
術, 壽八百歲, 去而爲仙. 周時有子母二人, 權輕重, 立九府圜法, 民賴其利. 王
莽簒漢, 百姓不服, 而名金刀者, 號爲白水眞人, 以財力君天下得民心. 及光武
起, 天下忻悅, 以劉字坼爲金刀, 而南陽有白水縣, 故亦稱光武爲白水眞人.

金刀曾孫方, 當晉末, 以權利籠天下. 上自諸王, 下及小民, 莫不波奔輻湊. 石
崇·王愷·王戎之徒, 尤見愛重, 號爲大兄. 方乃曰: "凡天下之所尊崇者, 莫如
孔氏. 然吾見遇於人, 實不下孔氏, 而門品未高, 是名實不稱也, 不可." 乃更其
姓爲孔氏. 時博士魯褒, 著論以譏之. 然人愈益厚, 方不爲之衰.

其遠孫某, 失其名, 兩面而紅, 解異術多奇中. 從宋樞密副使狄靑, 征儂智高, 卜
於神廟曰: "當大勝, 獲蠻渠." 將士信之, 爭奮赴敵, 破斬智高, 以其功封爲赤泉
侯. 元·明之際, 孔氏中廢, 有側出曰鈔, 能繼其先業, 重於天下.

阿賭爲人銅鐵, 額面有輪郭, 有文在其手曰'元寶'. 阿賭未生, 火德眞君與仙人安
公, 降于其家, 授『注記』一卷, 悉書天下貨物珍寶器用服食之名目, 卷尾有偈曰:
"歷山之英, 貫索之精, 形化於鑪錘之間, 中方而外圜. 不文不武, 獨執利柄, 奔走
天下, 綰籠萬物, 其爲生人之命乎!" 及長果絶異焉. 學奇術, 善變幻, 能還魂魄,

役使鬼神. 每形體有所殘缺, 輒入爐火中修鍊, 卽肉好如故. 嘗化身爲萬億, 散處於天下者, 其形容技能如一印焉.

通識貨財百物, 隨時貴賤, 平市價, 定交易. 凡人所以養生資用之具・奢麗玩好之物, 意有所求, 無不立致. 齊紈・蜀錦・火浣・橦華・葛越之布, 明珠・文犀・璪瑁・翠羽之珍, 龍眼・荔枝・橄欖・橘柚之包, 琥珀・琉璃・珊瑚・瑪瑙・辟寒之金, 澄水之帛, 猩唇・豹胎・蒟醬・桂蠹・交¹廣之鮭, 海外萬里絶域異産, 輪運而纔至.

又善按式布卦, 能言人禍福吉凶, 事後當成敗. 阿賭與藍田孚尹伯・高麗黃公・朱提白生, 友善相上下. 然三人者, 皆自愛重, 不輕接物, 故希簡用事, 而唯阿賭喜圓轉隨流, 無貴賤賢不肖, 與相往來, 俱得其歡心. 是故自天下之經費・郡國之貢賦徵斂, 以至甿庶・夷獠・狗屠・馬醫・庸丐之衣食資用, 皆仰給於阿賭. 是以阿賭獨知天下之事, 而擅其權. 凡人之貧富・奢儉・貴賤・升降, 一關決焉. 當是時, 魯孔氏之道旣隱, 天下之人士, 無所依歸, 方羊渙散, 而阿賭乘時而起. 於是, 海內外橫目跂足之民, 莫不愛慕欣欣, 以一識其面爲幸. 世稱阿賭能禍福人類, 造化力足以移山走海, 恩足以生死肉骨. 然數招權, 通賄賂, 趨時赴勢, 所厚善, 皆富貴赫渥及貪慳無恥嗜利之徒. 其廉直守義寒素之士, 雖時往存郵, 竟不足賴焉. 又其性好周流遷徙,² 翻覆變動, 與人交未嘗終始耐久. 甚至一日之間出入反復者數焉. 其滯留歡洽, 必大作殃孽, 往往至於亡國敗家而後去. 所至常誘人心性, 昏迷貪各驕奢縱溢, 一切爭鬪獄訟・盜賊奸臟・凡百變怪之事, 其端皆自阿賭發. 以故世之君子, 嘉其功而薄其行.

阿賭常稱曰: "昔吾祖, 盖慕于魯孔氏, 故冒其姓. 然孔氏之道, 唯在利之而已, 雖吾亦然. 吾於世, 盖一以貫之也, 吾何有心而愛憎厚薄之爲哉? 吾唯無爲而聽於人, 然賢者由我而成, 不肖者由我而敗. 且夫盈虛盛衰興亡, 天之理也, 而我爲之關, 非我則無以見天之理也. 人之有賢不肖也, 顧吾知利之而已. 其或反以賈

---

1 交: 저본에는 '文'으로 되어 있으나 『한중수필』에 의거하여 바로잡았다.
2 徙: 저본에는 '徒'로 되어 있으나 『한중수필』에 의거하여 바로잡았다.

害者, 吾何以知之哉?" 阿睹旣不矜持名節, 亦自賢其術而不肯仕云.

太史公曰: "錢氏之先, 出於神仙詭誕, 然其後甚著, 及方改姓爲孔氏, 遂世重於天下. 其爲錢氏者, 至唐有錢起以詩名, 五代時吳越王錢鏐, 傳國四世, 歸命于宋. 子孫多名世者. 傳所稱"物莫能兩大"者, 豈虛語耶? 余好論阿睹之爲人, 以爲天下之妖物也, 亦天下之奇貨也. 君子以之發身, 小人以之喪性. 去則勿追, 來斯受之, 毋爲阿睹之所使, 而使阿睹哉! 若夫孔氏之所謂利之者, 寧如阿睹所云哉!"

> **評語** 韓之「毛穎傳」, 獨步千古, 戲作「阿睹傳」以效之. 穎與阿睹, 平生出處情態不同耳. 文詞之起伏變化詭怪怳惚, 似不多讓於韓也.

> **評語** 此與「毛穎傳」, 專學龍門, 而如偃師之爲狀人. 其活動低昂, 殆過於眞形也. 且此文較之「毛穎傳」, 有關於世道大矣.

2 李忠武傳

忠武公李舜臣, 德水人也. 母卞氏孕舜臣, 夢其祖參判百祿告曰, "此兒當貴, 宜名舜臣." 及生, 卜者曰, "行年五十, 當仗鉞立功."

兒時, 常以戰陣爲戲, 及壯投筆學武, 膂力騎射, 冠絶一時. 與柳相成龍同里閈相善, 竟獲其推薦之力, 爲乾原權管, 誘斬賊胡鬱只乃, 兵使金禹瑞忌之, 賞不行. 以造山萬戶屯田鹿島, 爲胡兵所掩, 舜臣射其衣紅氈者數人殺之, 追擊獲被虜軍六十餘人而還. 兵使李鎰欲委敗於舜臣而斬之, 舜臣自辨得已.

然舜臣在職, 正直不阿, 亦不求知, 以故位品不達. 李公珥爲吏部, 欲見舜臣, 舜臣辭不往曰, "豈可私見銓相?" 兵判金貴榮欲以庶女爲妾, 舜臣曰, "吾初出仕, 不欲托跡權貴." 柳相墺聞舜臣有好箭筒, 就求之, 舜臣曰, "是雖微, 不欲令相公有納賂之名", 墺慙服. 嘗自稱: "大丈夫用則效死, 不用則退耕於野矣, 終不能狐媚以取榮也." 以柳相成龍屢言, 自井邑縣監, 超除全羅水使.

或夢千萬人, 棲於大樹, 而其根將傾, 有以身撑之者, 就視乃舜臣也. 策倭寇將至, 預修戰備, 創製龜船, 沈鐵鎖於前洋以待之. 宣廟壬辰倭陷釜山, 舜臣召諸將議救, 皆以爲宜守本道, 不可越職征戰他竟. 軍官宋希立曰, "大賊長驅, 孤城

難以獨保. 今進戰, 幸而獲勝, 賊氣挫而士心壯, 始可獲全. 不幸死賊, 亦無愧於
忠義矣." 鹿島萬戶鄭運怒曰, "人臣義在存楚, 豈可坐視其危而不救乎?" 舜臣大
悅, 乃下令曰, "敢言無進者斬." 乃集戰船二十四隻誓衆, 而前呂島帥黃玉千謀
逃避, 斬以徇, 遇倭船三十餘隻於玉浦, 擊破之.

會聞京城陷, 鑾輿蒙塵, 痛哭還營. 及聞上所在, 奮曰, "吾君在, 更無憂矣." 遂遣
宋汝悰, 馳啓捷報. 時三京失守, 上與從官十餘人, 幸于龍灣, 謀爲內附之計. 賊
兵縱橫, 守令將吏, 望風敗沒, 中外隔絕, 奔問不至, 君臣憂慌, 不知所爲. 及聞
舜臣之捷, 朝廷始有起色矣. 時人比之顔平原.

舜臣在軍中, 別貯米五百石曰, "主上若度遼, 則吾當浮海迎還, 以圖恢復. 必若
天命不佑, 君臣同死社稷, 義所可也."

一日夢, 有白頭翁蹴舜臣起曰, "賊至矣." 舜臣卽引兵趨露梁, 果遇賊, 追及於泗
川, 燒十三艘. 舜臣亦中丸, 自左肩達于背入數寸, 血流至踵, 猶督戰未已. 旣破
賊, 命以刀劈肉取出, 一軍莫不驚愕, 而舜臣笑語自若. 舜臣每戰, 戒將士曰, "惟
以盡力殺賊爲功, 勿令斬馘要賞, 以致稽緩失機也."

進至唐浦, 遇賊船二十餘艘. 順天府使權俊射其酋殺之, 獲樓船, 諸軍歡呼競進,
遂殲之. 得金團扇, 有十數字, 平秀吉親書其名以賜者也. 時日已向午, 士疲困,
不可復戰, 而候船報賊至者數四. 將吏皆懼, 舜臣怒曰, "賊至便戰, 壯士何怯
爲?" 卽使人焚所獲樓船於前洋, 積硝俱發, 賊心驚, 逡巡退走.

軍夜驚搖[3]亂, 舜臣堅臥不動, 使人搖鈴乃定. 旣屢戰力疲, 士心孤弱, 會全羅右
水使李億祺, 以戰船二十五隻來助戰. 於是, 軍勢大振, 進至固城之唐項浦, 破賊
船三十三隻, 復斬其樓船將. 追至栗浦, 又破之, 賊遠遁. 搜捕不見, 乃還屯本營.
佯作啓草二本, 言"欲直擣日本", 遺之路上, 使賊見之.

七月聞賊報, 進遇於固城見乃梁. 舜臣以其海臨港淺, 僞退以誘之. 至閑山島大
洋, 回軍奮擊, 勢如風霆, 海岳俱震, 賊船七十三隻, 倏忽皆盡. 凡殺倭兵萬餘人,
皆入海水, 水盡赤. 初倭奴皆憚我舟師, 平秀家請自當之, 至是僅以身免. 平秀

---

3 搖: 저본에는 '擾'로 되어 있으나 『한중수필』에 의거하여 바로잡았다.

家者, 倭之名將, 常爲先鋒, 陷我三京者也. 自是倭中言, "閑山之戰, 莫不喪氣." 至安骨浦, 賊以鐵裹船, 覆以濕綿, 分兵據岸, 欲爲死守之計. 我軍乘銳陷之, 燒破四十二艘, 賊登陸而走. 舜臣以釜山爲賊根本, 奪據則賊可破. 引兵躡之, 賊皆棄舟登山, 堅守不敢出. 會鄭運中丸卒. 舜臣乃還擊熊川之爲釜山聲援者, 所斬殺甚多. 然賊亦多設機險而守之, 我軍不能深入.

舜臣以本營僻在湖南, 乃移鎭於閑山島, 在巨濟南, 以搤湖南之衝. 朝廷以舜臣爲三道水軍統制使, 統制之設, 自此始. 舜臣募人屯田, 益興鹽魚陶冶之利, 多方以贍, 軍用未嘗乏絶. 舜臣在軍, 未嘗設女樂, 寢不解甲, 所食日不過一升. 自擧事以來, 常多病, 然少間未嘗不親帥將吏, 校射練武. 中朝有譚都督者, 以和事在熊川賊陣, 移書曰, "日本諸將, 欲卷甲息兵, 卿當速回本地." 舜臣報曰, "沿海皆我土, 所謂本地者, 果何也?"

乙未二月李相元翼, 以都察使來視師. 舜臣密請曰, "相公之來, 軍情必謂有犒賞, 不可缺望也." 李公曰, "吾來無所齎, 奈何?" 舜臣曰, "某爲相公已辦之, 但須相公一命耳." 李公大喜從之, 士卒歡躍. 李公由是大加稱賞.

初元均爲慶尙右水使, 及倭寇之入也, 均盡沈戰船七十三隻, 逃匿於傑望浦. 舜臣以均習水路, 邀與共事. 舜臣之爲統制, 均自以先進, 恥受節制. 舜臣委曲優容, 而均縱恣日甚, 多不遵令. 舜臣啓請遞己職, 朝廷乃移均爲忠淸兵使, 均恨之次骨, 日夜謀所以中傷舜臣者.

丙申冬, 平行長使要時羅行反間曰, "行長與淸正有隙, 淸正今自日本再來, 我當知其日期, 物色其船而報之. 貴國若使統制使邀之, 貴國之讎可報, 而行長之心快矣." 且多示誠懇以誘之. 朝廷幸其或然, 命舜臣赴之. 舜臣以爲倭賊多詐, 往必墮其計中, 遂辭不行. 元均因數爲飛語, 言"其玩寇自營, 致失幾會." 朝廷乃命拿舜臣鞠問, 李相元翼馳啓救之, 不得. 於是, 百姓遮道哭送者, 日千數. 賴金相命元·鄭相琢爲言, 得減死, 白衣從軍於元帥權慄幕下.

元均代爲統制, 日縱酒作妓, 不恤將士, 士皆怒, 與倭戰敗衄, 盡亡其船卒, 遂見殺. 賊進至豆雉江登陸, 長驅陷南原, 朝野震駭. 李相恒福曰, "此失不用李舜臣. 元均固傾詐, 不足任重." 時舜臣丁內艱, 旣成服, 以元帥命往晉州, 收散卒. 於是, 朝廷復以舜臣爲統制使.

丁酉八月, 舜臣單騎馳至珍島, 稍收敗殘戰船, 纔十二, 資械蕩然. 全羅左水使
裵楔, 請棄舟登陸而避之, 舜臣不從. 楔棄舟而逃, 舜臣啓請誅之. 朝廷憂其孤
危, 亦命移兵陸戰. 舜臣啓曰, "賊所以不敢家突兩湖者, 由其舟師扼其路也. 且
顧護其舟船, 不能遠離水次, 今棄舟陸戰, 賊後無狼顧之患, 前無羊藩之憂矣.
臣戰船尙有十二, 以死拒戰, 猶可爲也. 以天之靈, 臣苟不亡, 賊亦不敢肆矣. 若
委臣海防, 則必有報効也."

時賊船彌漫海中, 而舜臣以創殘餓贏之卒, 不滿千人, 捿依孤島. 見者莫不危之,
而舜臣涕泣誓師, 以示必死, 士皆感畏思奮. 舜臣爲海路通行帖, 使避亂民船納
米受帖. 始避亂者, 皆以海路防禁爲憂, 至是, 爭來請帖, 旬日得粮數萬石. 賊數
遣兵嘗之, 輒擊却. 會暮, 公謂將吏曰, "今夜月明, 賊必來." 乃吹角擧碇以待之,
已而賊從西畔山影中隱隱而來. 旣近至, 一軍齊發, 賊知有備, 遂退.

舜臣回軍, 至右水營鳴梁洋中, 遇賊大至. 舜臣以避亂民船排陳遙海, 爲之形援.
舜臣獨引十二艘出戰, 賊以三百餘隻, 圍舜臣船數十重. 右水使金億秋·中軍將
金應誠, 皆退一里所, 觀望不進. 舜臣欲回舟赴斬, 而恐賊乘勢, 不可復整, 乃慰
諭士卒, 殊死戰. 良久, 賊盡銳攻之, 不能克. 金應誠等始稍進, 巨濟縣令安衛先
至. 舜臣拊檻叱曰, "汝畏戰, 不畏軍法耶?" 衛慌忙冒死陷陣. 又呼金應誠曰, "汝
以中軍臨賊退麾, 罪可赦乎?" 請立功自贖. 於是, 諸將繼至, 麾軍鏖戰.

當是時, 吏士惶懼無人色, 而舜臣氣益奮, 督戰益急. 賊帥馬多時, 中箭墮水, 降
倭以告. 舜臣命鉤出, 寸斬之, 賊氣大挫. 諸兵鼓譟崩之, 破三十餘隻, 燒溺死者,
不可勝數. 倭兵爲之披靡退遁. 時避亂士民, 皆登高觀戰, 賊船千餘, 蔽海掩至,
合圍官船, 勢若山隤, 相與痛哭失色. 已而倭船稍退, 見官船故無恙, 追逐如飛,
乃皆大驚歡譟, 爭獻資粮以賀. 戰罷, 舜臣召見諸將, 莫不匍匐涕泣, 無敢仰視
者. 經理楊鎬送紅緞銀子賞之曰, "近世無此捷也."

舜臣以水險軍孤, 移陣唐笥島. 戊戌二月, 復移古今島, 在康津南. 益募民, 開屯
田, 時出兵伺間擊賊, 以故賊不敢復向南海來. 天朝水軍都督陳璘, 領五千兵南
下. 璘性桀驁, 我國將官, 多見凌辱. 朝廷甚爲舜臣憂. 璘至則舜臣盛備酒肉, 醉
飽其將卒, 皆喜曰, "果良將也." 璘軍頗有侵掠, 舜臣令軍中, 皆毁廬舍, 持資下
船. 璘怪問, 舜臣曰, "小國軍民, 仰天兵如父母, 今見暴掠, 士卒不堪, 欲遁居他

島. 某爲將, 不可獨留, 亦欲隨之去耳." 璘大驚止之, 舜臣曰, "天兵侵我, 許以便宜禁斷則可矣." 璘許諾. 其後天兵犯法, 舜臣按治行罰, 天兵畏之, 過於都督. 舜臣與都督, 飮酒於運籌堂, 明千摠來告曰, "朝鮮兵獲倭舟六艘, 我兵逆風, 不得戰." 璘大怒, 將斬之. 舜臣知其意, 謂之曰, "老爺來統水軍, 我軍之捷, 卽老爺之捷. 何間於彼此哉?" 卽盡以所獲付之. 璘大喜稱謝. 璘見舜臣號令嚴明, 大相敬服, 每戰, 乘我船而受舜臣節度. 言必稱李爺, 曰, "公非小邦人也." 勸入仕中朝者數矣. 嘗言于上曰, "李舜臣有經天緯地之才, 補天浴日之功." 復奏聞于帝, 賜都督印及旗刀七物, 國人榮之.

平行長合兵數萬, 屯于順天之曳橋, 築城以守之. 舜臣約提督劉綎, 合勢進攻. 璘夜乘潮擊之, 綎不出兵, 但鼓譟相應. 璘以爲陸兵已入城, 麾舟深入. 夜半, 舜臣以潮落引退. 璘耽戰不顧, 已而明船十九, 掛於淺灣, 皆爲賊所殺. 舜臣以爲不可坐視, 令七船往救, 戒之曰, "汝等但力戰自保, 潮至卽還." 如其言, 卒以全還. 南海令柳珩, 所領大船已膠. 舜臣望見頓足, 珩悉以小船繫大船尾, 一力運拖,[4] 倒曳而出. 時陸兵見水軍奮戰, 皆踴躍請効. 行長所居屋, 爲水軍大砲所擊者三, 賊悉聚兵拒戰. 有被虜人, 挺身奔告元帥權慄曰, "城西北面, 空虛矣." 元帥及李公德馨, 馳告綎, 請乘機陷之. 綎堅執不聽, 璘憤怒責綎. 綎復棄甲委粮而退, 以故不克.

會倭酋平秀吉死, 行長欲遁還. 舜臣與璘, 謀分遣諸兵, 斷其歸路, 相守數月. 舜臣遣人獐島, 燒其積聚. 行長粮竭勢窘, 乃潛賂綎, 與之交換粮食. 又數遣使賂璘. 璘欲開路縱歸, 舜臣力爭乃止. 行長先試發數十艘, 舜臣邀擊盡殲之. 行長計窮, 乃請遣人諸屯, 同約渡海, 璘許之. 倭艘旣出, 舜臣聞之, 大驚曰, "此賊欲請援夾擊也. 我不可以在此, 腹背受敵, 不如移兵大洋, 決一死戰." 璘聞之, 始驚惋自責. 柳珩請急擊滅賊援, 還斷海口, 舜臣從之.

倭帥義弘與南海賊將平調信, 合兵來援. 舜臣夜焚香祝天, 以死自誓. 忽有大星隕海, 見者異之. 舜臣先行, 璘繼之, 鏖戰於露梁. 舜臣命多作三頭炬, 列挿草筏,

----

4 拖 : 저본에는 '柂'로 되어 있으나 문맥을 고려하여 '拖'로 바로잡았다.

排陣海面以逼之. 賊以爲戰艦, 爭前射之. 舜臣度其已疲, 乃縱兵乘之, 燒其船
五十餘艘. 賊疑不敢出海, 退入觀音浦, 我軍扼其口. 會天明, 賊見兵無去路, 遂
還軍致死. 賊圍舜臣所乘船, 璘突陣救免, 賊又圍璘船, 舜臣挺身奮擊, 士無不
一當百. 賊肉薄璘船, 天兵以槍刺之, 墜水者, 以千數. 遂縱火焚賊船, 風急火烈,
頃刻之間, 延燒數百艘. 天將鄧子龍, 年七十, 携壯士二百, 躍上我舟, 直前奮擊,
殺賊無數. 忽他舟誤擲火器, 入子龍舟, 舟中火, 賊乘勢擊殺之. 我軍望見, 以爲
倭船火, 奮勵爭先, 射殺賊酋, 賊皆舍璘來救. 璘乃得出, 與舜臣合發虎蹲砲, 連
碎賊船.

戰方酣, 舜臣中丸洞胸而仆曰, "勿言我死, 驚軍心." 其子薈及兄子莞, 匿不發喪,
麾旗督戰. 宋希立‧柳珩, 皆中丸悶絕, 蘇而復戰. 日昕, 賊大敗, 復燒二百餘艘.
義弘僅以五十艘脫去, 行長乘間潛出猫島而走. 是戰也, 焚倭五百餘船, 士卒死
者, 不可勝紀, 浮屍蔽海. 戰罷, 璘聞舜臣死, 自投于地者三曰, "誰與立大功乎?"
拊膺痛哭者久之. 天兵皆投肉而不食. 士民聞者, 無不巷哭, 如悲親戚, 迎柩設
奠, 千里不絕.

舜臣天資英銳, 器局沈凝. 平居循循如端士, 而臨陣勇決, 氣勢盈溢. 治軍嚴整,
而未嘗妄殺人. 軍政煩劇, 簿書山積, 而剖決如流. 遠斥候, 嚴警衛, 賊至必先知.
署涉書史, 軍情啓移必親, 措辭皆切中機務. 公廉正勅, 將士畏而愛之, 故前後
數十戰, 未嘗失敗. 自鳴梁之捷, 名聞中國, 威振島夷. 舜臣死時, 年五十四. 柳
公成龍嗟惜, 以爲舜臣奇蘊, 百不一施焉.

初倭奴之入寇, 凡精兵六十餘萬, 分道水陸, 約會平壤. 而舟師死咋, 不得上尺
寸, 賊之陸兵, 勢亦孤弱, 不敢深入窮追. 由是上之西狩, 免有迫蹙之患, 得以徐
圖恢復, 而兩湖亦賴以安堵. 軍資國用, 恃以取辦, 卒以掃除凶鋒, 宗祀復安, 中
興之功, 推舜臣以爲首. 當時陸戰郭再祐‧鄭起龍等, 稱爲名將, 然皆以力戰自
保, 未有奇功異績, 可爲勝負存亡之數者焉. 追冊宣武功臣, 屢贈領議政, 諡忠武
公. 命立祠露梁, 上親製碑文, 以賜題曰'有明水軍都督朝鮮某官李舜臣之碑'云.
鳴梁在珍島碧波亭上流. 兩邊石壁甚狹, 巨石橫出水底, 海波傾注如階級. 舜臣
以鐵鎖橫截梁下, 賊舟至輒冒覆. 鳴梁之捷, 雖藉其勇畧, 而地理之助, 亦爲不
無云. 舜臣嘗積草海南, 若峙糧然, 伏兵伺之. 賊望見, 直前掩之, 爲隱嶼所挂,

不得進退, 掩擊殲之. 嘗有大櫃浮海而至, 取視, 皆金寶奇物. 後數日, 又有一櫃浮至. 舜臣命勿開, 以鉅截之, 鮮血湧出, 剖視之, 乃刺客也. 舜臣嘗暮令將士, 用長鎌刮船底, 戒毋譁, 皆莫知其故. 夜將半, 往往有人頭肩膊出焉. 諸將驚問其故, 舜臣曰, "吾向暮見前洋, 羣鷗忽一時驚擧, 知有泅賊來襲吾舟耳." 衆服其神.

夫人方氏, 寶城郡守震女也. 年十二, 劫賊入家, 震登樓射, 矢盡, 呼索房中箭, 而侍婢爲賊內應, 已盡偸去. 女卽取織隔竹一束, 擲之樓上, 撒然有聲曰, "藏箭俱在." 賊信之, 又畏震善射, 遂散去. 長子薈, 著勳露梁. 次子莞有直節, 光海以銀强買其童婢, 莞曰, "以色求媚, 寧死不爲也." 終不能奪. 季子葂, 丁酉將母, 在牙山家, 爲劫賊所殺. 舜臣時屯古今島, 夢葂悲啼, 請報讎. 舜臣異之, 引問新捕賊, 訊其首末, 果殺葂者, 命斬之.

舜臣幕下, 柳珩最忠勇. 舜臣嘗薦於李相德馨曰, "忠義膽畧, 可大用也." 後代舜臣爲統制. 其餘李億祺·宋希立·鄭運·李純信·裵興立·宋汝悰等, 皆稱爲名將. 元均之爲統制也, 李億祺附書遺舜臣曰, "觀其區畫乖方, 兵必敗焉. 吾不知死所矣." 均果敗, 億祺戰死. 鄭運死於釜山, 倭奴擧酒稱慶.

倭寇凡首尾七年, 閫竟之內, 夷滅殆盡, 被兵之酷, 自吾東以來, 未嘗有也. 倭之步兵便於水戰, 而不利平地. 然剽勇敢死, 兵器犀利. 由是明之救兵三出, 天下騷動, 然卒莫能得其全勝. 而舜臣起於微賤, 素乏威重, 以數千烏合之衆, 當數十萬便利之師, 戰必挫衄, 幾使隻艫不返. 論其才畧, 可與新羅金庾信·高麗姜邯贊竝列云.

沈長公曰, "余觀忠武公, 非獨將畧能也. 及其居官, 剛直謹守繩尺. 然至於假借元均, 籠罩陳璘, 又非弘量知變化者, 何以能焉? 豈所謂文武將相者耶? 余少好讀『史記』, 壯其辯辭. 觀其所載人物, 類多卓犖絶特, 後世罕有. 又疑後世雖有其人, 往往不得自託於雄文以發揚, 則沒而不見, 常竊自恨. 誠得如遷所敍者而傳之, 庶幾無負焉. 今觀忠武公事, 何如哉? 世傳公懲於元均之讒, 慮倭寇旣退, 功高見妬, 中於鳥盡弓藏之言, 故陷陣自殞, 以全其名, 子孫得世其遺烈, 至今不絶云, 可悲也夫. 向使內無讒間之虞, 而外專任責, 得伸其力用, 其所樹勳, 駕軼往古固未可量也. 而余之文, 豈止於是而已耶? 雖然, 公與余相得, 可謂兩幸也已."

제문(祭文)

1 祭柳君夏元文 癸卯

嗟嗟! 夏元而至然耶? 吾無行而不與子同, 無言而不與子共. 子旣如此, 吾何能殼?

松枯栢悲, 芝焚蕙嘆, 鍾期旣死, 誰聽伯牙之琴? 郢人不存, 莫揮匠石之斤.

吾與子遊十有餘年, 勸勉服膺, 求爲善道, 庶幾乎忠恕中庸, 見其[1]進而未見其止. 今子中道夭閼, 而又無嗣續.

吾之十寸族孫女, 幼失怙恃, 取而育之, 臨當婚嫁. 七寸族叔父不祀, 爲之系子於千里, 持以教養. 自子之亡旬月之間, 相繼夭折. 竭力爲善, 而善不成, 反遭慘禍, 豈其爲善亦有命, 在吾爲分外事耶?

吾儕嘗言豊悴脩短, 各有定分, 而在吾而可力者, 唯善而已. 今亦如此, 使吾與子爲惡而得此, 猶可以懲懼世人之欲爲不善者. 今乃使爲惡者快幸, 而爲善者沮塞. 痛矣! 痛矣!

----

1 其: 저본에는 '其其'로 되어 있으나 『한중수필』에 의거하여 '其' 1자를 연문으로 보아 삭제하였다.

昔與子期明孔氏之道, 志甚壯, 纔有意思, 隨遭遏絶, 豈天之終喪斯道不可復行耶? 以子之忠實篤勤, 宜其有成, 而尙然如斯. 況以吾之薄材劣志, 介然獨處乎貧困患難之中, 重以沮喪神氣若此, 又可望其進就耶? 假使進就, 又可保其有終耶? 嗚呼! 道之興廢, 人之死生, 固有命焉. 君子之成敗得喪, 係乎氣數, 非惟一人一家之故也. 苟非吾之有以自取, 則雖萬不幸, 亦可以無憾矣. 獨恨吾儕覺悟之不早, 旣幸悟之, 適遭厄運, 子已迫大限.

吾亦負疴纏憂, 鬚髮蒼白, 志於善而無爲善之日, 知能言而未之行, 愆殃累重, 多參在上, 又何敢遽望積善之福慶, 而怨其酷罰耶? 嘻噫! 悲夫! 子之旣沒, 一鄉之人, 莫不嗟歎, 知友爲之痛惜, 凡今之人, 獲此爲難. 然子之志, 不止乎是, 又何足云.

天人之道, 唯善最長, 舍此而無復可爲者. 設令爲善必殃, 爲惡必福, 太上猶或不爲惡而爲善. 爲善未必福, 而爲惡未必殃, 中人寧爲善而不爲惡. 若知爲善終必福, 而爲惡終必殃, 雖甚下愚, 亦將趣善而去惡. 是故君子守死而不悔, 吾不以喪敗之故, 而少爲沮橈以負子矣. 吾離索畏約, 未嘗與人言, 唯與子言耳. 今當永訣, 聊復一道, 然實懼俗人之嗤姍, 不敢畢其說而盡其意, 猶有英靈, 庶幾冥契. 嗚呼, 慟哉! 尙饗.

> **[原註]** 居一月又喪十寸族孫兒, 明年四月三十日亡六歲獨兒.

2 祭姪女文

維年月日, 伯父某謹遣汝第三叔父某, 操脯果具文, 以祭于亡姪娘子靑松沈氏之靈.

嗚呼, 悲哉! 汝四德無愆, 而工藝夙成, 庭無間言, 而鄰有令譽, 謂其克終宜家, 庶無愆尤, 而事竟大謬, 歸才半歲, 乃至隕折.

嗚呼, 悲哉! 子婦之事父母舅姑, 父母舅姑, 雖有不善, 烝烝乂乂, 引納於善道, 使其日底豫而不知其然者, 孝之上也. 承順繼縫, 含垢掩瑕, 苟免大悖, 而不傷恩義, 以無毁於鄉黨, 孝之次也. 是是非非, 日有爭言, 積成氷炭, 變怪橫出, 是謂逆而不順, 逆而不順, 施之於奴隸禽畜, 尙不可行, 況於其親上乎? 此爲無道之甚也. 婦人法坤, 坤道一以順爲主, 是尤不可以有逆者也.

生之脩短, 稟於天命, 順守其正, 考終而全歸, 人之大義也. 忠臣烈婦, 殺身以成義者, 不以不義累其身, 是愛其身者也. 怵夫悍妻, 無義無據而輕自闕絶, 是不愛其身者也. 其身且不愛, 而何親戚之有? 逆親不孝, 逆天不義, 使其不孝不義, 而生爲匪人, 死爲不孝不義, 謂之何哉? 雖使父母舅姑頑囂特甚, 迫令就盡, 虞井自脫, 大杖不受, 古之明訓. 伯奇入河, 申生雉經, 比之不孝, 猶宜談笑怡色, 使可哀憐, 以動其心, 設計偸免, 以全其義, 此孝之難也. 若乃悍然不肯遜屈, 夷然甘心以自盡, 陷其親於大惡, 生爲不順之人, 死爲不令之鬼, 其爲不孝極矣. 先王之禮, 不以父母舅姑養子婦, 而以子婦事父母舅姑, 事之不順, 罪在子婦, 是故大辟三千, 不孝爲首, 而不慈無律也. 夫爲孝甚易, 順之則樂而無殃, 爲不孝甚難, 逆之則憂患日生. 【原註】 此言婦人之道, 若丈夫之孝, 則固不易, 而亦不專爲承順也.

奈何去其易而就其難, 舍其樂而福而取其殃而辟也? 人之百行, 孝爲之先, 苟爲不孝, 何論其他? 人之一世, 死生最大, 死不得義, 奚問其餘? 余見今之若此類甚多, 每每痛恨, 未嘗不悲世之無敎也.

吾自汝之歿, 寢啖爲之不甘, 久念其故, 莫得其端. 汝自幼事後母, 亦克無言, 生而喫貧, 性復堪耐, 又極沉黙寬緩, 中不形於外, 柔順勤謹. 聞汝旣歸, 汝舅與汝壻, 俱甚愛汝, 而汝家之鄰里宗鄒, 莫不交口稱譽, 今何行之而相反如是耶? 汝歸數月, 遣人探視, 還言汝嗚咽不自勝, 吾以爲大疑怪, 歸才屬耳, 遽已如此, 其何以耐久? 又數月吾往省汝, 汝又氾瀾橫集, 汝平生目無淫涕, 意汝之有所隱忍而未敢發者. 然吾素不假借婦子以辭色, 又惡聞兒女之私, 以是不卒問也. 汝舅爲我言, 汝勞苦甚難支存, 要予將歸, 且囑勿令汝尊姑知, 吾以爲不堪於夫家, 而就便於外家, 則是無夫家而背舅姑, 悖於禮而絶於理, 無寧正而斃之爲愈, 固拒而不從. 又數月聞汝亡, 初以霍亂訃, 吾心疑, 使人審之, 然後知汝不良死. 汝舅致書於我, 稱汝過實, 而慟其不全, 切怛惻愴, 令人酸心. 汝壻亦云, 汝自歸至死之日, 未嘗有拂言戾色, 惰容昏儀, 盛有悼惜之意, 念念不置.

噫! 吾恃汝之良, 而不虞汝之有非; 藉汝舅壻之愛汝, 而不謂汝之有難; 念汝勞悴以致疾, 而不慮汝之有變. 今汝不顧舅壻之愛, 不念父母之懷, 而自斷如此, 此果人之常情耶? 凡人之所必不爲, 而顧汝爲之耶? 究其情而無其理, 揆諸義而無所據.

嗚呼, 悲哉! 是果不免於吾之向所云也. 然方其慘毒備至, 命不保於朝夕, 望已絶於所天, 人非木石, 奈何奈何? 及以至此, 固難責義於帬襦之人. 然以汝之良以吾家之子, 而行有不衷於義, 百中之射, 廢於一發; 九仞之功, 虧於一簣. 乃吾敎訓之不至, 使汝於極也, 由吾不慈, 而禍溢於汝. 曩吾之所以悲世者, 今焉自悲之不暇, 亦復云何? 生而失其訓, 旣亡之後, 慘痛如何? 嗚呼, 悲哉! 尙饗.

原註 其明年, 其舅訪予, 予問: "兒女懷欲自決, 得無不順之辭色乎?" 答言: "婦自執贄之初, 至于死之日, 無一毫異也. 狗當前, 則以足推之而行, 未嘗出聲叱也. 每尊姑及小姑有責怒, 未嘗一言自辨, 常和顔受之, 天下寧有如吾婦者耶?" 語且泣嗚咽不自勝也. 徐審之於其鄰人, 則曰: "其宗戚鄕里, 皆極口稱新婦而非其姑與小姑之所爲, 以故激發其猜憤, 至於視爲仇讎"云. 而其長老皆嗟傷, 以爲常情所無之變也.

評語 退之「十二郞文」以後, 唯此獨工. 論事似『國語』, 記事似「張湯傳」.

3 祭李元暉文 戊辰

吾於子, 世戶之親也, 編髮之舊也, 道學之交也, 臭味之合也. 其瑣者不足言, 其深者不敢言, 熟知不言之言過於言也. 噫! 柳夏元之喪, 吾爲文而祭之, 自期以不負, 今老矣, 而不能踐言, 何敢復於子也! 天地之大運, 關於盛衰, 可無恨矣. 嗚呼, 傷乎!

4 祭鄭順安文

生而相知, 死則悲哀, 人之常情也. 未有生而無恩而死而傷感者也. 然古人有曠百世而噓唏者, 山崩鐘鳴, 芝焚蕙歎, 其氣類相感, 有以然也. 況在生並世・居同國, 耳熟而心羨者乎! 小子自識人事以來, 未嘗一日不仰公之德行, 而竟以鄕曲孤陋, 不獲一造門屛, 以承咳唾之餘音. 今而悲慟, 不自知其涕之何從而出也. 然自公之喪, 士林憔悴, 邦國殄瘁, 知與不知, 莫不歎息揮泣. 小子之慟, 不爲無從, 而其獨過於衆人者, 實有所私感也.

嗚呼! 公退不潔身, 進不苟得, 可否之間, 嘉遯之義也. 討論經史, 手不釋卷, 自少至老, 未嘗暫廢, 好學之智也. 兄弟同堂, 庭無間言, 齊家之禮也. 引接後進, 誘掖不倦, 愛人之仁也. 不以窮達關心, 毁譽沮色, 獨立而不倚, 自强之勇也. 整勅衣冠, 望之儼肅, 而卽之溫粹, 有德之容也. 嚴厲惠和, 有物有章, 君子之言也. 噫! 猥以疎逖之蹤·童駿之見, 欲測大道之萬一, 固知極濫. 然特無阿好之嫌·親愛之私, 其所稱說, 不過萬口之所藉藉公傳道者, 則亦可以取信於人矣. 然唯在行之如何, 言之愧辭而已. 取信與否, 固無足論也.

嗚呼! 以公之德, 不能施之邦家, 而著之功庸, 顧限於散局冗官, 使國人不得一蒙其澤, 國人之所爲私恨, 容有其旣? 而小子思一周旋函丈之間, 質其所已能, 而學其所未知, 己之願, 竟亦不遂. 如公之喪, 國人皆可以致祭, 而在小子則雖爲之號慟而無怪也, 又豈可以平昔無恩, 而但已邪? 嗚呼! 不幸生於衰俗, 旣不得遇大人君子而親炙之, 旣幸遇之, 又以鄕曲疎遠, 不能一面承誨. 將沒世無聞, 抱私恨而獨存. 嗟乎! 其命矣夫. 嗟乎! 其命矣夫.

의(擬)

1 象祠記 易王陽明, 癸卯

靈博之山, 有象祠焉, 其下諸苗夷之居者, 咸神而事之. 宣慰安君, 因其請, 新其祠屋, 而請記于余. 余曰:

有鼻之祠, 唐之人, 盖嘗毁之. 象之道, 以爲子則賊, 以爲弟則傲. 斥於唐, 而猶存於今, 毁於有鼻, 而乃新於玆土也, 何哉? 夫人之愛人也, 推及於其屋上之烏, 而況於聖人之弟乎! 然則祀者, 盖爲舜, 非爲象也.

予又以爲象之不仁, 乃其始焉爾, 安知其終之不見化於舜也? 舜之化至使瞽瞍允若, 虞賓德讓, 有苗來格, 天下之民, 莫不以舜之心爲心, 豈惟獨於其親弟, 終有不化者乎? 且以象之惡而得封於有鼻者何歟? 夫分茅裂土, 有社稷焉, 有民人焉, 先王之所以崇功, 尊德爲天下公道, 而非可以私之者也. 舜愛其弟, 則處之以至公而不失其恩情, 可也, 顧安得私授以爵土民衆, 以枉天下之公道耶?

孟子曰: "天子使吏治其國, 象不得以有爲也." 是又有不然者. 漢之諸王皆有守相, 然卒不能禁其爲虐, 固自若也. 乃以象之不畏天子, 而欲殺其壻, 奪之女, 忍於兄弟者, 而乃能聽命於守吏, 不敢動手以害其臣民? 此予之所不能必也.

周之諸侯, 必有命卿, 此自封建之法耳, 非舜之封象獨然也.

予以舜之封象, 知象之終化而爲善也. 設令象之未化而舜不計義之可否, 苟以封爵榮其弟, 則象之國, 當在近畿膏腴之地, 以便其源源相見, 而乃在遐夷炎瘴之鄉者, 何也? 旣悖於公道, 而又不近於私情, 適令厚其過而播其惡, 聖人之於弟, 決知其不然矣.

蓋象化而爲善之後, 能立功德于有鼻之民, 有鼻之民, 願得以爲君, 象亦欲一試而自效, 故舜因以封之爾. 使象之未化, 則舜將操持教養之不暇, 尙何遠封之有哉?

使象之未有功德於有鼻之民而徒虐使之, 則其民將世傳而爲訽, 尙何俎豆之有哉? 然則唐人之毀之也, 據象之始也, 今之諸夷之奉之也, 承象之終也. 子曰: "不念舊惡." 與其終也, 不追其始也, 可矣. 舜之封之也, 與諸夷之祠之也, 不亦宜乎? 以象之有祠, 而可見舜之至德卒能化其傲弟, 而且不以私愛廢公道也. 其不毀而修之者, 乃所以爲舜非爲象也.

評語　如乘駿馬, 下千仞之坂, 而攬轡安閑, 不施鞭策, 追風絶影, 未見騰驤突趵之勢, 如行袵席之上也.

참고　왕수인(王守仁) 원작 「상사기(象祠記)」

靈博之山, 有象祠焉. 其下諸苗夷之居者, 咸神而事之. 宣慰安君因諸苗夷之請, 新其祠屋, 而請記於予. 予曰: "毀之乎, 其新之也?" 曰: "新之." "新之也, 何居乎?" 曰: "斯祠之肇也, 蓋莫知其原. 然吾諸蠻夷之居是者, 自吾父・吾祖, 溯曾・高而上, 皆尊奉而禋祀焉, 擧之而不敢廢也."

予曰: "胡然乎? 有鼻之祠, 唐之人蓋嘗毀之. 象之道, 以爲子則不孝, 以爲弟則傲. 斥於唐, 而猶存於今; 毀於有鼻, 而猶盛於茲土也. 胡然乎? 我知之矣, 君子之愛若人也, 推及於其屋之烏, 而況於聖人之弟乎哉? 然則祀者爲舜, 非爲象也. 意象之死, 其在干羽旣格之後乎! 不然, 古之驚桀者豈少哉? 而象之祠獨延於世. 吾於是益有以見舜德之至, 入人之深, 而流澤之遠且久也. 象之不仁, 蓋其始焉耳, 又烏知其終之不見化於舜也?

書不云乎? '克諧以孝, 烝烝乂, 不格姦.' 瞽瞍亦允若, 則已化而爲慈父. 象猶不弟, 不可以爲諧. 進治於善, 則不至於惡; 不抵於姦, 則必入於善. 信乎象蓋已化於舜矣. 孟子曰: '天子使吏治其國, 象不得以有爲也.' 斯蓋舜愛象之深而慮之詳, 所以扶持輔導之者之周也, 不然, 周公之聖, 而管・蔡不免焉. 斯可以見象之旣化於舜, 故能任賢使能而安於其位, 澤加於其民, 旣死而人懷之也. 諸侯之卿, 命於天子, 蓋周官之制. 其殆倣於舜之封象歟? 吾於是益有以信人性之善, 天下無不可化之人也. 然則唐人之毁之也, 據象之始也; 今之諸夷之奉之也, 承象之終也. 斯義也, 吾將以表於世, 使知人之不善, 雖若象焉, 猶可以改; 而君子之修德, 及其至也, 雖若象之不仁, 而猶可以化之也."

2　擬戰國策

1.

【原文】　司馬喜使趙, 爲己求相中山. 公孫弘陰知之. 中山君出, 司馬喜御, 公孫弘驂乘, 公孫弘曰: "有爲人臣, 招大國之威, 以求相於君, 何如?" 君曰: "吾食其肉, 不以分人." 司馬喜笑而曰: "夫招大國之威, 以求相於其君, 必陰而不宣, 君何由知之而食其肉? 然願君察之." 行五里, 司馬喜啞然呼頓首於軾曰: "臣得罪死矣." 君曰: "何也?" 曰: "曩者, 公孫弘之言無端, 故臣乃知其中臣於君也." 君曰: "行, 吾知之矣." 居頃之, 趙使來, 爲司馬喜求相, 君大疑公孫弘, 公孫弘走出.

司馬喜挾趙, 以求相中山, 公孫弘微聞之而未察, 入語中山君曰: "臣聞司馬喜語其舍人曰, ‘吾必且相.’ 豈君之許之相乎?" 君曰: "寡人未之有也." 已而趙使請相司馬喜, 君以爲喜之挾趙以求相也, 逐之.

昔者有夜而大亡其貨者, 三日而不以告人, 有一人來唁其亡財也, 遂執之, 曰: "吾亡財而未嘗以告人, 人無知吾亡財者也, 子獨何由知之而來乎?" 贓乃得.
是故獨知人之陰事者, 不可以身證也, 獨證人之陰事而人無知之者, 人必謂其飾虛以厚誣也. 一公孫弘也而獨證司馬喜之招趙以求相, 則反以得疑, 不證其事而微告其君, 使君自察之, 則其說乃行, 此豈非縱橫俯仰之變歟? 且司馬喜之使趙相己也, 人無知之, 公孫弘獨知之, 而司馬喜之狀, 亦猶不知, 則事必出於公孫弘, 故公孫弘以獨證獲疑, 而司馬喜以不知免罪也, 巧拙之事, 可謂微矣.

【評語】　起頭煞尾, 使用作者文法.

2.

【原文】　燕王謂蘇代曰:“寡人甚不喜訑者言.” 蘇代對曰:“周地賤媒, 爲其兩譽也, 之男家曰‘女美’, 之女家曰‘男富’. 然而周之俗, 不自爲取妻, 且夫處女無媒, 老且不嫁, 舍媒而自衒, 敝而不售. 順而無敗, 售而不敝者, 唯媒而已矣. 且事非權不立, 非勢不成. 夫使人坐受成事者, 唯訑者耳.” 王曰:“善矣.”[1]

燕昭王語蘇代曰:“寡人甚不喜訑者言也.” 對曰:“夫狗惟吠非其主而不吠其主, 故畜之耳. 使狗而不擇其主與非其主而一吠之, 殺, 不擇其主與非其主而一不吠之, 烹. 夫事君以誠, 忠節之臣也, 御敵以權, 霸王之輔也. 今處戰國之世, 莫不以變詐相劘而智數相制, 誠令大王之執事者, 不擇大王與秦楚韓齊趙魏之君, 而一以仁信效誠, 則大王安得其力乎! 此乃狗之當烹者也. 不擇大王與秦楚韓齊趙魏之君, 而一以權詐從事, 則大王安所委心乎! 此乃狗之當殺者也. 今臣盡忠以奉大王, 用權以制敵, 此乃狗之良而當畜者也. 大王不爲審辨而直曰, ‘吾不喜訑.’ 臣恐大王之無吠狗也, 未審大王使孰而禦寇盜者乎!” 昭王曰:“善矣, 寡人未之聞也.” 蘇代曰:“狗非好吠也, 見怪而不得已也. 臣非好訑[2]也, 見難而不已也然, 故狗不可以不吠也, 臣不可以不訑也.”

　　【評語】　意到則行, 意盡則止, 意好而文佳, 意足而篇圓. 故聖人有無道之道, 非法之法, 不敎之敎.

---

3 │ 改黃州竹樓記

黃岡多竹, 大者如椽. 居民破之, 而剖其節, 以代茅瓦, 爲其省費與工也. 余作小樓二間於子城西北隅, 取以覆之, 以臨江山之勝, 時登而遊焉. 比瓦則儉,

---

1　이 부분은 저본에 없으나 아래 글이 개작한 원 텍스트이므로, 이해의 편의를 위해 『전국책』에서 보입(補入)하여 번역하였다. 『전국책』 권9, 「연(燕)」의 한 장(章)이다.
2　訑: 저본에는 ‘誕’로 되어 있으나 『한중수필』에 의거하여 바로잡았다.

比茅則侈, 不侈不儉, 得其中制.

宜急雨, 宜密雪, 宜鼓琴, 宜詠詩, 宜圍碁, 宜投壺. 震響激越, 縱錚丁當, 皆成自然之韻, 令人眢眇悅惚, 神凝心醒, 似遊於嶰谷之山, 而聽伶倫之律.

余於公退之暇, 披鶴氅衣, 戴華陽巾, 手執『周易』一卷, 焚香黙坐, 消遣世慮, 心想既遠, 眼界自淸. 翠壁烟濤, 竹樹叢攢, 雲鳥出沒, 絕無塵俗之物, 殊異乎曩日之觀矣. 江山與樓與人, 欣然相得, 不復知彫甍廣榱, 貯妓女, 藏歌舞之爲樂也. 匠人云: "竹瓦, 僅可十年, 重覆之, 乃二十年, 或嫌其不久." 噫! 余以至道乙未歲, 自翰林出滁上, 丙申移廣陵, 丁酉入西掖, 戊戌有齊安之命, 己亥到郡. 五年之間, 奔走不暇, 曾不淹經歲, 未知明年, 又在何處. 余懼竹樓之嫌人也, 顧奚暇憂其易毀哉? 而後之人, 若有與我同志者, 嗣而葺之, 又甚易也. 某年月日記.

참고　왕우칭(王禹偁) 원작 「황주신건소죽루기(黃州新建小竹樓記)」

黃岡之地多竹, 大者如椽. 竹工破之, 刳去其節, 用代陶瓦, 比屋皆然, 以其價廉而工省也.

子城西北隅, 雉堞圮毀, 蓁莽荒穢, 因作小樓二間, 與月波樓通. 遠吞山光, 平挹江瀨, 幽闃遼敻, 不可具狀. 夏宜急雨, 有瀑布聲; 科宜密雪, 有碎玉聲. 宜鼓琴, 琴調虛暢; 宜詠詩, 詩韻淸絕; 宜圍棋, 子聲丁丁然; 宜投壺, 矢聲錚錚然: 皆竹樓之所助也.

公退之暇, 披鶴氅, 戴華陽巾, 手執『周易』一卷, 焚香黙坐, 消遣世慮. 江山之外, 第見風帆沙鳥, 煙雲竹樹而已. 待其酒力醒, 茶煙歇, 送夕陽, 迎素月, 亦謫居之勝概也.

彼齊雲 · 落星, 高則高矣! 井干 · 麗譙, 華則華矣! 止於貯妓女, 藏歌舞, 非騷人之事, 吾所不取.

吾聞竹工云: "竹之爲瓦, 僅十稔, 若重覆之, 得二十稔." 噫! 吾以至道乙未歲, 自翰林出滁上, 丙申移廣陵; 丁酉, 又入西掖. 戊戌歲除日, 有齊安之命. 己亥閏三月, 到郡. 四年之間, 奔走不暇; 未知明年又在何處! 豈懼竹樓之易朽乎? 幸后之人與我同志, 嗣而葺之, 庶斯樓之不朽也.

咸平二年八月十五日記.

4

擬國語 丙午

晉厲公弒, 邊吏以告. 成公在朝, 公曰: "臣弒其君, 誰之過也?" 大夫莫對, 里革對
曰: "君之過也. 夫君而至於殺, 不君之甚也. 君而不君, 故殺於臣, 若猶君焉, 臣
安得殺. 夫臣而至於弒, 不臣之甚也. 君也者, 將以統御臣民, 正其邪而納於義
者也. 若乃崇邪棄義, 使臣殺君, 而民莫之救, 將安用之? 其過大矣. 成事由乎君,
行事由乎臣, 使殺君者, 君也, 殺君者, 臣也. 問誰其過, 則君爲大, 問誰其罪,
則臣爲重. 夫君也者, 民之心也. 美惡由之, 肢體從之, 又何過之有? 湯流桀, 武
王黜紂, 非徒不君, 而又爲之殘賊, 毒虐載民, 湯武順天, 拯民除患, 是爲睿聖.
其過與罪, 皆在于其君, 而不及于臣. 是故先王務正其身而不誅於人, 勤修其德
而不競於力. 其君而無過, 其臣奔走承義, 於是不暇, 又何犯罪之有哉!"

> **참고** 『국어(國語)』,「노어(魯語)」
>
> 晉人殺厲公, 邊人以告. 成公在朝, 公曰: "臣殺其君, 誰之過也?" 大夫莫對, 里
> 革曰: "君之過也. 夫君人者, 其威大矣. 失威而至於殺, 其過多矣. 不且夫君也
> 者, 將牧民而正其邪者也. 若君縱私回而棄民事, 民旁有慝, 無由省之, 益邪多
> 矣. 若以邪臨民, 陷而不振, 用善不肯, 專則不能使, 至於殄滅而莫之恤也, 將安
> 用之? 桀奔南巢, 紂踣于京, 厲沍于彘, 幽滅于戲, 皆是術也. 夫君也者, 民之川
> 澤也, 行而從之美惡, 皆君之由, 民何能爲焉?

5

易蘇老泉辨奸論

夫知君子易, 知小人難. 彼小人者, 必假仁託義, 以固根柢; 奇論峻行, 以達名譽,
厭然韏瞀天下之耳目. 然後陰以鬼蜮狐惑變化之術, 稍濟其私, 旣其得意縱恣,
心跡乃露, 而莫如之何矣, 非如君子表裡始終如一者也. 故知君子, 不足爲知人;
知小人, 乃爲知人. 傳曰: "思知人, 不可以不知天." 知天者, 知理者也; 知人者,
知情者也. 理者, 至微而必然; 情者, 至隱而可見. 唯天下之精者, 乃能察微而審
隱, 百擧而不失一.
昔者山巨源見王衍曰: "誤天下蒼生者, 必此人也." 郭汾陽見盧杞曰: "此人得志,

吾子孫無遺類矣." 王衍之爲人, 其風儀談論, 固可以欺世而盜名, 然淸曠浮沈, 與物無競, 非其奸詐諂媚狡猾能入人心腹者也. 若盧杞, 眞奸詐諂媚狡猾能入人心腹者也, 而未有文學言辯, 加以容貌醜陋, 無足以動人者, 而幸其適遇晉惠·唐宗之昏闇, 得遂其計. 由是言之, 夫二公之料二子, 亦容有未必然者, 而終必然者, 誠得其情而知其理也.

今有人於此, 口誦孔氏之書, 身履夷齊之行, 而濟之以博識強辯, 收召好名之士·不得志之人, 造作言語, 私立題品, 以爲顔淵·孟軻復出, 而陰賊險狠, 實與人異情, 是王衍·盧杞合而爲一人也. 異日之爲天下禍者, 豈其靡哉!

夫面垢不忘洗, 衣垢不忘澣, 此人之至情也. 今也不然, 衣臣虜之衣, 食犬彘之食, 囚首喪面而談詩書, 其不近人情也. 不近人情者, 鮮不爲大奸慝, 管仲之論豎刁·易牙·開方是也. 夫以衍·杞之偏, 猶可斷其必敗, 況此兼有而反過之, 雖時有明君賢相, 且將亟擧而任之, 其得政, 禍國決然而無疑也. 此又理之所必至也.

夫以貌取人, 失之子羽; 以言取人, 失之³宰我. 以行與事, 則又有表裏始終之不同, 唯以情與理, 則庶幾焉. 噫! 余言之不信, 天下之幸也, 不幸而信, 豈不悲哉!

原註 蘇老泉「辨奸論」, 其見識之深, 言議之正, 八大家之所未有也. 惜乎! 其文辭有未逮者, 率爾而改之, 非其鬪勝而自多者, 蓋有所不得已也.

참고 소순(蘇洵) 원작 「변간론(辨姦論)」

事有必至, 理有固然. 惟天下之靜者, 乃能見微而知著. 月暈而風, 礎潤而雨, 人人知之. 人事之推移, 理勢之相因, 其疎闊而難知, 變化而不可測者, 孰與天地陰陽之事而賢者有不知其故何也? 好惡亂其中, 而利害奪其外也.

昔者, 山巨源見王衍曰:"誤天下蒼生者, 必此人也." 郭汾陽見盧杞曰:"此人得志, 吾子孫無遺類矣." 自今而言之, 其理固有可見者. 以吾觀之, 王衍之爲人, 容貌言語, 固有以欺世而盜名者. 然不忮不求, 與物浮沉, 使晉無惠帝, 僅得中主, 雖衍百千, 何從而亂天下乎! 盧杞之姦, 固足以敗國, 然而不學無文, 容貌不

---

3 之 : 저본에는 없으나 『한중수필』에 의거하여 보충하였다.

足以動人, 言語不足以眩世, 非德宗之鄙暗, 亦何從而用之! 由是言之, 二公之
料二子, 亦容有未必然也.

今有人, 口誦孔老之言, 身履夷齊之行, 收召好名之士・不得志之人, 相與造作言
語, 私立名字, 以爲顏淵・孟軻復出, 而陰賊險狠與人異趣, 是王衍・盧杞合而爲
一人也, 其禍豈可勝言哉! 夫面垢不忘洗, 衣垢不忘澣, 此人之至情也. 今也不然,
衣臣虜之衣, 食犬彘之食, 囚首喪面, 而談詩書, 此豈其情也哉? 凡事之不近人情
者, 鮮不爲大姦慝, 竪刁・易牙・開方是也. 以蓋世之名, 而濟其未形之患, 雖有
願治之主・好賢之相, 猶將擧而用之, 則其爲天下患, 必然而無疑者, 非特二子之
比也. 孫子曰: "善用兵者, 無赫赫之功." 使斯人而不用也, 則吾言爲過, 而斯人有
不遇之嘆, 孰知禍之至於此哉? 不然, 天下將被其禍, 而吾獲知言之名, 悲夫!

6 擬長門賦

原註 司馬長卿「長門賦」, 殆古今絶調也. 心竊艶之, 故試擬作, 而詞費藻繪,
又復委瑣, 不及遠矣.

有佳人之閑居兮, 交丹桂之華植. 滋榮華之未衰兮, 中春景之委棄. 悟恩倖之若
月兮, 忽東滿而西殘. 嘯兒婦之薄愬兮, 積成戾之如山. 何天德之寬弘兮, 曾不
一笑而憐其愚. 嫌蘭茞之薄質兮, 不足充於懽娛. 恃藕絲之柔紉兮, 日永繫夫君
心. 悼前志之繆戾兮, 豈覆盃之復斟. 窅專精而嚮君兮, 情繾綣而不遷. 魂勞勞
而長御兮, 形幽閴而獨存. 思方周而更始兮, 繽亂緒之不可尋. 神冥冥而怳惚
兮, 晝若宵之沈沈. 登蘭臺而周覽兮, 心流離而飛揚. 貯幽悒而相物兮, 極蕭條
兮無顏光. 雲霮霮而將雨兮, 風颺颺而揚塵. 衆木薈而翳景兮, 禽鳥哀鳴而感
人. 悄傷骨而悽神兮, 忽若行乎幽谷. 望未央之極天兮, 風飄下兮仙樂. 艶蛾眉
之當御兮, 像想君之極樂. 返曲房而自修兮, 沐蘭澤之芳芬. 服流黃而佩明月
兮, 膩翠翹之若雲. 懷疇昔之餘渥兮, 冀龍駕之幸臨. 循禮防而習詩兮, 潔齋俟
兮歲月深. 魂若夢之掩⁴藹兮, 悅玉音之臚傳. 躧履起而奉迎兮, 誑鳥號於林顚.

4 掩: 『한중수필』에는 '唵'으로 되어 있다.

竚盤桓而望絶兮, 涕瀏灑而盈裳. 悲蟲號而怛人兮, 風冷冷兮夜正長. 攬明月之
晶光兮, 照丹心之昭昭. 拂塵翳而理琴兮, 中矯厲以變操. 寫中情之結懷兮, 託
流風而奏君傍. 聲激烈而不和兮, 氣鬱結而增傷. 征鴻啾而叫侶兮, 夜凄凄其欲
霜. 銀漢廻於宮樹兮, 觀衆星之寒芒. 酌金醴而忘御兮, 却錦衾而不寢. 數愆尤
而自悼兮, 獨展轉於丙枕. 攬衣起而彷徨兮, 若有求而逮明. 荷凋榮於曲沼兮,
菊舒芳於山庭. 覽節物而自失兮, 痛繁華之迭更. 骨化形銷而情不可斷兮, 願續
緣於來生.

7 擬王介甫推命對

吳里處士有善推命, 知人之貴賤禍福若符契也. 或勸余問之, 余辭焉. 他日復以
請, 余對曰:
夫賢不肖者, 吾所自知也; 貴與賤者, 時也, 問之何爲? 果吾不賢歟, 貧與賤, 固
其所也. 其或富貴焉者, 殃也, 非福也. 非有顚沛之禍, 則遭戮辱之醜耳, 亦何願
而問焉? 果吾賢歟, 卿相之位・萬鍾之祿, 分所固有也. 其或貧與賤者, 時不遇
也. 吾之才力, 亦可以儌機蹈隙以取一時之富貴, 而吾醜之而不爲也. 其富貴,
吾自有之; 而貧賤, 吾自安之耳. 皆自吾爲之, 又何問焉?
夫賢不肖者, 在吾而可力者也; 時者, 在彼而無可奈何者也. 吾知勉夫在吾者耳,
在彼者, 吾何預知乎哉? 吾一怪夫世之人不思勉其在吾者, 而顧好問其在彼者.
是猶[5]農夫不耕而望穫, 商賈無貨而求價, 其何以有得哉? 假令幸而得之, 乃吾所
謂殃也, 非福也. 是故君子其得之與不得, 在吾者, 固如一也, 可樂者, 固如一也.
自足乎內而未嘗有外慕焉, 又何屑屑然推命者之是問?

評語 高出介甫幾十等.

---

5 猶: 저본에는 없으나 『한중수필』에 의거하여 보충하였다.

8 病中無聊戲改蘇老泉上田樞密書

天之生聖賢, 何其濶也? 曰愛而斳之, 非天之仁也, 盖天之所不能數也. 其精靈純淑之氣, 必磅礡蓄積, 然後發而爲人, 千百年而乃一遂, 其難也如此, 則其不偶然也明矣. 我幸而得之, 天之所以任責焉者至勤, 而我置之而不求用焉, 命曰棄天; 自卑以求倖, 自貶以希世, 天付之重而自輕如此, 命曰褻天, 是二者, 罪之在我也. 天之生斯人也, 非偶然也, 將以用之而善世也, 抑之而不用, 命曰逆天, 逆天者, 用人者之罪也.

譬如商賈者有萬金之貨而不以時沽, 卒致腐毁於藏中, 棄天者是已; 不自愛而賤售之, 使璞玉與瓦礫同賈, 褻天者是已; 抑之使不得售, 終以毁棄, 逆天者是已. 棄天・褻天, 我之自毁也; 逆天, 毁人也, 罪之輕重, 可知也.

昔孔孟之以禮進退, 不枉尺而直尋, 不回道而求福, 不敢褻天也. 道之不行, 已知之矣, 而不遑寧處, 歷聘而不已者, 不敢棄天也. 吾無得罪於天而能事畢矣, 若夫不我用而貧窮以死者, 非我之罪也, 吾將奈何哉? 盖聖賢之用心, 如斯而已矣. 獨怪夫當時列國之君, 敢於逆天而不畏夫罪也. 誠令孔孟一得當世之用, 天下之赤子, 莫不蒙其澤; 百世之君王, 皆得取以爲法. 天之生之也, 如彼其難也; 任之也, 如此其重也, 有國者抑之而不用, 不免於窮困以死, 使天下之赤子, 不得蒙其澤, 百世之君王, 無所取法. 嗚呼! 其不仁極矣!

今洵之不肖, 何敢自比於聖賢? 然亦有所自疑而不釋也. 洵用力於文學久矣, 其心豁然若有契也, 其精融然若有會也. 方其致思, 若或起之; 發而筆之於書也, 若或相之. 不自知其可以用於今而傳於後與否, 亦豈無一言之幾於道者乎? 夫天下之人, 孰不欲一言之幾乎道, 而卒不可得也. 王公之貴・猗陶之富, 其力足以生殺貧富人, 然求一言之幾乎道, 而終身不得也. 舉天下而欲之而不能得, 富貴有力者求之而不能得, 而獨在乎己, 或者其不偶然也. 嘗論以爲學士迂濶而不切於事情, 幹吏譎詭而不達於大道, 兼有而不失者, 其唯賈生乎! 惜乎! 今之世, 未見其人也.

曩者見執事於益州, 其時之文, 淺狹不足觀, 數年來, 退居山野, 得以大肆其力於文章, 投之所向, 無不如意. 今日之文, 非前日之文也. 執事之名滿天下, 天

下之士, 用與不用在執事. 敢以所爲策二道曰「審勢」·「審敵」及「權書」十篇爲
獻, 平生之文, 遠不可多致. 有「洪範論」·「史論」十篇, 近以獻歐陽公, 計執事
與之朝夕相從, 議天下之事, 則其文亦庶乎得陳於前矣. 見其文, 可以得其中之
所存也.

洵有山田一頃, 足以供饘粥; 所學聖人之道, 足以自老. 洵雖不肖, 終不以貧窮
飢寒之故而搖尾以乞憐也. 唯其天之所不偶然者, 不敢藝且棄以速罪也. 若其
用之與否, 洵之所不敢知也.

文如平沙漫流, 未有擊石風濤之洶涌, 而澄澈淵深, 紆徐委曲, 自有無窮
之奇變, 此乃文章之最難者也.

참고 소명윤(蘇明允) 원작 「상전추밀서(上田樞密書)」

天之所以與我者, 夫豈偶然哉. 堯不得以與丹朱, 舜不得以與商均, 而瞽瞍不得
奪諸舜, 發於其心, 出於其言, 見於其事, 確乎其不可易也. 聖人不得以與人, 父
不得奪諸其子, 於此見天之所以與我者, 不偶然也. 夫其所以與我者, 必有以用
我也, 我知之, 不得行之, 不以告人, 天固用之, 我實置之, 其名曰棄天, 自卑以
求幸其言, 自小以求用其道, 天之所以與我者何如, 而我如此也, 其名曰藝天,
棄天我之罪也, 藝天亦我之罪也, 不棄不藝而人不我用, 不我用之罪也, 其名曰
逆天. 然則棄天藝天者, 其責在我, 逆天者, 其責在人, 在我者, 吾將盡吾力之所
能爲者, 以塞夫天之所以與我之意, 而求免夫天下後世之譏, 在人者, 吾何知焉.
吾求免夫一身之責之不暇, 而暇爲人憂乎哉. 孔子孟軻之不遇, 老於道途, 而不
倦不慍不怍不沮者, 夫固知夫責之所在也. 衛靈魯哀齊宣梁惠之徒, 不足相與以
有爲也, 我亦知之矣, 抑將盡吾心焉耳, 吾心之不盡, 吾恐天下後世無以責夫衛
靈魯哀齊宣梁惠之徒, 而彼亦將有以辭其責也, 然則孔子孟軻之目, 將不瞑於地
下矣. 夫聖人賢人之用心也, 固如此, 如此而生, 如此而死, 如此而貧賤, 如此而
富貴, 升而爲天, 沈而爲淵, 流而爲川, 止而爲山, 彼不預吾事, 吾事畢矣. 竊怪
夫後之賢人, 不能自處其身也, 飢寒窮困之不勝而號於人, 嗚呼, 使吾誠死於飢
寒困窮耶, 則天下後世之責, 將必有在, 彼其身之責, 不自任以爲憂, 而我取而
加之吾身, 不亦過乎. 今洵之不肖, 何敢亦自列於聖賢, 然其心, 有所甚不自輕
者, 何則. 天下之學者, 孰不欲一蹴而造聖人之域, 然及其不成也, 求一言之幾
乎道, 而不可得也, 千金之子, 可以貧人, 可以富人, 非天之所與, 雖以貧人富人

之權, 求一言之幾乎道, 不可得也, 天子之宰相, 可以生人, 可以殺人, 非天之所
與, 雖以生人殺人之權, 求一言之幾乎道, 不可得也. 今洵用力於聖人賢人之術,
亦已久矣. 其言語其文章, 雖不識其果可以有用於今而傳於後與否, 獨怪夫得之
之不勞, 方其致思於心也, 若或起之, 得之心而書之紙也, 若或相之, 夫豈無一
言之幾於道者乎. 千金之子, 天子之宰相, 求而不得者, 一旦在己. 故其心得以
自負, 或者天其亦有以與我也. 曩者見執事於益州, 當時之文, 淺狹可笑. 飢寒
窮困, 亂其心, 而聲律記問, 又從而破壞其體, 不足觀也已, 數年來, 退居山野,
自分永棄, 與世俗日疏闊. 得以大肆其力於文章, 詩人之優游, 騷人之清深, 孟
韓之溫醇, 遷固之雄剛, 孫吳之簡切, 投之所向, 無不如意. 嘗試以爲董生, 得聖
人之經, 其失也流而爲迂, 鼂錯得聖人之權, 其失也流而爲詐, 有二子之才而不
流者, 其惟賈生乎. 惜乎, 今之世, 愚未見其人也. 作策二道曰, 審勢審敵, 作書
十篇曰, 權書, 洵有山田一頃, 非凶歲, 可以無飢, 力耕而節用, 亦足以自老, 不
肖之身, 不足惜, 而天之所與者, 不忍棄, 且不敢褻也. 執事之名, 滿天下, 天下
之士, 用與不用, 在執事. 故敢以所謂策二道, 權書十篇, 爲獻. 平生之文, 遠不
可多致, 有洪範論史論十篇, 近以獻內翰歐陽公, 度執事與之朝夕相從, 議天下
之事, 則斯文也其亦庶乎得陳於前矣. 若夫言之可用, 與其身之可貴與否者, 執
事事也, 執事責也, 於洵何有哉.

9 余愛王半山讀孟嘗君傳文簡而折緊, 戲擬之而效

孟嘗君以鷄鳴狗盜之力, 脫於不測之秦.

鷄鳴狗盜, 士之所羞也.

然孟嘗君養士, 多者至三千, 然卒其收功, 皆莫及於鷄鳴狗盜.

三千士之技暑, 豈盡出於鷄鳴狗盜之下哉!

由其市道進退者, 不若鷄鳴狗盜之效力於患難之際也.

然則士之節義, 反不如鷄鳴狗盜者歟!

蓋其所以待士者, 班之於鷄鳴狗盜, 此乃所以鷄鳴狗盜之感恩而士之不服也.

誠令三千之士, 莫不感奮, 則寧爲鷄鳴狗盜之功而止哉!

評語 凡七轉折, 九着鷄鳴狗盜字, 而不覺煩委.

前篇頗長, 故復作一首

孟嘗君能使鷄鳴狗盜之賤, 效其薄技, 而不能令三千之士, 建立殊績, 可謂能盡
人才, 不可謂能得士. 由能盡人才而不得士者益彰, 由不得士而鷄狗之功益著,
鷄狗之擅其功而信乎其不得士也.

> **評語** 凡七十六字, 可謂能作廣宮大圍於毫芒之內.

> **참고** 왕안석 원작 「독맹상군전(讀孟嘗君傳)」
>
> 世皆稱孟嘗君能得士, 士以故歸之, 而卒賴其力, 以脫於虎豹之秦. 嗟乎, 孟嘗
> 君特鷄鳴狗盜之雄耳, 豈足以言得士? 不然, 擅齊之强, 得一士焉, 宜可以南面
> 而制秦, 尚何取鷄鳴狗盜之力哉? 夫鷄鳴狗盜之出其門, 此士之所以不至也.

11 **擬曾南豊宜黃縣學記**

古之學者, 與今之學者, 形同而實異; 今之士者, 與古之士者, 貌似而迹殊. 古之
人生子, 自其嬰孩, 養之以正, 邪色淫聲 · 鄙悖暴戾之事, 不接于耳目; 詭僻虛
謾 · 苟且姑息之行, 不設於身體; 放肆怠惰之氣, 不習於容貌; 忮克偏私之意, 不
長乎心術.

及其有知識, 隨而敎之以人事. 灑掃播灑, 應對進退, 敎之事長; 男女不同器, 不
共席, 敎之有別; 出入飮食, 必後長者, 不敢掩人以自是也, 敎之讓; 夙興夜寐,
賦課程工, 敎之勤; 有所不爲, 敎之廉恥; 有所不取, 敎之義.

旣其就師也, 敎之曲禮, 使之通達人情, 而明乎物理, 敎之禮, 使知親親尊賢之等
殺, 敎之樂, 使之辨而能群, 敎之書史, 使知先王之謨訓政法 · 往古之得失, 敎之
文辭, 以達其意, 敎之數度律令, 以廣其治, 敎之射御韜鈐, 以備緩急, 敎之易象
洪範, 以究天人之道 · 禍福之故, 敎之律曆 · 象數 · 星相 · 醫卜, 以周其藝.

凡其所學, 皆切實於事物之情, 可擧而措也. 其不在安身 · 利用 · 濟物 · 治人之
道者, 未嘗經意焉. 其大要以忠恕中庸爲體, 而以言行事業爲用. 夫修己治人,
安身保民, 非二道也.

是故, 學之必可知也, 知之必可言也, 言之必可行也, 行之必可效也, 非苟爲虛文也. 天下之士, 隨其材而成就焉, 皆可以列於廊廟, 任之政事. 在身而身修, 居家而家齊, 得國而國治, 爲天下而天下平. 三代之所以治隆而俗美者, 本之於此也.

凡今之所以敎養者, 則一反於是. 幼而暴而縱之, 長而驕而惰之. 其父兄師長之所勉勸, 朋友之所講習, 不越乎章句箋注之異同·儀章名物之多少·拜跪登降之次序·詞華聲律之程式而已. 其所謂大儒名士者, 運思於天地形聲之外, 高論於事物利害之表, 揮翰如風雨, 馳辯如波濤, 據案顧眄, 自以爲天下之上也. 然實不能辨粟豆之大小, 不知一二三四之多寡, 問之人情事理, 則昧昧焉落落焉. 負重致遠, 曾不若羸牸; 知時守禦, 曾不若鷄狗; 就利避害, 曾不若蟲豸; 好榮惡悴, 曾不若草木. 背天理, 外人情, 而出於無用, 偸竊虛名於闇俗, 而日趍於禍敗, 自以爲得計, 而不知覺悟. 嗚呼! 其喪性極矣, 甚矣! 學之不足以成就人材, 而反以毀壞之也. 後世之治理不著而亂亡相屬者, 凡以是也.

古之博學者, 多識於天時人事倚伏變化之理; 今之博學者, 强記乎稗官小說虛誕荒怪之文. 古之賢能者, 考其功德; 今之賢能者, 取以名辯. 古之力行者, 在乎事業; 今之力行者, 疲於諷誦. 古之知之者, 謂其能行; 今之知之者, 謂其能言. 古之論事者, 據實而正名; 今之論事者, 去實而取文. 古之善惡者, 驗其成敗; 今之善惡者, 不論興亡. 古之言行者, 相顧而不過; 今之言行者, 戾而不準. 嗚呼! 以今之學, 求同於古之士, 是猶北行而之楚也; 以今之士, 欲致夫先王之隆, 是猶炊沙而成飯也.

或者以爲古今之人材不同, 非專學之罪也, 是非知言也. 置凡天地日月星辰, 山川草木, 禽獸魚鼈昆蟲, 今不減於古, 豈惟人而獨不及耶? 今有同田而種粟者, 其耕耘易治也, 一蓋盡其術, 一蓋失其法, 見其實之美惡懸殊, 則曰: "粟之種不同也", 非粟之種不同也, 其術之異也. 夫不悟學術之不同, 而諉之於人材之不及者, 其何以異此哉?

撫州之宜黃, 舊未有學. 皇祐元年, 李君詳來令玆邑, 以爲爲政之本, 莫先乎敎化, 敎化之本, 莫先乎學. 於是鳩材釀金, 刱立學宮, 書籍備焉, 聚縣之秀而講習之. 且來請于余, 余因爲道: "夫古今學術之不同, 欲使天下之學者, 去今而反古,自宜黽始. 若乃循習汨没, 迄無實蹟, 雖曰學矣, 吾必謂之不學矣."

評語 匪訾其人, 乃訾其學也. 言雖痛切, 而無傷也.

12 擬王半山原過

古之人, 不責人之無過而大改過.

人未有生而長大, 生而壯建, 生而能日趀百里, 力勝千匀者也; 人未有生而聖, 生而能言, 生而周知天下之事‧萬物之情者也. 必須漸養之而漸長之然後大, 屢悟之而屢改之然後聖. 大不在初, 由漸養之而漸長之也; 聖不在初, 由屢悟之而屢改之也. 人固有可大之理‧可聖之性, 而不知養而長之, 悟而改之, 其亦終不可得矣.

今有人始爲不善, 而能知改悔, 旣復於善矣. 從而證之曰: "是向之云爾, 今焉矯也, 非其本心也." 是亦旣已大矣而曰: "吾見其初之赤而胎毛, 黃口而嘷, 今而日趀百里, 力勝千匀, 非其天也." 旣已聖矣而曰: "吾見其始之蒙然而昏, 五官不分, 今而周知天下之事‧萬物之情, 非其性也."

夫大者人之成形也, 聖者人之成德也. 其始與初之云者, 乃其未成耳. 誠不宜據而目之也. 傳曰: "人誰無過? 過而能改, 善莫大焉." 惟其數敗而不悟, 悟而不悔, 悔而不絶者, 末如之何也. 謂之而不懲, 懲而不改, 改而復行者, 末如之何也. 行年四十而不悟, 五十而不改者, 其亦終於過而已也.

評語 亦是絶品文字, 但欠鋒稜稍露.

13 擬諫楚獄書

漢明帝永平十三年, 或告楚王英信方士, 齋醮祀, 造作圖書[6]金龜玉刻, 與王平‧顔忠等謀反. 帝大怒, 廢英, 徒丹楊, 自使吏案治忠‧平, 連引列侯以下數千人. 帝性素褊急苛察, 重震怒, 諸所入者, 槪不得出, 而廷臣悚懼, 無敢明其寃, 置獄踰年, 株蔓不已.

尙書郞藥崧侍, 從容爲帝言: "天地生育之理, 萬物之所以蕃息, 人道禍福之致, 人君御世以德爲本, 而次及於刑法." 遂問曰: "先王之刑如何?" 崧乃言曰: "先王之刑, 大意求生, 非求殺也. 有爲姦惡以害民, 上之德化沮遏而不流, 設刑以防之. 刑者, 德之用也. 本欲福民, 非以爲上立威而殘下也. 在『易』噬嗑, 治獄之道也. 其初辭曰: '屨校滅趾', 當罪過未深, 痛絶其端, 使不得行也. 事雖大, 而情輕止而不行者, 減宥之, 事雖小, 而情重復行而不止者, 嚴繩之. 或上服, 或下服, 職於其不得行而已.

其終曰: '何校滅耳', 刑及於見聞, 而不及於不見不聞. 衆所見聞, 而失出縱之, 則法壞而不懲, 衆所不見聞, 而鍛鍊納之, 則天下疑懼. 是故謹察於形迹, 而不以意索於隱微. 『記』云: '有旨無簡, 不聽.' 形迹者, 衆之所見聞也, 隱微者, 上之意測也. 古者, 刑人於市, 與衆共之. 『孟子』曰: '國人皆曰可殺, 然後殺之', 不稽於衆, 而自出於意, 刑之所由失也.

『春秋』之法, 嚴於端微, 而緩於稔極, 罪小事細, 而終至於大殃者, 人易染化而不悟, 何者? 情之所忽, 而不甚怵也. 罪大惡極, 而衆之所共懟者, 莫不駭然唾罵而却走, 寧有效之哉! 所以『易』·『春秋』, 始終寬嚴之義如一也.

夫謀反大逆, 自有其人, 非刑罰之所能禁, 而亦非常人之所能爲也. 以周厲王之察, 秦二世之酷, 不能止天下之反, 志欲抗上而僥倖於存亡之計者, 豈畏刑罰哉! 峻刑不足以徵反逆, 而適以歐良民, 使其恫怨而從亂. 是故叛逆, 在寬仁之國, 則鮮少而易敗, 在暴殘之世, 則與衆而多成.

『書』云: '殲厥渠魁, 脅從罔治.' 此先王討反之法也. 今以一人之謀反, 而鉤考不已, 及於善士良民, 而莫不脅息疑懼, 人不自保, 安知天下不有異志者, 招而從之乎? 其可得殺者, 皆良善無辜之人也. 其懼罪而懷怨者, 將去而從亂, 是自殘守節之臣, 而樹反逆之鄰也. 臣竊以爲不可." 帝稱善而顔有變色.

---

6 書: 저본에는 '瑞'로 되어 있으나 『후한서』, 「초왕유영전(楚王劉英傳)」에 의거하여 바로잡았다.

崧移席而再拜, 復言曰: “在『易』, 豐, 斷獄之道也. 嚴于責怒數戒, 而寬于致刑. 凡有罪過者, 嚴責之, 若將致刑者, 而卒宥之, 則感服而懲畏, 恩威並立. 「酒誥」: ‘武王治殷士之湎酒, 責戒備至曰: 盡執拘,[7] 予其殺, 而終之曰: 勿庸殺之,[8] 姑惟敎之.’ 臣愚不識聖人之意, 然竊以爲陛下之用法, 深於『書』‧『易』之道也. 敢再拜賀.” 帝意悅, 和氣盈於大宅.

明日車駕幸洛陽, 獄理, 出囚徒, 楚事得已. 崧知帝聰明蔽於褊中, 故緩解其中, 而入其聰明, 所以說之易行也. 是爲人臣諫法.

14 封建論擬柳州

古者, 聖人之建極也, 觀法天地, 取象萬物, 本人情, 順事理, 制爲典法, 以垂後世. 非有創自私意, 而設爲智巧也. 是故, 其法更百王而不能易也. 易之必亂. 夫封建之法, 盖自黃帝, 逮乎殷‧周數千年之間, 而雖時有叛亂之國, 若苗‧扈‧姺‧邳‧徐‧奄之屬, 然其務在乎修文德而懷來之, 振武功而能威之而已,[9] 終不遂革而去之者何也? 理有所不可去者也.

生民之初, 未有等位尊卑焉, 有德者出而賴其生養懷惠之, 民爭歸而宗之. 其德能保天下者, 爲之帝王, 殺以下之, 能保一邦焉, 能保一州一縣焉, 爲之州牧侯伯. 功能濟物者, 福慶流於子孫, 德能感人者, 謳歌及於苗裔. 於是, 貴賤之等殺, 而封建之制創焉. 此理之所自然, 而聖人所不能廢也.

禹之時, 洪水汎濫, 中國丘墟, 人之類幾滅, 而無有侯伯者矣. 水土旣平, 遂不夷爲郡縣, 而乃復咸建五長. 漢之時, 主父偃獻「推恩之策」, 而諸侯離削自盡. 聖人之知不下於偃也亦明矣, 其所以不去者, 非力不足‧智不逮也. 夫封建者, 亦天之理也. 仰以觀於天文, 則諸侯列於帝座之側, 俯以察於地理, 則百里土風不

---

7 拘: 저본에는 ‘物’로 되어 있으나 『서경』에 의거하여 바로잡았다.
8 之: 저본에는 없으나 『서경』에 의거하여 보충하였다.
9 而能威之而已: 『한중수필』에는 ‘而威服之而已’로 되어 있다.

원문부 : 의(擬) ● **815**

同, 山川區分. 『易』曰: "先王以建萬國, 親諸侯." 其所以奉天順理者如此矣. 後之欲廢封建而求安者, 私力之不勝天可知已. 其行事理亂, 可據而證也.

封建而治者有之矣. 五帝沿革, 三代損益, 莫不分茅裂土, 星麗碁錯. 當是時也, 諸侯各家其國, 子其民, 助宣王化, 畏罪自重. 其治績之盛, 後世莫及, 實由於封建之制得宜也.

及周之衰, 王室微弱, 不能自立. 然猶晉鄭焉, 依五伯相輔, 外之則以斜慝禦侮, 內之則以藩屛扞衛. 根支扶疎, 本末相持, 危而復安, 亡而復存. 下逮王赧, 降爲庶人, 寶器輸秦, 宮廟爲墟. 海內無主四十餘年, 莫敢據其虛位. 至於始皇, 列國盡亡, 然後乃敢稱帝, 豈非其制之使然也?

秦有天下, 恃其私智, 而闇於天道, 裂國都而爲之郡縣, 廢侯衛而置之守宰, 自以運四海於掌握之內. 萬世無變, 而數年之間, 土崩魚爛, 亡滅而不存, 此制失之效也. 漢興, 懲秦羨周, 瓜分天下, 立子弟, 封功臣, 爲犬牙之勢. 內有諸呂之亂, 則援楚代之重以爲制, 外有吳楚之叛, 則委齊梁之守以爲蔽. 封爵之利, 固不可小也.

封建而亂者有之矣. 周之季世, 政衰道喪, 幽明之績不考, 黜伐之威不振, 有下堂而迎覲者, 有僞烽而紿救兵. 於是乎諸侯棄禮尙利, 勇取憪·强侵弱, 蔑君父之嚴, 大亂橫生, 使秦得騁其狙詐之力, 而充谿壑之慾. 然二代之制嘗同乎周, 而卒無六國之亂. 由此言之, 周之弊由於政而不由於制也.

漢之分封也, 大者連城數十, 銅山鹽海之利, 勁兵負險之地, 皆在侯甸. 習於驕奢, 恃其威權, 一言不中其意, 圜視裂眦, 桀黠相煽, 此尾大不掉之患也. 其失在於制而不在於封建也.

夫五等之制, 如人之具五腸. 生克承制, 循環不窮, 一腸偏盛, 四腸爲之俱病. 善醫者視其盛而貶奪其氣, 使之均平而病自去. 諸侯相呑, 漸以强大, 有偏盛之患. 而不早加貶奪, 轉成痼瘵, 百証交積, 元氣不復, 周之弊然也.

先王之法, 都城不過百雉, 侯方不踰一同, 山林川藪不以爲封, 其地不及郡縣. 勸賞黜陟之實, 便於守宰, 使其勢足以相援而已. 今其制之過, 使天下之權不重於上, 賈生所謂方病大腫是已, 漢之弊然也.

廢封建而置都邑者, 亦有之矣, 秦是也. 始皇據制勝之策, 負崤函之固, 並呑六

雄, 卒成帝業. 其身屬亡, 餘威未殄, 胡亥一爲苛酷, 數月之間, 匹夫呼於澤, 賊
堅橫於朝, 一敗塗地. 雖有子嬰之賢, 不愧於叔孫昭子而已, 不可復全矣.

昔夏有太康, 商有武乙, 周有幽厲, 其餘荒政失道之君, 繼踵接武, 而宗社之重自
若也. 夫胡亥之虐, 未浮於曩時之君也, 疆土之大, 兵甲之衆, 非不若於前代也.
然而卒亡如此者何也? 孤立之勢, 異於夾輔也. 繼秦而制者, 雖百世皆然矣.

是故淳于越以無輔弼之救, 而知秦之必危. 宋昌以盤石之宗, 策漢之難動, 劉向
見宗室之孤弱, 而慮王氏之將興. 曹冏觀子弟之卑賤, 而識當塗之不長. 此皆明
哲達理之士, 先事取驗, 莫不響應符合, 非直偶然而已也. 故考之天道, 稽之先
王之典, 綜其興壞之迹, 質之格人哲士之言, 封建不可革而治也, 斷可見矣.

夫冠珠旒·佩華紱·憑玉几而處乎天下之上,　天下之人莫不俯伏奔走而聽令
焉. 人之居是位者, 幾不爲驕淫虐民也希矣. 先王爲是慮也, 故內置輔弼諫爭之
官, 以交正之, 旣又憂其權輕而難恃也, 外設侯牧方伯之位, 以相維持. 使幽厲
之虐作於內, 則其毒止乎千里之畿, 而臣下得以爭之, 諸侯得以救之; 苗扈之惡
動乎外, 則其禍限乎百里之封, 而天子得以黜之, 方伯得以征之. 使其毒止乎內
而不延乎外, 使其禍限乎封而不越乎境, 其爲慮民也深矣. 故降乎七國, 其弊雖
極, 民亦往往安堵, 未嘗分崩離柝如後世者也.

及至後王, 惡其威權之分, 猜其叛逆之萌, 擧億兆之衆而委之一人之命, 冪萬里
之疆而載之一版之籍, 惡萌於方寸之間而萬夫受其殃, 政失於堦序之際, 而九有
偕其亡. 旣無藩翰之救, 而輔相之力不足以獨正, 至於淪胥乃已. 嗚呼! 其憯矣!

君子升而小人沈, 理之本也. 然而無道之極, 恒反乎是. 先王疆理天下, 麗爲萬
國, 然後天下之德不在天子, 則在乎諸侯. 凡民之秀, 不登於王朝, 則用於侯邦,
民得背暴向仁, 隨德遷徙.[10] 當桀紂之虐, 湯武聖德代興, 伊呂之倫, 並爲宰衡,
撥亂反正, 而拯天下於塗炭之中. 夫不幸子孫之有桀紂, 而冀幸湯武之匡救者,
此亦禹湯之本意也. 聖人因天理之至公而立法, 不以天下爲私物, 故有德則進
爲天子, 無德則退不失爲諸侯, 蓋未有覆宗絶祀, 如後世變革之爲者也.

---

10 徙: 저본에는 '徒'로 되어 있으나 『한중수필』에 의거하여 바로잡았다.

逮乎戰國, 陵夷極矣. 然猶五伯之君, 相繼修政, 而善隣恤民, 管仲·晏嬰·趙
武·公孫僑之屬, 皆爲國器, 仲尼·孟軻七十子之徒, 其身雖窮, 猶得抗禮千乘,
當賓師之位, 而顯明仁義, 黎民賴之. 及至後世, 士之遇昏朝者, 巖穴而已矣. 時
有聖賢生其間, 皆伏¹¹而不見, 民窮於虐政而無所告訴, 則糜亂潰決, 化爲群盜,
更相攻劫, 天下之人, 幾至無類者數矣. 秦漢以來, 亂亡之源, 皆由於是也.
先王之計, 公於天下, 不圖利於身而利自至, 不求福於子孫而福自來. 後王之計,
私於一己圖利而求福矣, 終以不得, 而大抵滅絶愈暴矣. 故理安之術, 莫要於封
建, 封建之制, 莫善於三代. 夫封建之制無他, 牧史守令而久任繼襲是已. 久任
則志定而不苟, 繼襲則業專而必精, 斯其所以爲理也. 今夫先王之所爲教者, 皆
行之矣. 君臣父子之倫序矣, 禮樂刑賞之典舉矣, 耕種工商之利悉矣, 其他所以
養生防患之具, 無不畢張. 豈其百世之間爲之君臣者, 槪無願治? 而其治理莫近
乎古者, 封建之制廢也. 苟復其制, 而先王之理, 可期而致也.

> **評語** 此如環上雕龍, 極力蜿蜒而首尾相接. 此篇可取以爲王者法. ○義正詞
> 雄, 豈不高柳州乎?

15 諫昌陵書

> **原註** 擬劉向. 曾子曰: "愼終追遠, 民德歸厚矣."

臣聞, 愛其親者, 不以恩越禮, 重其身者, 不以慾敗度, 越禮敗度而不亂者, 未之
有也.
終生, 人之大變, 而送葬, 禮之所愼也.
人死則魂魄離散, 而其尸獨留, 冥然無復省覺. 雖狐狸噉其肉, 土蟻親其膚, 而
無所損, 雖爲衣衾棺槨之具, 哭泣薦享之節, 而無所益.
顧孝子之心, 不忍恝焉, 聖人因其情而爲之葬埋祭祀之制. 所以長其恩愛之心,

---

11 伏: 저본에는 '伕'으로 되어 있으나 『한중수필』에 의거하여 바로잡았다.

而惇風化俗, 使民知亡者之亦厚, 而存者之不可薄也. 故葬祭之禮, 非爲其善死也, 本爲養生設也. 盡情厚生, 禮之至也.

不及者謂之儉. 儉而不已, 至於暴骸裸尸而傷其情. 過者謂之奢. 奢而不已, 至於費工殄物, 而害其生. 害其生者, 非禮之本也. 故孔子有寧儉寧戚之訓, 速貧速朽之譏. 蓋不欲以其所用[12]養人反害之也. 是故, 葬祭之禮, 寧失於薄, 而不失之於厚也.

堯葬濟陰, 豪木爲棺, 葛藟爲緘, 穿不及泉, 掩不泄臭. 禹葬會稽, 斂而葦棺, 不改其列. 夫以舜 · 啓爲臣子, 而容有薄於君親也哉? 誠以便於禮也. 及周之興, 儀文[13]大備, 然後有封隧兆域, 而其制簡易, 遣車明器之屬, 具而不全, 誠是盡其送死之道, 而不欲害其養生之用也.

華元始厚葬宋文公, 君子謂之不臣. 秦始皇彈天下之力而作驪山, 二世承之而不改, 卒亡秦族, 而數年之間, 前被亂兵掘, 後遭牧竪之焚. 若始皇者, 可謂不重其身, 而若胡亥者, 亦可謂不愛其親者矣.

夫葬之薄者, 莫如堯, 厚者, 莫如秦, 其得失禍福, 竟何如也? 孝文帝超然遠覽, 深達大體, 納賈生釋之之言, 薄葬不起山墳, 器用陶瓦. 非矯爲儉約也, 誠有以參酌情禮, 合於聖王之度, 而子孫後王之所宜法也.

陛下卽位, 躬親節儉, 始營初陵, 制度約小, 臣以爲文帝之美, 必復見於陛下矣. 及徙昌陵, 增卑爲高, 積土爲山, 發民墳墓, 積以萬數, 營起邑居, 功費大[14]萬百餘. 生者愁於上, 死者恨乎下, 怨氣感動, 陰陽致沴, 饑饉荐至, 物故流離, 禍溢天下. 臣極知陛下明達, 必不剝割生靈, 耗費財力, 以爲萬世無益之奉也. 其所以爲此者, 特不忍奪孝子之心, 務盡其情. 然而臣恐後之議者, 將與亡秦同日而道也.

且葬祭者, 生人之情, 而臣子之事耳, 非所以自爲也. 自爲, 則是見生人之無恩, 而明臣子之無戚也, 此非制禮惇化之義也. 今雖不能躬行儉約, 以帥先天下, 豈

---

12 所用: 저본에는 '用所'로 되어 있으나 『한중수필』에 의거하여 바로잡았다.
13 文: 저본에는 '丈'으로 되어 있으나 『한중수필』에 의거하여 바로잡았다.
14 大: 저본에는 '六'으로 되어 있으나 『한서』, 「유향전(劉向傳)」에 의거하여 바로잡았다.

可更敗先王之禮, 違聖祖之則, 而下尋覆轍之迹, 以爲天下悲笑也?

伏願陛下, 遠察古禮, 近法祖訓, 以亡秦爲戒, 則福祿無窮, 而民俗歸厚矣.

16 晋文公問守原論 擬柳州

晋文公問守原於寺人勃鞮, 而得趙衰. 衰晋之賢大夫也. 議者以爲文公固失問, 而得衰故不敗. 吾則以爲得衰, 滋所以敗也.

夫守原, 晋國之大政也; 官人, 人主之大權也; 進賢, 宰相之大職也. 乃以刀鉅之餘, 一擧而辦三大, 其亦無人乎晋君之國矣. 向使勃鞮擧非其人, 此其害多而喪原, 雖喪原, 晋文之霸, 固自如也, 是未足爲失也. 今一擧而辦三大, 賊賢禍國之端, 必自玆始矣.

夫天下之患, 不在於違法而敗, 而常在於反道而贏, 何也? 違法而敗, 則人皆明知其非, 而絶無復爲者矣. 反道而贏, 則貪昏僥倖之人, 必有繼踵接武者矣. 故其禍猶深也.

晋文之官人, 不以咎之狐偃·胥臣外庭之賢, 而以謀於虧形之隷, 其爲反道, 甚矣. 及至所引薦, 得其當, 反有愈問於狐·胥外庭之士之反覆審度而僅乃得之者. 人主之狃信窐官者, 雖在英明, 猶懼或效之, 況其下之庸闇者邪?

古者, 窐官宮掖關通之隷, 永巷掃除之徒耳, 褊性鄙習, 公正絶小, 而陰私實多. 又與人主褻狎, 易以奸邪乘其間, 故先王未嘗參以國事, 所以慮患深矣. 及至齊桓始用三竪, 卒致大亂, 使文再用, 而又喪邑, 則天下後世之君, 知窐官之不足任, 必敗矣. 不幸用之而有功, 天下後世之君, 欲任窐竪以政柄者, 必引而爲證, 使後世闇竪之禍, 結而不解者, 自文啓之也.

吾意趙高十常侍之亂, 當起於晋景厲之間. 而不然者, 特僥倖耳. 夫以晋文之賢, 事一關於窐竪, 小者喪邑, 大者啓禍, 又況後世之昏眊, 尙不及文而顧師父之哉? 如之何其不亂而亡也?

17 進建文平燕策

原註 建文立, 患諸王尊屬擁兵勢逼. 齊·黃建議詔諸王毋奔喪, 其吏民悉聽朝制, 親王有罪, 國輒除之. 又遣張昺·謝貴等, 伺察燕府. 燕王知之, 益得以爲計, 誘禽昺·貴, 遂發兵叛.

建文之元年, 燕王擧兵反, 號曰靖難. 攻陷九門, 北擊長興耿炳文殺之, 遂引兵南侵. 兵部尙書齊泰·太常卿黃子澄, 奏黜爵削籍, 任李景隆奉辭討之. 且曰: "此正名也." 於是衡山處士郁郅子者, 徵至京, 館韓御史所, 聞之, 乃乘間請見曰: 臣聞, 燕王擧兵反, 而議者持之甚急. 竊懼陛下之失計, 不敢不見. 夫燕王, 先帝之愛子, 陛下之尊屬也, 而今者阻兵稱亂, 此乃綱常之大變也. 不與尋常叛逆者同科, 直發兵誅之耳. 必須曲爲調劑而審處之, 乃可以得宜, 不當重爲端緒也. 臣請先言吳楚七國之事, 徐及燕故, 陛下留意.

漢之諸王, 皆國富地大, 怙寵生貴, 其勢易以驕怨. 然文帝處之以禮訓, 藉之以恩德, 君臣終得保無他. 及景帝卽位, 細人鼂錯, 不識大體, 而專用智數, 侵刻諸王, 黜削郡縣, 使上下猜懼而各懷反叛之心, 是驅之使爲亂也. 向令景帝不失太宗之寬仁, 吳楚之禍故不至此. 且當時素蓄叛謀者, 獨吳耳. 藉其反相禍心, 終不可以恩義維持, 一旦竊發, 自餘諸國, 豈復樂爲逆亂之鄕而蹈不測之危, 欲何求邪? 故七國之亂, 實由於錯之激成之也. 臣嘗論以爲東市之誅, 未爲濫也, 特不當以袁絲之計耳.

今陛下富於春秋, 卽位日淺. 齊泰·黃子澄受遺輔政, 不能以德義勉陛下, 親附諸侯, 綏安反側.[15] 顧褊急忌刻, 以城旦從事, 數月之間, 誅罰五王, 夷其都而絶其嗣. 又置人燕府, 陰伺其過差, 而輒以符書詰責燕王, 旣懲母弟之禍, 積成疑懼, 遂發怒擧兵. 使陛下不能以天下容一叔, 慘禍起於骨肉者, 泰·子澄是也. 鼂錯之罪, 不至於斯.

燕王先帝之愛子, 而陛下之尊屬也. 素貴倨, 加以英爽雄悍, 酷類先帝, 自負其

---

15 側 : 저본에는 '測'으로 되어 있으나 문맥을 고려하여 바로잡았다.

能而有過望者, 爲日久矣. 徒以朝廷無釁, 故不得發耳. 今泰‧子澄, 累陛下以殘酷親王之名, 使燕王得以有辭, 以用其將士.

先帝之誅藍玉也, 窮其鄰與二萬人, 無一免者. 燕之將士, 懲於見聞, 自知必死. 燕勝國之遺事而勁兵之所處也. 其民皆驍果習戰, 夫以雄悍之主, 任必死之將, 提善戰之兵, 而以除惡爲名, 忿厲咆勃, 鋒不可當也. 陛下富於春秋, 而卽位日淺, 百姓未附. 先祖之舊臣宿將皆盡, 而所任用者, 率皆綺紈子弟, 未常習事, 臣恐兵勢一交, 將有卵石之危也.

顧今朝廷晏然不以爲意, 乃欲奪爵削籍, 聲罪致討. 此如以油救火, 愈激其氣而益其怒也, 臣竊憂之. 今天下之存亡, 在於一擲. 獨可斬泰‧子澄之首, 以馳謝燕王, 且下詔赦之曰: "兒之所以得罪於叔父, 至以鋒刃相向者, 皆非叔父與兒之故也. 實因奸臣交搆中間, 漸成嫌隙. 兒年幼不察, 使叔父勞兵事, 謹斬泰‧子澄之首, 以謝叔父, 且請罪焉. 叔父其亦殺張玉‧朱能‧姚廣孝‧郭資, 以泄兒怨. 今自叔父已下, 下至軍民, 俱釋前事, 與之更始, 所不敢赦者, 惟四賊耳. 叔父先帝之賢子, 兒先帝之屢孫, 以天下讓叔父, 何所不可? 今兒誠不忍父子有爭國名, 叔父苟欲爲矣, 兒將遜焉. 惟叔父命之."

如此則燕王失其所以爲名, 而厲氣頓消, 其將卒喜於得生. 且自知理曲而心懷慚恧, 此所謂不戰而屈人之兵也. 燕王若自知逆順, 卽獻四賊之首而釋兵歸藩, 陛下待之如初可也. 若雖罷兵, 而擁護四賊, 不卽歸誅, 陛下徐遣大兵取之. 燕王終不能以四賊之故, 而抗天子之師. 雖欲抗焉, 其下將不用命矣. 夫四賊者, 燕王之羽翼, 若其不除, 亂未已也. 其旣除矣, 燕王其誰與爲亂? 陛下可以無患矣. 若其悍然無理, 恬亂不戢, 下勅北方諸帥[16]鐵鉉‧平安之屬, 各令撫卒繕城, 閉門固守, 燕師來攻, 凡乘利逐北, 勿過城外三百步而止. 悉選天下精兵, 遣將分守要衝,[17] 形勢相援, 凡乘利逐北, 勿過營外九百步而止. 違者俱以法論.

生得燕兵, 皆厚賜以歸之, 且布告曰: "用兵於骨肉之間, 愈勝愈酷. 漢景之深入

---

16 帥: 저본에는 '師'로 되어 있으나 『한중수필』에 의거하여 바로잡았다.
17 衝: 저본에는 '衡'으로 되어 있으나 『한중수필』에 의거하여 바로잡았다.

多殺, 梁元之自極兵威, 朕甚不取. 諸將其謹守城堡而已, 毋要首功. 惟獲張玉等四賊者, 賞以文幣三百・寶鈔萬錠, 封候. 自燕王以下, 下至軍吏, 朕前已有赦令, 但能悔罪自新, 俱待之有加."

復數以璽書慰諭燕王. 如此則燕兵欲戰不獲, 功城不克, 久勞無功. 必且怨望內亂, 而我師積怒蓄銳, 勇氣百倍. 燕王終不自悛, 然後誓衆一奮, 燕不足破也. 此兵法'怒我怠寇'之術, 『春秋』'治亂誅郯'之法也.

然赦詔至燕, 燕且不信, 請伸五王之冤, 存者復國而亡者立祠. 並釋以燕故得罪者, 復其官, 賜燕將吏以上爵二級, 其有欲入仕中朝者, 授三品職, 賜京第. 其能導王以正者, 賜爵賞, 可以固其心, 乃可爲也. 陛下誠用臣言, 終始不失恩厚而社稷無危. 若愛二臣之首, 猶豫未決, 將負不義之名而禍不可測也. 願陛下亟斷, 勿以宗社而輕二臣.

建文懦弱, 竟不能用. 後四年燕兵入金川門, 建文自焚死, 郁郇子隱去, 不知所終.

余讀『明史』, 深慨建文之失策, 發憤作此文. 初云'處士舘練子寧所', 明日又讀至御史韓郁上書言事, 偶余所托處士同名, 亦一異事也. 因改練子寧爲韓御史. 郁之疏曰:

"諸王[18]太祖之子, 康皇帝之兄弟, 陛下之叔父. 二帝在天之靈, 見弟與子遭殘戮, 其心安乎? 堅儒褊見疑忌太甚, 周王廢, 湘王自焚, 代王囚, 齊王又見告, 是激之使反也. 骨肉尚不自保, 人誰親陛下者? 今燕王舉兵兩月矣. 前後調兵餘五十萬而不獲一夫,[19] 可謂國有謀臣乎? 上憂方深而用事者揚揚自得, 禍將不測. 今獨有釋代王囚, 封湘王墓, 還周王, 迎楚蜀, 各命世子, 持書勸燕罷兵守藩."

建文不聽, 郁後不知所終. 噫! 當時論事之人, 齊・黃・方・練諸人, 齪齪一圈子內耳, 未有識大體者. 獨郁超然見到是, 必有大過人者. 然郁之疏, 不於齊・黃

---

18 王: 저본에 '子'로 고치도록 되어 있으나 문맥을 고려하여 그대로 두었다.
19 夫: 저본에는 '矢'로 되어 있으나 『명사기사본말(明史紀事本末)』에 의거하여 바로잡았다.

立議之初而乃在燕師旣興之後, 又何晚也? 豈郁不敢顯言於端末, 雖有密疏而不見用邪? 不然, 郁時未在朝, 賤不與議? 皆未可知也, 及燕師旣興, 禍機已迫, 郁乃敢訟言. 向令建文一悟而聽, 郁當必有奇計, 如斬齊・黃, 赦燕罪, 怒我怠寇之術, 治亂誅郇之法, 可以稍稍進. 郁之疏, 特少嘗之耳.

惜乎, 建文之闇也! 疑郁之助燕而棄其言, 則郁之保身自晦, 又合於大道. 然則余之文, 不過道韓郁意內事耳, 千載之下, 所見略同. 吁可異也! 若郁者, 古之所謂明哲君子也夫!

18 爲商鞅上秦惠王自明書

『戰國策』, 或讒商君於惠王曰, "大臣太重者, 國危, 左右太親者, 身危. 秦人但知商君之法, 而不聞大王之法. 是商君反爲主, 大王爲臣也. 且固大王之仇讐, 其圖之." 惠王車裂商君, 而秦人不憐.

臣聞, 人主無匹夫之讐, 而所貴錄功而忘怨. 夫以萬乘之君, 而下讐匹夫, 則羣下猜懼而不報; 棄功而修怨, 則才臣解體. 故齊桓不報射鉤之讐而用管仲, 卒爲五伯之首; 晉文不記斬袪之怨而見勃鞮, 以免焚宮之難. 是二君者, 至公含容, 所屈者微, 而所伸者大也. 人臣一意奉法, 使怨在己, 利歸於國, 忠之節也. 臣常誦此言, 竊幸無罪, 不圖今者, 更成大戾.

曩者, 秦國僻在西戎, 擯於中國, 數見侵侮. 先王不忍忿忿之心, 謂臣可與成功, 擧之簦屬之中, 屬國而不疑. 夫委任責成者, 明之決也, 變法圖治者, 智之符也. 以故數十年之間, 國富兵强, 內無竊盜, 外無勃敵. 遂用雄視天下而雌伏諸侯, 自湯武以來, 功未有及先王者也.

臣不佞不能宛轉炎涼, 以市譽於國人, 私便其身, 圖徒感先王之知遇之恩, 奉承付託之意. 守法不撓, 信賞必罰, 要爲利國家便百姓者, 衆怨叢己, 積毀鎖骨而不恤也. 所以用刑不避儲君之師傅者, 誠欲因以立法, 以彰先王無私之實, 而開儲君萬歲之基也. 豈不自知異日之爲己禍哉? 誠以萬死報先王, 而窃意大王之明, 必能棄怨念功, 追蹤於桓文也.

昔子胥計用於闔廬, 五戰入郢, 吳始强大, 雄於上國. 夫差信讒而沈之江, 隨遭甬東之厄. 樂毅受知於昭王, 破齊七十餘城, 輸其寶器, 以雪燕恥. 惠王以私隙逐之, 卒有騎劫之敗. 何則? 先君之狗馬服玩, 孝子之所宜祗敬愛重, 況於其貴幸之臣而加之僇辱, 以傷先君在天之靈乎? 不祥甚焉! 是故大則亡而小則敗, 曾不旋日也.

今臣之事大王者, 志不變於前朝, 行未虧於曩時, 而亂法犯罪之徒, 怨臣切骨, 交搆釁隙, 遂成煅鍊, 卒從吏議. 臣恐大王之不察先王所以畜幸臣意, 而遂自傷於慈孝也. 夫所謂'大臣權重而國危'者, 爲其罔民譽而樹私黨也. 故『春秋』弒君以百數, 皆大臣見譽者也. 今臣特以法見重耳, 實爲怨府, 設欲爲奸, 人孰與之者? 夫國有以法見重之臣, 社稷之利也. 臣得以是爲名, 罪死有榮.

然抑恐秦之群臣, 以臣爲戒, 皆將委曲求容, 而不恤大王之國事也. 臣本以疏逖之蹤, 先王幸用臣計, 終有少補於秦國, 今臣死不足以爲惜. 然不忍大王有廢功錄讐之名, 葅醢先朝之遺愛, 以負累於天下, 而墮先王之成績也. 不能黙黙就盡, 乃敢昧死以聞, 唯大王之留意垂察焉.

<table>
<tr><td>19</td><td>爲寒泉子論說趙破從武安君不如張儀</td></tr>
</table>

『戰國策』, 秦王欲使白起說趙, 以問寒泉子. 寒泉子, 秦之處士也. 對曰: "若夫攻城墮邑, 請使武安子, 善我國家, 以使諸侯, 請使客卿張儀."

寒泉子對曰: "昔楚文王將伐隨, 隨人謀塞轅轅之厄. 楚王恐隨人之先塞轅轅之厄也, 使熊率且比使於隨. 且私於少師曰: '臣若有不豫於楚, 私幸楚師之無功也. 君必先塞轅轅之厄.' 賂之文馬之乘·白璧之雙. 於是隨之君臣相與謀曰: '熊率且比楚之謀主而王之寵臣也. 今乃無故愍我謀也. 重以璧馬之費, 是詭計以誘我哉?' 卽狐疑未決. 楚王輕兵疾驅, 旣出轅轅之厄, 而隨師乃至, 遂敗於楚也. 故娶婦者, 求媒於女鄰, 鬻技者, 借譽於疏遠, 爲其無私我之嫌, 易以信於人也.

夫武安子秦之名臣, 親任聞於諸侯. 今使說趙, 必疑而不從. 武安子之爲人, 剛而好勝人, 執志堅而銳. 今使而無功, 慙於復命而無所發怒, 將以聲氣相加, 則趙必恐懼修備, 合從愈密也. 窃謂武安子長於用兵制敵, 而短於使趙也. 無已則張儀乎. 新客於秦, 而未見任事, 諸侯不以爲意. 其辯舌長而欲自售於秦也, 必能効力於大王矣. 無已則張儀乎. 且夫武安子往而不成, 則是暴秦之情於天下. 使天下知秦之畏從而不敢出, 益得諸侯之計也. 未若使張儀之, 設令無功, 猶未害於秦也. 此用人之機, 不可不審. 願大王之熟計之也. 乃遣張儀, 儀果以五國來.

20   爲陳軫說楚王勿信張儀之言

本文: 齊爲楚伐秦, 取曲沃. 秦欲伐齊, 患楚之救, 乃使張儀說楚王絶齊王則當獻商於之地, 楚王從之. 陳軫諫不聽, 秦陰遣使合于齊, 楚責地於秦不得, 怒伐秦, 敗於藍田, 齊亦伐楚.

秦欲伐齊, 齊楚方睦, 惠王患之. 張儀見楚王, 許賂商於之地[20]六百里, 使之絶齊, 楚王許之. 且詫群臣以得地也, 於是畢賀. 陳軫後見, 獨不賀曰: "秦之所以重王者, 以有齊也. 今地未可得而先絶齊, 是楚孤也. 秦又何重孤國? 北絶齊交, 西生秦患. 臣見地不可得而受兵於兩國也." 原註 已上本文大略.
楚王曰: "張儀必不欺寡[21]人. 寡人已許之矣. 足下無過慮." 軫乃說王曰: "夫多變者事機也, 難測者人謀也. 故善爲謀者, 常存可悔之地, 而不出萬無奈何之塗. 是以應變而不窮. 爲木偶者, 耳鼻欲大, 口目欲小, 斯事雖微, 可以喩大. 今王不察事機, 不慮人謀, 不存可悔之地, 而欲出萬無奈何之塗, 臣竊惑焉.
誠令張儀, 信如尾生, 諾如季路, 以二千里之[22]齊, 易六百里之[23]地, 固非通利也.

---

20 地 : 저본에는 없으나 『한중수필』에 의거하여 보충하였다.
21 寡 : 저본에는 없으나 『한중수필』에 의거하여 보충하였다.
22 之 : 저본에는 없으나 『한중수필』에 의거하여 보충하였다.
23 之 : 저본에는 없으나 『한중수필』에 의거하여 보충하였다.

萬一有變, 不審何以應之. 齊使北絕, 秦患西生. 臣恐大王之計, 有時焉窮, 不及噬臍也. 今處戰國之世, 從事於仇敵之人, 寧我負人, 毋人負我,[24] 而固不厭其詐謀也, 今爲大王計,[25] 莫如陽絕齊交而陰厚之, 以市於秦.

臣請以絕齊爲名, 而使於齊也, 告之張儀之情, 因陰約齊王, 令其陰厚於楚而陽絕於外, 順於秦而內爲之圖. 秦若鉤楚以伐齊, 則齊綴其兵, 而楚擣其虛矣, 若摟齊而[26]攻楚, 則楚抗其吭, 而齊應其腹, 如此則亡秦必矣.

夫秦虎狼之國, 而天下之世讎也. 大王誠能除莫强之寇, 爲天下復讎, 諸侯相率而朝於楚矣. 齊交未嘗絕而秦地可得, 雖未得地, 而亦可以肆志於秦矣, 又無患焉. 是大王之計無窮而出於萬全之道也. 夫狐兔之營窟,[27] 必設貳孔, 潛備不虞. 今王無有他計, 而專信敵人之言, 無乃一朝見欺, 以爲笑於天下乎!"

<h2>21　請秦王勿聽陳軫兩虎之說</h2>

本文 : 楚絕齊, 齊擧兵伐楚. 陳軫曰: "不如以地東解於齊, 西講於秦". 軫, 之秦, 秦王曰: "子秦人也. 寡人與子故也. 今齊楚相攻, 或謂救之, 原註 言助齊也. 或謂勿救. 子以忠於子主之餘, 爲寡人". 軫對以莊舃之越吟, 且進卜莊子刺虎之說, 曰: "齊必敗[28]而楚必敝. 王起兵救之, 有救齊之名, 而無伐楚之難也."

公孫衍曰: "大王以楚使之有故, 而欲聽其計, 竊以爲過矣. 夫已不用於秦而去, 之楚, 楚用之, 而爲楚來焉, 必不忘其受遇之主而忠於無澤之主也. 棠鈠服於隣國, 用之以殺韓人, 里狗食於他舍, 可使吠其舊主, 故不足恃也, 可知矣. 若故而可恃, 子胥不鞭荆平之尸, 商君不斬魏卬之首也. 誠用客之言, 是[29]明秦之無謀,

---

24　毋人負我 : 저본에는 '毋我負人'으로 되어 있으나 『한중수필』에 의거하여 바로잡았다.
25　今爲大王計 : 저본에는 없으나 『한중수필』에 의거하여 추가하였다.
26　而 : 저본에는 없으나 『한중수필』에 의거하여 보충하였다.
27　窟 : 저본에는 '屈'로 되어 있으나 문맥에 의거하여 바로잡았다.
28　敗 : 저본에는 없으나 『한중수필』에 의거하여 보충하였다.
29　是 : 저본에는 없으나 『한중수필』에 의거하여 보충하였다.

而售敵人之計耳. 亦何以異於借盜守室, 縱狼牧羊也? 則如反其辭以求其情, 因其謀以就吾計.

今楚之東伐於齊, 而患秦之夾攻, 故佯輸款於大王, 欲緩秦師, 而專意於齊也. 夫齊之伐楚, 恃秦之救也. 今戰, 以楚輸, 則將割地求和於齊, 齊敗則且服於楚. 齊知秦之不足恃, 必親楚而怨秦, 是大王坐失與國, 而合楚之交也. 交合而楚益强, 何秦之可伐乎? 且齊不可亡, 楚不可傷, 烏得以鬪虎比? 以此, 知客言之詭也. 今請[30]佯聽而厚禮之. 使楚無北顧之憂, 而悉兵東戰. 我卽遣使約齊, 許分楚國之半, 令其勿聽楚和, 因潛師出其不虞, 可以得志於楚矣. 夫楚我之强寇, 而適有釁焉, 時不可失也. 願大王明計而速行之.

22　爲齊王畫致鼎之計

本文：秦伐周求鼎, 顔率乞救於齊, 請以鼎爲賂. 齊王發兵救周. 秦兵既退, 率復往見齊王曰, "王何途之從而致鼎?" 王曰, "吾將寄徑於梁若楚." 率曰, "梁‧楚之君臣, 謀得鼎久矣. 鼎入梁‧楚, 必不出. 且九鼎之重, 九九八十一萬人, 乃挽之, 執具而從者, 又當稱是. 王何途之從而致之? 疾定所從出, 敝邑遷鼎以待." 王無以答也.

齊王朝謂羣臣曰, "曩秦之伐周也, 客有顔率者, 藉九鼎以請救於寡人, 寡人從之. 秦師既退, 率再來, 則乃窮寡人以鼎來無路, 而寄徑於梁‧楚之不便, 且盛稱鼎重難致, 寡人未有以命也. 大夫何以爲計?"

公孫龍對曰, "此率欺大王. 臣聞九鼎者, 事天之器, 而受命之寶也, 非直重貨而已. 諸侯莫不欲之, 然而卒莫能致. 盖一鼎之重, 至於九萬人挽之, 齊‧周之徑數千里, 間以山河谿谷, 以臣料之, 不下百萬之師‧半歲之功也. 雖以全齊之力, 尙未足以勝之, 況復挾天下之所欲, 出於不測之畏途哉? 臣以是知率之揣大王不能, 姑假以却秦也." 齊王曰, "然. 周鼎終不可得而徒受欺也."

---

30 請: 저본에는 '諸'로 되어 있으나 『한중수필』에 의거하여 바로잡았다.

"然臣能爲大王得之. 臣請以大王之命, 西見梁王曰, '寡人遏秦存周, 周國以鼎報寡人. 寡人路遙費廣而不得致. 且不欲傾國之力, 而爲無用之器也. 因以置之, 則周以爲固有, 而未見德於齊. 又惡其跡有似乎見欺也. 寡人願奉以爲壽, 永自結於大王.' 夫魏君無故而得重寶, 且喜大國之交懽, 必不辭而從.

臣且戒之曰: '周之說客, 將言齊之以鼎嫁禍於梁, 梁爲齊受兵於天下. 然齊梁合而爲一, 必無患焉. 願大王之勿聽也.' 梁王必許諾. 然後大王使人告周曰: '魏君願寡人致鼎, 君其與之.' 周已許鼎於大王, 必不敢不與. 魏之與周, 壤地隣比, 不過九萬人九往返之勞, 而鼎必入於魏矣.

乃陰[31]遣使說秦楚曰: '魏君始爲寡人致鼎, 從而遂取之也. 若大國興師臨魏, 而敝邑不救, 鼎必入於大國, 而寡人之恨雪矣.' 因使客爲間於梁曰, '秦楚皆謀伐魏而取鼎, 魏不亡, 則鼎必奪矣. 不如遷鼎于東境, 號於天下曰: 「爲齊致鼎而已, 歸之矣」, 可以紓秦楚之師, 而鼎不奪.' 魏君懼於二國, 必喜而遷鼎.

復使告于二國曰, '鼎猶在魏, 聲言歸齊者, 詐也.' 二國將怒而伐魏, 魏必請救於齊. 大王卽帥師入魏之東境, 挾鼎而歸曰, '鼎之在梁, 適所以爲禍, 寡人爲君自當之.' 二國自知失鼎, 必解甲而還, 魏免二國之伐, 亦不深怒於齊也. 是大王不費尺寸之勞, 而鼎畢至於齊也. 亦臣, 一介之身, 三寸之舌, 賢於百萬之衆, 半歲之功也."

齊王曰, "善!" 如其計, 果得九鼎. 齊之亡也, 淪於泗水, 秦皇帝求之, 而不得.

23 擬宋岳飛請寢和議表

伏以塡黃圖於廬山, 頃緣封豕之荐食; 連紫塢於溯漠, 竟致角馬之無期. 長陵之一坏不存, 神人共憤; 靈武之萬里相望, 王業偏薄. 此豈燕安無事邪? 可謂痛哭流涕者也.

誓心天地, 期復君父之深讎; 喋血關河, 庶致寰宇之重闢. 痛漢賊之兩立, 江南

---

31 陰: 저본에는 없으나 『한중수필』에 의거하여 보충하였다.

非五雲之鄉; 幸周道之再昌, 河北非一日之便. 唯有戰耳, 枕戈之義可忘; 何言
和邪, 覆轍之戒安在? 甘屈膝於仇虜, 何辭以見於先帝乎; 多厚顏於臣民, 誠不
可使聞於他人也. 恭行天罰, 惟犯執事之顏行; 尙存人綱, 俾爲來世之口實.
欽惟陛下, 際百六之厄會, 啓千一之昌期, 日月復明, 豈獨宣光之並美? 乾坤重
整, 終期湯武之比隆. 伏願斷在不疑, 勇於爲義, 九世之讎尙復, 春秋之大義不
忘; 百年之胡遂除, 風霆之嚴威斯震. 臣謹當君靈是濟, 廟筭主勝. 才弱敵强, 縱
乏毫髮補天之力; 主辱臣死, 誓盡肝腦塗地之誠.

24 季子廟記 擬茅鹿門

古所揭名而信其屣視天下國家, 而不以一毫負累而取之者, 自許由 · 吳泰伯 ·
伯夷 · 曺子藏 · 延陵季子, 僅數人而已, 何廖廖也!
世之營一金一資而無所得, 則怫然喪其氣者, 而百官倉廩之富 · 文物聲號之寵,
屑然不槪於其心, 其操行之卓犖不可及, 吾何間然於彼哉? 然其所處有難易, 則
吾心所服膺而擊節者, 尤在於季子.
許由之事, 不見之經籍, 而獨誦之於莊周. 莊周之書, 誠荒唐不足據信. 意其不
過爲方外之士, 放行肆志而好潔其名者.
如子藏者, 以妾媵之子, 非有君父之所迫而命之, 諸侯援而立之於國. 有其君之
後, 而接夫簒弑之迹, 其所以守節自喜者固矣. 此不得與吳泰伯 · 伯夷 · 季子者
並也.
然吳泰伯 · 伯夷, 亦生於中國明盛之時, 其所聞風, 堯 · 舜 · 禹謙謙遜讓者, 去
之未遠, 其家法師訓, 朝夕講習, 所素存養者甚篤, 雖文身荊蠻, 採薇西山而不
悔, 亦固其所也.
當春秋之時, 仁義之道微而慾利之心勝, 退讓之風息而爭奪之俗成.[32] 臣黜君 ·
子弑父 · 智兼愚 · 强陵弱者, 踵相接也. 而截然拔於椎髻卉服之伍, 中國所傳先

---

32 成: 저본에는 없으나 『한중수필』에 의거하여 추가하였다.

王之禮樂法度, 未嘗一更於耳目, 而乃爲數千載一二見者, 所爲綽綽有餘裕焉, 此季子之所爲獨難也.

且吳泰伯·伯夷, 彼誠有父兄者, 不欲焉耳, 在季子則其父兄眷眷欲立之, 而終不可奪其孤節特行, 又過於二子也, 遠矣.

雖然, 聖人之道無他, 要之至公無私而已. 叔齊之賢, 不過伯夷, 而其父之所以廢長立少者, 由私愛也, 故叔齊逃之而不顧. 泰伯之子, 不及文王, 而古公之所以欲立季歷而傳昌者, 由公心也, 故季歷從之而不逆, 其事殊而爲道同也.

夫諸樊以父之遺命, 倡兄終弟及之義, 以次致位於季子, 迹其心, 至公藹然可想也. 爲子弟者, 宜將順其父兄之美, 上以重宗廟社稷之福, 下以副朝野之望, 何季子之矯矯然有似乎好以讓國爲名者也? 夫不顧公道之所在而直以私潔其名者, 山林匹夫之志也. 季子行高乎泰伯伯夷, 而志卑乎匹夫, 何其一人之身而懸殊之甚也? 季子蓋患人之廉恥侵以倒喪, 而思有以矯厲當時防禦後世者.

義者以爲季子達節者也, 而下附子臧之議, 用是爲答. 然向使季子以達節自與, 恐後世之貪邪冒名者, 依以爲口實, 將如所謂法堯禪舜·效湯放桀者也. 季子惟是懼也, 故獨以違道而固節, 其於待衰世之道, 不得不如是也. 向使季子而生於先王之世, 亦何以異於季歷之所爲也乎? 余窃悲夫季子之不遇時也.

廟故在丹徒, 不附郡邑之祀, 里中父老, 歲時伏臘, 以積年祈福而已. 鄕大夫吳公, 請於有司, 擇高暢地, 移而新焉, 盖欲令邑中士大夫與東西過而謁者, 知所瞻敬而興起焉. 嗚呼! 自季子以下數千載, 未聞復有以天下國家讓者, 可見世俗之降, 而如季子者, 宜與宣尼乘龍, 同其殷禮, 以爲培節義厲廉恥之本. 而顧使之相與俎豆於遐裔之邦. 余於是乎重有所深慨, 而吳公之志有足尙者, 遂爲之記.

남정록(南征錄)

1 祭曾祖母文

維年月日, 出後曾孫某, 謹奉酒果之奠, 爲文以告于顯生曾祖妣慶州李氏之柩.
維我曾考, 名行冠世, 繩直榘方, 正言盡瘁. 烈火焚山, 孰遏其勢? 大木斷根, 卵
破室毁. 維時曾妣, 例竄南裔, 提携孤孩, 呱呱五歲. 縣令逼迫, 入庭點閱, 義不
受辱, 從容自決. 歲維乙亥, 時則八月, 處義嚴正, 克配君子.
天理陰騭, 後嗣不墜, 王考先人, 世濟以美. 至于不肖, 庶無怠棄. 八十年餘, 始
克返柩. 千里險阻, 路遙日久, 不震不驚, 終始保佑. 尙饗.

2 祭祖父文

維年月日, 出後孫某, 謹奉酒果之奠, 昭告于顯生祖考學生府君.
粤在乙亥, 大禍滔天, 芟夷剪伐, 直木是先. 公始五歲, 隨妣南遷, 旋遭妣喪, 理
無生全. 痛迫蓼莪, 泣血吞聲, 懍如一髮, 出沒死生. 漂搖顚沛, 隻影單形, 不有
天道, 曷其成立? 素軒之孫, 天緣配合, 子孫是賴, 免爲島氓.
記性絶人, 材志夙成, 學書半卷, 文理以明. 羅絡百家, 洞貫千古, 不思制作, 潭思

妙悟. 謹身守法, 循蹈規矩, 安心順命, 若固其所. 不滑外物, 貞吉履素, 忠信篤敬, 可行蠻貊. 首服土氓, 翕然尸祝, 天不悔禍, 終老絶域. 不食之報, 在我後屬. 始管返葬, 千里而遙. 事巨力綿, 心慮殫焦, 爲文敷告, 血淚漣洏. 孫而述祖, 不敢夸辭, 槩列大方, 以質神祇. 尙饗.

③ 祭大姑母文

維年月日, 姪孫某, 謹以酒果之奠, 告于顯大姑母處子靑松沈氏之靈.

維昔乙亥之歲, 天禍吾門. 姑年未及笄, 坐謫泗川, 或勸之早決, 無自貽辱. 姑曰: "君父之命, 有順無逆. 上蔽之罪, 豈敢怨怒而不服? 今承嚴譴而先自裁, 是爲逆命而違吾父事君之則也." 隱忍就途, 千里顚越, 到付之翌日, 縣狀旣上, 乃遂私意以自決.

嗚呼! 姑之處義, 含弘大人之節, 可以爲天下臣子法, 奚獨閨房之烈也? 亦可見我曾考範家以道義. 小夫悖直, 峻激其事, 天威咫尺, 肆口出氣, 不是君親, 自多與己, 聞姑之風, 可以知愧. 溫溫如玉, 濯濯其英, 輝映千秋, 炳若日星. 人孰無死? 惟姑爲榮.

收骨返葬, 附載以行, 涕泣陳辭, 永慰魂靈. 尙饗.

④ 祭二叔父文

維年月日, 從子某, 敢昭告于顯仲父顯季父學生府君之靈. 吾家自乙亥酷禍以來, 諸父昆季, 皆康强早世, 其門內夭折者, 至不可數, 而及其女子外孫, 亦無蕃昌者, 此自門運之不幸, 豈盡章惇之所爲乎耶? 維我二叔父, 生丁不辰, 俱妙年捐世, 未有嗣屬, 而客窆於千里炎海之壖, 揆之以情則慘矣, 達之以理則命也. 且吾從曾考兩位, 竝以無嗣, 而伯父尙未立後, 不獨叔父其可以無憾焉已矣.

曾王妣·王考·叔祖姑, 俱因坐罪以來, 義重歸骨, 故玆用竭力返葬, 而至於叔父, 自是平人. 何山之不可葬, 魂氣無不之, 又何必先兆之是從哉? 守塚及祭田及墓門松竹, 仍舊留置, 專奉春秋之祀, 庶無廢絶.

嗚呼! 人間事固有所不可知者, 誠令姪兒輩, 克謹天威, 不墜先緒, 重立門戶於旣絶之後, 則阡壠雖遠, 可以守護不輟, 如其怫違天理, 昏墊怠荒, 自就覆亡. 雖在舍園之內, 猶將爲鞠草之場矣. 天道可信, 而人事難必, 則叔父不悲今日之孤寄, 而惟懼他日之蕪沒也. 姪兒不以不返葬爲罪, 而惟以成立門戶爲責也. 言有窮, 而意不盡, 猶有靈襟, 庶幾感通. 尚饗.

5　答鄭光國序

辛丑之十月甲申, 余因曾王妣王考及叔祖姑收骨事, 爲南徼之行. 余稟質素弱, 不能行步, 而無僕馬同伴, 擔衣袂, 佩盤纏, 芒屨布裹足, 孑然登途, 悄然遠征. 于時, 諸故所善親友, 莫不咨嗟辛酸, 涕泣送行. 而惟吾鄭君光國, 臨發之夕, 已設宴祖道, 且爲文以贈之, 以余頗精堪輿術, 恐悠悠之徒將有疑余之溺於禍福之說, 而爲此舉也, 反覆辨說, 以明余之出於誠孝, 而不爲藉術以徼福者焉. 嗟乎! 光國之愛我誠厚矣, 慮我誠深矣.

然大丈夫立身行義, 當以天理爲法, 聖賢爲師, 往事爲證, 而以一心爲之權衡, 審擇其善, 而固執之, 不爲浮言橫議之所前却, 則其可已矣. 苟吾自反而誠是也, 雖擧天下而毀之而不爲之沮, 苟吾自反而誠非也, 雖擧天下而譽之而不爲之勸, 以其毀譽者之妄耳, 不足用喜怒也. 此古人所以獨立不懼而能大過人者也.

夫氷炭不言, 而冷熱自明, 以其有實也. 今人, 果有實行, 則縱有一時之紛紜橫說, 而終必自息, 何至囂囂呶呶費脣舌, 以自辨白耶? 乃今光國之量余, 又何淺也? 何不以大丈夫相期哉? 或曰: "然則君子孤立行意而已乎." 曰: "向余所云者, 獨論行義, 可否取舍而已, 若夫謀爲幹事, 則又當應機變納羣策, 譬如江河之因地勢以制流, 陰陽之順天時以行令, 然後乃可以濟, 未有能自立標而使人影從者也. 內之制義, 外之立事, 固有不同者矣."

古無答序, 而有贈處之禮, 則雖答序, 可也, 且感光國之意, 不可以嘿嘿而已, 於是乎言.

6 弔島囚文

辛丑之冬, 余南遊島中, 因得詢問父老以風謠故事. 盖其編戶土氓·魚蠻海鬼之屬, 莫非達官顯族之得罪竄謫者之子弟孫若裔也. 余往往聞其事, 未嘗不慼然傷愾, 而其連累父兄叔季之罪以來者, 居多爲十之八九焉.

嘻噫悲夫! 先王罰不及嗣, 怨不在後, 故瞽頑而舜升, 鯀殛而禹興. 今以髫齡[1]畐幗無辜之人, 不幸生乎覆巢毀室之門, 橫罹破卵取子之殃. 此在仁人君子所宜悶憐也. 況其父兄叔季之蒙戮者, 未必皆當其罪, 其中不無一二冤濫者, 而自中世黨戰以來, 其得福者, 未必爲君子, 而其得禍者, 未必爲小人也.

假令或有抱忠守義, 爲國盡節, 而不爲全軀保妻子之私計者, 身嬰椹鑕, 支屬分竄, 孤孩嬌女, 骿死於荒裔蜑海之曲, 而莫之知也. 嗚呼, 其僭矣! 其可弔也已, 遂爲文以唁之. 其辭曰:

結余靮而遠游, 檻鬖悄以南征. 凌陽侯以理楫, 泊孤島之如萍. 登歷覽而迴眺, 攬余轡而若驚. 環以不測之淵, 囚以釖鋩之山. 盲風號而颶母, 怒濤立而波神. 虁嘯魖呼, 鱷噬鯨呑. 雲冥冥而不開, 天慘慘而無光. 驚蜃樓之倏化, 畏狐沙之中傷. 瘴霧晝晦, 蜑雨冬積. 邈村落而蘆葦, 蔽人家以篁竹. 魚蠻生於海中, 形若鬼而非人. 聲侏離而不通, 心擴摤而難親. 固地惡而俗陋, 羌非人之所居, 非大何之竄逐, 夫孰肯乎來斯? 原其觸罹, 世故多岐. 元凶巨猾, 陰懷將心. 邀倖匪分五鼎, 斯甘菹首卓身. 分門鹽鹽權柄, 隆赫僭侈踰公. 輸乘輿之上第, 趍百僚於下風. 物禁盛滿, 鬼瞰室中. 讒諛憸任, 蠍言簧口. 懷祿爭利, 陽笑陰呪. 百計相軋, 吹毛洗垢. 黨人偏陂, 甲乙橫議. 不公是非, 唯朋之比. 互相網打, 累世不已. 亦有公忠君子, 危行讜論, 忘身殉國, 盡瘁事君. 扒殿檻而碎首, 屹鶚立而鳳鳴. 支一木於大廈, 擎八柱於高明. 紛桑癉與鬼蜮, 時浸潤之潛行. 抱丹忠而畢命, 雖九死而彌貞. 爾其所行殊軌, 就律同科. 伊妻孥與弟妹, 幷延及於禍罹. 妙年英才, 特立圭璋. 謹模楷之詩禮, 煥黼黻之文章. 身裹綺紈, 口厭膏粱. 讌衆賓於

---

1 齡: 저본에는 '齔'로 되어 있으나 문맥을 고려하여 바로잡았다.

華屋, 樂康娛而未央. 忽蹯蹬於千丈, 宗爲氋而身遷. 非魚龍而遵海, 禦魖魅於
南天. 圜絶島而爲圉, 入鬼門而不還. 曾不齒於人類, 混蝮蚅而爲羣. 魂驚悖而
飛越, 形憔悴而呻吟. 天夢夢而未寤, 閟九重之幽深. 生爲冤莩, 烏鳶營葬, 蠅蚋
來吊. 飮餘恨於九泉, 亘終古而莫訴. 令女賢妻, 壺儀閨範. 精五飯而進御, 備四
德而自檢. 奉巾櫛於百齡, 庶偕老而無違. 從傅姆之訓義, 聽瞽史之誦詩. 化仰
周南, 行慕伯姬.² 驚絃斷絶, 蒼皇登途. 寧欲溢然, 爲吏所操. 間關顚踣, 心碎影
孤. 血淚染竹, 冤氣飛霜. 玉碎蘭摧, 義不苟生. 風慘憺而波咽, 夕月寒而凄凉.
黃茅鎖以暝雨, 咽新鬼之煩冤. 靑楓暗以暮烟, 竟莫招夫羈魂. 襁褓嬰孩, 乳掌
孤兒. 呼號啼哭, 孰念寒飢? 十僵一起, 存者幾希. 髼髮毗毻, 乞飯柴扉. 呼浦嫗
而爲孃, 問高曾而莫知. 芳枝化爲液橒, 同氣類於蠻雛. 時北風之乍起, 怳惕視
以異候. 雖云存而等亡, 世德喪而靡遺. 非夫伊之故也, 於汝歟焉何尤. 綽約處
子, 閨房之秀. 朝夕學儀, 不出戶牖. 遵禮訓而自持, 旣窈窕而婀娜. 怨摽梅之有
實, 佇夭桃之宜家. 謫仙娥於瑤池, 墮酆都之鬼獄. 凰非鳳而寧匹, 固死榮而生
辱. 奮柔腸而一決, 嗟珠碎而花落. 悲風號而猩啼, 若鳴咽之餘音. 冬靑花而月
白, 化啼血之冤禽. 環珮斷於歸魂, 瑤草生於中林. 魂零丁而無偶, 孰祭挐於黃
昏? 餘姸入於山花, 彌千春而血痕. 嗚乎! 余不知, 其何故而至於此極也. 天不可
問, 理不可釋. 卽近取譬, 請說以臆. 木處易顚, 舟居多溺. 彼富勢之輝炎, 乃亦
衆禍之門. 槳戟與斧鉞相近, 彝鼎與湯鑊爲隣. 刭奻名利, 衆人所爭. 鬼神所猜,
不有周孔之聖. 良平之才, 百里叔孫之智數. 于髡方朔之辯諧, 難乎免於顚覆之
禍刑辟之災. 是知明哲保身, 君子之要義. 垂裕後昆, 仁智之餘慶. 噫宦海幽險,
覆文錦於擭穽. 人如虫之就火, 迷不知省. 不自量而驟進, 若負蚊與江蘽. 或圜
鑿而方柄, 行不合於時世. 得不盈於睚眦, 喪則夥於山丘. 聊爲辭而獻弔, 淚淋
浪以橫流. 復自古而以然, 又何獨爲之呻嚅?
亂曰: 天道沕穆, 一氣囩圇. 彭殤齊壽, 夷跖同塵. 等浮生於一夢, 摠若虛而非眞.
已焉哉, 余旣昧夫得喪之, 孰凶孰吉, 復何足爲之辨析? 如泉臺之有知, 故宜豁

2 姬: 저본에는 '姬'로 되어 있으나 문맥을 고려하여 바로잡았다.

然而氷釋.

7　遊錦山記

余少聞錦山爲南州之勝, 而性不喜遊覽, 又其地僻遠, 無因而至焉. 辛丑之十月,
余因事南下, 留滯海中者, 且半歲. 旣而得幽鬱之疾, 煩懣懊憹, 積月不能已, 意
欲如廣陵觀濤故事, 因得洗滌心胸, 庶幾有瘳焉.

壬寅之元月下澣, 與叔氏爲錦山之遊. 步過金洞李君, 李君飮以燒酒, 數十盃,
卽辭去. 行數里, 醉倒道傍, 覺而與叔相失, 會暮投宿河生舍. 翌日過龍門姜翁
家, 姜翁父子聞余當至, 逆于五里所以歸. 坐有頃, 叔氏及金洞李君 · 蘭縣李生,
鱗次來集.

於是携酒同上, 未及山頂, 而夕陰已結, 止宿彌勒菴. 三楹茅屋, 兀然獨在乎嵒
石雲霞之間, 松風微韻, 禽聲四徹, 塵念自消, 眞性發現. 數三老宿, 將迎供具,
蔬香泉甘, 始知富貴之不如閑寂, 蒭豢之不如淸淡遠矣.

明朝, 有瞿曇一人, 竹笠黑布衫蘿帶錫杖, 爲之先引, 指其可觀者焉. 始自扶蘇
巖, 東至虹門, 有石中空, 穹然爲門, 可以出數丈旗. 南望世尊之島, 矗立海中,
上合而下坼, 可以過帆檣, 正與虹門相對, 此可最奇者也.

自虹門斜折而上, 得龍窟, 巨石嶄然, 負山而立, 石底有穴, 繚繞深黑, 不可入.
僧以杖敲擊, 吰然有聲, 山谷皆響. 又西上數十百步, 有坐禪臺者, 危嵒千尺, 聳
立雲霄, 僧攀緣而登其巓, 柱杖儼立, 余與從客, 莫不憚然恂慄, 毛骨竦寒, 而視
僧方唱喝誦唄, 氣暢而聲遠, 是其學無生者耶.

自玆以上, 山益峻, 石益壯, 所謂華巖帝釋日月大壯有名號者, 紛然雜出, 而若仙
佛若牛馬禽鳥, 若鬪若駭, 若起若伏, 若環聚若奔散, 若騰空若飮水, 詭怪萬狀,
不可殫列. 至如海底浮屠, 徐市題名, 壯士遺靴, 丹鼎甘露, 荒唐浮誕之說, 盖君
子之所不語也爾.

乃登絶頂, 扪石梯, 列坐乎烽臺之上, 劃爾遠望, 廓然無際, 屬目於雲水杳藹之
邊, 遊神於宇宙鴻濛之外, 心胸開豁, 精氣灝凝, 悠然與造化爲徒, 而翶翔乎萬物

之表. 南望溟海, 不見端倪, 上下天光, 混然一色, 包涵萬類, 居卑而能大, 其有君子之量乎!

東臨馬島, 出沒隱見, 殆如銀盤一抹以若小醜, 猶爲鰈域七年之難, 蠆尾有毒, 其可忽諸. 露梁之祠, 磨崖之碑, 左右俯眺, 慨然有鳴劍伊吾之志, 李忠武陳都督之勳, 有足多焉.

余乃命酒賦詩, 酣飮暢詠, 徘徊周覽者久之, 相視而笑曰, "今以吾儕一登此山, 俯望人寰, 無異虫蟻蚑蝱, 棲棲營營於塵埃烟霧之中, 假令眞仙在太空, 下視吾一晌之樂, 又當何如也."

山前多琢石題名, 而今皆漠然不知爲何狀人也. 獨有周愼齋所書由虹門上錦山六大字, 而不着姓號, 然今相傳知爲愼齋之筆, 而致景仰焉.

於乎, 人之不可以朽也, 如此夫! 今我五六人, 偶同遊於此, 未知他日皆將泯沒而無傳耶! 抑或其有能樹立名德, 與山海長存, 垂耀無窮者耶!

言不可盡而樂不可極也, 遂還憩于菩提菴. 從山東下, 覽於洞中, 緣溪行二十里, 兩邊山壁相挾, 爲永巷甬道. 長松蔭日, 微光穿漏, 藤蘿叢薄, 糾結枝撑, 隱蔽回互, 迷不知其所出. 但聞水聲漸響, 鏗鏘如琴筑, 令人心邃神寂, 窅然喪其世情, 而天眞獨存.

余旣登錦山之巓, 以聘遼濶之望而已, 又得此以收斂精神, 然後余之觀始盡天下之美. 柳子所謂奧曠之趨萃於吾, 今日余乃忻然而笑, 陶然而樂, 霍然不覺沈痾之去體, 自以爲得平生之遊焉.

噫, 是山之以錦爲名, 而號爲南州之勝也, 信矣. 然不在乎京師繁華之地, 而在乎絶島幽險之陬, 一未得貴勢大人綺紈公子之來遊, 而其來遊者, 不過孤臣謫客, 窮人浪子, 負罪竄囚, 及不得於世者而止焉. 是山之所以自爲者甚拙, 適有類於余. 余之與是山相得之深, 不亦宜乎. 然是山實無巖石洞壑之奇異特絶, 駭觀眩視, 以當於世俗好怪者之心, 設令在京師, 當必不貴, 京師大人, 亦多馳騖奔汩, 不遑留意於山水之樂者, 其孰能來遊, 借使來遊, 豈能識其眞趣也哉.

唯其在於海島之中, 枯槁憔悴, 幽愁鬱悒之人, 得以時登, 舒心暢懷, 歡然自適, 世念旣斷, 而專意於水石烟霞之間, 故往往深于閑曠之趣, 輒以爲遊覽之樂, 莫有過於此者, 是山之獨得美名而聞於一國者, 蓋以此歟.

仁者爲德於不足之人, 故恩愈深, 智者不售於有餘之家, 故價益貴. 余於是乎得仁智之術焉. 靑松沈某記.

● 遊錦山詩

絶頂聳危石, 山高更一層. 氣呑溟海濶, 思入雲霞凝. 時卦丁三陽, 陰磴歷殘冰.
像外追冥搜, 前導赤髭僧. 石門屈銀虹, 巖溜懸玉繩. 玄鶴雲際舞, 蒼鹿山前興.
回首望人寰, 濛然烟霧蒸. 萬古有輸贏, 擾擾逐營蠅. 蓬山不可望, 荒唐信無憑.
彭殤各有命, 雲車那可乘? 腥波古戰場, 蠻帆昔乘勝. 隻手收百捷, 東國有揚鷹.
千秋揚光輝, 皎如初月升. 人生會不朽, 從古數賢能. 何不自努力, 湮滅竟相仍.
平生苦心志, 登玆翩飛騰. 浮遊灝氣初, 造物與之朋. 擧盃視八荒, 滄洲氣欲凌.
學孔吾所願, 比管爾何曾? 海水深無極, 高山長不崩. 日月勉將就, 夙夜懷戰兢.
以此求長存, 竹帛名可謄. 務實華必盛, 有如油點燈. 豈效沈江碑, 但憂谷變陵?

> **評語** 以旁薄宇宙之氣, 駕軼萬古之志, 卒歸於篤勤恭畏以務實, 不願虛名也.

8 詩

● 仁周院別朴査丈

憐我離家遠, 相將到錦陽. 感公意氣重, 欲別屢傾觴.

● 渡錦江

錦江南渡去, 悄悄生離愁. 宇宙無窮極, 丈夫事遠遊.

● 過弓院

山似螺鬟水似眉, 行吟弓院月弦詩. 春花一落無消息, 唯見村婆勸酒巵.

● 魯城

茫茫大野接天長, 山色明媚勝洛陽. 任從坦道平步去, 不知身是在他鄕.

● 礪山

我有決雲劍, 十年未一磨. 高山天作礪, 洗以錦江波.

● 南原關公廟

屈意從曹瞞, 玆事吾所悅. 處權得中正, 大義光日月. 豈若小丈夫, 缺缺以沽節.
廟貌留豹皮, 英彩尙凜烈. 九原如可作, 與子同歸轍.

● 病餘連月神氣未復, 客苦滿腔, 吟以自叙

千里離慈母, 經年海島中. 他鄕喜見月, 水國苦多風. 病骨惟存殼, 客情不有躬.
平生殊答重, 未敢怨天公.

● 憶親 六言

望雲山畔春盡, 孤客歸心黯然. 千里江南草綠, 鷓鴣啼罷斜烟.

● 憶諸弟

食共床眠共榻, 何曾一日相離. 經年留滯孤島, 不見兄愁弟悲.

● 夢中聞床頭甕聲, 以爲詹雨, 驚起視之則已矣

甕裏發酷細律鳴, 人間始信有餠笙. 五更驚罷懭騰夢, 錯認詹前夜雨聲.

● 遣悶

南來千里爲先謀, 不是吾人愛遠遊. 牛斗地分偏近日, 臘平天氣冷如秋. 海接蓬
山多記異, 雲連銅柱摠含愁. 竹間明月惟堪喜, 酒後相看寄興幽.

● 渡露梁津

行渡露梁津, 撫事心欲折. 欲哭良不可, 唯有淚成血. 穹蒼杳難訴, 丹忠未昭雪.
湘纍無人弔, 楚詞滿江月. 孤雛從北來, 悲風山竹裂.

- 自遣

天涯殘夢伴孤燈, 愁緒那能理亂繩. 畏愼心如新嫁女, 支離身似坐禪僧. 呢喃夷語難分鴂, 鷔悍蠻風孰化鷹. 賴有精神充滿腹, 每逢窮躓益堅凝.

- 露梁李忠武祠

忠烈祠下怒濤鳴, 上有孤峯勃崒連. 太淸危閣迢遞臨天壁, 翠竹靑松千古生氣色. 萬山千岳環列似甲兵, 風打潮頭戰鼓驚. 將軍勳庸塞乾坤, 舟子浦嫗皆能言. 至今赤忠有英靈, 迸地蟠龍雪後靑. 平生自許不忽忽, 亦非天地偶然儂. 二毛憔悴泣布衣, 此日登臨心欲飛. 願得長劍收南荒, 一洗前恥報君王.

- 詠雪

値大雪, 盈尺盈握之竹, 皆倒地. 俄而雪晴風起, 依然起立故無恙. 南人云, 若大雪屢日, 則竹多死云. 呂徽之詩云, 竹委長身寒郭索, 盖知此事者也. 盖竹遇雪, 如人醉酒骨節柔軟, 故墮車而不傷, 亦能免推折而復起也.

靜夜蕭蕭瀉竹聲, 瓊花千樹映窓明. 萬梢羅拜眞君子, 一抹孤飛似客卿. 風景醒心蘇病氣, 山河迷目慰鄕情. 南中無雪今相見, 天道隨人順序行.

- 除夜有懷

1.

人人皆守歲, 旅館獨酣眠. 願得還家夢, 北堂拜壽筵.

2.

他鄕送舊歲, 孤客意如何? 豈不懷歸去, 悠悠人事多.

3.

無人誰共語, 有酒不成歡. 壯志悲年暮, 中宵起感歎.

- 遊錦山

海將天作限, 山以水爲尊. 滾滾登危頂, 斜陽叩寺門.

● 鹿頭山

日暮倚柴關, 遙望鹿頭山. 非是愛山色, 歸路從此間.

● 宿蟾江

1.

扁舟江上翁, 日向江上行. 江水悠悠去, 翁心澹澹淸.

2.

江花復江水, 終日緩緩行. 暮向江邊宿, 爲是愛江淸.

3.

山上孤雲發, 山下三人行. 心期如欲問, 長風宇宙淸.

9 後記

歲辛丑十月初四日, 余發南行, 擔衣裹足, 跋涉獨往, 尋路問津, 十六日入抵南海
之兔村. 庶叔前一日在途得瘂, 入則委頓, 五日後始得汗, 而元氣大脫, 幾至亡
陽. 服獨蔘湯, 僅免危境, 而心神昏眊, 全無知覺, 數日乃已, 而繼以虛勢之症.
至十二月初, 苦歇無常, 不出戶庭者滿四十日, 而服竹瀝數椀, 症情大減, 臘月十
日, 始省墓于光陽之立邑, 而還住兔村. 過歲病勢較前雖減, 而時歇時劇, 終不
可除. 壬寅正月十六日, 往三洞見從妹, 留二日而歸. 晦遊錦山, 三日歸. 二月二
十四日, 往光陽破墓而還兔村.
晦間往三洞, 見宗丈. 吾八寸族兄孟賓氏無後, 而其四世祠宇, 未有依歸. 如機
張族祖學識行檢, 不可以絶祠, 而其至親, 唯祭酒宅及予家, 而皆貧窮無力, 無望
立後成家, 故久有埋安祠宇之議. 而余終不忍斷行, 陰求可以義養者, 則鄕居同
姓, 多吾曾祖祖父行, 而京族之顯者, 固莫肯與者. 今見南海同宗三子, 其季作
人非凡, 而同爲十三代祖舍人公血屬, 則非疏遠之族也. 又其祖父始流落南土,
則亦非退鄕土産也. 於余心極爲可合, 而第其序行於孟賓氏爲兄弟, 躊躇者久

之, 竟依次養之例, 養爲孟賓氏季弟. 余旣急於存亡繼絶之義, 雖有悠悠之論, 未暇顧也. 惟幸一開口, 而其家信余言無疑, 終得許諾. 其兒僅十歲, 亦能離其父母兄弟, 隨余於千里, 此亦大事有天定也.

三月初九日, 與庶叔出光陽治行, 十六日出柩. 曾祖母·大姑母山所俱爲八十八年, 而白骨安穩, 斂衾尙有形體, 可辨其經緯, 祖父山所爲二十一年, 而棺木全無痕跡, 斂內則若數年以內之葬, 紬衾不可裂. 午後進斂用綿布·單衾·麻布, 絞去核白紙. 十七日入棺, 用白紙補空, 七星板無孔, 不用秫灰·壯紙, 小索結裹. 靈轝用皂色紙糊盖, 皂布簷帳, 皂布揮帳, 色紙流蘇, 紙繩周纏, 白綿上方帳, 靑布緣竹杠. 擔兒以竹轝, 其兄從來. 二十二日發行渡蟾江, 同行則余與庶叔及容成庶叔·欽兒·兄國彦·光陽權生及擔丁六名·雇馬夫, 凡十三人, 曾妣母女同載一轝. 二十四過南原, 廿五日宿全州, 滯雨半日, 廿八渡錦江, 四月初一日抵家, 此南征日記也.

余性不喜以文自名, 所著詩文, 未嘗出以示人, 今此祭文述祖先行蹟, 不可以沒而不傳, 因附行中所得如干篇爲一卷, 號曰『南征錄』, 以遺子孫, 俾知祖先之志, 而思所以繼述焉云爾.

부록 1

동구선생서술(東邱先生敍述) | 송오선생사략(松塢先生事略)

동구선생서술(東邱先生敍述)

정인표(鄭寅杓)

동구(東邱) 심 선생은 휘(諱) 대윤(大允), 자 진경(晋卿)이며, 본관은 청송(青松)으로, 영의정 수현(壽賢)의 현손(玄孫)이다. 증조부는 교관공(教官公) 발(鈸)인데, 교관공의 중형인 악(鍩)은 호가 동리(東里)로 선생의 본생(本生) 증조부이다. 을해년(1755년) 당화를 당한 이후로, 세상에서 폐족이 된 것이다. 아버지는 완륜(完倫), 어머니는 남씨(南氏)로 순조(純祖) 병인년(1806년)에 선생이 태어났다.

　젊었을 적 소자(邵子)의 책[1]을 읽다가 원회설(元會說)에 이르러 탄식하며 말했다. "그렇다면 천지의 기수(氣數)에는 끝이 있어서 그 사이에 살아가는 사람들은 성인(聖人)과 범인(凡人), 우인(愚人) 할 것 없이 다

---

* 심대윤의 생애를 기록한 글. 기록자 정인표(鄭寅杓, 1855~1935)는 백운의 제자로서 호를 학산(學山) 혹은 춘경대(春耕臺)라고 했으며, 문과에 급제하여 벼슬이 충청북도 순찰사에 이른 인물이다. 이 글은 『춘경대집』에 실린 것이다.
1 소자(邵子)의 책 : 소자는 북종의 학자인 소옹(邵雍)을 가리킴. 강절(康節)선생으로 일컬어지기도 함. 그의 저서에 『황극경세서(皇極經世書)』가 있는데 거기에 우주의 변화를 수리로 설명한 원회설(元會說)이 나온다.

함께 없어지게 마련 아닌가?" 이윽고 깨달아 말했다. "한 기(氣)가 천지 사이에서 운행함에 펴지고 오므려지고 하며 쉴 때가 없다. 성인과 천지는 시작과 끝이 없으니, 성인은 가히 배울 수 있다." 그의 뜻을 세움이 빼어난 것이 이와 같았다.

선생은 성인이 떠난 지 천 년 후에 태어나서 개연히 우리 도(道)를 강구하는 것으로 자신의 임무를 삼았다. 그리하여 성인의 글이 제가(諸家)의 전주(箋註)로 인해 불투명해져서 갈수록 번거로워지는 데에 따라 더욱 본뜻을 잃게 되었다고 생각했다. 이에 타당한 것들을 취하고 나머지를 깎아 내어 책으로 만들어 냈다. 처음에 『역상의(易象義)』를 저술하였는데, 다섯 달에 걸쳐 완성하였다. 그리고 삼례(三禮)에 대해서만은 한 해를 걸려 작업을 했으며, 그 밖의 여러 경전에 대해서는 몇 달 혹은 수십일 사이에 완성했다. 사람들이 그가 귀신처럼 빨리하는 것을 보고 선생의 재주는 옛날 사람보다 높다고 말하자 선생은 이렇게 대답했다.

"그렇지 않소. 내가 평소에 정밀히 생각하고 사물의 실득에 얻음이 있어 경문의 뜻을 해석함에 있어서 조목대로 따져 나가면 술술 나오는 듯했소. 마치 마음속에서 외워 둔 것이 손끝에서 쏟아져 나오는 것 같았지요. 때문에 그런 것이요, 옛날 사람보다 뛰어난 재주가 있는 것이 아니오."

선생은 학문에 있어서 남에게 의지하거나 답습하지 않고, 홀로 성인의 책을 연구하여 그 실마리를 얻어 어지러운 것을 배제하고 바른 데로 돌아갔다. 그의 중요한 설을 들어 보면 다음과 같다.

"성(性)에는 하늘이 부여한 성이 있고, 심성(心性, 참된 마음의 성)·습성(習性, 익혀 몸에 베인 성)이 있으며, 덕(德)에는 실덕(實德)·문덕(文德)·유호덕(攸好德, 오복(五福)으로서 원래 좋아하는 덕)[2]이 있다. 충서(忠

<hr />

2 유호덕(攸好德): 『서경(書經)』,「홍범(洪範)」의 오복에 네 번째로 들어가 있는 말. 덕을

恕)란 인을 가리키며, 도심(道心)이 명덕(明德)이 되고, 재시위(才時位)를 일러 명(命)이라 하는데 하늘에 있어서는 명이요, 사람에 있어서는 분(分)이 된다."

이런 견해는 대개 앞 사람들이 도달하지 못한 바요, 선생이 특히 발명한 것이지만 경전을 추구하여 그 설이 모두 갖추어져 있는 것이요, 선생이 지어낸 것은 아니다.

또 선생은 항시 이렇게 말했다.

"예악과 정법이 도에 합치하면 세상이 다스려지고 그렇지 못하면 어지러워진다. 지금의 백성은 곧 옛날의 백성이다. 이에 제작의 근본과 실시의 타당함을 강구하여 펼쳐 제도를 정하게 되면 크고 작은 일들이 모두 갖추어지게 될 것이다. 요컨대 대도를 절충하되 빼고 넣고 해서 조절하면 될 것이다."

선생은 평소에 평온한 마음으로 소탈하여 꾸밈을 일삼지 않았으며, 풍모가 훌륭해 보이고 침착하면서 무게가 있어 쉽게 접근할 수 없을 것 같았다. 그럼에도 사람들과 담소할 적에는 남의 이야기 듣기를 좋아했고, 후진들을 이끌어 주기에 힘썼다. 행하기를 먼저 하고 앎을 뒤로하여 실천하기에 노력했다. 그래서 말씀이 간절하고 핍진하여 미덥고 모두 징험이 있었다. 매양 천인감응(天人感應)의 묘를 논함에 이치가 지극하고 정밀하고 엄격하여 사람들로 하여금 두려운 바를 알아 따르도록 하였다. 일체의 헛 그림자나 까닭없는 소리를 쫓는 것을 피하여 실체를 찾아 드러낼 수 없는 것은 선생이 말하지 않는 바였다.

나라에 크게 금기로 여기는 것이 있으니 선유의 학설과 조금이라도

좋아하는 것을 뜻함. 오복(五福)은 첫 번째는 수(壽)이고, 두 번째는 부(富)이고, 세 번째는 강녕(康寧)이고, 네 번째는 유호덕(攸好德)이고, 다섯 번째는 고종명(考終命)이다.

다른 것이 있으면 떼를 지어 아우성치고 공박하니 이런 까닭에 그의 저서는 세상에 공표될 수 없었다. 또 그의 몸이 당세의 금고가 되었던 까닭에 무언가 행할 수 있는 자리를 얻을 수 없었다. 그럼에도 선생은 근심하는 표정을 짓지 않고 "나의 학설이 과연 행해질 만한 것이라면 누가 능히 폐기할 것인가? 나 자신이 행할 수 있거나 후세에 행해지는 것은 다 명이요, 내 능력으로 할 수 있는 것이 아니다."라고 하였다.

선생은 곤궁하고 괴로운 처지에 견디기 심히 어려웠음에도 항상 즐거운 마음을 잃지 않았다. 어려서 아버지를 여의고 집이 몹시 가난하여 아우들과 힘을 다해서 어머니를 봉양하는 데 몸소 천역을 하는 것도 꺼려하지 않았다. 증조모와 할아버지가 남쪽 변방에 귀양 가서 오래도록 유해가 돌아오지 못했는데 선생은 천 리 길을 도보로 가서 유해를 모시고 돌아와 장례를 예에 맞게 지냈다. 그 지방 사람들이 보고서 감탄을 하며 "남쪽 변방에 버려져 반장을 하는 것을 이제야 본다." 하고 돌아가는 행렬을 전송하는 사람도 있었다.

선생이 지은 책으로는 여러 경설(經說)과 『복리전서(福利全書)』, 『정법수록(政法隨錄)』, 『대순신서(大順新書)』, 『흠서박론(欽書駁論)』, 『좌국정론(左國定論)』 그리고 동한(東漢) 이하의 역사서 초록, 『동사(東史)』 및 유집(遺集) 몇 권이 있다.

나는 17세 때 선생을 찾아가 『시경』을 배웠는데 바로 다음해인 임신년(壬申年, 1872)에 선생께서 돌아가셨다. 이 제자는 우러러 배울 곳을 잃고 선생이 남긴 책을 홀로 끌어안고 방황하며 노경에 이르도록 성취한 바가 없다. 이 때문에 크게 부끄러워한다.

선생의 학문은 정기하(鄭基夏) 공에게 전해졌는데 그 뒤로 능히 전할 사람이 없게 되었다. 오호라! 끝내 전해지지 못한단 말인가.

나는 선생이 돌아가신 이후로 족조(族祖)인 송오(松塢) 정공(鄭公)[3]에게 공부를 하였는데 그 중간에 공령에 골몰하느라 서울에 오래 머물러 있었다. 그래서 선생의 저술에 뜻을 온전히 하여 연구할 수 없었다. 그러다가 늦게야 문과에 급제하였는데 시대가 날로 변하여 세상을 위해 해 볼 수 있는 일이 없는 것을 보고 벼슬을 버리고 돌아갔다. 이에 드디어 선생의 저술을 수습하여 깊이 사색하고 연구하여 자못 깨달은 바가 있는 것 같았으나 의심이 가고 어려운 곳에 이르러는 더욱 의혹이 되어 스스로 판별할 수 없었다. 내가 늦게 태어나서 일찍이 사문에 미치지 못한 것을 깊이 한탄하였다. 송오 선생 또한 세상을 떠나신 지 오래라 나의 어리석음을 열어 줄 사람이 누가 있단 말인가!

동문의 친구인 심명섭(沈明燮) 군이 바야흐로 선생의 여러 경설을 간행하려고 도모하면서 나에게 교감해 줄 것을 부탁하기로 내 비록 심히 노쇠하였으나 이 일을 어찌 감히 마음을 다해 하지 않으랴.

옛날의 정강성(鄭康成)[4]은 자기의 손자 소동(小同)에게 경계하여 말하기를, "천하가 곧 크게 어지러워질 것이다. 다른 것은 내가 알 수 없지만 너는 모름지기 나의 십삼경주(十三經注)를 잘 지키도록 하여라."라고 하였다. 선생은 일찍이 책이 전하는 문제를 대단치 않게 여겨서 "나의 학설이 진실로 세상에 쓰일 만한 내용이 있다면 어찌 행하지 못할까 염려할 것인가? 만약 그렇지 않다면 지켜본들 이것을 어디에 쓸 것이냐."라

---

3 정공(鄭公) : "공은 휘(諱)가 기하(基夏)인데 동구 선생의 수제자이다."〔원주(原註)〕

4 정강성(鄭康成) : 후한 말 학자인 정현(鄭玄)을 이르며, 강성(康成)은 그의 자이다. 『경씨역(京氏易)』, 『공양춘추(公羊春秋)』, 『주례(周禮)』, 『좌씨춘추(左氏春秋)』, 『고문상서(古文尚書)』에 정통했다. 환제(桓帝) 때 당화(黨禍)가 일어나 금고(禁錮)를 당했으나 문을 걸어 잠그고 평생 학자로 지냈다. 저서로는 『모시전(毛詩箋)』과 『주례(周禮)』, 『의례(儀禮)』, 『예기(禮記)』에 대한 주해가 있다. 고문경학(古文經學)을 위주로 하면서 금문경설(今文經說)도 채용하여 일가를 이루었는데, 이를 일러 정학(鄭學)이라 부른다.

고 하였으니 선생이 자기의 저술에 대해서 자부하는 것이 이와 같았던 것이다.

지금 심명섭 군이 세상에 반드시 행해야 할 책을 공간하여 국내외에 보급하고자 하니, 우리 인민들에게 존경하고 가까이할 바를 알도록 하고자 함이다. 그는 세상을 우려함이 매우 깊다 하겠다. 나는 교감작업을 마친 다음, 일찍이 의심을 가졌던 한두 가지를 붙여 놓았는데 감히 자득이 있다고 해서가 아니요, 나아가 바로잡을 곳이 없기 때문이다. 요컨대 후세의 군자들에게 묻는 말을 남겨 놓는 것이다. 정묘년(1927) 중원(中元, 음력 칠월 보름)에 덧붙여 쓴다.

東邱先生敍述 (戊午, 1918)

東邱沈先生, 諱大允字晉卿, 其先靑松人, 領議政壽賢玄孫也. 曾大父敎官銨, 敎官公仲兄鑵, 號東里, 是爲先生本生曾大父, 被乙亥黨禍, 錮其世. 父完倫·母南氏, 純祖丙寅先生生. 少時讀邵子書, 至元會說, 歎曰: "然則天地之數有窮, 托於其間者, 無聖與凡愚終將同歸于盡乎" 久而悟曰: "一氣運行, 有屈伸而無息時, 聖與天地無終始, 聖可學也." 其立志卓絶如此.

先生作於去聖千載之後, 慨然以講明斯道, 爲己任. 以爲聖人書晦於諸家箋註, 愈繁而愈失, 取其可合而刪之, 著爲成書. 始著『易象義』, 五月而成, 獨三禮, 用周歲工, 而諸經成於數月或數十日. 人見其敏絶如神, 謂先生才高古人. 先生曰: "非然也. 予平生所竱精覃思深, 有得於事物之實理, 及乎硏釋經旨, 怡然理順, 如成誦在心而注之手者. 是以然耳, 非有過古人才也."

先生於學, 不資不襲, 獨究聖人之書, 乃得其緖, 排紛紜, 反之正. 其曰: "性有天命之性·心性·習性; 德有實德·文德·攸好德. 忠恕曰仁, 道心爲明德, 才時位謂之命, 在天爲命, 在人爲分." 若此類, 蓋前人所未至, 而特先生發之. 然求之經傳, 其說皆備, 非先生倡也. 先生常曰: "禮樂政法, 合於道則世治, 否則亂.

今之民猶古之民也, 乃究制作之本·施措之宜, 設爲定制, 巨細畢具. 要之折衷大道而加增損焉."

平居坦易, 不事修飾, 而風儀盎然, 沉毅簡重, 若不可接, 而對人譚笑, 纚纚樂聞, 而不厭引接後進. 先行後知, 勉以踐實, 故其言切近, 信而有徵. 每論天人感應之妙, 理極精嚴, 使人知所懼而趨. 避一切逐於影響, 而無形聲可尋者, 先生所不道也. 國有大諱, 有爲異先儒說者, 群噪以攻之, 以故其書不能公諸世. 又身爲時錮, 不得有所爲. 然先生未始爲憂曰: "吾之說果可行, 孰能廢之? 身行之與行于後, 命也, 非吾力也."

處窮苦可謂甚難, 而常陶然樂也. 少孤家貧, 與諸弟, 竭力以養母, 執鄙事不憚. 曾大母大父, 坐竄南荒, 遺骸久不返, 先生千里徒往, 扶舁歸, 葬如禮. 南人爲之噓唏曰: "荒裔之棄而得返者, 乃今始見之." 至有送葬者.

所著經說·『福利全書』·『政法錄』·『大順新書』·『欽書駁論』·『左國定論』·東漢以下史鈔·『東史』, 及遺集若干卷. 小子十七受詩先生, 明年壬申, 先生沒, 小子失放仰, 獨抱遺書, 墮荒至老無所成, 用是大懼. 先生之學, 傳鄭公基夏, 後又無能傳者. 嗚呼, 其終無傳焉爾乎!

杓, 自先生歿, 受業于族祖松塢鄭公, 而間治功令, 多在京師, 屑屑焉, 不能專意先生書. 晚乃通文籍, 而時事日變, 見其無可爲者而棄歸. 遂掇拾舊業, 潛思默究, 頗若有可悟者, 至其所疑難, 愈惑而不能自辨. 深恨吾生晚, 不得蚤及師門, 而松翁又謝世久矣, 孰有爲余開發其愚耶? 同門友沈君明燮, 方謀刊布先生經說, 囑余以校勘, 杓雖衰疾甚, 安敢不盡心是役?

昔鄭康成戒其孫小同曰: "天下將大亂矣. 它吾不知, 汝須善守吾十三經注." 先生嘗小之曰: "苟吾說有可用之實, 何憂其不行, 如其不然, 守之亦何爲!" 先生之篤乎自信如此. 今沈君乃以其必可行之書, 欲以公諸海內外, 使斯民知所尊親, 其爲慮世也深矣哉! 校旣訖, 畧付所嘗疑者一二, 非敢曰有得也, 顧無所就正, 要以質夫後之君子. 丁卯中元附記.

『春耕臺集』

송오선생사략(松塢先生事略)

정인표

족조(族祖) 송오(松塢) 선생[1]은 휘가 기하(基夏), 자는 치형(穉亨)으로, 부사 노용(老容)[2]의 아들이다. 선생은 젊어서 기질이 호방하기로 자부하여 서울에 살면서 제멋대로 놀아 도박장에 달려가는 것으로 놀이를 삼았다. 나이 17세에도 글을 읽을 줄 몰랐는데 부사공은 그래도 책망하지 않았다.

　　부사공이 처음 남쪽 고을의 원이 되어 나갔는데 선생이 따라갔다. 이

---

* 백운의 수제자인 정기하(鄭基夏)의 사적을 정인표가 기록한 글이다. 백운에 관련된 내용이어서 함께 수록하였다. 역시 『춘경대집』에 실려 있다.

1 송오(松塢) 선생 : 정기하(鄭基夏)로 송오는 그의 호. 본관은 동래. 그의 생몰에 대한 자세한 정보는 없다. 다만 친형 정기춘(鄭基春, 1819~1876)의 생년을 통해 1819년 이후에 태어났고, 그의 이름이 보이는 『승정원일기』의 마지막 기록이 1888년 2월 15일이므로 그 이후에 죽었음을 짐작할 수 있을 뿐이다. 『승정원일기』에 따르면 그는 혜릉참봉, 한성부주부 등을 역임하였다.

2 노용(老容) : 정노용(鄭老容, 1798~1865)을 말하며, 자는 경담(景聃), 1828년에 진사시에 합격하였고 음관으로서 벼슬생활을 했다. 남쪽 고을이 어딘지 구체적으로 알 순 없지만, 『음안(蔭案)』을 통해 정노용이 원주로 부임한 것은 1845년 7월의 일임을 알 수 있다.

윽고 공이 환곡을 방출하기 위해서 창으로 나갔다가 미처 돌아오지 않았다. 그 이튿날, 아전이 들어와 사또를 뵈러 간다고 하면서 안부편지를 써 달라고 말했다. 선생은 "네가 입으로 직접 아뢰어라."고 대꾸하였으나 크게 마음속에 후회가 되었다. 그래서 스스로 맹세하기를 "사람이 배우지 않으면 부자간에도 소통이 되지 못하는데 하물며 세상에 대해서야 말할 것이 있겠는가?[3] 또 저들이 뭐라고 말들 하겠는가? 이런 일을 부끄러운 줄 알지 못하면 사람이 아니다."라고 했다.

공이 돌아오자 즉시 공부를 하겠다고 아뢰니 공이 웬 까닭이냐고 묻고 크게 기뻐했다. 이에 그 읍내의 선비를 초청하여 스승이 되게 하고 또 많은 책을 마련해 주었다. 선생은 이때부터 몸을 가다듬고 공부에 힘써 얼마지 않아 문리가 크게 진전되었다. 시렁에 얹혀 있는 책들을 마음대로 뽑아들고 읽을 수 있게 되어 천하의 즐거움이 이보다 더한 것이 없다고 생각하게 되었다. 그해에 장가를 들게 되었는데 장가든 그날에도 손에서 책을 놓지 않았다 한다.

부사공이 원주(原州) 판관(判官, 종5품)으로 부임하게 됨에 선생은 또 모시고 갔다. 그 지방 치악산에 상원암이 있는데 그윽하고 조용하여 지낼 만했다. 선생은 책을 들고 상원암에 올라가 암자 뒤에 단을 쌓고 매일 밤 목욕재계하고 수행하다가, 그 위에 일곱 가지 깨끗한 곡식을 진설하고 분향을 한 다음 북두칠성에 절을 하고 "제가 천하의 문장이 되도록 해 주옵소서." 하고 빌었다. 이와 같이 하기를 백 일 동안 하다가 끝마치게 된 밤에 달빛이 어슴프레하고 향불의 연기가 가늘게 피어오르는데 마치 흰 옷을 입고 제단을 지나가는 사람이 일곱 명인 듯했다.

---

3 사람이 배우지 …… 있겠는가? : 『논어』, 「양화」편에 "人而不爲周南召南, 其猶正牆面而立也與."라는 구절이 있는데, 이를 염두에 둔 표현으로 보인다.

후일에 안성으로 심대윤(沈大允) 선생을 찾아가 비로소 대도(大道)를 들을 수 있었다. 이에 과거에 배웠던 바를 다 버리고 심 선생을 스승으로 받들게 되었다.

드디어 이사를 해서 날마다 문하에 나아가 천인합일의 요체를 궁구하고 물아동도(物我同道)의 묘리를 정밀히 익혔다. 그리하여 고금의 치란과 흥망의 원인에서부터 예악과 군사 형벌의 연혁의 같고 다름에 이르기까지 그 근원을 탐구하고 지류를 조사해 보지 않은 것이 없었다. 대개 여러 이치를 넓게 관찰하되 자기 자신으로 요약하여, 돈독히 안으로 닦고 밖으로 시행을 하였다. 나아가 어려움을 묻고 물러나와 경사(經史)를 되풀이하여 음미하고, 스승의 학설을 절충해서, 일관되고 의혹이 없어 감복하여 종신토록 지켰다. 그래서 그의 학문은 깊고도 바르며 체(體)와 용(用)을 아울러 다하되 자기가 잘 안다고 자랑하는 법이 없었다. 혹시 반박하는 자가 있더라도 또한 들어 두고 따지지 않았다. 이 때문에 선생이 속에 품은 바를 사람들이 헤아리지 못했다.

늦게 음직으로 나가 영릉령(寧陵令)[4]에 그쳤다. 정해년(1887) 환갑을 지낸 후 모년 모일에 선생은 돌아가셨다. 임종에 다다라 자기 아우를 보고 말했다.

"나는 아들을 두지 못했다. 다행히 네가 또 아들을 낳게 되면 나의 뒤를 잇도록 해라. 삼가 소원한 사람을 양자로 세우지 말아라. 내 뜻이 아니다."

오호라! 심 선생이 앞에서 선도를 했으나 이미 행하질 못했고, 정 선생이 계승하여 일어났으나 마침내 여기서 그쳤단 말인가? 우리 도가 성

---

4 영릉령(寧陵令) : 원문은 '영침령(寧寢令)'. 『승정원일기』 1886년 2월 19일조에 그를 선릉령(宣陵令)으로 임명한 기록이 있다.

쇠와 관련이 되는 줄 어찌 알리오? 심 선생은 아들 하나를 두었으나 일찍 죽었고, 정 선생 또한 아들이 없으니 이른바 하늘의 보답은 알 수 없는 것인가?

선군(鄭旭朝)께서는 항시 탄식하시기를 "나는 모공이 돌아가신 이후로 마음에 즐길 것이 없다."고 하셨는데 동문에서 공부한 자들이 많았지만 특히 선생과 더불어 처음부터 끝까지 뜻을 같이했던 까닭에 이렇게 탄식하신 것이다.

소자는 일찍이 선생의 말씀을 곁에서 들은 적이 있다.

"예로부터 문인이 늦게 불교로 빠져든 경우가 많았다. 이는 그 자신이 평생 힘을 쓴 것이 알맹이가 없는 줄 깨달아 그래서 도를 구하고자 한 것인데 도리어 공허한 대로 빠져들었다. 이는 끝내 실견(實見)이 없는 까닭이다."

또 이렇게 말씀하였다.

"독서는 기억하지 못하는 것을 걱정할 것이 아니요, 성실하지 못함을 걱정할 것이다. 성실하면 기억력도 나아진다. 나는 책을 대해 쉽고 어렵고 상관없이 세 번 읽으면 기억 못할 것이 드물다. 타고난 능력이 그런 것이 아니다."

또 일찍이 술좌석에서 모시고 있는데 선생은 손님과 상대하여 술잔을 셀 수 없이 비워 하루가 다갔다. 그럼에도 의관이 흐트러지지 않고, 담소가 그대로였다. 다만 약간의 취기가 얼굴에 오르는 것이 나타날 뿐이었다.

일찍이 듣건대 수암공(睡菴公)⁵이 면전에서 선생에게 술을 권하면서

---

5 수암공(睡菴公): 정윤용(鄭允容, 1792~1865)을 말하며, 수암은 그의 호이고, 자는 경집(景執)이다. 음관으로 밀양부사·공주판관 등을 역임하였다. 『자류주석(字類註釋)』 4권,

"너도 먹도록 하여라."라고 했다. 수암공은 선생의 백부인데 평소에 자신을 잘 단속하고 자제들에 대해서도 매우 엄격하셨다고 한다.

선생이 도를 들은 이후로 오로지 나아가 닦는 데 뜻을 두어 문장에는 뜻을 두지 않았으니 그 독실함이 이와 같았다. 바야흐로 맹서하여 마음속에 후회했던 일과 상원암에서 기도하며 발원했던 일이 그의 뜻을 돌아보건대 어찌 다름이 있겠는가? 하루아침에 날치고 내닫던 데서 방향을 바꾸어 지엽적인 것을 버리고 근본으로 돌아왔으니, 참 앎으로 결단을 내리지 않았다면 그 누가 그럴 수 있겠는가? 선생께서는 강단이 있고, 밝았다고 할 수 있겠다.

■ 松塢先生事略

族祖松塢先生, 諱基夏, 字稺亨, 府使老容子也. 先生少負氣豪, 居京師, 樂放縱, 走賭場, 以爲戱. 年十七, 尙不知書, 府使公, 亦不之督也. 公始知南縣, 先生從, 旣而公出糶倉未返. 明日, 吏入告詣公, 請候簡, 先生卽應曰: "爾可口白之." 因大恨悔, 自誓于心曰: "人而不學, 戶庭間, 且不得行, 況於世乎? 且彼謂我何, 不知恥此非人!" 及公還, 卽請學, 公問知其故, 大喜. 乃延邑中士爲師, 又爲之多畜書. 先生自是折節爲學, 未幾文理大進, 亂抽架書皆通, 以爲天下之樂, 無過此者. 是歲娶婦, 至同牢夕, 亦手卷不輟.

公判原州, 又隨行, 州有上元菴在雉岳, 號幽淨可喜. 先生攜書上菴, 乃壇於菴後, 每夜盥沐, 設精粢七盂于壇, 焚香拜北斗, 祝曰: "願假我天下文章." 如是者凡百日而將畢之, 夜月色微明, 香烟裊裊, 若有衣白人過壇去者七, 後從沈先生于安城, 始得聞大道. 於是, 盡棄其舊, 而師事之, 因徙家, 以就日趨門下, 講究

『수암만록(睡庵漫錄)』 28권 등 여러 저술을 남겼고, 글씨에도 능해 많은 편액을 썼다고 한다.

天人一致之要, 物我同塗之妙而精熟之, 以至古今理亂興喪之所以致, 禮樂兵刑
沿革之所不同, 無不探其源而酌其流. 蓋以博觀衆理, 約之以己, 篤修乎內, 發
而措諸外也. 進而問難, 退輒有記, 反復經史, 折衷師說, 不貳不惑, 終身服之.
故其學邃而正, 體用兼盡而未嘗衒以己能, 有駁者亦受而不辨, 是以人無能測其
有也.

晚從蔭仕, 止寧寢令, 降歲丁亥之初度後某干支, 先生卒. 臨卒, 顧語其季曰: "我
無子, 幸而汝復生子, 可嗣我. 愼毋取疏遠者, 非吾意也." 嗚呼! 沈先生, 倡於前,
旣不得行. 先生繼而作, 竟亦止此, 孰知斯道之關盛衰也? 沈先生有一子而夭,
而先生又無子, 所謂天之報施亦有不可知者耶! 先君常歎曰: "吾自某公沒, 無可
樂." 同門而學者, 蓋亦多矣, 而特與先生, 相終始故, 有是歎也.

小子嘗側聞先生之言, 曰: "自古文人, 多晚逃佛者, 是自知其平生所費力無其
實. 故乃欲求諸道而又反墮空, 以終無實見故也." 又曰: "讀書不患不記, 患不
誠, 誠則記性進. 吾於書, 無艱易, 三閱目, 鮮有不記者, 非素性然也." 又嘗侍酒,
先生方對客, 飮無算, 或至盡一日, 衣冠整如談笑如故, 但見微酡時上顔. 嘗聞
睡菴公親饋先生酒于前曰: "汝飮亦可耳." 公先生世父, 而平居約己, 敕子弟甚
嚴云. 先生自聞道來, 專意進修, 絶不治文辭, 其篤實如此. 方其誓心自悔, 虔禱
發願, 顧其志, 豈有它哉? 一朝翻然回轍於飛騰馳騁之際, 捨其末而返諸本, 苟
非有眞知獨斷, 其孰能之? 先生可謂剛也已, 可謂明也已!

『春耕臺集』

부록 2

백운 심대윤 선생 연보 | 찾아보기

白雲

백운 심대윤 선생 연보

임형택(林熒澤) 찬(撰)

서기	제왕 연대	나이	백운의 사적
1806년 병인	순조 6	1	○ 아버지 심완륜(沈完倫)과 어머니 의령 남씨(宜寧南氏) 사이에서 맏아들로 태어남. 이름은 대윤(大允), 본관은 청송(靑松), 자는 진경(晋卿)으로 백운(白雲)·석교(石橋)·동구자(東邱子) 등의 호를 썼다. 부친 완륜이 무지(戊之)에게 입계되어 심수현(沈壽賢)의 다섯째 아들인 발(鈸)의 뒤를 이었다. 대윤(大允). 자는 진경(晋卿)으로, 병인년(1806)에 출생하여 임진년(1872) 7월 25일에 졸했다. 묘는 양성(陽城) 구만리(九萬里)에 있다. 배위(配位)는 경주 이씨로 부친은 후영(厚榮)이며, 임술년(1802)에 출생하여 갑인년(1854) 3월 3일에 졸했다. 아들 하나를 양육했는데, 묘는 가좌곡(嘉佐谷)에 있다. (『청송심씨족보(靑松沈氏族譜)』) 동구(東邱) 심 선생은 휘(諱) 대윤(大允), 자 진경(晋卿)이며, 관향은 청송(靑松)으로, 영의정 수현(壽賢)의 현손(玄孫)이다. 증조부는 교관공(敎官公) 발(鈸)인데, 교관공의 중형인 악(鍔), 호 동리(東里)는 선생의 본생(本生) 증조부이다. 을해년(1755년) 당화를 당한 이후로, 세상에서 폐족이 된 것이다. 아버지는 완륜(完倫), 어머니는 남씨(南氏)로 순조(純祖) 병인년(1806년)에 선생이 태어났다. (「동구선생서술(東邱先生敍述)」, 『춘경대집(春耕臺集)』) 동구자(東邱子)는 … 일찍이 성동(城東, 안성의 동쪽—찬자, 이하 같음)의 언덕에 기거하였기에 이로 말미암아 자호하였는데, 사람들 또한 이렇게 불렀다. (「동구자자해(東邱子自解)」, 『백운문초(白雲文抄)』)

서기	제왕 연대	나이	백운의 사적
1820년 경진	순조 20	15	○ 이 무렵부터 유교의 여러 경전을 학습하였으나 깊이 들어가지 못하고 『춘추(春秋)』에 흥미를 느껴 역사서를 읽고 인사(人事)의 변화에 관심을 가졌다. 그리고 그 이후 10여 년 동안 제자백가 및 음양(陰陽) 술수에까지 들어가서 서책을 섭렵하였다. 나는 15~16세부터 『시경』, 『서경』, 『주역』, 『중용』, 『대학』, 『논어』, 『맹자』 등 여러 경서를 읽었지만, 자신의 재주와 지식이 얄팍한 까닭으로 성인의 경서를 배우기에는 부족했다. 성인의 경서를 배우려 들다가는 한갓 의혹만 생기고 소득이 없으리라 생각되었다. 혼자서 마음먹기를 『춘추』는 사실에 인연해서 훈계를 보여 주고 있으므로 거기에 의거해서 붙여 볼 수 있을 것이다. 그래서 역사서를 열심히 읽어 하늘과 인간의 관계와 역사 변화의 원인을 궁구하되, 『춘추』와 절충해 보았다. 이렇게 10여 년 동안 계속하면서 제자백가로부터 음양 술수의 소서(小書)에 이르기까지 대략 두루 편력하며 탐구하였다. 그리고 돌아와 다시 경전에 접근하였다. 그러나 계속된 흉년을 만나 부모님 봉양에 급급하여 정밀하게 공부할 겨를이 없었다. (「주역상의점법자서(周易象義占法自序)」, 『주역상의점법(周易象義占法)』) ○ 젊은 시절의 위와 같은 공부를 바탕으로 후일에 『춘추사전주소초선(春秋四傳註疏抄選)』(10책), 『춘추사전속전(春秋四傳續傳)』(3책), 『동사(東史)』(6책), 『전사(全史)』(58책), 『좌국정론(左國定論)』 등의 서적들을 편찬하였다. 이들의 저술 연대가 밝혀져 있지 않기에 여기 붙여 둔다. (『좌전』은) 온통 풍병(風病)이 들고 술에 취한 자의 미친 소리요, 망령된 말이라 족히 거론할 것이 없다. 그래서 그대로 두고 언급하지 않는다. 여씨(呂氏, 『동래박의(東萊博議)』를 지은 여조겸(呂祖謙)을 가리킴)는 이르기를 "주(周)나라와 정(鄭)나라가 인질을 교환했다 하여 주나라와 정나라를 병칭하고 있으니 존비의 구별 없이 한 것이다. 좌씨(左氏)의 죄가 크다 하겠다."라고 하였다. 이렇다면 이는 천지(天地)와 군신(君臣)과 부자(父子)란 말 또한 모두 동등하게 칭해서 구별을 없게 한 것인가? 다른 것도 모두 이런 따위이다. (「머리말」, 『좌국정론(左國定論)』)

서기	제왕 연대	나이	백운의 사적
1820년 경진	순조 20	15	『국어』는 그 문장만 아름다울 뿐이 아니요, 선왕의 교학(教學)에서 끼친 풍모가 있다 할 것이다. 그러나 육경의 글에 비하면 또한 혼효됨을 면치 못하고 있다. 나는 세상의 공부하는 이들이 거기서 좋은 점을 취하다가 나쁜 데까지 미칠까 두려운 것이다. 또한 유종원(柳宗元) 같은 부류들이 왕왕 조그만 변설로 훼손할까 두렵다. 이에 곧 공씨(孔氏)의 뜻으로 절충하여 『정론』을 짓는다. (「머리말」, 『좌국정론(左國定論)』) 젊은 시절에 소자(卲子), 송나라의 학자 소옹(卲雍))의 책을 읽다가 「원회설(元會說)」에 이르러 탄식하며 이렇게 말했다. "천지의 수(數)는 한정이 있어, 그 사이에 붙어 있는 존재들은 성인(聖人)과 범인(凡人), 우인(愚人)을 막론하고 끝내는 다 함께 없어지고 말 것 아닌가?" 이윽고 깨달음이 있어, "일기(一氣)가 운행함에 굴신(屈伸)은 계속하여 종식될 때가 없다. 성인과 천지는 시작과 끝이 없으니, 성인은 가히 배워야 할 것이다."라고 말하였다. (「동구선생서술(東邱先生敍述)」, 『춘경대집(春耕臺集)』)
1833년 계사	순조 33	28	○ 부친(완륜(完倫), 자는 소유(少有), 1778~1833)의 죽음. 이 직전에 경기도 안성의 가곡(佳谷)에서 동리(東里)로 이거하였다. 저는 본디 나약하고 범상한 성격인데도 선인(先人)의 유업을 계승하려고 해서, 처음부터 농사와 장사, 수공업 같은 일을 알지 못한 채 오로지 문학에만 힘쓰고 다른 데 눈을 돌릴 겨를이 없었습니다. 이렇게 하기를 여러 해가 지났습니다. 근래 나이가 좀 들고부터 집안의 경제력이 점차 쇠락해지는 것을 보니, 양친은 노경에 이르렀는데 동생들은 아직 어려서 함께 부모를 봉양하고 가문을 보존할 길이 없겠구나 하는 걱정이 들었습니다. 때때로 잠자리에 누웠다가도 문득 이 일이 생각나면 곧장 옷을 걸치고 방안을 빙빙 돌며 아침까지 잠을 이루지 못했습니다. 그러다가 마침내 읍내로 나갈 계책을 세웠습니다. 그리하여 남의 집에 우거하며 끼니를 부쳐 먹고 단맛 쓴맛을 골고루 맛보며 장사꾼의 무리에 끼어서 이익을 다투게 되었습니다. … 그런데 제가 읍내로 들어갈 때에 자본금이라야 엽전 2만 푼에 불과했습니다. 가족이 대소(大小) 10여 구(口)에 모두들 다른 도리 없이 나만 바라보고 있는 데다

서기	제왕 연대	나이	백운의 사적
1833년 계사	순조 33	28	연이어 흉년이 들어 굶주리고 상고(喪故)에 전염병까지 돌았습니다. 그럼에도 늘어난 이득을 계산해 보면 또한 몇 곱절이 되었는데 쓰고 남은 것이 없었습니다. 속담에 이른바 '돈이 많아야 장사를 잘한다[多錢善賈].'고 한 것이 어찌 정말이지 않겠습니까. (「유하원 군에게 보낸 편지(與柳君夏元書)」, 『백운문초』)
1839년 기해	헌종 5	34	○ 이 무렵부터 경학의 연구와 저술에 주력하였는데, 경전 주석서들은 대부분 작업기간이 1년 미만일 정도로 신속히 이루어졌다 한다. 나는 경전에 대해서 어려서 과독(課讀)한 이후로, 스스로 재주와 지식이 모자라 거기에 통하기 어렵다고 생각하여 다시는 떠들어보지 않은 것이 20년이나 되었다. 나이 34~35세를 지나면서부터 비로소 다시 경전으로 돌아가 궁구를 하게 되었다. 그렇지만 집안형편이 가난한 데다 어버이가 늙으셨고, 또 읍내에 거주하며 먹고사는 일에 매달려서 공부할 겨를이 거의 없었다. 임인년(1842) 몸이 아픈 가운데 『주역상의점법(周易象義占法)』을 5개월 걸려서 저술하였다. 그 후로부터 오늘에 이르기까지 20년 동안 매양 틈이 날 때마다 저술을 하였는데, 유독 삼례(三禮)에 관해서는 1년의 노력을 기울였다. 그 밖의 여러 가지 경전들은 혹은 수십 일, 혹은 수개월을 들여서 작업을 마쳤다. 닭이 울고 잠자리에 드는 사이나 비바람이 불고 손님들이 흩어진 후의 여가에 작업을 더욱 많이 하였다. 이렇게 재빨리 하는 것을 보고 의아하게 여기는 사람들이 많아, 혹은 붓 가는 대로 글을 마구 쓴다고 비웃기도 하며, 혹은 재주가 높아서 미치기 어렵다고도 하였다. 그러나 실은 모두 그렇지 않은 것이다. 나는 평소에 정밀히 연구하고, 깊이 사고하되 항시 사물의 실리(實理)를 염두에 두었으니 요지를 파악하고 조목대로 따져 나가면 술술 나오는 듯했다. 무릇 천하의 허영과 환상이 심사를 현혹시키지 않은 까닭으로 힘을 얻을 수 있었던 것이다. 경전을 읽음에 다다라서 모두 이미 익숙하게 강구연마(講究研磨)한 듯 마음속에 외워져서 손을 통해 나오는 것 같았다. 이 때문에 귀신처럼 신속히 할 수 있었다. 평소 공력을 들여서 실득(實得)이 있었기 때문이요, 일시에 붓 가는 대로 써 나간 것이 아니

서기	제왕 연대	나이	백운의 사적
1839년 기해	헌종 5	34	지만 그렇다고 재주가 고인(古人)보다 빼어난 것도 아니다. 후세의 학자들은 나의 말에 유의하여, 사물의 실제 이치를 심색(尋索)할 것이요, 한갓 장구(章句) 위에서 찾으려 하지 말 것이다. (「시경집전변정서(詩經集傳辨正序)」 부기(附記). 『시경집전변정(詩經集傳辨正)』)
1841년 신축	헌종 7	36	○ 이해 10월에서 이듬해 4월에 걸쳐 유배지에서 죽어 묻혀 있던 증조모와 조부, 대고모의 유해를 모셔다가 선영에 안장했다. 그 과정의 기록과 제문(祭文), 시편(詩篇) 등을 모아서 『남정록(南征錄)』을 엮었다. 신축년(1841) 시월 초나흘에 나는 남쪽으로 길을 나섰다. 옷가지를 싸서 등에 짊어지고 감발을 하고서 산 넘고 물 건너 어렵게 길을 걸었다. 길을 묻고 나루를 찾느라 지체되어 그달 16일에 남해도(南海島)의 토촌(兎村)에 당도하였다. … (이듬해) 3월 9일에 서삼촌과 함께 광양(光陽) 읍내로 나와서 떠날 준비를 하였다. 16일에 파묘를 하니 증조모와 대고모의 산소는 모두 88년이 되었는데 백골이 안온해 보였으며 염을 할 때 쓴 천금(天衾)이 그대로 형체를 분간할 수 있었다. 조부의 산소는 스물한 해가 되었는데 관목은 흔적도 없었지만 안에는 장사를 지낸 지 몇 년 지나지 않은 듯 수의와 천금이 찢어지지 않았다. … 22일에 출발하여 섬진강을 건넜는데, 동행한 사람은 나와 서삼촌, 용성 서삼촌, 흠아(欽兒)와 그 형인 국언(國彦), 광양의 권생(權生), 그리고 상여꾼 여섯과 고마부(雇馬夫)까지 모두 열세 명이었다. 증조모 모녀의 유해는 한 상여에 모셨다. 24일에 남원을 지났고 25일에 전주에서 묵었는데 비가 내려 한나절 지체하였으며, 28일에 금강(錦江)을 건넜다. 4월 1일에 집에 도착하였으니, 이것이 남정(南征)한 일기이다. (「후기(後記)」, 『남정록(南征錄)』) 모월 모일에 출후(出後, 양자를 갔다는 의미) 증손 모는 삼가 주과를 받들어 올리고 글을 지어 현생 증조비(顯生曾祖妣, 현은 제문에 쓰는 관용어로, 생은 생가 쪽이라는 의미에서 붙인 말) 경주 이씨(慶州李氏)의 영구(靈柩)에 고하나이다. 우리 증조부께서는 이름과 행실이 한 세상의 으뜸이셨으며, 성품이 꼿꼿하고 올곧아 바른 말씀으로 충성을

서기	제왕 연대	나이	백운의 사적
1841년 신축	헌종 7	36	다하셨습니다. 하지만 매서운 불길이 산을 태우니 누가 그 기세를 막겠습니까? 큰 나무가 뿌리째로 뽑힘에 알은 깨지고 집은 무너졌습니다. 이때에 당하여 증조모께서는 법제에 따라 남쪽 변방으로 귀양 가셨습니다. 어린 아들을 데려가셨으니 철모르는 다섯 살이었습니다. 그 고을 현령이 핍박하여 관아의 뜰에서 점고를 받는데 차마 욕을 당할 수 없어 조용히 자결하셨습니다. 때는 을해년(乙亥年, 1755) 팔월이라. 의(義)를 지켜 엄정하게 행하신 것은 군자의 짝이라 할 만합니다. (「증조모님 제문(祭曾祖母文)」, 『남정록(南征錄)』)

을해년(1755) 큰 화가 하늘까지 넘쳐서, 죽이고 베어질 때 곧은 나무가 먼저 당했습니다. 당시 공은 겨우 다섯 살로 어머니를 따라 남쪽으로 유배 왔다가 바로 어머니 상을 당했으니 세상에 살아남기를 기대할 수 있으리까. '육아(蓼莪, 『시경』의 편명으로 부모를 잃은 슬픔을 뜻함.)'의 고통으로 피눈물을 흘리며 울부짖으니 위기일발로 생사의 갈림길에서 넘어지고 엎어지고 외로운 그림자 천도(天道)가 있지 않으면 성장하길 어찌 기대할 수 있으리오? 소헌(素軒, 조태구(趙泰耉, 1660~1723), 부인 조씨는 조태구의 손녀임)의 후손과 하늘이 내신 인연으로 배필이 되었으니, 자손이 이에 힘입어 섬구석의 백성이 되는 것을 면하였습니다. 기억력이 출중하고 재질이 일찍 이루어져서 책 반 권 배우다가 벌써 문리(文理)가 열리셨다지요. (「조부님 제문(祭祖父文)」, 『남정록(南征錄)』)

옛날 을해년(1755)에 하늘이 우리 가문에 화를 내렸을 때, 고모할머님께서는 비녀를 꽂을 나이도 못 되었건만 연좌죄에 걸려 사천(泗川)으로 귀양 가게 되었습니다. 어떤 사람이 미리 자결하여 스스로 욕을 당함이 없게 하라 권하자, 고모님께서는 이렇게 말씀하셨습니다. "군부(君父)의 말씀은 따라야 하며 거역해선 안 됩니다. 성상께서 내린 죄를 어찌 감히 원망하여 복종하지 않을 수 있습니까? 지금 엄한 견책을 받고 먼저 자결한다면, 이는 임금의 명을 거스르고 우리 아버님께서 임금을 섬긴 법도를 어기게 되는 것입니다." 꾹 참고 길을 떠나 갖은 고생 끝에 천리 길을 가서, 귀양지에 도착한 다음 날 고을에서 올린 |

서기	제왕 연대	나이	백운의 사적
1841년 신축	헌종 7	36	공문이 올라가자 마침내 자기의 뜻으로 자결하셨습니다. 오호라! 고모할머님의 의리를 지킨 처신은 대인의 절조를 품으신 것이니 천하 신자(臣子)들의 모범이 될 터이요 어찌 한낱 규방의 정절에 그치겠습니까? (「대고모님 제문(祭大姑母文)」, 『남정록(南征錄)』)
1842년 임인	헌종 8	37	○ 중병을 얻어 신고하는 중에 각성한 바 있어, 『논어』의 주석 작업에 착수하고, 『대학』과 『중용』의 주석 작업에 대한 계획도 세웠다. 임인년(1842) 7월 내 나이 37세로 고황(膏肓, 내장 깊숙이 든 불치병)의 병을 앓게 되어, 하루아침에 문득 이슬처럼 사라질까 두려웠다. 생각건대 우리 도가 어두워진 것이 맹자 이후로 수천 년이라. 세속이 무너지고 어지러워진 것이 극도에 달했다 할 것이다. 근래는 서학이라고 일컫는 일종의 사설(邪說)이 틈을 타서 일어나 이 백성들을 침혹시키고 있다. 나는 이 백성들이 사람답지 못하게 될까 두렵다. 차마 앉아서 바라만 보고 구하려 들지 않을 수 있겠는가? 이에 『논어』의 주를 붙이고, 장차는 『중용』과 『대학』에까지 미치려 하니, 성인의 도가 다시 밝아지고 사설이 저절로 사그라지길 바랄 뿐이다. 슬프다! 우리 도가 이로 인하여 전함이 있게 된다면, 비록 나에게 죄를 묻는 자 있다 하더라도 내 어찌 혐의를 피하여 그만둘 수 있겠는가! 임인년에 쓴다. (『논어(論語)』 부기(附記)) ○ 또한 이해 12월에 『주역상의점법(周易象義占法)』(5책)을 완성하였다. 임인년(1842)에 우연히 중병에 걸려 인사(人事)를 끊고 지냈다. 약을 먹으며 치료하는 동안의 몇 달 여가에 『주역』을 읽어 점리(占理)에 대해 자못 얻은 바가 있었다. 거기에 의거해서 점을 쳐 보니 왕왕 징험이 있기도 하였다. 대저 『주역』의 도에 대해서는 앞서 학자들이 많이 밝혀 놓았으니, 나같이 우둔하고 하찮은 자가 미칠 바 아니다. 나는 오직 우환 속에서 생장하고 곤궁한 가운데 살아가느라, 자못 세상사를 깊이 알고, 또 일찍부터 마음고생을 하고 걱정이 쌓여서 사물의 정황에 소견이 있었다. 돌이

서기	제왕 연대	나이	백운의 사적
1842년 임인	헌종 8	37	켜 생각건대 병이 오래가서 하루아침에 문득 눈을 감게 되면 자손들에게 남겨 줄 것이 아무것도 없을까 두려웠다. 이에 곧바로 저서를 함에 10여만 자에 이르렀다. 이름하여 상의점법(象義占法)이라 한다. 그 내용은 백성들의 일용 사물의 상리(常理)·상정(常情)일 뿐이다. 특별히 빼어나고 기특한 논리가 있는 것이 아니어서, 비록 대도(大道)와 나란히 할 수는 없지만, 곤충이나 초목과 같이 한 가지 능력에 비견해 볼 수 있을 것이다. 내용이 정자(程子)·주자(朱子)의 설과 같지 않은 것이 더러 있다. 그렇지만 정자·주자가 논한 바는 도요, 소자(小子)가 논한 바는 점이다. 임인년 12월에 쓴다.
1843년 계묘	헌종 9	38	○『중용훈의(中庸訓義)』와 『대학고정(大學考正)』을 완성하다. (『용학(庸學)』이란 표제의 1책) 『중용』은 도의 체용(體用)에 대해서 말했고, 『대학』은 학문의 차서(次序)에 대해서 말하였으며, 『주역』은 명(命)에 대해서 말했고, 『춘추』는 일[事]에 대해서 말했고, 『논어』는 실천의 묘리(妙理)에 대해서 말했으니 실로 부족함이 없는 것이다. 『서경』은 선왕의 정치에 대해서 말했고, 『시경』은 격인(格人, 학식과 도가 지극한 사람)의 뜻에 통하게 하는 것이며, 『예기(禮記)』는 제도를 상고한 것이니, 제자 서로 문예를 넓힌다면 또한 도움이 될 것이다. 나는 생각하기를 성현의 경전이란 일찍이 잔결(殘缺)이 없는데 다만 속유들의 전(傳) 속에서 뜻을 잃어버려 오늘에 이르러는 어두워지고 말았다 한다. 계묘년 2월 모일에 쓴다. (『용학(庸學)』) ○ 이해에 지기(知己)의 벗인 유영건(柳榮健, 자는 하원(夏元))이 죽음. 백운은 「여유군하원서(與柳君夏元書)」에서 자신의 깊은 고뇌를 토로한 바 있으며, 그를 위해 지은 글로 「유군명자설(柳君名字說)」, 「오은서(鰲隱序)」, 「제유하원문(祭柳夏元文)」 등이 있다.
1844년 갑진	헌종 10	39	○ 어렵게 얻은 아기를 잃음.

서기	제왕 연대	나이	백운의 사적
1844년 갑진	헌종 10	39	"처량한 만년에 신세를 슬퍼하노니 이렇게 가 버리면 남은 생을 어찌 견디란 말이야." (상아(喪兒), 4월 30일) ○ 황해도와 평안도 유람. 양서(兩西)를 노닐어, 8월 2일에 출발하여 9월 22일에 돌아옴. 「백운유초」에 이때에 지은 시로 「양서(兩西)로 길을 떠나 8월 2일에 출발하여 9월 22일에 돌아옴(遊兩西 八月初二日發行九月二十二日乃歸)」이 있음.
1845년 을사	헌종 11	40	○ 두 아우와 함께 안성읍(安城邑)의 동리(東里)에서 반상을 제작하는 공방을 운영하였다. 연전에 나의 아우 태경(泰卿)과 익경(益卿)이 어머니를 모시고 안성(安城)의 가곡(佳谷)에서 지냈다. 그때 흉년이 거듭되어 봉양하기 어려운 형편이었는데, 마침 통영의 장인(匠人)이 와서 마을에 세 들어 살면서 목반(木盤) 만드는 일을 하고 있었다. 태경이 간간이 들러서 눈여겨보고 돌아와 익경과 함께 그 제작 방법에 따라 목반을 만들어서 곡식으로 바꾸어 어머니를 봉양하였다. 이듬해에는 풍년이 들어서 어머님은 다시 내게로 오셨고, 두 아우 또한 목반 만드는 일을 그만두고 다시 글을 읽었다. 이윽고 우리 형제들은 나이가 자꾸 들어가는데, 백 가지로 도모했던 일들 중에 하나도 이룬 것이 없었다. 더구나 세상길의 험난함에 신물이 나서 사람들과 접촉할 마음도 사라졌다. 그래도 늙으신 어버이와 가난한 집안 형편을 생각하니, 힘껏 일하여 생계를 도모하는 것이 바람직하다고 여겨졌다. 이에 아우들과 의논하기를, "군자는 궁하면 비천한 일을 행할 수 있거니와 의롭지 않은 일을 행할 수는 없다. 지금 우리는 재물이 없으니 장사를 할 수도 없고, 토지가 없으니 농사를 지을 수도 없다. 목반을 만드는 것은 천한 일이긴 하지만 실내에서 작업하기 때문에 남에게 관여되는 바 없으며, 농사일이나 장사치처럼 뙤약볕에서 땀을 흘리거나 장터에서 분주히 이익을 노리는 것과 비교하면 훨씬 낫지 않느냐?"라고 하였다. 이에 태경은 가곡(佳谷)에 처자식을 남겨 두고 자신은 나를 따라 읍내로 들어와, 익경과 함께 한 집에 모여 살면서 공방 작업을 시작

서기	제왕 연대	나이	백운의 사적
1845년 을사	헌종 11	40	했다. 태경은 기술이 가장 우수했으며, 익경은 그 다음이었고, 나는 솜씨가 없어 옆에 앉아서 쉬운 일을 거들었다. 장인바치 일은 몸은 고되지만 마음은 한가로워서, 일이 없을 때는 곧바로 경사(經史)를 토론하며 깊은 의미를 강구할 수 있었다. … 목반을 만드는 도구는 모두 삼십여 가지인데 날카롭고 뭉툭함에 따라 쓰임이 다르다. 목반 하나는 육칠십 푼의 값어치로 하루의 공정을 셈해 보면 백 푼의 이득을 얻을 수 있으나, 일을 부지런히 하고 게으르게 하는 데 따라 차이가 있다. (「치목반기(治木盤記)」, 『백운문초(白雲文抄)』) 나는 이 때문에 더욱 곤궁해졌는데, 근래에는 목반 만드는 기술을 배워 숙수(菽水)나마 지공을 하고 있지요. 나는 평소에 옛글을 읽은 힘으로 탁주 한 잔도 얻어먹지 못했거늘, 지금에 와서는 수입이 있어 기한(飢寒)을 면하게 되었으니, 장인바치의 일이 문학보다 낫다고 하겠습니다. 문학을 힘써 한 지 수십 년에 마침내 장인바치의 일을 얻었으니, 제자리를 잃은 것이 심하다 하겠지요. (「글을 논해 원휘(元暉)에게 주는 편지(與元暉論文書)」, 『백운문초(白雲文抄)』)
1851년 신해	철종 2	46	ㅇ 『논어』 주석서(2책)를 완성하였다. 임인년(1842) 병중에서 이 주석 작업을 하였는데, 얼마 후 병이 조금 낫자 묶어 두었다. 신해년(1851)에 이르러서야 이 저술을 완성한 것이다. (『논어』 주석 부기(附記))
1852년 임자	철종 3	47	ㅇ 안성(安城) 동리(東里)에서 약방(藥房)을 운영하였다. 운재공(雲齋公)이 임자년(1852) 21세에 안성(安城) 동리(東里)로 심백운 선생을 방문하였다. 선생은 문장과 식견이 천고에 빼어났으나 강호에서 도를 지켜 약을 팔면서 은거하고 있었다. 운재공이 찾아가 만나 뵈니, 선생은 의론이 고경(古經)과 합치되지 않는 곳이 많았다. 이 때문에 공은 반복하여 토론을 벌여 주고받은 편지가 많았는데, 모두 조리가 통달하여 편편이 칭송할 만한 것이었다. 심 선생은 성격이 오항(傲亢)해서 접촉하는 사람이 드물었으되, 유독 공과는 망년의 사귐이 이루어졌다. (정기우(鄭基雨), 『운재유고(雲齋遺稿)』 권2, 부(附) 연보(年譜))

서기	제왕 연대	나이	백운의 사적
1854년 갑인	철종 5	49	○ 부인 경주 이씨(1802~1854)의 죽음. 부친은 후영(厚榮)이며, 묘는 족보상에 가좌곡(嘉佐谷, 가곡(佳谷))에 있는 것으로 나와 있음. ○ 이해에 『정법수록(政法隨錄)』(1책)을 지었으며, 또한 『흠서박론(欽書駁論)』(1책)과 『대순신서(大順新書)』 등의 저술이 있다. 『흠서박론』은 형정에 관련된 내용으로 『정법수록』의 자매편에 해당하는 것이다. 『대순신서』는 전해지지 않아 어떤 내용인지 알 수 없는데 "군율(軍律)에 관해서는 따로 『대순당신서(大順堂新書)』가 있다"(『정법수록』, 「병제」)는 언급으로 미루어 군사에 관련된 것으로 추정된다. 평생 배운 바 성인의 도가 행해질 방도를 얻지 못하였으니 좋은 재목이 불에 타 버리고 보배로운 옥이 훼손된 것을 스스로 안타깝게 여겼다. 문득 옛날 어진 왕들이 경세하던 큰 법전을 취하여 오늘날에 시행할 수 있는 것으로 이 책을 만들었다. 세상을 다스리는 도에 뜻을 둔 후세의 군자들은 혹 여기서 취할 것이 있을 것이다. 우선 홀로 자기의 뜻만 드러냈고, 붕우들과 토론·강구하는 과정을 거치지 못했으니 소루함을 면치 못한 것이다. 또한 여러 군자들이 보충하고 바로잡아 주기를 기대한다. 예법의 형식과 자세한 세목을 따로 맡은 사람이 있을 터이다. 갑인년 4월에 쓰노라. (『정법수록(政法隨錄)』 서두) 나는 선왕(先王)의 본뜻을 추구해서 『정법수록』을 지었다. 예악과 형정의 강목(綱目)이 이미 갖춰짐에 다시 옛 사례와 현행 형률의 착오를 들어서 박론(駁論)을 저술했다. (『흠서박론(欽書駁論)』 후기)
1855년 을묘	철종 6	50	○ 모친 의령(宜寧) 남씨(南氏) 죽음. ○ 이해에 제자인 정기하(鄭基夏, 자 치형(穉亨), 호 송오(松塢), 본관 동래)의 요청으로 『팔자백선비평(八子百選批評)』을 지었다. 『팔자백선』을 비평해 달라는 간절한 부탁을 받고 끝내 사

서기	제왕 연대	나이	백운의 사적
1855년 을묘	철종 6	50	양할 수 없었습니다. (「『팔자백선(八子百選)』을 비평하여 정치형(鄭穉亨) 군에게 보내는 편지(八子百選批評往復鄭君穉亨書)」, 『백운문초(白雲文抄)』) 선생(鄭基夏)은 동구자 심공을 스승으로 섬겼는데, 동문에서 수학한 사람들이 모두 선생을 으뜸으로 여겼다. (「송오선생한여록서(松塢先生閒餘錄序)」, 『춘경대집(春耕臺集)』)
1859년 기미	철종 10	54	ㅇ 『서경채전변정(書經蔡傳辨正)』(4책) 완성 하늘은 변함이 없고 사람도 변함이 없으며, 도 또한 변함이 없다. 참으로 도를 알게 되면 비록 옛날에 있더라도 지금을 알 수 있으며, 지금에 있더라도 옛날을 알 수 있을 것이다. 정말 도를 모르면 비록 옛날에 있으면서 옛날을 논하고 지금에 있으면서 지금을 논하더라도 눈앞이 캄캄할 것이다. 응당 도를 아느냐 모르느냐는 것을 물을 일이요, 지금이냐 옛날이냐는 것을 물을 것은 없다. 오직 정사(政事)와 문사(文辭)에 있어서는 시대에 따른 고금의 차이가 있다. 그러나 정사와 문사는 도에 근본을 두기 때문에, 도가 나오는 곳은 도를 추구해서 그곳에 도달할 수 있다. 채침(蔡沈)의 『서경집전』은 서한(西漢) 이래의 주소들을 모으고 자기의 의사를 보충한 것인데, 대체로 오류가 많아서 선왕의 뜻을 해친 것이다. 이에 곧바로 변정(辨正)을 하니 후세의 군자를 위해 남겨 전하려 한다. (「서경채전변정서(書經蔡傳辨正序)」, 『서경채전변정(書經蔡傳辨正)』) ㅇ 『시경집전변정(詩經集傳辨正)』(6책)을 완성. 예(禮)는 체(體)가 되며 악(樂)은 용(用)이 되니, 예(禮)를 가지고 사(士)를 가르치며, 악(樂)을 가지고 민(民)을 교화시키는 것이다. 그러므로 악(樂)은 시가를 위주로 하며, 성률을 보조로 삼게 된다. 옛날에 천자가 예악(禮樂)을 제정함에 있어서, 중심과 변방의 시가를 모두 나열해 놓고, 그 중에서 예법에 맞고 사정에 깊이 통하는 것을 택하여, 태사(太師)에 등록을 시키며 악부(樂府)로 편입하되, 음란하고 바르지 않은 소리들은 모두 금했다. 시 삼백 편은 모두 사리에 통달한 군자들이 지은 것이라 예법에 맞고 사정을 깊이 통해서, 그것을 쓰면 화민성속(化民成俗)의 효과를 얻

서기	제왕 연대	나이	백운의 사적
1859년 기미	철종 10	54	을 수 있으며, 그것을 드리우면 후세에 규범이 될 수 있는 것이다. 때문에 드러내어 경전을 삼았던 것이니, 한갓 말만 가지고는 사람을 깨우치기 부족하기 때문이었다. …『시경집전』이 왜곡을 시켜 경서를 훼손시킨 것은 확실히 죽임을 당하더라도 싸다. 이에 곧바로 변정(辨正)을 하여 오경의 뜻이 환히 세상에 밝아지도록 하려 하니, 세상이 어느 정도 희망이 있게 될 것인가. 『시경집전』의 해석에 의하면 『시경』의 시편들은 남녀간의 서로 생각하는 마음이나 음란한 사연에 불과하며, 이 밖의 것들도 천박하고 의미가 없어 평범한 남녀들의 일상적인 말에 지나지 않아서, 아이들도 모두 알 수 있는 내용이다. 이것이 어떻게 사람들을 교화시킬 수 있겠으며, 이것이 어떻게 경전이 되어 후세에 전해질 수 있겠는가? 성경을 개변시켜 일부의 비루하고 경박한 책을 만들었기 때문에, '왜곡을 시켜 경전을 훼손'했다고 말한 것이다. 다른 경전도 모두 그러하니, 오직 이것만 그러한 것이 아니었다. 이제 오경에 대해서 작업을 마쳤기 때문에 특별히 들어서 바로잡은 것이다. (「시경집전변정서(詩經集傳辨正序)」, 『시경집전변정(詩經集傳辨正)』)
1862년 임술	철종 13	57	○ 이해에 『복리전서(福利全書)』(1책)를 완성함. 지금 경전의 요지를 취하여, 말을 줄일 것은 줄이고 자상하게 할 것은 자상히 하되, 알기 쉽도록 하여 만세에 걸쳐 남녀 일반에 진경(眞經)으로서 혼미한 세상에 지침으로 삼도록 한 것이다. 그리하여 천하 만세의 백성들이 모두 복리를 누려, 아무쪼록 앙화에서 면하게 되길 바라노라. 까닭에 책 이름을 '복리전서'라 하였다. 이 책의 내용은 상고시대 성인들의 오묘한 요결이요, 나의 사사로운 마음에서 나온 것이 아니다. 진실로 성심으로 읽고 전일하게 생각하여 가슴속에 새겨서 잃어버리지 않는다면, 한량없는 복리를 이룰 수 있을 것이다. 한 번 읽으면 한 번의 복리를 얻을 것이고, 열 번 읽으면 열 번의 복리를 얻을 것이라, 읽기를 많이 할수록 복리도 그만큼 두터워질 것이다. 행하기 일 분을 하면 일 분의 복리를 얻을 것이고, 행하기 십 분을 하면 십 분의 복리를 얻을 것이다. 행하기를 부지런히 할수록 복리 또한 많이 쌓일 것이다. 많이많이 숙독하고 부지런히 하여 흩뜨리지 않고 일심으로 하면, 천재만악(千

서기	제왕 연대	나이	백운의 사적
1862년 임술	철종 13	57	災萬惡)이 소멸될 것이요, 제복백상(諸福百祥)이 저절로 이를 것이다. 임술년 5월 ○일에 쓰노라. (「복리전서서(福利全書序)」, 『복리전서(福利全書)』) 이 책은 석교(石橋) 심대윤(沈大允)이 지은 것이다. 석교는 저술한 경설(經說)이 근 100권에 이르는데, 정주(程朱)와 어긋나서 이 때문에 세상에 행해질 수 없었다. 그의 학설은 대개 이해(利害)와 화복(禍福)으로 주지(主旨)를 삼고 공(公)과 사(私)로 선악을 구분 짓고 있다. 이 책은 어리석은 대중들을 계도하기 위해 지은 것이라, 말이 더러 천근한 데 가깝다. 그렇지만 스스로 한 유파의 학술을 구비하고 있으니 작게 볼 수 없다. 무인년(1938) 5월 정인보(鄭寅普)는 쓰다. (고려대본 『복리전서(福利全書)』에 붙여진 글)
1872년 임신	고종 11	67	○ 말년에 『예기정해(禮記正解)』(8책), 『의례정론(儀禮正論)』(2책), 『주례산정(周禮刪正)』(2책), 『가어산정(家語刪正)』(1책) 등을 정리. 전체 표제를 『예기(禮記)』로 하였다. 저술 연대는 확정지을 수 없는데 『효경산정(孝經刪正)』이 이해 2월에 완성된 것으로 밝혀져 있기 때문에 모두 여기에 붙였다. 나는 경전에 대하여 일찍이 함부로 바꾸거나 고치지 않고, 모두 구문(舊文)에 의거해서 해석하였다. 경전은 이지러지고 빠진 것이 없는데, 선유들이 고치고 바꾸기를 좋아한 것은 옳지 않다고 생각했기 때문이다. 그런데 오직 『예기』는 성인의 책이 아니요, 전국 시대 전문의 오류와 한유(漢儒)들이 부회(傅會)해서 나온 것이기 때문에 바로잡지 않을 수 없다. 지금 문득 주해에 남기고 깎아 내는 작업을 가하여, 수천 년 이래 다툼이 생겨난 문을 막고 선왕의 의리를 밝혀서 학자들이 예의 기원한 바를 알도록 하고자 한 것이다. (「예기정해서(禮記正解序)」, 『예기정해(禮記正解)』) 『의례(儀禮)』는 성인의 책이 아니다. 대개 전국 시대에 세상의 어지러움을 혐오한 나머지 마음속으로 옛적 선왕의 예를 사모하던 자가 들은 바도 아는 바도 없으면서 마구 자기 생각대로 만든 것이다. … 선왕이 백성들을 가르침에 이해의 실상을 밝혀서 취향대로 인도하고, 교사를 세워서 과정의 감독을 부지런히 하였다. 선왕이 백성들을 부림에

서기	제왕 연대	나이	백운의 사적
1872년 임신	고종 11	67	있어서, 군자는 정신을 수고롭게 하고 소인은 육체를 수고롭게 하니, 정신을 수고롭게 하는 자는 직책을 다 알도록 하며, 육체를 수고롭게 하는 자는 작업으로 하루해를 마치도록 하였다. 그리하여 오직 양육하고 편리를 누리도록 하는 실질적인 일에 힘쓴 것이다. 선왕이 예를 제정함에는 인륜과 의리를 밝히는 데 힘써 교훈을 부쳤으니 구차한 바가 없었다. 어느 겨를에 알맹이 없는 문장과 번쇄한 의식에 미쳤겠는가? 예란 실리(實利)로 나아가 허식과 번쇄를 막는 것이다. 아! 『의례』가 세상에 나타나자 선왕의 예를 잃어버린 것이다. 천하의 어지러움이 평정되지 못할 것임을 알 만하다. 의례가 폐지된 후에라야 선왕의 예가 행해질 것이고 천하의 어지러움이 평정될 것이다. 이에 이 『정론』을 지어 그 잘못을 바로잡고 예경의 뒤에 부치노라. (「의례정론서(儀禮正論序)」, 『의례정론(儀禮正論)』) 예(禮)는 번다하면 어지럽고, 정치는 번쇄하면 늘어지며, 일이 많으면 실패하고, 법이 번다하면 폐해가 생긴다. 선왕의 다스림은 반드시 쉽고 간소한 연후에 이루어졌다. 『주례(周禮)』는 한(漢) 무제(武帝) 때에 출현한 책인데, 한 무제나 하휴(何休)부터 말세의 더럽혀지고 음모가 섞인 것이라고 생각하였다. 위로 가까운 시대 사람들이 이미 이같이 생각하였는데, 아래로 멀리 떨어진 시대의 사람들이 주공(周公)이 지은 책이라 믿고 숭상하다니, 망령스럽고 근거 없음이 너무나 심하다. 지금 곧 산삭하여 이치에 근사한 내용들만 취하여 예경의 뒤에 붙여 두며 틀리고 어긋난 부분은 버린다. (「주례산정서(周禮刪正序)」, 『주례산정(周禮刪正)』) 『공자가어(孔子家語)』는 제자(諸子)의 손에서 나온 것이 많다. 그 문장은 가볍게 날리고 변화가 심하니, 변사(辨士)의 기풍이 있으며, 그 의미는 혼잡하여 순후하지 못하다. 결단코 공자의 책으로 볼 수 없는 것이다. 지금 곧 그 옳고 그름을 바로잡고 깎아 내어 예경의 끝에 붙여 둔다. 이를테면 중니(仲尼, 孔子)는 예의 주인이라 할 수 있을 것이다. (「가어산정서(家語刪正序)」, 『가어산정(家語刪正)』) 『효경』은 한유(漢儒)가 만든 것이요, 공자가 지은 책이 아니다. … 수신·제가·치국·평천하의 일은 모두 효도를 하는 방법이며, 오경(五經)과 전기(傳記)의 서적들은 모두

서기	제왕 연대	나이	백운의 사적
1872년 임신	고종 11	67	효도를 하도록 가르치는 것이다. 만약 유독 부모를 섬기는 도리에만 해당을 시켜서, 오직 한 책만 지목하여 '효경'이라고 부른다면 효의 도를 아는 자라고 할 수 없다. 그런 까닭에 『효경』은 공자가 지은 책이 아니라고 본 것이다. 지금 산정을 해서 도에 합하는 것만 취하고 그 나머지는 버린다. (「효경산정서(孝經刪正序)」, 「효경산정(孝經刪正)」) ○ 7월 25일에 세상을 떠남. 묘소는 양성(陽城) 구만리(九萬里, 현재 용인 지역)에 있음. ○ 문집의 형태로 유고(遺稿) 몇 권이 있다고 하나 현전 여부는 확인되지 않으며, 『백운문초(白雲文抄)』(3책)와 『한중수필(閒中隨筆)』(2책)이 전하고 있다. 그의 저술로는 경설(經說)이 있으며, 그 밖에 『복리전서(福利全書)』, 『정법수록(政法隨錄)』, 『대순신서(大順新書)』, 『흠서박론(欽書駁論)』, 『좌국정론(左國定論)』과 동한 시대 이후 역대 사서(史書)의 초록인 『전사(全史)』, 『동사(東史)』 및 유집 몇 권이 있다. (「동구선생서술(東邱先生敍述)」, 「춘경대집(春耕臺集)」) 심대윤, 호 백운, 그의 문장은 양한(兩漢)으로 곧장 올라가서 당송(唐宋) 이하로는 오직 한유(韓愈) 이외엔 귀의할 곳이 없다고 여겼다. 경학은 주자 주해를 존중하지 않아서 당시 유자들이 비난을 퍼부었으되 돌아보지 않았다. 대개 자득의 논리가 있었다. (정만조(鄭萬朝), 「근대문장가약서(近代文章家略叙)」) 심백운(沈白雲) 선생은 휘 대윤(大允)이며, 부제학 악(鍔)의 손자요, 영의정 수현(壽賢)의 증손이다. 부학공이 을해옥사에 죽어, 가문이 마침내 파탄이 되었으나, 선생은 어려움 가운데에서도 자신을 곧게 지키며 분발하였다. 부친과 숙부가 멀리 귀양 가서 돌아가셨는데 유해를 모셔 와서 선산에 장례를 지내니, 사람들이 모두 의롭게 여겼다. 집안 형편이 몹시 가난하여 형제 세 사람이 함께 반상을 만들어서 그 값을 받아 부모를 봉양하였으니, 지금 이 책에 실려 있는 「치목반기(治木槃記)」가 그것이다. 우리나라의 유자들은 모두 정주(程朱)의 학설을 고수한 나머지 감히

서기	제왕 연대	나이	백운의 사적
1872년 임신	고종 11	67	새로운 의미를 발표하지 못했다. 그런 폐단으로 표면적인 답습만 할 줄 알아 심득은 있을 수 없었다. 심 선생은 재분(才分)이 높고 사려가 깊어, 세상사를 경험한 것이 많아 인정에 깊이 통했으며, 고뇌가 마음에 쌓인 때문에 성인의 말씀을 해석하여 자신의 뜻을 붙였다. 그의 학설은 대진(戴震)과 가까운데, 크고 활달하기로는 그보다 낫다고 할 수 있다. 근세의 빼어난 학자로 이성호(李星湖)와 안순암(安順菴)은 역사학으로 뚜렷하며, 정다산(丁茶山)은 정치학으로 뚜렷하다. 심 선생은 적막한 가운데 외롭게 지켜, 명성이 파묻히게 되었다. 그럼에도 표현한 내용이 강경하고 격렬하게도 전수(前修, 앞 시대의 큰 학자)들을 공박하였으니, 당시의 비방이 집중되었다. 저서들은 드디어 은폐되어 찾고 묻는 자가 드물었다. 그렇지만 공평한 마음으로 논평하건대, 정밀한 뜻과 빼어난 해석이 뭇 언설의 숲속에서 빼어나니, 삼한(三韓) 경학(經學)의 밝은 빛이라고 하겠다. (연세대 도서관 소장, 『한중수필(閒中隨筆)』에 붙여진 글) * 위의 글은 필체나 내용으로 미루어 위당(爲堂) 정인보(鄭寅普)가 쓴 것으로 보인다. 위 글은 가계에 관한 서술이 전체로 한 대를 잘못 낮춰 잡고 있다. 착오인 듯하다.
1927년		몰후 55년	○ 족손(族孫) 심명섭(沈明燮)이 기획, 정인표(鄭寅杓)의 교감으로 경학저술의 발간작업이 진행되었는데, 이 일이 성사되었는지 여부는 알 수 없다. 동문의 친구인 심명섭(沈明燮) 군이 바야흐로 심 선생의 경설을 간행하려고 도모하는데, 나에게 교감의 일을 요청했다. 인표(寅杓)는 비록 노쇠한 몸이지만 어찌 감히 이 역사(役事)에 마음을 다하지 않으리오. … 지금 심군(沈君)이 세상에 반드시 행해야 할 책을 공간하여 국내외에 보급하고자 하니, 우리 인민들에게 존경하고 가까이할 바를 알도록 하고자 함이다. 그는 세상을 우려함이 매우 깊다 하겠다. 교감작업을 마친 다음, 일찍이 의심을 가졌던 한두 가지를 붙여 놓았는데 감히 자득이 있다고 해서가 아니요, 나아가 바로잡을 곳이 없기 때문이다. 요컨대 후세의 군자들에게 묻는 말을 남겨 놓는 것이다. 정묘년(1927) 중원(中元)에 덧붙여 쓴다. (「동구선생서술(東邱先生敍述)」 추기(追記), 『춘경대집(春耕臺集)』)

白雲

찾아보기

* 색인은 본문의 인명, 서명, 지명(우리나라)에 한하였다.

계(啓) 569

계력(季歷) 418, 612, 614

계로(季路) → 자로(子路)

계양(桂陽) 102

계예(計倪) 344

계자(季子) → 계찰(季札)

계찰(季札) 102, 286, 573, 612, 613, 615

계포(季布) 177

고공단보(古公亶父) 612, 614

고금도(古今島) 477, 486

고성(固城) 469

고수(瞽瞍) 510

고필(古弼) 176

곤(鯀) 629

공손교(公孫僑) 565

공손룡(公孫龍) 605

공손연(公孫衍) 602

공손홍(公孫弘) 173, 174, 514~516

공수(工倕) 129

공수(龔遂) 180

공자(孔子) 45, 95, 106, 184, 186, 199, 200, 229, 277, 342, 435, 446, 455, 565, 616, 640, 877

곽분양(郭汾陽) → 곽자의(郭子儀)

곽자(郭資) 581

곽자의(郭子儀) 525

곽재우(郭再祐) 484

관음포(觀音浦) 481

관이오(管夷吾) → 관중(管仲)

관중(管仲) 92, 175, 354, 370, 526, 565, 589, 650

광국(光國) → 정광국(鄭光國)

광무제(光武帝) 92, 439, 454, 610

광양(光陽) 663, 867

구계(臼季) 573

구목(仇牧) 260, 309

구야자(歐冶子) 268, 269

구양공(歐陽公) → 구양수(歐陽脩)

구양수(歐陽脩) 50, 114, 165, 524, 538

구양영숙(歐陽永叔) → 구양수(歐陽修)

국무자(國武子) 125

『국어(國語)』 87, 93, 114, 331, 450, 479, 501, 804, 865

국언(國彦) 665, 867

군자산(君子山) 229, 231

굴원(屈原) 179, 657

권율(權慄) 463, 473, 480

권준(權俊) 468

귀유(鬼臾) 355

금강(錦江) 665, 867

금동(金洞) 643

금산(錦山) 643, 663

기생(基生) → 정기우(鄭基雨)

기자(箕子) 88, 384

기장(機張) 28, 664

김굉필(金宏弼) 224

김귀영(金貴榮) 465

김명원(金命元) 473

순(舜)　48, 129, 184, 229, 269, 279,
　　292, 375, 383, 417, 509, 510, 563,
　　569, 614, 615, 629
순앵(荀罃)　176
순우곤(淳于髡)　640
순우월(淳于越)　562, 563
『순종실록(順宗實錄)』　134
순천(順天)　479
『시경(詩經)』　45, 51, 52, 73, 95,
　　101, 138, 147, 149, 201, 213, 222,
　　231, 263, 306, 318, 319, 337, 378,
　　395, 417~419, 587, 620, 638, 650,
　　850, 864, 868, 870
『시경집전(詩經集傳)』　336, 875
신미동(新美洞)　79
신불해(申不害)　253, 324
심대관(沈大觀)　664
심대시(沈大時)　211, 871
심명섭(沈明燮)　31, 851, 852, 879
심수현(沈壽賢)　28, 847, 863, 878
심악(沈鏻)　28, 29, 664, 847, 878
심유경(沈惟敬)　295, 297~299, 471
심완륜(沈完倫)　29, 160, 495, 847,
　　863, 865
심의래(沈宜來)　70, 92, 211, 871

아

아산(牙山)　486

악(鏻)　→ 심악(沈鏻)
악비(岳飛)　609
악의(樂毅)　591, 592
악정자춘(樂正子春)　264
안골포(安骨浦)　470
안성(安城)　29, 199, 208, 211, 445,
　　491, 871, 872
안승렬(安承列)　216, 218
안연(顔淵)　→ 안회(顔回)
안영(晏嬰)　126, 370, 395, 565, 650
안위(安衛)　476
안자(晏子)　→ 안영(晏嬰)
안자(顔子)　→ 안회(顔回)
안충(顔忠)　550
안평원(顔平原)　→ 안진경(顔眞卿)
안진경(顔眞卿)　467
안회(顔回)　171, 184, 319, 229, 262,
　　286, 288, 421, 424~426, 526, 628
약숭(藥崧)　550, 551, 554, 555
양 원제(梁元帝)　583
양서(兩西)　→ 평안도, 황해도
양성(陽城)　31, 135, 863, 878
양왕(梁王)　254, 606
양원(楊元)　295, 300
양웅(揚雄)　95, 114, 115, 128, 174,
　　222, 333, 346, 504
양유기(養由基)　140, 141
양자운(揚子雲)　→ 양웅(揚雄)
양주(楊朱)　324
양호(楊鎬)　477

재단법인 실시학사

실학사상의 계승 발전을 위해 설립된 공익 재단법인이다. 다양한 학술 연구와 지원 사업, 출판 및 교육 사업 등을 수행하며, 실학사상의 전파와 교류를 위해 힘쓰고 있다. 1990년부터 벽사 이우성 선생이 운영하던 '실시학사'가 그 모태로, 2010년 모하 이헌조 선생의 사재 출연으로 공익 법인으로 전환되었다.

경학 관계 저술을 강독 번역하는 '경학연구회'와 한국 한문학 고전을 강독 번역하는 '고전문학 연구회'라는 두 연구회를 두고 있으며, 꾸준하게 실학 관련 공동연구 과제를 지정하여 그에 맞는 연구자들을 선정·지원함으로써 우수한 실학 연구자를 육성하고 연구 결과물을 사회에 환원하고 있다. 이번에 상재하는 '실시학사 실학번역총서'도 그의 소산이다. 앞으로 아직 세상에 제대로 드러나지 않은 실학자들의 문헌을 선별해 오늘날의 언어로 옮기며, 실학의 현재적 의미를 확인해 나갈 것이다.

홈페이지 http://silsihaksa.org

실시학사 실학번역총서 07

백운 심대윤의 백운집

1판 1쇄 인쇄 2015년 5월 15일
1판 1쇄 발행 2015년 5월 20일

기획 | 재단법인 실시학사
지은이 | 심대윤
옮긴이 | 익선재 백운집 강독회

펴낸이 | 정규상
펴낸곳 | 성균관대학교 출판부 · 사람의무늬
등록 | 1975년 5월 21일 제1975-9호
주소 | 110-745 서울특별시 종로구 성균관로 25-2
전화 | 02)760-1252~4 팩스 | 02)762-7452
홈페이지 | http://press.skku.edu

ⓒ 2015, 재단법인 실시학사
ISBN 979-11-5550-109-2 94150
     979-11-5550-001-9 (세트)
값 35,000원